林崇德文集

愛新覺羅·毓峘題簽

第十一卷 ◎

林崇德教育
演讲录

林崇德文集

北京师范大学出版集团
BEIJING NORMAL UNIVERSITY PUBLISHING GROUP
北京师范大学出版社

林崇德

1941 年 2 月生，浙江宁波象山人，北京师范大学资深教授。中国心理学会前理事长，在教育部等单位学术兼职 26 种，并在多所高校任兼职或客座教授。获省部级以上学术奖励 28 项，并先后获中青年有突出贡献专家（1994）、全国劳动模范（2000）、全国"十佳师德标兵"（2001）、全国优秀教师（2006）、全国优秀科技工作者（2012）、国家杰出科技人才（2014）、北京市人民教师（2017）和当代教育名家（2017）等荣誉称号。

总　序

───────

　　1960 年，我毕业于上海市上海中学，因为受上海市劳动模范、我的班主任孙钟道老师的影响，我也想当一名像孙老师那样的好老师，成为一名教育家。于是，我在填报高考志愿时，把 23 个志愿全部填成了师范院校，并以优异的成绩考入第一志愿北京师范大学，成为教育系首届心理专业的学生。我为什么要选学心理学？其实我当时对心理学一窍不通，只是朴素地想到，当老师必须从学生心灵入手。在我朦胧的认识中，心理学似乎就是一门研究心灵的学问。今天，"林崇德文集"（以下简称"文集"）就体现了"教育"和"心灵"这四个字。

　　1965 年，是中国心理学从初步繁荣走向全面停顿的转折之年，也是我大学毕业之年。学习了 5 年的心理学已无用武之地，我被分配到北京从事基础教育，先后在 2 所基础薄弱校任教，一干就是 13 年。可能受当年的"志愿"影响，我对当中小学教师无怨无悔，全身心投入：当好班主任；教好课；做好校办厂厂长；主持好学校的教育教学工作。在这 13 年的基础教育工作中，我最大的感受是：教书育人是有规律的，其核心问题是如何架起师生之间的心灵桥梁。应该说，我这 13 年干得不错，"文化大革命"结束后的第二年，即 1977 年，在教育走上正轨的时刻，我被评为北京市朝阳区优秀教师。1978 年，北京师范大学心理专业恢复招生，但心理学教师极端缺乏。母校想起了当年的"好学生"，要调我回母校重操旧业。为振兴中国心理科学，时代呼唤我归队，我只能含泪离开已让我深爱的基础教育界。在回母校时，我带回了 5 篇在中小学工作之余收集数据并撰写完成的研究报告，涉及聚焦先天与后天关系的心理发展规律的双生子智能与性格研究、儿童青少年数学能力发展及其思

1

维结构的研究、品德不良中学生心理追踪研究等。经我恩师朱智贤教授（以下简称"朱老"）的推荐，我竟然成为1979年中国心理学会恢复活动后首次学术大会上的报告人之一，我报告的主题是智能发展及其结构问题。我对品德研究的论文则由中国心理学会秘书长、中国科学院心理研究所所长徐联仓先生向全国人大常委会彭真同志（后来任全国人大常委会委员长）推荐，彭真同志责成教育部等单位为我召开了一次研讨会，该文成了我的成名作。虽然这些作品在今天的"文集"中已显示不出水平，但毕竟是我对教育与心理学研究的开始。在这初入杏坛心灵的交响乐中，我深深地体会到三点：儿童青少年身心发展是有规律的，它是基础教育工作的出发点；中小学是一块心理学研究难得的实验宝地；儿童青少年心理发展将成为我终身研究的重点。

对一个高校教师来说，他的成长离不开师长的培养；而他自己能否培养出国家所需要的人才又是衡量其素质的根本标准。我的"文集"体现了上靠恩师、下靠学生的一种传承。我的心理学功底是北京师范大学心理专业的老师们给的。当年的北京师范大学心理专业名家多，按照专业课程的开设次序，彭飞、张厚粲、朱老和章志光等教授先后给我们上课，可以说我今天的讲课风格是他们讲课特点的综合体现。当然，对我系统培养、扶植的是我的恩师朱老。朱老是一位学术大师、是中国发展心理学的奠基者，他对我人品上的最大影响有两点：一是对国家的忠诚和对党的热爱；二是他的创新精神。如原杭州大学老校长陈立教授给朱老一封信中所言，"新中国成立后，心理学界能就一方面问题成一家之言者，实为少见。老兄苦心深思，用力之勤，卓有硕果，可谓独树一帜"。"文集"不仅反映了我对朱老事业的继承，也展现了我的具体研究。从思维认知到品德社会性，从非智力因素到心理健康，从教师心理到学生发展核心素养，等等，我的研究内容来自自己的课题，我主持过国家自然科学基金、国家社会科学基金、教育部和科技部等20多个大大小小的项目。谁来操作完成呢？是我的弟子们。在科研中，他们展示了品格、智慧和才干，使我萌生了培养出超越自己、值得自己崇拜的学生之信念。我的学生俞国良教授鼓励我创建一个学派，我说已经形成了。从朱老到我，从我到董奇教授，我们已经有了一个较庞大的团队，我们围绕着教育与心理发展的主题，做了许多颇有影响的心理学科建设工作，是否已成为与众不同的学派，我不想妄加评判。我的"文集"只不过是这个团队的一部分成果。

有人问我，"文集"有什么特点？我不想对它做过多的自我评价，只是想表达我在追求"六个坚持"。

一是坚持走心理学研究中国化的道路。心理学是科学，科学无国界。但心理学研究人的心理，人的心理往往又打着文化的烙印。中国人的心理既具有全人类性，又体现中华文化的特点。因此中国心理学必须立足中国、借鉴国外、挖掘历史、把握当代、面向未来，着力走心理学研究中国化的路子，在指导思想、学术体系、研究方法、话语体系等方面充分体现中国特色、中国风格和中国气派。这当然是我的理想，尽管现实离理想还有很大的距离，但我坚信，通过几代中国心理学家的不断努力，是能够实现这个目标的。而"文集"正体现了我在心理学研究中国化上的一些努力：努力研究中国的现实问题；努力借鉴国外理论方法的同时，积极地挖掘本土的智慧与方法论；努力建立我们自己的知识体系。我深深地体会到，越是民族的东西，越能在国际刊物上发表，即越能走向国际，实现国际化。

二是坚持科学的精神。什么叫科学？它是指运用范畴、定理、定律等思维形式反映现实世界各种现象的本质和规律的知识体系（《辞海》定义）。从我 1960 年考入北京师范大学学习心理科学那天算起，正好是一个甲子，我和心理学打了 60 年的交道，我热爱几乎用毕生来研究的心理学。我懂得在心理学研究中科学精神的重要性。而"文集"则体现了我在心理学研究中重视的几个原则：重视实事求是、注重客观标准、相信事实、强调实践，主张在中国实践中研究心理学；重视以定性分析和定量分析作为研究心理学的方法，不仅要运用心理统计学，还要涉及模糊数学和数理逻辑，这应该引起我们心理学界的注意，至少它是一个方向，因为心理现象具有模糊性、讲究范畴、惯用推理；重视国际化，强调开放体系，尽管我走的是心理学研究中国化的道路，但我从来不否认同国外交流，也从不承认终极真理；重视科学的自由探索，我们这代心理学学者，曾经历过对某种心理现象研究的禁区，我提倡中国心理学百家争鸣、百花齐放，有一定权威的心理学家更要谦虚谨慎，聆听各家的意见，切忌盛气凌人、以势压人、一人说了算。

三是坚持正确的指导思想。我出身贫寒,从高中到大学,都是靠人民助学金维持生活、完成学业的。我的座右铭是"忠诚于党的教育事业"。我的最大信仰是毛泽东同志指出的"领导我们事业的核心力量是中国共产党,指导我们思想的理论基础是马克思主义"。这应该是我们的根本意识形态,是核心价值观的精髓。因此,我把辩证唯物主义作为自己对心理学研究的指导思想。对这个观念,我是不会动摇的。而"文集"也体现了这种观点,尽管我做得还不够好。我赞同唯物辩证的心理发展观:和任何事物一样,心理处于发展变化之中;引起这种心理发展变化的有外因也有内因,外因必须通过内因而起作用;心理的发展变化,既有量变又有质变,量的积累是质的发展变化之基础。与此同时,我也赞同辩证唯物的心理反映论,即我协助恩师朱老提出的实践反映论,它强调实践反映人的认识,具有决定性、社会性、主体性、发展性、能动性和系统性等特点。

四是坚持系统的原则。受唯物辩证法的方法论以及现代系统论的影响,我比较喜欢整体性或系统性的原则或原理。事物是以系统形式存在的有机整体,是由要素以一定结构组成的,是具有不同于要素功能的系统,是由不同层次的等级组成的开放系统,它处于永不停息的自组织运动之中,有其产生、发展和消亡的过程。这个原则给我两点启发:人及其心理发展是一个系统或一个有机的整体;任何一项心理学具体研究都是一个整体或由各种环节构成的一个系统。这个原则促使我追求系统整合的心理学观。"文集"正体现了这个原则。系统观使我懂得教育与心理发展是一个系统工程,是一个多历程、多形态、多成效、多争议的自然和社会现象;系统观促进我构建了诸如思维结构、品德结构和学科能力结构等心理学知识体系;系统观成全我完成 20 多项重要的心理学和教育学的研究项目。

五是坚持理论联系实际。理论联系实际既是我们党和国家倡导的三大工作作风之一,又是科学技术和学术研究必须遵循的一种良好风范。在我从事的心理学与教育学界,理论联系实际不仅是朱老一贯的主张,也是国际心理学和教育学研究发展的一种新趋势。例如,"生态化运动""教育行动研究"等,是发展心理学和教育心理学研究领域出现的一种强调在活生生的自然与社会的生态环境中,研究被试心理特点的普遍倾向。因此,坚持理论联系实际是我在研究中的一个重要原则,它使我懂得：没有心理学理论的指导，就不可能深入研究一系列相关的现实问题，即使研究了也水平有限；如果没有扎实的实践基础，研究了半天也是空泛无味，没有应用价值，也不可能有进一步的创新价值，更重要的是广大老师、百姓不买账，所以我在理论联系实际上不偷懒、不懈怠。而"文集"则体现出我在这方面的收获。如果说今天我在心理学界与教育界有一定的知名度和影响力，是因为我在大大小小的项目研究中坚持了理论联系实际的研究作风。我还要指出的是，我的不少课题成果汇聚到"文集"中，靠的是众弟子的力量、团队的力量、各相关课题组的力量！应该特别提到的是董奇和申继亮等教授的辛勤投入，没有他们，哪能有在全国26个省、自治区和直辖市坚持20多年（1978—2002年）的学习与发展、教育与发展的实验研究。从这些研究中获益的中小学教师超万人，学生超过30万。

六是坚持作品的独立性。"文集"由2本论文选和11本著作（合并为10卷）组成，构成12卷，除了学术论文和研究报告有合作的成果之外，其他著作都是"独作"，因为我不想收集合著、主编作品和译作。只有"独作"才能更好地代表我的观点。

"文集"终将出版，让我衷心地感谢最关心我的母校——北京师范大学，感谢我的好友、著名书法家启骧先生为"文集"题写书名，感谢协助我搞科研、出成果、辛苦付出的每一位团队成员和课题组成员，感谢北京师范大学出版社及相关的编辑们（我在各卷中将向具体人员致谢）！

著　者

2020 年 4 月 20 日于北京师范大学

再版前言

————

　　高校教师除了教授专业课程和完成科研课题外，还有诸多的校内外学术交流、座谈、讲学、报告的机会。感谢人民教育出版社于 2015 年把我这些宝贵机会的记录内容汇总出版，定名为《林崇德教育演讲录》（下简称为《演讲录》）。

　　此次《林崇德文集》（下简称为《文集》）出版，我把《演讲录》收入在《文集》中，因此由北京师范大学出版社出版的《演讲录》应该称其为第二版或再版。再版的工作并不容易，它不是将原书简单地搬到《文集》上，而需要进一步的加工，尤其是对内容细节和结构上的调整，这项任务是由我的团队帮助我来完成的。在此我特别要感谢的是贾绪计和张叶二人，绪计主要负责将原《演讲录》做了重新的编排，在内容上也进行了较大的调整；张叶不仅为我校对了再版时的全书内容，而且在最后新增的四篇文章中，两篇是由她将演讲草稿重新录入和编排的。

　　北京师范大学出版社对我的《演讲录》的再版予以了大力支持，负责本次《演讲录》再版工作的除策划编辑关雪菁外，还有责任编辑沈英伦和周鹏。英伦是位心理学专业的硕士。在英伦那里，我看到了年轻的心理学工作者在茁壮成长。于此我一并表示谢意！

著　者

2020 年 4 月 18 日于北京师范大学

第一版前言

————

我自 1965 年从北京师范大学毕业后从事教育工作至今，已是整整 50 年了。

1960 年我高中毕业，因受上海市上海中学班主任孙钟道老师的影响，立志当一名好教师，做一位教育家。于是我在高考的 23 个志愿上，全部填写了"师范"，并以优异的成绩考入第一志愿的北京师范大学教育系心理专业，从此为自己的教育生涯拉开了序幕。

五年的大学生活，我在志愿当教师的基础上又受到"师范教育"的熏陶，自然不断地巩固自己的专业思想，并不断增强对教育事业的热爱和责任感。1965 年大学毕业，我没有被分配到师范院校教授心理学，而是到北京市中小学当了教师。可能是基于我的教育情怀，在 13 年的中小学教育工作中，我深爱自己的事业，一天也没有动摇过。"文化大革命"中的"天天读"，我主要背诵一条毛主席语录"忠诚党的教育事业"。我是这样学的，也是这样做的。随着"文化大革命"结束，心理学科获得新生，1978 年 9 月，我归队回到母校重操心理学旧业：一方面，我并没有离开与我结下情缘的中小学校，继续深入中小学一线，坚持"育人先育心"的理念，开展学生心理与教师素质的研究，并把试验点在全国各地铺开；另一方面，从中小学教师到大学教师，在整个教育生涯中，我每天都在自觉地把当教师作为教书育人的专业，作为脚踏实地地"培养出超越自己、值得自己崇拜的学生"之神圣事业。

随着我国教育事业的发展，教育改革对教育科学的需求也越来越多，作为教育科学的组成部分或交叉发展的心理学，在教育科学的理论发展与教育实际的需要中的价值或重要性越来越明显，于是我应邀到教育实践第一线和教育理论界进行的演讲也越来越多。记得邀请我做第一场报告是我归队不久的 1978 年 9 月底，受北京市第 124 中学梁校长的邀请，我做了《人是教育的对象：谈谈学生心理发展的规律》的演讲。之后一发不可收。今天回想起来，除了西藏，我到过我国其他所有的省、自治区和直辖市做过演讲；我去过高校、研究机构、众多的中小学校等做过演讲；我演讲的内容也比较广泛，大致包括教育的本质及其功能、教学改革的心理学问题、教师素质的构成及其提高途径、如何培养学生的智能与品德、怎样构建中小学的学科能力、如何积极而科学地开展心理健康教育等。

感谢人民教育出版社的领导同志于2014年秋对我约稿，他们希望出版我的"教育演讲录"。从那时起至今，我整理出25篇演讲稿。有的内容，如创造力的心理学研究、师德的养成、智能和品德的培养，我不知在高校和中小学校做过多少场演讲。然而，要把演讲内容整理为"演讲录"，却要花费很多的时间和很大的精力，尤其是把相关的录像、录音和幻灯片等资料重新整理出来，确实不是一件容易的事情。我的弟子陈英和、刘霞、贾绪计、辛素飞、黄四林、邢淑芬、刘春晖和办公室的孟巧萍等为此所付出的艰辛，真是难以言表；尤其是贾绪计还协助我逐篇做了核对工作。《北京师范大学学报（社会科学版）》从2015年起创设"学者访谈"栏目，学报主编请我的弟子罗良教授代表学报对我进行了专访，并发表在学报2015年第3期上，这就是《励精图治的心理学家与教育家——专访北京师范大学资深教授林崇德先生》一文的来历。因文章写的是我的心理学与教育生涯，所以我把它作为首篇文章，收入本演讲录中，以便读者了解我的演讲录的一些背景。

人民教育出版社郭戈研究员、魏运华编审、刘立德编审和刘捷编审对本演讲录的编辑、出版给予了大力支持和帮助，付出了艰辛的劳动，令我感动。于此一并表示衷心的感谢！

今天——2015年5月16日，我的家乡浙江省宁波市的教育博物馆开馆，这一天正好是我把本书稿交给人民教育出版社的日子。谨以此书纪念宁波市教育博物馆开馆，并表达一个在外游子对家乡的一份情意！

我的演讲录仅仅反映我从教50年来特别是改革开放以来对教育的理解或认识，属于一家之言；出版此书为的是向广大的读者求教，恳请大家批评、指正。

著　者

于北京师范大学发展心理研究所

目录 | CONTENTS

第一编

PART 1

使 命

励精图治的心理学家与教育家^①

—— 专访北京师范大学资深教授林崇德先生

[**被访谈者简介**] 林崇德，北京师范大学资深教授，现任教育部中小学心理健康教育专家指导委员会主任，教育部社会科学委员会委员兼教育学和心理学学部召集人，《心理发展与教育》主编，中组部联系高级专家。曾任中国心理学会理事长，中国教育学会常务理事兼学术委员会副主任，国务院学位委员会学科评议组成员，北京师范大学发展心理研究所所长，北京师范大学教学指导委员会主任，《心理学报》副主编等职。以下简称"林"。

[**访谈者简介**] 罗良，北京师范大学认知神经科学与学习国家重点实验室教授，博士，博士生导师。以下简称"罗"。

林崇德先生是新中国成立后培养的第一位教育学（心理学）博士。他大力倡导并积极实践心理学研究中国化，在国际上发表的原创性智力理论产生了重要影响；他一直坚持心理学研究要服务好国家重大需求，在中小学课堂和汶川地震心理干预培训现场频现他的身影；他作为中国心理学重要学术带头人之一，带领大家协同创新实施大科学研究；他作为研究生导师"师德为先，严慈相济"，培养出了一大批"值得他自己崇拜"的人才。林先生这些成就的背后有哪些故事与艰辛？他从事心理学和教育科学研究几十年的心路历程是什么？本人很荣幸作为《北京师范大学学报》特约采访人和撰稿人，与林先生进行了深度交流。

一、立志当教师

罗：林先生，您好！首先对您在百忙之中接受《北京师范大学学报》专访表示感

---

① 本专访的时间是 2015 年 2 月 2 日，全文发表在《北京师范大学学报（社会科学版）》2015 年第 3 期。

谢。林先生，我记得 2004 年在人民大会堂师德模范报告团演讲时您提到"如果有来生，我会再报师范大学，再当一次老师"；而且我还清晰地记得，您在 2009 年中国心理学会一次大会上说"心理学即我的生活"，您是从什么时期起要当老师，又从什么时候开始对心理学感兴趣，并下决心学习心理学的？

林：哎呀，这个话题说来话长了，还要从初中说起。我是在上海浦光中学读的初中，当时并不知道有心理学这个学科，更别提对心理学感兴趣了，但我从小立志做对社会和国家有用的人。在初一的时候，我在语文书里读过一篇关于詹天佑的课文，我就被这位伟大的富有爱国精神的铁路工程师的事迹深深感动，想当个铁道战线的技术员，向詹天佑学习，说不定还能做个当代的詹天佑。到初三时，就面临着毕业去向的问题，基于我的家庭情况，我想早点独立。我就跟班主任老师说，我想考中专，志愿确定为上海市铁路中专。但是，1957 年，我初中毕业期间，赶上了国家"反右"斗争的政治运动。那一年，上海取消了中专和技校的招生计划，我唯一能报的是高中和中等师范学校。面对着新形势，我忐忑不安，为自己的前途担忧。这时我的班主任张佛吼老师鼓励我说："我已经看出来，你是我们班颇有出息的学生，因为你刻苦、认真。我希望你能考上海中学，在那里可以住校，这不比中等专科学校差，因为按照你的家庭情况，说不定能申请人民助学金，能供你吃饭，供你生活，我想这跟中专又没有什么两样。毕业以后，我相信你一定能考上大学，将来能够当一个出色的工程人员。"就是我的班主任张老师关键时刻的一席话，指引了我人生的道路。就这样，我以九取一的优异成绩考上了上海市著名的中学——上海中学。

考入上海中学以后，从高一到高三，我的信念都是要考上海交通大学或唐山铁道学院，学习詹天佑的精神，为国家建造更多的像南京长江大桥那样的伟大工程。但是，这种理想后来在悄然发生变化，之所以发生变化很大程度上受到高中班主任上海市劳动模范孙钟道老师的影响，特别是孙老师在 1960 年 3 月份上的一次物理课，给我很大触动。那天上午，孙老师来上物理课，当时上课的典型模式是，老师先提问上一节或上几节课的一些内容或问题，然后让学生回答，回答以后老师打分，再开始上新课，可是我们班有位同学没能很好地回答孙老师的提问，这个时候，年近花甲的孙老师感慨万千："同学们，再过几个月你们就离开学校了，我希望你们能成为国家未来的栋梁。若干年以后，当我看到你们每个人都取得了成就时，那便是我当教师的人生最大的欣慰和幸福。如果你们中间谁做了一点对不起国家，对不起人民的事情，那就是我最大的不安，最大的惭愧。"忍泪说到这儿，孙老师已经激动得说不下去了，他拿着板擦转身去擦黑板，想掩饰一下激动的心情，可是黑板上没有写下一个字，他又回过头来，眼里含着泪花，艰难地说："人之失落啊！学生不争气，会让老师感到耻辱。"那一刻，我脑海中闪过一幕幕老师教导、关怀我的场景。

高二时，住在我老家的母亲得了重病，我把她带到上海，父亲陪她去看病，尽管把她的病医治好了，但是家里却十分困难，我获悉兰州铁路专科学校来招插班生，生活待遇是每个月给 22 元助学金，这样不仅我每个月吃饭问题解决了，还可以每月给母亲钱。为了当个孝子，我当时就不想在上海中学上学了，想去报名这所专科学校。可是，班主任孙钟道老师知道这件事情以后，不仅给我讲了"忠"与"孝"的关系、小家与国家利益的关系，而且他还亲自替我向学校申请了除甲等人民助学金之外的零花钱。不仅让我吃饭没有问题，还能够买一些报纸杂志和参考图书。记得高二时孙老师对我说，他对我有很高的期待，希望我能够完成在上海中学的学业，然后能够考上我自己梦寐以求的上海交通大学或唐山铁道学院，将来真正能够实现自己的夙愿，做一位像詹天佑一样的人，对国家做出贡献。

那次，听完孙钟道老师的一番感慨，我联想到自己的成长过程，比较了詹天佑这样的桥梁隧道工程师与孙钟道老师那样的人类灵魂工程师对于人类发展的价值。那一刻，在我刚度过 19 岁生日的心灵深处，留下了永不消失的印记，使我改变了自己的志向，决心要当一位像孙老师那样的教师，当一位杰出的教育家。

为什么选择了心理学呢？我当时已懵懂地知道，培养人必须从心灵入手，就这样，在我当年升学考试的 23 个志愿上，全部填写了"师范"，并且以优异的成绩考入了第一志愿——北京师范大学教育系心理学专业，从此为我自己的教师和教育生涯拉开了序幕，也从那时开始，成为教育家和心理学家的志向再也没有动摇过。当然，五年的大学生活肯定受北京师范大学的心理学知识与师范教育所熏陶，使我越来越坚定了自己的专业理想。但是,我一生当中最难忘的仍是能够奠定我人生理想、人生价值、人生基础的上海中学,我有上海中学的情怀,我永远忘不了自己的母校——上海中学。

罗:您是从小就立大志呀!我们教育界与心理学界都要感谢孙钟道老师,否则中国教育界与心理学界将失去您这样一位学术大家,那将多么可惜呀!

林(微笑):孙老师对我的影响我终生难忘,但中国教育界和心理学界没有我并不可惜,我只是其中普通的一员,做了该做的事情!

罗:您太谦虚了,林先生,您大学毕业之后,好像没有直接从事心理学研究,而是到基础教育领域当了 13 年教师,之后才回到高校从事专业研究的,这又是为什么?

林:我是 1960 年来北京师范大学上学的,那时我的人生目标就很明确了,那就是为党的教育事业而学习,毕业后好好报效国家。当时,北京师范大学教育系集中了国内外著名专家、教授,光是心理学专业教师就有 15 位,其中有四位对我的影响最大,按为我们授课的先后顺序是彭飞、张厚粲、朱智贤和章志光四位老师。在心理学专业学习上,我应当感谢两位老师。一位是张厚粲教授,她是教我们基础心理学、实验心理学、统计学这三门基础课的老师。还有一位就是我后来的导师,也是我终生难忘的、心理学的引路人——朱智贤教授,朱智贤教授是整个心理学乃至教育系最受尊重的教授之一。朱智贤教授有两点对我影响最为深刻:一是他对党和国家的忠诚,二是他对创新观念的重视。

为了成就心理学家梦想,我在学习中,既重视书本知识学习,也重视社会实践经验的积累,在大学五年学习成绩一直名列前茅,心理学专业能力也得到了很好发展,朱智贤教授给我的大四学年论文的批语是:"此文接近《心理学报》发表水平。再作适当修改,作为毕业论文。届时我将推荐到《心理学报》发表。"随着政治形势的改变,到了大学五年级,我们再也没有那种又红又专的气氛了,相反地,按照当时的社会要求,我们需要进行思想清理。不知道为什么,我的日记被泄露了,日记里有那么一句话:"为什么国外有心理学派,唯独中国没有?"这是我学心理学史以后的一种体会,仅仅是一种体会,写在自己的日记里面,我觉得这有什么啊?但是，1964年暑假以后，学生思想清理运动首当其冲的是我，我被确定为教育系的"白专尖子"，从此以后受到了不公正的批判，批判我的"只专不红"思想，批判我成名成家的思想，并上纲上线地责问我："为什么要建自己的心理学派？"

我成了众矢之的——被称为"野心家"。我的毕业鉴定起先几乎没有什么优点，却有三条严重的缺点：第一，阶级斗争观念薄弱；第二，和资产阶级知识分子（主要是指老师）划不清界限；第三，企图成名成家，资产阶级名利思想严重。对这三条缺点，我并不否认，但是鉴定中没有优点，我感到非常遗憾。我去找我们敬爱的于陆琳老师，她是一位老革命，是在延安长大、在革命的战火中成长的女干部（1965年，我们毕业后，她调回国防大学，晋升为将军），当时担任我们的系党总支书记兼我们的系主任。我就跟于老师说："于老师，毛主席教导我们，干什么事情都是一分为二，可是我怎么大学五年一条优点都没有，这是一分为二吗？"于老师也感到非常奇怪，好多同学都为我提了优点，比如学习刻苦、认真，怎么会没有优点呢？之所以会这样，是因为按当时的观念，我是为名利而学习，这个大前提错了，就一错到底了，因此，也不会有任何优点了。

于老师毕竟是一位好领导，她让同学们帮我找优点，优点是这么来的。1963年暑假，我回上海，那一年天津海河发大水，周恩来总理下命令"炸海河，保天津"。为保住天津，水往南流，河北衡水等地区是汪洋一片，津浦线有半个多月没有通车。我在上海，刚好要北上回北师大学习，不能回来了，怎么办呢？我在上海组织了浙江、安徽、福建、江苏、上海等地那些不能够北上的同学，这些同学有北师大的、北大的、清华的、人大的、北航的等，一共组织了500多人。我们很有组织观念，我被推选为总指挥，有人管经济、有人管生活安排，我们跟北师大校方联系，北师大领导给我们往华东师大电汇了500元钱，我们把这些同学安置好，使大部分同学能够坐上火车到山东烟台，由烟台坐轮船到天津，再由天津塘沽坐火车回北京上学。我和另外108名同学，最后包了一节车厢，在第一天能够通车的时候乘上火车，于9月3日回到北京，迟到了三天，因为9月1日开学嘛。我迟到了，但是我做了这么一件好事，后来这件事情经过调查，确认可以认定为"林崇德有一定的组织能力和助人为乐的思想"。嘿，我有优点了，当然在这个基础上，同学又给我提了好多优点，又找了党总支书记于陆琳老师，我要求在缺点前面也加两个字。于老师就问："你的优点前面有'一定'，是不是缺点前面也想加'一定'啊？"我说不是，要用"一度"：林崇德"一度"阶级斗争观念薄弱，"一度"和资产阶级知识分子划不清界限，"一度"名利思想严重。我说前面只要加"一度"两个字，就说明三个缺点都是"一度"，以前是这样，现在改了，好了，进步了。我是带着这三条缺点离开北师大的，在分配的志愿表上，我第一志愿填了"坚决服从党的分配"；第二志愿填了当时最艰苦的地方——贵州，为什么没有填新疆呢？因为我们心理专业在新疆总共只有一个名额，有一个维吾尔族的同学回去，那我当然不用填了，我填了贵州；第三志愿是我愿意去的地方——中国科学院心理学研究所。有关领导对我说，第二志愿要党员去，贵州要搞犯罪心理学、司法心理学，你不是共产党员，你不适合去贵州；中国科学院，本来是个成名求利的地方，你一个名利思想比较严重的人，你怎么能到那边去呢？于是，把我同其他11个同学一起分到北京基础教育界。因为当时的北京市委书记兼市长彭真同志说过，有些分不出去的学生，留下来在北京搞刘少奇同志倡导的"半工半读"，也就是搞职业教育。我就这样留在了北京，开始了新的生活，走上了教师岗位。

就要离开师大时，我向几位敬爱的老师一一告别，唯独不敢进朱智贤先生（以下简称朱老）家的门。那天晚上，我在他家楼下徘徊多次，也可能是缘分，朱老刚从操场散步回家，见了我十分高兴，语重心长地鼓励我："崇德，不要灰心，不要委屈，要相信群众、相信党，还要相信你自己，有信心，总有一天你又会搞学问的。一切真知来自实践，你到中小学实践中去还是有作用的，好好干吧！"

毕业后，我先到北京郊区密云县（今密云区）的农村参加社会主义教育运动，即搞过一年时间的"四清"运动。1966年6月回城，1967年11月，我被分配到北京市雅宝路中学任教。工作了10年后，我又被调往十年一贯制的三道街学校当了两年多的干部和老师，其间当班主任、任课、经营校办工厂、做教育管理，但是我一直没有停止过心理学研究。

罗：您在基础教育工作的这段时间，中国正在经历"文化大革命"，在那种氛围下，您是怎么进行心理学研究的呢？

林（微笑）：我是偷偷进行的。"文化大革命"中，心理学已被打倒了，但是我对心理科学的感情依旧，对心理学研究的"贼心不死"。我认为心理学不是"伪科学"，而是科学，它是研究人的科学，属于"人学"，它是教育科学的一个重要组成部分。心理学不能研究了，我可以研究朝夕相处的教育啊！何况心理学的研究方法正是教育科学研究的方法。于是，一到中学任教，我就想用心理学的研究方法来研究教育。

我的第一项研究是从品德不良学生心理特点开始的。在雅宝路中学，由于生源差，品德不良的学生多，于是在我所教的原初二，后来变为初三的69届学生中，我有意识地积累品德不良学生的心理档案材料或研究材料。那时，我自己班里进过公安局的学生有12位，我就把他们的材料都一一整理好了，记录他们何时开始品德不良；在这个过程中，有哪些认识方面、情感方面、意志行为方面的问题；思考教师应当采用什么样的教育方法才能够使他们进步等问题。为回答这些问题，我就运用"个案法"，一一梳理他们的个案材料，研究品德不良学生的心理规律。其他老师们整天看到我整理品德不良学生的个案，好奇地问我到底是在干什么？我可不能说在研究心理学或教育科学，可是我明明在进行个案研究，搞品德不良学生的心理学研究，怎么办呢？我冠冕堂皇地说："我在研究被资产阶级思想腐蚀的一些青少年的基本情况，又在琢磨着如何把他们从资产阶级泥坑中间拉回来，成为无产阶级事业的接班人。"这些完全是谎话、空话、大话，我真正的目的是在研究品德不良学生的心理特点及其变化规律。可是我敢承认自己的研究行为吗？同事们看我是那样的认真，于是他们又为我提供各班大量的个案。就这样，我前前后后对近100名品德不良的学生进行了追踪，到1977年时，我追踪最长的被试为10年，最少的也有4年，据此我写了一篇文章《品德不良中学生的心理学研究》。

这篇文章在1979年11月的中国心理学会学术年会上，由时任中国心理学会秘书长的徐联仓教授交给当时的全国人大法制委员会主任，后来的全国人大常委会委员长彭真同志。当时，彭真同志对青少年的违法犯罪问题非常重视，他在一次会上提到了这个问题，要求进行科学研究。彭真同志对我的研究十分重视，约好于1980年1月的某一天要听取我的汇报。因为彭真同志和他夫人张洁清同志临时要去南方视察工作，就委托最高法院院长杨秀峰同志到会。汇报会安排在人民大会堂。那天，杨院长还带来了胡绳同志（后来是全国政协副主席）及一系列法学专家，教育部、团中央、全国妇联、北京市宣传部、北京市教育局等相关领导都到了会场，我认认真真地向他们汇报了我对品德不良中学生，也就是违法犯罪的青少年犯罪过程的心理学研究的结果，引起了他们的重视，也受到了报刊的宣传。没有想到，1980年1月，我的这场报告成为我成名的开始。后来有人评价说，这是一种偶然；可是好多心理学前辈却认为偶然中间有必然。特别是徐联仓先生认为"文化大革命"时大家都沉浸在一片悲壮的默默无闻的过程中，可我却在心理学的土地上悄悄耕耘，因此出成绩是必然的，不是一种偶然现象。

罗：您对智力的相关研究是什么时候开始的呢？

林：我对智力（认知）及其发展的研究是从 1972 年开始的。那年我当了校办厂长，而我的前任是我的好友——化学老师王旭明，他发现有些学生在工厂实习实践后，学习化学知识就更快、更好了。我让其教的两班，一个班去电镀总厂（我们学校当时由北京电镀总厂接管并派了工宣队），另一个班不参与实习实践，结果发现，接触过电镀的和未接触过电镀的两个班学生，在学化学的某些内容上接受程度就不一样。当时，我认为王旭明老师进行的是一个教育心理学对照组与实验组对比的研究，接触校办厂电镀的班是实验组，相反的那个班是控制组。从中我体验到一点，中小学是老师搞教育科学研究很好的场所。

于是，我在雅宝路中学开始进行教育心理学或认知（智力）培养的实验研究，那个时候，突然一个双生子的对比研究进入了我的视野。说来也怪，雅宝路中学的双生子特别多，这就激发了我的研究兴趣。比如说，有一对双生子叫徐一和徐二，父母是外交部的工作人员，他们长得很像，而且有三方面特别接近：第一，都是班里面的班干部；第二，学习成绩都非常好，1977 年都考上了大学；第三，他们两个人有共同的爱好——打乒乓球，他们都是我们雅宝路中学校队的队员。可他们只是异卵双生子，为什么他们的智力、品德和兴趣爱好那么接近呢？对此，我进行了深入调查，发现他们两个人从小就形影不离，父母总是一起来教养和教育。于是我在雅宝路中学收集了十几对同卵双生子或异卵双生子的资料，后来又通过协和医院和东四妇产医院收集了很多资料。当时在北京，只有这两个医院在"文化大革命"中对出生的儿童有同卵双生和异卵双生的记载。因为"文化大革命"中，遗传学和心理学同时被打成了"伪科学"。虽然如此，而我却总在思考遗传和环境对儿童青少年心理发展发挥着什么样的作用，我整整用了三年多时间收集资料和进行测试。1976年党中央粉碎了"四人帮"，尽管心理学还没有从"伪科学"中解放出来，但社会气氛好了很多，我就利用业余时间写了《遗传与环境在儿童智力发展上的作用》《遗传与环境在儿童性格发展上的作用》两篇文章。

在教学的实践中，我在思考着，为什么有的学生成绩好，有的学生成绩差？除了非智力因素以外，他们在思维活动中间有什么特点呢？于是我非常重视学生的思维结构。我在自己的教学笔记本里，把思维的目的性、思维的过程、思维的材料、思维的规则，特别是反思型的规则，都作为思维结构的一种表现形式。后来我又被调到三道街学校，这所学校不仅有中学部，还有小学部，我开始接触了大量的小学生的数据。于是我围绕着中小学生的数学能力，研究起发展与培养的问题。发展研究容易，因为在横向上可以利用"职权"在不同年级（年龄）上测试，还可进行纵向追踪研究，这样，对中小学生数学能力的发展就有数据了。但培养呢？我每天深入这所十年一贯制学校的不同年级听课，分析成绩起伏原因，最后我把思维品质确定为培养智力与能力的突破口，并在学校培养教学能力上取得了一定的成绩。我在此基础上又写了《小学生运算能力的发展与培养》《中学生运算能力的发展与培养》两篇文章。在这两篇文章中，我把运算中思维或智力的具体数据也展示出来了，这是我的思维或智力结构观的雏形。这就是参加1979年中国心理学恢复以后第一次学术年会时我提交的文章，并且以《儿童青少年运算能力的发展与培养——兼论智力结构》为题做了大会发言的文章，受到不少与会的老心理学家的肯定。德高望重的心理学泰斗陈立老先生当着朱智贤教授的面对我说了一段话："'文化大革命'，我们都在投身'斗批改'，斗资产阶级道路的当权派，批修正主义路线，改革不合'四人帮'要求的规章制度。可是你这位年轻人却在'斗批改'的夹缝中间，冒着心理学已经被打成'伪科学'的危险在认真搞研究。你的精神难得！你今天报告的成果受到大家的欢迎，这是必然的了。"

二、走中国化的道路

罗：谈到智力结构，我们都知道，您曾经在国际权威心理学杂志《理论心理学》（*Theory & Psychology*）上发表了您的智力结构观。这篇文章还跻身该杂志自创刊 17 年以来所有 600 余篇论文"被阅读次数最多的 50 篇文章"排行榜，位居第五位（注：塞奇出版公司网站 2006 年年底发布的数据），这应该是为数不多的由中国心理学家提出的、得到国际同行认可的智力理论模型，您能详细给我们讲一下这个智力理论的提出过程与核心观点吗？

林：这个智力理论模型，又被很多国内同行称为"聚焦思维结构的智力理论"，之所以是"聚焦思维结构"，是因为我在自己的心理学观中，首先强调"思维核心说"。人与人之间个体智力是有差异的，人类个体之间智力差异的根本原因在于其思维结构的差异。因此，只要解决了人类思维结构的问题，人类智力的种种问题即可迎刃而解。

思维是一种什么样的结构呢？为此，我提出了自己的思维结构模型。我国心理学界不少评论文章称它为"三棱结构"。这些评论里最有权威性的一位是黄希庭教授。他在北京大学出版社 2005 年出版的那本《心理学十五讲》里就有很重要的一个小节来介绍我的思维的三棱结构。黄希庭教授还在 2009 年《心理科学》杂志上撰文，提出中科院生物物理研究所陈霖院士的"拓扑知觉理论"和林崇德教授的"三棱结构"为我国心理学界近 30 年的两项原创性成果。当然这是一家之言。其实黄希庭教授本人才是原创性的典型，他对实践认知和人格两方面的研究，是常人不能比拟的。他的评论对我来说是一种启发，是一种鞭策，是一种激励。

这个结构是我在从事基础教育的研究过程中，经过理论联系实际提出来的。1965 年到 1978 年，我曾经在中学当教师和教育组长（其职能相当于今天的教务主任和政务主任之和），当我深入听物理和化学课时，总要和物理教师和化学教师讨论有关物质的结构，这种自然科学结构观引起我对心理结构，特别是智力结构的兴趣。我当时想："物理是有结构的，难道心理就没有结构？"于是在这个过程我就逐步地提出了这个结构模型。1979 年 11 月在"文化大革命"后中国心理学会第一次学术年会上，经恩师朱老的推荐，我在大会上做了《儿童青少年数概念与运算能力的发展》的报告，初步展示了这个思维结构模型。后来，我协助朱老指导了五位首批硕士研究生，在和他们的讨论中，我又逐步完善了这个模型。1982 年，我参加了"文化大革命"以后最早恢复的中国心理学会发展与教育心理学专业委员会的活动。它的人数占整个从事心理学工作人数的将近 70%。第一次学术年会是在云南开的，我利用开会的机会做了问卷调查。因为我在之前就经过与学生的讨论采用开放问卷，后来我干脆把前面提得比较多的 10 项抽出来让大家来画钩。我找了 100 多位与会代表中的五六十位心理学家给我画钩，后来我取有效问卷 50 份来分析。到中学做其他问卷的时候，我选了比较有声望的 25 位老师给我画钩，又选了小学有声望的 25 位老师给我画钩。就这样做了从开放到封闭的两次问卷。结果表明，有六种因素在被试中赞同的比率超过或者接近第三个四分点，就是 75%。于是我就把这六种因素按其在思维乃至智力中的地位和功能，制作了三棱结构图，这个图我最早发表在我的《中学生心理学》《智力发展与数学学习》几本书中，1981 年我还将其发表在《心理学报》中。后来经过完善，我就把它写入朱智贤教授和我共同撰写的那本《思维发展心理学》中。这个结构包括的六个因素具体是：思维的目的、思维的过程、思维的材料、思维的品质、思维的监控、思维的非认知因素。具体内容我就不展开说了。

我为什么要在国际上发表自己的智力结构论文，也就是你提到的这篇文章呢？因为在中国的教育界对加德纳的多元智力宣传有点过头，讲得也太多了。《幼儿画报》竟开辟一本专刊叫作"多元智力"。连美国的心理学家都说："对多元智力的宣传，你们中国比我们美国对加德纳吹捧还要多！"英国心理学家菲力普说："加德纳多元智力论是垃圾，值得这么宣扬吗？"这些话对我触动很大。其实，在 20 世纪 80 年代，加德纳的智力观就引起了我的关注，尤其是 1987 年在盐湖城"第七届世界天才儿童与天才教育会"上经人介绍，我和董奇教授认识了加德纳，他给我留下了深刻的印象：右手提着包、左手提着风衣，雄赳赳、气昂昂地往前走，从不看两边。这就是加德纳，太有派了！一直到 2000 年，在斯德哥尔摩第 27 届国际心理学大会上，我对李庆安等几个学生说："前面那位就是加德纳。"他们说："是吗？你怎么认识的？"我说："他那个样子我永远忘不了。"

1987年从盐湖城回来的时候我仔细琢磨了加德纳的观点，突然想起来加德纳的观点我似曾相识。在哪儿见过呢？在我们老祖宗的著作里见过，那就是从3000年以前西周的官学到2500年以前孔夫子的私学里提到的六种课程，这就是"六艺"。于是，我在这篇文章里边明确地提出加德纳的观点与我们古代的"六艺"有着相似之处。我们的"六艺"就是七种智力。有人说："怎么没有自知智力？"我说："'六艺'里头明确提出'礼'，这就是人际关系。但是'克己复礼''知人者智，自知者明'这难道不是自知智力吗，不是自我控制智力吗？"我们"六艺"所讲的七种智力和加德纳所讲的七种智力是一致的。

但是，我们与加德纳的观点又不完全一样。倒并不是由于时代不同，一个是现代，一个是古代。我们也并不强调我们比他早，我觉得更主要是要强调两点。第一，加德纳认为，七种智力是独立的、毫无关系的，我们"六艺"则强调是以"礼"为核心的相互联系性：内外是有联系的，你中有我，我中有你；包含或者相关、相融的关系；交叉的关系等各种各样的关系。第二，加德纳现在搞的还是实验学校的材料，他的"未来学校"还处于实验阶段，而我们老祖宗3000到2500年以前就已经把"六艺"列为课程了。因此，我感觉我们的老祖宗高明，我们的老祖宗了不起，我们不能够忘记自己的祖宗，更不能够一味地崇洋媚外。

罗：不忘记祖宗，不崇洋媚外，这是不是您一直坚持心理学研究要中国化，提出植根于中国文化的心理学理论的根本动力呢？

林：可以这样说吧，我至今仍然不能忘怀恩师朱智贤教授给我说过的一段话："当我们打开美国心理学的著作时，给我们展示的所有资料，除了瑞士皮亚杰的研究以外，基本上都是美国自己的材料；当我们打开苏联心理学的著作时，给人一种强烈的俄罗斯的民族自豪感，似乎他们是世界第一。然而，看看我们自己的研究时，我们感觉非常惭愧。1949年以前我国心理学学西方，从1949年到'文化大革命'前夕是学苏联，现在又有一种新的趋势，即返回来去学西方。如果按照这种路线走下去，何年何月才能有我们中国特色的心理学呢？包括儿童青少年心理学、发展心理学呢？我们是具有五千年灿烂文化的国家，是有四大科技发明的古国，有大批古代思想家所奠定的中国心理学的思想体系，我们为什么不能够很好地建设具有中国特色的心理学呢？你归队，回来当我的研究生，咱们师生有缘，因为你13年前就是我选上的好学生，你应该珍惜自己13年从事基础教育的实践经验。你选择一个时间再回去，回到中小学去，从新的角度，而不是从前你当老师的角度，是从一个心理学家的角度去研究儿童青少年，希望你为心理学，特别是为儿童青少年心理学的中国化做出自己的努力！"

遵照朱老的教导，我在开展心理学研究时，一直坚持三个原则：一是坚持唯物辩证法的哲学观、坚持理论联系实际的原则和"洋为中用，古为今用"的方针。即使在国际刊物上发表的文章，如在 *School Psychology International* 上发表的《在多变世界中的品德发展：中国的观点》一文中，也明确提出唯物辩证法的观点，因为我们是社会主义国家，坚持中国共产党领导，心理学研究一定要坚持唯物辩证法。二是突出中国情怀、世界眼光和时代特点。如上面提到的"聚焦思维结构的智力理论"，虽然借鉴国际智力理论的精髓，但其出发点是中国古代的"六艺"；又如，我提出的中国心理学研究的十大关系，专门论述了国际化与民族化的关系、继承与创新的关系等。我一直坚持这样的观点，越是民族的东西，越具有国际化。三是始终贯穿心理学研究中国化的红线。我在1985年《心理发展与教育》杂志创刊号上发表的《试论我国儿童青少年前进的道路》一文中，首次提出了心理学研究中国化的问题，坚持研究中国现实、研究中国文化和建立中国自己的知识体系。

罗：谈到知识体系，林先生，很多心理学名家到了研究后期，都会在已创建理论基础上提出自己的哲学观，实现从理论到哲学观的飞跃，您有自己的哲学观吗？

林：你问的这个问题非常重要，我想很多心理学名家都会在晚年提出自己的哲学观，他们绝不是为了要提出哲学观而提出，而是他们在长期思考和论证自己理论的基础上自然而然形成的高度概括、理论化的观点，即哲学观。我在几十年的学术研究生涯中，也进行了很多的思考，如果非要用一个词来概括我的哲学观的话，可能用实践反映论最恰当。

什么是实践反映论呢？我曾协助朱智贤教授撰写过一篇《反映论与心理学》，对这一哲学观进行了初步阐述。可以从以下四个方面理解这一哲学观。首先，实践是什么呢？简单说来，实践是人类认识世界、改造世界的能动的活动。生产劳动实践是人的最基本的实践活动，由于它，人们必须进行相应的社会实践活动和科学研究活动等。其次，人的心理、认识、意识等反映活动是包含在人的实践活动之中的，是在实践活动中形成和发展的，实践活动是人的心理、认识、意识产生和发展的基础、源泉和动力。再次，人的实践具有能动性，是能动地改造世界、改造自己的活动。它不是无生物的机械性运动，也不是生物的适应性行动，而是一种能动性的反映，是人的主体对客体的能动的反映。最后，辩证唯物主义认为，关于人的实践性反映，必须在本体论上坚持物质(客观现实和人脑)第一性和反映(心理、认识、意识)第二性的原理，以区别于形形色色的唯心主义。辩证唯物主义的实践反映论思想，在马克思主义经典著作中有大量的论述，结合心理学研究，我认为实践反映论有六个基本特点：①人的心理反映的决定性；②人的心理反映的社会性；③人的心理反映的主体性；④人的心理反映的发展性；⑤人的心理反映的主观能动性；⑥人的心理反映的系统性。我目前在自己开展的各类研究中，都更加突出实践反映论的哲学思想。

三、服务好国家重大需求

罗：太好了，您的哲学观一定对您的心理学理论与研究又有很多新的拓展和概括。林先生，您是心理学家，但我看有学术文章称您为"中国基础教育改革的播火者"，这又是为什么？

林(微笑)：称呼我为"中国基础教育改革的播火者"是一些记者对我的赞美吧，不敢当！我是学教育科学和心理科学的，不算教育家，但我对基础教育的确情有独钟，我学术研究的一半重要内容是建构基础教育的理论体系，并且我做了大量提升基础教育质量的实践工作。

前面提到过我在基础教育工作过 13 年，我从基础教育第一线归队之所以又投身基础教育进行改革实验有四个原因。一是服务基础教育国家需求。我一直强调，心理学一定要服务好国家需求，而基础教育领域是心理学，尤其是教育和发展心理学能够满足国家需求的重要方面。二是恩师的教诲。为了创建具有中国特色的心理学的体系，朱智贤教授希望我能够重视自己 13 年的教育经验，继续投入到中小学去搞实验研究。三是我忘不了在基础教育第一线自己的教育生涯，更觉得这 13 年的教育经历、教育实践、教育经验不比我在大学系统中学了教育理论、心理学理论差，相反地我觉得更有价值。如果在理论的指导下，重回基础教育第一线，那么肯定使教育实践有所升华，在基础教育的理论上能够形成自己的体系。四是对自己研究生培养的需要。我把基础教育实践作为培养研究生的一种方法、一种手段、一种途径。基于上面四个原因，从 1978 年，我重回基础教育第一线，开始搞以培养思维品质为基础的教改实验。我的实验学校覆盖到 26 个省、自治区、直辖市，从黑龙江五常市到广东遂溪县，从上海市黄浦区到新疆维吾尔自治区天山脚下，从内地偃师市到沿海瑞安市，共有 3000 多个中小学实验班。通过参加实验，几乎每一个实验班的教学质量都提高了，学生过重的负担减轻了，出现全面发展、学有特色的景象。1984 年，时任教育部部长的何东昌同志曾在会上表扬这些教改实验，认为这些成果改变了一些教育现状，提高了教育质量，其意义不亚于获自然科学一等奖。全国人大常委会许嘉璐副委员长(1998 年 7 月)也肯定我在实验点的做法(中小学一起抓，并进行多门课程的改革)及产生的诸方面成效，并指出这些研究在国内也是唯一的。

在整个实验研究过程中，我不仅仅重视在第一线的学生智能和品德的提高，不仅仅关注教师素质的提升，不仅仅重视教育质量的提高，而且我在积极地汇总数据，总结调查研究结果，撰写研究报告和学术论文，并出版相关的专著，为建构基础教育的理论体系，在做自己的努力。

罗：您能给我们展开讲一下您建构的基础教育理论体系吗？

林：中国人重视"六六顺"，我这里也讨一个"顺"吧！在我为基础教育改革而建构的理论中，我选六种。这六种体现自己与众不同的或是较为独特的基础教育的理念与实践。

第一，探索教育的实质及其功能。我把教育功能列了文化、政治、经济、社会和个体发展五项内容。在基础教育领域，我不仅对五种功能的内涵及表现做了论述，而且利用心理学方法，使每种功能都突出了可操作性。

第二，如何培养智力，我强调学校教学是一个"智育"的过程而不是"知育"的过程。教学的目的在于传授知识的同时，灵活地发展学生的智力，培养学生的能力。智力和能力是可以培养的，我就把思维品质看作是发展智力、培养能力的突破口。基础教育各科怎么改革，我想就应该从思维品质入手。直到现在，我和我的团队在基础教育领域的教改实验就是围绕着思维品质培养的实验。

第三，如何认识中小学的学科能力。我结合中小学教育改革，探索学科能力的构成。从1978年以后，我一直在我自己的思维结构的理论体系下进行应用研究。我和实验点的老师反复讨论后，基于思维品质这个突破口，提出了培养中小学的智力与能力的重点在于培养学生学科能力。什么叫学科能力，基础教育界以前很少有论述，我对它的界定有三个含义：一是学生掌握学科的特殊能力，二是学生学习某种学科智力活动及其思维与能力的成分，三是学生学习某学科的学习能力、学习策略和学习方法。

第四，研究了中小学德育与非智力因素培养的问题。我是搞智力研究的，为什么要写品德的书呢？因为，我认为德育为一切教育的根本，是教育内容的生命所在；德育工作是整个教育工作的基础。在基础教育中，如何抓德育呢？我在《品德发展心理学》一书中提出：一是要抓品德结构，二是要把握中小学生品德发展的年龄特征，三是要抓学生品德的"质"的提高，四是把培养学生的非智力因素看作是德育的一个重要途径。

第五，开展心理健康教育。我在国内率先提出了心理健康问题，1983年，我在《中学生心理学》一书里提出需要开展心理健康和心理卫生研究的设想。我认为心理健康是学生德性的一个重要组成因素，重视德育就应该重视心理健康教育。20世纪80年代末至90年代，我进行了这方面的大量研究，提出了有关的设想。就这样，1997年，我当选为教育部中小学心理健康教育专家咨询委员会的主任。到了2007年，这个委员会改名为"教育部中小学心理健康教育专家指导委员会"，我仍然当主任。从2001年起，我和弟子俞国良教授为教育部起草《中小学心理健康教育指导纲要》（以下简称《指导纲要》），历时一年，在反复讨论、修改、审定之后，于 2002 年 8 月由教育部作为重要文件颁发，对我国中小学心理健康的指导思想、原则、内容、途径、方法、组织、管理等做了纲要性的规定，对我国中小学心理教育提出了实施方案。2012 年，按教育部要求，我又组织力量对《指导纲要》进行了修订和完善。2008 年，四川汶川地震以后我围绕着震后的心理疏导问题多次发表了自己的观点，承担了教育部重大攻关课题，并组织了国家培训班，辅导灾区的中小学教师。就这样，为我国中小学心理健康教育提供决策和理论。

第六，教师素质的构成及其提高的途径。在 20 世纪 80 年代以来进行的大量教育实验中，我们发现学生成长及发展的关键在于教师，教师素质的高低是决定教育质量的关键，今天提倡的素质教育，归根结底是教师素质的问题。于是我对教师素质的问题，包括师德的问题进行一系列的研究。1984 年，我在国内最早提出了"教师参加教科研是提高自身素质的重要途径"。几经周折，这一观点终于被全国基础教育界所认同。为帮助教师成长和提高，我专门撰写了《教育的智慧》一书，2014 年，我又根据自己几十年的亲身体会和科学研究，在教育部哲学社会科学研究普及读物项目支持下，出版了《师魂——教师大计 师德为本》，帮助教师提升自身师德水平。

随着教育改革实验的积极开展，社会上有些报道就说我的名字"在中小学兴起了一股旋风"。这是多大的鼓励啊！报道指出：1987 年 9 月 6 日，《浙江日报》报道了临海市浙商小学教师王金兰在多年的教改实验中，根据学生心理特点创造了"快乐的教学法"，使学生产生了兴趣，教育质量得到了提高，他们整个实验得到了我的理论的指导与支持。1996 年，在北京通州举行的第十二届教师节庆贺会上，北京市教委基础教育处方处长说："北京市有 17 所中学特色校，因参加林崇德教授教改实验得到他的学术思想而获此殊荣的有四所。"这都从一个侧面反映了我的教育理论在中小学里面的影响力。全国优秀教育工作者、全国政协委员、特级教师、北京五中原校长吴昌顺先生曾说："林崇德是中小学教师的老朋友，是我们最欢迎的名教授之一。"《中国教育报》打破了常规，在两期中分别介绍了"林崇德学习与发展观"和"林崇德有关智力发展的理论"。《光明日报》三次追踪报道了我的教改实验，我的基础教育的教改理论的体系及其成果。我的教改实验，还得到了电视媒体的关注。早在 1993 年，中央电视台播出了《东方之子》，宣传各条战线上做出杰出贡献的那些学者、专家、劳模，播出我的原因是我坚持在中小学搞实验，并形成了基础教育有关的理论体系。我记得《东方之子》拍摄的地点是在琉璃厂小学，播出以后收到了全国各地中小学实验点的老师对我的鼓励、支持，他们纷纷来信、来电表示祝贺。

罗：林先生，您除了用心理学理论和方法满足基础教育的国家重大需求外，我看您还承担了另外一项教育部课题，课题名称为"金融危机背景下大学生经济信心的重建与就业能力的提升"，您还研究经济心理学吗？

林(微笑)：我并不研究经济心理学，这个课题也是我"胸怀国家"的一种体现吧！因为 2008 年，全球金融危机爆发，如何应对金融危机成为国家发展的重大需求。为此，教育部社科司委托教育部社科委员围绕"金融危机"展开应急性课题研究，我作为教育部社科委员也有责任出一份力。当时我就想，信心对应对金融危机很重要，而大学生作为社会的重要高知群体，他们的信心对社会更重要，而且他们的信心会直接影响就业选择。为此，我把课题名称定为"金融危机背景下大学生经济信心的重建与就业能力的提升"。我们这个课题整体实施得还不错，既为国家提交了高质量的政策咨询报告，还发表了系列学术文章。

四、还是协同创新好

罗：林先生，您作为一名心理学家，既提出了国际上有影响的原创性理论，又用自己的理论和方法满足了国家重大需求，可以说已经很成功了，但您为什么还在多个场合不断强调"一花独放不是春，万紫千红春满园"呢？

林：在国际上发表原创性理论，自己的理论被基础教育界广泛接受并在较大范围内产生良好效果，是让人很高兴的事情，但从内心讲，这些还不是最让我高兴的事情，我最高兴的事情是看到中国心理学得到大发展。心理学在中国是个小学科，我们要团结国内各地心理学工作者，共创中国心理学的未来，以便赶超国际心理学的水平。

罗：这就是为什么您一直提倡坚持心理学研究要协同创新的原因吧？

林：是的，事实上，我从 80 年代就开始组织全国专家协同开展研究，尽管当时协同创新的概念在国内还没有提出来。20 世纪 80—90 年代我就牵头全国专家协同开展了三项大型研究：①与全国 10 个省市心理学工作者一起对在校青少年的理想、动机、兴趣开展了研究；②与全国 23 省市心理学工作者一起对在校青少年思维发展开展了研究；③与全国 29 省市心理学工作者一起对离婚家庭子女心理特点开展了研究。

进入 21 世纪，也就是最近 10 余年，我又作为牵头人，组织了几项大型的协同创新研究，我感觉这几项协同创新研究，在全国心理学同仁的努力下，还真是在一定程度上推动了中国心理学的发展。

第一是我作为第一主编，由 400 多位心理学家参与，历经 10 年于 2003 年由上海教育出版社正式出版的《心理学大词典》。

第二是我作为第一主持人，组织近百位心理学家翻译了八大卷的《儿童心理学手册》，这是国际上最前沿的发展心理学研究文献。

第三是我作为第二首席专家（第一首席专家是董奇教授），由北京师范大学牵头，与来自全国 31 省市自治区的 52 所高校、科研机构和医院的相关科研力量（近 300 位教授、副教授，近 1700 名研究生）深度合作、协同创新，于 2007 年开始，开展了我国第一项全国儿童青少年心理发展状况调查——"中国儿童青少年心理发育特征调查项目"。历时五年，我们研制了儿童青少年心理发育的指标体系与成套工具，首次在心理与教育领域实现了全国代表性取样，完成了近 20 万 6~15 岁儿童青少年及其抚养人的数据收集，构建了我国儿童青少年心理发育的系列国家基础数据库，已服务于国家和地方基础教育质量监测，并为国家相关领域重要政策的制定提供了科学数据支撑。

第四是我作为主持人，承担的教育部重大项目"学生发展核心素养体系"的研制，目的是把党和国家的教育方针、教育目标具体化、细化。该项目由北京师范大学牵头，华南师范大学、山东师范大学、辽宁师范大学和河南大学 5 所高校的 96 名研究人员共同联合攻关。项目组比较分析了 15 个国家、国际组织和地区的核心素养研究成果，开展了基于核心素养的基础理论研究、教育政策研究、传统文化研究和课标研究，访谈和问卷调查了 12 大群体的 600 余名有影响力专家的观点并加以统计分析，最终形成包括社会参与、自主发展和文化修养三大领域十个指标的学生发展核心素养体系总框架。2014 年 6 月 27 日，教育部委托教育部原副部长王湛同志组织全国各界院士、资深教授、教育部门领导等 70 多人对该研究成果进行审议并顺利通过。

2014 年，我的这些工作作为北京师范大学牵头的中国基础教育质量监测协同创新中心成果的一部分，帮助该中心被成功认定为国家协同创新中心，我相信，大家在这个国家级的平台上可以做更多协同创新的工作，满足国家重大需求，推动中国心理学的发展。

罗：正是因为您带领大家长期坚持协同创新，您成为了中国心理学界人缘最好和人气最旺的学术带头人，有人甚至称呼您为中国心理学界的"四条汉子"之一和"四大天王之首"，说您在中国心理学界的位置不可替代。您能结合自己的亲身经历，具体给我们讲一下怎么样才能成长为一名优秀学术带头人吗？

林：我非常不愿意甚至很反感中国心理学界"四条汉子"之一（其他三位分别指沈德立教授、黄希庭教授和杨治良教授）或者所谓"四大天王之首"的说法，对于说我在中国心理学界的位置不可替代的观点，我只苦笑一下而已。

我先讲讲我个人成长为学术带头人的经历吧，因为这样那样的原因，我当过的最高行政职务只是北师大发展心理研究所所长，像我这样一名没有太高行政职务的书呆子能成为全国心理学的学术带头人，靠什么呢？主要是团队的力量！

从 90 年代初，尤其是从 1993 年开始，我和沈德立、黄希庭、杨智良等几位老师发誓要把中国心理学建设成"心往一处想，劲往一处使"的团结的学科，欣欣向荣的学科。我们靠什么推动当初约定的目标呢？团队的力量！要努力改变中国心理学界存在着拧不成集体的局面。我们这么做了，获得全国同仁的肯定。所以后来几次中国心理学大会上，我们几个人在全国理事无记名投票中都是高票当选副理事长。我还在 2009 年高票当选为理事长。我从中体会到，我们目标是正确的，因此目标的实现并不是靠我们几个人，而是靠整个中国心理学领域大家的力量。我们靠的是团队的力量、集体的力量，靠的是一种团队的精神、集体的精神，靠的是团结、全国同行的团结。对我来说，实现了自己 1985 年提出的"广交友，不树敌"的理想。

中国心理学界的学术带头人们，尤其是我是怎么靠团队力量来进行工作的呢？这主要是靠组织机构。组织机构是我们集体当带头人，引领着中国心理学会心往一处想，劲往一处使，积极努力工作的基础。靠哪些组织机构呢？

一是靠中国心理学会。中国心理学会的学术大会和专业委员会的一些活动我们都积极地参加，发表我们的观点。我们都有一个共同信念：心理学作为一个小学科，要心齐团结，绝不能够搞尔虞我诈。尽管现在中国心理学会理事长和常务理事换届，我们都只是普通理事了，我们的学术声望仍然在其中起作用。学术声望是一种无形的指挥系统，能协调全国学术队伍万众一心，以图共同发展。

二是靠国务院学位委员会心理学学科评议组。因为心理学要发展，全国都需要发展的平台，要有硕士点、博士点。而我们这些人都希望中国心理学的硕士点越多越好，博士点越多越好，因此我们从来不限制有些地区的发展，只要够条件、条件成熟的我们都积极努力地促进其发展。我还记得，当时为了辽宁师范大学获得发展与教育心理学的博士点，我们做了相关专家的工作。后来，这个博士点上去了，这个学校因此获得了迅速发展，并且这个发展的势头越来越好。因此，我理解心理学学术带头人的职责是支持全国心理学界搞好平台建设，以此推动学科发展。

三是靠教育部的司局。沈德立教授在逝世前，是教育部高校心理健康教育专家指导委员会主任，我和京津沪的三位教工委副书记一起当副主任，2014 年，我又被任命为该委员会的主任。我还是教育部中小学心理健康教育专家指导委员会的主任，董奇和莫雷两位教授是副主任。我们通过自己的努力，获得教育部对我国心理学建设的关心和支持。2008 年"5·12"四川汶川大地震以后，我们正是靠教育部的力量把全国心理学家团结起来，为抗震救灾中的心理援助做了大量工作。

中国心理学的发展，就要靠全国团队力量。我敢说中国心理学从来没有像今天这样齐心团结、繁荣兴旺。具体到学术带头人的标准，我把它概括为"四个一流"：拥有一流的学术成果，带出一流的学术队伍，引领一流的学术方向，具备一流的学术品行。对于它们的内涵，我就不阐述了。

五、关键在于培养出一流人才

罗：您刚才提到学术带头人应该符合"四个一流"的标准，在前面的介绍中，您已经让我们领略到您在学术成果、学术方向和学术品行三个方面一流的风采。事实上，您不仅在上述三个方面做得特别好，您还为中国心理学培养出了大批一流人才，您能给我们讲讲这方面的情况吗？

林(开心笑)：你刚才夸奖我在学术成果、学术方向和学术品行三个方面一流，我真的不敢当，我可能做得稍微好一些，但是不是一流真不敢说。但唯独在人才培养方面，我敢说我培养出了一批一流人才，这批学生是我最崇拜的人。我一直坚持一个观点，中国心理学要大发展关键就是要培养出大批一流人才。因此，我在30多年导师生涯中，特别注重学生的培养。截止到2014年年底，我已经培养出了82位博士，还带出了10余位博士后。他们具有三个突出特点：第一，业务上过硬，先后有2位博士生获得全国优秀博士学位论文，4位毕业生成长为教育部长江学者特聘教授或国家杰出青年基金获得者，49位毕业生在国内外高校或科研机构中担任教授，42位已经成为和我一样的博士研究生导师。第二，综合素质高，大部分学生既能够当专家，又有较强的行政管理能力。目前担任校级或是司局级以上干部的学生已超过20位(其中两位成为全国人大代表，一位成为全国人大常委会委员)，担任各高校或科研机构系主任(或院长)的学生数量更多。第三，做出了突出业绩，有的毕业生将文章发表在了国际高水平杂志上，有的毕业生自己培养出了全国优秀博士学位论文获得者，有的毕业生成为拥有相当资产的企业家。

罗：您培养出了这么多一流人才，您的秘诀是？

林：我自己已经当了30多年的导师，回顾自己的导师生涯，从最初作为副导师协助朱智贤教授指导硕士生和博士生，到独立指导，我逐渐摸索了一些当导师、带研究生的经验。如果说秘诀，那就是导师要"师德为先"，对待学生要"严慈相济"，要以培养超越自己的学生作为教育目标。我人生中最大的幸福就是培养出超越我自己、值得我自己崇拜的学生。

我认为，无论是做好研究生导师，还是其他类型的教师，其关键都是坚持"师德为先"。在大学里，教育的对象大多数是18岁以上的成年人，硕士研究生都是20多岁，博士研究生有的已是拖家带口，教育的内容更多地要涉及学术问题。因此，对高校的教师来说，既要有高尚的道德情操，又要有扎扎实实的学术功底，这样才能够成为一名合格的大学教师，承担起国家赋予我们的历史使命。在担任研究生导师的过程中，我体会到高校教师师德的特殊性。2004年10月，我被中共中央宣传部和教育部表彰为五位"师德模范教师"之一，参加师德报告团，在人民大会堂和全国各地的巡回报告，因为我是这五位教师中唯一的高校教师，我在对高校教师师德的特殊性理解上，是从如下四个方面来回答记者提问的：第一，高校教师的师德应以崇尚学术为基础；第二，高校教师师德以培养杰出人才为标志；第三，高校教师师德要以不谋名利为行为准则；第四，高校教师师德要以教育创新为前提。

师德为先，对待学生主要体现在师爱上，师爱是教育学生的情感基础，只有饱含着师爱的教育才能以心灵浇灌心灵，以生命感动生命，激发学生积极向上的情感，在教师与学生之间建立起心灵沟通的桥梁。1986年，我送董奇教授到美国学习，当时董奇教授夫妇二人都在国外，他们能否准时回来，并不单纯考验着董奇教授，对作为导师的我也是一种考验。董奇教授夫妇后来放弃国外的优厚待遇，毅然决然地按时回国，带了好头，发挥了榜样作用。从1987年起，我先后送出多位博士研究生出国，我光送到美国的博士研究生就有16位。因为我送学生到发达国家去进行联合培养，这有利于他们学术水平的提高，有利于他们更快地成为高素质创造性人才。送出去的这16个博士生，15位按时回国。当时，教育部有关的司、处的领导，他们都觉得非常奇怪，在当时2/3以上的留学生都不能按时回国的情况下，林崇德学生的回收率为什么那么高？我记得《中国教育报》还委托中国教育学会的一名处级干部，到北师大来开了个座谈会，董奇教授、申继亮教授、陈英和教授等人参加。她问："你们为什么放弃国外优厚的待遇？换句话说，不管是学术上，还是生活上，你们放弃了这些优厚的待遇。你们回来了，为什么？"他们几位居然说是冲着我，冲着导师而回来。他们还对调查者说："你可以问问我们的林先生。"当时调查者非常奇怪，来问我。一看，我其貌不扬，也没有什么魅力。她问："你怎么会让学生冲你而回来？"我回答："对这个问题，我也说不清。深层的东西，我只能够做这样的表答，'人心换人心，八两换半斤'，我对学生仅仅是做了一点'感情投资'罢了。""感情投资"我自己的体会就是师爱。这就是《中国教育报》的《他像一块磁铁》一文的来源。

攻读博士学位是学生生涯的最高阶段了，这些博士生即将成为国家最需要的创造性人才。怎样才能培养好博士研究生呢？我一直坚持的原则是教书育人中要"严慈相济"，做到"严在当严处，爱在细微中"，因为爱必须严，"严师出高徒"，严是爱的另一种表达。为此，我坚持"做好一个定位、把好两个关口、重视三个环节"。"做好一个定位"主要指首先清楚本科生与硕士研究生、硕士研究生与博士研究生根本区别在哪里，即明确不同层次人才质量的本质要求是什么。例如，我认为作为一名合格的博士研究生，最根本的衡量指标有两个，一是科研独立性，二是创新能力。把好两个关口，首先是注意生源质量，为此我提出了博士研究生的"五不招原则"：考前没有任何成果的人暂时不招，面试时没有发现创造性思维的不招，通过深入调查发现没有拼搏精神的或不勤奋的不招，看不出有成就动机的不招，有才无德者不招。其次是引导研究生过实践关，作为一名发展与教育心理学专业的研究生必须要到大中小学校去实践，必须要熟悉学校、熟悉学生、熟悉发展与教育心理学在教育改革中的重要性。重视三个环节，即知识结构形成、科学研究开展和学位论文撰写三个环节，博士研究生要形成合理的知识结构，核心是要解决"博"与"专"的问题，让他们能在"博"的前提下成为一名"专家"。

罗：您培养出了这么多优秀学生，做出了这么大的业绩，您肯定是很多高校和科研机构争夺的"高级人才"，您想过换单位吗？我感觉目前国内挺流行通过换单位，提高自己身价和待遇的。

林(笑)：争夺的"高级人才"谈不上，想请我去的人还真不少，从省市的师范大学到教育部直属师范大学，从一般大学到"985"著名大学皆有。早在20世纪90年代，就有上海某著名大学，以提供一套别墅的待遇希望挖我过去，我一直没有答应，连续找我谈了两年才放弃。2005年的一天，我一弟子匆匆来找我，直言不讳地传达他们领导的意图："林先生能否调动一下？"如果去他们学校，200万科研经费，一套140m²住房，20万年薪，另外加50万安家费。我听了，哈哈大笑，加以谢绝。但不久，好友黄希庭教授来找我，问我是否要调往某大学，蛮有风趣地说："那所学校的声望可比师大高啊！"接着，从2005年到2007年，三所学校都以所在地方的办学经费分别是10万、6万和30万聘我去兼职当"客座教授""特聘教授"和"长聘教授"。尤其是在北京的那所大学，推荐人是心理学界泰斗级的中科院荆其诚先生和北大著名学者朱滢教授。对于这一切，我似乎内心有一股憋着多时的灼烫的岩浆像火山爆发般往外涌。于是在2007年中国心理学会常务理事会香山会议上，我除了衷心地向荆其诚先生与朱滢老师致以谢意外，还迸发了内心的一种情怀："生为北京师范大学的人，死为北京师范大学的鬼。"我还清晰地记得，第二周，听闻此消息的时任北师大校长的钟秉林教授专门到我办公室对我这种忠心表示感谢。我当时已过花甲之年，我要把自己的主要精力留给培养我，并长期供我增长才干舞台的北京师范大学。我会一如既往地去给我发了聘书的30余所大学义务兼职，但我更热爱自己的学校、自己的岗位，我要在北京师范大学当好心理学学术带头人、当好导师，用自己全部力量投入中国心理学学科建设、科学研究、人才培养和社会服务中去。

罗：谢谢林先生！我们相信，中国心理学在您的推动下一定会发展得更快更好！再次感谢林先生在百忙之中接受我们的专访，给我们介绍您的心路历程和精彩故事。祝您老身体安康，青春常在！

抗疫情， 我们一起上心理战场①

参与高校心理援助热线的心理学同行们：

大家好！

首先请允许我代表教育部高校心理健康教育专家指导委员会（下简称心指委）向大家表示感谢！感谢你们在国家危急关头挺身而出，建立并建好全国各高校的疫情阻击战的心理援助热线，当好心理援助热线的接线员。抗疫情，我们一起上心理战场。

众所周知，近期武汉暴发了新型冠状病毒感染的肺炎疫情，在党中央、国务院的正确领导下，我们采用一系列果断有力的决策和措施。为了在这场阻击战中取得决定性的胜利，我们的白衣战士医生们冒着生命危险奋战在抗疫的第一线；我们的子弟兵中国人民解放军一批批地奔赴武汉、湖北的抗疫战场。明知山有虎，偏向虎山行；明知前方有艰险，越是艰险越向前。他们毅然决然地挑起重担，冲向疫情阻击战的最前线。这就是英雄气概，这就是中国精神。

中国心理学工作者绝不落后，也没有落后。抗击疫情，不仅是一场医学战争，也是一场心理学的战斗；抗击疫情，全国心理工作者在行动；抗击疫情，考验着每一位心理学工作者。应该说，在抗疫抗灾中冲在第一线，并且表现出积极有效的行动，是中国心理学工作者的优良传统。2003 年抗击"非典"中，教育部高校和中小学两个心理健康教育专家指导委员会和中国心理学会组织了一批又一批面向大众的心理疏导队伍，深入各类学校、街道社区，甚至有疫情的乡村进行心理咨询和心理辅导。教育部中小学心理健康教育专家指导委员会还和人民教育出版社联合出版了

---

① 2020 年 2 月 5 日至 7 日，在教育部思想政治司的指导下，教育部高校心理健康教育专家指导委员会（心指委）组织全国高校心理援助热线人员进行在线培训，收视者达 49 万人次，作为心指委主任委员，作者担任培训第一讲的直播，本文是按照视频整理成文的。

三套面向中小学生、教师、家长的抗"非典"、防疫情的手册。2008 年四川汶川发生了"5·12"大地震，震后第二天，教育部中小学心理健康教育委员会组织专家夜以继日地修改当年"非典"时面向中小学的心理疏导手册，三天后就送往灾区。我们的高校和中国科学院心理研究所的心理学同仁们面对着余震、大雨、塌方的现状，甚至冒着生命危险奔赴了抗震救灾的第一线。在抗震救灾的过程中，北京、广州和天津赴灾区的各大学心理学工作者与四川大学、四川师范大学、西南民族大学的同仁们结下了深厚的情谊。后来的玉树、雅安、九寨沟、宜宾四场地震，舟曲泥石流和西昌木里森林火灾等，灾后的三天内就出现了教育部中小学心理健康教育专家指导委员会组织的北京、四川、云南以及南京晓庄师范学院的心理学教师做心理救助工作，一待就是几周甚至于数月。不仅如此，每年台风肆虐，浙江和福建等沿海省份的老百姓遭灾，浙江大学、浙江师范大学和福建师范大学的心理学工作者深入灾区，做抗台风心理疏导的工作，不知救助了多少受灾的人群。

这次武汉遇到了疫情，武汉的同事带头行动，全国各地各高校在行动。华中师范大学教育部"青少年网络心理"重点实验室率先做起了抗疫心理应激的处理工作：1 月 30 日，华中师范大学佐斌教授协同《光明日报》记者，撰写了一篇让全国人民感动的文章《健康的心态是防控疫情的"心理口罩"》，系统地介绍了武汉人的心态和武汉、湖北心理学工作者的近期工作。2 月 2 日，多家报社报道湖北高校"战'疫'轻骑兵"的行动。除华中师范大学心理健康教育中心为全校师生提供心理咨询和辅导，及时进行心理干预之外，武汉体育学院制作了"科学健康指导计划"系列视频，指导居家防疫的居民和师生在家锻炼，抵抗病毒；三峡大学学生处大学生心理健康指导中心开设网络和电话心理援助服务。

我们全国心理学工作者，纷纷在行动！从心指委的角度，我看到从正月初二即 1 月 26 日起，北京师范大学、清华大学、北京大学、武汉大学、华中科技大学、天津大学、四川科技大学、西南交通大学、上海大学、复旦大学、浙江师范大学等前后都建立了心理援助热线的信息。我敢说，几乎所有高校，只要有心理咨询室或中心的高校都为自己学校、为当地、为全国开通了抗疫情的心理热线。据统计，截至今天，全国已经建立了 1500 多条心理援助热线。在一定意义上说，全国心理学工作者都在积极投入疫情阻击战。如何建好高校抗疫情的心理援助热线？这是大家颇为关注的问题。我认为建好热线，关键是做好两件事：一是明确对象，二是掌握"技术"。

高校心理援助热线主要的对象是谁？学生。

学生当前处于应激的状态。什么是应激？就是压力。包括人在内的有机体在生理或心理上受到威胁时出现的一种非特异性的身心紧张状态。疫情造成的社会恐慌，这比疫情本身更可怕，它必然影响到学生的心态。

我们的大学生现在放寒假在家，准备复学，目前的心态如何？据我们初步调查，有问题，有良好表现，大致有四种。

一是"恐惧"，这应该看成最正常的现象。害怕的心理使人失去自我控制，它会使学生产生烦躁、不安、焦虑等状态。也有极少数头晕眼花、恶心、呼吸急促甚至处于休克状态。不管是正常发生的现象还是极少数个别现象，都需要我们热线做好援助工作。

二是"无畏"，个别人盲目地无所畏惧，大胆胡来。例如，到处乱走乱跑，不仅会给自己带来风险，还会影响其他人。这是不能允许的错误行为。

三是"无所事事"，针对疫情，社会处于封闭管理状态。关在家里出不了门，于是不知所措，这也使相对一部分学生失去理性，无心学习，整天看手机。这些学生需要我们通过热线给予关怀和引导。

四是有"三信"——有信念、有信心、能信任，持正确心态。正如天津师范大学副校长白学军教授说的，"持有三信"的学生会越来越多，最后会占大多数。然而我们的学生不可能总处于当前的应激状态，他们盼着返校复学。国家工程院院士、国家卫健委高级别专家组成员李兰娟教授于 2 月 3 日指出了复工复学的问题。但是返校复学不是件容易的事情，一个是时间问题，可能要推迟相当长一段时间；另一个问题是返校复学的适应问题，学生如何去适应既熟悉又似乎"陌生"的情境。例如，过渡期开放式在线教学问题、进入校园有没有继续保持人与人之间安全距离的问题、如何处理隔人不隔心的问题、有没有歧视问题等，这都是我们心理援助热线面临着的主要对象——学生的问题。

除了对象，高校心理援助热线如何建好？需要掌握好相关的技术。

这里至少有三个问题：一是怎样建立心理援助热线，它有哪些流程，怎样管理等；二是心理援助热线工作人员的修养、伦理问题、咨询者与来访者的关系建立的问题、应激心理处理问题、危机干预问题等，这是"技术"的中心问题；三是设备技术问题，因为从事心理援助热线的心理学家有很多不懂设备技术，如何使用网络设备，必须有专门机构，我们北京师范大学主要依靠的是学校的信息网络中心。

面对着咱们的学生，面对着我们的心理技术和设备技术的要求，咱们来做工作，这就是心理援助热线的建立过程和要求，这个任务容易吗？艰巨！

为了更好地支持和帮助心理援助热线建设，为了提高广大开设热线的同仁和心理志愿者的服务水平，心指委在教育部思想政治司的指导下，举办高校心理援助热线，请下面八位专家，也就是一批率先开展工作的高校同仁或有心理援助经验的心理学家和精神病学家为大家谈心得体会和经验、心理援助热线的理论和实践。我恳切地希望大家边听边思考，听完了与播讲者一起交流互动，使我们这个专题培训有点实效。

谢谢大家！

用健康的心态来迎接复学①

亲爱的同学们：

大家好！

请允许我代表教育部高校心理健康教育专家指导委员会（下简称心指委）向大家问声好！

你们放寒假已经 20 多天。这个寒假极不寻常，从武汉爆发的新型冠状病毒感染的肺炎疫情，已蔓延到全国各地。

你们是不是天天都在关心疫情，关心这件国家大事，你们是不是更关心什么时候返校复学？作为高校的教师，我们也关心你们，关心你们的健康，关心你们返校复学。中国工程院院士、国家卫健委高级别专家组成员李兰娟教授 2 月 3 日表示，除湖北外，全国其他地方毕竟感染的人有限，只要把感染的人彻底调查、隔离，包括已感染人员接触的人群也调查、隔离起来，应该可按时复工复学。对于复工咱们暂且不谈，李院士也是大学的教师，她也在关心同学们返校复学的事。

然而，今天的疫情毕竟并未完全得到控制，同学们在担心，我们能在短期复学吗？看来，抗击疫情，不仅是一场医学的战争，而且也是一场心理战争，从今天起，心指委在教育部思想政治司的指导下为同学们请来一批心理学家，来和大家谈谈"大学生心理应激与应对"专题。让我们一起"用健康的心态来迎接复学"！

关于心态，你们在学校里学习过"大学生心理健康"课程。我们倡导心理健康教育，并不是说同学们心理问题太多了，而是通过心理健康教育，全面提高大家的心理素质。心理素质，正是人类的整体素质的一个组成部分。早在 2003 年，我就在

---

① 2020 年 2 月 8 日至 10 日，在教育部思想政治司的指导下，教育部高校心理健康教育专家指导委员会（心指委）组织专家面向全国大学生在线直播，收视者近 1400 万人次，作为心指委主任委员，作者担任在线直播第一讲，本文是按照视频整理成文的。

《中国教育报》上写过一篇文章，名为《心理健康的路一定要走正》。我反对媒体把"心理健康"的相反方向——"心理问题"的相关数据夸大地宣传，我坚持一个观点：我们的学生心理健康是主流，暂时有点不适宜，去咨询求辅导，说明要求健康是第二个主流。我也反对有人动不动就贬80、90、00后如何如何，我认为每个时代都有特色，都有精英辈出，也都有"垮掉的人物"。时代在变化、在发展，我们一代总要比上一代强。心理健康就是良好的精神面貌，是一种积极向上的心态，我们大学生、研究生有着健康的或良好的心态，表现在人际关系、学习与自我三个方面。尤其是尊敬师长、友善同学、兴趣多元、敢于探索、积极创新、刻苦学习、热爱生活、悦纳自我……这应该是今天大学生和研究生主流的心理健康或心态的特征，也是让一位80岁的老教师——我由衷感到兴奋和喜悦的地方。

怎样来判断你们的心态是否健康？第一，主观标准与客观标准的统一是心理健康的判别标准；第二，情绪情感是心理健康状态或心态的直接体现和重要检测体系，也就是说喜怒哀乐往往表现出一种心态；第三，自尊是心理健康概念的核心，自尊自信与心理健康具有一致性。因此，自尊自信、自立自强太重要了。同样，一个国家也是这样，自信是根本。今天我们更要强调信心，也就是中国有信心、有能力、有把握打赢这场疫情防控阻击战。这些被国际心理学界称为"积极心理学"的方面，我更想用"心理和谐"的概念来表示。"和谐凝聚力量"，"和谐成就伟业"。

同学们当前处于应激的状态。什么是应激？应激的本质是一种压力。应激指包括人在内有机体在生理上和心理上受到威胁时出现的一种非特异性的身心紧张的状态。

当前疫情造成的恐慌，比疫情本身更可怕。在当今网络发达的时代，往往"好事不出门，坏事传千里"，疫情的危害被无限扩大、扩散，加上谣言以及我们在认知上对病毒的不了解，必然影响到我们的心态。我为大家请来清华大学的樊富珉教授，她专门来为你们讲述这个问题。

我们的大学生、研究生现在放寒假在家，准备返校复学，目前咱们的心态如何？据我们初步调查，大致有四种情况。

第一种是"恐惧"，害怕的心理使人失去自我控制，于是烦躁、不安、焦虑等。

这应该视为较为普遍的正常现象。湖北出现这种现象的人比其他地方的多，但是由于恐惧而造成头昏、恶心、呕吐、呼吸急促，甚至休克等生理症状的毕竟是极少数。如果疫情趋缓，恐惧的事件消失，情绪情感完全能恢复正常。

第二种是"无畏"，这种人盲目地无所畏惧，大胆胡来，认为"疫情无所谓"，到处乱走乱跑，不顾别人是否会得病。但这种人更是少数，到处散布病毒者，不就是只有一人吗？多少万分之一，请有些网络不要给我们大学生扣帽子好吗？

第三种是"无所事事"，尽管大部分同学有对疫情的防护意识，但每天出不了门，做不了什么事，于是也无心学习，只能抱着手机。疫情使全国大部分地区实行封闭式的管理，各种娱乐活动一般也无法进行，所以很多学生都想要早点开学。其实现在就有许多事情可做，我请北京大学的钱铭怡教授来为你们讲述这个问题，好吗？同时我认为，一旦学校宣布复学，绝大多数的同学会改变这种状态。

第四种是正确的心态，应代表今天同学们的主流和发展的趋势。如天津师范大学副校长白学军教授所说的，大多数同学能成为"三信者"：有信念、有信心、对人对事态抱着信任的态度。这些同学中间，又可有四类不同的表现：①有的利用微信、网络与人讨论如何"众志成城，共克时艰"；②有的用正确的行动面对历史事件，武汉的大学生支持"封城"、消除恐慌，他们一不散布死亡数据，二不发求助信息，三不发表不良言论，保持良好的情绪；③有的不断考虑责任与动力，尤其是寒假留校未回家的同学，他们积极表示要帮助学校与社会做点力所能及的事，这就是信仰，这就是对祖国对人民的大爱，他们使我感动又感激；④还有的坚持在家自学，任凭疫情残酷，坚信总会过去，学好专业是基础。这使我想起了大科学家牛顿，他在研究生时期遇到疫情隔离在家，但坚持自学，刻苦钻研，取得卓越的科研成就。我坚信，我们的大学生特别是研究生，肯定也会有出色研究成果者。

同学们，我们的党中央、国务院正确地领导我们采取一系列果断有力的决策和措施；我们的白衣战士医生们冒着生命危险奋战在抗疫的第一线；我们的子弟兵中国人民解放军一批批地奔赴武汉、湖北的抗疫战场……我们在有信念的路上走着，又有榜样的力量，一定能在疫情阻击战中提高心理健康的水平。

但是，我们不可能总处于这种应激状态。乌云会马上消散，天空将是一片晴朗。春天来了！我们近期将复学，尽管离正式开学还有相当长的一段时间，但开学也不会太久。可是，复学又带来了新的心理问题。同学们将如何去适应既熟悉又似乎"陌生"的情境？什么是适应？适应指个体在生活环境中，随环境的限制或变化而改变、调节自身的同时，又反作用于环境的一种交互的动态过程。我们会遇到哪些新情境？我们要用怎样良好的健康的心态去应对呢？我们谈谈几个可能遇到的问题以及解决方案。

如何走出第一步，进入"过渡"教学阶段，适应并学好开放式在线课程？尽管网络教学在教学过程中处于辅助地位，但"副职"也能"转正"，关键在于老师发挥好主导作用和同学们的良好适应。我们同学们又有这方面的基础，网络教学、慕课自学等方式并不陌生，只要安下心来，一定能顺利地走出这较长时间的"过渡"教学期。

如何进入校园迎接真正的开学？我坚信我们各高校的领导乃至教育部的党组织在这个问题上不会轻易决策返校的。因为同学们是住集体宿舍的，还有浴室、食堂、教学楼等一系列具体问题。学校人员密度大，同学们又来自不同地方，即使没有病毒，但在心理上仍然有恐惧感。大家要有打"持久战"的心理准备啊！如果真的开学返校了，就不会有医生说的人与人之间保持安全距离是零距离，还是一米或是两米的问题了。在校园要不要时时处处戴口罩？要不要隔离（隔人）？我想也不会了。各个学校在复学之前肯定会解决这个问题。

如何克服"歧视"，共同预防"病毒"？尤其从湖北返校的同学不必担忧，你从哪里来（返校）不是主观可以决定的。"歧视"的心态在咱们学校中肯定是极少的，如有些媒体所言，真正的敌人是病毒而不是某地某人，这一点在大学生、研究生中我想不会有大问题。大学生的心态，更多的是心存大爱，爱同学、爱老师、爱学校。我们这次讲座中华中师范大学周宗奎教授专门来为大家讲述这个问题。

还有不少的"如何"，说到底还是处理好我上面强调的人际关系、学习和自我的三种心态吧。接下来的三天视频直播，我为大家请来了六位心理健康领域的名家，请他们来解答怎样应对应激与压力，如何做好返校复学的心理准备。

亲爱的同学们，1999 年 6 月 13 日，中共中央、国务院通过《关于深化教育改革全面推进素质教育的决定》(下简称《决定》)。《决定》提出："针对新形势下青少年成长的特点,加强学生的心理健康教育,培养学生坚韧不拔的意志、艰苦奋斗的精神,增强青少年适应社会生活的能力。"同学们,到了锻炼和检验我们坚韧不拔的意志、艰苦奋斗的精神和良好的社会适应能力的时候了。今天我们的青年一代代表着明天的中国,今天我们的大学生、研究生是中国的希望。在第三届国际心理卫生大会上,心理健康被定义为"在身体、智能以及情感上,在与他人的心理健康不相矛盾的范围内,将个人心境发展成为最佳的状态"。让我们所有高校的师生用最佳的心态来迎接我们不久的复学和未来的开学返校。

谢谢大家!

中国的发展心理学 70 年[①]

各位同仁：

大家好！

感谢中国心理学会发展心理专业委员会和天津师范大学邀请我来出席今年的发展心理学学术会议，并围绕着中国发展心理学 70 年的发展进行发言。就像今年 5 月 18 日我在天津师范大学的老师和天津市教委领导面前陈述的那样，我每到这里内心就有一种说不尽的悲痛！六年前咱们天津师范大学心理学的奠基人沈德立先生不幸离世，这不仅是天津乃至中国心理学界的巨大损失，而且也使我失去了一位最亲近的兄长和志投道合的挚友。在中国的心理学界与教育界，只要有人遇到我就会问沈先生好；只要有人遇到沈先生就会打听我的信息。这种情谊犹如冰冻三尺非一日之寒，它是久经考验的。沈德立教授的心理学功底非常人所及，他曾担任普通心理学和实验心理学专业委员会主任，又创立了天津师范大学发展与教育心理学的博士点；他经历了发展心理学与教育心理学由一个专委会到两个专委会的发展，并长期是发展心理学与教育心理学领域的著名学者。今天我又来到天津师范大学，怎么能不怀旧？怎么能不心疼？既来了，我就要完成任务，来汇报我们中国发展心理学 70 年。

今年迎来了中华人民共和国成立 70 周年，这 70 年，中国的发展心理学也取得了长远的进步，取得了前所未有的成就。影响中国的发展心理学的进步有三个因素：西方的发展心理学、苏联的发展心理学和中国古代的心理发展的思想。中国的发展心理学 70 年，正是对西方的发展心理学、苏联的发展心理学、中国传统的心理发展的思想继承与创新的 70 年，也是中国心理学家艰苦奋斗的 70 年。

[①]　本文是按照 2019 年 6 月 14 日在天津师范大学由中国心理学会发展心理专业委员会召开的学术会议上主旨演讲整理成文的。

一、中国的发展心理学70年学科发展的总趋势

中国的发展心理学70年是发展心理学的学科发展史，呈现了历史变革的许多特点。

（一）不应该忘记对发展心理学探索的先驱者

五四运动前后，中国有一批出国学习心理学的前辈，他们回国后成为中国的心理学的开拓者，其中有不少是发展心理学探索者和先驱。

1. 陈鹤琴（1892—1982）

南京高等师范学校（现南京师范大学）教授、东南大学教授兼教务主任，创办了南京鼓楼幼稚园。1925年，他根据教学与研究材料，写成《儿童心理之研究》（上下册），由商务印书馆出版，这是中国第一本自著的儿童心理学。

2. 黄翼（1903—1944）

浙江大学教授，创办了培育院（2.5~5岁），做过儿童物理因果概念以及儿童的泛灵论思想等方面的研究。1946年，他在正中书局出版了《儿童心理学·编著旨趣》。

3. 肖孝嵘（1897—1963）

中央大学、复旦大学和华东师范大学教授，他对心理学研究范围很广。20世纪30年代他不仅介绍了西方儿童心理学，而且修订了墨跋智力量表，在测定和发展儿童的智力方面做出了成绩。

4. 孙国华（1902—1958）

清华大学、北京大学、东北大学、北京师范大学教授，他重视比较心理学的研究，专长儿童心理学，是位有声望的儿童心理学家与动物心理学家，为北京大学建立了中国第一个动物心理学实验室。

5. 陆志韦（1894—1970）

东南大学、燕京大学、中国科学院语言研究所教授、学部委员，他对儿童心理

学的主要贡献是 1926 年和 1936 年两次修订比奈-西蒙智力量表为中国的比奈-西蒙智力测验。

以上五位是中国的发展心理学早期研究的杰出代表，其中有四位的研究工作是 1949 年之前，即 70 年之前做的。他们的共同特点是开拓性地探索了中国学前儿童的心理，创办了诸如幼儿园等研究机构，修订了国际上著名的儿童发展的测验工具（量表）。他们的工作主要是学习西方的心理学，尽管做了一些研究，撰写了《儿童心理学》，但属于自己的研究并不多，而且未形成自己完整的儿童心理学体系。

（二）中国的发展心理学 70 年的变迁

从 1949 年到 2019 年，中国的心理学经历了五个变迁：①恢复、改造时期（1949—1958），对 1949 年之前，即 70 年以前的心理学的整顿并恢复研究；②批判、挫折时期（1958—1959），一场心理学界的大批判，围绕心理学的阶级性展开了大辩论；③初步繁荣时期（1959—1966），全国几所大学（北京大学、北京师范大学、华东师范大学、杭州大学）开设了心理学专业；④停顿时期（1966—1978）；⑤空前活跃发展时期（1978 年之后）。与此相应的是，中国的发展心理学也经历了这五个变迁的过程。

（三）中国的发展心理学 70 年发展的表现

1978 年，我们迎来了改革开放的大好时机。从 1978 年到 2019 年，中国的发展心理学在改革开放的光辉 40 年里获得了发展，主要表现在队伍发展、学术活动和研究成果三个方面。

1. 队伍发展

1949 以后，搞发展心理学的人并不多，而且主要分布在师范院校。1952 年，各高校经过院系调整，只有北京大学哲学系内设有一个心理学专业。1959 年前后，华东师范大学、北京师范大学和杭州大学（现并入浙江大学）先后在教育系里建立心理学专业且开始招生。中国心理学家 80% 以上在高等师范院校工作，在师范院校里，又有 70% 左右的心理学家是做发展心理学和教育心理学研究的。1978 年以后，由于学位制度的逐步健全和心理系的纷纷创建，中国发展心理学逐步拥有了强大的教学科研队伍。从1981年全国的四个心理系扩展到今天的360所高等院校都设有心理学院系或专业，并拥有相应的发展心理学教研队伍。

2. 学术活动

中国的发展心理学的学术活动，尽管有各心理学院系或专业自行的和通过承担研究课题来开展，但中国心理学会，尤其是发展心理学专业委员会起到了关键性的作用。1963年中国心理学会成立的第一个专业委员会就是儿童与教育心理学专业委员会，中国心理学会理事长潘菽挂帅，组成潘菽、朱智贤、彭飞三人领导小组。1984年，考虑到发展心理学与教育心理学的学科性质有一定差异和从业人数比例太高，儿童与教育心理学专业委员会分为两个专业委员会。刘范（1984）、朱曼殊（1989）、方富熹（1993）、董奇（2001）、邹泓（2009）、方晓义（2017）先后担任了专业委员会主任。发展心理学专业委员会在组织国内外学术活动、举办全国性学术会议、开展学术交流方面成为重要的支柱。2005年，发展心理学专业委员会举办了第九届全国学术研讨会，大会共有357人参加，共收到论文322篇。从第九届开始，与会人数和收到论文量都基本保持这样的数量并略有增长。今年是新中国成立70周年，发展心理学专业委员会在天津举办了第十五届学术年会，与会代表400多人；收到投稿350余篇；举办了3场主题报告，12场专题报告，3场师生圆桌研讨会；4组共157篇张贴展示。在认知神经科学和应用心理学越来越受欢迎的今天，还有这么多人参加发展心理学专业委员会举办的年会，说明发展心理学具有旺盛的生命力。

3. 研究成果

从已发表的学术论文和研究报告的数量看，中国发展心理学在中国整个心理学领域所占比例最高。我们对1978年到2008年《心理学报》《心理科学》《心理发展与教育》《心理科学进展》这四本心理学代表性核心期刊所载的发展心理学方面文章的分布情况每五年做一回顾，分别是84、249、349、442、309和548篇，呈现出一个迅猛发展的趋势。特别是近十年，中国的发展心理学论文发表数量更是呈现大幅增长的趋势。不仅发展趋势迅猛，而且还出现了诸如认知发展神经科学、基因和环境相互作用等新的研究。这里特别要指出，除了上述四本中文杂志之外，2008 年统计，我们已在国际各种杂志上发表上百篇发展心理学的学术论文和研究报告。2009 年后，我们几乎每年以 10%~15% 的增速在国际学术刊物上发表学术成果，做到了国际上有的，我们也在开展研究；国际上新的课题，甚至还没有的，我们也在投入研究。

二、朱智贤是中国的发展心理学的奠基者

朱智贤（1908—1991），江苏赣榆人，北京师范大学教授，中国现代心理学家、教育家。

（一）对朱智贤的简评

朱智贤是位毕生奋斗者。他家庭出身贫寒，靠一生奋斗，成为著名学者。他在《八十感怀》中写道："甘为孺子牛，树人教为先"，"我今已老骥，仍愿奋蹄前"。他经历了上中师、大学、留学的求学之路。在中师毕业前，他不仅在《中华教育界》杂志上发表了《儿童字典的研究》，而且为小学教师编写了《小学历史教学法》（商务印书馆 1928 年）；在大学四年级时出版了大学教材《教育研究法》（正中书局 1934 年）。1938 年，30 岁时当了教授；1947 年，任中国共产党在香港创办的达德学院（郭沫若任院长）教务长兼教授；1949 年，到北京任人民教育出版社创社时期副主编；1951 年起，任北京师范大学教授，整整工作了 40 年。直到逝世前，他还经常说："我抓住了一切的机会工作，虽然年龄、精力不行了，但我没有偷懒。"他"垂暮之年为党的事业再立新功"。

朱智贤是位爱国主义者。1936 年赴日本，任东京帝国大学文学部大学院教育学研究室研究员，1937 年抗日战争全面爆发后，他放弃马上要获得的博士学位，毅然决然地回国。他从 1938 年担任教授开始，始终参加进步活动，尤其是 1941 年因反对皖南事变被学校解聘，而他却对校方说："往正道上走！人各有志嘛！"经过多年的革命活动的实践，他对中国共产党有了进一步的认识，立下了为党和国家的事业

奋斗终生的决心，终于在 1979 年 71 岁那年光荣地加入了中国共产党。

朱智贤是位马克思主义者。早在日本留学和工作期间，他就接受了马克思主义的影响，学习了《资本论》。1938 年在位于桂林的江苏教育学院担任教授时，由于接触了一批进步人士和中共地下工作者，他对马克思主义加深了认识，开始学习俄文，阅读马克思主义的著作。也是从那时起，他坚持用辩证唯物主义观点研究儿童心理学的一系列重大理论问题，特别是在探讨儿童心理发展中关于先天与后天的关系、内因与外因的关系、教育与发展的关系及年龄特点与个别特点的关系等方面，造诣颇深，有独到见解，为在中国建立马克思主义儿童心理学奠定了基础。2010 年，《中国哲学年鉴》有一篇《朱智贤的心理学哲学理论思想及其形成和发展》的论文(赵璧如，2010)，正是对他的辩证唯物主义的马克思主义的哲学观的阐述。

朱智贤是位创新者。他出版了新中国第一部儿童心理学著作，主持了第一个中国儿童青少年心理发展的国家级课题，创办了我国第一个发展心理学研究所——北京师范大学儿童心理研究所，创办了我国第一本发展心理学与教育心理学的学术刊物——《心理发展与教育》，培养了我国第一位心理学(教育学)博士等等。早在 1982 年 10 月，杭州大学校长陈立教授收到朱智贤教授的《儿童发展心理学问题》一书时，就给朱智贤写了一封热情洋溢的回信。信中有这么一段话："新中国成立后，心理学界能就一方面问题成一家之言者，实为少见。老兄苦心深思，用力之勤，卓有硕果，可谓独树一帜。"这"独树一帜"就是创新。

朱智贤是中国的发展心理学的奠基者。为什么这样说？我们在下面展开分析。

(二)朱智贤的《儿童心理学》

1962 年，人民教育出版社出版了朱智贤的《儿童心理学》，它不仅是中国第一部以辩证唯物主义观点为哲学基础的、批判吸收国内外研究成果的、密切联系中国实际的发展心理学教科书，而且成为 1966 年前(特定的历史时期)唯一正式出版的具有完整体系的心理学教材。

《儿童心理学》是继承性与民族性的统一。朱智贤早年学习的是西方心理学，他熟知的是苏联心理学，他忠诚的是中国古代的心理学、发展心理学思想，因此继承性与民族性使朱智贤成为发展心理学研究中国化的首创者。他以《儿童心理学》为基础，一是系统地研究中国儿童与青少年心理发展与教育的现实问题；二是在借鉴来自西方与苏联的理论和方法论的同时，充分挖掘中国本土的智慧的方法论，《儿童心理学史》与《发展心理学研究方法》就是他探索本土化的代表作；三是力求建立中国的发展心理学的知识体系，特别是理论体系，《儿童发展心理学问题》就是展现他的理论体系的论文选，以此阐述了心理学、含发展心理学的中国化的内涵。

《儿童心理学》展示了中国的发展心理学的理论体系。如上所述，朱智贤在《儿童心理学》中首先提出儿童乃至人类心理发展的规律问题，即先天和后天、外因与内因、教育与发展、年龄特征与个体差异的四大关系。对这四个理论问题的分析和阐述在中外发展心理学史上有过不少，但像朱智贤那样统一地、系统地、辩证地提出，这还是第一次。因此，正如《中国现代教育家传》（1986）中所说，朱智贤的这些理论为建立中国科学的儿童心理学奠定了基础。朱智贤于 1979 年和 1981 年分别在美国与日本心理学界和教育学界对他所提出来的人类心理发展的基本规律做了阐述，给国际的心理学和教育学同行留下了较为深刻的印象。美国著名发展心理学家坎波斯（J. Campus）教授和日本著名发展心理学家东洋先生还多次给予他赞扬的评价。

《儿童心理学》呈现了中国的发展心理学的完整结构。早在 20 世纪 60 年代初朱智贤在《有关儿童心理年龄特征的几个问题》（《人民日报》1962 年 3 月 13 日）一文中，提出系统地、整体地、全面地研究儿童心理的发展。他反对贝尔曼（Belman）单纯地以生理发展作为年龄特征的划分标准，反对斯特恩（W. Stern）以种系演化作为年龄特征的划分标准，反对皮亚杰（J. Piaget）以智力或思维发展作为年龄特征的划分标准。他提出了在划分儿童心理发展阶段时，应该主要考虑两个方面：一是内部矛盾或特殊矛盾；二是既要看到全面（整体），又要看到重点。这个全面或整体的范围是什么？他以为应包括两大主要部分和四个有关方面。两大主要部分是认识过程（智力活动）和个性品质，四个有关方面是心理发展的社会条件和教育条件、生理的发展、动作和活动的发展、言语的发展。这就是《儿童心理学》的结构。

(三)为什么评价朱智贤是中国发展心理学的奠基者

国际心理学界评价普莱尔(W. T. Preyer)为科学儿童心理学的创始人,主要是从时间、内容、方法和影响四个方面来决定的,是缺一不可的。在此,我们用同样的标准评价朱智贤。

从时间上看,朱智贤的《儿童心理学》是较早出版的一本,尽管70年前有《儿童心理学研究》与《儿童心理学·编著旨趣》,但朱智贤的《儿童心理学》仍属于既早且全。

从写作的目的和内容上看,朱智贤之前的学者,没有以儿童心理发展作为研究的课题,由于当时的条件限制,仅作为"介绍"儿童心理学。而朱智贤是按照国家对编写儿童心理学教科书的要求编写了《儿童心理学》,其内容具有完整的体系:既有相关的理论,又有儿童青少年各阶段心理发展的特征。

从研究课题和方法上看,朱智贤不仅根据儿童心理发展各年龄特征指出相应的研究方法,而且主持了国家级的第一个"中国儿童青少年心理发展与教育"的课题,以充实中国儿童心理发展的科学依据。

从影响上看,《儿童心理学》一出版,就成为中国各高校心理系和专业的教材,且持续使用了半个多世纪,连同朱智贤其他创新研究和创新成果,其影响度是非其他的发展心理学家可以相比拟的。2018年,人民教育出版社出版了由朱智贤教授负责修订的《儿童心理学》第六版。

三、20世纪八九十年代的协作组为开启中国的发展心理学研究做出贡献

20世纪八九十年代,中国的发展心理学界出现了许多的协作研究组,积极地进行中国儿童青少年的心理发展的研究,并取得了丰硕的成果。

(一)认知发展协作组

组长:刘范研究员(中国科学院心理研究所)

成员:张增杰(西南大学)、沈家鲜(华南师范大学)、吕静(杭州大学)、左梦

兰(云南师范大学)、孙昌识(陕西师范大学)、李文馥(中国科学院心理研究所)、方富熹(中国科学院心理研究所)、方格(中国科学院心理研究所)等教授。

成果：最初开展儿童数学认知的研究，后来研究的范围逐渐扩大到儿童对自然现象的认知，包括儿童的时间、空间、顺序、运动和因果关系认知的研究。《心理学报》发表了 15 篇由刘范与李文馥、方富熹、方格等在 20 世纪八九十年代有深度的科学论文和研究报告。

(二)语言发展研究协作组

组长：朱曼殊教授(华东师范大学)、许政媛教授(北京大学)

成员：主要来自华东师范大学与北大等专家，如缪小春教授等。

成果：华东师范大学主要研究儿童指物交流、各类词汇、各种句型发展特点、正常与弱智儿童语言发展的特点等。《心理学报》《心理科学》发表了 16 篇由朱曼殊与缪小春、武进之、张仁俊等在 20 世纪八九十年代有深度的研究报告。北京大学许政媛教授等针对婴儿群体的研究呈逐年增加的趋势，他仍对三岁前儿童言语发展的过程、阶段、特点、规律及影响因素做了分析；对模仿、强化或模仿与强化的结合、父母活动以及儿童的自主性等因素的作用做了深刻的分析。

(三)道德发展研究协作组

组长：李伯黍教授(上海师范大学)

成员：来自上海师范大学的岑国桢、陈会昌(后调北京师范大学)、曹子方等教授，以及全国基础教育界的协作者。

成果：协作组采用科尔伯格（L. Kohlberg）的研究方法，围绕我国儿童青少年的道德判断发展开展了调查研究，涉及对行为负责的道德判断、各种道德观念(公有、公正、集体、惩罚、友谊、利他等)发展、影响因素、不同民族、道德情绪归因，以及道德判断能力测验工具编制。《心理学报》《心理科学》《心理发展与教育》发表了该协作组 14 篇相关的研究报告。

(四)青少年心理发展协作组

组长：林崇德教授(北京师范大学)、沈德立教授(天津师范大学)

成员：姚平子(陕西师范大学)、周镐(华中师范大学)、李山川(安徽师范大学)、沙毓英(云南师范大学)、陈庆良(贵州师范大学)、武珍(浙江师范大学)、傅安球(上海师范大学)、刘慎年(哈尔滨师范大学)、魏华忠与杨丽珠(辽宁师范大学)、董奇与申继亮(北京师范大学)等教授。

成果：对 10 个省市在校青少年理想、动机、兴趣的特点，23 个省市在校青少年思维的发展，29 个省市离婚家庭儿童青少年心理特点等展开了研究，成果发表在《心理学报》《心理发展与教育》和很多高校的学报上。

(五)超常儿童研究协作组

组长：查子秀研究员(中国科学院心理研究所)

成员：全国高校少年班、中学超常班的教师和施建农研究员(中国科学院心理研究所)。施建农是查子秀研究员的主要助手。

成果：系统地对超常儿童进行科学的研究和实施超常教育，涉及超常儿童青少年的创造性思维、元记忆和人格特点，进而开始运用 PET、fMRI、EEG、ERP 以及行为遗传学技术来探索出现超常智力的原因。《心理学报》《心理科学》《心理发展与教育》发表了该协作组有代表性的 13 篇学术论文和研究报告。

(六)现代小学数学研究协作组

组长：刘静和研究员(中国科学院心理研究所)

成员：全国小学数学研究合作单位(28 个省市 2500 所学校)，张梅玲研究员是刘静和研究员的主要助手，主持了这项研究。

成果：提出以"1"为基础标准，揭示数以及小学数学中的部分与整体关系并以此为主线来重新构建现行教学大纲范围内的小学数学知识结构，以塑造儿童良好的认知结构。研究成果不仅有在《心理学报》等刊物上发表的学术论文和研究报告，而且出版了《现代小学数学》教材，在小学教育界产生了较深较广的影响。

对上述众"协作组"的介绍，使我们看到其在 20 世纪八九十年代发展心理学各协作组的贡献：一是建设和锻炼了研究队伍；二是扩展完善整个中国的发展心理学研究领域；三是与国外发展心理学界乃至心理学界的联络并接轨；四是增进心理学界的交流；五是丰富中国的发展心理学的研究成果。因此，当年的协作组的工作，对今天中国的发展心理学的繁荣是项奠基的工程。

四、中国的发展心理学变迁与现状

在一定意义上说，中国的发展心理学自 20 世纪 90 年代后基本上与国际发展心理学保持同步发展。

(一)中国的发展心理学近 30 多年的变迁

中国的发展心理学近 30 多年的变迁主要是从儿童心理学到毕生发展心理学到发展科学。儿童青少年心理研究仍是主体，但出现年龄上的两极研究发展趋势，即婴儿期和老年期的研究逐渐增多，体现了中国的毕生发展心理学的成熟。

对婴儿心理，特别是与国际接轨的婴儿动作和社会性的发展，代表性的有董奇、庞丽娟、许政媛、孟昭兰、李虹、杨丽珠和张向葵等教授的研究。董奇等结合婴儿爬行动作进行了大量实验研究，取得丰富的研究成果，涉及出生季节与婴儿爬行动作的关系；婴儿的爬行经验与其空间认知能力发展的关系；婴儿爬行与其共同注意能力发展的关系；对爬行经验与依恋以及与其情绪情感发展的关系；等等。

老龄化趋势在世界范围内加快，2000 年我国正式步入老龄化国家的行列。中国的老年心理学研究的代表人物是许淑莲、申继亮、韩布新和王大华等专家。许淑莲和申继亮还主编了《老年心理学》。研究者围绕认知老化进行了大量研究，提出了认知老化模型。进入 21 新世纪以来，研究者对认知老化的机制进行了更深入、更系统的研究，探讨了基本心理能力老化的中间变量，发现感觉功能、加工速度和加工容量是基本心理能力老化的重要中介变量，基本心理能力老化的中介作用呈现出层次性。

(二)中国的发展心理学研究体制的变化

所谓研究体制是指研究的组织制度、对象领域和方向趋势，它包括横向的整体化的变化，即研究广度或范围与研究体制纵向化，也就是重点的变化。

中国的发展心理学横向整体的变化主要表现在与多种学科综合交叉的发展上。一是与教育心理学相结合，出现教育与发展研究，为教育改革提供心理学依据。2013 年至 2016 年完成的"中国学生发展核心素养"是全国性的协同研究，就是较典型的例子。二是与社会心理学相结合，出现社会性发展的研究，方晓义、张文新、邹泓等做了大量的工作，尤其是对青少年社会的吸烟、酗酒、吸毒、攻击性行为的探讨，对儿童青少年同伴关系、亲社会行为的研究，具有普遍性。三是与健康心理学与临床心理学相结合，出现了心理健康研究，为学校教育、家庭教育和儿童青少年自我成长提供了一定科学依据。教育部的中小学与高等学校心理健康教育两个专家指导委员会成员多数是发展心理学家；目前 360 所学校心理院系专业的毕业生走向社会，主要是从事心理健康教育工作。四是与认知与心理语言学相结合，出现了研究内容包括儿童的认知语言、语义、词汇、句子以及有关的一些发展语言学的研究。李红、舒华、周晓林、陈英和、苏彦捷、白学军、伍新春、桑标等在儿童阅读及其障碍领域就做了大量的研究。五是与互联网相结合，出现了儿童青少年网络心理学，中国心理学网络心理学专业委员会就是由华中师范大学(周宗奎)和中国人民大学(雷雳)的发展心理学家主持的。

中国的发展心理学研究体制纵向化尽管也表现在诸如"电视与发展""信息技术教育与发展"等课题研究上，但主要还是表现在发展心理学与认知神经相结合出现的发展认知神经科学这一点上。北京师范大学创建了学习与认知神经科学国家重点实验室，北京大学、华南师范大学、华东师范大学、西南大学、深圳大学以及中科院心理研究所都添置了各种先进的仪器设备，如脑电图仪(EEG)、事件相关电位(ERP)和功能性核磁共振成像(fMRI)等，广泛开展与发展心理学有关的脑机制的研究。发展认知神经科学是一门利用发展心理学、神经科学、认知科学、遗传学和社会学科等多学科，包括行为研究、神经成像、分子遗传学、计算模型、单细胞记录、神经化学分析等，重点从多个角度、多个水平、多个系统评估正常与非正常的、人类以及其他物种的认知发展过程。经典的研究课题包括脑的可塑性、感觉和知觉系统、语言、认知、临床失调、认知与情绪的交互作用等。我国的发展心理学对这方面研究在国际刊物上的发表情况，逐步与国际水平接轨。

(三) 应用发展心理学的兴起

目前国际(特别是美国)发展心理学领域的基本走向已经非常明确，那就是强调以问题为导向的跨学科研究，在侧重研究基本理论问题的同时，比以往更加关注重大现实，突出应用研究，从而有应用发展心理学的定位。

面向现实的应用研究有下边的几个原则：一是研究范式突出学科交叉性；二是理论工作者与实践工作者的"跨界"合作；三是综合考虑心理发展规律的普遍性和文化的特殊性；四是"求真"与"至善"的结合；五是开展以现实问题为导向的研究。

改革开放以来的40年里，中国的心理学家重视国家急需与行业领先的应用课题，开展了卓有成效的应用发展心理学的研究。我们曾列举过有代表性的五家：上述刘静和的"现代小学数学教学实验"；卢仲衡的"自学(中学数学)辅导研究"，邵瑞珍的"学与教"的研究，冯忠良的"结构化-定向化"教学思想，林崇德的"中小学生心理能力发展与培养"的教学实验。但我们不得不指出，当前对发展心理学应用研究的重视程度仍有待加强，发展心理学领域的研究者，特别是年轻研究者必须更加现实地转向。

我国当前应用的领域很多，限于篇幅，这里谈四个领域。一是素质教育需要发展心理学的应用研究和研究成果的应用，如上所述的"中国学生发展核心素养"就是该领域的课题。二是在心理健康教育和心理咨询领域开展发展心理学的应用研究。例如，方晓义开展了"高中生发展指导"方面的研究，改变了传统心理健康教育以解决问题为主的模式，转向促进学生发展为主，在北京、浙江、广东、江西、四川等地开展实验研究。在研究的基础上，提出了"高中生发展任务层次理论""高中生全方位三级发展指导模式"，并研发了"高中生发展任务评估系统"。此外，还研发了"大学生心理健康问题筛查系统"，到2018年秋季，全国已有800多所大学使用该系统对近500万大学新生进行了心理健康普查。三是社会和谐发展的保证，我们可以从"积极"和"消极"两个方面来谈与"和谐社会"建设有关的应用发展心理学课题。例如，对人类发展指数、主观幸福指数、教育发展指数的研究。四是其他社会领域需求发展心理的应用研究或研究成果的应用，特别是对老年心理的应用研究和干预工作。此外，离异家庭子女的成长、隔代抚养、网络成瘾、转型期的诚信问题、高考心理、农村留守儿童的发展、农民工子女教育问题等，呈现一片"广阔天地，大有作为"。

从上面对中国的发展心理学70年的论述可以看到，中国的发展心理学取得了前所未有的成就。在目前全球化的背景下，中国的发展心理学必然还会继续受到国际上的研究趋势的影响，中国的发展心理学研究者必然也必须吸收国际上的研究思想、方法和成果。也就是说，直接"进口"或"拿来"的部分，还将在中国的发展心理学占很大的比重。但是，我们必须警惕以"国际化"或"国际接轨"的名义，把中国完全变成西方理论和方法的试验场，更不能把自己变成西方同行的中国数据收集员。如果不能在世界背景下建立我们自己的知识传统，那么中国的心理学包括发展心理学不可能有自己的地位，要建立我们的知识传统，还必须强调研究的"中国化"。这里我们必须强调的是，中国的心理学研究者一定要充分尊重自己的知识传统，才可能为世界心理学的发展做出自己的贡献。就像维果茨基因为充分吸收了俄罗斯民族的文化知识传统以及马克思主义，才提出影响全世界的社会历史文化学说一样，中国要产出享誉世界的发展心理学家，也必须扎根于中国的知识传统和现实土壤。

加快心理学研究中国化进程^①

2016 年 5 月 17 日，习近平主持召开哲学社会科学工作座谈会强调："要加快构建中国特色哲学社会科学，按照立足中国、借鉴国外、挖掘历史、把握当代、关怀人类、面向未来的思路，着力构建中国特色哲学社会科学，在指导思想、学术体系、研究方法、话语体系等方面充分体现中国特色、中国风格、中国气派。"

一、继承弘扬两种心理学史实

心理学有一个漫长的过去，但是作为一门科学的历史为时较短。科学心理学史，一般要以 1879 年德国心理学冯特（W. Wundt）在莱比锡大学建立世界上第一个心理学实验室作为起点。科学心理学走过了 140 多年，有许多值得我们继承弘扬的地方。

中国的心理学是由西方传入的，但在西方心理学传入中国之前，我国早就有了心理学的思想。中国古代的心理学思想体现的是中国的文化，值得我们传承弘扬。

因此，这就体现了中国心理学的继承性与民族性。继承弘扬的是两种心理学的史实，传承光大的是中华民族的优秀文化。这就是"以史为鉴"的道理。

（一）科学心理学史给我们哪些启发

科学心理学的产生、形成、演变和发展，大致分为四个阶段：① 从 1879 年至第一次世界大战，是西方心理学的形成时期，即在欧洲和美国出现一批心理学家，

---

① 2019 年 5 月 18 日，国务院学位委员会心理学学科评议组、教育部高等学校心理学类专业教学指导委员会、全国应用心理专业学位研究生教育指导委员会、中国心理学会在天津师范大学联合主办"第三届中国特色心理学智库建设高峰论坛"。本文由作者根据自己在论坛上的主旨演讲整理而成。

逐渐出现心理学派。②两次世界大战之间，是西方心理学分化和发展的时期。精神分析学派、行为主义和格式塔心理学先后壮大，受其影响，不同观点、不同风格的心理学呈现出一种分化和发展的趋势。与此同时，苏联心理学独树一帜，以马克思主义为指导，以俄罗斯的文化传统为背景，以一种新的形势出现在国际心理学界。这个阶段，著作大量地出版，刊物不断地增新，大学里心理学专业规模迅速扩大，心理学组织机构纷纷建立，说明科学心理学已经逐步达到比较成熟的阶段。③第二次世界大战以后到20世纪70年代，是科学心理学的演进和增新时期，主要表现为两个方面，一是理论观点的演变，原先的学派，有的影响逐步减少了；有的虽然很有影响，但已不是旧时的内容，而是以新的姿态出现；有的流派则公开打出革新的旗帜，直到进入新世纪仍有很大的影响。二是在具体工作上的演变，特别是20世纪70年代前后，心理学各分支的研究课题呈现丰富多彩、量质并齐发展的局面。④20世纪70年代后科学心理学进入全面发展时期，推动其发展的原因有两个。一是信息化需要，认知心理学的出现到认知的信息加工的深入研究。与此同时，与人工智能相关联的方法论和理论上的复杂性也加速了发展研究。二是脑与神经科学发展的推动，对心理的知、情、意、行过程的神经机制、基因、统计数据的处理等，进行了更谨慎、更科学的探究。

在科学心理学发展史上，我们可以看到，任何一位对心理学研究做出贡献的科学家，都具有各自的学术风格和学术特色。他们各有自己的哲学观点，不管他们是否意识到或承认这一点。在对心理学的研究上，他们或者在理论研究上提出自己的独特的见解，或者在某一具体研究领域中做出自己的突破性的贡献，或者在现实领域中提出新的课题和建议，或者在研究方法上具有自己的新的特色。所有这些，都在心理学史上留下他们的足迹或者印记，值得我们今天继承和发扬。

回顾140年的心理学发展历史，对中国有影响的是西方心理学和苏联心理学，它们各有特色，影响的内容和程度是不一样的。如果从哲学观与方法论的角度出发来分析它们各自的特点，我们不难发现：一般说来，西方心理学的特点是百家争鸣，思想活跃，注重定量和定性分析相结合，注意应用现代化的研究工具，但往往众说纷纭，莫衷一是。苏联心理学的特点是有正确的认识论和方法论为指导，也注重应用现代化的研究工具,同时又能有系统、有计划地联系本国的实践以解决实际问题,但思想往往不够活跃。然而,西方心理学和苏联的心理学都强调科学性。中国的心理学,1949 年之前学西方,1949 年至 1966 年学苏联,1978 年之后又学西方。不管怎样学,不能盲从,不能跟班,更不能拿来主义,应该根据中国的国情,坚持继承和创新相结合。

科学心理学史给我们的启发是什么?洋为中用!对中国的心理学的发展,应该获得如下五点启示:①要掌握和运用正确的哲学观与方法论;②立足中国、借鉴国外,密切联系本国实际是根本;③要批判地吸取不管是西方还是苏联,即国外的经验;④与发掘中国的历史,传承中华传统文化的优秀遗产相结合;⑤继承弘扬科学心理学史实为了坚定我们迎头赶上、后来居上的信心、决心和行动。

(二)中国古代心理学思想给我们的启发

我国 5000 年的文明史,蕴藏着丰富的心理学思想,这些思想虽然是朴素的,有些带有较大的争议性,但直到现在仍然闪烁着人类智慧的光辉。美国心理史学家墨菲(Gardner Murphy)曾提到,"公元前五百年中国的老子和孔子在哲学和心理学方面有惊人的创见",可见中国是世界心理学思想最早的发源地之一。所有这些,都反映在燕国材教授的《中国心理学史》之中(燕国材,1998)。

《中国心理学史》从殷商、西周写到清代的心理学思想的产生、发展和成熟的历程,又阐述了近代心理学的形成和发展。尽管近代中国的心理学处于由古代心理学思想向科学心理学的过渡,但中国古代心理学思想却源远流长、多姿多彩。《中国心理学史》从七对范畴(形与神、心与物、知与虑、情与欲、志与意、智与能、性与习)与六大领域(普通、教育、文艺、军事、医学、社会诸心理学思想)加以展示。

燕国材教授在"自序"中对中国古代心理学思想的成就与贡献的评价是:①从理论上解决了心理与生理的关系问题;②从理论上解决了心理与客观现实的关系问题;③揭示了心理活动的一条基本规律,即人的心理活动都是先天与后天的"合金";④形成了一条重视人、"人为贵"的人本主义传统;⑤展示了丰富多彩的人性论思想;⑥探讨了情欲的性质以及对待情绪的态度问题;⑦提出了智与能相对独立的中国观点；⑧确立了普通心理思想的结构体系；⑨开辟了应用心理学思想的广泛领域；⑩提示了整体地思考问题的研究方法。能否这么理解：科学心理学所研究课题，在中国古代心理学的体系中都能找到相应的问题。

中国古代心理学思想给我们的启发是什么？古为今用！对中国的心理学的发展，应该获得如下五点启示：①心理学的研究离不开哲学观与方法论；②挖掘历史、把握当代，密切关注中国现实是出发点；③继承、弘扬中华文化中心理学思想，并做好去粗取精、去伪存真的工作；④两种心理学史实相结合，不可偏废一方；⑤关心人类、面向未来，在两种史实的基础上创新以促进中国的心理学蓬勃发展。

二、越是民族化的东西越能走向国际化的趋势

1978 年后的 40 多年，在改革开放的国策下，中国心理学空前活跃：一是队伍逐步扩大；二是积极开展学术活动，科研成果越来越多；三是冲破禁区，深入研究心理学的各个领域；四是广泛开展国际心理学的交流与合作研究。1999 年，科技部在制定 2010 年科技发展规划时把心理学纳入国家优先发展的 18 个领域之一；2004 年，我国在北京成功举办了有 6000 多名代表参加的第 28 届国际心理学大会。这两件大事都说明中国的心理学开始进入昌盛时期。

中国的心理学国际化，是提高我国心理学学术水平的基本决策。这里的国际化，既包含着与国际同行的交流合作，又必须坚持国际心理学研究标准并和国际接轨。在具体措施上，要认真地找出我们与国际心理学的差距，进而努力缩短这种差距；要踊跃地在国际心理学杂志上发表学术论文和研究报告，以此作为检验学术水平的一个指标和展示学术成果的一个窗口；要积极利用走出去、请进来的方式，参加或举办国际学术会议与论坛，以加深我们与国际同行之间的关系；要扩展人员交流渠道，创造条件，能派得出，又能回得来，使更多心理学家逐步了解什么是真正的国际化的水平；要购置新资料，购买先进仪器，以提高知识水平，改善研究条件。

我们在坚持国际化的同时，必须坚持民族化，这是加快心理学研究中国化的根

本出路。其理由有四：一是如前所述，在科学心理学传入中国之前，中国早已有心理学思想。二是中国人口众多，又有自己独特的文化背景，我们强调心理现象共性的同时，有必要关心一下中国人心理民族化特点的研究。三是跨文化研究永远是科学心理学发展的一条途径，只有跨文化的比较研究，才能探索人类心理的共性。四是改革开放以来，中国心理学家做了大量的研究工作，也建立了大量的心理学知识体系，甚至于是话语体系。这正是国际心理学界所需要的东西，显示一种越是民族化的东西，越能走国际化的趋势。我们于此不妨举几个例子。

约翰斯顿主编的《教育心理学》第 12 版（2013）引用莫雷与我们中国的实验研究。陈哲、莫雷等（Chen, Mo, & Honomichl, 2004）研究表明，中国学生使用类比方法较好地解决雕像称重问题，因为这个雕像与他们掌握的关于中国民间故事"曹冲称象"（通过排水量）有一致性。由此获得结论是：所有学生都可以从直接教学、模仿与掌握学习策略和技巧在实际运用中得到发展，并在未来的情境中作为概念、原理和策略加以推广。周正、林崇德等（Zhou, Peverly, Boehm, & Lin, 2000）研究表明，经过思维品质训练的中国农村被试和美国一、三、五年级的城市学生对比研究中，中国农村被试比美国城市学生提前两年熟练掌握距离、时间和速度的皮亚杰（J. Piaget）任务。

北京师范大学学习与认知神经科学国家重点实验室的很多研究成果为什么在国际学术界引用率比较高？非常重要的一个原因就是他们善于采用国际通用的前沿研究方法与技术研究中国文化背景下独特的一些心理现象。例如，董奇和薛贵研究团队（Xue, Dong, Jin, & Chen, 2004；Xue, Dong, Zhen, Zhang, & Wang, 2004），利用fMRI 等研究手段，对中国人学习英语时的脑活动模式与规律进行了较为系统的研究，揭示了具有汉语（表意文字）学习经验的个体在进行英语（拼音文字）加工时的脑激活模式，丰富了二语脑机制研究。此外，董奇和周新林研究团队（2006）还对在上小学时具有不同的九九乘法表（据考证中国在春秋战国时已出现九九乘法表）学习经历的大学生，进行个位数乘法时脑电活动的差异进行了研究，发现小学学习和背诵不同的九九乘法表，即使到了大学进行非常简单的个位数乘法时，其脑电活动依然存在差异。

　　林崇德、李庆安(Lin & Li, 2003)在《理论心理学》(*Theory & Psychology*)第 6 期发表了以中华传统文化为基础的我的智力结构,并用"六艺"思想批评了加德纳(Howard Gardner)的多元智力。2006 年年底,塞奇出版公司(SAGE PUBLICATION LTD)的网站发布数据表明,我们发表的那篇文章跻身该杂志首创刊 17 年以来所有 600 多篇文章"被阅读次数最多的 50 篇文章"排行榜,最好排名是第五位。

　　以上三个例子,无非要说明越是民族化的东西,越能走向国际化。因为国际心理学需要民族化的个性或特殊性,才能构成国际心理学界的共识或共性。这种例子在国际心理学界太多了。欧洲心理学与美国的心理学就不相同,苏联的心理学与欧美的心理学更不一样。

　　以皮亚杰为代表的欧洲的心理学就显示了其民族性。皮亚杰是当代最著名的儿童心理学家或发生认识论专家,他所领导的研究中心设立在瑞士的日内瓦,所以皮亚杰学派又称日内瓦学派。这个学派的研究工作,从理论到实验,都有自己的特色,并且对当代世界的心理学产生着广泛而深刻的影响。皮亚杰反对美国心理学所秉持的实用主义哲学观,坚持欧洲哲学观。但在心理发展上,他列举了国际心理学的五种重要的发展理论:①只讲外因不讲发展的(如罗素的早期观点);②只讲内因不讲发展的(如 K. 彪勒的思维研究);③讲内因外因相互作用而不讲发展的(如格式塔学派);④既讲外因又讲发展的(如联想心理学派);⑤既讲内因又讲发展的(桑代克的尝试错误学说)。而皮亚杰则认为他和这五种发展理论不同,他自己是属于内因外因相互作用的发展观。这是唯物辩证法的哲学观,加上他解答心理学问题的主要依据是生物学、逻辑学和心理学的一体化,所以,他能够建立自己完整体系的结构主义和建构主义的发生认识论或心理学,并使心理学研究走向新的发展阶段。

　　苏联心理学,突出体现俄罗斯文化的底蕴,力求贯彻马克思列宁主义的思想作为其建设和发展的指导。这就使苏联心理学研究在根本倾向和具体特点上,与西方的心理学有差异。1942 年,苏联心理学在研究中坚持四项原则:①心身统一原则;②心理辩证发展原则;③人类意识发展的历史主义原则;④对人类心理现象研究的理论与实践统一的原则,而主导的、核心的是意识与活动统一的原则。至此苏联心理学体系基本建成,并基本保留至今。

体现民族性的基础是什么？通常是所在国家的声望、强盛和国际地位。为什么苏联的列昂节夫（Alexei Nikolaevich Leontyev）和鲁利亚（Alexander Romanovich Luria）能当选国际心理学联合会的副主席，除了他们是维果茨基（Lev Vygotsky）学派成员之外，主要有 20 世纪 80 年代的强大的苏联。同样地，世纪之交，我国心理学家荆其诚、张厚粲和张侃三位教授能先后当选为国际心理学联合会的副主席，也因为有改革开放后强大的中国。由此可见，没有民族特色，哪有创新，何能竞争；没有强大的祖国，怎么会有话语权！

三、心理学研究的中国化

心理学研究的中国化，是中国老一辈心理学家的共同愿望，尤其是潘菽和朱智贤教授在他们的著作里做了精辟的论述。到了我们这一代心理学家，车文博、沈德立、黄希庭和我等人，更是极力倡导心理学研究的中国化。早在 1985 年，我在《心理发展与教育》创刊号上发表了《试论我国儿童心理学前进的道路》一文，首次提出了"心理学研究中国化"的问题（林崇德，1985）；1989 年我又专门在《心理发展与教育》发表了《心理学研究的中国化问题》，论述它的内涵、需求、层次、途径和体会（林崇德，1989）；2010 年我与弟子辛自强教授再一次在《心理发展与教育》上，以《发展心理学的现实转向》为题，进一步探讨了心理学研究的中国化问题（林崇德，辛自强，2010），在那篇文章里明确地提出了中国化与国际化的关系，并指出如果不能在世界背景下建立我们自己的知识传统，中国的心理学不可能在国际上有自己的地位。要建立我们的知识传统，必须强调研究的中国化。在那篇文章中，我们也指出了我们必须警惕以"国际化"或"与国际接轨"的名义，把中国完全变成西方理论和方法的试验场，更不能把自己变成了西方同行的中国数据的收集员。

心理学研究的中国化，其含义有三：一是要研究中国现实的问题。心理学作为一门科学，研究对象属于"共性"，但心理学又作为一门"人"学，人的社会性与所在的社会现实，尤其是与文化等"个性"或"特殊性"联系在一起，离开"人"的背景或社会背景，离开了这个"个性"或"特殊性"，就无所谓"共性"或一般性。二是要在借鉴来自国外科学心理学的理论和方法论的同时，充分挖掘本土的智慧、方法论与研究方法。方法论与研究方法都受到不同文化背景的影响，因此，中国的心理学研究，必须坚持正确的哲学方法论，即强调研究方法要以辩证唯物主义为向导；坚持发挥中华传统文化的心理学思想方法论的作用，把借鉴国外与立足中国相结合，来全面探索方法论问题；坚持在研究方法上改进与创新，积极寻找适合我们国情的研究方法。三是建立中国心理学自己的知识体系，特别是理论体系。中国的心理学研究者必须充分尊重自己的知识传统，才可能为世界心理学的发展做出自己的贡献。就像维果茨基因为充分吸收了俄罗斯民族的文化和知识传统以及马克思主义，才提出了影响全世界的社会历史文化学说一样，中国要产生享誉世界的心理学家，也必须扎根中国的知识传统和现实土壤。

在心理学研究中国化的进程中，中国心理学家已经做出了努力，大家都有不少感受。我这里就几个"宏观"问题，提出四点想法：第一，必须把马克思主义作为指导思想。应当肯定的是，自中华人民共和国成立 70 年以来，中国心理学工作者基本上是以马克思主义的哲学观，即以辩证唯物主义为指导思想的，并涌现出像潘菽、朱智贤、车文博、阮镜清、刘泽如等一大批马克思主义的心理学家。"可是，随着西方心理学的引进，有些同志对我们长期坚持的方法论持怀疑的态度。这种倾向对心理学研究中国化是十分不利的"（朱智贤，1987）。把马克思主义作为中国的心理学建设的指导思想，我们绝不能动摇。第二，要用系统的观点来安排心理学的研究课题。能否带有开拓性的战略眼光深入有关领域的实践中，去发现"国家急需、世界一流"的心理科学发展的生长点，或看准有希望的方向抓住不放，确是一个重要的因素。近 30 年来，国家自然科学基金、社会科学基金、教育部、科技部等每年征招的重大、重点或攻关项目中，就有心理学的课题，这类课题从一般的科学方法论来看，就是采用系统方法观。第三，在中国文化和现实中研究中国人的心理。坚持在中国文化和现实实践中研究心理学，具有深远的战略意义，它贯彻了理论联系实际的原则，把心理学各项工作都密切结合中国社会建设和社会需要的实际，特别是经济、政治、文化、教育诸工作实际的需求，并为之有效服务，这就是下面要讲的应用研究。第四，组织各方面的人才，融合多学科的知识，共同研究心理学。

这里的关键是提出问题为研究导向，开展心理学的科研协作。首先，中国国内心理学工作者在自愿、平等、互利、协商的原则下，开展校（单位）际协作，取长补短，互通信息，各地取样，共同突破一个课题。其次，组织心理学之外的多学科专家与我们来共同研究，适当招收其他学科，例如，数学、医学、语言、生物、电子计算机和教育学等专业对心理学感兴趣的本科毕业生为我们心理学的研究生，学科交融是时代发展的特征。最后，积极开展与国外学者的合作研究，跨文化地探索共同感兴趣的心理学问题，这不仅促进了国际学术交流，而且也为中国的心理学研究走向世界展示了我们的实力。所有这些跨文化的研究，都是强调以问题为导向的跨学科、跨地区、跨国界的研究，跨文化研究把中国化与国际化结合起来了。上面四点想法，目的是在指导思想、学术体系、研究方法、话语体系等方面力求体现心理学研究的中国特色、中国风格、中国气派。

四、心理学研究的中国化必须强调应用

中国的心理学应该重视国家急需与行业领先的应用课题。

中国的心理学重视应用，是老一辈心理学家的传统；既是衡量心理学界各单位特色显著性的指标，又是处理与基础研究关系的重要手段。

1982年罗大华教授和我带领北京心理学会犯罪心理学讲课组去南京为全国公检法系统办培训班。我俩到南京师范大学拜见了高觉敷先生，高老在接见我俩时的一段话，使我终生难忘："中国的心理学为什么那么容易被打倒？为什么那么轻易被一风吹？社会上的极'左'思潮固然是一个因素，但主要原因还是我们不重视应用研究，于是老百姓也觉得心理学没用。长此下去，若干年后，像姚文元一类的政治骗子还会出来说话，你们心理学啊，'九分无用，一分歪曲'。"我后来几次去南京师范大学，都引用了高老这段话。高老的话，阐述了心理学应用的价值。

2005年，我发表了《中国心理学研究的十大关系》一文，其中谈了基础研究与应用研究的关系（林崇德，2005）。我当年提到，基础研究也好，应用研究也好，对心理学来说都是必要的，二者有着各自独特的目标。基础研究回答"是什么"的问

题，寻求心理学所需的描述、预见、干预，特别是解释性的知识；应用研究则重于回答现实生活中心理变化的"应该"问题，旨在从心理学角度提供解决实际问题的行动建议或指导。二者也有着不同的价值：基础研究奠定心理学的理论基础，彰显的是学科的学术价值；应用研究则维系着学科与社会现实的联系，凸显着学科在实际中的存在价值或生命力。同时，基础研究与应用研究不能相互取代。基础研究所提供的描述性、预见性、干预性和解释性的知识固然是解决实际问题的理论基础，但当运用于实际问题时，必然遭遇从"一般"到"个别"或从"抽象"到"具体"间的差异问题。而且，任何基础研究均不可避免地渗透着研究者的价值观，将基础研究成果应用于实际问题的解决就等于将一套价值观运用于实践，而这种价值观却有可能与实际问题解决所需的价值观格格不入。所有这些，就决定了应用研究不可能是基础研究在实践中的简单延伸。另一方面，还应看到，基础研究与应用研究也是相辅相成、互相促进的。基础研究所获得的成果无疑能帮助从事应用研究的心理学家预见、发现并深入理解实际问题，并为应用研究所寻求的行为建议或改进措施提供有益的启示。应用研究也能为基础研究提供新的有待解决的课题，积累必要的事实材料，为基础研究所寻求的"大理论"建构提供相关的"小理论"。特别是，由于应用研究维系着心理学同实际问题的联系，它的发展还能给整个学科当然也包括基础研究赢得更多来自社会物质与精神的支持。从事基础研究的心理学家为赢得社会的支持，会自觉地思考其理论成果的实践蕴含，甚至直接从事基础理论的应用研究；从事应用研究的心理学家也会因相关基础理论的缺乏而从事一定的基础研究。这样，就形成了基础研究与应用研究相互渗透，你中有我、我中有你的局面。这正是心理学研究的中国化要实现的目标。

面向现实的应用研究必须遵循如下原则：第一，研究范式突出学科交叉性。当前应用研究必须突破传统的心理学范式，在更广泛的学科交叉背景下体现跨学科的性质。广泛的学科交叉，本身就便于研究成果在这些不同学科和社会领域的应用。第二，理论工作者和实际工作者两支队伍"跨界"合作。我们建议实际工作者应有更多的理论考量，理论工作者要多考虑为实际应用服务。以心理咨询为例，全国有很多的从业者，然而我们不仅应该注重咨询实践，还要注重对咨询模式的概括和理论的提升，建立中国特色的咨询理论体系。类似其他领域的实际工作者也可以开展行动研究以及各种类型的研究。理论工作者既要研究社会生活实际中的学术问题，也要参与对各心理学有关行业的实际智慧的现场研究。如果两支队伍能够紧密合作或结合，肯定有利于中国知识体系的建立，有助于解决实际问题。第三，综合考虑心理规律的普遍性和文化的特殊性。以 18～60 岁成年期"生活事件"的变化为例，就业、恋爱、结婚、养育、教子、离婚、退休、丧偶等，其质量好坏，能否适应，无不与发展心理学的应用课题有关。在探究这些方面的发展规律时，我们必须既要考虑到发展规律的普遍性，又要考虑其文化的特殊性。第四，"求真"与"至善"的结合。如前所述，心理学有基础研究与应用研究两种不同的研究类型，两者有着各自独特的目标。前者回答"是什么"的问题，追求学科的学术价值，以"求真"为导向；后者回答"做什么"问题，追求学科在实际中的存在价值或生命力，以"至善"为导向。在"求真"与"至善"结合中的心理学应用研究是为了维持内心与社会的和谐，为了促进个体素养与民族素质的提高，为了使老百姓能感受到心理学的意义和价值，这种研究不仅找到科学规律的"求真"，还要探索如何使心理学臻于"至善"。为此，中国的心理学不仅要研究科学规律本身，还要研究科学规律的应用规律。第五，开展以现实问题为导向的研究。研究始于问题，这种问题要么是真正的学术问题，要么是实际问题，只有能提出并解决问题的研究才是好的研究。应用研究通常是"以问题为导向"的研究，进一步讲，这种"问题"更多的应该是社会现实问题，特别是国家亟需与具有重要行业影响的应用性课题。我们完成的"中国学生发展核心素养"的研究，就是这一类课题（核心素养研究课题组，2016）。因此，2019 年 2月，中共中央、国务院印发《中国教育现代化 2035》文件中指出"明确学生发展核心素养要求"。由于中国社会的发展日益与心理和心理学有关，心理学的专业人员必须勇于面对各种现实的、实际的问题，而不能只满足于对国外理论的修修补补，满足于实验室精巧的控制。如果我们的研究工作不考虑生态效度，不考虑现实的需要，不考虑老百姓的要求，对于国家和社会的发展而言，这个学科就是无足轻重的，我们永远只是旁观者，而不会成为社会责任的担当者，心理学研究的中国化只能落于纸上谈兵。

以上所述，应该是心理学研究中国化的学者之理想、抱负和使命。

走向世界, 服务社会^①

——在中国心理学会第十三届学术大会上的演讲

各位代表、各位来宾、各位朋友:

大家好!

在江南金秋送爽、瓜果满仓的季节,在全国人民欢庆上海成功举办全球瞩目的第四十一届世博会后,我们今天又齐聚在这美丽撩人的黄浦江畔,隆重召开中国心理学会第十三届学术大会。请允许我代表中国心理学会和第十三届学术大会组委会向来自全国各地的心理学界同仁,向我国港澳台地区的心理学家,向国际心理科学联合会主席希尔伯艾森先生和前主席欧沃米尔先生在内的海内外朋友表示热烈的欢迎,向全力筹备本次大会的上海师范大学领导及心理学界同仁的辛勤工作表示衷心的感谢!

本次学术大会的主题是"走向世界,服务社会"。之所以选择这个主题不仅是因为大会举办地是上海,是面向大海、象征着开放的国际大都市,更是因为心理学发展在历尽坎坷后正呈现蓬勃生机。所谓"人逢喜事精神爽"。在科学的大家庭中,在改革开放 30 多年来研究积淀的基础上,心理学界更应关注与世界交流、更应力求在国际水平上进一步提升"自我",更热切期待为我国正在科学发展观引领下的社会主义政治、经济、文化、教育等诸方面的建设服务,为中国人民谋福祉。

在上海召开这次全国心理学学术大会,让我浮想联翩,情不自禁联想起上海三所大学为中国心理科学的发展呕心沥血、做出了杰出贡献的几位心理学大家。国际著名的心理学家郭任远先生在美国加州大学获得博士学位,1923 年回国,1924 年到 1926 年任复旦大学副校长,1925 年在复旦大学创立心理学系并筹建了国内第一

① 本文是 2010 年 11 月 20 日于上海举行的中国心理学会第十三届学术大会上的理事长致辞。

个心理学院。学院大楼"子彬院"当时在世界上是继巴甫洛夫心理楼和普林斯顿心理楼之后的第三座心理楼。章益先生1943年到1949年荣任复旦大学校长，后又去山东师范大学任教。他曾对教育心理学及心理学史的研究做出了杰出贡献。1952年复旦大学心理学院并入华东师范大学。华东师范大学有"五虎将"：张耀翔先生毕业于清华大学，留学于美国，曾在北京师范大学、华东师范大学等多所大学任教，是中国心理学会的创始人；肖孝嵘先生是佩少将军衔的心理学家；左任侠先生是皮亚杰的同事，是我国首批博士研究生导师；谢循初先生是西方心理学史和理论心理学的学术带头人；胡寄南先生是我国基础心理学的重要奠基人之一。上海师范大学廖世承先生先后在湖南师范大学、华东师范大学、上海师范大学担任过校长或副校长，也是我国教育心理学的奠基人；李伯黍先生是我国研究德育心理学的著名学者；吴福元先生是著名的智育心理学家。

我们缅怀这些在上海工作过，对中国心理学做出杰出贡献的心理学大家，我们要向他们学习，要学习他们"走向世界"、振兴中华、服务社会的奋斗精神，学习他们把自己与中国心理学命运紧密联系的爱国精神，学习他们为中国心理科学事业鞠躬尽瘁、死而后已的奉献精神。

先人已逝，后人当自强不息。

为更好地促进我国心理学科的发展，从总体战略高度来看，在"十二五"期间，我国心理学应该在以下三个方面寻求更大突破。

第一，实现以"学科"为导向的研究模式向以"问题"为导向的研究模式的转变，开展跨学科、跨地区、跨院校的系统性和综合性研究。强调心理学要与神经科学、人文科学、社会科学、教育科学、数理科学、医学科学和生命科学等其他学科融合，大力推动心理学向前发展。在过去20多年里，传统的以"学科为导向、条块分割的研究模式"对心理学发展的制约作用越来越突显，而"以问题为导向"的跨学科心理学研究趋势也日益明显。为了解决某个特定的研究或现实问题，整合使用不同研究范式、不同的研究方法和技术，或者由来自不同学科的研究者以各自的方法和方法论就共同关心的心理问题，协同攻关、共享研究成果。

第二，进一步加强研究方法的现代化。国际心理学发展的每一次重大突破都受益于研究方法的创新与现代化，因此，要实现中国心理学逐渐达到世界一流研究水平，必须加强研究方法的现代化，进一步加强各类现代化研究技术设备平台的建设（例如，认知神经科学的最新研究设备，检测人类基因序列的最新技术等），注重提高最新研究方法的掌握（例如，最新的统计测量理论与方法等），注重最新研究思路的应用（例如，脑-基因-行为等多种手段相结合的研究思路）。只有这样，心理科学的发展才会"百尺竿头，更进一步"，才会有"无限风光，任人涉略"。

第三，着重加强应用，提高心理学科为社会服务，尤其是满足国家和社会发展重大需求的能力。随着我国社会经济水平的不断提高，对心理学科提出了越来越多的需求：建设和谐社会，需要和谐心理；让人们有尊严地生活，离不开提高人民的主观幸福感；提高全民人口素质，尤其是促进未成年人的素质，离不开心理研究揭示的学习和心理发展规律的支持。我始终坚信，作为科学的心理学的发展取决于社会认同，只有为社会为公众提供更多的服务，社会才会承认心理学的价值，才会给心理学更大的发展空间和更多的发展机会。心理学有多大发展，归根结底，取决于其研究成果为社会生活提供帮助和服务的数量和质量。让我们矢志不渝，共同努力。

最后，我要强调，中国心理学的发展，和谐是基础，人才是关键。

"家和万事兴"。我认为当前中国的心理学还只是一个小的学科，心理学研究工作者应该强调和谐，坚持团结，心往一起想，劲往一处使。为了中国心理学发展的大业，不计较个人恩怨得失。和谐才能凝聚力量，和谐才能成就伟业。

今天在中国心理学发展的过程中，人才是关键。我衷心地期望，中国心理学界能涌现一大批有创新精神的顶尖心理学家。我们建议，对年轻的人才要进得来、留得下、用得好。以德才兼备，以学术水平优劣来衡量年轻学者，而决不能靠关系！只有这样才能使中国心理学顶天立地。所谓顶天，即与国际心理学接轨；所谓立地，则为中国当前的社会发展服务，为中国人民谋福祉。

"路漫漫其修远兮，吾将上下而求索。"愿与全国心理学同仁共勉！祝全体与会代表身体健康，工作顺心，生活美满，万事如意！

预祝大会圆满成功！

第二编

PART 2

教育的精神

教育就是发展^①

——在第二届中国教师教育国际研讨会上的演讲

女士们，先生们，老师们，同学们：

大家上午好！

作为中国教育界和心理学界的一位老人，首先，对于第二届中国教师教育国际研讨会的召开，我由衷喜悦，并表示热烈的祝贺！

今天出席大会的同仁都是搞教育的。教育是人类伟大的事业，在人类滚滚不息的历史长河中，教育是永远谱写不完的诗篇。只要有人类，就会有教育；人类办教育，为的是促进自身更好地发展；教育赋予人类以智慧与美德，教育赋予社会进步的力量；教育是人类永恒的乐章。

今天，我演讲的主题是教育的实质，题目为"教育就是发展"。什么是教育？教育实质是什么？我想这个问题是仁者见仁、智者见智的。我是搞发展心理学的，从自己的专业出发，我认为教育就是发展。今天国内外的同仁在这里讨论"教师教育"问题，作为从事教育工作的教师，把学生培养好了，促进人发展了，推进社会发展了，就是好教育、出色的教育、成功的教育，否则就是没有搞好教育。尽管教育的定义很多，我把它概括为：教育是一种以促进人的发展、社会的发展为目的，以传授知识、经验、文化为手段的培养人的社会活动。

这里，我准备谈三个问题：第一，教育是为促进学生发展的师生交互作用的活动；第二，教育是一种有目的的活动；第三，教育是具有独特功能的活动。

---

① 我第一次提出"教育就是发展"的观点是1987年7月在美国肯特州立大学教育学院的演讲中，后来在国内多地多所大学和多个教育研讨会上对此做了陈述。本文是依照2001年5月14日第二届中国教师教育国际研讨会上的报告整理而成的。

一、教育是为了促进学生发展的师生交互作用的活动

说到师生交互作用，对中国教育界来说太熟悉了。在中国"教育"一词最早见于《孟子·尽心上》："得天下英才而教育之，三乐也。"什么叫教育？按《说文解字》的解释："教，上所施，下所效也"，"育，养子使作善也"。这不正是说，教育是为了促进学生发展的师生交互作用的活动吗？在这活动中，从教育的要素看，"教育"包含教育者、受教育者和教育媒体（有些学者称为教育影响）三个概念：教育者，或教师，即"上所施"者，以其自身的活动来引起、促进学生的身心发展，使其出现合乎教育目的的发展和变化；受教育者或学生，即"下所效"者，以其接受教育影响后，发生合乎目的的发展和变化，来体现教育过程的完成；教育媒体，这里主要指为实现教育目的的教育内容、教育方法、教育技术、教育手段和教育组织形式等，它是置于教师和学生双边活动之间，使之交互作用的中介物。

在教育活动中，我们既重视教师的教，又重视学生的学。教育和教学是师生通过教育媒体交互作用的活动。"教师教育"，首先要谈论教师。通过教育，一个人遇到好教师是人生的幸运，一个学校拥有好教师是学校的光荣，一个民族源源不断地涌现出一批又一批好教师则是民族的希望。教师的事业，是教书育人。育人是为了使人们的心灵沐浴阳光，从而让人们在幸福中成长。这一切来自教师的崇高精神。在我的成长历程中，遇到过几位好教师，他们的言传身教，他们的榜样力量，奠定了我的价值观、人生观和现在的教育观的基础。

第一位是小学阶段的班主任陈庭征老师，他教会了我许多为人处世的道理。陈老师非常擅长与学生沟通，他经常找全班最淘气的我谈心，鼓励我树立远大志向，为国家富强而好好学习，不要与周边的小事论短长。一个人如果没有远大的目标，就没有进步的信心和勇气。这些话，我当时不是全懂，但从感情上磨炼意志、成长、为国家强盛而学习，正是从陈老师那里撷取来的。

第二位是初中阶段的班主任张佛吼老师。鉴于我从宁波城镇来到上海有一定自卑的情绪，张老师为了增长我的自信，就经常肯定我的点滴进步，并鼓励我积极靠

近团组织，鼓励我写入团申请书。正是在张老师的关怀下，我顺利入了团。在张老师的眼里没有教不好的学生，他相信自己的学生一定能进步，一定能成才。老师的期望和暗示，成为推动我前进的巨大力量。初中毕业时，我以优异的成绩考上了上海市著名的中学——上海中学。张老师的教育理念体现了"皮格马利翁效应"。

第三位是高中阶段的孙钟道老师。今天我看来，对学校的感情归根结底还是对老师的感情。上海中学不但有好校长，还有一大批好老师。我的班主任孙钟道老师就是其中一位，在我人生的路口，他对我一生的职业理想和选择产生了重大的影响。特别是孙老师在 1960 年 3 月上的一次物理课，给我很大触动。那天上午，孙老师来上物理课，当时上课的典型模式是，老师先提问上一节或上几节课的一些内容或问题，然后让学生回答，回答以后老师打分，再开始上新课。可是我们班有位同学没能很好地回答孙老师的提问。这个时候，年近花甲的上海市劳动模范孙老师感慨万千："同学们，再过几个月你们就离开学校了，我希望你们能成为国家未来的栋梁。若干年以后，当我看到你们每个人都取得了成就时，那便是我做为教师的人生最大的欣慰和幸福。如果你们中间谁做了一点对不起国家，对不起人民的事情，那就是我最大的不安，最大的惭愧。"忍泪说到这儿，孙老师已经激动得说不下去了，他拿着板擦转身去擦黑板，想掩饰当时激动的心情，可是黑板上没有写下一个字，他又回过头来，眼里含着泪花，艰难地说："人之失落啊！学生不争气，会让老师感到耻辱。"从孙老师的话语中，可以体会出什么是教师的职责、使命和作用。于是我决心要当一位像孙老师那样的老师，当一位杰出的教育家。在高考升学填报志愿时，我 23 个志愿全部填写了"师范"，并以优异的成绩考入北京师范大学教育系心理学专业，从此为我自己的教育生涯拉开了序幕。

第四位是大学时期的朱智贤教授。在北师大期间，有很多优秀的老师对我影响很深，其中一位就是我后来的导师，也是我终生难忘的心理学引路人——朱智贤教授。著名教育家顾明远教授曾这样评价朱老："在北师大百年历史中，可称心理学大师的只有两人，一位是张耀翔，另一位是朱智贤。"朱老严谨治学的师德精神一直激励我、鞭策我。大学期间，朱老是唯一批评过我的老师，并且批评了三次，每次都十分严厉。朱老对我的影响最突出的有两点：一是他爱国爱党，几十年以虔诚之信念追随党，71岁终得入党，用毕生的精力努力追求人生的政治理想和信念。二是他的创新精神，杭州大学名誉校长在20世纪90年代初给他的信中是这样评价他的："新中国成立后，心理学界能就一方面问题成为一家之言者，实所少见。老兄苦心深思，用力之勤，卓有硕果，可谓独树一帜。"这独树一帜就是创新。

我们中华民族之所以能在五千年来的历史进程中生生不息、发展壮大，历经挫折而不屈，屡遭坎坷而不馁，靠的是中华民族源源不断地涌现出一批又一批的好教师，培育学生奋发图强、坚忍不拔、与时俱进的精神。

从上述师生交互作用的活动或教育的过程看，"教育"包含着诸多"发展"的概念。教育过程是教育者有目的、有计划地运用教育影响，促使受教育者身心向既定教育目标发展的过程。教育过程是上述教育要素，即教育主体、客体、媒体三者转化的过程。可以用表1来表示。

表1　教育主体、客体、媒体三者关系表

教育过程	主体	客体	媒体
教	教师	学生	知识（内容）
学	学生	知识（内容）	教师

教师在教的活动中是如何体现主体性的呢？一是教师是教育目的的实现者，二是教师是教育活动的组织者，三是教师是教育方法的探索者。教师在教育过程中起主导作用，教师的教育是学生发展的前提。为什么？我们通过一系列追踪研究体会到：首先，教师的教是学生能否获得知识经验的关键。学生的品德、智能与人格也正是接受了教育的训练，运用了知识经验才逐步成为概括化、习惯化的动力定型，成为德与才的表现形式。其次，教师的教能加速或延缓学生心理发展的进程。由于外因的作用和影响不同，心理发展进程的速度也是不同的，我们的实验研究表明，小学生逻辑思维发展的关键期一般在四年级。如果教育得法，学生逻辑思维的关键期能提前；相反，如果教育措施不得力，则会延缓关键年龄的到来。再次，合理而良好的教育是适合学生心理内因变化的条件。合理的教育措施，在学生原有心理水平上提出了新的要求，传授了新知识，促进他们领会这些知识，就增长了德与才发展的新因素，这些因素从量的积累、发展到质的变化，形成稳固的德与才特征。我

们的实验研究取得的一系列成果，说明合理的教育措施是符合德与才发展的内因。

总之，教的过程，教师是主体，起主导作用、关键作用，甚至起决定学生终身命运的作用。尽管我们反对择校，但是择校的本质就是择教师。由此可见，教师承担着最庄严、最神圣的使命，是教育体制能否建立、教育质量能否提高、教育目标能否实现的关键因素。纵观所有的职业，没有一种职业像教师那样具有绵绵不绝的生命力、创造力、延续力。正因为如此，今天与会的美国朋友能否记起哈佛大学第23任校长詹姆斯·柯南特的话："高校的荣誉不在于它的校舍和人数，而在于它一代又一代素质优良的教师，一所学校要站得住，教师一定要出色。"于是他们利用校园内每一块土地所创造的价值去聘任最优秀的教师，办出最优秀的教育，培养出最优秀的人才。从中我们可以看到教师在教育中的地位和作用。

教师的教是为了学生的学。学生的学是有对象、有内容的，这就是学习的客体。谁来学呢？学生。学生必然是学的活动的主体，这表现在：学生是教育目的的体现者，学生是学习活动的主人，学生在学习活动中是积极的探索者。

学习的过程，有一种学生的主观见之客观的东西，这就是他们在学习过程中发挥的自觉能动性。学习水平取决于学生对学习目标的明确程度、动机强度及其动力水平、认知方式、是否找出学习困难的原因等因素。这是他们能动性的各种表现状态。这种能动程度受非智力因素制约。非智力因素的作用主要表现在三个方面：首先是动力作用，学生的情感需要及其表现形态（如兴趣、动机、理想和价值观等），是引起其学习以及德与才发展的内驱力。其次是习惯或定型作用，即把某种认识或行为的组织情况越来越固定化。习惯没有水平高低之分，但有好坏之别。在学习、品德与智能的发展中，良好的德与才的固定化，往往取决于学生主体原有的意志、气质等非智力因素及各种技能的重复练习的程度。最后是起补偿作用，即非智力因素能够弥补德与才某方面的缺陷或不足。学生在学习过程中的态度、责任感、坚持性、自信心和果断性等意志特征，勤奋、主动性、踏实等性格特征，都可以使学生克服因知识基础较差而带来的成才上的弱点。"勤能补拙"，这正反映出学生在学习过程中发挥着能动作用。

对于学生，我还有两点想法要表达。一是学生的潜力，我们挖掘得远远不够。

我们叫"潜力"的东西，苏联心理学家维果茨基称其为"最近发展区"。今天我们的教育，包括高校教育，存在着重理轻文、重授业轻传道健体、重知(学)轻智(思)、重课堂轻实践、重满堂灌轻启发独立思考、重共性轻因材施教、重加班加点轻减轻负担等。有些有识之士说得好："什么时候学生综合素质能够唱主角了，我们国家的教育生态就真正发生了翻天覆地的变化。"①因此我们需要从学生成为什么样的人才角度，更全面地讨论教育，更深刻地认识教育，更好地、不拘一格地来办教育，有教无类地办好人民满意的教育。二是如何评价学生。我们在对学生核心素养进行研究时，评价学生，绝不能只看分数，或只看学业成绩。学生的学业水平只是其核心素养的一个部分，发展学生核心素养比学生获得高分要难得多。对学生核心素养的研究是一个世界性趋势，对学生核心素养的综合评价是一个世界性难题。因此从教育要素来分析，驾驭对学生的教，也绝不是单纯的知识，而是培养他们的核心素养。我的好友教育家高震东先生形象地把"学"与"生"两个字拆开，阐述了"学生活知识""学生存技能""学生命意义"。一句话：要重视综合性的核心素养。

教育的三要素，是教育中不可分割的成分。至于第三要素的媒体或影响，我想谈三点。

一是从教育的内容来看，"教育"因社会条件和依据理论的差异而有各种不同的概念。从现代社会的要求来看，我国大陆的德育、智育、体育、美育、劳育，以及原由 20 世纪 30 年代上海中学沈亦珍校长倡导的，后来在我国台湾提倡的德育、智育、群育、体育、美育等教育内容，都是不可缺少的。因此，"教育"应该包含多少种的"育"？可以有一个自由度。然而，其核心成分是德育、智育和体育，首要的是德育。至于具体提多少种教育内容，这不是教育的实质，关键的问题是要倡导学生全面发展，学有特色。

二是从教育活动的范围来看，"教育"有着极其广泛的概念。教育活动分狭义的教育和广义的教育。前者主要是指学校教育或类似学校的办学机构的教育，又称正规教育；后者既指正规教育，又指非正规的教育，即指广泛地接受的教育，包括学

---

① 晋浩天、靳晓燕：《学生综合素质怎么评》，载《光明日报》，2015-01-07。

校教育、家庭教育和社会教育等。

教育中的诸育各有各的途径。以智育为例，就包含教学、学习、训练、辅导、参观、作业、考试、课程、教材和课外活动等。这些途径所反映的一系列的概念，都或多或少地与教育活动有关，也是教育概念的重要组成部分。

三是从教育过程中承载和传递教育信息的媒体来看，"教育"因科学技术发展状态而有不同的概念。各种媒体的性能、特点、使用方法对教育效率有着不同的影响。从黑板、粉笔、教具等传统方式到教师运用现代化教育技术，如幻灯片、投影、电影、录音、广播、电视，甚至于远距离教育媒体等互联网现代技术被广泛应用于教育活动范围，为提高效率和质量提供了新技术、新手段。然而，技术再好还需要人来掌握，教育技术手段如何运用，能否提高教育质量，取决于作为使用者的教师，教师的良知、情感、态度和价值观，教师的教育艺术、技能、技巧、方法和方式等，这才是决定教育质量的关键因素。

我的第一个问题讲完了，教育是为促进学生发展的师生交互作用的活动，应该作为教师教育的第一依据。对否？请大家讨论。

二、教育是一种有目的的活动

"教师教育"必须考虑到，我们的各级各类学校都应该使受教育者在德、智、体等诸方面得到全面发展，成为高素质的创造性人才。这出自教育目标。所谓教育目标，主要通过教育活动，达到其发展的方向、宗旨和指针。它一般包括三种含义：一是培养人的总目标，即教育目的，这是一个根本性的核心目标；二是各级各类学校的教育目标；三是教育事业发展的目标。

我国历来重视教育目标问题。"为天地立心，为生民立命，为往圣继绝学，为万世开太平"（宋代张载语），这是古人提出的教育目标。以往的教师、学人每每读到张载这四句话，往往会激动不已，甚至潸然泪下。因为天地本无心，以人为心，人可以认识自然；天命之谓性，率性之谓道，修道之谓教，教可使民安身立命；往圣的智慧、民族文化的优秀传统需要继承发扬；最终实现人民安居乐业，万世天下太平。而认识自然、修道立命、继承传统、天下太平就是教师的责任！多好啊！我们的前人对教育目标做如此精辟的论述，值得今人借鉴。

我今天着重来谈教育目的，它是教育的总目标，关系到把受教育者培养成为什么样的社会角色和具有什么样素质的根本性质问题。从总目标出发，教育则是一种有目的的活动，这就是说，它是培养人的活动，通过培养人借以实现其政治、经济、文化、社会和个体发展的功能。所以它是教育实践活动的出发点。

进行教育活动，需要一定目的做导向，人的命运及其发展决定于教育目的。因为教育是一种有意识、有计划、有价值的规范活动，应该确定教育预期的目的或理想，才能决定教育发展的方向，规定教育方针，指导整个教育活动。

培养什么样的人？它应该是以社会需要、人的自身发展、国家情怀、世界眼光、时代特色五个方面为前提。

第一，教育受社会的制约作用，以社会发展的需求来确定教育目的。教育事业如何发展，培养什么样的社会角色，不是由教育部门本身说了算，而是由社会因素决定的。今天教育中出现的种种问题，往往是社会问题。教育事业的目的，体现着一定社会的要求，呈现为一种结构，并体现在教育事业发展的具体因素上。它的核心成分是教育的数量、质量、结构和体制四种因素，这些具体因素取决于社会发展的水平和特点。

第二，教育目的的制定应考虑受教育者身心的自我发展规律，能否照顾到人的发展规律，也影响培养人的质量。例如，要考虑遗传、环境与教育的先天和后天的关系，人的需要与教育的内因和外因的关系，教育与发展中量变和质变的关系，年龄特征与个体差异的关系等。

第三，每个国家的教育目的是有差异的，今天与会的国际友人都了解国际上的"国家主义教育"观，它的教育目的是造就忠于国家的国民。我国自古至今，都有从中华民族的情怀出发的教育目标，当前我们更把突出我国国情的教育方针作为实现教育目的、培养国家需要的人才所规定的指南。

第四，教育目的既有国家之间的差异，又有共性。因此，今天对教育目的的认识，应该面向世界，有世界眼光。如在座的国际友人所知，当前美国和欧盟教育界提出，教育目标所规定的"素养水平"远比"教育年限"更为重要。有学者指出，真正影响经济以及社会进步的是学习结果——受教育者的质量，而不是各国普遍采用的教育年限。这一点对我国是有借鉴意义的。

第五，教育目的具有时代性。不同时代有不同的教育目的。以中华人民共和国成立以来的社会时段为例：20世纪50年代的教育目的是培养有社会主义觉悟、有文化的劳动者；20世纪80年代则规定，培养学生在品德、智力、体质等方面的全面发展；进入21世纪后，教育方针明确规定教育为社会主义现代化建设服务，为人民服务，教育与生产劳动和社会实践相结合，培养德、智、体、美全面发展的社会主义建设者和接班人。

按上述五个前提，教育目的的实质是要把受教育者培养成什么样的人。在讨论现时教育目的时，我相信在座同仁都会同意受教育者德、智、体、美全面发展的观点，换句话说，教育目的最终的要求，是促使学生的精神锻炼、才能锻炼和身心锻炼获得高度的统一。这一点，我想与国际上的"完人"观念，特别是最近欧美教育界提出的"教育是促进智慧增长、可持续增长和包容性增长的基石"，"公平而卓越已成为新世纪向世界各国提出的一个双重指标"等观念也是一致的。

今天在讨论全面发展的教育目的时，我们应该坚持四个统一的原则：一是教育目标与时代需要统一。德智体等全面发展要服从社会发展和时代需要发展，这是人才发展的根本标准。二是体脑身心的统一。全面发展的基本内容主要是体脑身心的和谐一致发展。即使这里的"心"也要强调智力因素与非智力因素（或人格因素）的统一发展，它的灵魂所在是以德为本。三是一般要求和重点要求的统一。这里重点要求所体现的是时代的特色，反映在今天的全面发展的核心上，即创新精神与创造能力。离开了高素质创造性人才的培养，就谈不上全面发展的教育目的。四是共性与个性的统一，即全面发展与学有特色的统一，或者说全面发展与个性发展相结合。这也就是我们课题研究的目标：全面发展、学有特色、发展个性、培育人才。因此，21世纪中国的教育目标就是要使"全民受教育水平有明显提高，城乡劳动者职前、职后教育有较大发展，各类专门人才的拥有量基本满足现代化建设的需要，形成具有中国特色的、面向21世纪的社会主义教育体系的基本框架"。

不论是按照什么前提和原则出发,也不论是培养什么样全面发展的人,所有培养受教育者或学生的任务,总是由教育者或教师来完成,正如毛泽东所说的:"教育方针确定以后,校长和教师就是决定的因素。"为此,我们教师可以毫不羞愧地接受一种荣誉——人类灵魂的工程师。于是,在我们教育者或教师面前,有一个把自己的学生,即受教育者培养成为一个什么样人才或社会角色的问题。教师应以学生成长或成才为目的。学生能否成才,这是考验教师素质水平最好的标准。当然,我们对成才也应有全面的分析。成才,决不能狭窄地指当什么官或什么家。所谓"行行出状元",对绝大多数的学生来说,他们在各自岗位上,在"德、识、勤、绩"上有良好表现,尤其是在自己部门做出成绩,只要对国家做出贡献,就是成才。因此,教师应在学生"德、识、勤、绩"的成长和发展上下功夫。正因为教育目的有这样合理的要求,才能产生出积极的作用,使教育者与受教育者的关系越发融洽,教育学生的效果得到更大的提高。

谈完以上教育目的或教育目标问题,我想接着谈谈当前教育目的的一个期待问题:如何培养高素质创造性人才?其实,它的途径也不少。我今天亮一个自己在几年前一个国际会议上提出的观点:融东西方教育模式为一体,培养"T"型人才,这是一条培养高素质创造性人才的行之有效的途径(见图1)。

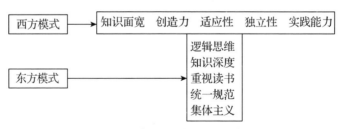

"横"为西方的教育观念、教学方法、教学模式
"竖"为东方的教育观念、教学方法、教学模式

图 1 "T"型人才

以前有人提出了"T"型人才的概念。他们指出一个优秀人才,是指知识面广,且有一门精深专业知识的"T"型人才。从1985年至今,中文专著、辞典、百科全书及论文等共有352种涉及这个问题。在国外类似的概念有"两科博士(doctor with double majors）""双料工程师（engineer with double majors）"或"双料人才（double degrees talent）"等，这种人才越来越受到社会的关注。1995 年在北京召开的"中国与亚太地区早期教育研讨会"和国际"苹果"计算机会议上，东西方的与会者曾谈到各自的教育模式。我想赋予人才或人力资源以新意，即提出融东西方教育模式为一体而培养"T"型人才，并作为我国教育目标，特别是教育目的发展的基点。

在一定意义上说，"地区"概念的扩大是国家，国家的扩大，似乎可以概括为东方和西方。东亚和东南亚的一些国家，是比较典型的东方区域，但此处主要指中国；西方主要是指欧美国家。融东西方教育模式所培养的"T"型人才，即高素质创造性人才，这是世界公民最优秀的素质表现，也是 21 世纪我国教育要追求的根本目标。如果真的要培养"T"型人才，开发了这种人力资源，将意味着在全世界掀起一场教育的变革。它既包括改革以往的教育观念，也包括改革旧的教育内容、旧的教育方法和手段。

东西方教育模式及其所培养的人才各有什么特点呢？

西方的教育模式，重视培养学生广阔的知识面、创造力、适应性、独立性和实践能力。这种教育模式突出地表现在以培养学生适应性为基础，训练动手（实践）能力为手段，增长创造能力为根本，发展个性为目的。这些特征不是孤立的，是错综复杂、交互联系的，有机结合成一个整体对人的行为进行调节和控制的。教育的目的就是充分运用宏观的社会关系，在群体中通过交往而形成微观的人际关系，促进受教育者的个性获得千姿百态的发展，成为一个个生动活泼的社会个体；调动个体积极性，发挥每一个人的能动性为社会服务。

东方的教育模式，重视培养学生精深的知识、逻辑思维、理解能力、统一规范和集体主义精神。这种教育模式突出地表现在以理解知识或知识的深度为基础，以崇尚读书或理论为手段，以发展逻辑思维为根本，以追求统一规范为目的。

当然，我们阐述东西方教育模式的特点，主要是强调差异性，或主要的特征。但事实上，东西方的教育模式还有其一致性，也就是说，东西方教育模式是相通相融的，两者的互补性远大于冲突性。所以，上述西方教育模式的特点在东方教育中也部分存在；而东方教育模式的特点，同样也能在西方教育中看到。总之，长期以来，东西方教育相互吸收，取长补短，共同发展着。这一特点，正是我提出的"融东西方教育模式，培养'T'型人才的基础"。

从整个大的地区分析，哪种教育模式好呢？我看各有千秋。

作为东方人，我不想去评论西方教育及其人才或人力资源的特点，只想谈点东方人的教育及其人才特点。由于东方人接受东方教育的模式，所以东方人的逻辑思维就比较强。东方在教学上重视的是学生"知其然，知其所以然"，追求的是知识的深度和难度，所以教育教学扎扎实实、一丝不苟。所以每年国际中学生奥林匹克竞赛中，数、理、化和计算机的得奖数以及总分成绩，往往是中国第一；在出国留学生中，擅长于以逻辑思维为基础的计算机和数学的人也比较多。这反映了当前中国教育的模式特点及其结果。在中国，由于我们的人才或人力资源有良好的知识面、逻辑思维强，加上有集体主义，所以，我们建设的发展速度就比西方快。

然而，我们东方人的诺贝尔奖获得者人数，远远不如西方人，在一定意义上也可以说具有创造性的人才不如西方。比起西方的教育模式，东方地区的人也要认识到我们的不足和弱点，主要表现在三个方面：一是在教育中过多地强调"听话"的理念，忽视了学生创造力的培养；二是在教学上过多地"满堂灌"地说教，忽视了学生主动适应的锻炼；三是在行为上过多地强调统一的规范，忽视了学生个体差异的存在。为此，我们要扬长避短，就必须融东西方教育模式为一体。

为了实现教育要"面向现代化、面向世界、面向未来"，中国的教育应持什么样的观念，培养什么样的人才，提倡什么样的模式？我的体会是融东西方教育模式，培养"T"型人才。这里，有现代化的理念，有世界的精华，有未来人才的要求。我们正在发展素质教育，有哪些内容呢？一是以德为本，全面发展；二是面向全体，顾及每一个学生；三是强调学生的创新精神和创造能力，促进学生个性的健康发展，即承认个体差异，尊重教学中的主体性，发展学生的主动性；四是注重实践能力的培养；五是为学生终身发展奠定基础。从中我们可以看出，我们国家所推行的素质教育内容，已经体现了东西方教育模式的融合，培养的是创新型人才。

融东西方教育模式，培养"T"型人才的主张，在我国是有基础的。一百年前，张之洞的"中学为体，西学为用"应该算是上述主张的最早渊源。所谓"西学"，是指 17 世纪后西方传入中国的文化。明朝天启三年（1626 年）传教士艾儒略编写的欧西大学课程纲要，名为《西学凡》，最早使用"西学"一词。至近代，则是对西方国家的文化教育、科学技术知识的总称，包括西文、西政和西艺。西文指语言文字，西政包括学校、地理、度支、赋税、武备、律例、劝工、通商等制度，西艺则指算、绘、矿、医、声、光、化、电等科学知识。与"西学"相对，"中学"是中国传统学问的总称，主要内容是中国经史之学，也包括辞章、金石之学，核心是儒家伦理道德学说。"中学为体、西学为用"的实质是以中国的传统文化为基础，以西方的科学技术为手段，以巩固传统的政治文化地位为目的。这里，不仅要做到扬长避短，而且也要求我国的新教育培养"学贯中西"的人才。主张中西并重的中西学院一类院校，就是在这个背景下产生的，广泛创设各类（小中大）学校的倡导也在这个时期提出。

我们姑且不去进行"体""用"之争，有一点应该是可以达成共识的：东西方文明既是相融相通的，又有其独特性与差异性。内在的贯通性，决定了不能"各执一端"，而必须学贯中西；差异性标明一种文明存在的价值，它要求我们既要努力传承、改造自己本民族的文明，又要尊重、学习其他文明，因此同样需要学贯中西。今天，倡导"学贯中西"还有更大的现实意义。随着世界经济的一体化，我们不能忽视国外科学技术的进步，也不能无视他国文化的价值，这都需要勇敢地"拿来"，需要吸收、批判和创新。这既是对一体化进程的适应，也是提高自身竞争能力的重要方式。对于个人而言，学贯中西也是提高自身素质的需要，是事业发展的基础。

于是，"学贯中西"就成为一百多年来，东西方教育模式结合及其培养出新型人才的一种重要的内容、方向和追求。王国维、蔡元培、胡适、钱钟书、詹天佑、钱学森、杨振宁、李政道……这些学术大师、科学泰斗，都是学贯中西的大家。他们或者出洋留学西方，或者在国内研习西方的科学文化，最终成为一代大师。但更可贵的一点是，他们在向西方学习的时候，不忘吸纳、批判和创新，不忘发展自己的文化，不忘为国尽力。这一点，是我们今天的学者，特别是那些出国留洋者应该学习的。

这里，我必须声明一点，东西方教育模式各有其特点，所以我国教育界在人才模式或人力资源开发中，十分注意相融性和互补性，吸收西方教育的长处，学贯中西，是为培养"T"型人才所做出的探索和努力。来自国外的各位同仁，我能不能斗胆地提出，百余年来，东方教育一直注意在学习和吸收西方教育的长处，实行东方各国的教育改革；那么西方教育要不要学习和吸收东方教育的长处，实行西方的教育改革呢？我想应该要的。为了世界公民的素质，培养"T"型人才，东西方教育应该互相取长补短，实行各自的教育改革。

我第二个问题讲完了，从教育目标和教育目的，到培养什么样的人，到提出"T"型人才，培养"T"型人才的关键在于教育改革，而所有这一切都与教师教育是紧密联系着的。对否？请大家讨论。

三、教育是具有独特功能的活动

"教师教育"联结着教育的功能，即教育的作用或教育职能。教育功能集中体现了教育就是发展。

教育具有独特的功能，它主要是由教师或教育者把人类的知识、经验和文化传授给学生或受教育者，促进其身心发展，使其成为适合社会需要的人，并以此推动社会的发展。然而，这个功能不是孤立的，而是与文化、经济、政治、社会和受教育者主体等诸方面密切相关的。所以，我们在讨论教育的功能时，应该从文化、经济、政治、社会和个性(人格)五方面入手。

(一)教育的文化功能

当前任何一个国家的教育水平，首先都和两个数字相联系：一是适龄儿童青少年入学率有多高；二是文盲还有多少。可见，教育者要做的是传播文化，促进社会的文明。文化是人类通过社会实践，协调人与自然的关系和人与人的关系，实现人的本质，满足人的需要而创造出来的生活方式、物质与精神成果。文化的特点之一是可习得性，它是经过教育而去传播和创造的。

教育与文化是密不可分的。文化是教育的基础，教育则是文化的产物；文化由教育去传播，教育则构成文化的动因。正是这种动因，才引出教育功能的具体表现。教育的文化功能有哪些表现呢？

一是教育可保证人类延续并促进人类的发展。文化是一种社会规范的体系，也是人类生活和生产经验累积的综合体。人类要延续发展，新生一代首先要学习前人的经验，即上边提过的生活的知识、生存的技能、生命的意义，以适应既有的生活条件和生产关系。教育正是为适应人们在生产劳动过程中传递生产经验和社会生活经验的实际需要而产生的，它是传递社会生活经验，实现新老一代传承的专门工具。通过这种工具，不仅把老一代所积累的生产经验传授给新生一代，而且把一定的社会生活方式、物质与精神成果传递给新生一代，使他们能更好地协调人与自然的关系和人与人的关系，以促进人类的发展。

二是教育可传递、繁衍和创造文化遗产。教育固然要受文化发展的影响，来决定其自身的目的和内容，但是，教育对文化的传递、繁衍、选择、运用和创造，是深具影响的。由于教育的存在，前人的物质文明和精神文明能够一代又一代地传递下去；由于教育的作用，我们对已有的文化能去粗取精、去伪存真、去旧增新、发扬光大，为发展新的生产力服务。同时，由于教育的影响，使我们对前人累积的经验体系，能赋予加工改良，推陈出新，超越现状，表现出创造性。

三是教育可传承民族文化和调节文化的适应性。民族是文化的主体，文化是民族的血脉，传承本民族的传统文化是教育的一项重要功能。与此同时，还有一个文化适应问题。文化适应指文化变通的一种形式。在一定社会环境中，从外部引进不同的制度和文化，同这种异文化的接触是整体的，又是持续的和直接的，并对这个社会的文化形态带来某些变化，这就叫文化适应。在不同社会文化的传播中，不适应或抵制现象是正常的。对文化适应的程度，取决于一定的占统治地位的价值导向，而对这种导向维护还是反对，往往由教育所决定。各国家和各民族各自有其文化的重点，不论精神的还是物质的，文化适应集中于人们日常最为关心的文化之中，由于教育的结果，可能传承自己民族传统文化而抵制外来的所谓"异文化"的影响，也可能使异文化代替本文化，还可以使两种文化融合，形成新的统一的文化。

根据教育的文化功能，我对当前我国教育有三点思考。其一，传承中华传统文化。中华传统文化是我们民族的根，以儒家学说为主导的中华传统文化是中华民族的血脉和灵魂。当前我们的教育如何把这种民族的根植入学生的心田里去，这是很重要的。其二，教育要以课堂教学为主渠道。课堂教学是学校教育的基本组织形式，学生在校时间的80%以上是在课堂中度过的，教师传播文化和文明，主要通过课堂教学的形式来实现。与此同时，我们绝不能把分数和升学率作为衡量一个学校办得好坏的唯一标准。只有这样，才能逐步地深化教育改革，真正地提高教学质量，减轻学生过重的负担，还学生以应有的欢乐的童年期、幸福的少年期和朝气蓬勃的青年期。为此，我们搞了近30年的教改实验。其三，要全面抓好各级学校的建设。重点学校，尤其是重点中学应该办好，创办重点中学是世界文化事业中的共同趋势。目前我国的重点学校，特别是具有悠久历史的重点学校，对传播社会文化和文明建设都有不可估量的影响，它为我国办好普通学校提供了宝贵的经验。重点学校的提高与普通学校的发展是密切联系的，重点学校的提高推动着普通学校的发展，而普通学校的发展又会向重点学校提出更高的要求；重点学校在为社会培养人才方面，往往与追求社会高层次人才或一流人才的培养相联系着。在办好重点学校的同时，我们更应关心其他各类学校的建设，特别要扶持基础较弱的学校。各类学校都在传递人类文化和社会文明，我们应该做到将培养高层次的人才和提高劳动者的素质的任务相统一，即使重点学校，也是在承担培养劳动者的任务，所以要关心各类学校的人才培养。

在基础教育阶段，我认为不宜提英才教育，也不宜提培养"拔尖创新人才"，而应培养学生的创新精神和创造才干，做好因材施教。要全面抓好各类学校建设，做到"不求人人上大学，但求人人成人才"，这样才有利于教育的文化功能，乃至整个社会功能的发挥。

(二)教育的经济功能

一定的教育是一定经济基础的反映，教育与经济有着密切的联系。教育的经济功能表现在以下四个方面。

一是教育可以提高劳动者的素质。任何社会生产都不可能没有劳动者，也就是劳动力。劳动力是生产的能动因素、主导因素，它要在生产中发挥能动和主导作用，必须具备一定条件，其主要的条件来自教育。尤其是当代，体力劳动与脑力劳动逐步趋于接近和融合，预示着社会生产力将有更大的发展。只有教育，才能迅速提高劳动者的文化技术水平，即提高他们的素质，并使劳动力发生下列的改变：有较好的工作习惯与纪律，掌握卫生保健方法，改进技术以便增进工作效率，有良好的适应性和较强的应变能力，增进职业流动的可能性。

二是教育可培养经济发展所需的人才。教育的重要功能之一是为社会经济结构服务，并为其培养所需的人才，这种人才的水平是随社会经济制度变革而发展着。近百年来，教育发展转向普遍重视技术职业教育，尤其是在今天，进入信息化社会，超工业或后工业社会，教育更是为现代化经济提供人才。

三是教育可促进经济的发展。传统观念一直认为教育是一种"消费"，现代观念则认为是一种"投资"。现代经济学的一个重要观点叫作智力投资的经济效果，讲的是人才培养过程中的劳动消耗与所得成果之间的比较，即教育的"投入"与"产出"之比。可见现代经济学十分重视教育能否促进经济发展的问题。经济学家米勒（W. J. Miller）指出，教育具有四种生产能力，可促进经济的发展，即：教育可发展一种有利于经济进步的环境；教育可促进社会流动，增进社会公平的竞争；教育可提高人民的识字率，改善传播、储蓄等习惯；教育可培养技术力量，充分运用生产资源，发挥经济的效果。一般来说，教育的投资与经济的发展成正比。如日本的明治维新就是从教育做起的，使日本走上富国的道路。从明治维新到现在，日本一共搞了三次大的基础教育改革。尤其在今天，日本抓住科学技术与教育的现代化，重视教育的经济功能，关心人才的智力开发。又如，美国20世纪60年代以前就发现，资本对经济发展的贡献仅占12.5%；87.5%则来自技术的改变，包括知识的改进、研究的发展、公共卫生的改良等，而技术的改变，主要来自教育的力量，这就是美国提出"知识经济"的来源。今天，人们用知识经济来表示现时代或即将到来的时代经济的特征，也就是说，改变世界面貌和人类生活的重大高科技产业化将在未来30年全面实现，人类社会将逐步进入知识经济时代。所谓知识经济，意指建立在知识生产、分配和应用之上的新型经济。在知识经济形式中主要成分是知识，这又反映出教育在经济发展中的地位。

四是教育可提高人民的生活水平。教育是为了"正德、利民、厚生"。也就是说，教育可以端正人民的品德，教会人民有用的生产和生活技能，提高人民的生活水平。近年来，在发达国家里，经济学家除了重视国民经济发展中的"量"的增长之外，更重视国民生活上的"质"的改善。人民生活水平的高低，拥有财富的多少，都是以国民经济发展为条件。人民生活高低主要表现在两个方面：居民纯收入与消费及其构成；居民生活服务条件，例如居住条件、生活消费范围等。人民生活水平的高低，取决于国民收入，直接地与国民经济发展水平有关，而国民经济发展又与教育功能有密切的联系。所以，教育的一个重要功能是提高人民生活水平。今天我国提出经济发展"三步走"战略，不论是奔小康还是赶上发达国家水平，都要将发展教育摆到头等的战略地位。

根据教育的经济功能，我对实施当前教育的思考是：必须坚持多级教育分流，即人才培养分流。因为我国地域大，人口多，经济发展极不平衡，教育水平相差很大。所以在实施素质教育时，不能"一刀切"，应有多种模式，具体而言包括：初中分流，使少数经济条件差的地区，特别是农村初中学生除了达到教学大纲最低标准之外，实行半工(农)半读和职业初中教育，着重掌握某些技术知识，使初中毕业生有一技之长，为发展当地经济服务；高中分流，有普通高中、职业高中、职业中专和技工学校，应该大力发展职业技术教育，使各类职业技术学校在校生数应占高中阶段在校生总数的50%；高三分流，普通高中，到高二结束时加以分流，愿意升学的按原计划授课，准备高考，不想升学的学生，按社会需要开办专业技术班，学习一技之长；高校分流，到高等教育阶段，出现既有普通的综合大学，又有职业的技术院校等。

总之，我国应根据不同地区的社会经济发展水平、社会职业分工对不同层次的劳动者的文化知识、技术水平的要求，实行出现时间有早有晚、次数有多有少的教育分流，以培养社会经济发展所需要的各级各类人才。这样做，既有利于学生的分流，又能满足当前经济社会发展的多方面需要。

（三）教育的政治功能

教育与政治的关系，一向是十分密切的。我国自古以来就重视"政教合一"的思想，即强调治国必须先由教育做起，所谓"化民成俗其必由学乎"，指的就是教育的政治功能。教育的政治功能集中表现在教育要为巩固一定社会的政治制度服务，成为国家政治生活的一种手段。因此，一个国家提出教育为本国的一定政治服务的方针或策略，是科学的、客观的。教育的政治功能具体表现在以下五个方面。

一是教育可传播政治意识形态。政治意识形态是一个国家按照一定的政治理论而确定的意识形态。所谓"政治理论"，是对社会政治现象的理论思考与预见，是系统的政治观点、思想和学说。政治理论是历史的，一定时代的政治理论总是这一时期政治现象的反映，随着人们的政治活动方式的改变，政治理论的内容和形式也会发生变化，任何一个国家的政治，都是社会权力的分配和运用。为了巩固国家政权，统治者就要重视教育，向人民传播政治意识形态，以培养共同的信仰、政治观念或民族意识。历史上不少国家的建国和复国，都是运用教育手段，以培养人民的信仰、民族意识和国魂为前提，进而达到建立政权和巩固政权的目的。

二是教育可培养各级各类政治领导人才。政治的核心问题是国家政权问题，即如何组织、如何管理国家的问题。治理国家需要各级各类政治领导人才，这些人才虽然需要政治实践的锻炼，可是他们离不开各级各类教育，特别是基础教育和专业训练。当然，对于领导人才的培养，各国有着不同的方式：在法国，高等专门学校是培养政治领导人才的场所；在英国，则以文法中学及私立中学作为基本教育实施的场所；在日本，东京帝国大学是培养领导人才的摇篮；美国则由一般学校来培养，名门出身的现象极少。我国古代的布衣卿相，科举取才是教育为政治服务的一种重要象征；中华人民共和国成立后，领导人才既由一般学校里选拔，又由特殊进修的院校负责培养。此外，教育不仅为一个国家的各级各类领导机构培养人才，而且也培养人民的参政议政的意识，以及实现"国家兴亡，匹夫有责"的政治理想。

三是教育可振兴国家和民族。教育是国家的立国之本，国家的兴亡通常与教育发展有密切的关系，历史上有过"教育救国"的故事。例如1806年第一次普法战争，普鲁士在失败中抓教育，终于在1820年第二次普法战争中打败了法国，普鲁士统帅摩奇（Motke）将此功归于学校的教师，这就是教育史上的"教育救国论"的来历。我国于 1994 年 8 月 23 日印发了《爱国主义教育实施纲要》的文件。爱国主义是中华民族的光荣传统，是推动我国社会前进的巨大力量，是全国各族人民共同的精神支柱，爱国主义靠教育，实现中国梦靠教育，振兴中华靠教育。

四是教育可增进国家的法治建设。文明的国家应该是法治的国家。所谓法治，一是泛指以法治国，二是特指建立法律、法规和制度，并严格依照法律制度办事的一种方式。国家的法治建设要靠教育来实现。教育固然要培养法学的人才，但一个国家的法治建设更重要的是依靠法治教育，提高受教育者乃至人民群体的法治意识。

五是教育可增强国际友好关系。教育的政治功能，不仅表现在国内要为巩固一定社会的政治经济制度服务，而且也表现在国际上要为增强国际关系，特别是为维护世界和平服务。所以我国的德育内容中包含国际视野的教育，培养受教育者具有国际主义思想、情感和行为。因为教育的功能在于培养人，美化人类的心灵，这里就包含着全人类之间的友好和平相处，达到道家提倡的"生而不有，为而不恃"的理想境地。

针对教育的政治功能，我认为必须重视德育工作。在一定意义上说，德育是实施素质教育的灵魂。从广义上说，德育是学校对学生进行政治教育、思想教育、道德教育和心理健康教育等方面的总称。我坚持这样的观点：德育为一切教育之本，是教育内容的生命所在，德育工作是整个教育工作的基础。我也同意这样的观点："诸育只有以德育为首，才能应运而生，才会有价值。德是米粒中的胚芽，果核中的仁，也就是生机。"（高震东，1994）所以，德育工作是实现教育政治功能的根本途径，不抓德育是不行的。在教改实验中，我们提倡：抓德育工作，一要强调科学性；二要强调针对性；三要突出实效性。在手段上，教师感情的投资，做到"动之以情"是德育成功的保证。

（四）教育的社会功能

教育的目的之一在于培养人为社会的发展而服务。社会不可一日无教育，正如王安石所云："天下不可一日而无政教，故学不可一日而亡于天下。"当然，教育的发展与社会的变化是相辅相成的。一方面，教育的发展要适应社会变化的需要；另一方面，教育发展本身也会引起社会变化，因为社会的发展离不开物质文明与精神文明，而两个文明建设必须由教育来传播，这就构成了社会与教育之间的关系。因此，教育的社会功能也就在其中表现出来。教育的社会功能，主要表现为以下三点。

一是教育可以促进社会的发展。教育是根据社会发展的需要在培养人，即向新的一代进行教育，传递人类长期积累的生活经验、生产经验和科学技术。受教育者正是在教育的影响下，获得知识、经验和文化，增长体力、智力、能力，提高思想道德水平，与社会发展的需要相适应，并成为社会建设和变革的积极因素。从根本上说，科技的发展，经济的振兴，社会物质文明与精神文明的建设，乃至整个社会的进步，都取决于劳动者素质的提高和大量合格人才的培养。因此，必须坚持把发展教育事业放在突出的战略位置，以此维护和推动社会的发展。

二是教育可以帮助选择人才。社会进步的程度，与社会成员的教育程度有直接关系。人们往往通过受教育实现社会地位的变迁，即社会流动。所谓社会流动，原是社会变迁的一部分，指在开放社会中，各阶层的社会成员之间产生的一种相互流动的现象。由较低社会阶层向上流动到较高社会阶层者，称为"向上社会流动"；由较高社会阶层流动到较低社会阶层者，称为"向下社会流动"。由于教育的选拔功能，社会根据教育的程度来选拔人才，所以教育成为决定社会阶层及导致社会流动的一个重要因素。

三是教育可以帮助个体社会化。教育对象是个体。教育的过程，也是受教育者个体社会化的过程。社会化是个体掌握和积极再现社会经验、社会联系和社会必需的品质、价值、信念以及社会所赞许的行为方式的过程。社会化的过程，正是在一定社会环境中，个体通过接受教育而在生理和心理两方面得到发展，形成适应社会的人格并掌握社会认可的行为方式的过程。社会化过程包括学习、适应、交流等，通过社会化，人类个体得以发展自己的社会属性，参与社会生活。人类在社会化的过程中，学会基本技能，掌握社会规范，确立生活目标，形成社会职能，培养社会角色。教育帮助受教育者完成个体社会化，使有些社会化过程在青少年阶段，即在接受基础教育阶段就可完成，这叫作青少年的社会化；有些社会化过程贯穿于个体的一生，这是成年人的继续社会化和再社会化。虽然，个体社会化的过程，也要受到教育之外的因素的影响，但教育是一种最好的个体社会化的工具，学校正是一个最佳的社会化单位。

针对教育的社会功能，我认为我国的教育必须提倡社会实践教育。所谓社会实践教育，指利用社会实践活动有意识、有目的、有计划地对学生进行教育的教育方式。通过组织学生参加社会实践活动，教育者可以有意识、有目的、有计划地进行各种教育与训练，把教育要求转化为学生的行为，达到培养人、有益于人身心发展的目的。在社会实践教育中，我们首先要抓的是生产劳动教育，以增强学生的劳动观念、态度、习惯和技能；其次是要抓社会锻炼，培养学生的社会活动和社会交往等能力；再次要抓校外教育机构，增强学生的动手能力、培养兴趣和多种爱好；最后要强调艰苦奋斗的教育，艰苦奋斗是中华民族的光荣传统，是我们文化的精华，在今天我们格外要重视并实践对艰苦奋斗的教育，并使它成为学生成长中的一项重要习惯。艰苦奋斗不仅有利于克服学生中的拜金主义和享乐主义，而且有着内在的迁移作用，即生活上的艰苦奋斗可以转化为学习和工作上的踏实勤奋。

(五)教育的个性发展功能

教育对象是每一个个体的学生，因此，其任务之一就是要坚持不懈地在全体学生的发展上下功夫。教育对受教育者主体来讲，具体为发展个性或人格的功能，使人的体质、智力与能力、性格和品德都获得充分的发展。教育的个体发展功能主要表现为以下四点。

一是教育可增强人民的体质。体育是教育的重要组成部分。体育的意义在于促进学生身体的生长发育，增强学生的体质是学校体育的根本任务；体育锻炼应是大脑皮质兴奋与抑制的活动过程，体育可以增强学生神经系统的发育；体育使学生具有健壮的体魄、全面的体能、对自然环境的适应能力，以及掌握运动的基本知识技能，从而养成自觉锻炼身体的习惯。学生时期接受体育，将终身受益，因此，体育教育是增强人民体质的基础。

二是教育可发展个体的智力与能力。作为生物前提的遗传素质只是提供智力与能力发展的可能性，而环境和教育则把这种可能性变成智力与能力发展的现实性。环境条件对人，尤其对学生的智力与能力发展起决定作用，常常是通过教育来实现的。我们曾用20余年时间研究了教育与学生智能发展的关系，出版了专著。

三是教育可塑造人的性格。性格是一个人对待现实的稳定态度以及与之相适应的行为方式的独特结合。性格在人的个性或人格中起核心作用。性格是人在生活实践中，在不同环境的相互作用中形成的。学校不仅对学生性格的形成和定型起重大影响，而且对改变他们已经形成但未定型的性格也起至关重要的作用。个体性格一般在高中定型，这里能够看到学校教育的重要性。

四是教育可培养人的良好品德。与人的智力与能力发展条件一样，教育对学生的良好品德的发展也起着主导作用。这种主导作用主要体现在两个方面：一是教师对学生品德施行有目的、有计划、有系统的影响，良师才能带出品德高尚的学生；二是学校集体是教育主导作用的组织形式，这个集体以"从众"和"社会助长"的作用方式，使个体在认识或行为上由于集体的、舆论的压力，往往不由自主地同大多数人一致，使个人在众人面前从事某种活动而提高效率。

针对教育的个体发展功能，我对我国的教育提两个建议：第一是上边已经提到的坚持"全面发展，学有特色"的观点。这已成为我们课题组的共识。正因为如此，北京市在1993、1994、1995三年中评出的15所"学有特色"的中学，其中4所是我们的实验学校。为了促使人的全面发展，就要在德、智、体、美等各方面实施教育，这种教育的内容是统一的，并且是和谐的，使受教育者的发展是全面的，并且也是和谐的。第二是培养和造就创造性人才。我们实施的素质教育就是一种以创新精神为核心的教育。我们应该为学生在提高创造性意识，开展创造性活动，增强创造才干上下功夫，上面我讲到的培养"T"型人才，也必然是一条重要的途径。

我的第三个问题谈完了。教育功能从哪里来？当然它是通过教师或受教育者走上社会来完成的。然而，受教育者是如何成长的？教育是决定性因素，教育就是学生发展、社会发展的力量。在教育中，除了国家的教育方针、政策、投入和管理外，主要取决于作为教育者的教师的努力，是教师为受教育者的学生精雕细刻了人生之路。教师是教育的脊梁，也是社会的脊梁和国家的脊梁。为了更好地获得教育的功能，我想教师教育必然成为基础工程。不知道大家是否同意？请大家讨论！

　　我今天的整个演讲就到此结束了，谢谢大家的支持！

对提高高校教学质量的思考①

——在教育部高校师资培训北京分中心关于"如何提高高校 教学质量研讨会"上的演讲

各位教务处长，各位与会的老师：

下午好！

感谢教育部高校师资培训北京分中心的邀请，让我出席这次高校教育质量的研讨会。可能出自两个原因：一是高校师资培养北京分中心挂靠在北师大，我又在北师大担任了十二年教学指导委员会的主任；二是"教学"问题是教育学和心理学共同研究的对象，我是搞心理学的，所以邀请我来做场演讲。其实，在座的都是各高校教学的管理干部，是高校教学的行家。邀请我来，谈点自我的感受，以抛砖引玉吧。

教学是什么？简单地说，它是以课程内容为中介，师生在教与学中的交互活动。怎么来解释这教学的定义呢？其一，教学要以课程内容为中介，所谓课程，是为实现学校教育教学目标而选择的教育教学的内容。它既广义地指学科的总和或教师指导下学生活动的总和，又狭义地指一门学科。我来自北师大心理学院，我们的课程，广义上说是心理学院应传授的所有学科；而对我个人来说，发展心理学这门学科是我所教的学科，我的教学内容是发展心理学这门课程的内容。其二，教学是实施教育的一种重要的途径或方式，其根本职能在于传递知识和社会经验，传承文化和社会文明。教学过程是师生在共同实现教学任务活动中状态的变化及其实践流程。学校教学就其本质来说，所实现的就是一种知识形态的再生产，在教师的教授和指导下，把人类在漫长历史过程中所积累的知识，加以有目的的选择和提炼，系

---

① 围绕该专题我做过多次报告。本文是按 2014 年 5 月 18 日在教育部高校师资培训北京分中心举办的"如何提高高校教学质量研讨会"上的报告整理而成。

统而概括地传授给学生。对学生来说，在教学过程中继承前人创造的一切社会经验和科学文化知识，不可能也没有必要样样都亲身实践、事事都要取得直接经验，所以学生的认知或认识活动要越过直接经验的阶段，这是他们认识世界、掌握社会文化的一条最便捷的途径。其三，教学活动促进学生的身心发展，培养他们的智力和能力，提高他们的思想品德水平。今天我们高校重视教学吗？比起科研，教学往往被放在第二位，这与高校以培养人才为己任的目标是不符合的。我认为高校要重视教学，重奖教学，不能形成重科研、轻教学的现象，这是提高高校教学质量的关键所在。

如何提高高校的教学质量呢？按我的经验，无非是在"四抓"上下功夫：一抓好教学目的；二抓好教与学的过程；三抓好教学的效果；四抓好教师的师德。

一、要抓好教学目的

教学目的是我们教学工作的前提。什么是教学目的？它特指教学任务的概括性的要求。教学有哪些目的或要求呢？一般来说，有三个目的。

(一)社会性目的

社会性目的要求我们的教学必须考虑国家、社会以及未来赋予教育教学的历史使命。今天咱们在谈高校教学质量提高问题时，我看下边两段话应该是我们今天研讨会的指导思想。

"培养人才有没有质量标准？有的。这就是毛泽东同志说的，应该使受教育者在德育、智育、体育等方面都得到发展。"(邓小平语)

"教育为社会主义现代化建设服务，为人民服务，教育与生产劳动和社会实践相结合，培养德、智、体、美全面发展的社会主义的建设者和接班人。"(党的十六大提出的新的教育方针)

我不想把这两段话展开，因为你们都很熟悉。质量，英文叫"quality"，现在我们叫"素质"。今天我们来研究教学质量，就得从教学的社会性目的出发，要求我们的高校在教学过程中，踏踏实实地以党和人民的教育方针政策为依据。

(二)学生方面的目的

关于学生方面的目的，无非是上边已经提到的为学生身心发展、智能培养、提高思想品德和适应社会而做好准备，这里展开谈两点。

第一，大学生的生活在人生中的重要地位。大学生进入了"成年初期"，走向相对成熟的阶段；进行真正意义上的"自主学习"期，在对以前所有学习整合的基础上深造；未来生活的准备与实习期，欢乐与痛苦构成人生绚丽多彩的乐章；人生建功立业的准备阶段，磨砺人品和学习专业知识。

第二，核心素养的总框架。我们高校教学，要以大学生身心特点为出发点，努力造就和培养我们的学生成为德才兼备的或高素质创造性人才。所以咱们今天研讨高校教学质量必须考虑学生方面的素养要求。这是育人理念，是一种顶层的设计。（见图 1）

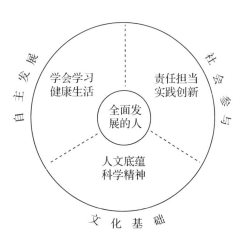

图 1　学生核心素养框架图

(三) 课程的目的

课程的目的，也就是与课程内容有关的目标，应考虑到各校各专业特点和业务上的要求。

首先，我来谈谈教学与课程的关系。这是一个长期争论不休的问题，教育理论界对这两者关系的看法，主要有三种：一是教学论包含课程论；二是课程论与教学论并列；三是课程论里包含教学论。我看没有必要这样在概念上做文章，应看其实质，即我们的教学内容就是课程，课程的实施依赖于教学，课程与教学是密不可分的。

其次，课程或教学是有标准的。所谓课程标准，简称课标，又称教学大纲。它是指确定学校教育教学的一定阶段的课程水平、课程结构与课程模式的纲领性文件。它和教育政策相关，我国由教育部制定，但不是所有国家都是由国家的教育部制定的。日本与我们国家相似，由国家文部省制定；美国由国家或州的教育部门制定；英国有的是学校自身制定。课程标准分总纲与分科标准。1952 年，我国教育部把课程标准总纲叫教学计划，把课程分科标准叫教学大纲。"教学计划"与"教学大纲"一直延续下来。近 20 年，基础教育界已经习惯用课程标准的概念了，但在高校仍喜欢用"教学计划"与"教学大纲"的概念。

再次，课程标准的总纲或教学计划是教学标准的总设计，包括指导思想、培养规格、课程设置、学时、考试和评价等；而分科课程标准或教学大纲则包括该学科的教学目标、教材纲要、教学重点、教学时间分配、教学设备、教学方法和其他注意事项等。据我所知，高校 80 多个一级学科，教育部为每一个学科都成立了一个专业教学指导委员会。我曾参与心理学科教育指导委员会工作，我们讨论了心理学科的教学计划，把德、智、体等的具体要求都写进心理学课程结构的成分中去了，把心理学的知识、价值、能力、过程的要求也写入各年级的阶段性要求上；我们讨论了心理学各分支和其他学科的教学大纲，每个分支学科的内容、教学时段、顺序、实验、实践的要求都有计划，有教学进程的要求；我们讨论了心理学及其分支学科教学评估的规划，把对其社会要求、个体差异和测验成绩作为教学评估的依据，把教学效果标准、时间标准和活动性质标准作为评估的指标。

为了把这三个评估标准说得更科学，我们可以按照《教育大辞典》来解释。所谓效果标准，指每个学生在某个时期内，根据所提出的任务，尽自己最大可能达到的知识、技能、思维素质和智能发展方面的实际水平。所谓时间标准，指评估教学应具有速度和时间的意义，即要表明学生在规定的时间内，根据现行教学大纲的要求达到需达到的应有水平。所谓活动性质标准，指教学评估不仅要考虑效果，还要评估取得效果所采取的手段和方法的教育性质。

最后，课程标准或教学计划和教学大纲是教学有法可依的指导性文件，我们在抓教学过程中必须老老实实地执行，只有这样，才能作为我们今天研讨教学质量的一个基础性的依据。

二、要抓教与学的过程

教学是师生双方教与学的过程。它是教师有意识、有目的、规范系统地传授文化、文明，传授生活知识、生存技能、生命意义的过程；它是学生掌握系统的科学文化基础知识和基础技能，培养他们的价值观、人生观、世界观并促使其身心得到发展的过程，教学的成功就是学生获得成熟成长和发展。于是，现代教学心理学的研究日益严谨，并提出了"三种教学"的概念：一是作为成功的教学（teaching as success）；二是作为有意活动的教学（teaching as intentional activity）；三是作为规则行为的教学（teaching as normative behavior）。

（一）教学过程是"学—思—行"的过程

儒学的教学观认为教学过程是"学—思—行"的过程。从孔子的"学而不思则罔，思而不学则殆"，到陶行知的"知行统一"，无不谈"学—思—行"是教学的途径。现在我们的大学生缺什么？缺"思"，缺"行"。记得我给78、79级上答疑课，70%以上的学生来向我提出问题。现在学生多了，提问题的反而少了，答疑课上，每次来的总是这几个人，占不到10%。我一问，回答是："老师，您讲得挺好的，我们提不出问题。"弄得我有点哭笑不得，细细琢磨，教师启发他们"思"得不够，不会质疑，缺乏批判性思维，这又如何成为创造性人才呢？至于"行"，更是我们教学中的缺陷。20 世纪 80—90 年代我给学生讲发展心理学，一年的课，组织 8 次参观访问实践，外加 4 次实验。如果学工的不去工厂，学文的不注意"采风"，那还有实践能力培养吗？《中国科学报》指出，今天的社会不需要象牙塔里的囚徒，而需要实践能力更强的大学生。

教学活动是人类认识的一种特殊形式，人类的认识是一种实践性的反映。按我们这种实践反映论观点，教学过程的"学—思—行"，具有实践性、社会性、主体性、能动性、系统性和发展性等特点。

教学具有实践性。教学过程是一种师生的实践活动，这种活动是有目的、有系统、主客观统一地进行的。这种活动是人类基本实践活动——劳动的准备，或劳动的必要组成部分，学生通过教学过程学习了客观事物的规律，就为其将来参加工作，建功立业做好准备，因此教学中少不了实践环节。

教学具有社会性。教学过程是师生共同完成教学任务、达到学习结果为目标的活动，如前所述，社会性目的决定教学任务的要求。教育联系着数以亿计的家庭，几乎每个社会成员都要评论我们的教学质量或"学—思—行"的结果，因此教育教学问题是个社会问题，关注社会，是对师生的基本要求。

教学具有主体性。"学—思—行"的教学主体是谁，教育界有三种观点：教师是主体、学生是主体、双主体。我认为在教与学的活动中，主体的角色是相对的，是可以转化的，并坚持如下观点(见表 1)。

表 1　师生在教与学过程中的双主体地位

教学活动	主体	客体	媒体(影响)
教	教师	学生	知识
学	学生	知识	教师

上述关系的处理，旨在调动两个积极性，即教师的积极性和学生的积极性。

教学具有能动性。在"学—思—行"的过程中，师生发挥着师生的能动作用。任何一项成功的教学，都是教师激发学生的兴趣，依靠学生的学习动机，运用其原先的经验，调动其一切积极性，掌握教师所传授的知识、技能、观念，主动反思，主动地变革自己和发展自己，使之达到预定的教学目标的过程。因此，教学中把学生的兴趣、动机作为教学成功的缘起。

教学具有系统性。"学—思—行"的教学活动，有它独特的动力、条件、客体、主体等，构成自己相对独立的系统。不论是传统教学论代表者赫尔巴特的"预备—提示—联想—应用"，还是现代教学论代表者杜威的"暗示—问题—假设—推理—验证"；不论是苏联教育家凯洛夫提出教学是"感知—理解—巩固—运用"，还是我国教育家钟启泉坚持教学的"认知过程—社会过程—内省过程"三个范畴，都是在强调教学是一项系统的活动。

教学具有发展性。"学—思—行"的教学活动，促进学生完成"输入—存储—提取—信息加工—输出"的认识过程，最后达到身心发展的目的、成才的目的，由培养的人才去促进社会发展的目的。我是主张"教育就是发展"观的。

(二) 教学过程是师生交互作用的过程

在教学中，我们既重视教师的教，又重视学生的学。

教学是教与学交互作用的双边活动，是教师双向反馈的教学相长的过程。

1. 教师教的活动

如前所述，教的活动是教师有目的、有意识、有计划地去影响学生，影响其身心状态，促进其发展的实践活动。从这一点出发，教师的教决定着整个教学活动的目的、任务、方向、步骤及效果，学生的学也必然被教的活动所制约。然而，教师的教，为的是使学生更好地学，目的在于指导学生认识世界、发展自己，所以，教师的教又要以学生为出发点，教师的作用及其发挥的程度，必然要以学生发展的原有水平为基础。

在教的活动中，教师是教育者、影响者、变革者和促进学生发展的实践者，他们是学生健康成长的指导者和引路人，是教的活动的主体；学生则是受教育者，是教师教的实践对象，是教的活动的客体。联结主客体的中介是教育内容，主要是知识，这是教师作用于学生的媒体和工具。

教师在教的活动中是如何体现主体性的呢？

首先，教师是教育目的的实现者。教师要根据教育目标、教育计划、教育大纲而从事教的实践活动。也就是说，教师的教，要考虑到学生的德、智、体、美等诸方面的发展；要考虑到课程的设置、顺序、时数和各门课程的知识联系；要考虑自己所教课程的目的、任务、各章节的知识范围以及教学内容的安排等。

其次，教师是教学活动的组织者。教师的职能之一是领导和推动整个教学过程，教师要把握各种类型的教学过程结构，设计讲听教学、发现教学、问题教学、情景教学等；组织教授、实习、实验、作业、自学等；安排在什么条件下，对教学内容该进行怎样的变更、综合和分配等。

最后，教师是教学方法的探索者。教学法包括普通教学法和分科教学法，前者研究各门课程共同的教学法，后者研究各科教学法。教师要善于运用教学法，全面控制教学任务、过程、原则、内容、方法和组织形式等，教学不仅是一种技术，更是一门艺术。在教学舞台上，教师应当是出色的表演艺术家。他们运用各种教学艺术和技巧，通过自己的每一句台词和每一个动作把人类的知识，化为涓涓流水，注入学生的心田。

教学活动是师生双方的活动，学生由不知到知、少知到多知，由知识、技能到智力、能力、品德的转化，教师居主导地位。这是由于教师掌握了培养目标的精神和必要的知识经验，能根据学生的原有水平预见他们的学习进程，用行之有效的方法去教育学生；这也是由于教师在教学活动中处于领导者的地位，扮演变革者的角色，师生之间有一种特殊的相互信赖的关系，学生能够接受教师的教诲、开导、启发，使教师在教学过程中起导向的作用。

教学过程具有一个系统结构，它包括明确目标、分析教材、了解学生、设计课程、进行教学和评估反馈等步骤。在一定意义上说，教师是整个教学过程的操作者和设计者，教师的作用，就在于使这个过程顺利地进行。整个教学过程的进展情况，可用图 2 来表示。

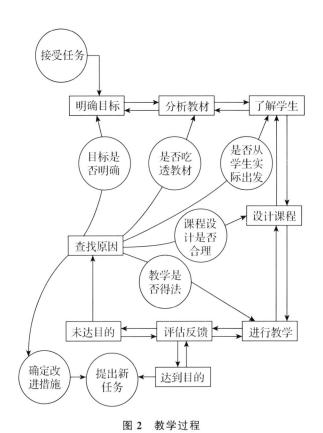

图 2　教学过程

我们在近 30 年的实验教学中深信教师在教学中确实发挥着主导作用，教师的教育是学生发展的前提。为什么？一是教师的教是学生能否获得知识经验的关键，学生的智能与品德也正是接受了教学和训练，运用了知识经验才逐步成为概括化、习惯化的动力定型，成为智能与品德的表现形式。二是教师的教能够加速或延缓学生身心发展的进程。由于外因的作用和影响不同，身心发展的速度也就不同。三是合理而良好的教学是适合学生身心内因变化的条件。我们强调教师的主导作用，应是符合学生身心发展内因，并采取措施促进其身心发展的教育作用。

2. 学生学的活动

一般地说，学习有广义与狭义之分。广义的学习，是指动物和人的经验的获得及行为变化的过程，人类的学习是获取经验、知识、文化的手段，知识的继承、文化的传承和自身的发展要依靠学习。狭义的学习，是指学生在教师指导下有目的、有计划、系统地掌握知识技能和行为规范的活动，这是一种社会义务。

学生是教的活动的对象，是教学的受体。但是，教师的教为的是学生的学。学生的学是有对象的，有内容的，这就是学习的客体。谁来学呢？学生。学生必然是学的活动的主体。

首先，学生是教育目的的体现者。教学目标是否实现，要在学生自己的认识和发展的学习活动中体现出来，如果学生没有学到知识，没有掌握教学内容，没有用所学的知识促进自己身心的发展和变革，那么教育的目的也就成了一句空话。

其次，学生是学习活动的主人。学生的学习积极性是成功学习的基础，只有学生主动学习、主动认识、主动接受教育内容、主动吸收人类积累的精神财富，他们才能认识世界，并促进自己的发展。教师的教对学生的学是外因，外因必须通过内因才能起作用；教师的教，只有通过学生的折射才能生效。在学习过程中，师生的交往活动，旨在实现学生的社会化和个性化。所以，学生是学习活动的主人，教师在教的过程中的主导作用，只有在学生主动学习的过程中才能实现。

最后，学生在学习活动中是积极的探索者。在学习活动中，学生不仅要接受教师所教的知识，而且还要消化这些知识，分析新旧知识的内在联系。从这个意义上说，学生在学习过程中是探索者和追求者。他们只有发挥了主动性，才能使自己主动地、生动活泼地获得发展。

学习过程是学生经验的积累过程，它包括经验的获得、保持及其改变等方面。它的重要特点之一在于学生有一个内在因素的激发过程，从而使主体能在原有结构上接受新经验，改变着各种行为，进而丰富原有的结构，产生一种新的知识结构和智能与品德结构。因此，学习的过程，有一种学生的主观见之于客观的东西，这就是他们在学习过程中发挥的自觉能动性。

学习过程也具有系统的结构，它包括明确目标、激发动机、感知材料、理解知识、记忆保持、迁移运用、获得经验、评估反馈等环节。学生准备学习时，常怀有一种期待的心理，期待着如愿以偿、实现愿望。在学习动机的推动下，经过感知、理解、巩固和应用，使学生掌握知识、获得经验。这种经验就是学习结果，这种结果实际上就意味着发展。学生又通过评估得到反馈，重新投入到新的学习活动中去。这里可以看出学生是学习过程的操作者、反思者和主体，能动作用的程度决定和左右着学习的水平。对这过程的进展情况，请看图3。

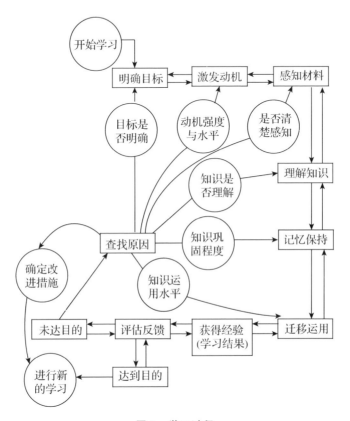

图3　学习过程

学习水平取决于学习者对学习目标的明确程度、动机强度及其动力水平、认知方式、是否找出学习困难的原因等因素，这是他们能动性的各种表现状态。这种能动程度主要制约于非智力因素。学生的非智力因素对其学习过程、知识掌握以及身心发展，起到如下三个方面的作用。一是起动力作用，学生情感需要及其表现形态（如兴趣、动机、理想和信念等），是引起其学习以及身心发展的内驱力。二是起习惯或定型作用，即把某种认识或行为的组织情况越来越固定化。习惯没有水平高低之分，但有好坏之分。在学习、身心的发展中，良好的智能和品德的固定化，往往取决于学生主体原有的动机、意志、气质等非智力因素及各种技能的重复练习的程度。三是起补偿作用，也就是说，非智力因素能够弥补智能与品德某方面的缺陷或不足。学生在学习过程中的态度、责任感、坚持性、主动性、自信心和果断性等意志特征，勤奋、踏实的性格特征，都可以使学生克服因知识基础较差而带来的智能上的弱点。"勤能补拙"的事例在学习中是屡见不鲜的，这正反映出学生在学习过程中发挥着能动作用。

教的活动和学的活动是相辅相成的。教的活动和学的活动是密切联系的两种活动，我们北师大教育学专家成有信教授曾对此阐明了理由。

第一，教学活动中教的活动和学的活动是不能分离而独立存在的。没有教，无所谓学；没有学，也无所谓教。因一定的条件互相既对立又统一，构成了教学活动。

第二，教学活动中的教与学两个过程有一个共同的目的，这就是促进学生的身心发展。教的过程直接影响着学生，给学生身心发展提供了条件；经过学生的学的活动，使这些条件逐步内化，成为发展的现实。教要以学生的学习积极性为前提，而学生的积极性又依赖于教师的培养，两者互相联结、互相贯通、互相交替，才能达到教与学的共同目的。

第三，教与学两种活动的共同客体是教育的媒体或教育的影响。但这种客体对教与学的作用和地位是不一样的。从教的活动看，它是促进学生身心发展的手段；从学的活动看，它既是手段，又是认识对象。

第四，教师和学生在教学活动中都是能动的角色和要素，他们互为主体，互相依存，互相配合。正是师生这种统一的关系，推动着教学过程向前发展。

(三)教学过程是展示教师基本功的规范过程

教学，是一种讲究规范、讲究严谨的活动。我们北师大非常重视教学常规，有教学基本功要求、年轻教师教学基本功大赛、听课制度、评价制度等。我认为课堂教学中必要的规则、秩序、评价制度对提高我们高校教学质量更为重要，因为课堂教学是高校教学的主渠道。

一是要备好课。备课不仅是上好课的基础和前提，而且也反映了咱们教师劳动的艰辛。图 4 是我在一次"北京师范大学年轻教师基本功大赛"后讲话中对备课基本功的总结，供大家参考。

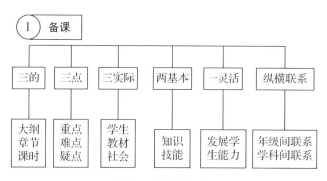

图 4 备课基本功

二是要讲好课。讲好课有三个"前提"：一是精气神；二是角色投入；三是激发学生的学习兴趣。教师上课的基本功为"讲、写、作、画、演"五个字，这五个字以"讲"为中心。我们教师应该在这五个字上做刻苦的锻炼。

在上课时，我们提倡教师语言的艺术，按上海优秀教师的经验，下边的要求很重要：确切、明白、简洁、通俗、优美、形象。

讲课的关键是"教无定法"。不同学科（如文理）有不同讲法，不同年级有不同讲法，不同的课型（如新课、复习课）有不同讲法，灵活地运用教学方法，才能形成教师上课的"风格"。

另外，讲课还要处理好五大关系：一是德、智、体、美的关系；二是讲和练（实践）的关系；三是尖子生、后进生和一般学生的关系；四是期中评价与平时评价的关系；五是教与学的关系，最后达到的是"因材施教"。

三、要抓好教学的效果

教学过程的根本任务在于培养德才兼备或高素质创造性的人才，然而，这个根本任务并不是学生在校期间能见到的。今天我们谈教学效果，主要围绕着高校教学本身的评价问题来展开。

在学校里的教学过程是一个促使学生发展，特别是身心发展的过程，这是一个为学生成才的准备过程。这个发展过程如前所述是一个传授和掌握知识，形成技能技巧，培养智力与能力，提高思想品德水平的过程，这个过程的根本任务在于培养人才特别是创造性人才。人才是智力与非智力因素的统一体，创造性人才则是创造性思维和创造性人格的统一。人才的基础是人身心的质的发展之结果。所有这些，是说明达到我们前面谈到的教学质量效果评估标准的主要要求。因此，教学的重点是促使学生心理的质的发展，这能使学生终身受益。

高校各科教学的效果在哪些方面体现出来呢？我认为应全面综合地思考评价内容，牢固确定人才培养在高校教学工作中的中心地位，着力培养信念执着、品德优良、知识丰富、实践能力过硬的高素质创造性人才，以此作为我们教学工作坚定不移的目标；坚持德育优先、坚持能力为重、坚持全面发展是我们应遵循的教学工作方向；教师要把教学作为首要工作，不断提高教学水平，加强实验室、校内外实验基地、课程教材等教学基本建设，是我们教师的教学工作内容，具体应表现在以下三个方面，这三个方面也正是评估高校教学效果的内容。

（一）掌握现成的规律性的知识

在某种意义上说，教学过程虽然也是教师引导学生向未知领域"探索"的过程，但是这个"探索"过程，一般只是表现在学生在教师的启发引导下，通过思考去掌握现成的规律性知识的过程。通常它并不要求师生开辟人类知识的新领域，去发现新真理，而只是一个人才加工的过程。

这种加工过程，就是上面提到的明确目标、激发动机、感知材料、理解知识、记忆保持、迁移运用、获得经验、评估反馈的过程。就其主要方面来说，是知识的传授和掌握的过程，而学生技能技巧的形成，也是以这种一定的知识为前提的，实际上是应用教学内容去解决问题的一种能力，是知识运用于实际的一种本领。技能是对知识的初步运用，而技巧则是技能的熟练化。这种技能技巧形成后，又有助于学生进一步巩固知识，并为他们的实践能力——"行"奠定基础。

对于身心发展来说，这种加工过程尽管是一种"量变"过程，但它是身心发展和人才形成，即"质变"的基础。所以，在我们进行教学效果评价时，必须重视这个过程的，特别强调"双基"即掌握基础知识和基本技能的指标体系。

(二)教学的着重点在于发展学生的能力

这里的"能力"概念是学生在学校表现出来的智力与能力的总称，包括创造能力和实践能力。

知识、技能和能力有密切的关系。知识、技能的掌握程度，并不意味着一个人能力的高低，但知识、技能与能力是相辅相成的。能力的发展是在掌握和运用知识、技能的过程中完成的。知识、技能是构成能力的要素。知识既是人类认识世界、改造世界的成果，也是人类继续认识新事物、解决新问题的逻辑思维工具。离开了知识、技能，能力的培养也就成了一句空话；离开了学习和训练，什么知识都不懂，什么事情都不会做的人，他的能力就缺少形成的"中介"，这显然是无从发展的，所以，能力的发展必须建筑在知识的传授和学习上。同时，能力的发展也促进着对知识的理解和技能的掌握。学生要把知识技能变成自己的经验，就要进行观察、思考、记忆、想象、表达、操作等一系列认识活动，否则就不可能真正获得知识。高校教学工作应倡导培养学生的综合能力，而综合能力的提高必须注重其学思结合、知行统一、因材施教、发展每个学生的优势潜能。

现代控制论认为，信息变换和反馈调节是一切控制系统共有的最基本的特点。这就是说，信息和反馈不仅技术系统有，生物界、人类社会乃至能力也都具有。信息变换过程就是信息的接收、存储和加工的过程。人类领会了知识，掌握了技能就是接收、存储信息，在此基础上进行加工，才能促进能力发展。现代控制论、信息论进一步说明，领会知识是教学和能力发展之间的中间环节，片面强调能力的发展而忽视知识、技能的掌握，这对能力的发展是十分不利的。当然，经过教学，主体对知识、技能也不是立刻能掌握的。从教学到掌握是新质要素不断积累、旧质要素不断消亡的细微的量变到质变过程。从不知到知，从不能到能，要为原有心理水平所左右。因此，我们在教改实验中，强调要以学习的难度为依据，适当安排教学内容，选好教法，以适合学生原有的心理水平并能引起他们的学习需要，成为积极思考的内部矛盾，从而形成比较明显、比较稳定的能力，进而发生质的变化，使他们有了掌握知识、认识世界的能力。

(三)教学过程应该具有教育性

在教学过程中，有意识、有计划地进行德育，提高学生的道德思想水平也是教学过程中必须完成的重要任务之一。这是因为：一方面，教学中传授任何知识体系都是以一定的方法论为基础的，学生学习也总是有一定的目的动机和态度的；另一方面，教学内容本身就渗透着思想的、政治的、道德的因素。只有在知识的基础上提高对是非、好坏、美丑的鉴别和判断力，提高认识问题的能力、思想水平和道德品质，才能够更好地向高级阶段升学。

在教学中坚持德育教育的一个重要方面，是要引导学生的品德发展从量变走向质变。道德知识、认识、训练是品德发展的基础。也就是说，学生的品德是在他们的"知"的反复提高和"行"的反复训练中逐步发展起来的，并须经过一个又一个阶段。可见，学生品德水平，一是取决于他们领会到的知识或认识；二是取决于他们对正确行为规范要求的不断练习。前者的要求是背诵和理解，以铭记心中；后者的要求是形成良好的习惯。品德发展的每一个阶段的特征，都集中地体现在道德行为习惯的变化上。因此，良好习惯的形成，是一个人的完整品德结构发展中质变的核心。这在教学过程中是应该引起重视的一个问题。

教学过程属于智育的范畴。但是，智育中有德育，德育中有智育，所以，我们要重视德育工作。在教改实验中，除了一般的德育内容之外，我们强调的一条重要措施是培养学生的非智力因素，发展学生的学习需要、动机、情感、意志、性格、价值观和世界观等。我们要提倡培养学生浓厚的兴趣、愉快的情绪、顽强的意志、坚毅的行为、勤奋的性格等，这些非智力因素的提高，既是教改实验中智育的要求，又是德育的内容。

综上所述，教学过程的三个任务，都是有意识、有目的、有计划、有步骤地统一实现的，这些任务的实现，归根结底是为了培养人才。教学过程就是一个遵循人类认识或认知过程的总规律、发展学生身心以培养人才的过程。

四、要抓好教师的师德

上面已经提到，教学质量的高低在一定意义上取决于教师，教师的师德至关重要。教学是立德树人教育的阵地，课堂讲坛应成为高校教师展示高尚师德的舞台。

2014 年 9 月 9 日，习近平总书记在北京师范大学师生座谈会上发表了重要讲话，提出了有理想信念、有道德情操、有扎实学识、有仁爱之心的"四有好老师"标准，这为培育和塑造好高校教师队伍提出了明确的行为指南。教师大计，师德为本，培育和塑造好高校教师队伍关键在于塑造高尚的师德。师德，"人之楷模重修道"，是教师的灵魂，是教育工作的动力。我从事了 50 年的教育研究和实践，并被评为全国师德标兵，同时，我还进行了 30 多年的师德研究，结合自己研究和亲身践行，加强高校师德培育，提高高校教学质量，应该从"师业"（敬业爱岗）、"师爱"（关爱学生）、"师能"（严谨治学）、"师风"（为人师表）四个方面着手。

（一）师业

师业是塑造师德的出发点，核心是爱岗敬业，衡量一名好的教师第一个标准就是"要有理想信念"。对于教师的理想信念，我的体会就是爱岗敬业，其核心就是忠诚于党的教育事业。因为教师的事业是教书育人，培养人才，培养国家的栋梁，所以教师的爱岗敬业精神首要的就是热爱祖国，热爱党，忠诚于党的教育事业，今天就是要我们在学校工作中一心一意地践行社会主义核心价值观，唱响主旋律，积极地正面引导和宣传有价值的、上进的思想观念。西南大学黄希庭教授就是一位爱岗敬业的模范。1961 年北京大学心理专业毕业后，他被分配到重庆北碚小镇上的西南师范学院（今西南大学）。那时北碚的条件极差，为了有一个备课、写教案和改作业的环境，每年夏天，他总打上一桶水，双脚泡在水桶里来"避暑"。"文化大革命"后，多少个大城市要调他去工作，他却坚定不移地安心在西部工作。他对教学工作总是满腔热情，一丝不苟。他为本科生讲授过七八门课，至今还为研究生授课，他把自己生命中最美好的岁月奉献给了最令他自豪和欣慰的学生们，奉献给了教育事业。他被授予全国劳模、全国教书育人楷模、重庆杰出贡献英模、重庆市建设功臣等称号。与此同时，高校教师应该牢牢守住课堂讲坛阵地，用正确的理想和信念去感染年青一代，从自身做起坚决抵制"各种攻击诽谤党的领导、抹黑社会主义的言论在大学课堂中出现"，更不能让"各种违反宪法和法律的言论在大学课堂蔓延"。

(二) 师爱

师爱是师德的灵魂。"教师要有仁爱之心"，我国历代教育家都从孔子的最高道德原则、道德标准和道德境界的"仁"字出发，把关爱学生或师爱作为师德的首要因素，我的理解就是师爱。师爱的形式又可概括为两种：既表现在爱在细微中，又表现在爱在生死时。换句话说，师爱既表现在日常的教育场合，又表现在生死关头。正是在这种师爱的过程中，教育实现了其根本的立德树人功能。北大孟二冬教授到新疆石河子大学支教数年，石河子大学报道，他看过的学生论文，几乎每一页都夹有小纸条，纸条上除了对论文的框架和立意提出建议外，还有对错别字的勘误，常比学生自己还要认真；孟教授还常请学生去家中，亲自下厨跟学生一起做饭做菜，边做边聊，在融洽的气氛中答疑解惑或做细致的思想工作；当学生搬进新生的学生宿舍时，他担心有甲醛污染，自己花钱给每个宿舍送了一盆能抵抗甲醛的郁郁葱葱的绿萝。如果课堂上没有良好的师生关系，有些教师连所教的学生都不认识，那还要课堂教学干什么？不如改为网上教学或者远程多媒体教学更好些。师爱是教育学生的情感基础，只有饱含着师爱的教育才能以心灵浇灌心灵、以生命感动生命，激发学生积极向上的情感，在教师与学生之间建立起心灵沟通的桥梁，教师绝不能够"在课堂上发牢骚、泄怨气，把各种不良情绪传导给学生"，只有积极利用正性情绪，让学生体会到教师的师爱，才能"亲其师"，进而"信其道"。

(三) 师能

师能是教师的教育教学能力，是培育师德的基石。在教育教学活动中，我们应该从教师的知识结构、课堂教学基本功、教育能力和科学研究能力四个方面恪守和践行严谨治学的精神，练好师能。刚才谈的第二个问题中涉及的规范教学基本功，就是师能的集中表现。因受"重科研轻教学"的影响，现在高校年轻教师普遍不重视教学，有些教师也不重视教学基本功，这如何提高高校的教学质量，又如何使人才健康成长？能否培养出国家所需要的优秀人才，这是衡量教师师德的根本标准，而师能正是培养国家所需要优秀人才的手段。更为重要的是，面对还未真正走进社会，价值观和世界观并未完全定型的大学生，高校教师应该具备辨别真伪知识、塑造积极向上的价值观念和宣传社会主义核心价值观的能力。面对夹杂各种价值观念的古今中外知识，既能善于生动地消化和吸收有益的东西，又能旗帜鲜明地抵制糟粕和腐化的入侵。

(四) 师风

师风是师德中教师角色、形象的体现，主要体现在为人师表和行为世范两方面。为人师表、行为世范就是要深深地热爱自己的教育事业，满腔热情地教书育人，竭尽全力为祖国培养优秀人才；就是依法执教，不做损害国家利益和散布诽谤党和国家领导人的言论，绝不利用课堂随心所欲地将自己的不满和负面情绪进行发泄，损害社会环境和学生健康成长。教师应有正确的教育思想和教学内容，严肃的三尺讲台决不允许散布与党的方针政策和法律要求相悖的观点和言行；还应该廉洁从教，坚守高尚情操，发扬奉献精神，自觉抵制社会不良风气的影响，不利用职务之便谋取私利。大学教师里也有很多教书育人、甘为人梯的事例。"杂交水稻之父"袁隆平把联合国教科文组织"科学奖"奖金和美国水稻技术公司的顾问费100万元捐献出来，设立奖励基金和科研基金，鼓励和培养年轻人。北京大学数学科学学院教授姜伯驹院士宁愿放缓自己研究成果的步子，毅然把主要精力转向非常重要但是并不熟悉的新兴学科——低维流形研究，引导学生向新兴方向探索，并取得了良好的成绩。他们都在追求"青出于蓝而胜于蓝"的至高境界，以"培养出超越自己、值得自己崇拜的学生"作为自己的目标。

只有做一名具有高尚师德的高校教师，才能成为高校教学工作的排头兵，才会不断地提高自己的教学质量，成为"教书育人"伟大事业的中流砥柱，成为党和国家教育事业的直接实践者和执行者，成为中华民族伟大复兴的筑梦人。

　　各位教务处长，各位老师，上面汇报的四个问题，既是我自己教学活动的心得，也是今天参与研讨会对"提高高校教学质量"的几点思考，以此来求教诸位，请大家批评指正。

　　谢谢大家！

教师大计，师德为本[①]

——在庆祝第 28 个教师节时的演讲

各位老师：

下午好！

今天我向大家报告的题目是"教师大计，师德为本"。

"弘我教化，昌我明智"是历史赋予北京师范大学的伟大使命。北京师范大学的师生自始至终秉承着"爱国进步，诚信质朴，求真创新，为人师表"的优良传统。诸位来自西藏、新疆和贵州三地的同行到我们北师大参加"国培计划"进修，我把你们看作是北师大的校友。那么我想你们将来会成为秉承"爱国进步，诚信质朴，求真创新，为人师表"的优良传统的一员。今天我受学校之托，本着上述精神向大家来汇报"教师大计，师德为本"。

讲师德，我想应从咱们从事的工作入手。要问老师们你们是干什么的，你们肯定回答我："我是搞教育的。"什么是教育？教育的实质是什么？我想值得我们讨论。我是搞发展心理学的，从我自己的专业出发，我认为"教育就是发展"。作为从事教育工作的教师，把学生教好了，促进人的发展了，从而推动社会发展，那么我们搞的就是好的教育，出色的教育，成功的教育，否则就没有搞好教育。那我可以这样下教育的定义：教育是一种以促进人的发展、社会的发展为目的，以传授知识、传授经验和传授文化为手段的培养人的社会活动。教育的主体是谁？在整个教育的过程中主体是我们的老师，因此我来谈教师大计。教师职业生涯中什么问题最重要？最核心的问题是师德，所以我们谈师德为本。

[①] 2012 年 9 月 10 日，在第 28 个教师节来临之际，中央有关同志来到北京师范大学，与师生员工欢度教师节，并安排听一堂以"师德"为主题的课。我受学校党委委托，接受了这项光荣的任务。基于现阶段国家对教师素质的要求，结合自身从教经验，我将这堂课的题目定为"教师大计，师德为本"。本文按当年录音整理，并略做修改。

111

我今天报告的指导思想是党的十六大文件所强调的："加强教师队伍建设，提高教师的师德与业务能力，倡导尊师重教的社会风气。"我准备从两个方面进行汇报：一是师德的重要性；二是师德的内容。最后是我对教师职业的感受和希望。

一、师德的重要性

师德是一个老话题。不仅从前讲，现在讲，将来还得讲。所以我们说师德是一个常讲不衰的话题。讲得这么多，是不是讲我们教师队伍师德问题太多了？不是！而是要体现教师队伍建设中一个核心问题。

讲师德的重要，我想从以下四方面来分析。

(一)师德受到历代教育家经验的重视，更受到我们党和国家领导人的重视和关心

中华民族历代教育家都非常重视并提倡师德，提出的观点有：学而不厌，诲人不倦；以身作则，为人师表；爱护学生，无私无隐；循循善诱，启发诱导；因材施教，发掘潜能；闻过则喜，改过迁善；严以律己，宽以待人；教学相长，师生互动；有教无类，公私并举；等等。

我们党和国家领导人也十分重视和关心师德。从毛泽东同志提出了"忠诚党的教育事业"，到一代又一代的国家领导人都强调办好教育的关键在教师。他们希望广大教师以对国家、对人民高度负责的精神，加强师德修养。教师之所以重要，就在于教师的工作是塑造灵魂、塑造生命、塑造人的工作。一个人遇到好老师是人生的幸运，一个学校拥有好老师是学校的光荣，一个民族源源不断地涌现出一批又一批好老师则是民族的希望。所以，师德受历代教育家的重视，也是我们党和国家领导人所关心的大事。

(二)当前新形势对师德的新要求

我想从三方面来分析。一是社会的发展对师德提出新的要求。这里一个非常关

键的问题是谁来引导学生的道德建设，是学校，是老师。老师们，你们可能经常听到社会上的一些议论，谈到我们整个社会的道德在爬坡还是滑坡。老师们你们也可以去讨论，今天的社会道德在爬坡还是在滑坡？有人说在爬坡，有人说在滑坡。我觉得大家可尽情去议论，爬坡是事实，滑坡也是事实，各有各的道理。但是不管怎么说，今天学校里必须要加强思想道德建设。谁来引导这个问题，当然是我们的学校，是我们的教师。学校的工作、教师的工作必须坚持《国家中长期教育改革和发展规划纲要（2010—2020 年）》提出的"坚持以德为先"的理念，把德育放在一切教育工作的首位。我们教师的工作应该对学生启迪思想、陶冶人生，应该扫除学生中萎靡颓废之风。由此可见，未成年人思想道德建设工作，学校教育、教师的工作起到了重要的作用。但当前教育中，重智育轻德育、重课堂轻社会实践的现象时常存在着。学校工作、教师工作必须践行"坚持以德为先"的理念，才能有利于学生成长和社会公德的促进。本着教育者首先应接受教育的理念，教师职业道德有待进一步加强，这就需要教师提高自身的师德。这是当前新形势对师德新要求的第一点。

二是教师的发展对师德提出的新要求。时代赋予新一代教师新的特点。我看在座的骨干教师中间相当一部分是 70 年代出生的，有 80 年代出生的，还有个别的 90 后的教师。年青一代教师有好多优点，比如学历比较高、热爱生活、兴趣多元、积极创新、敢于探索。但是我们还应当看到不足之处。由于工作压力大，负担重，教师便可能产生职业倦怠。职业倦怠又叫职业枯竭，典型的表现就是"不想干了"。什么样的职业容易产生职业倦怠？三种职业最明显：第一种职业是警察，警察太不容易了；第二种职业是医生，最近社会上伤害医生的现象时有发生；第三种就是我们中小学教师。中小学教师中有多大概率会产生职业倦怠呢？据北京师范大学心理学院的初步调查，大约有 16% 的中小学教师容易产生职业倦怠。如果有 16% 的教师不愿意当教师，按照这个比例我们算一算，那有近 200 万的教师每天处于职业倦怠的痛苦之中，你说这个问题严重不严重？为什么我们当教师会产生职业倦怠，因为我们教师的工作太艰苦了：两眼一睁就忙到熄灯。钻进被窝还要想着咱们的宝贝学生。你说累不累、苦不苦？但是应该肯定的是钻进被窝还要想到咱们的学生，说明奉献精神多么强，这一点不能否定，忠诚于我们的教育事业的表现是相当突出的。

在这种情况下怎么办呢？只有老老实实地从师德入手，去努力造就一支结构合理、充满活力的高素质、讲奉献、专业化的教师队伍，这就是当前新形势对师德的新要求之二。

三是学生的发展对教师的师德提出了新要求。我们要把自己的学生培养成为什么样的人？应该是高素质创造性的人才，这关系到我们整个中华民族的整体素质，关系到国家的命运、前途。学生中间有相当的创造潜力。我最近看到这么一个报道，浙江省姜山镇茅山中学 1992 届 302 班学生钱某某是位了不起的创造者。他从普普通通的一个生意人，凭本事创业成功，成为富豪。前年同班同学聚会他给他们班里同学每人发一个手机，机盖上写着同样的字：茅山中学 92 届。据悉，钱某某当年因学习不好被学校劝退。他中学有位老师还跟他开玩笑："假如当初没把你劝退，你哪来今天的成绩？"钱某某回应："感谢母校英明的决策。"这对我们整个学校的工作是多大的讽刺！我们应如何对待我们的学生？如何对待今天暂处于落后的、成绩差的学生？老师们我们能不能这样说，今天学习好的人，将来未必能够成才；今天学习不好的人，将来未必成不了才。某教育科研机构曾调查了全国各地 300 多位高考状元，但是结论是没有发现目前有人成为出类拔萃的创新人才。这一点给我们敲响什么样的警钟？所以我们老师不能够光看眼前学生学得好与不好，还要看我们的学生是否有创新精神和创造性人格。教师应该准确地引导，学生他们肯定能够成长，肯定能够成才，但是什么样的人成什么样的才，这个要具体问题具体分析。老师要准确地把握学生发展中德行与智能的关系，以及遇到的社会、家庭、学校和媒体发生的问题，并加以积极引导，促进学生成长、成熟、成才。这就要求老师有正确的观点和方法，师德就成为老师解决问题的核心。所以，我们老师的师德建设是把握学生发展方向，成为学生成长的关键因素之一。

(三) 师德是教师素质的核心

教师的素质是什么？我认为，要科学阐述我们教师素质必须要依据六个原则。

第一个原则，要考虑到我们职业的特殊性，也就是说老师的职业就是我们的专业，就是我们教书育人的事业。

第二个原则，必须要有理论背景。当然有人会问我，你的理论背景是什么？我的理论背景是心理学。教育部老部长何东昌先生生前曾说过，要使中国的教育科学发展，必须依靠两种科学：一是马克思主义，二是心理科学。因为心理学是人学，人是教育的对象。所以我按照心理学来谈教师。

第三个原则，我们谈教师素质高低、水平高低，有一个非常重要的表现就是教学水平。课堂教学是教育的主渠道。我们能不能这样说，书都教不好的老师，他绝对不是好老师。我们教师是教书育人的，教书是育人的前提啊！

第四个原则，要系统地去考虑问题。图1是用系统观展示的教师素质与学生发展的关系模式。

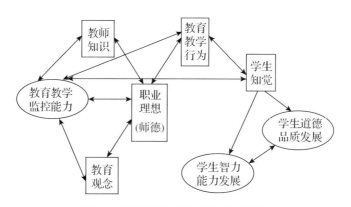

图1 教师素质与学生发展关系模式

我们当老师需要有什么样的素质呢？一是有知识，知识是我们从事教育教学工作的前提条件，没有知识你教什么？你怎么教好学生呢？二是教育观念正确，这里先不必说什么质量观、学生观和教师观等等，我这里的教育观点主要指老师的信念或理念，我肯定能教好学生，我坚信我学生能够成才。这里谈到教师的期望值，心理学有一个"皮格马利翁效应"。传说古代有一位国王叫皮格马利翁，他非常喜欢一个雕塑的美女像，太喜欢她了，后来雕刻的美女活了，成为他的王后。这是一个神话，一个故事。但是我们拿这个故事来说明什么呢？期望，是指一种寄托，是一种信念。曾经有一个心理学家到学校里随便挑了七个学生，对班主任说，你们班里能成才的就这七位，后来果然这七个人学得最好，因为老师对他们寄以期望，对他们有更多的关心和鼓励，所以这七个人成绩就上去了。因此，老师必须树立这样的观点，"我肯定能教好学生"，"我的学生肯定能够成才"。三是有反思能力，心理学称其为教育教学的监控能力。基础教育国家级优秀教学成果特等奖获得者李吉林老师以及著名特级教师袁容老师，都有丰硕的著作。有人问袁老师，你怎么有这么多的著作？袁老师反问那些年轻人："你们平日写教案吗？""怎么不写教案，不写教案我们怎么教学？"袁老师又问："你们平时注意写'教后'吗？""啊！没有听说过。"老师们，你们听说过什么叫"教后"吗？教学以后，也就是说每天回家"过电影"，把一天教育教学的成功与失败的内容记录下来，在心理学里这种反思的过程叫作教育教学的监控。换句话说，教育教学前有计划，教育教学过程中不断反馈和调节，教学以后要反思，要总结，"吾日三省吾身"，这种监控能力是教育素质中起中转站作用的关键因素。四是教育教学行为恰当，这是教师素质的外化表现。五是师德或职业理想，这是我们教师工作的动力。由此可见，从教师素质成分分析，师德是教师素质的核心，它是教师的信念、理想和道德情操。教师在师德的指引下，知识、观念、反思能力才会有内驱力，才会产生良好的教育教学的行为表现，作用于学生，使学生道德品质和智力能力得到发展。21世纪教师能力的核心是监控能力和反思能力，这是指教师为了保证教育教学的成功、达到预期的目标，在教育教学过程中，将活动本身作为意识的对象，不断地对其进行积极、主动的计划、检查、评价、反馈、控制和调节的能力。我列了如下形象的"公式"：优秀教师＝教育教学过程＋反思。此外还应该拥有运用现代化技术的能力和进行心理健康教育的能力。

第五个原则，教师素质是结构和过程的统一，发展性、动态性是其精髓，换句话说，95%以上教师通过主观努力是能进步的，能够发展成成熟的教师，甚至是优秀的教师。

第六个原则，是我们提出的教师素质的可操作性，我下面谈的师德的内容都是可以操作或实践的。

什么叫教师素质？教师素质是指我们老师在教育活动中所表现出来、决定我们教育效果、对学生的身心发展有直接而显著的影响的思想与心理品质的总和，这就是教师素质。这就是我给大家说的师德的重要性第三个理由，因为师德是教师所有素质中的一个核心的素质，是一个动力的素质。

（四）师德的作用

我们先来谈教师师德对教师的作用。这里我引用一位我们北京师范大学心理学院的校友、北京大学光华管理学院常务副院长张志学教授的"组织行为学"中的观点。他提出一个成功人士有八个特点：境界、胸襟、抱负、思想、能力、气魄、毅力、谋略。大家琢磨一下，前面四个因素是什么？是德。后面四个因素是什么？是才，是能力。从中可以看出师德是教师成功的基础。

师德对学生有什么作用呢？学生把教师作为楷模，什么样的楷模呢？当然是道德品质的楷模，因为我们教师一举一动，一言一行，甚至于音容笑貌都是学生模仿的内容。我们能不能这样说，有什么样的教师往往就有什么样的学生，所以师德的作用就显得太重要了。

以上是我讲的第一个大问题，师德的重要性。

二、师德的内容

师德到底有哪些内容？教育部 1997 年和 2008 年对中小学教师师德规范颁布了两个版本（见图 2）。

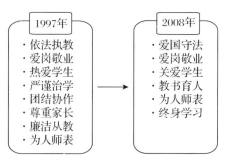

图 2　新旧《中小学教师职业道德规范》的对比

1997 年的版本，我叫它旧规范，也就是 1997 年制定的《中小学教师职业道德规范》，大家熟吗？熟！32 个字：依法执教、爱岗敬业、热爱学生、严谨治学、团结协作、尊重家长、廉洁从教、为人师表。新的《中小学教师职业道德规范》是 2008 年颁发的，24 个字：爱国守法、爱岗敬业、关爱学生、教书育人、为人师表、终身学习。请老师们对比一下旧"师德规范"和新"师德规范"一样不一样？内容上的变化，旧规范第四条"严谨治学"的主要内容一并分解到新规范的第四条"教书育人"和第六条"终身学习"里去了。也就是说"严谨治学"这一条被"终身学习"包含。旧规范第五条"团结协作"，第六条"尊重家长"，第七条"廉洁从教"，第八条"为人师表"的主要内容统统都集中到新规范的第五条叫"为人师表"里了，这就是变化，这就是不同点。那么尽管内容有许多变化，但是师德规范的主旨，也就是中心思想没有变。可以用三个字来概括。哪三个字？责任、爱。责任与爱是我们四大师德规范的中心思想。下面我从四个方面对师德的问题进行归纳和解读。

(一) 爱岗敬业

什么叫爱岗敬业？爱岗敬业是指广大教师要忠诚于党和人民的教育事业，树立崇高的职业理想和坚定的职业信念，把全部精力和满腔热情献给教育事业，做爱岗敬业的模范。我把爱岗敬业称为"师业"。

爱岗敬业的内容归为三层意思：第一层是忠诚，热爱教育，热爱学校，热爱本职岗位；第二层是指奉献，尽职尽责，积极奉献；第三层是结果，这就是孟子所说的，"得天下英才而教育之，三乐也"。这三层意思，一层扣一层，一环连一环，密不可分。然而，在实践中其难度是不一样的。你们仔细琢磨一下，哪一个问题最难？我看，第一条"热爱教育，热爱学校，热爱本职岗位"里的中间一点，即"热爱学校"是不是最难？否则的话，就不会有"孔雀东南飞"。民办碧桂园学校在广东省，现在西南、西北的老师有的"孔雀东南飞"，飞向广东，奔向碧桂园。兰州大学是"985 工程"高校，兰州大学的校长曾经有一个说法：如果我把兰州大学"孔雀东南飞"的老师请回来，我就能够办好两所比现在规模大、水平高的兰州大学。今天来的西藏老师，你们认识西藏自治区拉萨中学的李在良老师吗？他提倡"奉献第一、教育第一、学校第一、学生第一"。他书教得好，班主任当得好，他认为教育工作无小事，他热爱教育，热爱自己的学校。有多少内地的学校去请他，条件比拉萨好得多，可是他坚定不移地工作、奋斗在拉萨中学。他积极奉献，他的学生也对得起他，一个个成为优秀的学生、出色的学生。因此我坚信在座的老师们，你们肯定也热爱教育，热爱你们自己的学校，热爱你们的本职岗位，尽职尽责，积极奉献，我坚信你们会培养出一批又一批德才兼备的人才。

爱岗敬业的实质是什么？忠诚于党的教育事业是爱岗敬业的核心。这就是说我们教师的职业，就是教师的专业，更是教书育人的事业，因此爱岗敬业体现了一种事业心，体现了为党的教育事业做奉献的精神。我们教师的职，我们教师的责，就是负起一种培养人的责任，教书育人的责任。我们教师的权，是要把学生引导成为我们国家所需要的人才。我们教师的利，和国家的利益、学生的利益是完全一致的。也正因为如此，出现了像新疆生产建设兵团喀什农三师中学的柳长剑那样的老师，他以人为本，以校为家，自始至终把自己的一切奉献给教育事业，并且把这种职业理想和职业信念放在首位。他在工作过程中反复强调，作为老师我们教什么课那是次要的，教书育人，培养人才，奉献这是主要的。

怎么能够爱岗敬业呢？这就要做到有四种意识：①敬业的意识，就是忠诚的精神；②乐业的意识，就是爱我们自己的岗位，爱我们的事业；③职业规范的意识，也就是我们职业应该要有什么样的规范，包括仪表仪容；④勤业的意识，就是勤勤恳恳、踏踏实实、不为名利，对教育做出贡献。我举一个贵州省优秀教师的例子，因为今天听课的有贵州的老师。贵州省三都水族自治县羊福乡民族学校的陆永康老师是身残志坚的典范！上课时他右手拿粉笔，左手一个拐撑着；支撑不住自己时，他就干脆跪着，一堂课一堂课地教育学生。他自强不息，爱岗敬业，因此我们称他是"跪教助师魂"。

（二）关爱学生

什么叫关爱学生？要关爱每一个学生，关心每一个学生的成长进步，以真情、真心、真诚教育和影响学生，努力成为学生的良师益友，成为学生健康成长的指导者和引路人。这就是关爱学生。我又叫它为"师爱"，即老师对学生的爱。我主张"爱的教育"，爱国家，爱党，爱人民，爱教育，爱学生。师爱就是我们老师"爱的教育"的集中体现。

对学生的关爱，有两方面表现：第一爱在细微中，第二爱在生死时。

先谈爱在细微中，就是说我们老师要在日常教育中、教学中和生活中去爱学生。没有爱，就没有教育。我先举两个例子，一个是中学的例子，一个是小学的例子。前者来自城市，后者来自农村。

上海特级教师黄静华老师，她教育的出发点和座右铭是"假如我是孩子""假如是我的孩子"。"假如我是孩子"，这样的情感体验使她对学生少了苛求，多了宽容，以"教育爱"努力创设宽松和谐、积极向上的氛围，尤其改变了以往的评价体系，不以单纯的分数为评价学生的指标，而以学生的全面发展为目标，增强学生的自信。好几个因为各种原因而成绩开"红灯"的留级生，在她的鼓励下，重新获得了自信，人格、品德获得了健康的发展。留级生小孙来到她所带班级的时候，留着小分头，穿着花牛仔喇叭裤，脚蹬时髦皮鞋，一副"时尚青年"的派头。黄静华老师没有歧视他，让他在老师对他的信任、尊重中找到了自己在班级中的位置。别的同学有了难处，黄静华老师把解难的担子压给他；班级工作遇到了困难，黄静华老师请他一起出主意。信任唤起了责任，半年后，他郑重地递交了一份入团申请书。这种情况又何止一个？一个学生在周记中写道："在大人的眼里，我也许是个'朽木不可雕也'的坏孩子，然而，黄老师却用她那无微不至的关怀重新塑造了我。"黄静华老师时时以"假如是我的孩子"的情感去体会孩子的内心世界，以童心去理解他们的"荒唐"，用爱心去宽容他们的"过失"，有礼貌地对待他们。一次，小钱没有按照规定上交彩图作业本，原来他痛失双亲，依靠仅 56 元退休金的年迈多病的爷爷过日子，为省钱给爷爷治病，他连两元钱一盒的彩笔也买不起。黄静华老师在送给他彩笔的同时，再次提醒自己："无论对待哪个同学，都应该首先想到的是：假如是我的孩子！"于是，父母下岗的小女孩的牛奶费和秋游费用被她悄悄付上；迷恋武侠小说的小男孩收到她赠订的《奥秘》《飞碟探索》；缺少母爱的孩子在她家中感受到家庭的温馨；沉湎于网吧聊天的孩子，还会在网上"巧遇"黄静华老师，她告诉他们如何健康上网……

江西省永修县柘林镇黄岭村小学太阳山教学点有个老师叫邹有云。在太阳山，邹有云老师一人一校，既是老师，又是校长；既像保姆，又像炊事员，外兼维修工。他精心组织复式教学，一个人要教四个年级的全部课程。他还说服妻子周泽香，请她来帮助自己打点学校事务，照顾学生饮食。从此，夫妻俩帮蓬头垢面的山里娃们剪指甲、梳头，为他们洗脸、洗手，还不断地告诉他们要讲卫生，爱整洁。就在这天长日久的唠叨中，孩子们的衣服干净了，手上的泥土不见了，回到家里，看到大人的不良生活习惯，也开始"做斗争"了。以前，这里的民风强悍，常常是小孩打架大人助阵，"哪个打你，你就打他"。邹有云老师总是耐心地给孩子们讲授为人处世之道，一次次调解纠纷。经过邹有云老师的耐心教育，孩子们转变了，山民们也心服口服："读书人，懂得就是多，办法就是灵。"夫妻俩辛辛苦苦地教育着几十个孩子，所得的报酬十分微薄，但邹有云老师仍然执着地坚守着太阳山，因为他明白，自己这朵云，已经是和太阳山融为一体，他走不开，也不想走。回乡的老朋友、老同学常常这样问他："有云啊，你这样辛辛苦苦大半辈子，到底图个啥呀？真不如和我们一起到外地去打工！"邹有云老师朴实地说："要说图个啥，就图乡亲们说我是个好人，学生们说我是个好老师。"

　　上面的例子说明了师爱的表现。但是我问老师们一个问题：师爱容易吗？师爱不是一件容易的事。在某个直辖市，调查组先集中了100位老师，主持会议的人说："老师们，我给大家每人发了一张问卷，非常简单，你们都看懂了，问卷里有五个内容，谈谈你平常'非常爱学生''爱学生''一般''不太爱''不爱'。你打个钩，你就可以离开会场。"调查组把所调查100位老师所教的学生，尤其是当班主任的老师所教的学生们第二天分别集中在各个学校，有4000多个人。每个学校里都是同样的指示语："同学们，把你们集中起来，每人发一张卷子，你们给我打一个钩，就完成任务了。你在学校中体会到老师'非常爱你''爱你''一般''不太爱''不爱'。"请看图3显示的调查结果。

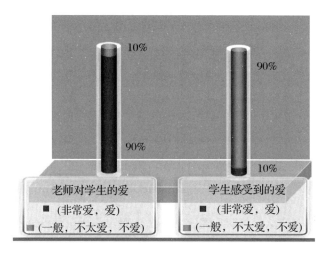

图 3　师爱调查结果

这是结果，大家都笑了。我们老师认为自己非常爱学生、爱学生占 90% 以上。可是学生感受到我们老师非常爱和爱的有多少？不到 10%。你说"多没有良心的'东西'啊！"有些老师心里要骂了，没有良心！我再举一个例子，这是 2013 年 3 月刊登在《中国教师报》上的。某老师连续几年带高三的物理班，任班主任，成绩非常好。2011 年 3 月所在的地级市抽考，物理第一名花落他们班，作为物理老师兼班主任的他心中充满成就感，可是市里向学校的部分学生进行"谁是最欢迎的老师"的问卷调查中，某老师差一点被学生评为最不受欢迎的老师。你说气不气啊？这位老师为此感到郁闷、委屈，觉得学生太不懂事了。后来在大家的开导之下，他慢慢总结经验，认为自己之所以不被学生喜欢，在于他没有让学生感到欢乐，体验到生命的狂欢，没有理解学生的感受。因此《中国教师报》根据几个对学生喜欢什么样的老师的调查，调查的结果也验证了上述老师的结果总结。统计结果说明，受欢迎老师的特点有尊重、公正、关心、真诚、爱护、负责任、信任、微笑、激情、风趣幽默、知识广博、"懂我"（了解学生）和以身作则等，这些成为学生喜欢老师的关键词。很少有学生提及老师的教学成绩和升学率等指标。而这些关键词正是反映了教师人格和伦理精神，正是这些人格和伦理精神才能使学生接受师爱。这里我给大家讲个故事：首届十佳师德标兵第一名的孙维刚老师，是北京 22 中的班主任、数学老师。

22 中是所普通中学，但孙老师班里能够上北大、清华的学生却很多。孙老师以身作则，成了他所带的多个班学生学习的榜样，并成为学生学习的动力。有一天他在路上自行车坏了，在去学校的路上他修了自行车，到学校已经迟到了几分钟，他命令自己在教室门口罚站一小时。学生为此感动、掉眼泪："我们老师身体不好，外边西北风呼呼地吹，可是他自己却在外面罚站。"孙老师是全国劳模、数学奥林匹克的全国总指挥之一、中国数学学会的理事等。不幸的是，这位老师于 2005 年与世长辞，约万名各界人士赶到北京八宝山为他送行。

接下来谈师爱的另一个表现：爱在生死时。自汶川地震以后，众多的优秀老师特别是"最美女教师"张丽莉，向我们展现了师爱无疆。2008 年四川地震以后，我们主持了一个课题"灾后中小学生的心理疏导"。我们冒着生命危险进入灾区，余震、泥石流、倾盆大雨和道路断裂等都是严重的困难。以前明明两个小时的路程，我们开车用了 14 个小时。在这样的条件下，我们用了整整三年，最后完成了教育部重大攻关项目——"灾后中小学生心理疏导研究工作"。在这期间，我们学习到许多许多，尤其是抗震救灾的英雄模范教师们的事迹。映秀小学校长谭国强，从 1989 年开始在映秀小学工作，把生命中精力最旺盛的 22 年都奉献在这里。地震时眼看着六层教学楼顷刻间栽倒在地、灰尘四起，谭校长像孩子一样瘫坐在地上，拍着大腿撕心裂肺地哭："我的孩子们，我的孩子们！"随即，谭校长带领着老师们开始了救援。中间民警来提醒过，上游形成多处堰塞湖，映秀小学随时可能被淹没。部分家长撤离了，但是老师们一个也没有离开，与坚持留下来的家长一起硬是靠人工从教学楼顶部打开了一条很小的生命通道，成功救出 30 多名被困的孩子。直到 5 月 14 日下午专业救援队到来时，谭校长带领着幸存的老师和家长用双手刨出了 50 名学生。短短几天，仅仅 48 岁的谭校长白了头。谭校长的爱人、儿子都被埋在这所学校。从地震时的"一夜白头"，到今天废寝忘食的工作，没人知道谭校长这三年是怎么过来的。新校启用时，谭校长热情地介绍新学校的坚固和美丽，历数这三年辗转复课的艰辛和执着。但问题稍一触及学校旧址，他便断然拒绝："我跟老师和同学有个约定，不再提过去，只谈未来。"在谭校长的带领下，映秀小学学生的生活过得一年比一年好。

有人问我，"爱在生死时"伟大，还是"爱的细微中"伟大，我说两者都是值得我们推崇的师爱，同样伟大！当然，咱们不可能都去寻求"生死时"。我们的老师，特别是在座的老师们在关键时刻肯定会和汶川那些烈士们、和张丽莉老师一样，把生献给学生，把死留给自己。

师爱有什么性质？我认为师爱是一种不计回报、无私的、广泛且没有血缘的爱，是一种一视同仁的爱。我们就在"一视同仁"的师爱中把我们对学生的关爱像涓涓的流水，慢慢地、轻轻地流向学生的心田，这就是师爱的性质。我的好朋友教育家高震东先生，他曾经强调"爱自己孩子的是人，爱别人孩子的是神"。他请我为他的教育文集作序，我在序里这样写的："爱自己的孩子是本能，爱别人的孩子是神圣。"你们看老母鸡护小鸡，这是老母鸡的本能，是母爱。即使是不咬人的母狗，生小狗的时候，见了陌生人，它肯定要扑上去咬几口，为什么？是对孩子的爱，是本能。我们人类尽管有人的社会性，因为人的本质是社会性，社会特质是人的特点，但是在爱孩子这一点上和动物没有什么两样，是本能。只有我们人民教师的师爱是不计回报、无私的、广泛且没有血缘的爱，那是一种神圣的爱！老师们想想是不是这个道理？

师爱有什么用？师爱是神圣的，因为这种爱是我们老师教育学生的感情基础，所以神圣的师爱作用也就体现出来了，学生一旦体会出了这种感情，就会亲其师、信其道。不瞒大家说，我曾经当过两届中学生的班主任，当过年级组长，当过两所中学的干部，我自始至终把师爱作为我基础教育的工作的出发点。因为我是男老师，所以当时的学校领导——革委会主任把12个进过公安局的学生放到我的班，也可能是呵护这些人的缘故吧，一直到毕业前，他们没有一个重新进过公安局。2004年春天，我担任第一个班的班主任的27个学生来到北师大，与我久别重逢，原东城区副区长说了一件我早就忘怀的事情，他说：他是一个比较淘气的学生，有一次下乡学农劳动，一个月没做完半个月的活，因为贪玩耍竹竿，不小心把领袖像框摔到地上，撕碎了领袖像，贫下中农把他作为反革命分子押到我的跟前，后来，我用种种方法处理此事，保护了他。这个副区长说："当时自己的父亲是警察，已经被打倒，自己再被抓起来，家里的弟弟妹妹怎么办？当时'文化大革命'期间教师是作为干部对待的，而林老师保护了我，如果这件事情暴露，林老师就包庇了一位现行反革命分子，很可能被撤职。"他越说越动情。我说忘记了，当时班上同学都证明确有其事。这位副区长说，"文化大革命"期间，要早请示晚汇报，学习毛主席语录，林老师背诵毛主席语录，只有一句，就是"忠诚党的教育事业"。近半个世纪来，我一直记住我老师的理念，我想能否把教育两个字去掉，就是"忠诚党的事业"，这就是我一生的座右铭。这位副区长，从东北的军垦农场回来后，从泥瓦匠开始，一直干到了副区长，后来成为奥运会所有场馆的总指挥——新奥集团的党委书记兼总经理。奥运会 2008 年成功举办，奥运会的场馆就成了奇迹。在审计的过程中，187 亿元的经费清清白白，说明他是党的好干部。而他说，他的"忠诚党的事业"缘起于我"忠诚党的教育事业"，也可能是他和我有着深厚的师生情，所以他"亲其师，信其道"，也秉持"忠诚党的事业"的信念。

(三)严谨治学

严谨治学，我叫其为"师能"，就是教师的能力。能力哪里来？来自严谨治学。什么叫严谨治学？它是指我们教师必须不断地学习，不断地充实自己，要用崇尚科学的精神，树立终身学习的理念，如饥似渴地学习新知识、新技能、新技术，拓宽知识的视野，更新知识的结构，不断地提高教育教学质量和教书育人的本领；要养成求真务实和严谨自律的治学态度，恪守学术道德，发扬优良的学风，这就是严谨治学。严谨治学目的是什么？是为了努力造就一支师德高尚、业务精湛、结构合理、充满活力的高素质专业化教师队伍。能否培养出国家所需要的优秀人才，是衡量教师师德的根本标准。而严谨治学的"师能"正是培养国家所需要的优秀人才的手段。

严谨治学主要是提高教师的能力。师能或教师的能力有哪些呢？主要有两个，一个是教育能力，一个是教学能力。什么叫教育能力，教育能力是指教师在教育过程中坚持德育的能力，也就是坚持教学的教育性和当班主任的能力。教学中要渗透德育理念，有人说"德融数理，知行合一"是非常有道理的。今天我主要来简述一下当班主任的能力。我认为班主任是领导者、组织者、管理者，老师们，你们可能不承认。我先问大家，你们市的教育局有多少编制？哦，31 个编制，也就是说你们教育局局长领导 30 个人。我说我们班主任领导多少个人？什么？60 人，这是大班子。北京一般的班为 30 人。领导 30~60 人的班主任是不是组织者、管理者？我当过 13 年的中小学老师，我和大家是同一战壕的战友。因此学校里的情况我相当熟悉，一个好的班主任应该明确自己的职责和具体任务，班主任是干什么的？我认为有六个职责：着重领导班级的德育，也就是教学生如何做人；积极协调各科教学；全面地提高学生的素质；进行班级的日常管理；指导校外活动；联系家庭教育和社会教育。今天，教育部对班主任提出一系列新的规定，从工作量、晋级、待遇、德育权利和学校中地位都做了明确的规定。有据可依啊。怎么当好班主任？当好班主任要制订周密的计划。我当班主任的时候，注意做周计划、月计划、学期计划、年计划。班主任应该像毛泽东同志提倡的那样，当好领导者必须要"出主意，用干部"。班干部最重要，我当年所带班的班干部后来有不少成为人才，成为厅局级和处级干部。当班主任要有创新的方法，比如说你怎么摸清学生的情况，我用心理学的方法叫"春游图"。我对班里同学说，我带你们去春游好吗？他们说愿意。我说，咱们班 60 个人出去春游，你们一分散以后，如果出一点儿安全问题怎么办？老师管不了你们这么多人啊。咱们组织起来。你愿意跟谁在一起给我写纸条，写上五个愿意跟你在一起的人，六个人一组。结果一写下来，我就了解谁的威信高、群众关系好，谁的表现暂处于后进，等等。我们班整个"网络"清楚了，我以后工作起来方便多了。因此教师要用这些创新的方法。每个阶段，尤其是期末班主任要进行成功的总结，和教学一样要进行成功总结，要提高反思能力，这就是教育能力。

教学能力，我认为首先要明确好课的标准，好课的标准体现了课堂是教育的主渠道。那么课堂教学的标准有哪些？我想有八个标准。课堂教学效果的标准为：①教学目标；②动机激发；③课堂组织；④知识呈现；⑤提问设计；⑥练习设计；⑦评估调控；⑧艺术水平。这是教学能力高低的集中表现。教师的教学能力还表现在其课堂教学的基本功上，即表现在备课、讲课和处理教学的若干关系上。备课的要求，可归纳为图 4 的模型。

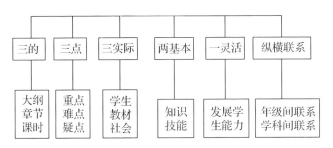

图 4　备课要求模型

由图 4 可知，备课的要求涉及 17 个字：三的（三个目的）、三点、三实际、两基本、一灵活、纵横联系。而讲课的要求是在讲、写、作、画等五个字上下功夫，讲课过程中讲究教师语言的艺术。上海市特级教师经验表明教师应在"12 个字"语言要求上下功夫：确切、明白、简洁、通俗、优美、形象。此外，要处理好七大关系：①德、智、体、美的关系；②讲和练的关系；③尖子生和后进生的关系；④留作业与批改作业的关系；⑤课内与课外的关系；⑥校内与校外的关系；⑦教与学的关系。教与学的关系，从表 1 可知，教的过程，教师是主体，起主导作用、关键作用，甚至起决定学生终生命运的作用。尽管我们反对择校，但是，择校的本质就是择教师。学的过程，学生是主体，是学习的主人，起调动自身主体性和主观能动性的作用，也起调动非认知（非智力）因素的作用。重点中学择学生的现象，其本质就是择学生的主体因素和非认知因素。

表 1　教与学的关系

教学活动	主体	客体	媒体（影响）
教	教师	学生	知识
学	学生	知识	教师

（四）为人师表

为人师表，我叫它为"师风"。什么叫为人师表？我们广大的教师勇于创新，奋发进取，教师从事的是创造性的工作，教师富于创造性的精神，才能培养创造性人才；广大教师要淡泊名利，志存高远，高尚的师风是对学生最生动、最具体、最深远的教育。我们北师大的校训是"学为人师，行为世范"，又提出"治学修身，兼济天下"的育人理念。因此，要做到为人师表，主要要处理好自己与国家的关系、自己与教育的关系、自己与社会的关系、我们教师队伍内部的关系、教师和学生关系以及自己的自我关系，即自我修养的问题。这里，我送给大家 16 个字，这是不是师风的主要表现？那就是"爱国守法，团结协作，终身学习，廉洁自律"。

这就是我要给大家汇报的有关师德的内容。

三、结束语

最后结束语说三句话，目的是对教师的职业谈三种感受和希望。

(一)把师德作为教师素质的核心

长期以来，我们教师能把师德作为自身素质的核心，为我国教育事业改革和发展做出重要贡献，赢得了全社会的广泛赞誉和普遍尊重。但是，近年来极少数教师严重违反师德的问题时有发生，也引起了社会的广泛关注，严重影响了教师队伍的整体形象。为了大力弘扬高尚师德，我希望建立健全师德建设长效机制，特别是教师奖惩制度。为此，教育部前年已经出台了《中小学教师师德长效机制》，最近又出台了《高校教师师德长效机制》，划出红线，我们应该把师德看成是自己素质的核心。

(二)把学生的发展作为衡量师德的根本标准

我反复强调学生发展与教师师德的关系，只有把学生培养为国家所需要的优秀人才，才能体现我们教师的师德水平。为了学生的发展，我希望我们的教师应树立"培养出超越自己，值得自己崇拜的学生"的根本理念。我认为，不想超越老师的学生，绝对不是好学生，而不想学生超越自己的老师，绝对不是成功的老师，说不定是要被淘汰的老师。

（三）把严慈相济作为教师日常工作的出发点

广大教师在教育实践中认真贯彻党和国家的教育方针政策，教书育人，敬业奉献。这里，教育教学的方法也显得格外重要了。什么教育教学方法呢？严慈相济！为了在教育中对"严"与对"爱"把握好分寸，我希望我们的教师在工作中坚持"严在当严处，爱在细微中"的原则。严与爱都不是目的，而是手段，目的是为了学生成才。为此，我们要梳理三点：①学生是人，是应该受到尊重的人；②学生绝大多数是未成年人，应按未成年人的发展规律进行教育；③学生是发展中的人，他们能成长、成熟、成才，发展性原则是我们工作的精髓。我相信，只有严慈相济，我们一批又一批的人才才能在我们老师的教育教学中涌现。

以上就是我今天报告的内容。谢谢大家！

谈高校教师的师德①

——在教育部高校教师网培中心的演讲

各位老师，各位观众：

大家好！

感谢教育部高校教师网培中心邀请我来录像，让我有机会通过互联网，与高校的同仁一起来探讨我们高校教师的师德问题。

2014 年 9 月 9 日第 30 个教师节前夕，习近平总书记专程来到我们北京师范大学看望、慰问教师，与我校师生代表座谈并发表重要讲话。习近平总书记在详细阐明了当今教育在国际竞争、增强国力中的重要地位之后，重点指出教师工作的价值。认为教师重要，就在于教师工作是塑造灵魂、塑造生命、塑造人的工作。一个人遇到好老师是人生的幸运，一个学校拥有好老师是学校的光荣，一个民族源源不断涌现出一批又一批好老师则是民族的希望。习总书记号召广大教师要做一名好教师，并深入阐述了好老师应该具有四方面品质：有理想信念、有道德情操、有扎实学识、有仁爱之心。这几个方面，体现了"人之模范重修道"，师德是教师的灵魂，是教育工作的动力。只有这样，教师才能为发展具有中国特色、世界水平的现代教育，培养社会主义事业的建设者和接班人做出更大贡献。

习近平总书记的讲话为我国教师队伍建设和专业发展指明了方向，对我国教育的发展具有深远的意义。"四有好老师"的要求，指明了教师师德的内容和途径，诠释了"百年大计，教育为本；教育大计，教师为本；教师大计，师德为本"的教育思想，使我们更好地领悟师德的重要性。这对今天我们来讨论高校教师的师德问题，

① 关于高校教师师德的要点，我最初于 2004 年 12 月 14 日在人民大会堂师德模范报告团演讲时提出，后又在 10 多所大学做过报告。本文是在 2015 年 3 月 12 日在教育部高校教师网培中心录像"开学第一课：听林老师讲师德"内容的基础上整理而成的。

无疑是一个重要的指导思想。

下面我来向大家汇报四个问题：①师德的共性与高校教师师德的特殊性；②做学术道德的实践者；③做廉洁自律的执行者；④做严慈相济的师爱的开拓者。

一、师德的共性与高校教师师德的特殊性

几十年的教育实践使我认识到，教师，无论高校教师还是基础教育教师，其职业道德都有共性要求，这就是："爱岗敬业（师业），关爱学生（师爱），严谨治学（师能），为人师表（师风）。"但是，高校教师和基础教育教师在师德要求上又有差异。例如，高校教师的教育对象多是 18 岁以上的成年人，关系到整个工作各种意识形态倾向的斗争，而且教学工作还多涉及学术领域的问题，因此对高校教师而言，既应该具有高尚的道德情操，又应该具有扎实的学术功底，唯此才能成为合格的大学教师，承担起国家赋予的历史使命。另外，高校教师师德的表现方式也有自己的特点。

（一）高校教师在师德共性上的要求

最近，中共中央办公厅、国务院办公厅印发了《关于进一步加强和改进新形势下高校宣传思想工作的意见》，不仅对于指导做好高校宣传思想工作具有指导意义，而且也联系到高校教师的思想品德，提出高校教师是宣传思想工作阵地的传播者，为高校教师的师德提出了更高的要求。结合自己研究和亲身践行，我先来谈大中小学教师的师德共性，并认为加强高校教师师德培育，应该从"师业"（爱岗敬业）、"师爱"（关爱学生）、"师能"（严谨治学）、"师风"（为人师表）四大共性方面着手。

第一，师业是塑造师德的出发点，核心是爱岗敬业。一名好的教师第一个标准就是"要有理想信念"。教师的理想信念，我的体会就是爱岗敬业，其核心是忠诚党的教育事业。因为教师的事业是教书育人，培养人才，培育国家的栋梁，所以教师的爱岗敬业精神首要的就是热爱祖国，热爱党，忠诚党的教育事业，今天就是要我们高校教师在学校工作中一心一意践行社会主义核心价值观，唱响主旋律，积极地

正面引导和宣传有价值和上进的思想观念。鉴于高校比起基础教育要复杂、严峻得多的实际，高校教师应该牢牢守住课堂讲坛阵地，用正确的理想和信念影响年青一代，从自身做起坚决抵制"各种攻击诽谤党的领导、抹黑社会主义的言论在大学课堂中出现"，更不能让"各种违反宪法和法律的言论在大学课堂蔓延"。

第二，师爱是师德的灵魂。"好老师要有仁爱之心"。我国历代教育家都从孔子的最高道德原则、道德标准和道德境界的"仁"字出发，把关爱学生或师爱作为师德的首要因素，我的理解就是师爱。师爱的形式又可概括为两种：既表现在爱在细微中，又表现在爱在生死时。换句话说，师爱既表现在日常的教育场合，又表现在生死关头。鉴于高校的学生是成年人，是价值观、人生观、世界观已初步形成的群体，所以高校教师要在师爱的过程中，去实现其根本的立德树人教育功能。师爱是教育学生的情感基础，只有饱含着师爱的教育才能以心灵浇灌心灵、以生命感动生命，激发学生积极向上的情感，在教师与学生之间建立起心灵沟通的桥梁，高校教师绝不能够在课堂上发牢骚、泄怨气，把各种不良情绪传导给学生，只有积极利用正性情绪，让学生体会到教师的师爱，才能"亲其师"，进而"信其道"。

第三，师能是教师的教育教学能力，是培育师德的基石。因为能否培养出国家需要的优秀人才，是衡量教师师德的根本标准。而师能正是培养国家所需要优秀人才的手段，所以"好老师需要有扎实的学识"。在教育教学活动中，我们应该从教师的知识结构、课堂教学基本功、教育能力和科学研究能力四个方面恪守和践行严谨治学的精神，练好师能。更为重要的是，面对还未真正走进社会、价值观和世界观并未完全定型的大学生，高校教师更应该具备辨别真伪知识、塑造积极向上价值观念和宣传社会主义核心价值观的能力。面对夹杂各种价值观念的古今中外知识，既能善于主动地消化和吸收有益的东西，又能旗帜鲜明地抵制糟粕和腐化的入侵。

第四，"师风"是师德中教师角色、形象的体现，所以"好老师有道德情操"，这主要体现为为人师表、行为世范。为人师表、行为世范就要深深地热爱自己的教育事业，满腔热情地教书育人，竭尽全力为祖国培养优秀人才。高校教师一个重要职责就是依法执教，不做损害国家利益和散布诽谤党和国家领导人的言论，绝不利用课堂随心所欲将自己的不满和负面情绪进行发泄，损害社会环境和学生健康成长。严肃的三尺讲台绝不允许散布与党的方针政策和法律要求相悖的观点。在教书育人的过程中，甘当人梯的精神，更是高校教师师风的要求。我们应追求"青出于蓝而胜于蓝"的至高境界，培养出超越自己、值得自己崇拜的学生；应该廉洁从教，坚守高尚情操，发扬奉献精神，自觉抵制社会不良风气影响，不利用职务之便谋取私利。在廉洁从教方面，我坚持"君子爱财，取之有道"。我从不收在读学生的任何礼物，有人曾经给我寄来一点土特产，我都是折成钱加倍寄还。虽然这样看起来不太近人情，但十分必要。作为高校教师，我不会接受影响本职教育教学工作的兼职，即使应邀外出讲学，我也自觉地交个人所得税，并且退还按当地标准多给我的报酬。20 世纪 90 年代中期开始，我当了十几年国务院学位委员会学科评议组成员，但拒绝收受与自己职务工作相关单位送来的任何钱财和礼物。还有一些中小学，请我指导他们的教育教学，我也不收什么钱和礼物。我跟他们说，我是来自基础教育界的，我曾经在中学工作了 13 年，我热爱并理解中小学教师的工作。我的行为影响了我自己的学生，也影响了我自己的家人。记得 2004 年国庆长假期间，我们全家五口人，在我父亲病危的时候回上海看望。父亲看到曾孙子的到来，由他牵头，太爷爷、太奶奶、叔爷爷、姑奶奶等给我孙子红包，我那不到四周岁半的孙子竟噼里啪啦地把红包扔在地上，生气地说："谁要你们这些东西，我们家从来不收这些红包！"我的小妹妹说："别人都说我大哥廉洁，从小孙子这个举动中，我看大哥的廉洁是真的，小孩子是不会说假话的。"我始终认为，只有上梁正，下梁才能不歪，超越自己的品学兼优的学生才能不断涌现。

只有做一名具有高尚师德的高校教师，才能成为高校坚持德育为先的排头兵和先锋，成为"教书育人"伟大事业的中流砥柱，成为党和国家教育事业的直接实践者和执行者，成为中华民族伟大复兴的筑梦人。

（二）高校教师师德的特殊性

在大中小学教师师德的共性基础上，我来分析高校教师师德的特殊性。

一是以崇尚学术为基础。学术，是指有系统的、较专门的学问，高校教师的职业是钻研学术和教授学术，从事学术活动。因此，学术是高校教师的生命，崇尚学术、艰苦奋斗、一专多能并积极追求高学术水平是高校教师师德修养的重要表现。没有学术知识，没有学术思想，没有学术业绩，就会出现邓小平同志尖锐批评过的那样："还攀什么高峰？中峰也不行，低峰还有问题。"崇尚学术，就必须在"德、才、识、绩"四个字上下功夫。

二是以培养杰出人才为标志。我曾多次讲到，衡量教师师德的根本标准是培养出对国家有用的人才。而高校教师必须要以为国家培养栋梁，造就杰出人才为己任。今天，我们必须认真贯彻党的十八大、十八届三中全会精神和习近平总书记系列重要讲话精神，进一步鼓励营造创新的环境，努力造就世界一流科学家和科技领军人才，注重培养一线的创新人才，使全社会创新智慧竞相迸发，各方面创新人才大量涌现。所以，高校教师的师德理念应该是"培养出超越自己、值得自己崇拜的学生"。

不想超过老师的学生，不是好学生；不想学生超过自己的老师，不是好老师。否则，像"黄鼠狼下崽，一代不如一代"，那么民族的兴旺发达，国家的繁荣昌盛，还有什么指望？正因为如此，高校教师只能将自己置身于科教兴国的行列，为中华民族伟大复兴的宏伟事业添砖加瓦。以培养人才、繁荣学术、发展先进文化、推进社会进步、扩大国际影响力为自己的职业内容，努力攀登科学高峰。

三是以淡泊名利为行为准则。名利对高校教师有相当的吸引力，所以我们要坚持高校师德标准，讲求诚实守信，为人师表，淡泊名利。这绝不是说，我们不要当一流专家，淡泊名利和当一流专家并不矛盾。在师范教育界，有句经典名言："学高为师，身正为范。"一名大学教师不仅要身正有德，还要在不断提高自己学术水平的同时，远离名利。我认为名利伤志，应当淡泊自守。就像著名数学家陈省身先生说过的，做学问应不太关心名利，不要看重当院士、得奖一类的事。他说："一个数学家真正有建树的工作，媒体是没法讲出来的。我的导师嘉当，是法国大数学家，62岁才当选法国科学院院士。另一位伟大的数学家黎曼，他的一生没有得过任何奖。数学家主要看重的应该是数学上的工作，对社会上的评价不要太关心。"

2013年诺贝尔物理学奖的两位得主，一位是81岁的比利时理论物理学家恩格勒，一位是84岁的英国理论物理学家、爱丁堡大学教授希格斯。获奖后希格斯通过爱丁堡大学发表声明说，希望他的获奖能让人们更加重视那些"看似没有什么实际价值"的基础研究。这就是把学术研究当作一种承担的大师的风范，也是高校教师师德的优秀典范。

四是以教育创新为前提。讲究师德，高校教师就要在自己的科研与教学中有创新意识。教育创新是中国教育改革进入发展的新阶段，目的在于应对教育内外环境的快速变化，理性、系统与全面地变革教育观念、教育制度、教育模式、教育关系及教育评价机制，更快更好地提升学生的创造性素质，造就各行各业的德才兼备的创新型人才。今天在建设创新型国家的过程中，高校教师更要在创新人才工作体制机制的完善方面，激发各类人才的创造活力和创新热情，开创人才辈出、人尽其才的新局面。所以，创新意识是凸显高校教师的学术道德伦理性和科学研究精神的关键。高校教师也只有贯彻教育创新，并在人才培养和科技创新中发挥作用，才能显现自身价值。

二、做学术道德的实践者

我刚才从四个方面阐述了高校师德的特殊性，提出了"学术是高校教师的生命"，突出了学术道德在高校师德中的重要地位。因为崇尚学术，谨防玷污，正是当下高校教师队伍建设特别是师德建设的关键。学术是非常崇高而神圣的事业，搞学术必须遵循学术道德规范。玷污学术，学术失德，是高校教师的耻辱。因此，做一名高校好教师，就要积极探索学术道德的内涵，努力争做学术道德的实践者。为此，我想从以下四个方面把这个问题展开来讲。

(一)讲学术道德必须讲献身科技、服务社会的使命感和责任心

高校教师，不管是从事自然科学还是社会科学，肩负的使命是要认真落实我国的科技发展中长期规划，为建设创新型的国家做贡献。这几年在教育部表彰的师德模范或优秀教师中，有相当一批是高校德才兼备的院士、专家，他们的一个突出的特点就是把其一切贡献给中国科技事业，全心全意服务于社会现实。为什么我国海

洋科学、核科学领域取得了"零"的突破，大大提升了我国的综合国力和国际影响力？为什么我国航空航天领域的研究成果已经逐渐能应用到人类生活的各个领域？为什么我国医学领域在解决人类严重传染病方面取得了实质性的突破？这是因为有一大批又一大批高校专家，他们把献身科技领域的使命感和责任心看作是高校教师应当履行职责的一项学术任务。

东南大学射频与光电集成电路研究所所长王志功的例子比较典型。在 1997 年归国前，他在德国已功成名就，连续参加了多项政府项目，承担最前沿的攻关课题，发表了多篇论文，申请了多项专利。其妻子也取得了博士学位，一家四口其乐融融地生活在德国南部的风景名胜黑森林地区。然而，当他看到在重要的微电子领域国际会议上 40 年来没有一名直接来自中国的报告人时，王志功心里久久不能平静。我国集成电路需求量绝大多数靠进口，国内实际能开发的集成电路品种非常有限，已建的集成电路生产线很少有自主的知识产权，这极大地威胁着我国的信息网络乃至整个国家的安全。他强烈意识到，建立我国自己的微电子研究队伍，刻不容缓！1997 年 9 月，王志功毅然放弃国外的优越条件，举家归国，全身心投入东南大学射频与光电集成电路研究所的创建和创新人才培养的工作。10 多年间，射光所组建了一支具有高度凝聚力的创新队伍，为我国微电子领域的教育、研究和发展做出了巨大贡献。只有这样，才能体现《高等学校教师职业道德规范》中提出的"服务社会"的要求："勇担社会责任，为国家富强、民族振兴和人类进步服务。传播优秀文化，普及科学知识。热心公益，服务大众。主动参与社会实践，自觉承担社会义务，积极提供专业服务。坚决反对滥用学术资源的学术影响。"

（二）讲学术道德必须有实事求是的科学精神和严谨治学的态度

学术活动是科学研究的活动，要老老实实，来不得半点虚假。尤其在今天，社会上出现不少掺假的现象，但是，学术就不允许有假货。当前，心理健康教育在我国高校中开展得相当"火热"，于是有些学者和媒体就加以炒作，危言耸听地把心理不健康的大学生的比例定为 30%，50%，甚至超过 70%，以提高心理健康教育的"重要性"。我国教育界确实在开展心理健康教育，但高校心理学教师决不能把这类不真实、不客观的数据拿来抬高自己工作的价值。

作为教育部高校心理健康教育专家指导委员会的负责人，我通过深入细致的调研，在《中国教育报》上发表了《心理健康教育的路一定要走正》一文，指出大学生中心理健康的是主流，纠正了在宣传方面的错误估计。我们这个心理健康教育指导委员会，在天津师范大学举办了十期"高校心理教育骨干教师培训班"，并为高等教育出版社主编了一系列心理学健康教育教材和八部受大学生欢迎的心理健康教育学生读本。

高校心理学界教师们为什么这么做？这体现出高校教师从师德要求出发，坚持真理，探求真知，做老实人，办老实事，自觉维护学术的尊严和学者的声誉。

(三)讲学术道德，就要自觉地树立法制观念，不做任何学术道德失范的事

最近不少高校教师，包括少数学校领导因学术道德问题而断送了前程，这是惨痛的教训。在高校，要做一名好教师，严于律己显得格外的重要。律己就是讲求学术道德，遵纪守法，为人师表，在言谈举止、做人做事中体现良好师风。高校教师著书立说是学术工作的需要，但首先要成为高尚师德的探索者和实践者，做到言行一致，知行合一，当前尤其要身体力行，反对学术腐败。例如，当我们与学生一起做研究，在学术成果署名时，千万别忘记学生的名字，甚至可以把学生的名字排在前面。又如，在我们发表研究报告、学术论文和专著时，要严格按有关规定将引用的别人的成果，清楚地加以标注。

2009年，国家自然科学基金委的监督委员会在调查核实后认定，原浙江大学教师吴某与贺某共同发表的4篇标注自然科学基金资助的文章，分别存在剽窃、编造数据以及一稿两投等严重学术不端行为，造成了严重的负面影响。监督委员会撤销了该科学基金项目，并取消两人的基金申请资格5~7年。两人原单位也给予他们开除教职和解聘的处理。

尽管这个例子有些极端，然而它不断提醒我们：高校教师在学术研究中，自觉带头认真履行保护知识产权职责，尊重他人劳动和权益，是其师德的起码要求。

(四)讲学术道德，就要保证学术评价的公正和公平

这里我来举一个自己的例子。有人问我到底担任过多少次评委，我自己也回答不清，但我在这里实事求是地说，无论参加哪种类型的学术评价组织，首先我会保证公正和公平。例如，我曾是国家自然科学基金会神经科学和心理科学组的评委和召集人，我刚进组的时候，心理学每年能够获得的基金不到 10 项，经过几年的努力，后来每年增加到 30 余项。又如，我曾是国务院学位委员会心理学科评议组成员，我和我们组的其他评委一起，认为心理学是一个小学科，应该在在任期间积极使够条件的单位成为硕士点和博士点，为推动中国心理学的学科发展提供学科建设的重要平台。在参与各种推荐、评审、鉴定、答辩和评奖的活动中，我都坚持了客观的原则，从不滥用学术权力，做到对任何个人或单位都照章办事。可能是这个缘故，我在同行中，收获了一定的人缘、人气和人脉，从自己的内心来说，追求的是高校教师的师德。

三、做廉洁自律的执行者

"廉洁自律"既是道德情操的集中表现，又是新形势对高校教师的严格要求。在高校，做一个好教师，必须廉洁自律。北京师范大学的校训为"学为人师，行为世范"，我校的校训对高校教师师德建设具有代表性。"人师""世范"的师德重要含义是"为人师表，廉洁自律"，具体地讲，它提倡以身作则、团结协作、廉洁自律、依法执教。

对此，我也展开这个问题谈三点。

(一)要坚持廉洁自律，就要顾全大局

党中央一再指出，着力加强反腐倡廉建设，并强调"加强团结，顾全大局"。第43 届国际南丁格尔奖章获得者、中华护理学会副理事长、全国高等护理教育协会副理事长、国务院特殊津贴专家、福建医科大学护理学院院长姜小鹰教授，就是一位积极响应时代召唤、具有大局观的高校教育者。

在 20 世纪八九十年代，我国各地区护理专业教育的整体水平较低，不能满足日益增长的民众健康需要。1988 年，由于工作需要，姜小鹰无条件服从组织调配，从医院调入福建医科大学进行护理学专业的创建和发展工作，开始了她护理教师的职业生涯。姜小鹰认为，教育是专业发展的基石，要促进我国护理专业的进步与发展，就必须把提高护理教育层次作为起点，发展高等护理专业教育。具有强烈开拓意识的她迅速转变角色，全身心地投入高等护理教育创建和教学工作。高等护理教育在刚起步的时候，面临着种种困难和障碍。刚刚起步的护理专业被取消，她多方奔走呼吁；缺乏师资，她制订了护理专业专兼职教师培养目标和计划，建立和培训了一支"双师型"教师队伍；缺少经费，她四处争取和筹集，并开展多种渠道的创收活动。

在 30 多年的职业生涯中，她从一名护士到立足于平凡岗位的护理教师，始终兢兢业业、勤勤恳恳地在临床护理、护理教育工作中奉献自己，并为福建省高等护理专业教育构建完整的专科、本科、硕士研究生、博士研究生等层次结构做出了贡献。2011 年 8 月 26 日，时任国家主席的胡锦涛同志亲自为姜小鹰颁发了第 43 届国际南丁格尔奖章，她也成为我国第一位获得此项殊荣的护理教育工作者。她还把福建省人民政府、福建医科大学奖励给她个人的奖金和学科发展专项经费共 40 万元，都捐赠给了福建省"小鹰"护理基金，希望以此支持鼓励福建省广大护理工作者及福建省护理专业青年志愿者活动，为保护民众健康尽一份微薄之力。

(二) 要坚持廉洁自律，就要甘为人梯、扶植后人

高校的发展需要加大力度培养、选拔优秀年轻的干部和学术带头人，健全创新人才工作体制机制，而老教师更要激发年轻人的创造力和创新精神，设计有利于年轻学者出精品、出效益、迅速成长的环境，开创人才辈出、一代更比一代强的局面。北京大学数学科学学院教师姜伯驹院士，就是一个"甘为人梯"的典型代表。

姜伯驹深感中国数学要赶上世界先进水平，希望在下一代身上。基于这样的理念，多年来，他始终把扶持年轻人的工作摆在第一位，对学生的研究工作给予宽松的环境和无私的帮助。为了学科发展和学生成才，他宁愿放缓自己出研究成果的步子，毅然把主要精力转向非常重要，但是并不熟悉的新兴学科——低维流形研究，引导学生向新兴方向探索，并取得了良好的成绩。他还一直强调要不拘一格地培养人才，以更科学、更灵活的管理方式代替当前高校的量化考评与简单化管理，为青年教师成长提供良好环境。

自 20 世纪 70 年代以来，他培养了数十名硕士生和博士生，倾注了大量心血，为国家培养了许多优秀的数学家，造就了国内拓扑学领域生气勃勃、后继有人的局面。他的学生王诗宬于 2005 年当选为中国科学院院士；段海豹、周青等也陆续从国际顶级实验室学成回国，在教学和科研领域卓有成就。看到学生成为院士、获得大奖，姜教授打心眼里高兴。他说："教育、教师要为学生服务，这种服务不仅是当下，还要为学生未来成才服务，唯有学生的发展才是硬道理。"这是对"甘为人梯"的最好诠释。

对此，我也深有体会，我自己也来讲点故事。我一直都把学术梯队建设视为我学术生命的延续，多年来我积极扶植年轻学者，自 1988 年起，先后推荐两位不到 30 岁的年轻人担任我们研究所的副所长。1999 年，我 58 岁时，坚持辞去刚获得首批全国人文社会科学基地主任职务，力荐优秀青年学者担任。年龄大了就要交班，早交班比晚交班强，因为早交班还可以看一看，扶一扶，帮一帮，这样才有利梯队成长、成熟，并形成"长江后浪推前浪，一浪更比一浪高"的局面。

甘当人梯，是教师应有的人生定位，"春蚕到死丝方尽，蜡炬成灰泪始干"是教师人生的真实写照。我的体会是：要做到甘当人梯，首先教师要耐住寂寞，低调做人，不事张扬，甘于奉献，以其科学的方法教导学生，以其人格魅力影响、带动学生；其次，要耐得住清贫，吃得起劳苦，在思想上筑牢拒腐防变的防线，禁得住诱惑；最后要胸怀宽广，淡泊名利。以党的教育事业和工作大局为重，乐于看到别人的健康成长，不断进步，始终保持一种健康豁达的心态；要少计较自己的得失，将名和利看得淡一些，多为他人"做嫁衣""当绿叶"。

（三）要坚持廉洁自律，就要牢固树立正确的价值观

高校老师要自觉遵纪守法，努力抵制各种错误思潮，正确处理个人与社会的关

系，反对拜金主义、享乐主义。有什么样的老师就有什么样的学生，严格要求学生首先要严格要求自己。

北京语言大学人文学院的梁晓声教授是知名专家，同时担任民盟中央常委、全国政协委员。他就是一位特别具有社会道义感和历史使命感的高校教师。他深感对学子们进行道德情感教育的重要性和迫切性，直接倡导参与了在全国高校中属于首创的"情感教育"课的建设。针对当前教育中人文素质培养严重不足的问题，以及中文教育受重视程度不断滑坡的现象，他不断发出呼吁，主张培养青年的人文素养和情怀。虽然不刻意在学生中培养作家，但要使广大学生成为善于用人文思想看待世界的人。这一言一行传递给学生、同事、社会的，都是高尚操守和正确的价值观。

作为老师，要积极为学生树立榜样，在学术研究中勇攀高峰。即使取得了成绩，也不居功自傲，应把功劳归功于自己的学术团队。北京师范大学发展心理学团队正是在这种精神的感召下，前赴后继，薪火相传。经过几代人数十年的努力，我们的团队从无到有，从小到大，逐渐成为国内一流、具有国际影响力、拥有一个团结奋进教师群体的研究机构。老一辈人所传承下来的价值观念深刻地影响着新一辈。在我们团队中间，先后三代人都是国务院学位委员会学科评议组成员，无论是谁，在申报博士点、硕士点的问题上，都能够严格遵守有关规定，秉公办事，廉洁自律。只有上梁正，下梁才能不歪，也正是基于这样的传统，我们的教师才能多带出一些务实、清廉的学生。

四、做严慈相济的师爱的开拓者

(一)师爱是教师对学生的爱，是师德的核心

在教书育人的实践中，我提倡实施"爱的教育"，即爱祖国，爱党，爱教育，爱学生。爱的教育集中体现在"师爱"上，师爱是教师对学生的爱，它是师德的核心。但师爱不同于父爱、母爱、情爱。师爱出自教师的职责。在性质上，它是一种不计回报的、无私的、广泛且没有血缘关系的爱；在原则上，它是一种严慈相济的、一视同仁的爱；这种爱是教师教育学生的感情基础，学生一旦体会到这种感情，就会

"亲其师"，从而"信其道"。正是在这种师爱的过程中，教育实现了其根本的树人功能。

从 20 世纪 80 年代中期到 90 年代初，我送到美国合作培养的博士研究生有 16 位。因为联合培养有利于他们学术水平的提高，有利于他们更快地成为高素质创造性人才。送出去的这 16 个博士生，其中 15 位按时回国。当时，教育部有关的司、处的领导都觉得非常奇怪，在当时 2/3 以上的留学生都不能按时回国的情况下，林先生学生的回收率为什么那么高？我记得《中国教育报》还委托中国教育学会的一个处级干部，到北师大来开了个我归国学生的座谈会。她问："你们为什么放弃国外优厚的待遇？换句话说，不管是学术上，还是生活上，你们放弃了这些优厚的待遇。你们回来了，为什么？"他们几位居然说是冲着我，冲着导师而回来。他们还对调查者说："你可以问问我们的林老师。"当时调查者非常奇怪，来问我。一看，我其貌不扬，也没有什么魅力。她问："你怎么会让学生冲你而回来？"我回答："对这个问题，我也说不清。深层的东西，我只能够做这样的表达，'人心换人心，八两换半斤'，我对学生仅仅是做了一点'感情投资'罢了。"我对"感情投资"的体会是老师对学生的感情投入，也就是师爱。这就是《中国教育报》的《他像一块磁铁》一文的来源。

不论是中小学还是高校，师爱都会有这种效果。正是在这种感情投入过程中，教育实现了它培养人的根本功能。当然，高校教师的师爱不同于中小学老师的师爱。同样的师爱对成年学生涉及的内容和表达方式就与基础教育中的情况有很大的差异。我在 1976—1978 年期间，曾在一所十年一贯制学校主持学校里的教育教学工作。我到小学低年级去摸摸学生的头，学生会感到"啊，我们学校领导是多么地爱我们"，但这种做法并不适合于成年学生。大学生和研究生的经历和生活在人的一生中具有重要的意义，是他们走向社会之前或成为杰出人才之前对今后发展具有举足轻重作用的一段历程。因此，高校教师，特别是导师，要处处关心学生走向人生成熟的问题，鼓励他们自主学习，指导他们如何热爱专业、迈向社会，以及怎样去准备建功立业。

不管是大学生，还是研究生，在他们思想上、学习中和生活里，有不少困难和困惑，教师要去关注他们，从他们的年龄特点出发加以关注。我对他们说："论年龄，我是你们的父辈，我在内心把你们当成我的孩子，有什么困难，一定要告诉我。"对学生各种各样的问题，我都考虑到。

常人说"五子登科"。我对学生的关心绝不仅仅是"五子"吧。我不但在他们求学期间给予关心，即使毕业以后仍然全面关注他们的成长。我关心他们的"帽子"，为他们获得学位而努力创造条件；我关心他们的"位子"，为他们职务或职称的升迁介绍情况并积极推荐；我关心他们的"房子"，为解决留校学生的住房而四处奔波；我关心他们的"票子"，重视他们的经济情况和发展趋势；我关心他们的"内子"（妻子）或"外子"（丈夫），为他们配偶的调动而奔走；我关心他们的"孩子"，为解决他们子女午餐问题去求助小学校长；我还关心他们的"台子"，也就是学科发展的平台，为他们所在单位的学科建设，特别是队伍建设出谋划策。这就是导师对学生的感情投资。

一位学生曾概括地说："我们所有学生的一切，都是林老师的成果。"一位学生回国以后，曾经深情地对别人说："林老师不是我父亲，但胜似父亲。"有一位在日本工作的博士研究生对我说："我每年要回国七八次，因为我的根在中国，母校和恩师是哺育这种根的土壤。"但我觉得我仅仅做了一点教师应该做的事情，离崇高的师德标准还差得很远。我们的教师，特别是大学教师对学生的师爱，更要提倡多一份民主，少一点师道尊严。所以我对学生们有足够的尊重，给予每个学生必要的知情权、参与权和表达权。尽管我的学生对我都非常尊重，但是我更重视他们的自尊、自信、自立和自强品质的发展。

当然，提倡师爱，要强调高校教师师爱的特殊性。同样是师爱，对成年期的学生所涉及的内容和表达方式与基础教育的学生有很大的差异。本科生和研究生的经历和生活，在人的一生中具有重要意义。因此对学生们的各种问题，我们应该从他们的年龄特征实际出发加以考虑，而且，我们不仅在他们求学期间给予关心，即使毕业后仍然可以"跟踪服务"，全面关心学生的成长。

湖南大学文学院教授、博士生导师胡遂被学生尊称为"美女博导""妈妈老师""湖大一姐""心灵导师""育人大师"。除了无与伦比的课堂魅力外，胡遂最特别的，就是她对学生细致而全面的关怀。十几年前，一个女生半夜来电，说是站在岳麓山脚下的一座高楼顶马上要跳下去。胡遂骑上单车飞奔过去，慢慢相劝，及时打消她轻生的念头，如今这女生已结婚生子，生活很是美满幸福。另一位大三女生，因失恋而痛不欲生，月光下胡遂陪她散步，谈到上下五千年，眼前海内外，一个多小时过去了，女生还没什么触动。最后，胡遂睿智地以"爱上小河是因为没有见过大海"这样一句话，让学生的心结顿解，而这句话也在微博上广为流传。

胡遂广开第二课堂，教学生如何为人处世，如何面对挫折，如何像青松一样，有一颗紧紧扎根在山岗的强大的心。感念于要咨询的学生太多，2008年年初，不太会打字的她开通新浪微博，谈自己的人生感悟，回复学生的提问困惑，甚至包括学生父亲的抑郁症。迄今已发博文100多篇，点击量达13万多。胡遂说，青春本就是一段躁动的时期，人人都不例外，加上现在社会价值多元，就业困难，青年学生心理问题比较多。做教师的，关键是要给学生以信心、以鼓励。就像她的学生所说："她像太阳一样，总是把温暖传递给我们。"

(二) 提倡师爱，必须强调严慈相济，教书育人

教育学生要成才，得先做人。因为师爱是一种神圣的爱，是一种促使学生成才成人的事情。我的教育理念是"严在当严处，爱在细微中"。因为爱，必须严，严是为了爱。所谓"严"，首要是"做人"，一流人才的基础是砥砺一流品性，发扬理想信念，传承艰苦奋斗、厚德载物的传统美德。

我们应注重学生的道德品质和思想政治教育，既教书，又育人，全面关心学生进步，积极介绍优秀的学生入党；在遵守学术道德和科学精神方面，我们应要求学生不能随意更改任何数据，更不能抄袭别人的成果；应要求学生从具体的小事做起，把做人与学业发展结合起来。

中南大学的金展鹏教授是中国科学院院士、国际材料科学大师，著名的"中国金"。从教至今50余年，其中后13年里，他一直因未能确诊的疾病而全瘫在床。然而他克服重疾，辛勤培养50多名硕士和博士，其中多人成为国际相图界的著名学者。金老师从事的基础理论的研究，既没有可观的科研经费，又极难出成果。但是，这么多年来，一届又一届的优秀学生投奔他、追随他，为什么？用学生们的原

话就是，因为"不仅掌握了知识，更重要的是学会了科学的态度和怎样做人"。在给硕士生的热力学考试中，金老师只出了一个题目，却让学生答了七个小时，把所有的知识点都过了一遍，让他们充分重视基本功。为了测氧化物的相图，他整整两个月白天晚上都陪着学生，让学生切身体会到科研工作来不得半点浮躁。金老师还因学生"间接引用"一篇论文而直言批评，并在经费短缺的情况下令其赶赴沈阳、北京等地查找原始文献，核对数据。在美国通用电气干了12年，现任美国俄亥俄州立大学终身教授的赵继成说，自己就是受到金老师的感染，才决定放弃公司优越的工作回学校教书育人。他要报答老师对他的培养，要把老师的精神传下去。就在这一件件具体小事中，金展鹏用自己"严格"的爱，培养出一批先成"人"再成"才"的国家栋梁。

在教育学生学会做人的同时，又要教育他们立志成才，因为大学要培养出杰出的人才。在强调提高高校质量的今天，高校教师必须在学生业务上下功夫。

曾任多地的战术教官、军事学院教师，1994年进入重庆警察学院从事教学工作的刘开吉，40年来始终坚持在教学一线培养学生成才。警察是一个特殊的行业，他们是和平时期为公众利益牺牲最多的一个群体。刘开吉深知其高风险性，因此更奉行"平时多流汗，战时少流血"的信条，坚决严把教学训练关，把对学生的真诚和爱心统统融入严格训练和严格要求。"导之以诚，尽力而为，学生每天能高高兴兴上班，平平安安回家，这一切全赖于警察教师所付出的努力和授予之技能与战术！"刘开吉遵循警察战术教学训练"综合分层、专业化、系统化、规范化、良性循环化"的特殊规律，采取"法律、战术、技术、心理、体能"五位一体的教学训练方法，按照优胜劣汰、适者生存的自然法则，采取情景模拟及案例教学等方法手段，让学生自己发现自身存在的问题，从而更好地解决问题，提升能力。在教学方法与手段上，刘开吉因材施教，采取"集中指导式""研讨式""答疑式""情景模拟式"等教学方法，引导学生发现和提出问题，促进学生思考和形成问题意识。他还从实战需要出发，从难、从严训练学生，做到战训一致、教养一致。根据实战需要确定训练内容，尽可能逼真地设置近似实战的训练环境，多组织各种类型的对抗训练。刘开吉以严格的教学训练，培养出一批又一批业务扎实、本领过硬的人民警察，为确保人民安居乐业、社会安定有序、国家长治久安做出了巨大贡献。

(三)践行师爱的教师是世界上最幸福的人

提倡师爱，在这个感情投入与"回报"的过程中，教育实现了其根本的功能。如果问我"什么是最大的幸福"，我回答："我拥有世界上最伟大的财富——学生。"截至 2014 年暑假，我已经培养了 82 个博士，其中已有 50 人提为教授。他们有四个特点：一是有道，核心思想是爱国，例如，辛涛博士赴美国哥伦比亚大学攻第二博士学位，让其妻临产前回国，生一个中国公民。二是业务上过硬，有的成为特聘教授、优秀学术带头人、国外名牌大学教授，有的成为长江学者或地方上的"长江学者"；从 2004 年后，每次入选国家"百千万人才工程"的专家中，都有我的博士生；我的学生，北京师范大学校长董奇教授，创建了我国第一个心理学国家重点实验室。三是具有综合素质，大多数学生既能做专家学者，又具有较强的行政管理能力，其中有两位已经成为全国人大代表，四分之一的学生已走上校级或厅局级领导岗位。四是做出了突出业绩，他们不仅具有优秀的学术才能，有的还具有创造财富的能力，成为拥有相当资产的企业家。

记得 1997 年，我校举行我的日本弟子山本登志哉的博士论文答辩会，我再三坚持邀请日本驻华使馆派一位要员赴会，最终来了总领事松本先生。我的用意很简单，和日本大学培养中国学者一样，北京师范大学也培养了日本的博士生。山本回日本后非常努力，2007 年，在 27 名竞争对手中脱颖而出，成为名校早稻田大学心理学教授。受聘后他给我写了一封信，信中写道："如果您没有给我北京师范大学的博士学位，对我的研究没有给予各种各样的指导和帮助的话，我自己绝对不能得到目前的地位。"年龄大了一般不爱感动，但读了山本的信，联想到学生们的成长与成才，我心潮澎湃，深深体会到我是世界上最幸福的人。

我的报告就讲到这里。谢谢大家！

博士生的质量与导师的素质^①

——在浙江大学求是博士生导师学校的演讲

各位博导，各位老师：

下午好！

我应邀受命到浙江大学求是博导学校来汇报，内心十分紧张。因为在我国高校的排名榜上，浙江大学位居第三，而北京师范大学却在第八到第十二的位置上徘徊，一个前十名前后学校的教授来给排名季军大学讲学，有点太自不量力了，更何况在咱们求是博导学校中，还有几位院士，今天他们也坐在我的面前，这更使我产生忐忑不安的心态。

然而，我是浙江人，我在宁波出生，是浙江大学教授的地地道道的老乡。一个老乡回家和同仁们探讨博士生的教育和发展的学问，来向你们求教，我想你们肯定不会嫌弃，肯定会欢迎我的到来。

好，下边我开始汇报，汇报的题目是"博士生的质量与导师的素质"。

我今天汇报的指导思想有以下几点。

"培养人才有没有质量标准呢？有的。这就是毛泽东同志说的，应该使受教育者在德育、智育、体育几方面都得到发展。"——邓小平语

教育为社会主义现代化建设服务，为人民服务，教育与生产劳动和社会实践相结合，培养德、智、体、美全面发展的社会主义的建设者和接班人。——党的十六大提出的新的教育方针

这里还做一个声明，就是对今天汇报关键词"质量"的理解：质量，英文是

_____

① 2003 和 2005 年，国务院学位委员会心理学科评议组分别于湖南师范大学和江西师范大学召开研究生工作培养经验交流会，我受邀在两次会上做了发言。与会的国务院学位委员会办公室领导于 2008 年 4 月 11 日把我推荐到浙江大学求是博士生导师学校做了一场演讲，紧接着我在北京师范大学、浙江师范大学、宁波大学、北京林业大学等学校做了该内容的报告。本文是根据在浙江大学演讲整理而成的。

"quality"，现在我们叫"素质"。

好，下边我来汇报三个方面的问题。

一、我对质量的追求：强调综合素质

我追求是什么样的综合素质呢？

一是确立目标定位，这是培养博士生质量的一个核心问题。为什么？因为研究生不同于本科生，区别在于研究生的学习内容、学习方法、培养要求都要体现出研究的味道；博士生又不同于硕士生，不同点在于从事科学研究的独立性和创新能力方面。国务院学位委员会办公室提出博士生两个最基本的要求：一是博士论文研究要体现出博士生能独立地从事自己所在领域的研究能力；二是博士论文要有创造性。也就是说，要培养高质量的博士生，我认为主要是在创新的问题上下功夫。创新精神、创造性能力、适应性能力和实践能力是追求高质量人才的关键标准。人才层次不同，评判标准也要区分层次。对高质量的博士生就要制定高素质创造性的评判标准。

二是重视价值观的教育，这是培养博士生质量的一个关键问题。为什么？因为博士生是未来科技、教育、文化、经济、政治等领域的精英，艺高者必重德。价值观就是德，就是精神。我国历代学者都提倡振奋人的精神的重要性，强调崇德、修德；强调砥砺人品，讲求良知、态度、情感和价值观；强调志向的苦修、情操的陶冶、意志的锻炼等修炼作为取得成就的条件，对高质量的博士生就要制定思想道德的评判标准。

这两点就是高质量博士生的标准。作为一个博士生导师，我给自己提出一个标准——"培养出超越自己、值得自己崇拜的学生"。自古以来，都是秀才培养了状元郎，可是秀才本身并没有成为状元，秀才培养出超越他们自己、值得他们自己崇拜的状元，没有秀才就没有状元，而秀才绝对不能培养不如自己的秀才。今天，我们期盼着我国早日实现从研究生教育大国到研究生教育强国的转变。这个关键在于质量。为了质量，我才倡导培养出超越自己、值得自己崇拜的学生。不想自己的学生超过自己并不是好老师，不想超过老师的学生不是好学生。"长江后浪推前浪，一浪要比一浪高"，否则只能够落个"黄鼠狼下崽，一代不如一代"的结局。我们民族的兴旺、国家的富强还有什么指望？

既然我对质量有这样的要求，那么，我的博士生有什么样的特点呢？

1985 年，我成为博士生副导师，1990 年开始独立招博士生。截至 2008 年 6 月，我与别人合作指导、独立指导并带出了 68 位博士，他们中有 45 位已晋升为教授，38 位成长为博士生导师。他们突出的特点有以下四点。

一是有道。1986 年至 1998 年，这一段时间出国的学者一般不太愿意回国，而我先后送到美国联合培养 16 名博士生，15 名按时回国。从这个例子引申出我的弟子们热爱祖国，有理想、有信念，讲敬业、讲诚信、讲团结合作，他们毕业后很快地成为北京师范大学和兄弟院校的骨干。

二是业务上过硬。有的成为特聘教授、优秀学术带头人、国外名牌大学教授、长江学者或地方"长江学者"——如泰山学者、桂子山学者、东方学者和渤海学者等，董奇博士开创了心理学的国家重点实验室。日本学者山本登志哉是 1996 年毕业的我的博士生，2007 年，他在 27 位竞争者中间，击败了 26 位竞争者顺利成为著名大学——早稻田大学的教授，成为该校心理学学术带头人。当他到早稻田大学上班的时候，给我写了一封热情洋溢的信，信里写道："没有您的栽培，没有北京师范大学的培养，就没有我山本登志哉的今天。"因为按日本的体制，一所大学中一个重要的学科，只能有一名教授，他就是该学科的学术带头人。

三是具有综合素质。大多数学生既能当学者专家又具有较强的行政管理能力。除了涌现出十来位大学校长、副校长之外，还有两位全国人大代表，其中一位是全国人大常委会委员。

四是做出了突出业绩。有的具有创造财富的能力，成为拥有相当资产的企业家。

二、质量是博士生培养的生命

(一)质量与生源

把握好生源很重要。1999年首届百篇优秀博士论文表彰会上，中国人民大学李文海校长和我代表获奖者的导师发言。在发言中，我提出"五不招"的要求，当时的教育部陈至立部长对我的观点频频点头表示赞同。十几年来，我深感当时提出这个要求没有错。

一是考前没有任何成果的暂不招。成果反映一个考生的科研水平和能力。我说的成果，并不是一定都要有发表物，可以是一个设计，可以是论文的构思，也可以是产品。一点都没有，暂时先不招，博士生入学要求不能光凭一场学业的笔试成绩。

二是面试时发现没有创造性思维的不招。为了培养高素质创造性的博士生，考生的创造性思维很重要。我十分重视面试，会围绕专业的要求，向考生提出新颖、独特且有意义的问题，看看其能力特征，尤其是创造力的表现。我有一个不成熟的想法，博士生、硕士生和本科生主要是表现在专业知识的差异，而不是能力上，尤其是创造力上的差异。在学术能力、实践能力、行政能力，甚至于生活能力上，博士生未必比本科生强多少，有的还不如本科生，所以把握博士生的生源的能力水平，尤其是创造力就显得格外的重要。

三是录取前深入调查发现没有拼搏精神的不招。这就是要去硕士培养单位做调查，懒惰者不配当博士生。

四是看不出有成就动机或不想成名成家的不招。因为我们要的是高素质创造性的人才，博士生教育不是大众教育，是学术尖子，是专业精英。本科生、硕士生就可以赚大钱，就可以当企业家，赚钱并没有错，然而博士生要敢于清苦，敢于攀登高峰，追求的是成为学者和专家的道路。

五是有才无德者不招。我的好友著名教育家高振东先生说："德是米粒中的胚芽、果核中的仁，也就是生机。"而我也持这个观点，德是人生的灵魂，因此德是人才素质的核心。为了培养德才兼备的博士生，我在招生时特别要重视德。

当然，生源也不是绝对的，尤其对硕士生，因为上级有规定，按分数录取，我也无法挑生源，有的还是别人挑剩的考生。关键是难带，在我手里，就带出几位原来基础差的硕士生，后来，他们都成了不同博士点(含我自己跟前)的博士生或心理学工作者。同样地，博士生质量的关键还是在于教师的培养和学生的努力。

(二)质量与实践

我十分重视学生时期的实践，提倡实践能力的重要性。早在我自己读本科时期，从大学一年级开始，每逢暑寒假，上午去北京市安定医院去当见习医生，下午到北师大实验小学当义务的课外活动辅导员。那时大学生贫寒，假期回不了家是一个原因，更重要的是我从年轻时起就重视实践锻炼。

不同专业都有相应的实践。据我所知，浙江大学和清华大学一样，工科在国内领先，国际著名。我想，工科专业是相当重视实践的。发展与教育心理学专业的博士生，应该去学校实践。我对自己的博士生规定其具体的任务是以下六点。

一是熟悉学校、熟悉研究的被试。

二是了解发展心理学和教育心理学在教育改革中的地位与内容。

三是结合理论在实践中选课题，并为未来的论文研究打下基础。

四是适当参与教学，参与行政领导工作。

五是充分利用实验点的资源，以利于进行深入研究。

六是为提高所在点的教育质量而献计献策，成为一个教育改革的指导者。

这些教育实践至少有两点作用。

第一，为他们博士论文的撰写能够体现"以基础为主，以应用研究为辅"的精神奠定坚实的实验研究基础。

第二，为他们行政能力的增强、阅历的深化、横向课题经费的增多创造良好的条件。

(三)质量与知识结构

知识是一个复杂的概念，所以有人提倡高校学生除专业知识之外，要有科技素养和人文素养，无非要增加本科生、硕士生和博士生的知识面。但这里我汇报中的博士生的知识结构主要指专业知识结构。

引导博士生形成合理的专业知识结构，及如何在"博"的前提条件下突出"专"。这为的是培养博士生的创新精神和创造能力。我采取了下面一些措施。

第一，博士生入学第一学期，我准备了八个课题为他们讲述自己的学术观点，突出我自己所在智能与思维发展领域的新进展。

第二，第一个学期就确定论文方向，按这个方向来选择规定读书目录，在引导博士生系统、广博地掌握专业知识的同时，要求阅读近五年国内外有关本专业，特别是与论文研究相关的新书和新杂志。

第三，每年都邀请中国科学院和北京大学等兄弟院校的名家到我们单位为博士生讲述各自的研究，让博士生了解国内同行的新研究、新成果和新方法。

第四，每季度举行一次博士生学术沙龙，让他们自己畅谈新研究、新成果和新理论，突出自己的新见解。

第五，创造机会，参加国内外学术会议，创造条件送在读博士生走出国门，进行合作联合培养或访问，以掌握国外的最新研究动态。

各位导师，由于咱们的专业相差太远，在专业知识方面往往缺乏共同的语言，所以很抱歉，我在这个问题上就汇报这五个要点了。

(四)质量与科研

在浙大的博导中，担任"863"和"973"项目的主持人就相当多。而心理学是个小学科，心理学科的博导只能利用心理学是"中间学科"的特点，向文理两大领域相关基金组织申请有关的课题，比如，社科基金会和自然科学基金会，教育部和科技部的一些项目，交给我们研究，但是在项目上比起浙江大学的博导课题来显得太少了，用浙江话来说，有点"难为情"。不管研究经费多少，总要投入研究。如你们所知，博士生应该成为科研的一支重要力量。如何指导并使用好这支力量呢？我的想法和做法如下。

一是让博士生明确意义，积极投入，并规定博士生所承担的科研工作任务，使博士生在科学研究中增长才干、锻炼能力、强化创造性思维。

二是博士生一入学，就投入导师主持的各种课题，按其兴趣去独立地承担相应的研究专题。在研究中，组织博士生与课题组成员讨论研究方案，并获得导师的指点。

三是科研要有连续性，当完成第一年科研任务后，不少博士生在第二年就独立地、积极地申请课题，主持了大小不等的研究项目。在我申请新课题的过程中还请他们参与课题申请书的撰写工作。

四是真正投入有关课题研究的操作过程中去，研究结果可以作为博士论文的研究组成部分，也可以单独整理发表。必须重视并严格要求博士生有高质量的研究成果的发表。

(五)质量与论文

我十分重视博士生的论文质量，我把其看作是自己与博士生声誉所在、学术水平的表现和创新性的整合，对此的措施如下。

第一，我曾给我的博士生和我们心理学院有些年级的全体博士生做过有关"开题"的专题报告。我要求自己的博士生第一学年末要进行开题报告，这有什么好处呢？可以针对自己的选题来进一步学习知识，投入科学研究。选题的依据首先考虑博士生原有研究和工作的基础，必须从其需要出发，其次才考虑与导师的观点和课题是否匹配。离开博士生的兴趣、需求和原有研究基础来选定，肯定激发不了博士生的积极性，所以博士生的选题，个性和特色大于共性，不能千篇一律。

第二，博士生所撰写的开题报告中的"文献综述"部分，当然应从某个研究专题相关的文献分类并做历史性综述，以便展示相关研究的来龙去脉，但是，必须吸收国内外同行近三年的最新研究成果，以表达创新意识的基础研究。

第三，在论文研究中，引导博士生学会操作和使用心理学的新设备、新手段、新方法，包括新的统计技术。博士生的质量都是建筑在这种素质结构不断更新的基础上。正因为如此，他们在毕业后都能与国内外一流的心理学家打交道，并凭借着他们崭新的知识结构，申报并获取各种基金的科研项目。

第四，反复推敲，特别是对论文的"讨论"部分，要求对结果分析的再分析；要求对"文献"中涉及的各种流派观点做出评价，不要让文献综述和自己的研究结果形成"两张皮"的局面；要求渗透自己创新的思想。为此，我对博士生论文一遍又一遍地指导，个别的甚至要其修改了 20 余次，这样才能使他们知道什么叫规范，什么叫严谨。

第五，通过高质量的博士论文与其他成果，提高博士生的知名度和影响力，所以，一篇博士论文就是一本好专著，或者能够拆开在国内外核心杂志上发四篇以上的论文和研究报告。我们有不少优秀心理学博士论文，一般能在收录 SCI 和 SSCI 的杂志上发表一篇或数篇研究报告。

（六）质量与德育

为了培养德才兼备的人才，当导师的咱们应坚持德育为先。我们这代人盼着国家的富强和谐。而和谐社会的自我、人己、群己三个空间，正好与道德规范的自我、人己、群己三个准则相融合。作为博导，我认为对博士生进行德育，应该从上述三个空间或三个准则出发，处理好六个关系。

第一，处理和协调好人与自我的关系。主要涉及自我修养的准则，博士生必须有的自我修养。如"信心""谨慎""勤奋""朴素"等，人与自我之间的和谐。信心是人与自我关系的首要因素，它是人的成功心理基础。咱们要以博士生的信心为前提，去培养他们自信、自尊、自立、自强的品质。

第二，处理和协调好人与人的关系。这主要涉及个人与他人的人际关系，又称"人己关系"。当前，应该把孝道和合作精神或团队建设问题放在人际关系的首位。在学术团队的建设中，团结合作精神是博士生乃至博导队伍建设的关键。

第三，处理和协调好人与社会的关系，又称"群己关系"。爱国主义是人与社会关系的核心，是博士生重德崇德的灵魂所在，是个关键词。对此，我有两点体会：一是把"明国情，懂国格，树国威，知国耻，扬国魂"五个方面作为教育基本内容；二是在教育中坚持热爱祖国和热爱中国共产党的一致性。自古忠良受赞颂，浙江人民歌颂岳飞、陆游、戚继光等咱们心中的英雄，正是他们忠于祖国。

第四，处理和协调好人与自然的关系。注重"天人合一"的观念，使博士生树立良好的环境观，促使他们形成爱护生命、爱护环境、爱护自然的品质。

第五，处理和协调好硬件与软件的关系。在社会生活中，应坚持以人为本的原则，以充分调动人的积极性。北师大是全国所有"师范大学"中面积最小的学校之一，这就阻碍了硬件的发展，但是，近年来由于坚持"人是第一要素"的精神，从校领导到教职工艰苦奋斗，才使本科生和研究生质量在逐年提高，科研水平也在逐年提升，在国外高校的排名榜上的位置也在逐年上升，这是我在博士生中贯彻的重要教育观念。

第六，处理和协调好中国与外国的关系。这实际上要求博士生加强国际视野的素养，让他们认识到越是民族化的，就越显示国际化，并培养他们强烈的中华民族自豪感，形成振兴中华的责任感，以及辨别是非、理智爱国的品质。

三、教师的师德是学生质量的前提

师德，是教师的职业道德，师德要求的共性是爱岗敬业、严谨治学、热爱学生、为人师表等。但是，高校教师和基础教育教师在师德要求上又有差异。

高校教师师德的特殊性表现在四个方面：以崇尚学术为基础；以培养杰出人才为标志；以疏远名利行为为准则；以教育创新为前提。由此可见，对高校教师而言，既要有高尚的道德情操，又要有扎实的学术功底。

(一)崇尚学术，谨防玷污

学术是非常崇高而神圣的事业，玷污学术，学术失德，是大学教师的耻辱，作为博导，更应守住学术道德的阵线。我的体会如下。

第一，讲学术道德首先要讲献身科技、服务社会的使命感和责任感。高校教师，不管是从事自然科学还是社会科学，肩负的使命是要认真落实我国的科技发展中长期规划，为建设创新型的国家做贡献，因此博士生应树立献身科技、服务社会的意识。

第二，讲学术道德必须有实事求是的科学精神和严谨治学的态度。学术活动是科学研究的活动，要老老实实，来不得半点虚假。尤其在今天，社会上出现不少掺假的现象，但是学术上就不允许有赝品、卖假货。当前，心理健康教育在我国高校中开展得相当"火热"，于是有些学者和媒体就加以炒作，危言耸听地把心理不健康的大学生的比例定为 30%，50%，甚至超过 70%，以提高心理健康教育的重要性。这样，心理健康教育就必然会走歪路。我们大学生的心理健康是主流，要求来咨询求辅导说明要求健康是另一个主流，高校心理健康教师中绝不能把社会上炒作的不真实、不客观、不科学的数据拿来提高自己工作的价值。

第三，讲学术道德，就应当在自己的科研与教学中有创新意识。创新意识凸显了高校教师的学术道德伦理性和科学精神，咱们的博导也只有贯彻教育创新，并在人才培养和科技创新中发挥作用，才能显示自身价值。

第四，讲学术道德，就要自觉地树立法制观念，不做任何学术道德失范的事。在高校教师学术研究中，博导应该自觉带头认真履行保护知识产权职责，尊重他人劳动和权益。我想这些是我们师德的起码要求。

第五，讲学术道德，就要保证学术评价的公平和公正。有人问我到底担任过多少次评委，我自己也说不清，但我在这里实事求是地说，在参与各种推荐、评审、鉴定、答辩和评奖活动中，我都坚持了客观的原则，从不滥用学术权力，做到对任何人或任何单位都照章办事，是不是自己的学生都一个样，事先来找过我和没打过招呼的都一个样。可能是这个缘故，我在同行中，收获了一定的人缘、人气和人脉，或可叫作是一种威信，从自己的内心来说，对得起良心，对得起高校教师的师德。

(二)廉洁从教，为人师表

廉洁从教，是新时期师德师风建设的重要特征，是新形势下纯洁教师队伍，优化育人环境，提高教育界在社会中的声望的必然要求。当博导，应该在廉洁从教，为人师表上做表率，我的体会如下。

讲廉洁从教，为人师表，就要淡泊名利。

讲廉洁从教，为人师表，就要甘为人梯。

讲廉洁从教，为人师表，就要牢固树立正确的价值观，自觉遵纪守法，努力抵制各种错误思潮，正确处理个人与社会的关系，反对拜金主义、享乐主义。

这里，我讲讲自己的两个例子以求教诸位。从 1988 年起，我先后推荐不到 30 岁的弟子担任我的副手——副所长；1999 年，我 58 岁时，坚决辞去了刚刚获得首批的全国人文社会科学重点研究基地的主任职务，而力荐一位年轻的、优秀的学者担任主任。当时在上海会议中心经验交流大会上，100 多位大学校长、副校长赴会，按大会议程作为首批 15 个基地主任选了 10 位上台介绍经验。我上台的发言非常简单，先讲了一段开场白，然后总结道："基地拿到之日，就是我退居二线之时。"记得当时与我熟悉的上海的两位副校长说："林老师，好悲壮啊！基地刚拿到就退居二线，连主任的酬金都不要了？"我却在想，年龄大了，就要交班，尤其是交给合适的接班人，这样才能建好学术梯队。学术梯队是我学术生命的延续。何况，早交班比晚交班强，因为早交班可以看一看、带一带、帮一帮，这样才有利于学术梯队的建设，有利于学术梯队的成熟，形成一种"青出于蓝而胜于蓝"的局面，否则，有合适的接班人却把着位子不下来，绝不是廉洁从教的学术带头人。

还有一个例子是发生在 1995 年。辽宁师范大学要申报博士单位和五个二级学科的博士点，作为国务院学位委员会心理学学科评议组的成员，我是当时辽宁师范大学的兼职教授，辽宁师范大学的何鸿斌校长是一位与我同龄的学者，他是学物理的，我是学心理的，我们俩的关系相当密切；再加上心理学的学科带头人杨丽珠不仅是我师妹，而且又在我这里当了一年的高级访问学者；辽宁师范大学还有我的博士研究生张奇教授。因此，对辽宁师范大学第一个申请心理学学科博士点，我是大力支持的。能否成为博士点，关键问题有两个：一是辽宁师范大学能不能成为博士单位；二是辽宁师范大学的心理学博士点能不能在国务院学位委员会心理学科评议组里通过评审。当时评博士单位的有 10 位师范院校、民族院校和艺术院校的校领导，对于我在辽宁师范大学兼职给予很大关注和支持。事前何校长说："辽宁师大在大连，大连这个地方是相当不错的，不论是海边的环境，还是生活的条件，足以作为林先生未来养老的一个好去处，也是您平时一个非常好的休闲的地方。我们正在盖教授楼，您是我们的兼职教授，我将分给您一套最好的房子，外界也不会对您说三道四。"我当时笑着点了点头。后来辽宁师范大学成了博士单位，心理学成了全校唯一通过的博士点，何校长要兑现他的承诺，房子盖好了以后，他要把一套位置非常好的 88m² 的房子的钥匙交给我，却遭到我断然拒绝。何校长很惊讶地问我："咱俩当时不是说好了吗？"我回答说："如果我当时要是拒绝了，那么您肯定认为我不为你们卖力气，让你们失去申报的信心和勇气。我认为你们心理学学科点够不够博士点的资格，你们学校够不够博士单位的资格是一码事，而我是不是收礼又是另一码事。确认你们合格是我的职责，作为一个国务院学位委员会学科评议组的成员，绝不能昧着良心干事。何况我作为一个兼职教授，有义务为辽宁师范大学做一些力所能及的工作。但是，我不能够接收房子！如果我收房子，就意味着'贪'。"事情办完之后，一直到现在已经有 10 多年了，这 10 多年里，我很少去辽宁师范大学。我觉得这个博士点确实是在我的帮助之下成长的，但现在也可以不需要我了。如果我去了，以什么身份出现呢？他们把我当"功臣"，当"恩人"？那大可不必。

上述的例子都说明了一点，那就是我提倡廉洁。有什么样的老师就有什么样的学生，严格要求学生首先要严格要求自己。由于我坚持廉洁从教，我看到自己 95% 以上的毕业后从教的博士生，在廉洁从教上做得比我还好。

（三）严慈相济，教书育人

师德突出地表现在忠诚于人民的教育事业，敬业奉献，教书育人上。在教书育人的实践中，我们要努力实施"爱的教育"，爱国、爱党、爱人民、爱科学、爱教育、爱学生，而爱的教育集中地体现在"师爱"上，即教师对学生的关爱上。换句话说，师爱是教师对学生的爱，是师德的核心，是师德的灵魂，我把它称为"师魂"。然而，师爱不同于父爱、母爱、情爱，它是一种严字当头、严慈相济的爱。我的教育理念是"严在当严处，爱在细微中"。意思是，在对学生关爱中，它的前提是严格地按规矩办事。因为爱，必须严，严是为了爱。

怎样做好严慈相济，教书育人呢？

讲严慈相济，教书育人，首先就要教育学生成才先做人。咱们浙江大学老校长竺可桢先生提出"求是"，现在咱们博导学校的名也取"求是"，各位博导，"求是"的含义，你们理解得比我更深刻；上海交通大学老校长唐文治先生的至理名言是"欲成第一等人才，必先砥砺第一等品行"；清华大学校训是"厚德载物"，我们北京师范大学的校训是"学为人师，行为世范"，好了，不再引证了。集中起来一句话，我们提倡严慈相济，教师育人为了把德放在人才的首位。

讲严慈相济，教书育人，既要教育学生学会做人，又要教育他们立志成才。各位导师，浙大在杭州，杭州是南宋的首都，从宋朝开始，900多年来，我国学者们都把"才"归为四个字，这就是德、学、才、识。对于德，我已汇报得差不多了。学就是学识、知识和学问，严慈相济，教书育人是为了教授学生学知识，博士之才，在于学问的广度和深度；才就是才能、能力，现在国际上比较流行的 competence 一词，有人译为素养，但更多含义还是才能。能力，指个人把所学的知识付诸实践的能力，能胜任某种职务的能力。严慈相济，教书育人是为了博士生有这样的能力，而这样的能力往往以成绩、业绩、事迹、政绩的绩表现出来。识，不完全指上面提过的学识、知识，而更为重要的是指见识、胆识、远见卓识。严慈相济，教书育人是要培养博士生有科学的预见性，有战略的目光，有创新的精神，有创造性的才干。在北师大，我常和自己的博士生在讨论德、学、才、识四个字，有时还一本正经地告诉他们，谈恋爱找对象也要有远见卓识，不要追求现时，而要讲究未来，那才会有毕生的幸福。

讲严慈相济，教书育人，就要感情投资，处处关爱学生。古人曰："求木之长者，必固其根本；欲流之远者，必浚其泉源。"要想博士生成为德才兼备的人才，其根、其源要追溯到导师。今天，我一开始就给大家汇报了，我曾送16位博士生于不愿回归的时代到美国联合培养，15位按时回国。当时国家教育委员会有关部门的负责同志感到奇怪："林老师的'回收率'为什么这么高？"派人来调查，我的学生回答："我们是冲着自己的导师回来的！"他们又来问我，我只是说："人心换人心，八两换半斤，我只不过是做了一点'感情投资'罢了。"对学生的感情投资，就是要处处关爱学生，包括"帽子"（学习问题、学位问题）、"位子"（工作问题、职称职务问题）、"票子"（经济问题）、"恋子"（爱情婚姻问题）、"内子"（妻子调动问题）、"外子"(丈夫安排问题)、"房子"(住房问题)、"孩子"(上学和在学校小饭桌问题)、"台子"(学科建设平台问题)等，我不仅关爱博士生在校学习期间的生活，而且还关心他们走上社会的发展。我关爱博士生，他们也亲近我，"亲其师"而"信其道"，我倡导爱国，他们深信这个道理于是按时回国了，这就是《中国教育报》的《他像一块磁铁》一文的由来。

各位导师，今天汇报该结束了，我来谈几句结束语。2001 年，北京师范大学要申报优秀教学成果一等奖，申报一等奖要制作一个录像或音像材料，学校摄制组让我的几名学生各说一句话，我校副校长(今校长)董奇博士说："我们都是林老师的成果。"二级教授(今教育部基教二司副司长)申继亮博士说："林老师不是我父亲胜似父亲。"在日本高校有一定声誉的教授张日昇博士说："我每年都回国七八次，因为我的根在祖国，林老师是培育我的根的土壤。"面对着这样一群成长为、发展为人才的学生的真情实意的话语，我感动得老泪直流。因为它体现博士生教育的威力，这就是导师的幸福，不，是教育者——人民教师的幸福。

谢谢大家！谢谢各位浙江老乡！

人是教育的对象：
儿童青少年心理发展的基本规律[①]
——在北京师范大学"未来教育家"讲堂上的演讲

各位老师、各位同学：

下午好！

咱们都是教育工作者，都是办教育的，要办好教育必须按规律行事。

什么是规律？规律就是事物内部固有的本质的和必然的联系。规律具有什么样的特点呢？一是客观性，它是不以人的主观意志为转移的，规律是客观存在的；二是重复性，它是相对稳定的，只要具备一定的条件，它一定以一种必然的趋势重复出现，这就是所谓的"周期性"；三是普遍性，它所反映的是同类事物的共性，任何规律在同类事物的范围内，毫无例外地起作用。大家所熟悉的我国古诗"离离原上草，一岁一枯荣。野火烧不尽，春风吹又生"，就是在阐述芳草枯荣的"客观性""重复性"和"普遍性"的典型规律现象。大家看，芳草的枯荣是客观的；"一岁一枯荣"指周期性重复；芳草生长需要条件，具备了条件连野火都烧不尽，随着春季的到来，芳草又茁壮生长。规律是能被人们认识的。对客观规律的认识和掌握，使人们能够按照规律去认识和改造世界，以避免主观主义和盲目性，少犯错误，促进事物的发展。

办好教育，要认识和掌握两种规律：一种是社会发展的规律，因为教育是社会现象；另一种是学生身心发展的规律，因为人——学生是教育的对象。人是有心理的人，人的发展主要是其心理的发展。儿童青少年是教育的对象，儿童青少年（0～18岁）约占全国人口的三分之一，在教育和培养他们的成长过程中，认识和揭露他

[①] 该专题的第一次演讲是 1980 年 9 月底在北京市 124 中做的，后来就此专题我在中小学做过 20 多次的演讲，本文是根据 2011 年 11 月 30 日在北京师范大学"未来教育家"讲堂为免费师范生做的报告整理而成的。

们发展，尤其是心理发展规律，是做好他们工作的前提。

儿童青少年心理发展的规律，早已成为遗传学家、社会学家、哲学家、教育家和心理学家们重视的课题。我国心理学界，一直在探讨和寻找儿童青少年心理发展的规律。而明确而系统地提出这个理论的是我的恩师朱智贤教授（下面简称"朱老"）。

1962 年，朱老的《儿童心理学》出版了，这是我国第一部以辩证唯物主义观点为指导的儿童（包括从出生到成熟期）心理学教科书。在这部著作里，朱老明确地指出，儿童心理学的研究对象是儿童青少年心理发展的规律和儿童青少年各年龄阶段的心理特征两个方面。他用唯物辩证法观点阐述了儿童青少年心理发展的基本规律，涉及以下几个根本问题。

第一，遗传、环境和教育在心理发展上的作用问题（先天与后天的关系）；

第二，心理发展的动力问题（内因与外因的关系）；

第三，教育和发展的辩证关系问题（量变与质变的关系）；

第四，心理发展的阶段性问题（年龄特征与个别差异的关系）。

1977 年，国家恢复了研究心理科学的权利。我国不少心理学工作者开始重新探索这个问题。1979 年在"文化大革命"后一次心理学学术年会上，朱老做了"关于儿童心理学研究中的若干问题"的报告，不仅重新提出了儿童青少年心理发展的四个基本规律问题，而且在原有基础上，引用了国内外的一些新的科学研究成果，进一步丰富了这个科学的理论。

揭示儿童青少年心理的发展规律对于了解儿童青少年的心理，为造就和培养人才，不论是在理论上还是在实践方面，都有重大的意义。今天我来向诸位报告这 4个"规律"的问题。

一、遗传、环境和教育在心理发展上的作用

人的发展是由先天遗传决定的，还是由后天环境、教育决定的？这在心理学界争论已久，在教育界与人们心目中也有不同的看法。一种是强调遗传的作用。例

如，美国心理学家桑代克(E. L. Thorndike)说："人的智慧80%决定于基因，17%决定于训练，3%决定于偶然因素。"霍尔(G. S. Hall)也说过"一两的遗传胜过一吨的教育"。中国古语"龙生龙，凤生凤，老鼠的儿子钻地洞"，也是把生物的遗传规律运用到人的发展上，认为父母不聪明，子女也一定笨。另一种是强调环境和教育的机械决定作用，或把环境的作用绝对化，把教育看成"万能"。从美国行为主义心理学家华生(J. B. Watson)到斯金纳(B. F. Skinner)，再到班杜拉(A. Bandura)都坚持这个理论。华生认为人的行为是由"刺激—反应"构成的，给什么刺激就有什么反应，看到什么反应，就可以知道他受到什么刺激。斯金纳主要是通过行为研究来预测和控制人类社会行为。班杜拉则提出社会学习理论，他虽然也重视认知因素，但主要偏重于人的行为的研究，强调观察(模仿)他人行为及其结果而进行学习。上述观点，大家看看，是不是两种走极端的遗传决定论和环境决定论？

20世纪40年代前，关于遗传和环境对人的作用，曾引起国际心理学界展开了一场激烈的论战。由于这场论战在不分胜负的情况下不了了之，于是1945年第二次世界大战后大部分心理学者就按这样的结论来解析人的发展的问题，即人的发展受遗传和环境"二因素"的作用：遗传限制人的发展的可能性，环境则在遗传所限制的范围内决定着人的可能发展的总和。这个平静状态大约保持了25年，然后这场争论又由于詹森(A. Jensen)在1969年发表关于种族的智力差异观察，强调遗传决定而重新挑起，使已经保持了20多年休战状态的遗传—环境的争论，再一次成为发展心理学家考虑的主要课题。1998年，赛西(S. J. Ceci)提出"生态学智力观"，强调心理、智力是天生智力(天赋)、环境(背景)、内部动机(主观努力)相互作用的函数，又回到了"二因素"或"多因素"来论述先天后天的关系。

我认为，遗传提供了心理发展的可能性，环境和教育则给予这种可能性以现实性。下面分两点来报告。

(一)遗传是儿童青少年发展的生物前提

遗传在儿童青少年心理发展上起着生物前提，或物质前提的作用。这个作用主要表现在两个方面：一是通过素质，影响儿童青少年的智力；二是通过气质，影响儿童青少年的性格甚至于品德（品格）。

心理学中的素质（diathesis）与我国教育界所倡导素质教育的"素质"（quality）是有区别的，后者强调的是素养、品质和质量，而我们这里所说的素质，主要指生理（生物学）的素质，即人先天的某些生理特点，主要是感觉器官、运动器官、神经系统方面的特点。这些特点，是智力发展的生物物质前提。例如，音、体、美等表演性智力，其物质前提或天赋来看是先天的生理素质。我们在对不同双生子的运算测验、学习成绩、语音发展和思维品质的研究中，发现相同或相似的环境下，代表遗传素质一致的同卵双生子的相关系数显著地高于异卵双生子，从中反映遗传素质对儿童青少年智力影响或作用是明显的，这就要求教师和家长，善于发现学生素质的特点，有的放矢地加以引导和培养。但是，遗传对儿童青少年智力发展的影响，是存在着年龄特征的。总的趋势是，遗传因素对智力的影响随着年龄的增长而减弱。随着年龄的增长，尤其是到了中学，遗传因素的作用就不如环境和教育的影响那么明显和直接了。

气质是人高级神经系统在个性心理特征上的表现。气质主要表现在情绪情感体验与动作发生的速度、强度、灵活性和隐显性上，形成强而不可制约的胆汁质、灵活敏捷的多血质、沉着缓慢的黏液质和弱型的抑郁质这四种气质类型。它给品格的态度特征和相应的行为方式带上一定的色彩，影响着品格。我来给大家讲个真实的故事：1976 年我在一所十年一贯制学校当干部。某天，一对师生打着架来让我处理问题。老师都反映这名初二的学生"点火就着"，谁都管不了。后来我陪其班主任去家访，这个学生的母亲无奈地回忆往事。生下不到一个月，其哭闹声闹得同院邻居不得安宁；一两岁吃不上奶时可以把妈妈或自己的手指头咬出血来；小学三年级生炉子被风吹灭火苗时，发誓如果第三根火柴再被风吹灭就把炉子砸个稀巴烂，后来真的用劈柴的斧子砸坏了炉子，自己竟坐在地上生气；初一时，遇到抢钱的两个小流氓，用两个瓶子当武器，把对方打得头破血流……这是个较典型的胆汁质的学生，有点像张飞、李逵的脾气。这类孩子违反纪律，不应从道德上论了，更应考虑其气质，并有针对性地动之以情地耐心开导。当然，气质本身是先天与后天的"合金"。从这个意义上说，气质类型是品格的机制或基础，反映了遗传因素在儿童青少年品格发展上的作用。然而，气质本身不等于遗传素质，因为气质在后天条件下得到改造，受到人的整个个性心理特征与个体意识倾向性的控制。气质尽管提供了品格的自然前提，但它本身不等于品格的表现。

当然，遗传在儿童青少年发展上起着一定的作用，但不是决定性的，因为大多数人的先天遗传条件都是差不多的。因此，一个人在遗传上是正常的，他将会成为怎样的人，并不是由遗传所决定的，而是环境起着决定的作用，特别是他所受的教育。因此，既不能否定遗传的作用，也不能夸大遗传的作用。

(二) 环境和教育在儿童青少年发展上的决定作用

儿童青少年的发展是由他们所处的环境（包括生活条件）和所受的教育决定的，特别是由其所从事的活动和实践决定的。也就是说，物质和文化环境以及良好的教育是心理发展的决定因素。

心理学的研究材料证明了以上的论点：遗传因素相同的同卵双生子女，如果放在不同环境下抚养，接受不同的教育，却获得了截然不同的心理面貌；异卵双生子女，遗传因素不太相同，如果在同一环境中抚养，接受相同的教育，可能获得类似的智力和性格。某中学徐一和徐二是对异卵双生子，从家到学校从未分离过，他俩一样品学兼优，同是该校乒乓球队的主力，几乎以相同分数考入大学，是因为从未分离的相同环境的影响。人朝什么方向发展，水平的高低，速度的快慢，心理内容与范围，品质的好坏及对遗传因素的改造程度，都是由环境所决定的。

在儿童青少年的环境中，最重要的是社会环境，这对他们的发展起着决定性的作用。正因为如此，我国的儿童青少年与其他国家的儿童青少年的心理特征是有一定区别的。我在主持教育部重大攻关课题"创新人才与教育创新"的过程中，跨文化比较研究了中、英、德、日青少年创造性人格的特点。结果显示，尽管这些国家的儿童青少年的创造性人格乃至人生与我国的也有共同之处，但是又有着本质的差异。因此，对国外的心理学及其研究是可以借鉴的，却不能生搬硬套。同样地，在我国，由于社会变革和社会关系的不断调整，儿童青少年在各个不同时期尽管在发展上有着本质上的继承性，但 20 世纪 50 年代、60 年代、70 年代、80 年代和 90 年代与 21 世纪的儿童青少年的特点，也存在着一定的区别。此外，我们曾研究了独生子女的特点，研究了离异家庭子女的心理特征。独生子女的"独"，离异家庭子女的"怪"，正是来自家庭环境和不同的家庭教育的结果。因此，在选择对他们的教育内容和方式上，就应该有所不同，不能没有必要的"灵活性"。

社会生活条件在儿童青少年发展中的决定作用，常常是通过有目的有计划的教育来实现的。教育条件在儿童青少年发展上起着主导作用。儿童青少年的知识、智力的发展，思想觉悟的提高，道德品质的培养，理想、价值观和世界观的形成，主要是由教育，特别是学校教育来决定的。当然家庭教育和社会教育，也是不可忽视的两个方面。

总之，遗传与环境在儿童青少年的发展上，其相互之间的关系是十分密切的。遗传只提供儿童青少年发展的可能性，而环境和教育则规定儿童青少年发展的现实性。一般地说，大多数人的遗传素质是差不多的，其发展之所以有差异，决定性的条件还是在于环境和教育的不同。随着儿童青少年年龄的增长、年级的升高，遗传的作用越来越小，而环境和教育的作用则越来越大。

我们如何看待咱们的教育对象儿童青少年呢？一是他们是人；二是他们是未成年人或未成熟的人，需要接受教育；三是他们是发展中的人，教育是促进儿童青少年发展的决定性因素；四是他们是有主观能动性的人，教育在促进儿童青少年主客观的交互作用时，必须重视要讨论的发展的内因问题。

二、心理发展的动力

什么是儿童青少年发展的动力呢？对此，目前各界还有各种不同的理解。我们在探讨心理发展动力问题时，必须要考虑到动机系统和普遍原理。所谓考虑到动机系统，即涉及人的发展的动力时，要考虑到引起人的活动和各种行为的一系列动机；所谓考虑到普遍原理，即谈论人的发展的动力时，要考虑到能普遍地反映各种心理现象(心理过程和个性心理特征)的主要矛盾。

按辩证唯物主义的哲学观，事物发展的动力在于其内部矛盾。既然儿童青少年发展动力乃是其心理的内部矛盾，那么，儿童青少年发展的内部矛盾是什么呢？如果考虑到动机系统和普遍原理，我同意我国 60 年代对这个问题讨论中以朱老观点为代表的一般的理解，即在儿童青少年主体和客观事物相互作用的过程中，亦即在儿童不断积极活动的过程中，社会和教育向儿童青少年提出的要求所引起的新的需要和其已有的心理水平之间的矛盾，是儿童青少年发展的内因或内部矛盾。这个内因或内部矛盾也就是他们发展的动力。简言之，即儿童青少年在活动中产生的新需要和原有心理水平构成的矛盾，是他们发展的动力。这里，一是动力产生于活动、实践之中，统一于活动、实践之中，并实现于活动、实践之中；二是新的需要是这对矛盾的活跃的一面；三是新的需要能否获得满足，关键在于原有的心理水平。

我想分四点来报告。

（一）在实践活动中，主观和客观的矛盾是人的发展内部矛盾产生的基础

人对客观现实不是机械地反映的，而是在人的能动的实践活动中，在主观和客观的矛盾过程中反映到人的主观上来的。也就是说，只有实践、活动才构成主、客体的矛盾，才能反映主体活动领域内的现实。离开了实践、活动，就不会有人的发展的源泉。

对于咱们的教育对象儿童青少年来说，如果不研究他们和外界的联系，特别是和人的联系，不研究他们的活动，就无从说明他们的发展和变化。同时，人的发展，是在个体和外部世界相互作用的外部活动、实践中逐步"内化"而成为内部的心理活动的。这里，在实践活动中，主观和客观的矛盾是人的发展内部矛盾产生的基础，这种发展的内因或动力正是在这种实践、活动中逐步发展起来的。在儿童青少年发展的各个阶段，都有一种主导活动。例如，幼儿的游戏是他们的主导活动，学生以学习为主导活动，毕业离校的青年乃至成年期以工作、劳动为主导活动。这种主导活动，就是人的发展的最重要的基础，直接决定着人的发展的方向、内容和水平。

(二)需要在人的心理内部矛盾中代表着新的一面，它是心理发展的动机系统

马克思和恩格斯指出："任何人不管做任何事，都出于自己的需要。"(《马克思恩格斯全集》，第 3 卷)又说："人们习惯于从自己的思想，而不是从自己的需要出发来解释自己的行为(当然，这种需要也是反映在人脑中的，是意识到的)，这样一来，久而久之便发生了唯心主义的世界观。"(同上书，第 20 卷)可见，所谓需要，也是一种反映形式。任何需要都是在一定生活条件下即在一定社会和教育的要求或自身的要求下产生的对于一定客观现实的反映。需要的这种反映和一般反映的共同之处，是"能被人意识到的"反映形态；和一般反映的不同之处，在于需要是人的活动的动机系统，由它引起主体的"内外行动"。

由于需要这种反映形式的重要性，长期以来，一直受到心理学家的重视。1938 年摩莱(H. Mtorry)在所著《人格的探索》中列举了 20 余种人类需要。在这基础上，马斯洛(A. B. Maslow)在 1943 年出版的《调动人的积极性的原理》一书中提出了"需要层次系统"这一理论。需要层次系统把人类的多种多样的需要按照它们的重要性和发生的先后次序分成五个等级：生理需要，安全需要，社交需要，尊敬需要，自我实现。上述需要的五个层次是逐级上升的。当下一级的需要获得相对满足以后，追求上一级的需要就成为驱使行为的动力。但是，如果满足了高级需要，却没有低级需要时，他可能会牺牲高级需要，而去谋取低级需要，甚至于去"铤而走险"。我们认为，马斯洛的需要层次系统理论，尽管有值得借鉴的地方，但根本的一点是忽视了人的主观能动性，忽视了在一定条件下通过精神力量，改变需要主次关系的可能性。

如何理解需要的实质及其在心理发展上的作用呢？我的观点如下。

首先，需要的分类尽管复杂，但不外乎两种：需要从其产生上分类，可以分为个体的需要和社会的需要，前者系个体的要求而产生，后者系社会的要求而产生；需要从其性质上分类，可以分为物质方面的需要和精神方面的需要。这两种分类是交错的。不管采用哪种分类方法，人的需要总是带有社会性的，个体需要和社会需要，物质方面的需要和精神方面的需要，其相互之间是制约着的。因此，人的需要又是带有主观能动性的。

其次，需要可以表现为各种形态，动机、目的、兴趣、爱好、理想、信念、价值观等等，乃是需要的不同表现形式，构成人的动机系统，使人做出主观努力。在个性方面，这些形态就形成个体或个性意识倾向性。某种原始性需要的表现形式，可能是高级需要的表现形式的发展基础，但反过来，高级需要的表现形式往往支配和抑制了低级需要的表现形式。例如，人们为了实现理想、信念及其事业等等，往往牺牲了某种生理需要和安全需要。可见，需要的主次关系是可以变化的。

最后，需要在人的心理发展中，经常代表着新的一面、比较活跃的一面。客观事物总是在不断变化，主客观的关系也在不断发展，于是人的需要也会随之变化，起着动机系统的作用。我们在讨论需要的作用时，应着重指出它的动力性，动机的进程在很大的程度上是以需要的动力性为转移的。事实上人类从开始就以这样一种方式，即攫取外界客体来满足自己的一定的需要，人的第一需要的自我满足，已满足了的行为和已获得的满足才引起新的需要。可见，需要是在主客观矛盾中产生于客观现实，由适应来满足这种需要，一种需要满足了，又会产生另一种需要，由此推动人的心理及行为的发展变化。

(三) 原有心理水平，即原有的完整心理结构是过去反映活动的结果

人的主观因素是人脑在实践活动中对客观现实的反映。通过反映，形成一定的心理水平。昨天还是客观的东西，通过主客体的矛盾，就可能被反映成为今天的主观的东西；同样，今天作为客观的东西，通过实践活动，也可能被反映成为明天的主观的东西。这种反映的结果，逐步构成人的心理的完整结构。完整的心理结构是一个十分复杂的整体，它大致由下列成分组成，代表着当时的主体的发展水平：①心理过程，即认识、情感和意志过程的发展水平；②个性特征，即能力、气质和性格的发展水平及其表现；③知识、技能与经验的水平；④心理发展中年龄特征及其表现；⑤当时的心理状态，即注意力、心境、态度等。

我们平时说，教育工作必须要从学生的实际出发，就是要从上述的完整的心理结构出发，这样才能做到"有的放矢""一把钥匙开一把锁"。原有的心理水平，即

原有的完整心理结构是一个统一整体，它代表着人的活动中的旧的一面，比较稳定的一面，但是不应该将原有的心理水平看作是保守的。任何人原有的完整心理结构，都有积极的因素，同时也存在着不足或有待于发展的方面。

(四)新的需要和原有心理水平的对立统一，构成儿童青少年心理发展的内部矛盾，形成人的发展的动力

在儿童青少年的实践活动中，产生了各种新的需要，必然与原有心理水平或结构形成新的矛盾。双方互相依存，也互相转化。矛盾双方是统一的，又是斗争的。其结果不外乎两种，一种是新需要为原有的心理水平即完整结构所同化，且趋于一致，则促使心理在原有水平的基础上发展；另一种是新需要被原有心理水平即完整结构所否定、排斥，则使心理保持原有的水平，使新需要顺应原有的水平。是第一种状况好还是第二种好，要看其内容和心理发展的方向。例如，新的求知欲需要形态，促使主体在原有水平上去学习探索，获得知识，发展智力，这有利于儿童青少年的心理健康发展，但是吃喝玩乐的需要，促使儿童青少年的原有心理水平获得"同化"，往往使他们走向歧途。又如，正确的思想教育的要求，激发起学生积极上进的新的需要，但原有心理水平中却有社会阴暗面留下的伤痕，这可能否定新的需要，这种对原有水平的保持，说明这个学生未能进步。但是与此相反，健康的原有心理水平抵制社会上不正之风的侵蚀所激起的各种需要，这种原有"本色"的保持则意味着进步。

总之，新的需要与原有心理水平所组成的矛盾是十分复杂的。在社会和教育的影响下，在儿童青少年的活动中，他们所产生的新需要同原有心理水平的对立统一确实是普遍存在的。而正是这个矛盾的运动，才推动着儿童青少年的心理不断变化发展。因此，这个矛盾是儿童青少年心理发展的动力。

内部矛盾是儿童青少年心理发展的根据，环境和教育则是这发展的条件。其中教育是最主要的外因，是儿童青少年心理发展中的最重要的条件。

如何发挥教育的主导作用呢？这里，必然会有人提出这么一个问题：教育提出的要求，是严一点好，还是宽一点好？这在教育界是有争议的。

我们认为，过低的要求和过高的要求都是不适宜的。过低的要求，不管是学习要求还是品德要求都激发不起学生的兴趣，没有兴趣，没有求知欲，产生不了新的需要或动机系统，就不能很好地构成儿童青少年发展的内部矛盾。而过高的要求，远远脱离学生原有的水平，使他们"望而生畏"，不仅产生不了学习和上进的愿望，即使激起新的需要，也不能为原有心理结构所"同化"，难以构成他们发展的动力。只有那种高于学生原有水平，经过他们主观努力后又能达到的要求，才是最适合的要求。这就是所谓的"跳一跳，就能摘下果子"的原理。学生学习阶段任何教育与教学措施，必须符合这个要求。我们教师和家长在工作中应该遵循这些规律，向学生提出适当的要求，才能使学生在原有水平的基础上不断提高，使合理的要求变成其新需要，并以此为动力促使他们向前发展。

三、教育和发展的辩证关系

儿童青少年的发展，既不是由外因决定，也不是由内因决定，主要是由适合他们心理内因的那些教育条件来决定的。我们自己的研究表明，教育是儿童青少年获得知识经验的关键，教育加速或延缓儿童青少年发展的过程，合理而良好的教育是适合于儿童青少年发展变化的条件，促使他们发展动力的构成。这就是儿童青少年的发展上，外因和内因的相互关系。

从提出教育措施，以激发儿童青少年新的需要的产生，到他们的发展是怎样实现的呢？我分两点来报告。

(一)知识的领会是教育和发展之间的中间环节

从教育措施到儿童青少年得到明显而稳定的发展，并不是立刻实现的。也就是说教育并不能立刻直接地引起儿童青少年的发展，但是，它之所以能引起他们的发展变化，乃是以他们对知识的领会或掌握作为中间环节的，要经过一定的量变质变的过程。

不管是儿童青少年的智力发展，还是包括品德在内的社会性或人格的变化，都要以领会知识和掌握技能为基础。中小学教育是十分强调这个"双基"，即基本知识和基本技能的。

知识是人类社会历史经验的总结，从教育的角度来说，它以思想内容的形式为人所掌握；技能是指操作技术，它以行为方式的形式为人所掌握。

知识、技能与智能(能力和智力)有密切的关系。知识、技能的掌握，并不一定意味着一个人能力的高低，但知识、技能与智能是相辅相成的。智能的发展是在掌握和运用知识、技能的过程中完成的。离开了学习和训练，什么知识都不懂、什么事情都不做的人，他的智能是得不到发展的。中小学教学，就是在不断地提高基本知识和基本技能的基础上发展儿童青少年的能力和智力的。

知识、技能与品德、社会性和人格也是密切相关的。道德知识的领会，并不一定意味着品德的良好，社会态度的领会，也并不等于人格和社会性就高。但道德知识、社会经验、态度却正是品德和人格形成的基础。品德和人格有了这些基础，才能更好发展道德情感、社会体验，才有更好的道德行动的动机，以形成完整的品德和人格。离开了学习和训练，什么知识都不懂，什么事情都不做的人，他的品德、人格也是得不到发展的。因此，中小学在教育中，要强调"动之以情，晓之以理，循循善诱，以理服人"；在教学中要加强"双基"训练，因为这正是发展儿童青少年品格和智能的基础。

20世纪中期，形成一门综合性的学科——控制论。控制论认为，信息变换和反馈调节是一切控制系统所共有的最基本的特点。信息变换过程就是信息的接收、存储(相当于记忆)和加工的过程。人类领会了知识掌握了技能就是接收、存储信息，在此基础上加工才能促使人的发展。现代控制论、信息论有力说明，领会知识是教育和心理发展之间的中间环节，片面强调智力、品格的发展而忽视知识、技能的掌握，这对人的发展是十分不利的。

当然，经过教育和教学，学生对知识也不是立刻就能领会的。为什么呢？对于学生来说，从教育到领会是新质要素不断积累，旧质要素不断消亡的细微的量变到质变过程。从不知到知，从不能到能，要为原有心理水平所左右。对于教育条件来说，教育内容和方法的选择，都会产生不同的情况。如前所述，教材太难或太容易，都同样会产生一些不良的后果。教师和家长的责任就要以学习内容的难度为依据，安排好教材，选好教法，以适合学生原有的心理水平，并能引起他们的学习需要。

学生知识的领会，经验的丰富，技能的掌握，完成了教育到心理发展的中间环节，这是他们发展的量变过程。

(二) 教育的着重点是促使人的质的发展

量变过程的实现和学生知识的丰富，并不是教育的全部目的。事实上，儿童青少年领会知识、掌握技能后，并不立刻就引起他们的发展。例如，对学生进行教育，目的不仅仅在于提高他们的思想认识，更重要的是发展他们良好的道德品质，培养良好的道德信念和道德习惯。但从认识的提高到行为习惯的形成，整个道德品质的发展要经过一个过程。又如，对学生进行教学，目的也不仅仅在于提高他们的知识和技能，更重要的是发展他们的能力和智力，但从知识的提高到能力、智力的发展也是需要经过一个过程的。

上面提到，知识的领会这个中间环节是学生发展中的"量变"，那么，学生道德习惯的稳固形成与能力、智力的发展则是他们发展的"质变"。无数"量变"促进质的飞跃。无数次知识的领会和掌握才逐渐促进品德和智力的发展。我们老师的工作，就是要通过教育教学这个量变过程来促进他们在质上的发展。

以数学为例，数学是思维的体操，中小学的数学教学，不仅要让学生领会和掌握数学知识，还应着重于发展他们的思维和智力。人们常说要通过数学教学发展学生的逻辑思维能力。但什么是中小学生运算中的逻辑思维能力呢？我们认为，中、小学生运算的思维能力包括概括能力、空间想象能力、命题能力、推理能力及敏捷、灵活、抽象、创造性和批判等思维的智力品质。通过教学，在中小学生领会或掌握数学知识这个量变的基础上，产生比较明显、比较稳定的逻辑思维的运算能力，达到质的变化，这时才能说中小学生思维的心理水平真正得到了发展。我们老师的责任正是要通过教学，运用知识武装学生头脑，同时给予他们方法，引导他们有的放矢地进行大量的练习，促进学生的思维和智力尽快地提高和发展，不断地发生质变。

四、心理发展的年龄特征与个别差异

儿童青少年的身心发展，也跟一切事物的发展一样，是一个不断对立统一、从量变到质变的发展过程。在整个身心发展过程中，各个阶段将表现出相应的特殊矛盾和特殊质变。我们把儿童青少年身心各个阶段所表现出来的质的特征称为儿童青少年身心发展的年龄特征。应当指出，同龄的儿童青少年虽具有这个共性，但在同一时期，他们每个人又有其自己的个性，这就是所谓的个别差异。

为了搞好教育，必须把学生心理发展的年龄特征作为重要的出发点。我的《小学生心理学》和《中学生心理学》书中，都有儿童青少年身体发育变化的一览表。今天我在这里主要来报告他们心理发展的年龄特征和个别差异。

(一) 心理发展的年龄特征的一般概念

如何理解儿童青少年的心理发展的年龄特征呢?

第一，心理发展的年龄特征是指儿童青少年心理的年龄阶段特征说的。心理年龄特征，并不是说一个年龄一个样。如前所述，在一定的社会和教育条件下，儿童从出生到成熟大约经历六个时期：婴儿前期或乳儿期(0~1岁)、婴儿期(1~3岁)、幼儿期或学前期(3~6、7岁)、学龄初期或小学期(6、7~11、12岁)、少年期(11、12~14、15岁)、青年初期(14、15~17、18岁)。这些时期是互相连续，同时又是互相区别的。尽管在某一年龄阶段之初，可能保留着大量的前一阶段的年龄特征，而在这一年龄阶段之末，也可能产生较多的下一阶段的年龄特征，但从总的发展过程来看，这些时期或阶段的次序及时距大体上是恒定的。

第二，心理发展的年龄特征，是指儿童青少年心理在一定年龄阶段中的那些一般的、典型的、本质的特征。一切科学在研究特定事物的规律时，总是从事物的具体的、多种多样的表现中概括出一般的，本质的东西。虽然具体的东西是最丰富的，但本质的东西却是最集中的。儿童青少年心理年龄阶段特征就是从许多具体的、个别的儿童青少年心理发展的事实中概括出来的，是一般的、本质的、典型的东西。例如，中学生，即青少年期的思维，以抽象逻辑思维占主导地位。这是指最一般的本质的东西来说的。事实上，初中阶段与高中阶段并不一样，在初中学生的思维中，抽象逻辑思维虽然开始占优势，但是在很大程度上，还属于经验型。初中一年级学生的思维，与小学高年级学生有类似之处，离不开具体形象的成分，随着年级的升高，思维中的具体形象成分所起的作用逐渐减少。高中学生的抽象逻辑思维已由经验型水平急剧地向理论型水平转化，并逐步地了解特殊和一般、归纳和演绎、理论和实践等对立统一的辩证思维规律。

第三，儿童青少年的心理年龄特征，还表现出各个阶段、各种心理现象发展的关键年龄。心理发展有一个从量变到质变的过程，有一个从许多小的质变构成一个大的质变的过程。每个心理过程或个性心理特征都要经过几次大的飞跃或质变，并表现为一定的年龄特征。这个质的飞跃期，叫作关键年龄。

我们的一些实验研究初步表明，中、小学生在思维和品德的发展中，表现出几个明显的质变：

①小学四年级是小学生思维发展的质变期，初中二年级是中学阶段思维发展的质变期；

②小学三年级是小学生品德发展的质变期，初中二年级又是中学阶段品德发展的质变期。

为什么要考虑与研究关键年龄呢？目的在于更好地进行教育。这就是说，要了解儿童青少年心理发展飞跃时期的特点以便进行适当的教育。例如，有经验的中小学教师，很重视小学三、四年级和初中二年级学生的心理变化。他们称其为变化"节点"的年龄，并创造一系列条件，让学生的思维与品德更好地发展，为其进一步健康成长奠定智力与思想品质的基础。当然，即使抓住关键期教育，也要适当，要考虑此时儿童青少年心理发展的内因和身心特点。由于心理发展存在着个体差异，因此也不能对每个人都抓一个相同的年龄阶段，更不能得出"过了这个村，就没有这个店"的结论，以至错误地认为，如果过了这个时期，某些方面的心理现象就没有发展希望了。未来教育家应关心中小学生心理变化及其在智能与品格上年龄特征的研究。

第四，心理发展还有一个成熟期。儿童从出生到青年初期，总的矛盾是不成熟状态和成熟状态之间的矛盾。儿童生下来是软弱无能、无知无识的，到了青年初期，他发展成为一个初步具有觉悟、知识的人，为成为合格的公民奠定基础。这个变化是巨大的，是一个重大的质变。

心理发展有一个成熟期。我们的实验研究初步表明，16~17岁(高中一年级第二学期至高中二年级第一学期)是思维活动的初步成熟期；15~16岁(初中三年级第二学期至高中一年级第一学期)是品德的初步成熟期。

心理成熟有什么样的特点呢？我们在研究中看到：一是成熟后心理的可塑性比成熟前要小得多；二是心理一旦成熟，其年龄差异的显著性逐步减少，而个体差异的显著性越来越大。

第五，年龄特征表现出稳定性与可变性的统一。一般说来，在一定社会和教育条件下，心理发展的年龄特征具有一定的稳定性或普遍。如阶段的顺序，每一阶段的变化过程和速度，大体上都是稳定的、共同的。但另一方面，由于社会和教育条件在儿童青少年身上起作用的情况不尽相同，因而在他们心理发展的过程中和速度上，彼此之间可以有一定的差距，这也就是所谓的可变性。

心理发展的年龄特征既有稳定性，又有可变性或特殊性，两者是相互依赖、相互制约、相互渗透的。不过心理发展的年龄特征的稳定性和可变性都是相对的，而不是绝对的。心理发展的年龄特征的稳定性和可变性的关系，正是共性与个性的关系。

心理发展的稳定性表现在，不同时代不同社会的儿童青少年心理特征有一定的普遍性与共同性。尽管许多年龄特征，特别是智力方面的特征，有一定的范围和幅度的变化，但各年龄阶段的心理特征之间有一定的顺序性和系统性。它们不会因为社会生活条件的改变而打破原有的顺序和系统，也不会跳过某个阶段。

心理发展的可变性表现在，在不同的社会生活条件下，儿童青少年某些心理发展的程度和速度会产生一定的变化。在不同的社会生活条件下，会出现有本质区别的年龄特征，如品德行为。在不同的社会生活条件下，儿童青少年可能出现某些同样的年龄特征，但这些特征的具体内容却产生变化和差异。相同的社会生活条件下，由于每个儿童青少年的心理发展原有水平或结构不同，存在着明显的个别差异，即个性特征。

(二) 心理发展的年龄特征与个别差异的产生原因

儿童青少年心理发展的年龄特征与个别差异是怎样产生的呢？

第一，从生理基础上分析。心理是脑的机能，而儿童青少年的生理在不断地变化，例如，脑的重量变化、脑电波逐步发育、脑中所建立的联系等也按一定的次序和过程在发展。而且，大脑和神经系统的这种发展是稳定的并有一定的阶段性。但生理发育、脑的发展的差异是存在的，这既有时代的差异，例如，我们在 20 世纪 90 年代对儿童青少年脑电波的发育研究结果，比起 20 世纪 60 年代的研究成果就提前了两年；又有个体差异，每个儿童青少年的生理发育、脑的发展不是固定不变和完全一致的，不管是神经类型还是机能情况，都有个别差异，这就是心理发展年龄特征和个别差异的生理基础，心理发展与身体发展紧密联系，构成身心发展的统一。

第二，从社会生活条件分析。社会生活条件，看起来是千变万化、错综复杂的，但也有其稳定的顺序性的一面。人类的知识经验本身也具有一定顺序性，儿童青少年不能违背这个顺序来掌握它。他们在掌握一门知识时，掌握的深度和广度也是循序渐进的。然而这一切，对不同的儿童青少年又是不尽相同的。可见，社会生活条件也造成儿童青少年的发展具有阶段性和可变性。

第三，从儿童青少年活动的发展上分析。在不同社会，不同阶段的儿童青少年，都有主导活动，都要经历从游戏向学习再向工作转化的过程。但活动的性质、范围、内容和要求却有所不同，这时就会出现儿童青少年心理发展的年龄阶段性，同时又会表现出稳定性与可变性统一的特点。

第四，从心理机能发展上分析。儿童青少年任何一种心理现象都是一个从量变到质变的发展过程。以思维发展为例，都要经过从直观行动思维，到具体形象思维，再到抽象逻辑思维的过程。这些都是在掌握知识经验的过程中实现的。这个过程不是旋即可成的，而是有顺序、有阶段的，绝不能跳级。这充分体现出心理年龄阶段的普遍性与稳定性。但是，就个体来说，每个阶段、顺序和过程，不管在时间上，还是在品质上，都允许差异的存在，这就体现出了可变性。因此，心理发展必然会表现出个别差异。

鉴于上述四个方面的分析，可看出，儿童青少年心理发展的年龄特征的存在是必然的。同时年龄特征兼备稳定性与可变性，二者统一成一个整体，互相依赖、互相制约并互相渗透，这是儿童青少年心理年龄特征规律的突出表现。咱们学校教育和家庭教育都必须考虑心理发展的年龄特征，这是做好教育工作的一个出发点。教师的任务在于从这个出发点去引导儿童青少年的心理发展。同时，又要考虑到年龄特征的可变性，考虑到儿童青少年之间的个别差异，对不同的儿童青少年，要区别对待，注意因材施教。这就是俗话说的"一把钥匙打开一把锁"的道理。

今天报告就到这里。

谢谢大家！

教师参加教科研是提高自身素质的重要途径^①

——在上海市中小学名师班上的演讲

徐崇文院长、各位老师：

下午好！

感谢徐崇文院长邀请我来为上海市名师班开班讲课。我带着对上海基础教育的情怀，在这个班上谈一个观点：老师参加教育改革的教科研是提高自身素质的重要途径，也是名师成长的必经之路。其实，上海中小学的教改教科研开展得十分出色，徐崇文院长1987年主编的有关"非智力因素"的学生用书，是我国中小学心理健康教育最早的教材。上海市的中小学教师正是走教改教科研的道路，涌现出一批又一批的名师。

"教师参加教科研"是1984年我在中国教育学会第一次学术大会上率先提出的，但当时还不被人接受。记得1985年在一次学术报告中，我提到自己的观点："教师参加教育科学研究，是提高自身素质的重要途径。"当时提的"教师"，主要是中小学教师，不仅未见成效，反而引起一些怀疑，有人竟在议论"天方夜谭"。但是，今天不会有太多的人反对这个观点了。当然，从我个人的角度说应该感谢国家教委的各级领导，尤其是何东昌和张承先两位同志，没有他们的支持，就不会使这个观点被人认可。

教师是发展教育事业的主要力量。一个学校能不能为社会培养合格的人才，培养德智体全面发展、学有特色的社会主义建设者和接班人，关键在教师。是的，社会主义的办学方向、教育质量的高低优劣、教育出来的学生能否成为德才兼备的一代新人，都要靠教师这个环节来体现。

---

① 有关教师参加教科研的选题，我先后在北京、浙江、广东等地基础教育界与我主持的"学习与发展"课题组做过多次演讲。本文是按2006年5月1日在上海市中小学名师班上的报告整理而成的。

我国基础教育的师资素质，正在逐年提高。但是，我们也不无忧虑地看到，在我们中小学教师中，也存在着种种问题。广大教师无论是思想素质还是业务水平都有待提高。前几年整个教育界抓了中小学教师的学历"达标"问题，这完全是必要的。可是有一个现实问题出现了：现在中小学教师学历要求已达到或超过国家的要求，也就是小学教师为中师毕业生，初中教师为大专毕业生，高中教师为大学本科毕业生。上海市中小学早已实现或超过"五六一"工程，即小学教师有 50% 为大专毕业生，初中教师有 60% 为大本毕业生，高中教师有 10%～15% 拿到硕士学位或硕士研究生课程班的结业证书，那么是否教师培养工作就可终止了呢？当然，答案是否定的。今后，我们仍然要把教师队伍的建设放到应有的战略高度。中小学教师素质提高的途径很多，我们认为，参与教育科学研究，特别是参与教育改革方面的教育科学研究工作，是一个重要的途径和方法。我们在全国 26 个省区市的实验点所从事的教学实验研究，从一定意义上说，就是一场带领一大批中小学教师参加教育科学研究的研究。

一、教师参加教科研的必要性与可能性

中小学教师参与教育科学研究，是必要的，也是可能的。

(一) 必要性的表现

北京十一学校老校长李金初先生于 20 世纪 80 年代末参加我们发展学生智能的教科研，取得了显著的成绩。1995 年 3 月 1 日，十一学校举起了国有民办的旗帜，从此义无反顾地走上了史无前例的公办学校办学体制改革之路，也是一项带领教师实施高层次教育科研之路。十多年的风雨兼程，终于为北京市打造了一所著名中学，既为国家节约了上亿资金，又为国家积累了近四亿资产，其体制改革与课程改革的成果和经验都影响到全国。教师队伍素质在这场改革兼科研过程中极大地提高，并建立了培育教师的教育科学的博士后流动站。所有这一切，体现了改革精神、教科研精神、创新精神、无我精神、为国精神，因为只有在这种精神指导下，

才能使国家的教育制度、教师队伍的建设更上一层楼，从中更体现教育改革的教科研的必要性。这种必要性表现在：

一是懂得教育规律，提高教育理论水平，从而更好地从事教育工作。我们要做好任何工作，都必须按客观规律办事，教育工作也是这样。要做好教育工作，就必须按照教育的客观规律办事，不能搞主观主义。而中小学校长、教师投入教科研，首先要学习教育理论，掌握教育规律。例如，在宏观上，了解教育的实质、功能和目的，了解教育结构、体制和发展目标等；在微观上，了解教学过程、课程设置、考试规律，德育的特点、学生的特点和评价方法等。正是这些理论体现了一定的教育规律，于是，参与教科研的中小学校长、教师，可以对照自己的教育实践，做到理论联系实际。因此，十一学校李校长带领教师亲自参加这些教改的科研，不仅在教育体制改革方面取得成绩，而且还提出"人生中心教育论"，他们掌握了教育的客观规律，进而实施全校的整体改革，并极大提高教育的质量。

二是了解教育发展的趋势，更自觉地为建设具有中国特色的社会主义教育体系做出努力。教育科学研究的课题来自一定的教育理论和教育实际，它具有时代感、整体观和创造或开拓性。一个优秀的教育科学研究课题的提出，都存在"适应两个需要"的问题。一是适应国际教育发展的趋势。国际教育界目前非常重视知识经济和基础教育关系、学生核心素养等的研究，这对参加教科研的十一学校校长和教师有很大的吸引力，他们也要使自己的研究课题同这个国际教育发展趋势相吻合。二是适应我国教育观念的更新。教育观念的更新是以教育任务为前提的。20世纪90年代我国教育发展战略的重要课题有关于教育国情或教育环境研究、战略目标研究、教育结构和体制研究、教育质量研究、教育投入研究、教育体制研究等。如果中小学教师直接参加教育科学研究，从中体会到面对21世纪的挑战，要发现新情况，研究新问题，亲自投身于建设具有中国特色的社会主义教育体系，就能更直接地掌握教育工作的主动权。

三是明确教育改革的实质，更好地当好教改骨干，并为深化教育改革做出贡献。教育科学研究，是教育改革的先导与基础，这就是"科研带教研，教研促教改"的来由。引导中小学教师参与教育科学研究，特别是教育改革实验的科学研究，这和他们的切身利益密切相关。改革旧的教育思想、教育内容和教育方法，是一件十分艰巨的工作，要下大力气。这里面既有感性认识问题，又有理论问题。教育改革的科学研究既使参与者的中小学教师对教改实验的感性认识能上升到理性认识，又使他们将一定理论知识带回到教改实践中做出分析，从而使这些中小学教师不仅掌握教育改革的主动权，而且在教育改革中提高自身的素质；不仅提高教育改革的自觉性，而且也用科学的态度投入教改，从而提高教育改革的质量。

四是教育科学研究能够提高教师的教育科研意识，改变教师的角色。中小学教师在教育的过程中参与教育科学研究，特别是教育改革的科学研究，使这个过程中的重大决策有一定的理论依据。中小学教师通过实地调查、实验研究、筛选经验、科学论证，实现着教育工作的科学化。这样，这些教师的教育、教学工作的模式就由"经验型"转向"科研型"，教师本身角色的模式也由"教书型"转向"专家型"与"学者型"。于是，教师不仅成为教育、教学的骨干，使教育、教学工作具有开拓性，而且具有一定的教育科学研究能力，从而按照教育科学意识指导教育，使教育工作逐步走向规范化、科学化。如果联系本书各章对中小学教师的要求，教师的角色则出现了崭新的变化，如特级教师、著名校长吴昌顺所指出的那样，成为教育者、领导者、保健者和科研者。

(二)可能性的表现

中小学教师参加教科研是否可能？我先用下边的例子引路。

北京五中在吴昌顺校长的带领下，自"七五"开始，逐步明确提出"科研导向，开辟德育新思路；科研领路，教学再上新台阶；科研搭桥，全面提高教师素质"，并为之进行了认真踏实的实践。校长带头承担课题，教职员工、文理科、老中青三个年龄段的教育工作者都有典型，滚雪球式地逐步发展，以此来贯彻三个"全面"：全面贯彻教育方针，对全体学生全面负责，全面提高教育教学质量。80%以上的教师有论著，有的论著超过百万字，有的成果在社会上引起很大的反响。例如，该校特级教师梁捷的教学录像片(李立风导演)《中学语文听、说、读教学》18集，在中央电视台播放；《美育之光》12集，在北京电视台播放。1998年该校70华诞之际，从获奖论文中选出各方面、各学科较好的 51 篇作品出版了《耕耘与收获》论文集。张岱年先生为之题写了书名，我受命作序。论文集表现出理论与实践相结合、研究内容和范围具广阔性、研究方法和手段具多样性等三个特点。这所升学率 100%、升入重点大学学生超过 91.6%、考上北大与清华的毕业生名排北京市前茅的重点中学，十余年来在教师成为学者型与专家型角色中取得了显著成绩。

北京市宣武区琉璃厂小学原属于水平偏低的一般学校，周边环境差，生源差，教学质量也差，属于基础薄弱校。该校的前门被老百姓的棚屋所占据，后门在一条胡同里，车子进不去，来了教学器具，少不了教师动手搬。在齐国贤、谢美意、卜希翠先后几任校长、主任的带领下，学校投入教科研，奋斗六年后彻底改变了后进面貌。学生全面发展，学有特色，获奖项目多，举办了展览会，形成了良性循环。自 1995 年开始，该校成为接待兄弟省市区同行的开放式学校。1996 年，该校获北京市优秀教育科研成果奖。全校教师普遍地投入科研中去，使得教师素质迅速提高，不少人开始著书立说。1997 年该校首批毕业生成为一些重点学校重点选择的对象，学校声望大震。由谢美意、卜希翠、刘宝才等主编的教师论文集《小学实验课型新探》和《提高教师素质培养学生能力》在全国同行中颇受欢迎。学校将其前门被占情况向区里汇报，位置在琉璃厂的前门终于被打开了。于是我请启功先生为该校题了"琉璃厂小学"五个大字，荣宝斋为其制作了一块大匾，金光闪闪的大匾一挂，成为真正的琉璃厂小学。

1998 年我们课题组召开学术研讨会，同时也是对 20 年教学实验的一个总结，在会上表彰了 127 个先进单位，它们中绝大多数是普通的中小学校。还有诸如黑龙江省五常市教委、山西省晋城市城区教委、河南省偃师市教委等，在他们的领导下，全市（区）的所有小学全部投入我们课题组的小学教改实验。我们抽样调查了全国小学实验点，发现随着实验时间延长实验班和对照班在知识与能力测验成绩上的差异越来越大；对照班的标准差（或两极分化的离差程度）逐年增加（从一年级至五年级分别为 10.2，10.6，15.6，21.0，24.5）；而实验班却变化不大（从一年级至五年级的标准差在 8.8~10.6 之间）。中学的情况也类似。近五年中，实验点的教师荣获"特级教师"称号的有 23 名，晋升中学高级或小学教师享受中学高级待遇的超过

150 名。例如，浙江省的特级教师王金兰、黄逸萍不仅是劳动模范、省小学语文和数学的学术带头人，而且还被评为优秀教学成果主持人。此外，课题组的中小学教师撰写的论文，有 500 多篇分别获得全国的、省级的、地级的和县级的奖励。由此可见：一是中小学生蕴藏着极大的发展潜力；二是中小学教师蕴藏着搞教改实验研究或教育改革科学研究的极大积极性和可能性；三是中小学教师可以在教育科学的研究中，特别是在教改的教科研实验中提高其素质。

教科研对重点学校来说是锦上添花。例如：江苏扬州中学校长沈怡文承担了"九五"国家教委重点教科研的课题；中老年特级教师如蒋念祖、张乃达的语文、数学教育专著誉满全省；青年教师积极投入教科研，他们的成长更快了，30 多岁的历史教师王雄成了特级教师。教科研对于基础薄弱学校来说则是雪中送炭。例如，1997 年 4 月我去海南讲学，一出海口机场，先奔参加我们课题组的海口市二七小学。一进校门我大吃一惊，没有想到一所原先基础薄弱校变成了一所花园式学校。一问，原来教师们在傅映柏校长的带动下，参加了教科研，自身素质提高很快，教学质量逐年提高，一改原来面貌，赢得当地老百姓的信赖，是老百姓帮助二七小学建设了新校园。1996 年小学毕业考试，海口市语文、数学平均成绩分别为 66 和 79 分，可是二七小学却是 88 和 98 分。难怪海口市教育局和教研室对此给予莫大的支持，并不断地扩大实验点。

二、教师参加教科研的特点

教师参加教育科学研究总的特点是 16 个字："面向实际，站在前沿，重在应用，旨在质量。"师生素质和教育质量的提高，是教师参加教科研的核心目标。

(一) 在研究过程中体现的特点

不同的课题、不同的研究有其不同的特点。我们只能用自己教改实验做例子。我们在研究中，主要抓了一个目的，两种需要，三股力量，四条原则，五项设想。这在一定意义上也可以代表中小学教师参加教科研的具体特点。

1. 课题提出

所谓研究课题，意指研究什么，即规定的具体题目和具体内容，或要研究的问题。这些问题既是我们认识的成果，又是我们进一步认识的起点。课题来自两个方面：一是来自理论，即前人的理论，或他人的理论，或自己的理论。二是来自实际，中小学教师研究的课题，主要是来自实验，像东海的海水一样，教育实际有着中小学教师所需要的取之不竭、用之不尽的课题。

中小学教师研究课题选择的原则为：①必要性，既要满足社会需要，又要满足教改的需要，具有应用的价值；②科学性，必须有一定事实根据和科学依据；③创造性，选题有新意；④可能性，应考虑到各种主客观的条件；⑤兴趣性，适合研究者自己的兴趣。中小学教师按照这些原则选择个人或集体的研究课题。可以是宏观课题，更需要微观的课题；可以是教育或教学课题，也可以是自身素质提高课题；可以是教育实验课题，也可以是科学的经验总结；等等。

2. 适应需要与文献综述

中小学教师的教科研，如上面提到是为了适应两个需要：一是迎合国际教育发展趋势的需要；二是符合我国亟待更新、转变的教育观念的需要。我们认为中小学教师参加教科研都有两个适应的问题。

针对这两个需要，要求中小学教师在参加教科研时先要阅读有关论著，充分掌握材料，才能写好文献综述。任何一个研究，都要强调文献综述，它是回顾、综述国内外的有关研究，或概括研究，使研究者理清某些研究发展的脉络和背景，成为研究的基础，有助于研究者进一步研究问题，为提出假设提供经验和依据。文献综述不是对材料的罗列，而是根据自己的思路，既客观又主观地汇总而成的。

3. 研究力量

我赞同教育家陶西平的观点：教改教科研的成功，要依靠"有权之士""有识之士""有志之士"三股力量的共同努力。中小学教师参加教科研更需体现这三股力量的有机结合。

我们课题组的教改实验，正是专业工作者同教育部门的行政官员、中小学广大教师密切结合来进行的。在教学实验中，我们课题组不仅获得国家教委和地方各级教育部门领导的支持，而且他们中间的不少专家型领导已成为课题组的成员。各级教育部门的有权之士，从精神、财力、研究条件等多方面给予了我们帮助。

在教学实验中，专业工作者应该是中坚力量，或者说是各方面力量的中心。专业工作者不仅是研究方案的制订者和整个实验的主持者，而且他们应该是"有权者的智囊"，"有志者的知己"。在一个较大型的教育科学研究项目中，专业工作者应该具备知识、胆识和见识，这才能称为"有识之士"。我不是什么"有识之士"，但我争取当有识之士。

在教学实验中，我们课题组有数以千计的实验班，有一大批参与实验研究的中小学教师和学校级领导，他们是教育改革的"有志之士"。他们有的在省区市级重点学校，更有大批的教师在一般学校，或基础薄弱校工作。他们凭着坚定的志向、求实的精神、科学的态度、合理的措施，把教学实验逐步引向正规，最后获得了可喜的成果。为了教学实验的成功，这些"有志之士"做出了很大努力。如果没有课题组一批事业心强、教学严谨、认真贯彻实验措施的骨干力量以及实验班教师，我们很难想象自己的研究能够成功。

4. 研究原则

教师参加教科研的原则是：客观性原则、系统性原则、优化性原则、不平衡原则。这四个原则是工作指针和方向。

（1）客观性原则

这是中小学教师参加教科研的出发点。它要求我们在实验研究中，必须坚持实事求是，一切从实际出发。因为，任何科学研究只有符合客观事物的真实面貌，才能达到真理性的认识。

（2）系统性原则

事物是以系统形式存在的有机整体，是由要素以一定结构组成的，具有不同于诸要素功能的系统，是由不同层次的等级结构组成的开放系统，它处于永不停息的自组织运动之中，有其产生、发展、消亡的过程。坚持系统性的原则，使我们更好地、全面地分析问题和研究问题。我们课题组在对中小学生能力发展与培养的研究中，注意从以下两个方面来贯彻系统性原则：从整体观来看待中小学生能力发展与培养的全貌，研究了智力因素必须要探索非智力因素，研究了学生必须要探索教师，等等；从整体观来看待中小学生能力发展与培养的具体研究方法，它也是一个整体。

（3）优化性原则

教学实验是讲究效果的。中小学教师参加教科研，最终的目的在于教育，提高教育质量，一切不符合以教育为目的的研究措施都应该杜绝。在教育史上，明确提出"最优化思想"的是苏联教育家巴班斯基。而我们这里"优化性"原则的目的，是为了减少各种教育资源的投入，减轻师生的过重负担，提高教育质量，促进学生发展，以便为社会更好地培养人才。我们在教学实验中提出：要花较少的时间和精力，取得在可能范围内的较大效果。于是我们加强对实验班教师的培训，系统地引导他们学习教育科学和心理科学的理论，以探索改进教学的措施；围绕学生发展的课题，在教程、教学方法和手段、学习积极性、学习策略等外部和内部两个方面着手改革；将发展学生的智力与能力放在"优化性"教学的首位。

（4）不平衡性原则

由于种种原因，学生之间存在着各式各样的差异。以智能为例，就存在着不平衡性：在不同问题上表现出不同的智力与能力，在不同的活动上表现出类同智力与能力的最佳水平。这种智力与能力发展不平衡性的产生是有原因的：来自问题的情境；来自学习活动的差异；来自学生基础、个性特点及心理状态的差异。于是，我们在教学实验中注意到：承认中小学生在智力与能力方面的个别差异是客观存在的，这就是我们提出的"鼓励冒尖，允许落后"的理由；针对在不同的问题上表现出不同智力与能力的事实，我们注意在智力与能力发展研究的设计中，考虑其内容、知识范围、活动的代表性，在评估（评价）的测查中，所测查的内容、材料、活动必须力争全面，并且对研究结果做出客观的分析；针对在不同的活动上表现出不同的最佳智力与能力水平的事实，我们就在制定培养智力与能力的方案上做到有的放矢。

5. 理论设想

我们的教改实验的指导思想或理论构想，坚持五种观点。

一是儿童与青少年心理发展的基本规律是教育改革的出发点。

一是培养思维品质是发展智力与培养能力的突破口。

一是数学能力和语文能力是中小学生智力与能力的基础。

一是从非智力因素入手来培养学生的智力与能力。

一是融教师队伍建设、教材建设、教法改进为一体，提倡教师参加教科研，以此作为完成这"三位一体"的基础，特别是提高自身素质的基础。

但是中小学教师参加教科研，各自有自己的课题，也必然有自己的理论设想，这就需要我们学习理论知识，坚持理论联系实际。没有理论指导的教科研是不会成功的，至少不是一个完整的研究。

(二) 中小学教师参加教科研的基本特点

"在研究过程中体现的特点"，并不完全是中小学教师参加教科研的基本特点，因为在这里的论述中，有我们专业工作者的参与和设想。现在许多地方都用这种要求去衡量中小学教师教科研的质量，那是极不公平的。以教师为主体的教科研主要从目标功能、方式方法和评估标准三个方面体现出来。所以，我们要重视并注意以下三个问题。

1. 注意教师科研与专业人员科研目标的区别

教师参加教科研的出发点在于提高自身的素质和直接地提高自己所从事的教育工作的质量；而专业人员从事教科研，他们追求的是科学性与理论性，尽管也强调为教育实际服务，去提高教育质量，但侧重点是为了用取得的理论去指导教育质量的提高，具有间接性。

教师参加教科研的课题，更多地或基本上来自教育实践，以实际课题为主；而专业人员的课题虽然也有的来自实践，但更多的还是来自理论。

教师参加教科研，对课题目标选择的原则是为了应用；而专业人员的研究类型分基础研究、应用基础研究和应用研究，他们目标选择的原则很少有纯应用研究，而是把前两种作为他们选择目标的原则。

2. 注意教师与专业人员科研范式的区别

教师参加教科研采用的主要是教育实验或教育行动的研究；而专业人员在教科研时采用的是综合方法，尤其是实验法，这里包含实验室的实验。

教师参加教科研在队伍中强调"有权之士、有志之士与有识之士"三者结合；而专业人员也不排斥"三士"的结合，但更强调自身独立地从事教科研的研究。

教师参加教科研的形式和步骤是确定问题—寻找解决问题的途径—应用解决问题的方法—理论分析—反思；而专业人员却是按照选择课题、预定假设、确定原则、选择类型、探索方法、分析结果、理论讨论等范式展开研究。

3. 注意教师科研与专业人员科研成果评价标准的区别

教师的研究成果，首先评价其是否达到自身的研究目的，他们主要是以能否大面积地提高教育质量和自身素质为首要的评价标准；而专业人员以科学性，特别是以所获成果能否证明反映自身观点和自身价值作为评价科研成果的原则性指标。

教师的研究成果评价参照体系，主要是教育界的同行；而专业人员的教科研成果评价参照体系则是学术界，甚至于把自己的成果做国际比较，考虑能否站在国际前沿或居于国内领先地位，所以专业人员对研究成果评价时，往往要分析能否达到"国际领先""国际先进""国内领先"及"国内先进"四级水平。

教师研究成果的评价原则，应更重视理论与实际联系性及优化性原则；而专业人员对研究成果的评价则更强调理论创新性和科学客观性的原则，科学创新或原创性成果是专业人员从事教科研所追求的核心要素。

三、研究方法的选择

有两种方法对我们中小学教师参加教科研是有意义的：一是经验总结法，把成功的经验上升为理论；二是教育实验，这是投入实验研究的技术路线或手段。

(一) 教育经验总结法

一提经验总结，自然而然地想到了"经验型"，而韩进之、张奇两位教授提出的教育经验总结，确是适合广大教师投入教科研的一种比较容易的方法。

我把他们的方法简化，请大家看图 1。

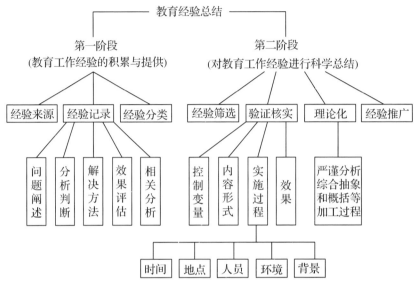

图 1　韩进之、张奇的教育经验总结法

先进的教育工作经验的科学总结法的实际操作过程分为两个阶段。

第一个阶段是广大教师在教育和教学工作实践活动中的经验积累与提供。这个阶段的工作由广大教师在日常工作中来完成，其中要注意做好经验的记录。对有价值的新经验要做详细的记录。记录要客观属实，不能随意夸大或改变。经验的记录应该包括对问题或现象的具体阐述、对问题的分析判断、解决问题的新方法、解决问题的实际效果和对不可控相关因素的估计。对第一阶段工作，中小学教师都比较熟悉。

第二阶段的工作是对教育工作经验的科学总结。这个阶段的工作要由教育管理部门的行政领导(如校长和地方教育部门的负责同志等)和中小学教师共同来完成。这个阶段的工作要包括以下四个方面。一是经验的筛选，即选择那些有研究和推广价值的经验为先进教育工作经验，并做科学总结的对象。二是经验的核实与验证。对经验的核实大致有三个方面的内容：核实经验所提供的新的教育经验及其具体内容和形式；核实某经验的新方法的具体实施过程；核实新方法等的实际效果。经验的验证依据是所提供的方法等，要不要设置实验班和对照班，由学校根据具体情况自行决定。目的在于对比先进的教育方法与一般的教育方法的教育效果。验证对比，要考虑到和先进经验使用相似的时间、地点、人员、环境和背景。最后根据实验班和对照班学习评定结果或与某一地区总成绩的差异检验来判定新方法是否有效。新教育方法的教育效果明显地优于一般教育方法的效果时，这种新的教育方法才能上升为理论或教育模式。三是对验证的经验及其方法进行理论化，即把经过实验验证为有效的教育方法进行理论分析，提炼和概括，上升为一般的教育理论或教育模式。这项工作要由理论工作者和实践工作者一起来做，以便使理论工作者概括出的理论更符合教育实际。四是先进教育方法或理论的推广。在这个过程中，原来的理论或方法还要根据实际运用的情况进行修改或补充，使之更进一步地完善，推广工作要有"点"有"面"，有步骤地进行。一般是先"点"后"面"，待其成熟后，才可大范围推广。推广的方式有好多种，如教学观摩、经验报告和办短期培训班等都是可采用的好形式。

(二)教育实验法

我们在上面已经谈到教育实验的两个步骤——分析课题和写好文献综述；同时我们也分析了研究原则，也请大家看图2。

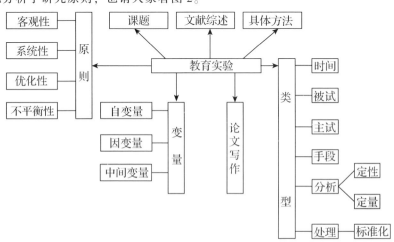

图 2　教育实验法示意图

对教育实验，我们还须做如下补充。

1. 关于类型

从时间上分，教育实验的类型有两种。一种是横断研究，例如，对独生子女特点及其家庭教育状况的调查，即在同一时间内对某一年龄（年级）或几个年龄（年级）被试的特点、水平或成绩进行测查并加以比较。另一种是纵向研究，例如对班主任多年经验的总结或对学生的某学科能力发展的长期研究，即在比较长的时间，对被试某特点、水平或成绩进行有系统的定期的研究，也叫追踪研究。

从被试分，可以对一个或少数几个被试（研究对象）进行个案研究，也可以把一组或许多被试当作一个组群进行研究。

从主试分，即研究人员，可以是个人，如某教师独立研究，也可以是几个人或多数人，如校长领导下的一个研究组进行的协作或集体研究。

从手段上分，可以采取一般技术，如观察、谈话、测验或自然（教育性）实验；也可以采用现代科学技术，如录音、录像、电子计算机或与专业人员合作利用现代化实验室的技术装备科学技术手段。

从分析上分，可以是定性分析，也可以是定量分析。这里涉及统计学问题。在"七五""八五"期间，北京市参与我们研究的中学教师，都学会了基本统计学知识。在今天，国际上社会科学研究中 5/6 已采取数字化，而咱们国家的教育科学界还热衷于"思辨法"，我并不反对思辨，但更期待我国教育科学研究跟上时代的节奏，重视数字化的或量化、质化的研究。

对材料特别是对试题的处理，主要采用标准化的分析方法，求出试题的难度、区分度、信度（可靠性）和效度（真实准确性）等。

2. 关于变量

在中小学教师参与的实验中，往往将某种指标（如学生考试成绩）归于某一动因。例如对教材的评价，可能是新教材编得好，也可能是教师教得好，换一位教师，这套教材就学不好。这里就引出三个变量控制的问题，即自变量、因变量及中间变量。所谓自变量，即刺激变量，指在实验研究中有意加以改变的事物，如课题、环境条件、被试者（年龄、年级、性别、民族、文化背景等影响因素）等。这类变量有量的变化，也有质的变化。例如试题的数量可以做量的分析；不同教学方法，不同的设备、仪器、工具、条件，不同的教材等可以做"比较"实验，要做质的分析。所谓因变量，即反应变量，这是实验中拟测的指标，如反应时间、反应速度、反应延缓期，反应量、反应准确性（率）、测验成绩、反应灵活程度等。此外，还有被试的态度、习惯、动机，对被试的诱因、被试的准备状态、目标定势，以及主试的倾向性、指示语，和实验研究无关的动作、表情、口气等都足以影响实验研究结果，所以应加以控制和密切注意，这就是中间变量。以上三种变量的关系是十分复杂的。因此，在教育实验研究设计中，要全面考虑到各种变量的关系，也就是考虑到如何有意改变自变量，如何观察和记录因变量，如何控制中间变量，如何使指导语更好地符合研究目的要求。否则，研究结果不仅失去科学性，也不会使广大中小学教师及同行们口服心服，反而引起反感等副作用。

3. 具体方法

中小学教师采用的具体方法，主要是观察、谈话、问卷和自然（教育性）实验。观察法就是有目的、有计划地观察被试在一定条件下言行的变化，做出详尽的记录，然后进行统计处理，从而判定他的行为的一种方法。观察分两种，一种是日常的观察，另一种是科学的观察。前者往往带有偶然性，缺乏组织性和计划性，也很少考虑影响行为产生和进行的所有重要条件；后者则不同，它要求必须从描述所观察的行为活动的事实转变到解释它的内在实质。观察是一门专门的技术。一个完善的观察要求必须注意如下几点：①明确目的，了解意义；②情境自然，客观进行；③善于记录，便于整理；④正确理解所观察到的现象，由表及里做出确切的、科学的、本质的解释。为了更好地观察，如有条件，可以采用一些现代化手段，如利用照相、录音、录像等。

谈话法又叫访谈法，它是通过谈话了解被试行为的一种方法。谈话中所获得的材料的丰富性和客观性，很大程度上依赖于研究者的机智和谈话的技巧。合理、灵活、恰当的谈话特点是：①要灵活，研究某一问题时，虽然对每个被试所提出的基本问题是相同的，但研究者可根据对方回答的具体特点做出灵活的反应；②用一个或一组问题开始向被试提问，研究者不仅要记下被试对问题的回答，而且要对方主动谈话,由被试的回答决定提问的过程;③整个谈话可以因人而异,可以采用不同的提问方式,不拘泥一定标准化程序;④在交谈时,研究者尽量运用被试能够领会的语言,不打乱其思路,不暗示,更不强加研究者自身的观点。在整个谈话(访谈)过程中必须注意目的明确;谈话的内容生动、风趣,使被试乐于回答;力求谈话机智,灵活地捕捉被试的思路;做好记录。

问卷法,就是把所研究的主题分为详细的纲要,拟成简明易懂的问题,印刷成册,分寄各地有关人员据实回答,或与学校的考试、测验、竞赛结合起来,让被试尽力完成,然后根据收回的答案,经过统计处理或文字总结,以解决问题。问卷分两种,一是封闭式的,所要回答的话尽量简短,可能时应只用"是""非"或画"+""-""×""√"等方式;二是开放式的,让被试尽量答完整,或可以漫无边际地写出自己的想法。采用问卷法必须要谨慎,并注意下面几个方面:①问卷试题,其量适当多一点,但必须紧紧围绕所研究的主题,目的是为了对同一类问题从不同侧面来提问,防止说谎或漫不经心的回答,试题虽多,但中心明确,不蔓不枝,言简意赅;②内容要生动活泼、有情有趣,使被试既愿意积极配合,认真回答,又不明白研究者的意图,无法猜测、敷衍;③以封闭试题为主,开放试题为辅,便于统计,便于被试按照研究者创设的条件来答题,便于主试评分评级一致化;④正式问卷,必须在预测的基础上进行,预测中出现典型答案,是充实正式问卷试题的来源之一,预测中出现五花八门难以区分等级或水平的试题,应及时删去。

自然(教育性)实验,兼有观察和实验室实验(中小学教师一般不用)的优点。它的一大特点就是把实验研究和日常教育教学活动密切加以结合。自然(教育性)实验分两类:一是研究被试某种行为特点以及影响因素,例如,我们曾研究了学习活动中,中小学生思维品质的速度、灵活程度、批判程度、独创程度和深刻程度的发展趋势、等级,以及影响因素。二是研究教育教学条件与被试某种行为发展变化的关系,这一般又叫培养研究。在采用自然(教育性)实验研究被试某种行为(如成绩变化)时,一般都要将被试划分为若干组,至少是"教育经验总结法"提到的两个等组:一个实验组,一个控制组。控制组要完全保持正常的情况,毫不受实验因素的影响,其功用只是为了实验之后同实验组进行对照和比较。例如我们在小学生思维品质培养的实验研究中，首先确定实验班与控制班，这种班的被试，均系就近入学，都是学生一入学就开始追踪研究，研究前通过智力检查及语文与算术两种考试，成绩都无显著的差异（经过 χ^2 检验，$p>0.1$），组成一一对应等组；使用教材相同（都是全国通用教材）；在校上课、自习及所留作业量相同，学生家长职业、成分大致相似，没有发现任何特殊的家庭辅导，或增加练习量的现象。所不同的是选择实验班的教师，应能与实验者积极配合，突出教学方法的改革，以利于实验班学生在运算中思维品质的培养；而控制班按照一般的教学方法进行，即不使用实验班的教学方法。通过一段时间的实验，实验班与控制班不论在思维品质方面还是在教学质量方面，都显示出显著的差异。从中可以看出，教育是作用于思维发展的决定因素，合理的适当的教育措施，能把握客观诸因素的辩证关系，能挖掘小学生运算中思维品质的巨大潜力，并能促进教学质量的提高。因此，对于学生思维发展的年龄特征的研究，必须使研究处于"动态"之中，即充分考虑到教育的主导作用，考虑到教育因素所产生的可变性，从变化中分析稳定性，才能使思维发展的研究获得可靠的、科学的结果。

近年来，我不提倡实验组与控制组的比较，也不把实验组对换，分别采用实验措施，即所谓的轮组法。因为目前中小学教师中的人际关系太复杂，实验组似乎是"优胜者"，控制组好像一定要成为"失败者"，这样不利于最终达到教育的目的。所以我提倡实验组与一般面上的成绩或等级相对照，同样可以统计，例如上述的海口市二七小学那样，达到了教科研的目的。教科研的目的不是滋长攀比情绪，而是扎扎实实地提高办学水平，提高自身的素质。因此，我们应该把参加教科研，提高科研水平和改革教育观念、教学内容、教学方法，提高教育、教学质量紧紧地联系在一起。

各位未来的名师，你们都有教科研的基础，我今天所汇报的内容，只是供大家参考。

我希望诸位早日成长为名师，我更希望上海出更多的名师！

今天报告到此结束，谢谢大家！

一校之长的使命①

——在北京师范大学继续教育学院中小学校长班上的演讲

各位校长：

上午好！

我是搞心理学的，今天我们的讨论就从心理学，尤其是管理心理学入手，探讨中小学校长的管理工作，这也是对当好一校之长的点滴思考。管理心理学是有关组织情景中个体、群体和组织行为的理解、解释、预测和变化规律，以便改进和提高工作生活质量与管理效能的学科。

管理心理学从三个方面来研究环境的变化：一是员工背景素质的变化；二是管理者角色的转变；三是组织管理体制及其管理功能的转换。

如果把学校的发展也当作环境变化的一个例子，那么从以上三个方面出发，我们能否来探讨四个方面的问题：教师素质与教师管理；领导者的人格与魅力；领导行为与办好学校；文化建设与学校精神。以此，来和诸位讨论咱们中小学校长的使命和职责，什么样的使命呢？我觉得是：①带好一支教师队伍；②办出一所好学校；③创设一个独具特色的学校精神；④做一位成功的表率。

一、带好一支教师队伍

管理心理学把员工背景素质的变化放在研究任务的第一条，而学校的员工当然是指教职员工，尤其是教师，所以带好教师队伍是学校管理者——校长的首要使命。带好教师队伍，就是要不断地提高教师的素质。一个学校要站得住，教师队伍

---

① 2014 年 10 月 30 日和 2015 年 4 月 12 日，我在北京师范大学继续教育学院分别对山东、广东的两个校长班做了报告，本文是按 2015 年 4 月 12 日报告的内容整理而成。

一定要出色。教师是教育的脊梁，也是国家的脊梁。今天社会上在讨论教育公平的问题，在议论择校。择校，择什么？不就是在择教师吗？

（一）对教师素质的理论思考

在"办好人民满意的教育"的过程中，老百姓关心我们教师的素质，也会评价我们教师的素质，但他们种种的评论，有的有道理，有的并不在理，这就要求管理心理学对教师的素质有一种理论的陈述，有一种本质的认识。

什么是教师素质？这是当前教育界亟待澄清的一个概念，不同的教师素质观，直接影响着师资培训工作的目标，影响着师资培训体制改革的方向。我认为，在目前情况下，仅凭思辨研究还不足以给教师素质下一个全面而科学的定义，必须经过一段时间的实证研究，从不同侧面深入地了解教师教育教学工作的真实含义，了解教师工作的独特性，从而为全面而正确地理解教师素质的含义提供必要的实证材料。

科学的教师素质的含义应具备什么样的要求呢？我们在心理学研究中看到了以下几点。

第一，要切实体现教师这一职业或专业的特殊性，反映出教师职业的独特的本质；

第二，对于教师素质的理解，要有深刻的理论背景，不能由研究者凭空设计，我们的理论基础主要是心理学或管理心理学；

第三，教学活动是教师工作的中心任务，教师素质的含义必须着眼于教学活动本身；

第四，反对那种元素堆砌的教师素质观，应将教师素质看成是一个系统的结构，其内部包含着复杂的成分；

第五，教师的素质是结构和过程的统一，发展性、动态性是其精髓，也就是说，通过校长带并经过教师自身的努力是能成为好老师的；

第六，教师素质的含义应能为教育实践和教师培训工作提供理论指导，具有可操作性。

教师的素质对教育工作至关重要，正如毛泽东同志所说的，"教育方针确定之后，校长和教师就是决定的因素"。许多优秀校长对于这一指示发表了高见和体会，例如，全国优秀教育工作者、全国政协原委员、著名语文特级教师、北京五中老校长吴昌顺先生指出：一流教师培养出一流的学生；一流的学生造就一流的社会；学校的核心竞争力就在于教师；占领课堂阵地，征服学生心灵。其实，北京五中在20多年的长足进展，与吴校长把重点放在教师队伍建设上有直接的关系。吴校长是从1982年至2003年20多年的"双肩挑"的校长。从"七五"（1985年）开始，他领导着五中全体教师参加教育科研，他说过这么一句话："科研导向，开辟德育新思路；科研引路，教学再上新台阶；科研搭桥，全面提高教师素质。"在他的带领下，学校教师队伍的成长取得可喜的成绩，2000年的统计结果显示：获得博士学位一位，硕士三位，攻读教育硕士专业学位两位，研究生课程班先后已结业的40位，在职的特级教师五位，荣获市区优秀教师、优秀班主任的10余位，堪称市区学科带头人的不下30位。教育科研课题共有20多个，撰写论文400余篇，公开发表的有200多篇，获奖的87篇。学生中考、高考的水平在北京市名列前茅，学科竞赛的成绩也证实了他的"只有成名成家的教师，才能培养出成人成才的学生"的理念。到吴校长退休前，学校不仅将校舍旧貌换新颜，而且在办学质量和效益上有了长足的进展，1995年获得北京市"全面育人办有特色"学校称号，1997年获得"教育部文明单位标兵"荣誉称号。由此可见，教师是教育体制能否建立、教育质量能否提高、教育目标能否实现的关键因素。纵观所有的职业，没有一种职业像教师职业那样具有绵绵不绝的生命力、创造力、延续力。所以，选择了教师职业，就选择了发展，因为教育的实质是发展；选择了教师职业，就选择了创新；选择了教师职业，就选择了文明，即传承文化、延续文明。今天在倡导"依法治教"时候，根本还在教师。因此，校长应把更多精力花在教师身上，特别要重视教师制度的建立。校长的精力怎么花？我看可在三个方面下功夫：一是教师制度创新，保障教师过有尊严的生活；二是教师制度激励，不断提升教师职业幸福感；三是教师制度管理，校长是首席教师，吴校长既是一个语文特级教师，又是一位好校长。

当然，我并不反对专职的行政干部当校长。北师大朝阳附属中学是一所2009

年的新建校，校长是北师大校长办公室的副主任蒋立红，是一位行政干部。然而，她从抓教师入手，提高教育质量，第一届的初中毕业生，中考成绩名列朝阳区第五名，第二届毕业生，中考成绩成为全区第一名。

(二) 教师素质的内容

1. 什么是教师素质

根据我们近年来的理论研究和教改实验研究的结果，我们把教师素质理解为，教师在教育教学活动中表现出来的，决定其教育教学效果，对学生身心发展有直接而显著影响的思想和心理品质的总和。我们认为，教师素质在结构上，至少应包括以下成分：教师的职业理想、教师的知识水平、教师的教育观念、教师的教学监控能力以及教师的教育教学行为与策略。

2. 教师素质与学生发展的关系

教师素质与学生发展的关系可用图 1 来表示。

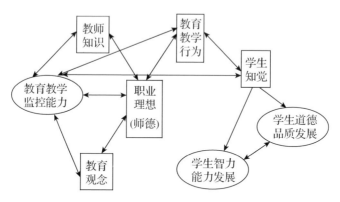

图 1　教师素质与学生发展关系模式图

3. 教师素质的内容解释

教师的师德或职业理想是其献身于教育工作的根本动力，习近平同志在北师大庆祝第 30 个教师节上的讲话中指出好教师要"有理想信念，有道德情操，有扎实学识，有仁爱之心"，这就是对教师师德的具体要求，无师德者不配当教师，"害群之马"应该从教师队伍中被清除。教师的知识水平是其从事教育工作的前提条件，教育界的"一桶水"与"一杯水"之说很有道理，教师若无扎实的知识，怎么能教学生呢；教师的教育观念是其从事教育工作的心理背景，教师应该树立"我能教好学生"和"我的学生都能成才"的教育教学效能感；教师的监控能力是其从事教育教学活动的关键要素，可以这么说：优秀教师＝教育教学过程＋反思；教师的教育教学行为是其素质的外化形式。

校长带好教师队伍，从哪里入手？我看应从这上述方面入手。

(三) 教师素质的管理

校长第一使命"带好教师队伍"，就是管理并提高教师的素质。

1. 以人为本，关爱教师工作的艰辛

首先，一个现实的问题，就是要关注教师的职业倦怠。什么叫职业倦怠？心理学的概念是指从事高强度、高人际接触频率的人员所产生的情绪衰竭、去个性化和个人成就感低落的症状。说白了，就是对职业的倦怠，不想干了。其中有中小学教师。我国中小学教师中，表现出一定的职业倦怠症状。有些研究曾提出16%的比例数，按这个比例推算，全国就有100多万中小学教师处于职业倦怠的痛苦之中。为什么会产生这样的状态？因为当老师太辛苦了！"两眼一睁，忙到熄灯，钻进被窝，还在想着宝贝学生。"你们说当老师的职业累不累，苦不苦啊？对此，校长就要实实在在地关爱教师工作的艰辛。当然，我并不反对物质刺激，但单纯靠物质、靠奖金也解决不了根本的问题。还得靠校长突出"人"的因素第一的本质，要抓好教师的良知、情感、态度和价值观；要抓好师德这个重要环节，特别是要在爱岗敬业、关爱学生、严谨治学、为人师表上下功夫，做好师德管理工作，从本源上消除教师中职业倦怠的情绪。

这里，咱们是否来讨论一下年轻教师的问题。咱们都十分重视新生代的价值观，因为学校建设的关键在于教师队伍的建设，而教师队伍的建设的关键是年青一代教师队伍的成长。今天，我们看到，时代赋予新一代教师学历较高、热爱生活、兴趣多元、积极创新、敢于探索等优点，这是年轻教师的优点或长处，但有不足吗？有，有哪些？他们有时会过多地重视生活的质量，忠于个人的兴趣，维护自我的权利，捍卫个人的尊严，淡化权威和权力，厌恶规则的约束。因此，校长要了解新生代的需要，满足他们的合理要求，解决他们的实际困难，当然也要有针对性地提高年轻教师的修养，特别是社会责任心，能以主人翁的态度对待社会、对待学校、对待集体；懂规矩，守纪律，讲自尊，会自律。

2. 从组织行为学出发，提高教师的积极性

教师的积极性与对生活事件的归因有关，因此校长要了解教师对问题的归因。所谓归因是指人们对他人或自己的行为进行分析，推论出这些行为的内在原因的过程。归因可以分为内归因和外归因。前者是行为者内在的原因，如人格、情绪、努力程度等；后者是产生行为的环境因素，如工作设施、任务难度、机遇等。可分为稳定归因和非稳定归因。前者是导致行为的相对不变因素，内在的能力、气质、外在的工作难度等；后者是导致行为的相对易变的因素，有内在的情绪、外在的机遇等。一般来说，内在的、稳定的归因较易预测行为的再次发生，外在的、非稳定归因使归因者对行为较难预料。例如，年底评奖，有位教师获得二等奖，他可能不服气，"为什么不给我评一等奖"，"领导不公"，这是一种归因；而另一位同样获得二等奖的教师，他却在检查自己与一等奖获得者的差距，检讨自己，"决心明年好好干"，这又是一种归因。这两人归因差距和原因，与上述教师的内在因素、能力、气质、性格、事业心有关。

以管理心理学的组织行为角度或组织行为学角度为依据，可以看到组织行为学者给管理者的建议如下。

第一，了解下属希望得到什么结果，即什么对其具有的效价最大。

第二，一旦了解了员工希望得到的结果，确保你能够控制这些结果，并且给够给予他们。

第三，明确你期望下属做出什么行为或什么样水平的绩效，并且让他们了解要得到他们希望的结果，他们需要达到这些目标。

第四，保证绩效水平是可达到的，把绩效与努力联系起来。

第五，尽量鼓励员工具有高的期望。

第六，认可员工、相信他们能实现绩效水平。

3. 以心理学理论为基础，提高教师的素质

在我们的教育实验中，看到校长和学校管理层从下面三个方面来提高教师的素质。

（1）讲求绩效的心理学研究

我的博士生蔡永红教授当年从心理学角度研究了教师的绩效，获得了如下的两个结论。

一是指出绩效研究是教师教育与培训的基础。教师培训是教育改革成功的重要决定因素，它也是教育系统人力资源管理的重要手段。教师培训之所以重要是因为，它决定了教师队伍的质量；也决定了教育改革的成败；它还可以增长教师的能力，激发他们的积极性、主动性与创造性，是教育系统人力资源管理与开发的重要内容及手段。绩效评估是教师培训的前提与基础，所谓绩效评估，指的是识别、观察、测量和开发组织中人的绩效的过程。而教师绩效评估，是识别、观察、测量和开发教育系统中教师的绩效的过程。

二是指出教师绩效包含六个维度的理论结构：维度一，师德或职业道德是教师表现出来的，对职业准则与规范的遵从，对学校目标和自己的工作目标的认同、维护与支持，对教育事业的热爱，对工作热情、对工作的责任感等行为；维度二，职务奉献是教师表现出来的，不断地反思教育教学工作，总结工作经验，关爱每一个学生，并适应时代不断完善自己等方面的行为；维度三，助人合作是指教师主动地帮助同事，表现出良好的协作精神，与家长建立良好合作关系，真诚待人等方面的行为；维度四，教学效能是指教师在计划、组织与表达教学内容方面的行为；维度五，教学价值是指教师通过自己的教学，使学生在各方面发生了积极的变化；维度六，师生互动是指教师与学生在课堂内外的交往与互动行为。

只有教师绩效的提高，才能保证教育质量的提高，才有一个学校事业的辉煌。

（2）以"自我监控能力"为发展目标

我们在前面图1中看到了教师的监控能力或反思能力。监控能力，主要指自我监控能力，即教师为了保证教育教学的成功，达到预期的目标，在教育教学过程中，将活动本身作为意识的对象，不断地对其进行积极、主动的计划、检查、评

估、反馈、控制和调节的能力。正因为这个问题重要，我才敢提出"优秀教师=教育教学过程+反思"的公式。

（3）以教师教育教学效能感的提高为出发点

近30年来，研究者越来越关注于教师如何看待自己的教学效果以及这种看法与学生学业成绩之间的关系等问题。已有的研究表明，教师对自己影响学生学习行为和学习成绩的能力的主观判断与他们的教学效果之间密切相关。人们把教师对自己影响学生学习行为和学习成绩的能力的这种主观判断定义为教师的教育效能感。这里有一个典型的例子，就是著名的"皮格马利翁效应"。皮格马利翁是古希腊神话中塞浦路斯的国王，他在雕刻一座少女像时竟钟情于这位少女，后来他的痴情感动神灵，这尊雕像变成真人，与他结为伴侣。心理学家罗森塔尔曾做过这样一个实验：对小学各年级的儿童进行"预测未来发展的测验"，然后向教师提供信息，说"这些儿童有发展的可能性"。实际上，这些孩子完全是随机抽取的，八个月后，这些孩子的智力得到了明显的提高。实验表明，教师的期望对学生的行为显然发生了影响。于是，人们就称此现象为"皮格马利翁效应"或"罗森塔尔效应"。教育的成效取决于教育观念或信念，来自其自我效能感。所谓自我效能感就是个人对自己在特定情境中是否有能力完成某种行为的主观判断和期望。这种期望不仅是教师自身工作的心理前提，而且也是学生发展的重要因素。一位优秀教师必须具备这种期望。教师的教育效能感包括两个方面，即个人教育效能感和一般教育效能感。个人教育效能感是指教师对自己是否有能力完成教育教学任务、教好学生的信念，如上述的"我能教好学生"；一般教育效能感反映了教师对教与学的关系、对教育在学生发展中的作用等问题的一般看法和判断，如上述的"我的学生都能成才"。

我们在对专家与新手型教师的研究中发现，老教师或专家型的教师更能深刻地理解一般教育效能感，因为他们深知学生成才的复杂性、外界影响的显著性；而新手型即年轻教师限于他们的工作经验，往往表现出更强的个人教育效能感。

二、办出一所好学校

如果从管理心理学的领导与组织心理角度来分析，校长的学校组织与领导行为应包括领导行为与管理决策；组织结构和组织设计；组织文化与管理绩效；组织变革和组织发展等。把这些原则联系到学校工作的实际，集中到一点：校长如何办出一所好学校。学校有各级各类，太复杂，怎样突出有教无类，公平办学，并不拘一格地办好自己管理的学校？这是我们今天所讨论问题的关键。

2014年12月23日中国教育学会与《光明日报》组织了一次教育沙龙，讨论"什么样的学校才是好学校"，首先涉及好学校有没有标准。

第一个发言者是上海中学原校长唐盛昌先生，他提出："先从校长的角度来说，给什么样的学校是好学校做一个非常明确的定义非常难。"我完全同意他的观点。因为办好学校没有统一的途径，更没有一把万能的钥匙。

1960年我毕业于上海中学，上海中学是1865年创建的老校、名校。我上学时上海中学占地450亩，校园之美、硬件之优是一般学校望尘莫及的。建校150年来，上海中学形成严谨踏实的校风，拥有一批富有教学经验和特长的好教师，质量之高、毕业生涌现各类人才之多，在国内外都享有盛誉。

大学毕业后，我曾在新建的基础薄弱学校——北京市朝阳区雅宝路中学工作。这是一所因一些特殊的环境因素造成的学校管理上困难重重的复杂性的中学。这里讲一个故事：有一天，我骑自行车过护城河小桥，突然有一列火车缓缓地从我背后驶过，"林老师，接着！"好像来自火车上的喊声。我回头一看，一个学生站在装西瓜的火车上，他抓起一个西瓜向我扔了过来，我甩头一躲，西瓜掉进了护城河。我们学校里不少学生就住在城根铁路附近，家里吃的、用的、穿的几乎都是从火车上"取"来的。我教的是这样像电影《铁道游击队》里人物的学生。这个学校如何建设好？肯定与办上海中学的路子不会一样。

20世纪90年代初我曾任北京市海淀区重点小学中关村二小名誉校长。90年代末我被老家浙江象山一中聘为名誉校长。我虽然没有直接管理这两所学校，但对学校的建设管理，也提出了自己的建议。

由此可见，学校是分类别和类型的，学校地处不同的地区，学校办学时间有长有短；学校校长与教师队伍也是有差别的，生源就更不相同了，因此在学校的建设和管理中，对学校的比较孰好孰差的难度是很大的。"好学校"不是一个绝对的标准。一个成功办学经验，用在另一所学校可能效果不好，用在第三所学校也许会成为办学的阻力。

但好学校又是有许多标准的，有政府的标准，有社会的标准，有教育界同行的标准，甚至于有国际教育界的标准，还有教师自己的评价标准、学生的标准以及家长的标准。归根到底，办好学校的标准是有没有办学的特色，能否培养出对国家有用的人才。当年新建的一般校或基础薄弱的雅宝路中学来了一批北京市教育局"储存"年轻教师，来自北大、北师大等院校，经过劳动和"四清"社会主义教育运动的锻炼，都是有信念并决心干一番事业的年轻人。校革委会主任(校长)是朝阳区教育局中教科长，他面对的现实是"文化大革命"，学校门窗被砸，几乎没有一块完整的玻璃，加上社会上"新建校起码得乱三年"的陈词滥调，从何处入手，成了校长思考的重点。但他善于抓骨干教师，在年轻教师中形成一个管理层，领导教师针对学生特点入手来办学校，并把学生德才成长放在办学的首位。1967 年 11 月，这所四种矛盾交错在一起的学校招来了初二(原小学六年级)和初一(原小学五年级)两个年级 2300 多名新生，这两个年级的学生有什么特点呢？一是热爱劳动，干起活来拼命，体现广大劳动人民子女的特点；二是有勇气，会"打架"，后被誉为"打遍京城无敌手"的学校，这当然也是"乱校"的特点。学校于是有的放矢办学，有的放矢教育，有的放矢培养人才。办学不到一年，形成了学校的秩序，并显示出爱劳动、讲情义、自理能力强、学生干部能参与学校和班级管理等学生群体的特色。首届 1969年毕业生上山、下乡、去兵团，涌现出一大批英雄、模范、"铁姑娘"等先进人物。回城以后，又涌现出一批好干部、出色的学者、公正的法官等，更多的是在各自劳动、工作、行政岗位上脚踏实地的能手，其中有一位北京 2008 年国际奥运会场馆建设的总指挥，工程完成后，经审计，他主管的 187 亿元的经费清清白白。这位奥运会的功臣、党的好干部正是这个学校 1969 届的毕业生。而这个学校有一批教师相继地走上了不同的领导岗位，尤其是去当校长的。应该说，当年我所在的一般校，甚至是基础薄弱的"乱校"的雅宝路中学的校长是位成功的校长。送走了 1969届的学生，他回区教育局担任主管中学的副局长。我今天之所以讲一般校，甚至基础薄弱校的校长的工作，可能是更接地气、体民情、贴实际的大多数校长关注的问题。

我们应该怎么理解"好学校"呢？可以从以下几个方面来理解。

第一，从政策角度讲，在现有办学条件下能有效地贯彻教育方针以及国家的其他要求。教育部在《进一步加强中小学校督导评估工作的意见》的文件中，归纳了几个基本的指标：制度的建立完善，管理的科学规范，课程的合理设置，课堂的教学有效，学生的进步提高。这是一个比较全面的、基本的标准。

好学校关键是有好校长，有好管理层，因时、因地、因人(生源)、因条件制宜，坚持特色办学，办特色校，让学生成才。

第二，从学生发展角度讲，突出核心素养的培育。学校的"产品"是什么？是优质的毕业生，因此办好学校，"教，上所施"应追求"下所效也"；"育，养子"应追求"使作善也"，一切出发点都是为了学生成才。这里有一个成才的标准，就是核心素养。教育部为把教育方针中德、智、体、美培养目标细化、具体化，命我主持完成学生核心素养的课题。现在，我把核心素养结构图献给诸位校长，供工作参考（见图2）。

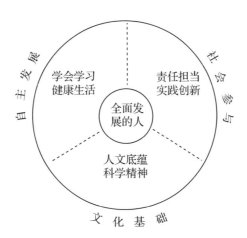

图2　学生核心素养总框架图

第三，从教师工作角度讲，能看得出教师的责任心与幸福感，能看出教与学的创造性、适应性和有效性。我们在第一个大问题已经谈到了，校长领导下的教师在教育中应该符合社会发展规律，符合学生身心发展规律，符合教育自身规律。这里恕不再赘述。

第四，从评价角度讲，涉及基础教育的改革及其力度，坚持评价学校发展与提高的行为与目标、现实与未来、过程与结果的统一。成都市教育科学研究院副院长秦建平强调："教育质量监测评价不仅要有学科考试成绩，还要有对学生综合素质的监测评价；不仅要看结果，还要考查、检视学习的过程。"

第五，从教育战略主题角度讲，坚持德育为先、坚持能力为重、坚持全面发展和因材施教。

其一，学校的德育工作。一是抓好班主任工作，从学生年龄特征出发，改进德育的方法，如榜样教育、养成教育（教育就是培养习惯）、认知教育（教育本质是心灵教育）、心理健康教育。二是抓好教学中的教育性原则，也就是在教学中渗透德育的思想。2015 年 2 月 10 日《光明日报》有一篇《德融数理，知行合一》的文章，谈到把解题过程转化为探求人生真理的过程，这值得诸位一读。

其二，学校的教学工作。一是坚持教学的主要目的在于在传授知识的同时，发展学生的智力，培养他们的能力，其中思维品质的培养是发展学生智能的突破口，与此同时，应重视学生的实践能力；二是深入课堂，帮助和评价教师的三大基本功——备课基本功、讲课基本功、处理教与学的关系基本功，以展示教师的三大魅力——知识本身的魅力、教学艺术的魅力和教师人格的魅力。

其三，全面发展与因材施教。一是坚持全面发展观，促进学生在德、智、体、美诸育中全面发展；二是坚持因材施教，让学生在差异中成就他自己，让学生自己学会选择，建立自信，同伴互助中共赢。

其四，师生关系。好学校的教育就是师生心灵沟通的一座桥梁，让生命感动生命，用心灵浇灌心灵。师生关系是否密切，影响到教育教学有否感情基础。师生矛盾，矛盾的主要方在教师；师生融洽，学生往往对教师称呼为"老师"，连教师的姓都被省略了。当然，学校提倡自主教育不是放任不管，建设理想学校，必须以教师、学生、课程三大要素为着眼点，做到理念先行。

尽管措施很多，但我不主张面面俱到，在上述诸方面中有一两个方面办出特色来，就是成功校长的表现。

　　总之，好学校实际上是校长执行校长职责的必然结果。那么，什么是校长的职责呢？贯彻国家教育方针、政策、法规；落实教育目标，做好行政管理；抓好组织管理，建好良好集体，促进班子建设和教师队伍建设；改善教职工的工作和生活条件；抓好学校日常的教育教学工作；改善办学条件，管好经费与财务；协调学校、社会和家庭教育，促进精神文明建设。

三、创设一个独具特色的学校精神

　　要建设特色校，咱们先从学校文化建设谈起。

　　学校文化建设的目的是什么？是为了提升学校文化力量。这是因为，文化是一种力量。当今时代，文化越来越成为民族凝聚力的重要源泉，越来越成为综合国力竞争的重要因素。在教育领域中，文化的力量也成为推动教育发展与进步的动力，只有优秀的学校文化才能孕育出优秀的学校教育。因此，学校文化力就成了学校文化所产生的能量。一所学校在办学的过程中，经过自身努力、外部影响、历史沉淀和时代要求，逐步形成自身的学校文化。这种学校文化主要凸显在学校所拥有的理念、制度、管理、成果、行为等各个方面，特别是表现在校风、教风、学风这"三风"的底蕴之中，于是促进一种良好的教育氛围和综合力量的形成。这种能够为学校和个人提供可持续发展的原动力和支持力就是学校文化力。进而提升和发展，就是学校精神。学校精神是人的精神、历史积淀、风格特色、成果影响的凝结。一所学校如果没有精神，就会变成一个毫无生命气息的建筑物之空壳。如果说，学校精神、校园文化、时代特色是提高学校教育质量的三要素，学校精神则是三要素的基础。

（一）学校精神是学校整体精神面貌的体现，是一扇直接反映社会心理特征的窗口

　　学校精神是一所学校生存和发展的基础，形成良好的校风、教风、学风，培养和造就良好的学校精神，是学校各项工作的出发点和归宿点。

这里我来举浙江省新昌中学的事例。1992年新昌中学被省教委命名为"浙江省青少年创造发明学校"。这是新昌中学的第22任校长、原浙江省新昌县副县长、政协副主席张岳明先生带领下建设的以"创造发明"作为学校精神的中学。在张校长的领导下，全校教职员工都积极投入，同心同德来办好这所"创造发明学校"。就这样，新昌中学经过十余年的奋斗，形成了全面发展、培养个性的办学特色，不仅每年在高考中升学率为100%，而且有1000多项学生发明的作品在各级各类青少年创造发明比赛和科学讨论会中获奖，其中获省级发明奖124项次，国家级发明奖34项次，国际级发明奖三项次，有两件作品被国家科委、团中央送日本和保加利亚展出，有两项发明申请了国家专利。作品"两用柔性栏架"在北京钓鱼台国宾馆通过了部级鉴定，开国内学生发明、作品通过部级鉴定的先河。这项发明投入生产后，产生了良好的社会效益和经济效益。所有这些，在"创造发明"的学校精神引领下，都突出反映了学校适应社会需求，为社会培养创造性人才的努力。由此可见，"青少年创造发明学校"展示了新昌中学的学校精神，反映了办学面貌和特征。

正如俞国良教授所说的："如果把和谐学校比作一棵参天大树，那么，优美和谐的环境和完善的硬件设施是这棵大树的繁枝密叶，良好的行为文化是树的枝干，全面和规范的制度是树的茎脉，丰富的校园文化是树的深根，而学校精神则毋庸置疑是大树的灵魂所在。"依此比喻浙江省新昌中学是相当恰当的。

(二)学校精神的内涵、表现及功能

如果从管理心理学的思维视野出发来分析学校精神的心理学内涵，那么，学校精神就是学校群体在长期的教育教学实践中积淀起来的，共同的心理和行为中体现出来的群体心理定势和心理特征，其核心内容和具体表现形式是校风，教风、学风是校风的派生或延续。

我高中母校的历史办学特色以及成就，正是学校精神的内涵、表现及功能的体现。前面已提到我的高中母校是1865年成立的历史名校——上海中学，上海中学坚持"明、严、实、高"的校风，带动"严谨、创新"的教风和"严实、奋进"的学风，形成了"精研、勤学、团结、进步"的优良传统和学校精神，深刻影响和激励着一代又一代人的成长和奋进，成为"全国一流，国际知名，教育高质，管理高效的示范校"。在这个学校精神的作用下，通过种种的影响机制，使上海中学的毕业生中有上百位担任副部级以上的干部，60余位当上了院士，30多位成为将军。正因为有这个学校精神，在德育上贯彻"一流意识、时代意识、国际意识"，使学生具有"爱国心、责任心、适应性、创造性"。目前，上海中学正为实现培养21世纪的优秀人才或创新人才的培养目标而努力奋斗着。

学校精神分为两个层次：一是指学校的一般精神，即各级各类学校带有普遍性的、重复出现的和相对稳定的精神心理状态，如团结友爱之风、艰苦奋斗之风、勤奋好学之风、为人师表之风等；二是指一所学校区别于其他学校的独特个性，这是一所学校最具特色、最明显、最富有典型意义的精神特征。中央电视台于2014年用了两个月的时间讨论学校，特别是大学的校训，校训能最简练、最突出地核心反映一个学校的学校精神。

学校精神一般包含哪些内容呢？它主要包括：爱国爱民、爱家爱校的理想观，开拓进取、创造革新的能力观，勤奋刻苦、严谨求实的人格观，团结合作、友爱互携的人际观，遵纪守法、文明待人的道德观和民主意识、学术自由的思维观。

尽管每个学校对学校精神或校风提法有其独特性，但多数应表现反映上述六个方面的内容。

学校精神有什么意义和作用？它表现在下面的四个功能上。

驱力功能。学校精神可以振奋人的情绪，激励人的意志，成为师生员工心理和行为的驱动力。

凝聚功能。良好的学校精神，具有内聚力，把群体中每个成员的力量都凝聚在一起，从而产生一种强大的"向心力"。

熏陶功能。一个学校，一旦形成了优良的学校精神，就会对生活和工作在其中的师生，产生潜移默化的影响。

规范功能。一个学校如果有井然有序的教学环境，紧张严肃、团结活泼的校风校纪，优美整洁、文明礼貌的客观环境，严谨刻苦、孜孜不倦的心理环境，对学生的成长进步，无疑起着很大的促进作用，而这种促进作用，是学校各项规章制度所无法企及的。

(三)建设优良学校精神的措施

校长如何建立学校精神？如前所述，这必须根据办学目标、教育规律、本校的历史、文化、特色、成果来形成。在此基础上，我们可以来讨论建设优良学校精神的具体措施。

第一，以教风为突破口，切实抓好教风。教风建设要"爱字当头，耐心疏导"。只有热爱学生、关心学生，才能更好地教育学生，调动和激发他们的学习自觉性和积极性。同时，教师对学生要进行耐心疏导，切勿用"管、卡、压"的办法对待学生，即使是对犯了错误的学生，也要耐心教育，以诚感人，以情动人。

第二，健全学校规章制度，优化教育教学环境。学校精神的形成需要健全行之有效的学校规章制度，特别是对学校的公共场所，如"三堂(课堂、食堂、会堂)一室(寝室)"，更要制定详尽的管理细则，并发动学生参与管理。学校则要使学校环境整洁、优雅、催人奋进，使全体师生在优化的校园环境中努力学习和工作。

第三，加强思想教育，培养积极的学校心理气氛。一个学校要树立良好的学校精神，必须对全校师生加强思想教育，加深他们对培养学校精神重要性和迫切性的认识。要把学校精神与爱国主义、社会主义的教育、理想教育、"四有"教育、革命传统和道德风尚教育结合起来，营造一种健康的教育气氛。

第四，切实而有效地抓好班风建设。班风是校风的重要体现，在建设班风过程中，教师应该做到目标明确，计划周密，班级要根据学校整体建设规划，制定出本班的落实措施，使全班同学明确班风建设的目标，并把这些计划落实到具体行动中。

第五，寓校风建设于教育教学活动中。校风的形成和发展依靠坚持不懈的精神，一点一滴地培育起来。因此，有必要寓教风建设于多种多样的教育、教学活动中，不断把校风建设作为思想品德教育的重要手段，而且在课堂教学过程中，利用各个学科的特点，把校风的主要内容融于其中，使学生在不知不觉中接受校风的熏陶，并且为校风注入新的内容。

第六，领导带头，齐抓共管，综合治理。提倡一种好风气，培养学校精神，往往需要人们的相互配合。另外，还要充分发挥辅导员、班主任、政治教师的作用，学校领导既要放手让他们大胆工作，多出智慧，又要给他们的工作给予及时的帮助和指导。

第七，建立学校、家庭、社会立体化教育网络。在良好学校精神的形成过程中，学校教育是主体，社会教育是学校教育的外部环境，是学校教育的延伸，家庭教育则是学校教育和社会教育的基础和依托，把二者有机结合起来，相互配合，相互支持，相互沟通，协调同步，以发挥最佳整体效益。

这里我举一个创建良好学校精神的事例。王建宗先生就是一位坚持创新积极建立全面育人特色校的校长。1993年37岁的王建宗担任了北京市182中的校长，而182中是所基础较差的学校，王校长为了使学生能"以人成事"达到教书育人的目的，决心办心理健康教育的特色校，以提高学生情感、态度、价值观，进而提高教育质量。经过一年初见成效，宣武区（现西城区）教育局于1994年10月给182中挂上"面向21世纪心理健康教育实验学校"的牌子，使182中的心理健康教育工作走在北京市教育界的前列，这不仅提高了182中办学质量，而且王校长还创建了北京市青少年心理健康电话热线，近五年的时间，收到来自北京市各中学学生打来的6万多人次的电话，为北京市心理咨询事业做出了巨大的贡献。这是王校长根据学校实际，加强思想政治教育、积极培育良好校风的结果。

1998年7月，王校长被调到具有革命传统的区重点校——育才学校，他决心把育才学校办成"因材施教的全面育人特色校"。他从小学开始试点，逐步推向初中，最后到高中，推行"4+1"教育模式以加强学生的实践锻炼，即学生四天学习，一天实践。从小学部开始，小学生四天上课，一天玩，春天的主题是"踏青"，夏天是"游泳"，秋天是"秋收"，冬天是"冰雪"。经过实验，实验班学业成绩在宣武区第一名，每年招两个班，约60名学生，却有上千人报名。小学成功逐步推向初中部、高中部，不仅提高中学生的实践能力，而且也迅速地提高学业成绩，极大改变了宣武区生源差的状态。王校长对此以"理性智慧催生实践硕果"做了办特色校育才学校的总结。2005年后，区委任命王校长为宣武区教育局局长，但王校长却以喜欢当校长的理由推辞了。2007 年 7 月，区委任命他为市重点中学十四中校长，市重点又如何办全面育人特色校呢？他以培养学生的创新精神为基础，增加了从高一到高三创新人才成长的课程，成为北京市 22 所"自主排课实验学校"之一，并成为北京市为培养创新人才的翔计划的组成学校，他又一次成功了。现宣武区已和西城区合并，成为新西城区。2014 年，59 岁的王校长被区委任命为西城区教育研修学院党委书记兼十四中校长，开始了新的征程，他将为整个西城区全面育人特色校的建设做出新的贡献。可见，王校长始终依据本校的历史、文化特点，建设适合本校实际的学校精神。

总之，良好的学校精神，不是靠几个人的努力能办到的，也绝不是靠"管、卡、压"的办法能实现的，它是一项依靠学校全体师生的综合工程。这样，在社会文化"大气候"的配合下，学校内部的校园文化"小气候"就会发生很大的改观，使广大师生提高治学、治事、律己、交友、待人处世及礼仪等方面的修养，确立坚定正确的政治方向，高尚的道德情操，文明的行为举止，严谨刻苦的学习态度，无私奉献和踏实忘我的工作作风，这是学校精神的宗旨，也是其终极目标。

四、做一位成功的表率

学校的管理，涉及对学校各项工作的计划、组织、指挥、激励、协调、监控和评价，以最大程度地发挥人力、财力、物力、信息、时空和影响等各个要素的作用，从而使学校以较小的投入获得较大的发展。

为此，一校之长决定着一所学校的命运，而其人格和魅力就显得越来越重要。所谓"人格"一词，在汉语的词义上可以有两种解释，一是心理学里的个性，主要是指能力、气质和性格；二是社会学里的品格、人格或素养。而魅力是指很能吸引人的力量。校长的人格与魅力是当一个成功的管理者的内在的或心理基础。人的人格和魅力既表现在灵魂深处，又有外在的表现。组织行为学学者分析，人格和魅力是成功人士的构成人格要素。张志学教授在其管理心理学的"组织行为学"中指出了成功人士的八要素：境界、襟怀、抱负、思想、能力、气魄、毅力、谋略。我认为这八个要素，前四种是德，是人品，是品格；后四种是才，是能力，是策略；整体八要素构成了人格和魅力的内在与外在的统一。校长具备了这八要素，就是一位表率，一位好校长。于此，我把这八要素作为衡量一位成功的校长标准。

（一）管理者的角色

管理者在工作中扮演各种角色，角色虽多，无非是三大类别10个角色。

1. 人际角色

校长直接与他人一起工作，扮演主管、领导者和联络官的角色。今天我们中小学校长姓什么？姓政，姓教，姓钱？按人际角色来分析，在现代社会，校长三"姓"缺一不可，但关键在于统一当好一位领导者的角色上。能统一得好，则显示出上述成功人士或人格和魅力的八要素。

2. 信息角色

校长与他人交换信息，扮演沟通者、监测者和评价者的角色。今天我们中小学校长必须做好"信息灵，决策准，管理严，效率高"的12字工作原则，并坚持行为与目标、过程与结果、现实与未来的三个统一，以便做好把信息、情报作为基础工作的指挥者的角色。能做好了，就能显示上述成功人士或人格和魅力的八要素。

3. 决策角色

校长影响其他人的决策，扮演开拓（创新）者、化解者、资源分配者和谈判者的角色。今天我们中小学校长应在中国情怀、世界眼光、时代特色、本地实际四方面下功夫，以便当好传统与前瞻、继承与创新、宏观与微观相结合的决策者的角色，就能显示上述成功人士或人格和魅力的八要素。

（二）管理者的人格

以中国情怀为出发点，校长的人格集中表现在"智、信、仁、勇、严"五个字上。智者，即聪颖而智慧，遇事能做出准确无误的判断与及时而合理的决定；信者，即信赖下级并能获得部下的信任；仁者，即爱与体贴，爱护下级，时刻把下级挂在心上；勇者，即有勇气，有魄力，处理果断，雷厉风行；严者，即遵纪守法，赏罚分明。

(三)管理者的能力

不论是从中国情怀出发还是以世界眼光为出发点，可以把校长的人格在能力上的表现归为以下三个方面：一是政研能力，这是最受重视的管理能力素养，政研能力有不同层次之分，且可分成类；二是识人用人能力，主张管理者要善于识人之所长，从而善于用人之所长而避其所短，也就是所谓的"出主意用干部"，使组织有良好、合理的人才结构；三是行政能力，各种管理人员的行政能力不同，不仅包括对下层的管理能力，而且也包括对上级的纠偏能力，最高级的行政能力出自最好的政研能力和识人用人的能力。如何识人用人，应该如《周书》所云："经师易得，人师难求。"又如湖南长沙岳麓区教育局信息网所提出的："爱才之心，护才之胆；识才之眼，用才之道；容才之基，育才之识；知才之明，励才之术。"

(四)管理者的追求

以时代特色并讲究实效为出发点，校长的人格所追求的是"德、识、勤、绩"四个字。

一是德。"国无德不兴，人无德不立。"管理者的德是赢得成就的基础。"德以配位"的德不只是单纯伦理道德，而应指人的"德性"，包含才干、修养和道德三位一体。才是组织、行事、建设的业务能力，修养是协调、平衡、筹谋的战略智慧，道德是遵守伦理、法律、秩序的行为底线，是领导的"纲"。

二是识。不仅指学识，更指见识、胆识、远见卓识。

三是勤。"天才＝99％的勤奋＋1％的灵感"，所以勤奋太重要了。

四是绩。如前所述的成绩、业绩，办学无成绩、无业绩，是校长最苦恼的事情。学校的核心任务是培育人才，中小学校的绩应该表现在为学生终身发展奠定基础。我们的学校要培养出的学生应该具有可持续发展的动力，可持续发展的知识、技能，可持续发展的能力和素养。

(五)优秀校长的人格与魅力：著名校长谈校长的理念

上海中学原校长唐盛昌说："每位校长的任期总是有限的，能够做的事情也是有限的。但校长对于一个学校，乃至对当时教育的影响，可能比他的任期要长得多。在任期间那些有形的事，盖成的楼，添置的设备，培养的人才，虽有作用，影响却是有限的。而只有校长的思想、信仰、行为，与学校的文化和历史融为一体，成为学校的积淀底蕴与发展导向，他的影响才能够延续很长一段时间。校长做的那些事，也将记录在历史中，留在人们的记忆中，功过是非，自有后人评说，盖棺时未必论定，但数十年后，评价总会是客观公正的。优秀校长的人格与魅力，也将与学校发展一起，与我国教育事业一起，熠熠生辉。"

北京五中原校长吴昌顺说："没有与世界先进潮流合拍的教育理念是没法当校长的；没有丰富的德才学识和博大无私的胸怀是当不了校长的；没有抗挫折、耐劳作的坚韧精神和在矛盾困境中奋斗不息的思想准备，绝对当不好校长。"

中国人民大学附中原校长刘彭芝说："校长是个'领跑人'，首先自己跑得快。做一个优秀的领跑人必须跑得比别人快，跑得比别人远。这就需要过人的综合素质，需要过人的精神状态，需要比别人的思想更超前，更勇于创新，善于创新。领导就是领跑。跑很累，但他感到很快乐，很幸福。"

四川省汶川县映秀小学校长谭国强，"5·12"地震时，眼看着六层教学楼顷刻间栽倒在地、灰尘四起，谭校长像孩子一样瘫坐在地上拍着大腿撕心裂肺地哭："我的孩子们，我的孩子们！"随即，谭校长带领着老师们开始了救援。中间民警来提醒过，上游形成多处堰塞湖，映秀小学随时可能被淹没。部分家长撤离了，但是老师们一个也没有离开，与坚持下来的家长一起硬是靠人工从教学楼顶部打开了一条很小的生命通道，成功救出30多名被困的孩子。直到5月14日下午专业救援队到来之前，谭校长带领着幸存的老师和家长用双手刨出了50名学生。短短几天，仅仅48岁的谭校长白了头，谭校长的爱人、儿子都被埋在这所学校。从地震时的"一夜白头"，到今天废寝忘食的工作，没人说得清，没人知道谭校长这几年是怎么过来的。新校启用时，谭校长热情地介绍新学校的坚固和美丽，历数这三年辗转复课的艰辛和执着。但问题稍一触及学校旧址，他便断然拒绝："我跟老师和同学有个约定，不再提过去，只谈未来。"

四川省成都市武侯实验中学校长李镇西说："任何一个孩子都是独一无二的世界，任何班级都是一个与众不同、充满个性的集体，任何学校也都有属于自己的地域文化、社区环境、办学传统、生源特点，因而成为一个具有鲜明独特性的'精神共同体'。所以，无论是一个人，还是一个班，或是一个学校，都不可能用'放之四海而皆准'的技巧、方法、模式去'搞定'。教育当然有着普遍的原则，但所有的'绝招'都具有针对性、现场性、临时性甚至一次性。"

以上几位校长对校长的理念的认识，说明校长不仅是一种职务，有着任职资格，而且还要有自我的意识：我要做一个什么样的校长，我应有什么样的人格和魅力。

以上汇报，是否有道理，恳请诸位校长批评指正。

谢谢诸位校长！

学校精神是学校建设的基石[①]

——在"教育与发展"课题组骨干培训班上的演讲

各位老师、各位课题组同仁：

上午好！

上个月，我和吴昌顺校长等人去中央教育科学研究所向中期检查组专家汇报了我们"教育与发展——创新人才的心理学整合研究"课题研究进展，没想到专家们最感兴趣的是咱们"德育与发展"专题中的"学校精神"。因为毛泽东同志说，"人是要有点精神的"。今天，咱们课题组来集中研讨"学校精神"，这是学校文化建设产生"文化力量"的关键所在。上午由我先来向诸位做汇报，算是一个抛砖引玉吧。

学校精神，作为多学科的研究对象，它是一所学校整体精神面貌的体现，是一扇直接反映社会心理特征的窗口，其核心内容和具体表现形式是校风。学校精神是一所学校生存和发展的基础，培养和造就良好的学校精神，是学校各项工作的出发点和归宿点。以我母校为例引入这个问题吧！1957年暑假，我考入上海市上海中学高中，编入高一（6）班。上海中学是一所1865年创建的老校，它坚持"明、严、实、高"的校风，带动了"严谨、创新"的教风和"严实、奋进"的学风，形成了"精研、勤学、团结、进步"的优良传统和学校精神，深刻激励了一代又一代人的成长、奋进，由此也成为今天"全国一流，国际知名，教育高质，管理高效"的示范校。在这种学校精神的作用下，通过种种的影响机制，上海中学闻名于上海乃至全国。进入上海中学以后，影响我的首先是学校精神。在校期间，我们学生在学校精神的影响下，追求品德高尚、知识丰富、身心健康的在校表现，而学校要求我们学生确立远大的目标，在思想上灌输一流的意识、时代的意识、国际的意识，使我们具有爱国

---

① 本文是2003年7月26日在"教育与发展"课题组骨干培训班上的演讲。

心、责任心、适应性和创造性，最终成为各行各业优秀的人才。正因为如此，上海中学的校友现在拥有 90 多位担任副部级以上的干部，有近 60 位院士，30 多位将军，这都要归功于这个学校的精神。更多的校友是在各自的岗位上，做出出色的成绩，做出杰出的贡献。每逢"五""十"校庆日，会有 5000~10000 多位校友来向母校汇报自己成长的经历，大家称这叫"上中情结"。

世界各国的政治、经济、军事竞争，归根到底在于教育竞争，教育竞争又在于人才规格、质量的竞争，而人才培养需要良好的心理环境和心理氛围，需要各级各类学校精神的熏陶。研究表明，良好的学校精神，是提高学校整体办学水平和教学质量的一个重要途径。这里，我以河北省一所学校为证：学校精神是学校经过长期发展积淀而形成的，良好的学校精神可孕育出一流的学校。正因为弘扬"不甘落后，勇于争先的拼搏精神；敬业爱岗，无私付出的奉献精神；精诚合作，互帮互助的团队精神；求真务实，勇于探索的创新精神；不屈不挠，狭路相逢勇者胜的亮剑精神"的学校精神，才成就了今天快速可持续发展的河北省石家庄第十七中学。近年来，学校先后被授予"全国优质品牌学校""国家教育质量管理示范基地""全国教育网络安全和道德教育科研示范单位""全国教育科学、十五、十一五、课题先进单位""中国师德建设示范单位"荣誉称号。

因此，从心理学和教育学视野探讨学校精神的内涵、特点、功能、机制、现状及其发展过程，具有十分重要的理论意义和实践价值。咱们课题组研究它，正是出自这个意义和价值取向。

一、学校精神的内涵

从心理学和教育学的思维视野出发，学校精神就是学校群体在长期的教育教学实践中积淀起来的、共同的心理和行为中体现出来的群体心理定势和心理特征，其核心内容和具体表现形式是校风。对上述定义有以下几点说明。

第一，学校群体包括教育者和受教育者，以及其他的教育辅助人员，是学校全体成员的集合。学校精神的形成和发展有赖于全校师生的共同努力。

第二，学校精神是一种群体心理定势，它指的是学校群体在相对稳定环境中形成的心理倾向性。

第三，学校精神的形成有一个过程，需要经过全校师生的共同努力，是他们共同的心理行为中积淀起来的个性心理特征。

由此，我们可以把学校精神划分为两个层次：一是指学校的一般精神，即各级各类学校带有普遍性的、重复出现的和相对稳定的精神心理状态，如团结友爱之风、艰苦奋斗之风、勤奋好学之风、为人师表之风等。校训是学校精神的凝练表达，校训中传递的价值信念，体现着中华民族的优秀传统文化和时代精神，体现着一所学校的精神内涵。因此，在学校的一般精神层面，不同学校之间的校训会或多或少地带有普遍的、相似的学校精神。无论是复旦大学的"博学而笃志，切问而近思"还是中山大学的"博学，审问，慎思，明辨，笃行"等都给世人留下了深刻印象，这些校训内容包含浓厚的传统文化色彩，体现出学校间的具有普遍性的精神心理状态，具有高度的一致性。二是指一所学校区别于其他学校的独特个性，这是一所学校最具特色、最明显、最富有典型意义的精神特征。它在长期的办学过程中逐步形成，并体现在学校日常工作的各个方面，影响全校师生员工的心理和行为，从而构成了该所学校鲜明的个性心理特点。学校精神的形成是一种潜移默化的、渐进的过程，渗透在学校工作的方方面面。江苏省启东中学办学近 80 年，在充分发挥学生个性特长、促进素质全面发展方面进行了大胆的探索和实践，取得了显著的成绩，形成了鲜明的办学特色，形成了具有鲜明个性和时代特征的学校精神——自信自强、为国争光的志气，锲而不舍、顽强拼搏的意志和勇于进取、勇攀高峰的精神。学校精神作为一种观念形态，属于上层建筑的范畴。它作为一种心理力量，是无形的、看不见的；但它作为一种规范力量，又是有形的、摸得着的，常常以校风的形式表现出来；它作为潜在的教育力量，给师生的心理和行为以极大的影响。学校精神在学校教育过程中发挥着特殊的背景作用，是社会规范和社会风气所不能替代的。

良好的学校精神是一种潜在的心理力量，它作为学校中普遍认可、接受和推崇的风尚、习惯、准则，一方面以制度规范形式，依存于校风；另一方面，又以价值观念形式，存在于个体身上，体现在学校全体成员的个性心理特征上，即校风的人格化。一所学校的学校精神一旦形成，便可以振奋人的情绪，激励人的意志，调节人的心理，规范人的行为，使学生的学习动机、学习需要、学习态度、学习方法，教师的教学思想、教学态度、教学风格，领导及干部职工的行为作风都出现一个良性循环，进而使整个学校的校风，以及校风统辖下的学风、教风和管理作风都有一个较大的改观。校训又是学校精神的高度概括。不仅大学有，不少中小学也有校训。诸位，您的学校有校训吗？校训既展示了一所学校的文化底蕴和精神风貌，又陶冶了全体师生的理想情操和价值追求。"人生在勤"作为山东省济南市历城第二中学的校训，激励和鞭策着学校的领导勤政、教师勤恳、学生勤学，用孜孜不倦的人生态度展示着学校良好的精神面貌。其校风"勤朴中和、志行高雅"，教风"博学谨业、修己立人"，学风"勤学善思、知礼乐行"都是以"勤"为主线，与"人生在勤"的校训一脉相承，奠定了独特的文化根基，成为二中人不断取得辉煌成就的永恒动力。

作为培养和造就人才的"工厂"，目前学校的根本任务就是培养跨世纪人才，为了实现这个目标，形成和发展良好的学校精神是基本条件。因此，努力提高学校整体心理素质和教育科研质量，并在此基础上创造一个严谨治学、勤奋求实、自强不息、积极创新、上水平做贡献的心理氛围，这是目前学校教育的根本任务，也是校风建设的主要内容。在这个意义上，探讨学校精神的心理内涵就显得非常必要。我们认为，学校精神主要包括以下六个方面。

第一，爱国爱民、爱家爱校的理想观。这不仅是一种政治理想，也是个人理想系统中的最高层次，它决定并形成了师生的调节、支配其作为活动的配置结构系统中的价值定向体系；作为一种个性倾向性，这一体系又会影响师生学习、生活、工作的态度及其心理面貌，是他们心理或行为的动力系统。比如，同济大学自从1907年建校伊始，学校便与国家命运、民族复兴紧紧联系在一起。其校训"同舟共济"除了有"协力同心、共渡难关"的含义之外，也包含着人与自然要和谐发展、经济社会要可持续发展的意思，而且还有更深层次的含义，它是同济大学自身办学历程和同济人家国情怀的生动写照。

第二，开拓进取、创造革新的能力观。这种积极向上的心理气氛，是广大师生员工努力教学、勤奋学习、积极工作，培养开放意识和艰苦奋斗精神，以及独立思考、敢于创新的科学精神所必不可少的心理力量。请允许我来介绍被誉为"创新人才的摇篮"的武汉大学。在改革开放初期，它就走在时代大潮的最前沿，老校长刘道玉率先推行学分制等一系列改革。2004年，武大首创以"质量"和"创新"为中心的研究生质量教育培养模式。今日武大注重对学生进行创造、创新、创业的"三创"教育，培养具有国际竞争力的拔尖创新人才。这正是校训"自强、弘毅、求是、拓新"所承载的武大精神的生动体现，激励着全体师生不断开拓创新。你们说是吗？

第三，勤奋刻苦、严谨求实的人格观。勤奋刻苦是一种非智力因素，属于个性心理特征的范畴，它不但是走向成功的必由之路，也是我国学校教育的优良传统。从古之车胤囊萤、孙康映雪、江泌映月，到今天发愤图强、为中华崛起而学习，这一传统源远流长。而一丝不苟地治学处事，尊重真理，坚持真理，不慕虚名，不尚空谈，踏踏实实，实事求是，这是贯彻一切从实际出发的思想方法和工作方法的保证。诸位，我很欣赏西南交通大学，它的前身是我中学期间曾向往并要报考的唐山铁道学院，在"文化大革命"之前是全国最好的铁道学院。因为我受班主任影响立志当老师而放弃报考这所大学。它的16字校训"精勤求学、敦笃励志、果毅力行、忠恕任事"，浸润着中华传统文明的养分，是学校师生做人、做事的指引。作为今天中国轨道交通事业发展进程中最为重要、影响最大的一所高等学府，西南交通大学有力支撑了中国轨道交通事业从弱到强的历史性跨越，诞生了中国轨道交通发展史上的多个"中国第一""世界第一"。这一切，皆源自交大人对精勤求学、忠恕任事的执着坚守，对弘文励教、交通天下的不懈追求。

第四，团结合作、友爱互携的人际观。唯有团结合作，才能将群体凝聚成一个坚强的整体，才能充分发挥群体的整合力量，使生活在群体中的每一个成员，都体会到群体的温暖和力量，人际关系融洽，在互帮互学的心理氛围中共同提高。比如，北京丰台区第八小学在长期的发展过程中，形成了一套和谐共处的学校精神体系，其"和谐共成长，特色促发展"的办学理念和目标，以及"心稳志恒，明礼尚和"的特色校训，就是倡导个人与学校、领导与教师、教师与教师、教师与学生之间要和谐相处，共同发展。

第五，遵纪守法、文明待人的道德观。文明守法、尊师爱生、尊老携幼、勤俭节约、注重公德、爱护公物、文明礼貌等，这是对公民的基本要求和现代人的基本素质，把这项工作做好了，师生的日常行为规范就落到了实处，同时也为树立文明的校风奠定了基础。大家熟悉的北京景山学校的校训是"明理、勤奋、严谨、创新"，以简洁的语言，概括了景山学校的学校精神。其"明理"内涵丰富：政治方面要明党的基本路线之理，坚定爱国、建国、报国信念，做人方面要明文明礼让、尊师爱生、遵纪守法、助人为乐，事业方面要明艰苦奋斗、拼搏求实、敬业奉献。总之，就是倡导一种遵纪守法、文明待人的道德观。

第六，民主意识、学术自由的思维观。从历史上看，蔡元培先生任北大校长时提出的"提倡新学、思想自由、兼容并包"的学术风气，曾受到各界的称赞，给当时的新文化运动和北大带来了生机勃勃的学术空气和民主空气，为新思想、新学科、新一代人的成长铺就了丰厚的温床。在今天改革开放的社会环境下，我们有更为有利的教学条件和学术条件。因此，民主治校、民主建校、民主管校、学术自由、心理优化有了充分的保证。请诸位来看中央民族大学的校训："美美与共，知行合一"。这中间的"美美与共"，其实就是其学校精神的体现，它倡导的就是一种兼容并蓄、交叉融合并崇尚创新意识的教学和学术研究思想。

总之，尽管不同国家不同历史时期的教育目标有所不同，但是作为对师生精神心理素质的要求，学校精神的心理内涵大体一致，并表现在形形色色的教育活动中。前面提到的武汉大学，历经三个不同时期形成了有代表性的校训。从国立武昌高等师范学校的"朴、诚、勇"，国立武汉大学的"明诚弘毅"，到改革开放时期的"自强、弘毅、求是、拓新"，其精神内涵一脉相承，而又闪烁着时代光辉。研究表明，课堂特征和课程安排，作为学校特质、校风的具体方面，反映了学生的能力、兴趣；教师的教学方法以及学校精神和学校伦理，这些因素均会影响教师和学校的决策。可见，学校精神是一所学校办学指导思想和培养目标的集中体现，是一种"随风潜入夜，润物细无声"的教育力量。谁都知道清华大学的校训，"自强不息，厚德载物"。这个校训是清华大学精神的集中体现，随着时代发展，清华以此校训为核心不断升华精神境界，延续着雪耻图强的爱国奉献精神、严谨求实的科学求真精神、海纳百川的包容会通精神和人文日新的追求卓越精神，为国家和人类文明创造着骄人业绩。截至 2011 年清华百年校庆，从这里走出了 465 位院士、国家表彰的 23 位"两弹一星"功臣中的 14 位。

毋庸置疑，学校精神的核心和具体表现形式是校风，而校风又与学风、教风紧密相关，密不可分，均属社会风气的范畴。在各级各类学校中，教师的教学、科研活动，学生的学习活动，教师和学生的学术活动水平，在很大程度上取决于学风、教风的优劣。我们认为，教风是学风的基础，学风是教风影响的必然产物，学风、教风是校风的直接反映和结果，而校风是学校精神的核心内容，学校精神是学风、教风、校风的总括和最高表现形式。北京化工大学在长期的发展过程中，形成了一套具有自己特色的学校精神体系。"团结奉献，艰苦奋斗，务实力行，博学创新"是学校精神体系的基础，"宏德博学，化育天工"的校训是其核心和灵魂，"团结、勤奋、严谨、活泼"的校风、"严谨治学，求真务实，教书育人"的教风、"求真务实，笃行求知，博学创新"的学风是学校精神体系的具体体现。学风、教风和学校精神相互影响，相互作用，相互制约，并呈一种螺旋式上升的趋势。学风、教风、校风影响学校精神的内容和形式，学校精神决定师生社会化发展的方向和水平。咱们再一起来看：中山市西区昌平小学以"团结互助、传承美德、勤劳为公、锐意进取"为学校精神，以"文明、守纪、健美、创新"为校风，以"不断进步、追求卓越"为校训，以"立志、传美、兴中华"为校歌，以"育心育人，质量攀升"为教风，以培养学生"两有、两会"为办学目标，即有民族精神，有个性，学会求知，学会做人，使全校师生在积极行使权利的同时履行自己的职责，为学校这个大家庭贡献力量，使每个人都获得进步和发展。

二、学校精神的特点和功能

学校精神作为学校中师生精神生活的存在方式，作为意识对物质的能动作用，对学生的个性社会化发展，对形成一个规范化的教育、心理环境具有重要作用。这是由学校精神本身所具有的特点决定的。

（一）学校精神的特点

一般说来，学校精神具有以下几个特点。

第一，同一性。学校精神的同一性是指一个学校对校风要求的一致性。校风是学校群体共同的心理特征，是学校中的每个成员都必须具备的。不同的学校、不同的群体可以有不同的表现形式，但其内涵及要求是一样的，没有高低、宽严之分，否则就会造成学校系统内部的无序状态，从而导致混乱，造成内耗，使良好的校风难以形成，即使形成了也难以发挥作用。学校精神的同一性特点还涉及对学校领导和教师的要求必须跟学生一致，要求学生做到的，教师先做到；要求教师做到的，领导先做到。这样，学校的全体成员才能按校风的要求自觉执行，并按照校风的标准去规范自己的思想和行为。此外，我们必须重视学校和社会的接轨。研究指出，学校和大众媒介对学校精神的一致性理解，是学校和社会进行联系的基础。

第二，层次性。学校精神的层次性是指在同一水平上的多样性。每所学校都是由领导、教师、学生、职工等不同群体组合起来的大家庭，在这个大家庭中，每个个体的角色和职能有所不同，校风要求在他们身上的体现也应有所不同，因而形成内涵相同而表现形式各异的领导作风、教风、班风和学风。它们在学校精神的总目标、总框架下相互作用、不断强化，体现了具体目标的可操作性和针对性；同时也体现了各种子目标间的相互影响、相互制约性。如领导作风和教风作用于学生，造就了班风和学风，而班风和学风又反作用于领导作风和教风，要求学校领导和教师在日常生活中以身作则、树立榜样，这样循环往复以至无穷，从而构成了一个连续的、开放的循环系统，这一系统的整体效应就是学校精神。

第三，效应性。学校精神作为学校全体成员的价值观和共同信念，当然得到了学校全体成员的认同和支持，对学习生活在其中的各个成员都发生有效影响，对他们的言行举止具有无形的约束作用。研究表明，学校的舆论工具（如广播、墙报、黑板报、报纸刊物等），通过对一些特殊事件中表现出来的学校精神的宣传，可激发师生的情感倾向。谁要违背学校精神，与校风背道而驰，谁就会受到群体舆论的谴责和批评，在情感上受到孤立，促使他们的思想和行为与学校精神、校风保持一致。因此，学校精神对学校全体成员具有监督和制约作用。就其影响方式而言，既有有形的、直接的一面，又有无形的、潜移默化的一面，这种强制性与非强制性力量的结合，使学校精神发挥作用时更具效力。

第四，个别性。不同学校的学校精神存在着差异，这种差异不但表现在校风的具体表述上，而且也表现在校风的性质和发展方向上。校风的差异来源于学校群体意识、价值观念的差异，不同学校所具有的群体意识的倾向不同，使该所学校在办学方向和教育目标具有一致性的同时，具有自己的特色，体现了自己所特有的精神面貌。因此，各个学校都有体现自己特点的校风，从而构成了各级各类学校求实务新、生动活泼的局面，这是其个性心理特征的体现。

可见，学校精神作为一所学校心理面貌和办学水平的反映，是该所学校师生需要、理想、信念、情操、行为、价值观和道德观水平高低的标志。良好的学校精神使学校群体朝健康的方向发展；反之，不良的学校精神则会起一种消极作用。

(二)学校精神的功能

我国各级各类学校的社会主义性质，决定了各个学校的学校精神具有下列功能。

第一，驱力功能。学校精神可以振奋人的情绪，激励人的意志，成为师生员工心理和行为的驱动力。这种驱动力不但表现在他们各种道德观念、价值观点的确立、行为方式的选择，总是参照着一定的学校精神所包含的价值取向，同时也表现在他们的人生观、世界观的形成，个性社会化的发展，也总是参照着一定的学校精神中所包含的规范准则，从而无论在道德品质上，还是在行为方式上，学校精神都会成为一种无形的巨大驱动力，影响着教师和学生的心理和行为。同时，优良的学校精神，能帮助生活在其中的全体成员对各种价值标准进行分析、判断，然后做出正确的选择，使每个成员的道德观、价值观等都与学校精神的要求相统一。

第二，凝聚功能。良好的学校精神，具有内聚力，把群体中每个成员的力量都凝聚在一起，从而产生一种强大的"向心力"。研究者通过对一组具有良好学校精神的大学生和另一组中等城市的市民代表实施内聚力测验，结果表明，前者比后者具有更强的凝聚力，对此的知觉也达到了更高的水平。一般地说，学校中各个成员对一些重大事件与原则问题，都保持共同的认识与评价，彻底地从情绪上加入群体生活，从情感上爱护自己所属的群体，这种认同感和归属感，使群体中的各个成员，为了达到共同的目标，大家都齐心协力服从大局，服从群体，每个成员对学校群体都有强烈的义务感和责任感，具有强烈的主人翁意识和荣誉感，觉得自己的进退荣辱都与群体息息相关，整个群体成员互帮互学，共同进步。因此，一个具有良好学校精神的学校，校风就是无声的命令，随时随地把师生聚合在自己的旗帜下，团结战斗，出色地完成群体交给的各项教育、教学任务和学习任务。

第三，熏陶功能。陶行知先生曾说过，熏染和督促两种力量比较起来，尤其是熏染最为重要。这不但是经验之谈，更是一条重要的心理原则。一个学校，一旦形成了优良的学校精神，就会对生活和工作在其中的师生，产生潜移默化的影响。青少年某些优良品德行为是什么时候、在什么地方、用什么方式形成的，往往很难说清楚。但心理学常识告诉我们，这是"社会认同"的结果。为什么一届又一届不同时代、不同经历、不同个性的学生，都能从本校的学校精神、校风中受到陶冶和启迪，甚至终身受益，铭记于心呢？我们认为这决不是偶然的，一个重要的原因就是学校精神具有熏陶作用。对学生、教师和家长的调查表明，综合性的活动项目（如校风宣传日、艺术体育活动周、野外考察和参观访问等），能使学生的社会需要在不同年级间进行传递，同时有利于学校精神和伦理道德观的内化。从社会心理学角度看，一个学校的校风决定了该校群体的心理定势，群体中的多数成员在不知不觉中形成了一致的态度、共同的行为方式，而个体的态度在群体中存在类化现象，无论是理想、需要、价值观，还是人际关系、社会行为，个体都要受到群体的影响。学校群体中多数人的一致态度，必然成为影响学校所有成员的巨大力量，使态度不同的个体改变初衷，使行为方式不同的个体抑制其违反群体行为规范的行为，从而与周围的心理环境协调起来。

第四，规范功能。一个学校如果有井然有序的教学环境，团结紧张、严肃活泼的校风校纪，优美整洁、文明礼貌的客观环境，严谨刻苦、锲而不舍孜孜不倦的心理环境，对学生的成长进步，无疑起着很大的促进作用，而这种促进作用，是学校各项规章制度所无法企及的。因为规章制度更多的是着重于消极抑制方面，而学校精神的促进作用，会使师生产生积极向上的力量，形成对学校所有成员具有巨大感染力的心理气氛，对于一切与学校精神相反的错误思潮、不良心理与行为，具有无形而实在的抵制作用。同时，优良的学校精神一旦树立，就成为一股巨大的心理力量，当个体表现出符合群体规范、符合群体期待的行为时，群体就给予肯定和强化，以支持其行为，从而使其行为进一步"定型化"，积极地按学校精神的要求去做，自觉地维护校规校容校貌。一所学校蓬勃向上、勤奋学习、互帮互学的精神和风气，必然会使一部分学习马马虎虎、吊儿郎当的学生，因为受到环境的无形约束，而抑制自己的不良行为。教育实践经验告诉我们，许多行为不良儿童就是在良好的学校精神环境中受到熏陶、规范，进而改变的。因此，一个精神爽、风气正的群体，犹如一座的熔炉。

你们想了解一下上海中学精神在我身上发挥的"功能"吗？上海中学精神的基础是德、智、群、体、美"五育"。有的老师问，这不是我国台湾的教育目标吗？其实大家不了解，德、智、群、体、美是20世纪30年代上海中学提出的对学生的基本要求，每位进入上海中学的学生都要根据这个学校目标来做，这五个目标是谁提出的呢？是20世纪30年代沈亦珍校长提出来的，20世纪40年代这位沈校长辞去上海中学的校长职务，到欧洲去讲学，后来他转经多个国家后回到了我国台湾，所以他把上海中学五育的要求——德、智、群、体、美带到我国台湾，台湾的教育目标就是这样来的。

上海中学对学生的要求是德、智、群、体、美，它贯彻的是明理、严格、求实、高质的校风。学生进入这个学校以后，大家都寄宿，严格按照要求的德、智、群、体、美五个方面努力上进，全面发展。上海中学讲"德"，不仅在政治课上讲，而且校长几乎每个星期给我们做时事报告、政治报告，引导我们有崇高的理想，有爱国心，遵守社会道德规范。在"智"，也就是学习方面，上海中学抓得非常紧，那里的毕业生考大学，除了当时因为政治原因而"落榜"外，基本上百分之百能够上大学。今天，如果说我是在学术上有一定贡献的话，这得益于上海中学"智育"所养成的严谨治学的习惯。上海中学重视"群"，今天，我在中国心理学界和教育界的人缘、人气和人脉，包括在多人差额的选举中高票当选了中国心理学会第 10 届的理事长，这无不与上海中学的"群"的要求相联系。上海中学特别重视"体"，即身体锻炼，它有 400 米跑道的大操场，北面两个食堂之间还有一个类似操场的可以活动的场所，学校还有非常高级的体育馆。我在学校的严格要求下，高中一年级已经通过了当时国家为中学生制定的二级劳动卫国制度，就是现在最高一级的体育达标。我们班有好多同学成了运动员，我自己在田径、举重、划船等项目也取得了一定的成绩，比如跑百米，12 秒 6 是三级运动员，怪我是"八字脚"，只能跑到 12 秒 9；举重也差那么一点点就能成为最轻量级的三级运动员，进入北师大成为举重校队队员。至今年近古稀，身体尚可支持工作，这要归功于上海中学体育锻炼的"老底"。当然，在这样的学校里学习，是非常艰苦的，早晨起来先是进行早锻炼，锻炼完以后上早自习，早自习是 50 分钟，主要学外语，早自习完了以后去吃早饭，吃了早饭以后是四堂课。中午休息半个到一个小时，下午两堂课，两堂课以后又让我们到操场锻炼，锻炼回来以后再做作业，一个小时作业以后，大概 6 点钟左右吃晚饭，吃完晚饭以后，休息一会儿又有两堂课的晚自习，大概到 9 点钟左右回宿舍睡觉，10 点以后一律熄灯，一律睡觉，保证八小时的睡眠时间。总之，在我的记忆中，上海中学生活每天非常有规律，最终形成井然有序的教育环境，团结、紧张、活泼的校风校纪，再加上优秀、整洁、文明礼貌的客观环境，严谨、刻苦、锲而不舍、孜孜不倦的学习风气，都对我们学生的终生成长、进步无疑起到一种促进的功能。而这种功能是学校一般工作、规章制度无法替代的。

三、学校精神发挥作用的机制

从社会心理学角度考察，学校精神是通过学校的客观环境和人际环境而对学校所有成员产生心理影响的。如领导作风中的"民主治校、严以律己、宽以待人"，就会形成一种宽松的心理气氛，融洽的人际关系；教风中的"严谨治学，为人师表"，就会形成榜样学习和观察学习的范型；而学风中的"勤奋好学，文明礼貌，求实求真"，能够使学生生活在一个积极向上，利他行为占优势的群体环境中。所有这些，都是优良校风的核心内容，学校精神的不同表现形式，它通过师生员工的内化机制，从而成为他们内部稳定的心理特质，同时使个性得到全面发展，在社会化过程中使自己成为一名合格的社会成员，这是一个学校文化移入的过程。一言以蔽之，学校精神对学校成员的作用，就是个体社会化过程，是群体心理定势的形成过程。学校精神对人的影响力正是如此，它通过感染、模仿、暗示等心理机制，使学校的全体成员在不知不觉中接受影响，引起个人心理和行为的变化，以求与学校精神趋于一致，达到个人心理风格与群体心理定势的融合。

(一)感染

这是学校精神发挥作用的情绪基础。所谓心理感染，指的是参加共同活动的人们在直接接触的条件下，在多次相互增强情感影响所取得的效果基础上，进行情感相互影响的过程。它主要通过"心理情绪"的传递表现出来，即对某一行为模式无意识的掌握。研究表明，一个冷漠的教育心理气氛，对师生的影响就是如此。而学校精神就是通过不随意知觉传递他人行为的种种状态与方式，使生活在学校群体中的每个成员都感受到、体验到这种"心理情绪"，并产生一种情绪评定。在学校的人际交往过程中，这种情绪评价成为相互间情感影响的重要媒介，使群体中的每个成员将群体意识、群体心理状态非证明、非逻辑地直接移植到自己的心理系统内部，与自己本来所固有的思维方式、价值体系和行为模式等发生交互作用，从而对学校精神的影响力有一个基本的取舍态度。但此时学校精神中的各个要素，还远远没有成为个体稳定的心理特征，更没有在个体的行为中直接表现出发挥作用的痕迹，它仅仅是一种选择、评定和投射的过程。因此，从这个意义上可以说，学校精神的作用仅是一种社会心理环境的作用。

(二)模仿

这是学校精神发挥作用的认知基础。模仿就是对别人的行为或群体心理状态的不自觉的仿效，依照他人的行为，使自己的行为方式达到与所依照者相同的过程。

当然，这种仿效不是对外部特征的一时一地的简单接受，而是个体再生产被显示行为的特点和模式。群体规范和价值就是通过认知，进而模仿而产生的，学校精神也是通过模仿而对群体成员发挥作用的。因此，模仿是学校精神发挥作用的认知基础，而榜样又是模仿的关键。学生最敏感的是领导和教师的言谈举止，它们是正价效应还是负价效应，直接取决于领导和教师的"角色扮演"。研究表明，学校领导、行政人员在促进学校精神，给学生提供良好榜样等方面起着重要作用，特别是学校领导，义不容辞负有培养和发展学校精神的重担。以身作则、言传身教、身体力行的表率作用是最具说服力、吸引力和感染力的教育，直接影响到良好校风学风教风的建立，影响学校精神在整体上对青少年学生的作用效果。社会心理学认为，模仿作为一种相符行动，是由非控制的社会刺激所引起的，而不是通过学校或群体的命令发生的。模仿者与行为榜样者的行为往往一致，不仅能再现他们的外部特征和行为方式，而且会形成新的精神价值——心理、兴趣、个性倾向以及行为风格等，这正是学校精神发挥作用的心理效果和行为效果。

（三）暗示

这是学校精神发挥作用的意识基础。暗示是一种心理影响作用，指人们为了实现某种目的，用含蓄的、间接的方式，对别人的心理或行为发生有目的、没有论证的影响。暗示是感染的一种，同时又伴随着模仿。其特点表现为，一是暗示过程具有单方向的倾向，二是不需要证明和逻辑推理以直接移植心理状态的途径发生作用，其影响是非理性的，主要是情绪与意志的影响。暗示是学校精神发挥作用的重要意识基础，只有通过与学校精神相互联系着的不断的暗示，个体的心理才能不断得到调整而趋同于群体心理，群体心理也因之得到加强、巩固，并根植于每个个体之中。研究指出，学生应参加学校活动，如早晨课间操的总结、参观校史纪念馆的奖状、帮助孤寡老人、打扫教室卫生、维护公共卫生、遵守学校规章和课堂纪律以及学生辅导员制度等，均可用来培养学生的学校精神，使他们在活动中潜移默化受到积极影响。在学校各项活动中，学校精神总是通过一系列含蓄间接的方式，向学生辐射各种信息，以此来引导和规范他们的行为，使他们的行为与学校精神的要求保持一致性。一所学校优良的学校精神，就是通过这种积极暗示，使青少年学生把潜意识与意识结合起来，接受学风、教风、校风和学校精神的影响作用。

(四) 从众

这是学校精神发挥作用的行为基础。从众是个体在群体压力下，放弃自己的意见，转变原有的态度，采取与大多数人一致的行为。主要表现为对群体的行为、心理的顺从。社会心理学家认为，从众行为是由于在群体一致性的压力下，个体寻求的一种试图解除自身与群体之间冲突，增强安全感的重要手段。从众现象发生的前提是存在着实际或想象的约束力，促使个体采取符合群体要求的行为和态度，并且不仅在行动上表现出来，而且也有可能改变初衷。当学校精神以群体压力的形式表现出来时，很容易引起自己的意见与群体意见不一致的情况，从而引起内心冲突，但为了不担风险，实现归属感和安全感的需要，有时虽然内心仍有顾虑，但在行动上却表现出从众。因为个体一般不愿意因为自己的心理和行为与群体相左，而遭到群体的压力或抛弃。相反，他们很可能根据群体规范、群体舆论或群体中大多数人的意向制定行动策略，设法与群众保持一致，以求得心理上的安全感。因此，学校精神发挥作用时学生在行动中所表现出来的从众，是学校精神作用的行为基础。但是，应当注意，对于学生在某种学校精神的压力下发生了某些行为上的变化，我们还不能掉以轻心，他们的深层心理意识如何，还有待于进一步考察。由于从众行为既有积极的一面，又有消极的一面，因此我们必须正确对待。对优良的学校精神要进行大力宣传，造成一种群体舆论，使学生感到有一种无形的压力，从而产生从众行为。这样的从众行为，对学生的发展成长是极为有利的。

(五) 认同

这是校风发挥作用的价值基础。一切文化的发展和更新换代都是由认同开始的，学校精神的形成和保持，是以群体成员在认识、情感和行动上的一致为标志的。对芝加哥地区的优秀学校调查表明，这些学校注意发展学生的特质和创设良好的心理环境，以此来推动学校精神的优化。在学校各项工作中，领导、教师和学生均是紧紧围绕学校精神的宗旨，开展工作和进行学习、教学，从而使整个学校群体在认识、情感和行动上保持了一致性。认同包括对原来学校精神的认同和对形成发展中学校精神的认同，它是保证学校群体的整体性、一致性的重要心理基础。个体对他人、群体和组织的认同，就使个体培养了对群体的认同感、光荣感、自豪感，使个体与群体融为一体，不可分离，从而自觉地、心甘情愿地保持和维护学校精神。特别是，学生一进入学校，就进入了一个有特定文化氛围、特定校风规范下的群体生活。在这里，他们的行为和思想都受到一定程度的限制。一段时间后，当学生具有抑制能力时，对学校精神的认同就由强制性变为选择性，按照自己的意愿选择学校精神中的各种构成元素，来作为自己心理和行为的参照系。因此，培养学生对学校精神的认同意识，除了要求学校精神本身的目标明确，具有吸引力外，应着重抓好班集体建设，在每个班级中都形成团结友爱、互帮互学、奋发向上的心理气氛，以优良的班风为学校精神发挥作用准备前提和条件。同时，学校还应注意通过学校光荣传统教育，以及校庆活动、校友返校、校友事迹介绍、传达社会对本校的反馈信息等环节，不断激发学生对学校精神的认同感。

（六）强化

学校精神有时还通过强化的手段发挥作用。强化是一种使心理品质变得更加牢固的重要方法。学校生活中的每一个实际情景和每一种活动，都能对学校精神发挥强化作用，而学校精神也常常通过强化手段来对学生施加影响。一个学校为了形成和发展良好的学校精神，仅仅停留在思想教育和口头上的宣传是不够的，还应该落实到具体的制度性措施中，使学校成员与学校精神相符合的行为得到正强化，而与学校精神背道而驰的不良行为受到负强化。特别要重视在社会心理背景下的学校精神教育，使精神因素变成可见的、可感的、现实性的因素，这是有利于心理变化的情景条件。例如，开展社会调查的实践活动，重视德、智、体、美诸方面的全面发展，并使之制度化；建立严格的学校规章制度、课堂学习纪律，教室、寝室、图书馆学生准则，以及必要的校园公约、守则等，都是实现学校精神心理强化的有效手段。学校精神形成和发挥作用的关键是长期坚持，这就要求不断强化，不断创设和保持情景条件。

　　我是北京师范大学的学子，又是北京师范大学的教授，我在北京师范大学学习、工作 50 余年，深深体会到贯穿百年师大的学校精神的一条红线，始终是教学子如何做人，这是这所百年名校根深叶茂的根本。北京师范大学的前身——京师大学堂创办初期，一位学堂监督曾经做了最短的就职训词："诸生为国求学，努力自爱。"这和后来北京师范大学坚持"学为人师，行为世范"的校训和校风，同一意思。这个校训和校风，通过感染、模仿、暗示、从众等途径使在这里奠定了爱国进步、诚信质朴、求真创新、为人师表的人生基石的 10 万多名毕业生中出了许多著名的教育家、政治家、科学家、艺术家，它所培养的人民教师遍布全国。由此，北京师范大学不仅成为中国师范教育的"排头兵"，而且也为创"综合性、有特色、研究型的世界一流大学"奠定了基础。

四、学校精神形成和发展的过程

　　对学校精神的理论探讨，在我国还没有得到过真正的重视，从心理学和教育学角度的阐述，更属凤毛麟角。尽管各个学校大都有自己所要求和遵循的学校精神，并在实践中对此进行了许多卓有成效的工作，但是很少有人把学校精神摆到理论高度上来认识，也很少有学者把它作为一个重要理论课题加以探讨。于是，在学校教育工作者心目中，学校精神成为一个没有理论意义的教育实践而普遍受到冷遇，有时要谈到它，也仅仅是为了装饰门面或教育实践的需要。在这种情况下，讨论学校精神形成和发展的心理过程显得更为重要。一般说来，学校精神的形成大致可分为孕育期、整合期、内化期和成熟期四个阶段。且各阶段互为前提，相互影响和相互作用。

　　第一，孕育期。这是学校精神逐渐形成的阶段。在这一阶段中，学校必须优化学校精神赖以形成的心理环境，明确校风的具体要求，并采取种种措施使这种要求为学校全体成员所接受。因此，在此阶段纪律教育起着十分重要的作用。研究表明，对执行纪律的相互监督，可以促进学生的情感发展，整合学习气氛，改善纪律环境、建立良好师生关系，充分发挥教师主导作用，培养教师的进取心和事业心，最后达到提高学校精神的目的。严格的规章制度和组织纪律，为学校精神的形成提供了保证。但是，在这个阶段中纪律和规章制度对学校成员来说是外来的，带有强制性成分，而学校群体必须为自我实现而斗争，其最大特点是群体的行为规范准则与个人需要不适应的矛盾。为了解决这个矛盾，首先要加强宣传，形成舆论，以提高全体成员对学校精神的正确认识。此间，应特别注意校史教育、学校传统教育，形成学校群体的向心力，建立作为学校一员对该群体的荣誉感和自豪感。特别是要使新成员适应学校群体的要求和纪律，改变他们原来不适应学校的那些行为规范和准则。这个工作进行得如何，直接影响学校精神孕育中的"胎儿"质量与规格。此时，可以运用心理定势的原理，切实做好一年级新生及其他新学员的"第一印象"的工作，达到"先入为主"的教育效果。同时，还要努力优化校内外环境。学校精神的形成和发展取决于学校内外部环境的共同作用，但对学校来说，所能创设和优化的是学校内部的心理环境。在这个过程中，要使学校多数成员明确学校精神建设的具体要求，并根据这些要求，优化学校内部的教育、教学环境和条件，包括美化校园环境、改善教学条件、完善规章制度、优化教学计划和教学大纲、优选专业和思想品德教育的教材、改善德育工作的条件等等，以此来建设一个良好的教育和心理环境，为学校精神的进一步整合打下扎实的基础。

第二，整合期。在学校师生员工思想上有一个学校精神的心理定势后，接下来的工作便是进行整合。以学校群体中一部分已接受学校精神要求的师生为骨干，同时向其余成员提出这种要求。由于这一阶段的特点是有一部分先进分子已为学校精神所同化，就可以以这些人为榜样，对多数人的心理起到一种示范作用。如何有效地运用这种有利因素，通过这些骨干力量做多数人的转化工作，这是教育者的一个重要任务。研究表明，要使学校成为一个优秀群体，除家长和学校所在社区的支持外，一个重要的方面是通过各种活动，来建立教师的年度目标，发挥教育者的主导作用，从而来培养和发展学校精神。这要求我们利用和强化管理的力量，使这些人对学校精神的要求虽不能做到"心悦诚服"，但能做到"依从"，并由"依从"向认同、整合转化，产生一种归属感。此时要强调榜样和观察学习的作用，领导要以身作则，教师要身体力行，同时仍要辅之以一定的行政管理手段。实际上，学校大多数成员在少数骨干的影响和行政措施的"胁迫"下，再加上学校的各种规章制度，他们虽然接受了学校精神的某些要求，但并不是完全自觉自愿的，他们的内心仍会受到一定的压抑，甚至矛盾、冲突，这是一个"产前阵痛"的阶段，需要教育工作者做耐心细致的思想工作和声势浩大的宣传工作，把学校全体成员的心理和行为都整合到学校精神的"旗帜"下，按照学校精神的要求来规范和约束自己的心理和行为，从而使整合阶段的时间大为缩短，为学校精神的内化期和成熟期做好准备。

第三，内化期。在经过整合期的"阵痛"后，学校良好的心理气氛已成为影响整个群体生活的一种规范力量，学校群体的大多数成员开始接受校风的要求，接受学校精神的监督和规范，并且成为自觉的行动和习惯，此时已不感到心理上的压抑。但还需要对部分人做些工作，并且这种工作需要长期坚持，把多数人的意识和行为逐步扩展为全体成员的意识和行动，形成学校群体的非正式规范和行为准则，并在此基础上发展一致的群体舆论，使群体具有较大的凝聚力。例如，美国芝加哥教育部门的研究指出，通过文艺体育和各种竞赛中的啦啦队活动形式，师生共同对此认真计划、有效组织和情感投入，在活动中建立和增强群体认同感、自豪感和荣誉感，可为培养学校精神服务。总之，在这个群体中生活的所有成员，自觉不自觉地、有意识无意识地受到潜在的影响，并努力与群体保持一致，逐渐形成自觉自愿的行动和习惯，使群体目标、要求和准则与个人人格体系融为一体。这个工作主要不是依靠外力，而是依靠群体的全体成员来做，耐心地等待他们的"觉悟"，因此要接近他们，用自己的模范行为影响他们，促使其自觉转化。在这个阶段中，可依靠群体规范、舆论和内聚力，以产生一种无形力量，迫使学校的所有成员在学校精神面前"就范"。此时，学校精神作为一种规范力量，教育环境已基本形成，学校的规范和准则不再作为主要力量发挥作用，而是潜在地起到一种辅助和监督作用。

第四，成熟期。这是学校精神形成和发展的最高阶段和理想境界。此时，学校精神的要求已成为学校群体中多数成员的自觉行动，在群体中形成了一种具有心理制约作用的行为风尚，他们已将学校精神的要求彻底内化为自我要求，不需要更多外来的强制力量。对太平洋地区一些明星学校的研究表明，这些学校均具有高水准的学校精神。在这个阶段中，学校群体中各个成员的思想和行动，不仅不"越雷池半步"，而且处处事事以学校精神的标准来检查自己的行为，群体已真正成为教育的主体，并且每个成员都具有自我教育和自我管理的能力。这时，我们可以说，良好的学校精神已深入人心，"蔚然成风"了。主要表现为全体成员在对学校精神的认识上，明确清晰，具有共同的目标、情感、意志和信念，并且团结一致，同心同德，为完成学校群体所面临的各项任务而协调作战。以教师科研为例，这个阶段的学校精神可从下面几项具体指标中略见一斑：①人均科研课题数；②人均科研课题费；③人均科研成果数；④人均科研成果获奖数；⑤人均对学校重大事件参与数。一个具有良好学校精神的集体，上述各项指标均较高，且教师以追求上述目标为己任。同时，在这个基础上产生了一支具有模范带头作用的党团干部和学生干部的骨干队伍，他们不但以身作则、身体力行学校精神的要求、准则，而且带领全体成员一道前进，维持和保证本校学校精神的独立性和完整性。

我们大家可"解剖"一下任何一所优秀学校，其学校精神的形成和发展过程，大致都经历这四个阶段，最后走上高质的名校。例如，70年的办学历程为巴中市巴州区一小积攒了厚重的学校精神和文化底蕴。学校坚持"以人的全面发展为基础，促进学校和谐发展"，"教育品位在于做人求真，教育激情在于点火创新"的办学理念，立足"把学校建成质量一流、管理一流、有人气、有品位、有特色的省级示范校和国家级实验校"的办学目标和"把学生培养成人格健全、个性鲜明、潜能发挥、学有所为的具有综合素质的现代社会人"的育人目标，将"敬岗奉献、自强不息、点火创新"的学校精神贯注在学校工作的方方面面，通过让教育理念动态激活、让文化植根于育人厚土、让教师通过研究状态的教育生活、让思想闪耀理性之光等举措，全面提升育人质量，铸造了学校教育品牌。

五、学校精神的优化

今天，我们课题组如何促进各个参与校的学校精神的建设？

目前，一些学校普遍对学校管理工作和学生的品德教育工作感到困惑，许多教育工作者对校风的滑坡、学校"无精神"现象深感忧虑。为了改变这种状况，学校精神已到了非抓不可的地步。在国外，一些有识之士也倡导各级各类学校要重视学校精神的建设。在美国佛罗里达州还就此展开了讨论。在建设校风、培养学校精神时，必须确定其基本原则和依据。首先，一所学校的学校精神是由办学目标、教育规律以及本校的具体条件所决定的。同时，还需要体现办学的指导思想和客观规律。其次学校精神还必须有本校的特色和个性。在此基础上，我们可以来讨论建设优良学校精神的具体措施。

第一，以教风为突破口，切实抓好教风。教风建设要"爱字当头，耐心疏导"。热爱学生是教师做好教育工作的重要条件，只有热爱学生、关心学生，才能更好地教育学生，调动和激发他们的学习自觉性和积极性。在这个过程中，教师对学生要进行耐心疏导，切勿用"管、卡、压"的办法对待学生，即使是对犯了错误的学生，也要耐心教育，以诚感人，以情动人。此外，为了建设良好的教风，教师还要严于律己，以身作则，要求学生做到的自己先做到，起到一个表率和模范带头作用，形成一个严谨治学、严谨治教、为人师表的良好教风。

第二，健全学校规章制度，优化教育教学环境。学校精神的形成需要有目的、有计划地进行培养，更要长期坚持，这就需要健全行之有效的学校规章制度，特别是对学校的公共场所，如"三堂"（课堂、食堂、会堂）、"一室"（寝室），更要制定详尽的管理细则，并发动学生参与管理，而学校则要经常加以督促、检查、总结、评比，使学校环境整洁、优雅、催人奋进，使全体师生在优化的校园环境中努力学习和工作。

第三，加强思想教育，培养良好的学校气氛。一个学校要树立良好的学校精神，必须对全校师生加强思想教育，加深他们对培养学校精神重要性和迫切性的认识。要把学校精神与爱国主义、社会主义、群体主义、艰苦奋斗的教育和劳动技术教育结合起来，把学校精神与理想教育、"四有"教育、革命传统和道德风尚教育结合起来，培养全体师生的责任感、自觉性和荣誉感，造就一种健康的教育气氛。研究指出，积极的学校气氛有利于创设良好的心理环境，有利于造就优秀学生，而这种气氛又可以通过培养师生的信念和价值观来实现。良好的学校气氛需要依靠师生的共同努力。

第四，切实而有效地抓好班风建设。班风是校风的重要体现，在建设班风过程中，教师应该"目标明确，计划周密"，班级要根据学校整体建设规划，制定出本班的落实措施，使全班同学明确班风建设的目标，并把这些计划落实到具体行动中。一项对学校纪律气氛的调查表明，学生、教师、家长和学校管理者都希望有一个令人满意的、稳定有序的学习环境。这就需要从班风抓起。

第五，寓校风建设于教育、教学活动中。校风的形成和发展依靠坚持不懈的精神，一点一滴地培育起来。研究者认为，教师教学风格在某种程度上反映了该校的校风和学校精神。因此，有必要寓教风建设于多种多样的教育、教学活动中，不断把校风建设作为思想品德教育的重要手段，而且在课堂教学过程中，利用各个学科的特点，把校风的主要内容融于其中，使学生在不知不觉中接受校风的熏陶，并且为校风注入新的内容，充实新的时代精神，使校风的要求真正成为青少年学生的自觉行动。此外，还要有意识有计划地开展一些巩固、发展校风的具体活动，如结合清明节祭扫烈士墓，请英雄模范人物做报告，军民共建精神文明，开展重大节日纪念活动，以及穿校服、唱校歌、举办校史展览、举行校庆、校友返校活动等，使校风建设与具体的各项活动联系起来，激发师生对所在学校的光荣感和自豪感。

第六，领导带头，齐抓共管，综合治理。提倡一种好风气，培养学校精神，往往需要人们的相互配合。领导、教师、干部的文明行为，对学生的影响是巨大的，广大学生往往是用领导和教师的行动来判断其所讲的道理和价值的。研究表明，培养良好的校风和学校精神，领导是关键。学校管理者在创设良好的教育气氛，改善学生作业和行为状况中起着重要作用。教师们认为，如果校长支持他们的工作，他们就能创造一个更好的学术环境，更有效地工作；校长应该平易近人，且能赢得教师的信任，处理疑难问题，并给教师更多的自由。另外，还要充分发挥辅导员、班主任、政治教师的作用，学校领导的很多决策、意图都要通过他们去贯彻、执行，因此，既要放手让他们大胆工作，多出智慧，又要对他们的工作给予及时的帮助和指导。

第七，建立学校、家庭、社会立体化教育网络。在良好学校精神的形成过程中，学校教育是主体，社会教育是学校教育的外部环境，是学校教育的延伸，家庭教育则是学校教育和社会教育的基础和依托，把二者有机结合起来，相互配合，相互支持，相互沟通，协调同步，以发挥最佳整体效益。以社会文化环境而言，整顿清理文化市场，提供丰富健康的精神营养品，兴建健康有益的青少年活动场所，并采取相应的措施和政策，促进文化科技的社会化，为学校提供活动场所和实践基地。同时加强学校同社区的联系，形成有效的普法治安网络，宣传舆论网络和实践教育网络，使社会主流文化和学校精神相吻合，促进社区文化对学校精神的影响力。与此同时，以学校为阵地，举办各种层次各种类型的家长学校、家长委员会、咨询站等，加强学校和家庭之间的联系沟通，无论在教育目的上、过程上还是手段上，双方步调一致，相互促进，形成一股教育的合力。由学校组织，邀请宣传、司法、公安、文化、劳动、人事、科技、团队、妇联和有关学术团体及专家，组成一个学校、社会、家庭的协调机构，调动各方面力量，发挥群体优势，进行宏观指导，制定目标、规划和实施方案，建设一支强有力的骨干队伍，共同为良好学校精神的形成和发展添砖加瓦。

总之，良好的学校精神，不是靠几个人的努力能办到的，也绝不是靠"管、卡、压"的办法能实现的，它是一项依靠学校全体师生的综合工程。这样，在社会文化"大气候"的配合下，学校内部的校园文化"小气候"就会发生很大的改观，使广大师生提高治学、治事、律己、交友、待人处世及礼仪等方面的修养，确立坚定正确的政治方向，高尚的道德情操，文明的行为举止，严谨刻苦的学习态度，无私奉献和踏实忘我的工作作风。这是学校精神的宗旨，也是其终极目标！

上述是我对学校精神及其建设的思考，供诸位今天下午研讨时参考。

谢谢大家！

对未来基础教育的几点思考[①]

——在"首届京台基础教育校长峰会"上的演讲

尊敬的各位校长：

上午好！

首先感谢主办方的邀请，让我有机会在这里与北京与我国台湾两地基础教育界同仁来讨论未来的基础教育。1965—1978 年，我曾在基础教育界工作了 13 年，我对基础教育怀着深厚的感情。当前，在重视教育的过程中，世界各国都在向基础教育倾斜，其中小学是基础的基础，中学是教育的关键。今天，提高基础教育的质量，成为各国普遍关注的大事。面对未来如何提高基础教育的质量，我有四个感受，即未来基础教育必须要重视四个问题。

一、重视学生核心素养的研究

现在整个教育界关注的焦点之一就是"学生核心素养"。什么叫核心素养？核心素养是学生在接受相应学段的教育过程中，逐步形成的适应个人终身发展和社会发展需要的必备品格和关键能力。它应该包含六个方面的含义：核心素养是所有学生应具有的最关键、最必要的基础素养；核心素养是知识、能力和态度等的综合表现；核心素养可以通过接受教育来形成和发展；核心素养具有发展连续性和阶段性；核心素养兼具个人价值和社会价值；学生发展核心素养是一个体系，其作用具有整合性。未来基础教育的顶层理念是强化学生的核心素养。

---

① 本文是根据 2015 年 10 月 26 日在"2015·首届京台基础教育校长峰会——面向未来的基础教育论坛"上的演讲内容整理而成。

(一)中华民族传统文化历来重视人的素养问题

今天无论是来自北京的校长，还是来自台湾的校长，从中华传统文化来说，都有同一个根、同一个灵魂。我们的根和灵魂是什么？这就是中华传统文化。中华民族传统文化历来重视人的素养问题。从中华传统文化来看，我们看到了家国情怀、社会关怀、人格修养和文化修养四个方面。家国情怀涉及孝亲爱国、民族情怀、乡土情感等；社会关怀涉及仁民爱物、心怀天下、奉献社会等；人格修养涉及诚信自律、崇德弘毅、礼敬谦和等；文化修养涉及人文历史知识、求学治学方法、文字表达能力、追求科技发明等。

(二)核心素养是当前世界教育研究的重要课题

最早开始研究的是经济合作与发展组织(简称"经合组织")，也就是 OECD，它在 1997 年就启动了"素养的界定与遴选"。在经合组织研究之后，有三个国际组织、12 个国家(地区)，包括美国、英国、日本、新加坡等国，还有中国的台湾地区和香港地区也开展了核心素养的研究。我们通过梳理文献，发现核心素养研究有四种不同的价值取向，这四种取向表现为成功生活、终身学习、个人发展和综合取向；整体呈现出与社会发展、国家(地区)发展相统一的趋势。不论是经合组织还是别的国家(地区)，核心素养都有一级指标、二级指标和具体内容。它们虽然不尽相同，但最终指向的都是培养"完人"，或者叫全面发展的人。同时，它们都重视自主发展(自主性)、社会参与及互动(社会性)、文化学习(工具性，强调人类智慧文明成果的掌握与运用、精神生产工具的使用等)三大领域。

通过对整个世界各国(地区)核心素养相关数据的分析，可以看出国际上既强调和重视传统的基本素养——语言能力、数学素养、学会学习、问题解决能力，又高度重视和强调现代关键素养的指标，如沟通与交流、团队合作、国际视野、信息素养、创新与创造力、社会参与与贡献、自我规划与管理等。

(三)基于学生核心素养的课标分析

我们对照义务教育的 19 门课标，高中阶段的 16 门课标，能够看到教育的现状和问题。现状是：体现了"能力为重"指导方针；重视工具性的素养；重视知识、技能、态度、价值观等方面对学生提出的全面要求，尤其是重视实践素养，主动探究问题、解决问题的能力等素养。但是我们在课标中或教学大纲中看到了问题：缺乏对素养的明确的界定、系统的阐述；对跨学科的素养相对忽视；论述的核心素养往往与课程的内容相脱节——课标归课标，素养归素养。

（四）对学生核心素养的实证调查研究

通过开展焦点小组访谈、专家个别访谈、问卷调查，进行数据统计，我们研究了当前中国大陆大学生、高中生、初中生和小学生的核心素养。

结果表明，参与我们研究的五个省市访谈的结果具有一致性，问卷调查的结果也有一致性，研究结果都集中到一个"全面发展的人"上。它包括三个方面：第一，自主发展，即自主性包括培养和发展身体、心理、学习等方面的素养；第二，社会参与，即社会性，包括处理好个体与群体、社会与国家等之间的关系；第三，文化素养，也就是工具性，包括掌握应用人类智慧文明的各种成果。其中文化素养是个体自主发展和社会参与的必要基础，自主发展和社会参与是促使个体适应社会和实现个人价值的重要前提与根本保证。

我们提出的核心素养体系总框架，是经过反复的研究，又经过一次次地向全国各地教育界征求意见的结果，最后形成三大领域（文化基础、自主发展、社会参与）、六种素养（人文底蕴、科学精神、学会学习、健康生活、责任担当、实践创新）、十八项指标（人文积淀、人文情怀、审美情趣，理性思维、批判质疑、勇于探究；乐学善学、勤于反思、信息意识，珍爱生命、健全人格、自我管理；社会责任、国家认同、国际理解，劳动意识、问题解决、技术应用）的框架体系。教育部拟把核心素养内容渗透到2016年春天出台的高中各科课标里。我想未来的基础教育，必须重视学生核心素养，这已经成为全世界教育的趋向。

二、重视基础教育的课程改革

什么叫课程？课程，是为实现学校教育教学目标而选择的教育教学的内容。它广义上讲是指学科的总和或教师指导下学生活动的总和;狭义上讲是指一门学科。对课程怎么理解?一是课程与教学的关系。这两个概念总是联系在一起,是课程大还是教学大,争论于此本无意义,有人提"课程论"含"教学论",有人在"教学论"中谈到"课程论",有人说两者是并列的。咱们在这里暂且不去讨论这个问题,我相信大家有以下共识:课程中间有教学,教学里也离不开课程。不管课程还是教学,都是有标准的,这个标准就是我们平日讲的课标,它是指学校教学的一定阶段的课程水平、课程的结构和课程模式的纲领性文件。

当前我们基础教育的课程改革中,首先应该加强和深化教育改革要坚持立德树人的导向,教育部的顶层理念就是强化学生的核心素养。与此同时,有 3 件事情必须要做好。

(一)要坚持基础教育课程改革的整体性

现在我们学生处于什么状态呢?处于感知、认知整个世界之中,世界不仅是整体的,而且是现实的、真实的。可是,我们课程现在从小学就开始越分越细。这样发展下去,将来的学生,包括从大学毕业的学生能够适应整个社会发展的需要吗?所以,我们必须要从整体性出发,只有在综合性的教育实践活动中,才能落实我们所说的要与学生生活实际相联系,真正需要学生去体验。有关课改文件提出了 5 个方面的统筹,我想其突出是处理好教师、学生、课程三个元素之间的关系。第一,统筹小学、初中、高中、本专科、研究生等学段的课程结构;第二,统筹各学科,特别是德育、语文、历史、体育、艺术等,充分发挥人文学科的独特的优势作用;第三,要统筹课标、教材、教学、考试、评价等环节,我这里要特别强调分流问题的重要性,为什么呢,因为现在白领太多了,如果你让白领干蓝领的工作他绝对不干,那么现在一系列的职业教育,这包括基础教育阶段的职业教育和整个高等教育的职业教育,需要我们把它提到统筹课程改革的议程上来;第四,要统筹教学一线的教师、管理干部、教研人员、专家学者、社会人士等力量,充分发挥各自优势,明确各支力量在教书育人、服务保障、教学指导、研究引领、参与监督等方面的作用,围绕育人目标,协调各支力量,形成育人合力;第五,统筹课堂、校园、社团、家庭、社会等阵地，发挥学校的主渠道作用，加强课堂教学、校园文化建设和社团组织活动的密切联系，促进家校合作，广泛利用社会资源，科学设计和安排课内外、校内外活动，营造协调一致的良好育人环境。

(二)确定课程内容的原则

我们课程改革的基础主要围绕着内容而确定，课程内容的确定有哪些原则呢？教育部《普通高中课程方案(修订稿)》提出了以下课程内容确定的四方面原则：第一，时代性原则。反映当代社会的进步，反映科学技术的发展和学科发展的前沿，紧密联系学生的生活与经验，并根据时代的发展需要及时调整、更新。这里我还要强调我们课程内容新颖性与实践性的统一。2015年4月1日的《中国科学报》指出："今天的社会也不再需要象牙塔里的囚徒，而需要实践力更强的大学生。"我想这一句话相当重要，具有我们时代特色。第二，基础性原则。精选学生终身发展必备的基础知识和基本技能，注重培养学生的学习兴趣、学习能力和探索精神，注重培养分析问题和解决问题的能力。不瞒大家说，我教78级、79级本科生，多少学生来向我提问题呢，70%~80%？前几年我刚过70岁时，也开了本科课，可是我讲完课以后请大家来提问题，有多少学生来提问啊，这周有几个人，下周还是那几个人，总共加起来不到他们人数的10%，10%和70%~80%你想有多大的落差，我就去问学生："同学们，你们怎么不来提问啊?"他们说："老师您教得挺好的，我们提不出问题。"这到底是对我的批评还是恭维？这是对当前学生缺乏质疑精神这一问题的现实反映。第三，选择性原则。在保证每个学生达到共同基础的前提下，充分考虑学生不同的发展需求，结合学科特点，遵循学习科学的基本原理，分离分层设计可选择的课程内容，既引导学生形成个性化的学习方案，又能为初中、高中、高校分流奠定基础，促进学生的自主发展。第四，关联性原则。关联知识与技能、过程与方法、情感态度与价值观等目标间的有机联系；关注学科间的联系与整合；增强课程内容与社会生活、高等教育和联系世界的内在联系。

(三)培养学生的学科能力

在课程改革里，更强调学生学科能力的培养。我们的教学目标是什么？应该是在传授知识的同时发展学生的智力、培养学生的能力，集中表现在学科能力上。什么叫学科能力？一是学生掌握某个学科的特殊能力，如语文的听说读写。二是学生学习某种学科活动中的智力活动，及其有关智力和能力的成分。三是学生学习某个学科的学习能力、学习策略、学习方法。具体一点儿讲，考虑到一个学科的组成，要考虑到某一个学科的特殊能力和这种能力的最直接联系；一切学科能力都要以概括能力，或者叫合并同类项为基础；每个学科能力的提高都应该有思维品质参加。学科能力显示出五个特点：学科能力以学科知识为中介；学科能力是一种结构；学科能力具有可操作性；学科能力具有稳定性；学科能力与非智力因素，譬如说与兴趣紧密地联系在一起。

构建中小学生的学科能力，以语文、数学两科为例，中小学生的数学能力应该看作以学生的数学概括能力为基础，将三个基本的学科能力——运算能力、逻辑思维能力、空间想象能力，与五种思维品质——思维的深刻性、思维的灵活性、思维的创造性、思维的批判性、思维的敏捷性组成 15 个交界点的开放性动态系统。中小学的语文能力，应该看作以语文概括为基础，将四种能力（听、说、读、写）与五种思维品质组成 20 个交界点的开放性动态系统。不管是数学的运算能力、空间想象能力和逻辑思维能力，还是语文的听说读写，都必须详细构建内容。通过调查研究，我以听说读写为例，听的能力包括语音分辨力、语义理解力、逻辑判断力、联想与想象力、内容概括力、分析与判断力，以及情感感受力，迅速做出反应等；常反映在听写能力、听记能力、听辨能力、听析能力、听赏能力、听评能力当中。说的能力包括准确地运用语音、词汇、语法的能力，生动、准确的表达力，迅速、灵活的应变力，联想、发现的创造力等；常反映在朗读能力、背诵能力、演讲能力、论辩能力上。读的能力包括准确理解力、分析与综合能力、评价与鉴赏能力、发现与创造力，以及书籍、读书方法选择的能力，使用工具书的能力；常反映在认读能力、默读能力、速读能力，使用工具书的能力。写的能力包括观察能力，准确地应用字、词、句、篇等基础知识的能力，掌握多种问题活动的能力，以及迅速写出观点鲜明、选材恰当的文章的能力；常反映在审读能力、立意能力、选材能力、组织能力、语言润色能力、加工修改能力上。不论是语文能力还是数学能力，重要的是与思维的灵活性、敏捷性、深刻性、创造性和批判性相关联。

总之，世界基础教育发展最重要的一个趋向，是在教育的总目标之下建构跨学科能力。学科能力模型是制定教育质量国家标准、落实宏观教育目标的关键环节，也是统领和规范不同学科及不同学段学生成就水平的重要科学依据，它在教育运作系统中处于核心地位（见图 1）。

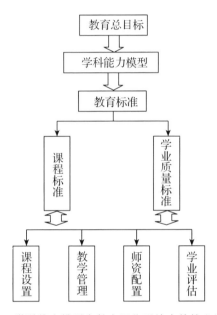

图 1　学科能力模型在教育运作系统中的核心地位

三、重视教育质量的评价

开展基础教育质量评价已成为我国国家层面的一项重大战略任务，是教育治理体系与治理能力现代化的重要内容，是有效推进"管办评"分离的基础性工作。为此，党的十八届三中全会通过的《中共中央关于全面深化改革若干重大问题的决定》明确指出，要"强化国家教育督导，委托社会组织开展教育评估监测"。从世界范围内看，除了国际知名的三大跨国教育质量评价监测项目国际学生评估项目（Program for International Student Assessment，PISA）、国际数学和科学评测趋势研究（The

Trends in International Mathematics and Science Study，TIMSS）和国际阅读素养进步研究（Progress in International Reading Literacy Study，PIRLS）越来越受到重视外，世界各国非常重视建立本国完备的基础教育质量监测体系，美国、英国、德国、日本等发达国家都建立了自己的基础教育质量标准，并由专门的机构负责评估，即使像越南、柬埔寨等发展中国家也在建立自己的基础教育质量监测评价系统。

（一）基础教育质量评价的作用

基础教育质量评价的重要作用主要表现在五个方面：诊、咨、督、促、导。所谓"诊"，主要是指通过评价，可以对学生各个阶段的德、智、体、美等发展情况进行"体检"，科学诊断问题，揭示问题背后的深层次原因；所谓"咨"，主要是指基于评价数据，可以为国家和地方重要教育政策制定提供科学的咨询建议，有利于推动教育管理由"粗放式"向"精细化"转变，推动教育决策由"经验型"向"科学化"转型；所谓"督"，主要是指通过评价，对学校和地方教育行政部门办学行为进行有效监督监管，定期对评价结果进行公开公示，对不好的办学行为进行问责并督促整改；所谓"促"，主要是指通过评价，尤其是发展性评价，有效改进教师的教学行为，整体提升教育质量；所谓"导"，是指通过评价，引导全社会、学校、家长树立正确的、科学的质量观。通过发挥诊、咨、督、促、导五方面作用，可以让评价成为"促进学生全面发展"的教育体检仪和新的指挥棒。

（二）基础教育质量评价是一项复杂的系统性工程

基础教育质量评价是一项复杂的系统性工程。从学科看，涉及十多个学科。从环节看，涉及教育质量标准制定、评价工具研发、数据采集与分析、评价结果应用等多个环节，每一环都是专业性很强的工作。从技术看，基础教育质量评价量大、面广，涉及海量数据的采集、处理、分析与运用，随着当前信息化的深入推进，还需要开发基于计算机的大型考试评价系统，实现教育质量评价从传统的纸笔测试逐步过渡到基于互联网的自适应测试，最终实现基于大数据挖掘技术的个体化实时评价。从组织实施看，组织实施评价是一项庞大的工程，涉及学校和学生信息上报、样本抽取、操作实施培训、现场数据采集等多个环节的工作，涉及地方政府及教育系统内部督导、教研、考试、评价等多个部门的职责，需要地方各级教育行政部门和中小学的密切配合和大力支持。基于董奇教授和我共同主持的科技部基础性工作重点专项"中国儿童青少年心理发育特征调查"，我们出版了一套中国儿童青少年心理发育特征调查系列丛书，对心理评价方面的关键指标与工具研发、数据收集过程、数据库建设等相关技术进行了详细介绍。

（三）我国在基础教育质量评价方面所开展的工作

国家和地方各级政府越来越关注基础教育质量评估与监测工作，把此项工作作为提升基础教育质量的重要抓手。在此背景下，各个高校也日益重视对基础教育质量评估相关理论、技术与方法问题的研究，成立了相关的专门研究机构，并积极参与到国家和地方基础教育质量评估的实践中；多个地方教育行政机构也纷纷建立基础教育质量评估中心，负责本地区的基础教育质量评估。

为此，教育部于 2007 年在北京师范大学成立了教育部基础教育质量监测中心，2012 年在此基础上，由北京师范大学牵头组织，联合华东师范大学、东北师范大学、陕西师范大学、华中师范大学、西南大学、教育部考试中心、中国教育科学研究院和科大讯飞信息科技股份有限公司八家核心单位，成立中国基础教育质量监测协同创新中心，该中心在 2014 年成为我国教育领域唯一的国家级协同创新中心。该中心旨在构建具有中国特色、国际可比的国家基础教育质量评价体系，科学、准确、及时"把脉"全国基础教育质量状况，推动教育管理和决策的科学化，引导全社会树立和践行科学的教育质量观，推动我国基础教育质量水平不断提升，促进亿万儿童青少年的全面发展和个性发展，全面提升我国人力资源开发水平，为建设教育强国和人力资源强国奠定坚实的基础。

该中心组织全国专家先后研制了数学、体育、语文等学科领域的监测标准和工具，有效解决了我国基础教育质量难以量化评估的问题；构建了覆盖全国的基础教育质量监测数据采集系统，连续 8 年承担全国义务教育质量试点和正式监测任务，采集的数据涵盖教育质量及相关影响因素变量万余个，其中 2015 年作为我国历史上第一次全国义务教育质量监测工作，共在全国 31 个省级 323 个样本县（市、区）3876 所小学、2584 所初中收集了近 30 万名中小学生及学科教师、班主任、校长信息；形成了多样化的监测报告系统，撰写了大量监测反馈报告和政策咨询报告，发布了区域教育质量健康等系列指数，为国家教育决策、区域教育质量提升提供了强有力的支持，产生了积极的社会影响。法国教育部预测评估司司长米切尔曾评价说"中国的监测评价工作虽起步晚，但一起步就紧跟国际最新的理念、技术，发展成就令人钦佩"。

四、重视创造性人才的培养

教育最终目的是为培养人才，特别是培养和造就高素质的创造性的人才。这里涉及创造性的"概念"。在国际上，对于什么叫作创造性，有三种不同的观点。第一种观点认为创造性是一种过程，第二种观点认为创造性是一种产品，第三种观点认为创造性是一种人与人之间的个体差异，是一种智力品质。哪种观点对呢？我认为三种全对，只不过是三个学派从三种不同角度分析问题罢了。在这个基础上，20 世纪 80 年代初，我的恩师朱智贤教授和我提出了这样的定义："创造性是根据一定的目的，运用一切已知信息，产生出某种新颖、独特、有社会意义或个人价值的产品的智力品质。"对于有创造性的人才来讲，我们通常分为三个层次：第一层次是人人皆有创造性；第二个层次是专门人才或创造性人才，即具有特定领域知识的人才；第三个层次是拔尖创新人才，即各行各业的尖子。

(一)创造性人才发展的五个阶段

研究表明，创造性人才的发展一般经历五个阶段：第一个阶段叫自我探索期，第二阶段叫才华的展露和领域的定向期，第三个阶段叫集中训练期，第四个阶段是创造期，第五个阶段是创造后期。其中早期促进经验、研究指引和支持、关键发展阶段指引是这五个阶段的三种主要影响因素。那么基础教育阶段是自我探索期，恰恰是三个最重要的因素之一。早期促进经验，包括父母和中小学教师的作用、成长环境氛围、青少年期广泛兴趣和爱好、有挑战性经历和多样性经历，这些对"自我探索期"的形成是十分重要的。因为这些因素不仅是提供创造性思维的源泉，而且是奠定人生价值观的基础或创造性人格的基础，即"做一个有用的人"。中小学阶段，学生表面上似乎在探索外部世界，其实是一个探索自己的内心世界、自我发现的阶段。该阶段的探索不一定与日后从事学术创造性工作有直接联系，却为后来的创造性提供重要的心理准备，是个体创新素质形成的决定性阶段。这就是在接受"创造性人才成长中，基础教育和高等教育哪个更重要"的提问时，我们为什么要回答在强调两者都重要的前提下，更应突出"基础教育"的理由。

大家熟悉一个事实，诺贝尔生物学奖的获得者，真正学生物学的是少数，86.1%的获奖者不是学生物学的，还有获诺贝尔化学奖51%以上的人不是学化学的，但是他们都有共同的特点：在基础教育阶段就打下了综合性的基础，他们基础扎实。因此，我能不能下这样的结论：没有基础教育的素质的奠基，任何创造性人才的成长都是一句空话？

(二) 重视创造性教育

创造性人才的培养和造就，当然要靠创造性教育。创造性的培养必须从小开始。创造性教育应贯穿在日常教育之中，它不是另起炉灶的一种新的教育体制，而是教育改革的一项内容。所谓创造性教育，意指在创造性的管理和学校环境中由创造性教师通过创造性教育方法培养出创造性学生的过程，即指学校三种群体产生五种效能的教育。三种群体是指校长为首的管理队伍、教师队伍和广大的学生。产生的效能为：由创造性校长创造出创造性管理；由创造性管理创造出学校创造性的环境；在校长的带动下，建设一支创造性的教师队伍；由创造性的教师进行创造性的教育教学；由这种教育教学工作培养出创造型的学生。这里关键性问题是转变观念，从小就给孩子确定将来要成为什么"家"将来往往是不能对号入座的。因此，我提议基础教育阶段就应当扎扎实实地培养创新意识和创新精神。我非常怀念我的母校上海中学，它的毕业生中，已经涌现56位院士。我不是夸自己的母校，而是强调它自始至终地把创新教育放在首位。

需要说明的是,创造性教育不一定要有专门的课程和形式,但必须依靠改革现有的教育思想、教育内容和教育方法来实现,渗透在全部教育活动之中,特别要考虑到四种情况:①呈现式、发现式、讨论式和创造式的开放教学方式;②辐合思维和发散思维(即一题求一解和一题求多解)的教学效果;③创造教育教学与学生身心发展规律的关系;④学科教学、教学方法和课外活动的作用。在创造性教育中,第一,要提倡学校环境的创造性。这主要包括校长的指导思想、学校管理、环境布置、教学评估体系及班级气氛等多种学校因素。第二,要建设创造性的教师队伍。第三,要培养学生创造性学习的习惯。

创造性学习有哪些特点呢?它强调学习者的主体性;提倡学会学习,重视学习策略;创造性学习者擅长新奇、灵活而高效的学习方法;有来自创造性活动的学习动机,追求创造性学习目标。

在国外对创造性学习及其行为比较典型的研究是托兰斯,他在对 87 位教育家的一次调查中,要求每人列出五种创造性学生的行为特征,结果是(百分数为该行为被提到次数的比例):①好奇心,不断地提问(38%);②思维和行动的独创性(38%);③思维和行动的独立性,个人主义,自足(38%);④想象力丰富,喜欢叙述(35%);⑤不随大流,不依赖群体的公认(28%);⑥探索各种关系(17%);⑦主意多(思维流畅性)(14%);⑧喜欢进行试验(14%);⑨灵活性强(12%);⑩顽强、坚韧(12%);⑪喜欢虚构(12%);⑫对事物的错综复杂性感兴趣,喜欢用多种思维方式探讨复杂的事物(12%);⑬耽于幻想(10%)。

由此可见,创造性学生其行为特征多是:好奇、思维灵活、独立行事、喜欢提问、善于探索等。

(三)倡导"T"型人才的培养

不论在北京还是在我国台湾,我经常听到有人在说,美国好,美国能够培养创造性人才,甚至有的人说,我们的小学比美国水平高,中学还是我们高,大学跟人家持平,研究生以后我们的创造性就不如人家了。这些观点对吗?我认为这种提法极为不妥。有无创造性与教育模式有关系。通过研究,我在一个国际会议上做了一个发言，希望能够融东西方教育模式为一体，培养"T"型人才（见图2）。

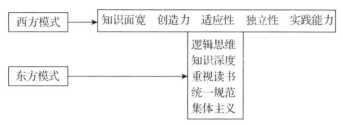

"横"为西方的教育观念、教学方法、教学模式
"竖"为东方的教育观念、教学方法、教学模式

图2 "T"型人才

"T"型人才是什么意思呢，横"—"表示知识面的广博度，竖"丨"表示知识的深度。两者的结合，既有广博的知识面，又有较深的专业知识，集博与深于一身的人才。但是借这里所谓"T"型人才，横"—"代表西方的教育观念、教学方法、教学模式；竖"丨"代表东方的教育观念、教学方法、教学模式。那东西方教育模式和出发点有什么不同呢？如果说西方培养人才是适应性人才的话，东方主要培养逻辑思维强的人才，这是我们国家人才培养的重要目标。如果西方强调知识的宽度，东方强调知识的深度、强调理解，"知其然，知其所以然"，这就是深度。如果说西方强调实践能力，东方则强调读书。如果西方强调个体的独立性，东方则强调集体主义。如果西方把创造性作为一条主线贯穿在教育中，那么东方则非常重视规范，强调没有规范成不了方圆。到底哪种模式好呢，我认为都好，各有各的特点。有人说我们国家大学生创造力如何如何，但美国教育界，特别是大学的理工科教授承认，我们国家由于坚持培养逻辑思维能力，坚持知识的深度，所以到美国去，有一些高端的学问，比如，数学、物理、计算机，美国人不敢学，跟中国学生没法比。在国际会议上，有人问我哪种模式好，我说都好，问题是我们能不能实现"学贯中西"。因此，我们不应该强调美国学制就比我们好，我也不同意美国的教育模式就比我们强。我认为东方有东方的特点，西方有西方的特点，在今天我们教育改革的过程中，我提出融东西方教育模式为一体，扬长避短，培养两者相结合的"T"型人才，实际上就是创造性人才。一百多年来，事实上证明融东西方教育模式学贯中西是对

的。我在国际会议上说了一句不太好听的话：现在你们西方人也越来越体会到学我们东方教育模式的重要性，为什么你们不敢公开出来说呢？我想这可能一方面是面子，另一方面人家觉得自己是老大，这一方面怎么能服气呢？随着孔子学院在世界各地的开办，更随着我国建设创新型国家的成就，谁不服气我们东方的教育模式也不行。只有融两种模式为一体，相互学习，互相促进，才能建设一个共同繁荣的世界。

最后，有两句话与诸位共勉，作为我的结束语：校长的管理是教育的决定因素，教师是教育的脊梁！

我的报告到此结束！

谢谢大家！

第三编

核心素养

我对学生发展核心素养的思考[①]

——在上海市名师工程启动 10 周年大会上的演讲

各位老师:

你们好!

非常高兴今天能够跟大家一起探讨学生发展核心素养,也就是"教育要培养什么样的人,怎样培养和为谁培养"这个教育的最根本问题。这又是当前全社会都在关注的一个热点话题,因为它不仅关系着国家、社会的发展,也关系着我们千千万万个家庭的未来,尤其是对于我们教育工作者来说,这是一个必须要思考和面对的问题。

我们国家是一个教育大国、人力资源大国,正在举办着世界上规模最大的教育。但同时,我们正在建设教育强国,正处于向人力资源强国转变的过程中。那么,在这一历史性的迈进中,面对知识经济迅猛发展、科技进步日新月异,这样一个新的时代格局,回顾我们发展素质教育的历程,我们不禁要思考,教育应该培养学生具有哪些关键性的核心素养,才能让这些孩子们将来能够更好地健康发展、幸福生活,才能够使他们成功地融入未来社会?

党的十八大报告强调,把立德树人作为教育工作的根本任务。这明确地强调教育的本质功能和重要价值,也指明了我国教育改革发展的方向和目标。为了落实立德树人根本任务,教育部于 2014 年 3 月颁布了《教育部关于全面深化课程改革 落实立德树人根本任务》,在这份文件中,明确提出了落实立德树人工程的十大关键领域,其中,研究制定学生发展核心素养体系是首要环节,并且还提出,把核心素

养体系作为研究学业质量标准、修订课程方案和课程标准的依据，用于统领课程改革的相关环节。这也是第一次在国家课程改革的重要文件中明确使用"核心素养"这个词，体现了以人为本，尤其是以学生核心素养发展为本的教育改革思路。这也意味着，国家把学生核心素养的培养问题放到了一个前所未有的高度。

从2013年4月起，我和我的课题组接受教育部关于学生发展核心素养的研究任务。今天，我想结合自己的研究体会，谈谈我个人对于这个问题的几点思考。当然，今天所谈的仅代表我个人的观点，如果有不对的地方，和我们"学生发展核心素养"课题组无关。好，下面我来谈六个方面的问题。

一、为什么要研究学生的核心素养？

对于这个问题，我想从国际趋势、党的教育方针的落实以及发展素质教育的需要3个方面来谈。

首先，从国际上来看，我们会发现，核心素养研究的兴起和发展，无论是在哪个国家或者地区，都是与时代的发展、社会的变革以及教育改革的深化紧密联系在一起的。当前，我们正处在一个全球化的进程当中，全球化首先表征为经济的全球化，而经济全球化必然带来资源、技术、资本的全球化流动，必然导致人才的全球化流动、竞争与合作。此外，当前是一个信息化的时代，随着信息通信技术的迅猛发展，各国的产业结构正在慢慢地发生变化。所有这些，都在重新塑造着我们的世界。正是在这样的背景中，一种新型的人才观逐渐形成——它要求未来的教育应该致力于培养具有21世纪核心素养的人。

可以说，随着经济全球化、信息化与知识社会的来临，各国综合国力的竞争正变得越来越激烈，已经从过去那种表层的生产力水平竞争，转化为深层的以人才为中心的竞争。在这种国际格局下，以经济发展为核心，致力于公民素养的提升，已经成为世界各国发展的共同主题。同时，我们也会看到在这样的背景下，各国教育改革都无法规避的一个核心问题就是：21世纪培养的学生应该具备哪些最核心的知识、能力与情感态度，才能成功地融入未来社会，才能在满足自我需要的同时，推动整个社会的健康发展？针对这一个问题，经济合作与发展组织率先于 21 世纪初，提出了核心素养的指标体系。随后，世界上的一些主要发达国家或地区，例如，美国、英国、芬兰、澳大利亚等，也纷纷启动了基于核心素养的教育目标体系研究，希望能够遴选出符合自己国家需求的核心素养指标，并进一步开发完善以核心素养为基础的课程改革方案，全面提升自己的教育质量。从这一角度来说，研究并建构符合我国国情与现实需要的学生核心素养体系，是顺应世界教育改革发展趋势，大力提升我国教育国际竞争力的迫切需要。

其次，从国家层面来看，核心素养体系是党的教育方针和教育目标的具体体现，是连接宏观教育理念、培养目标及课程与教学目标的关键环节，也是建构科学的教育质量评价体系、推进教育问责的重要基础和依据。

大家都知道，党的教育方针从宏观层面上明确规定了我们国家教育的培养目标，即培养"德智体美全面发展的社会主义建设者和接班人"，这是对人才培养有着全局性指导意义的规定。同时，党的十八大报告提出，"坚持教育为社会主义现代化建设服务、为人民服务，把立德树人作为教育的根本任务，培养德智体美全面发展的社会主义建设者和接班人"。党的十八届三中全会则进一步要求，"全面贯彻党的教育方针，坚持立德树人，加强社会主义核心价值体系教育，完善中华优秀传统文化教育，形成爱学习、爱劳动、爱祖国活动的有效形式和长效机制，增强学生的社会责任感、创新精神、实践能力"。这些方针政策，对于我们的人才培养都起到了重要的指导意义。

但同时，我们也应当看到，这些方针政策相对来说还是比较宏观的，要落实到具体的教育教学过程中是有难度的，为了更好地贯彻落实党的教育方针，还需要把它们进一步地具体化、系统化和细化，转化为学生应该具备的、适应终身发展和社会发展需要的素养要求，进而贯穿到各学段，融合到各学科，最后体现在学生身上。此外，我们还应当看到，随着时代的变迁和社会的发展，"德智体美全面发展"的内涵也在发生变化。为了更加精准地理解和解读党的教育方针，我们当前迫切需要立足于国情，结合时代特点，根据学生的成长规律和社会对人才的需求，把对学生"德智体美全面发展"的总体要求具体化，建构一套科学的、有中国特色的学生发展核心素养体系，从而深入地回答"教育要培养什么人"的问题。

最后，从发展素质教育的角度来看，核心素养研究体现了以"学生发展"为核心的教育视角的变化，是深化教育领域综合改革的迫切需要和必然趋势，对于我们全面推进素质教育具有重要意义。

很多人问我，"素质"和"素养"有什么区别？核心素养与素质教育有什么关系？对于这个问题，我的回答是，核心素养是对素质教育内涵的解读与具体化，是全面深化教育改革的一个关键方面。素质教育（quality-oriented education）是相对于应试教育提出的，这里，"素质"对应的主体是"教育"，它的内涵主要是指人在先天的生理基础上，通过后天的环境影响和教育训练，所获得的内在的、相对稳定的、长期发挥作用的身心特征及其基本品质结构。相对于"素质"，"素养"（competence 或 competency）是指在教育过程中逐渐形成的知识、能力、态度、品格等方面的综合表现。这与中华民族文化中"素养"的含义是一致的。"素养"一词，较早出现的有《汉书·李寻传》："马不伏历，不可以趋道；士不素养，不可以重国。"把素养视为经常修习的涵养。后来，在我国汉语中主要指平日的修养，如道德素养、人文素养、科学素养等。可见，"素养"对应的主体是"人"或"学生"，是相对于教育教学中的学科本位提出的，强调学生素养发展的跨学科性和整合性。

我认为，在推进素质教育的过程中，我们需要对学生发展的核心素养体系进行全面系统的凝练和描述。可以说，经过十余年的努力，素质教育改革已经取得了初步的成效，接下来，如何继续深化和推进素质教育的内涵，将是新一轮教育改革中必须要面对和考虑的问题。当然，虽然改革成效是显著的，但也不可否认，我们所培养出的学生正逐渐表现出一些素养发展不全面的问题，例如，道德素养不理想、身体素质滑坡、适应社会能力不强、负面情绪较多、实践和创新能力不足等。同时，由于我们长期以来一直把中考和高考成绩作为教育质量评价的标准，没有真正建立起以素质教育为本的教育质量评价体系，这些也导致了素质教育的推行遭遇重重的困境。所有这些现状与问题，都需要我们进一步丰富素质教育的内涵，转变教育质量观念，真正确立起以"学生核心素养"为基本框架的教育质量评价体系和课程体系，最终促进素质教育的深化与落实。由此可见，素质到底指的是什么，在新时代，我们把它细化为核心素养。所以，贯彻党的教育方针，发展素质教育，具体讲就是培养学生的核心素养。

另外，通过对现行的课标进行分析，我们也会发现，尽管"素养"这个词在课标中被频繁提及，但总体而言，都缺乏明确的内涵界定和系统阐述，尤其是对于跨学科素养的培养，相对来说更加忽视。此外，由于缺乏基于核心素养的顶层设计，导致素质教育目标难以真正地得到落实，给我们一线教师的实际教学带来了很大的困惑。因此，围绕"培养德智体美全面发展的社会主义建设者和接班人"这个教育目标，我们急需要开展大量的相关研究，尤其是需要科学地遴选学生发展的核心素养指标，为全面提升教育质量奠定有力的基础。

二、如何理解核心素养的内涵？

在教育改革领域，很多人认为"核心素养"是一个相对比较新的词汇。从文献来看，尽管"素养"一词在汉语中的使用较为普遍，但核心素养这一概念的提出，应该说主要开始于 20 世纪 90 年代，特别是经济合作与发展组织在 1997—2005 年期间开展的"素养的界定与遴选"项目，他们把这一个词汇用来描述所有的社会成员都应该具备的、那些最关键的并且居于核心地位的素养。不过，虽然"核心素养"的提法相对较新，但其蕴含的思想却是由来已久的。因此，基于学生"核心素养"的教育改革，并非一个新生事物，它是在传统的"能力为本"的教育改革基础上的进一步深化，是随着时代的变迁，人们传统的"能力观"内涵的进一步丰富和发展。

我们可以来回顾一下不同时期以"能力为本"的核心素养观念，总体来看，主要经历了三个阶段。

第一个阶段，"德性"的观点，这是核心素养的传统理论。在教育哲学中，素养被定义为正义、智慧、勇敢的化身。核心素养的传统理论，也是一种教育哲学取向的理论，它的时间跨度可以从古代延伸到 20 世纪初，这期间，人们主要围绕"德性"对人的基本素养进行论述，代表人物有我国的孔子，西方的苏格拉底、亚里士多德等人。这一时期，无论是在东方还是西方，在传统的人才标准中，人们都将高尚的道德品性列为第一位的尺度，并且作为首要的标准。而这些德性品质，其实也正体现了我们的先哲们对于素养内涵的理解。

第二个阶段，"能力"的观点，这是核心素养的现代理论。伴随着工业革命的发生和工业社会的到来，人们普遍加强了对于职业需求导向的关键能力的重视。于是，以"能力"为中心，20世纪不同学科取向下的研究者们，对素养的概念内涵进行了新的思考与分析，出现了诸如多元智能、外显能力与潜在能力等重要的理论观点。不过，虽然"能力"的概念在整个20世纪被广泛使用，但这个时期，人们对素养的理解还是比较偏重于认知技能的方面，没有真正地考虑到能力、情感、态度、价值观等方面的跨领域、跨情境的整合。

第三个阶段，"素养"的观点，这是核心素养的当代理论。20世纪90年代以来，随着以全球化网络信息科技为代表的"现代社会"和"后现代社会"的到来，为了适应复杂多变、快速变迁的信息化时代，传统的能力、技能、知能等这些概念，已经不再适用了，人们对这些概念的内涵进行了扩展与升级，提出了同时包括知识、能力与态度的"素养"概念，并且从"关键"或"核心"的角度加强了论证，强调"核心素养"才是培养未来高素质国民与世界公民的基础。

总之，核心素养的概念从最初萌芽到今天，经历了一个长期的发展过程，历史上不同取向的素养定义，都有它们特定的前提或目的，都是基于各自的时代背景、社会发展需要以及现实目的而提出的。那么，考虑到当前我国的教育改革与发展的实际情况，我们应该对核心素养概念的内涵作何理解呢？

我认为，根据我国的现实需求和教育实际，结合世界各国相关研究的成果，核心素养的内涵是指，学生在接受相应学段的教育过程中，逐步形成的适应个人终身发展和社会发展需要的知识、技能、情感态度与价值观等方面的综合表现。这里，核心素养主要指向于过程，关注学生在培养过程中的体验，而非结果导向；同时，核心素养也是一个伴随终身、可持续发展，并且与时俱进的动态优化过程，是个体能够适应未来社会、实现全面发展的基本保障。

于是，我们对学生发展核心素养做如下定义：学生发展核心素养是学生在接受相应学段的教育过程中，逐步形成的适应个人终身发展和社会发展需要的必备品格和关键能力。其基本特点：①核心素养是所有学生应具备的最关键、最必要的基础素养；②核心素养是知识、能力和态度等的综合表现；③核心素养可以通过接受教育来形成和发展；④核心素养具有发展连续性和阶段性；⑤核心素养兼具个人价值和社会价值；⑥学生发展核心素养是一个体系，其作用具有整合性。

如何诠释核心素养的定义和特点，我们可展开以下几个方面来分析。

第一，在目标上，核心素养是对教育应该"培养什么样的人"这个问题的回答。它的范畴超越了行为主义层面的能力，涵盖态度、知识与能力等方面，体现了"全人教育"的理念，契合我国传统文化中"教人成人"或"成人之学"的特色育人观，与《国家中长期教育改革和发展规划纲要（2010—2020 年）》提出的"促进人的全面发展、适应社会需要"的教育质量根本标准是一致的。

第二，在性质上，核心素养是所有学生都应该具备的共同素养，是最关键、最必要的共同素养，具有重要的教育价值。每个人在一生的发展中都需要许多素养，用来应对各种生活的需要，这些共同素养可以分为核心素养以及延伸出来的其他素养，其中，最关键、最必要、居于核心地位的素养就称之为核心素养。

第三，在功能上，素养的功能超出了"职业"和"学校"的范畴，核心素养的获得，不仅可以使学生升学或是更好地进行未来的工作，更重要的是，能够使学生发展为更加健全的个体，使他们更好地适应未来社会的发展变化，为终身发展打下良好的基础，并且，还能够达到促进社会良好发展的目的。

第四，在培养上，核心素养并非与生俱来的，而是一些通过后天教育得到发展的知识、能力与态度等方面的综合表现。因此，对于核心素养，我们可以通过各教育阶段的课程设计和教学实施加以培养。而在培养的过程中，我认为需要侧重于学生的自主探究和自我体验，更多地依靠学生自身在实践中的摸索、积累和体悟，这是一个在外界引导下的自我发展、自我超越和自我升华的过程。

第五，在评估上，核心素养具有可教、可学的外显部分，同时也存在无声、无形但可感、可知的内隐部分。前者，能够在特定的情境下通过一定的方式表现出来，因此能够有效地进行定量的测评；而后者，则偏向于一种潜移默化的隐性渗透过程，需用一些定性的、过程性的评价方式进行评估，这就强调对核心素养形成过程的高度关注，关注学生在过程中的感受与体悟。

第六，在发展上，核心素养不仅具有终身发展性，也具有阶段性。每个人都需要不断发展核心素养，最初在家庭和学校中培养，随后在一生中不断发展和完善。同时，核心素养在不同人生阶段中的着重点也有所不同，小学、初中、高中、大学等不同教育阶段，对核心素养的培养存在不同的敏感性，某些核心素养在特定的阶段可能更容易取得良好的培养效果。例如，小学阶段对自我管理能力的培养，中学阶段对问题解决与创新能力的培养等。

第七，在作用发挥上，素养是基于行动和特定情境而言的，在不同的情境下，核心素养的作用发挥表现出一定的整合性，尽管有时候，不同核心素养发挥的作用大小可能存在差异。此外，我们需要特别注意的一点是，每个核心素养都具有独特的重要价值，不存在孰轻孰重的问题。核心素养需要基于情境进行整合性的作用发挥，因此，不能单独地进行价值比较。

这些是我对核心素养内涵的理解。接下来，我想讲一下国际上关于学生核心素养的研究情况，以及这些研究对我们的启示。

三、国际上关于学生核心素养的主要研究

在国际上，随着教育改革越来越关注学生的素养发展，重视培养学生的核心素养，一些国际组织、国家或者地区，纷纷开始组织教育学、心理学、社会学等领域的专家，研究制定自己的学生核心素养模型，培养学生在未来社会中的生存能力和竞争力。在这些项目中，第一个系统性地完成了学生核心素养体系构建，并且对当前各个国家的核心素养研究产生了深远影响的项目，是 1997 年经济合作与发展组织启动的一个项目，叫作"素养的界定与遴选：理论和概念基础"。这个项目非常具有理论性和政策导向性，它从一个广泛的跨学科的视角探讨了核心素养，建立了一个关于核心素养总概念的参照框架，并且遴选出了一组核心素养指标，为政策决策者提供参考信息。

在经合组织的这个项目中，核心素养的功能，也就是他们建构核心素养体系的

出发点，是为了实现个人的成功生活，促进社会的健全发展。为了实现这一目标，研究者认为个体需要具备三大领域的核心素养：能互动地使用工具、能在社会异质团体中互动、能自主行动。同时，更重要的是，他们强调核心素养是基于行动与情境导向的，在不同的情境中，三大领域的核心素养都发挥着作用，不同核心素养之间存在着密切的相互联系和相互促进作用。基于这些思考，这个项目组最终确定了他们的核心素养内容体系，包括三个领域九个指标，每个领域下三个指标。其中，"能互动地使用工具"包括互动地使用语言、符号与文本的能力，互动地使用知识与信息的能力，互动地使用科技的能力；"能在社会异质团体中互动"包括与他人建立良好关系的能力，合作的能力，管理与解决冲突的能力；"能自主行动"包括在复杂大环境中行动的能力，设计人生规划与个人计划的能力，维护权利、利益、限制与需求的能力。

经合组织提出的核心素养体系，对世界上很多国家的研究产生了重要影响。在经合组织的成员国中，大部分的成员国都认同这个指标体系，并且依据这个体系来遴选自己国家的核心素养指标，例如，澳大利亚、新西兰等，就在这个框架的基础上提出了自己的核心素养体系。此外，我国的台湾地区，也借鉴这个框架，在2007年发布了台湾地区的核心素养框架体系，其中就包括了项目组提出的三大领域，不过，我国台湾地区还增加了一个领域，叫作"展现人类的整体价值并建构文明的能力"，增加这部分的原因是想要弥补传统文化中理性与现代性发展不足的现状。最后，我国台湾地区一共提出了20个核心素养指标，其中很多指标都体现了本土化的需求，例如，尊重与关怀、多元包容等。

与经合组织的出发点不同，欧盟和联合国教科文组织的核心素养体系是以"终身学习"为取向的。2001年，欧盟成立了研究核心素养的专业小组，经过5年的发展，发布了关于核心素养的研究报告《终身学习核心素养：欧洲参考框架》。该报告指出，"素养"是适用于特定情境的知识、技能和态度的组合，具体包括母语沟通、外语沟通、数学能力与科技素养、信息交流、主动与创新精神、学会学习、社交与公民素养、文化意识与表达，共八个方面。欧盟认为，在义务教育与培训阶段结束之前，年轻人应该具备这些素养，以便他们能够过上良好的成年生活，并为终身学习打下基础。2012 年，联合国教科文组织联合布鲁金斯学会，启动了"学习指标专项任务"（LMTF）项目。这个项目在征询了至少来自 57 个国家的将近 500 位代表的意见后，于 2013 年 2 月发布了《向普及学习迈向——每个孩子应该学什么》的研究报告，其中确定了核心素养体系的七个领域，也就是对于儿童青少年而言最重要的七个学习的方面，具体包括身体健康、社会情绪、文化艺术、文字沟通、学习方法与认知、数字与数学、科学与技术。从这些指标可以看出，他们非常重视基础教育阶段学生思维能力和工作方式的培养，重视学生社会性的发展和信息技术能力的培养，并且非常重视知识与实践的紧密结合。

美国提出的核心素养体系是一个完整的学习蓝图，也被称为"21 世纪学习体系"。在美国，面对社会的迅速变革以及学生的学习能力无法适应社会的现状，由戴尔、苹果、思科、英特尔等大公司集合在一起，联合一些教育部门和机构等，创办了"21 世纪技能联盟"，对学生的核心素养体系进行系统的研究，提出了"21 世纪学习体系"。这个体系以核心素养为中轴，包括学习内容的科目与主题、学习结果的指标以及强大的学习支持系统。其中，核心素养主要包括"学习和创新素养""信息、媒体与技术素养""生活与职业素养"三个方面，具体有 11 个指标，包括创造力与创新、批判思维与问题解决、交流沟通与合作、信息素养、媒体素养、通信技术素养、灵活性与适应性、主动性与自我导向、社会与跨文化素养、创作与责任、领导与负责。

日本把核心素养定位为"能在 21 世纪生存下去"所必需的能力，因此，他们提出的核心素养体系也被称为 21 世纪型能力。具体来看，日本提出的 21 世纪型能力包括基础能力、思维能力和实践能力三个领域。这里，思维能力居于 21 世纪型能力的核心地位。具体说来，思维能力由解决和发现问题、创造力、逻辑思维能力、批判思维能力、元认知、适应力等构成。支撑思维能力的是基础能力，也就是通过熟练地使用语言、数字、信息等符号来实现目标的技能，它的一个重要作用，就是起到强大的支援作用，促进思维能力，具体包括语言技能、数量关系技能、信息技能三个指标。最后，在 21 世纪型能力的最外层是实践能力，包括自律、建立人际关系的能力、社会参与力、可持续发展的责任等。通过培养 21 世纪型能力，目的在于培养具备"适应 21 世纪生活的日本人",从而建立以自主、合作、创作为轴心的终身学习型社会。

近年来,新加坡教育部在已有的"理想的教育目标"基础上,又提出了 21 世纪的学生核心素养新框架,目的在于培养自信的人、自主学习者、积极贡献者和热心的公民。为了实现这个理想的教育目标,新加坡提出了核心素养的三个层次,即价值观素养、社交与情绪素养和 21 世纪特殊素养。在这三类素养中,价值观素养是核心,因为价值观决定一个人的性格特征,并且能塑造个人的信仰、态度及行动,为此,新加坡提出 21 世纪的教育应该以尊重、责任、正义、关怀、适应力、和谐等价值观为中心。围绕价值观素养,新加坡教育部认为,还需要培养学生的自我意识、自我管理能力、社会性意识、人际素养和自我决策能力等社交与情绪素养。此外,学生还需要具备 21 世纪的一些特殊素养,主要包括公民素养、全球意识、跨文化素养、批判与创造思维和信息沟通素养。

除了前面提到的国际组织、国家和地区,英国、法国、芬兰等国家也陆续开展了相应的关于核心素养的研究项目,这里不再一一列举。通过分析这些国际组织、国家或者地区的核心素养结构,我们可以发现以下几个特点。

第一,尽管建构核心素养体系的取向不尽相同,但都指向于培养全面发展的人,也就是培养完整人。总体而言,目前对核心素养体系的建构主要分为四种取向:其一,成功生活取向,目的在于促使学生能够在未来社会中成功生活,充分实现自我。例如,经合组织。其二,终身学习取向,目的在于促进学生的终身学习能力,使学生能够在生命全程中处理和应对各种变化与挑战。例如,联合国教科文组织和欧盟。其三,个人发展取向,目的在于促进人的完整实现。例如,新加坡。其四,综合型取向,目的在于描述学生在未来工作和生活中所必须掌握的知识、技能和专业职能。例如,美国的 21 世纪技能。总之,虽然这四种取向在具体的核心素养指标上有所差异,但都涉及了全面发展的人所需要的关键素养,都把培养完整的人,也就是全面发展的人,作为建构核心素养总框架的根本出发点,目的是使学生在身心、知识技能、道德价值观、情感等方面得到综合发展。

第二,所有核心素养体系的建构都呈现出一个共同趋势,也就是都重视"自我发展""社会参与""文化学习"这三大领域的核心素养。其中,在自我发展领域,主要强调身心健康、自我管理、学会学习等指标;在社会参与领域,主要强调交往与合作、社会责任与贡献、国际理解等指标;在文化学习领域,则重视语言、数学、信息技术、审美等指标。

第三,在价值取向上,都坚持个人发展、社会发展与国家发展相统一的价值取向。同时,在核心素养的选取上,各国家组织、国家和地区都兼顾了传统基本素养与现代关键素养。其中,传统的"语言能力""数学素养""学会学习""问题解决能力"等指标与现代的"沟通与交流""团队合作""国际视野""信息素养""创新与创造力""社会参与与贡献""自我规划与管理"等指标,是各国普遍重视和强调的。

第四,各国或地区在研究核心素养的时候,不仅重视与国际教育的接轨,也非常重视本国的历史文化特色,多数国家及地区的核心素养选取,都体现出了本土化的道德要求和价值观念。

四、中华优秀传统文化中关于人才培养的核心要求

前面提到,各国在建构核心素养体系的时候,不仅表现出适应时代发展需求的趋势,也都非常强调核心素养体系必须根植于本民族的文化历史土壤之中。

中华民族文化以德为核心,中华民族的美德是中华文明的基石;中华文明表现在中华文学、艺术、科学、教育四个方面,它们构成了中华文明的四座丰碑;中华文明以自强不息和和谐为两大精神支柱,这二者又是中华文明发展的动力;中华文明以民为出发点,为民服务是中华文明的宗旨;法制和睦邻是历代能否施行仁政、稳固江山的方法,是中华文明发展的手段。就这样,中华民族在连续 5000 多年的漫长历史中形成了具有特色的文化传统。

中华民族历史源远流长,中华民族文化历来以教育为先。我们的民族文化经过了一代又一代人民的锤炼、沉淀和传承,已经成为我们民族特征的一部分。它不仅影响着社会运行的模式,也影响着整个国民的观念。可以说,中华优秀传统文化是中华民族的精神纽带和国家认同的重要基础,是培育和践行社会主义核心价值观、

落实立德树人根本任务、提升个人道德品质的重要文化资源。因此，在建构核心素养体系的时候，我们必须要认真地思考和挖掘我们中华民族的优秀教育智慧。

我在第一个问题中提到"素养"观，其实，如果我们对中国传统文化思想和传统教育内容进行分析，看到关于修身成德的理念以及传统教育的人才培养内容与要求，集中体现在"家国情怀""社会关怀""人格修养""文化修养"16个字上。略举几例，则会发现下面几点启示：

第一，主张"孝亲爱国"，注重激发个体的乡土情感和家国情怀。虽然传统孝道的一些内涵，例如，强调绝对服从父母的"愚孝"，在今天已经过时，但我们不可否认，孝亲仍然是维系家庭和睦与社会和谐的重要基础。孝道所体现出来的通过自幼培养爱父母的情感，去逐渐唤起关爱他人、关爱社会甚至关爱自然的乡土情感和民族情怀，在当代仍然具有重要启发意义。

第二，主张"仁民爱物"，倡导爱人如己、心怀天下和奉献社会等社会关怀、社会责任素养。在传统文化中，"仁"指爱，它是一切德行的根源。"仁民"主要表现在与人交往方面，体现了一种爱人如己的利他精神和平等意识；"爱物"主要体现在与自然万物的相处上，强调人与天地万物一体相通，要与万物和谐共存。仁民爱物，体现了中国古人的一种宇宙情怀和价值追求。在这种意识的支配下，个人会产生强烈的完善自我和奉献自我的动力，从而形成一种仁义、仁德和责任担当意识。

第三，重视人格修养，倡导"重义轻利"和"诚信自律"精神。传统文化注重"义利之辨"，强调那种超越私利而去维护公义的行为，并把这作为实现理想人格和提升精神境界的一种方式。"诚"与"信"则体现了诚实不欺、恪守信用的诚信精神，以及通过自我反省、自我克制以落实诚信的修养方式。在这些价值观的引导下，中国历史上产生了一批又一批明辨是非、见义勇为、舍生取义的义士君子，他们的精神为维护社会正义和伦理道义发挥了重要作用。而这些，在利益交往频繁的现代社会，越发显得可贵与必要。

第四，重视礼仪教育，倡导礼敬谦和、遵守规范、举止文明；坚持自强不息、不断革故鼎新的精神。中国乃礼仪之邦，"礼于外"代表了一整套的道德规范和社会制度；"礼于内"则蕴含了尊敬、节制、谦让、和谐的理念。"生无所息"是孔子的人生信条，包含了生命不息、奋斗不止的不屈不挠、克服千难万难的勇气。礼敬谦和教育对于提升当代社会中人的道德品质，形成文明礼让、举止优雅的文明素养，保障社会秩序，具有重要意义；自强不息的教育可以发展和提高当代社会中人的奋发图强、坚忍不拔、厚德载物、与时俱进的精神。

第五，关注文化修养，重视人文历史知识、求学治学方法和文字表达能力，乃至文学艺术的创作，中华文明是追求美、创造美的文明。人文历史知识是我国传统教育中的重要内容，并且，我们自古就有重视培养学生的语言能力、艺术表演能力，特别是写作能力的传统。另外，在我国的传统教育中，无论是个人求学还是治学，都非常注重良好学习方法的掌握与学习习惯的养成。

第六，追求科学技术发明，造纸、印刷、火药、指南针的四大发明，金属冶炼的工艺技术水平，包含涌潮、验涌、潮汐的引人入胜的潮汐学史，数学、天文、中医等崇尚理性的科学精神，都表现出中华文明是不断创新、促使科技进步的文明，也必然促进中国历代的科技教育关注发展学生的科学技术能力。

总结这几点可以发现，中华优秀传统文化中关于人才培养的核心要求，对于我们思考学生的核心素养，具有重要的启发和借鉴。具体来说，我们需要以培养学生的仁爱精神为根本，以社会关怀、家国情怀和人格修养教育为重点，引导学生掌握文化知识，养成良好的道德品质和文明行为习惯。

五、党和国家关于"教育要培养什么样的人"的要求

讨论核心素养的问题，实际上就是讨论"教育要培养什么样的人"的问题。这体现在国家层面上，是党和国家历来对学生的期望和要求，主要反映在党的教育方针和教育目标当中。自中华人民共和国成立以来，党和国家制定了多种法律、法规、方针、政策，其中提出了一系列的期望和要求，用来促进学生在德智体美方面的全面发展。通过梳理这些方针政策，我们可以发现，虽然我国在过去很长的历史时期内没有明确地提出"核心素养"的概念，但党和国家历来高度重视对学生各方面素质的培养。可以说，关于教育应该"培养什么样的人"，在新中国成立以来不同时期的

教育方针和政府工作报告中都有所阐述，并且表现出以下几个特征。

首先，我国的人才培养一直坚持社会主义的人才培养方向，重视思想道德教育，指向于培养德、智、体、美全面发展的人。1957年，社会主义改造基本完成，毛泽东同志提出"我们的教育方针，应该使受教育者在德育、智育、体育几方面都得到发展，成为有社会主义觉悟的有文化的劳动者"。从此以后，党的政策文件中就旗帜鲜明地提出要坚持人才培养的社会主义方向，重视德智体等方面的全面发展。例如，20世纪80年代提出要培养"有理想、有道德、有文化、有纪律的社会主义建设人才"；20世纪90年代，先后提出"培养德、智、体全面发展的建设者和接班人"，"培养有理想、有道德、有文化、有纪律的献身中国特色社会主义事业的建设者和接班人"，"培养德、智、体等全面发展的社会主义事业的建设者和接班人"，等等。尽管这些教育方针和目标在表述上略有所不同，但所坚持的社会主义人才培养方向都是一致的，这指引着我们的教育为社会主义事业的全面发展培养和造就各方面的人才。

从这些方针政策可以看出，无论是"德、智、体、美、劳全面发展"，"德育为先，能力为重，全面发展"，还是"坚持立德树人，加强社会主义核心价值体系教育"，都反映了党和国家对于思想道德教育的高度重视。此外也可以看出，我国教育的根本目标是"培养德、智、体、美全面发展的社会主义建设者和接班人"，培养"全面发展的人"是党的教育方针中始终强调且一以贯之的核心内容。

其次，围绕"德、智、体"主线，具体内容随社会发展而变化。从新中国成立初期《共同纲领》所提出的"提高人民文化水平，培养国家建设人才"，到社会主义改造时期毛泽东同志提出的"应该使受教育者在德育、智育、体育几方面都得到发展"，到20世纪80年代提出的"坚持德、智、体全面发展、又红又专、知识分子与工人农民相结合、脑力劳动与体力劳动相结合的教育方针"，到80年代末期邓小平同志提出的教育的"三个面向"与"四有新人"，再到世纪之交"德、智、体、美等方面全面发展"教育方针和基于学生个体本位的素质教育的提出，这些都清楚地反映了随社会的发展变化，党和国家的教育方针围绕"德、智、体"主线，在不同的历史时期的调整和变化。

尤其是在 20 世纪 90 年代以来，党和国家做出"优先发展教育"的战略部署，绘制"跨世纪素质教育工程"的蓝图。在推进素质教育、构架素质教育理论体系的过程中，重视以学生为本，关注学生的全面发展，使学生核心素养的内涵不断丰富和优化。2010 年，《国家中长期教育改革和发展规划纲要(2010—2020 年)》提出"德育为先，能力为重，全面发展"的战略主题。2012 年，党的十八大明确提出把立德树人作为教育的根本任务，培养德、智、体、美全面发展的社会主义建设者和接班人，并倡导"富强、民主、文明、和谐、自由、平等、公正、法治、爱国、敬业、诚信、友善"的社会主义核心价值观。2013 年，党的十八届三中全会继续提出，"坚持立德树人，加强社会主义核心价值体系教育，完善中华优秀传统文化教育，形成爱学习、爱劳动、爱祖国活动的有效形式和长效机制，增强学生社会责任感、创新精神、实践能力"。这些都反映出为了适应社会的变革和新时代的需求，党和国家在新时期对人才培养的要求。

最后，在体现"德育为先、能力为重、全面发展"的基础上，不仅关注学生应该具有的知识、专业技能，同时也重视学生的品德、个性和社会生活技能的发展，重视学生的情感、态度和价值观的培养与塑造。可以说，党和国家对于学生发展的期望体现了核心素养的完整内涵，是对学生在知识技能、态度、情感和价值观等方面的综合表现的要求。

总之，党和国家关于"教育要培养什么样的人"的要求，对于我们建构具有科学性、时代性和民族性的学生核心素养体系，具有重要的指导意义。学生核心素养体系是一个系统性、总体性的框架，是对学生德智体美全面发展总体要求和社会主义核心价值观有关内容的具体化、细化、实化，需要坚持社会主义人才的培养方向。其中，党的教育方针是学生核心素养体系的内核和最高抽象，引领和主导学生核心素养体系的建构，渗透于学生核心素养体系之中，并通过学生核心素养体系表现出来。

六、我对核心素养的理解

前面谈了核心素养的国内外研究背景情况，以及中华优秀传统文化对于人才培养的核心要求，党的方针政策对于学生发展的期望和要求。接下来，我还想介绍我们课题组调查不同社会群体对学生核心素养的期望的研究。这些社会群体来自社会 12 个领域，例如，各级各类学校的校长与骨干教师、自然领域专家、社会科学领域专家、行政官员、军界、新闻行业等。通过 48 场这些不同领域专家的小组访谈会，涉及 575 位专家，进行了 33 次个别访谈，包括高龄院士和企业家，发放对国际上各种核心素养认同的问卷，调查了 566 名被试，形成了 351 万字的文本材料，进行了严密的统计处理，进一步对学生的核心素养总体框架进行了系统的研究。

综上分析，中国学生发展核心素养，体现了党与国家的教育方针政策；传达了国际教育界制定的育人目标的经验；继承和弘扬了中华文化中"修身成德"的人才培养理念；反映了社会各界对学生成长的期待。下面我结合已有研究经验，谈谈对核心素养总体框架的思考。

（一）关于核心素养的主要领域和具体指标

我们国家学生的核心素养总体框架，应当反映"全面发展的人"所应该具有的基本属性，包括社会参与、自主发展和文化基础三个领域，具体来说，应该有三大领域的六项核心素养指标（见图 1）。

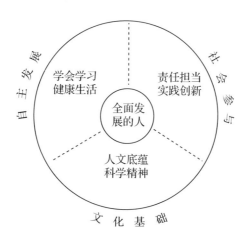

图 1　学生发展核心素养总体框架

第一大领域，社会参与。人的本质在现实性上是一切社会关系的总和，社会参与是促使个体适应社会和实现个人价值的根本保证。因此，一个积极的社会参与者，需要在复杂的社会情境中发展良好的道德品质，需要处理好个体与个体、个体与群体、个体与社会、国家乃至国际等多种社会关系，需要心怀天下，具有责任担当意识和包容精神；具有创新能力和积极行动能力，实现人之所以为人的独特价值。具体来看，包括两项核心素养指标（见表1）。

第二大领域，自主发展。自主发展是促使个体适应社会和实现个人价值的重要前提。在现代社会中，一个自主发展的人，能够具有健康的生活态度和行为习惯，能够有效地管理自我；学会学习，做好自我未来的规划，并能够选择适当的学习方法和途径，有效地解决实践问题。具体包括两项核心素养指标（见表1）。

第三大领域，文化基础。文化基础是促使个体适应社会和实现个人价值的必要基础。我们的语言、科学、艺术、历史等人类智慧文明的各种成果，都是人通过自身的活动创造出来的。只有通过科学思维与人文素养的修习和养成，人类才能传承并创造文化，才能成为真正意义上的人。因此，个体的文化修习和养成，需要能够掌握和运用现代社会中这些反映人类智慧文明成果。具体包括两项核心素养指标（见表1）。

总之，围绕德智体美全面发展这一核心，我认为，我国学生核心素养的总框架主要涉及这三大领域六项指标。那么，到底应该如何看待这三个领域的核心素养之间的关系呢？我们可以看到，目前的三个领域反映了核心素养的动态变化、与时俱进的发展性理念。同时，文化基础是个体自主发展和参与社会的必要基础，自主发展和社会参与则是促使个体适应社会和实现个人价值的重要前提与根本保证。这三个领域之间紧密联系、相互促进、互为基础、互相补充，在不同情境中整体发挥作用，而领域内的具体指标也紧密关联、循序渐进，从而构成了一个严谨、具有前瞻性的结构体系。

表 1　六大核心素养及其主要表现

核心素养	基本要点	主要表现描述
文化基础	人文底蕴	
	人文积淀	重点是：具有古今中外人文领域基本知识和成果的积累；能理解和掌握人文思想中所蕴含的认识方法和实践方法等。
	人文情怀	重点是：具有以人为本的意识，尊重、维护人的尊严和价值；能关切人的生存、发展和幸福等。
	审美情趣	重点是：具有艺术知识、技能与方法的积累；能理解和尊重文化艺术的多样性，具有发现、感知、欣赏、评价美的意识和基本能力；具有健康的审美价值取向；具有艺术表达和创意表现的兴趣和意识，能在生活中拓展和升华美等。
	科学精神	
	理性思维	重点是：崇尚真知，能理解和掌握基本的科学原理和方法；尊重事实和证据，有实证意识和严谨的求知态度；逻辑清晰，能运用科学的思维方式认识事物、解决问题、指导行为等。
	批判质疑	重点是：具有问题意识；能独立思考、独立判断；思维缜密，能多角度、辩证地分析问题，做出选择和决定等。
	勇于探究	重点是：具有好奇心和想象力；能不畏困难，有坚持不懈的探索精神；能大胆尝试，积极寻求有效的问题解决方法等。
自主发展	学会学习	
	乐学善学	重点是：能正确认识和理解学习的价值，具有积极的学习态度和浓厚的学习兴趣；能养成良好的学习习惯，掌握适合自身的学习方法；能自主学习，具有终身学习的意识和能力等。
	勤于反思	重点是：具有对自己的学习状态进行审视的意识和习惯，善于总结经验；能够根据不同情境和自身实际，选择或调整学习策略和方法等。
	信息意识	重点是：能自觉、有效地获取、评估、鉴别、使用信息；具有数字化生存能力，主动适应"互联网+"等社会信息化发展趋势；具有网络伦理道德与信息安全意识等。
	健康生活	
	珍爱生命	重点是：理解生命意义和人生价值；具有安全意识与自我保护能力；掌握适合自身的运动方法和技能，养成健康文明的行为习惯和生活方式等。
	健全人格	重点是：具有积极的心理品质，自信自爱，坚韧乐观；有自制力，能调节和管理自己的情绪，具有抗挫折能力等。
	自我管理	重点是：能正确认识与评估自我；依据自身个性和潜质选择适合的发展方向；合理分配和使用时间与精力；具有达成目标的持续行动力等。

续表

核心素养	基本要点	主要表现描述
社会参与 责任担当	社会责任	重点是：自尊自律，文明礼貌，诚信友善，宽和待人；孝亲敬长，有感恩之心；热心公益和志愿服务，敬业奉献，具有团队意识和互助精神；能主动作为，履职尽责，对自我和他人负责；能明辨是非，具有规则与法治意识，积极履行公民义务，理性行使公民权利；崇尚自由平等，能维护社会公平正义；热爱并尊重自然，具有绿色生活方式和可持续发展理念及行动等。
	国家认同	重点是：具有国家意识，了解国情历史，认同国民身份，能自觉捍卫国家主权、尊严和利益；具有文化自信，尊重中华民族的优秀文明成果，能传播弘扬中华优秀传统文化和社会主义先进文化；了解中国共产党的历史和光荣传统，具有热爱党、拥护党的意识和行动；理解、接受并自觉践行社会主义核心价值观，具有中国特色社会主义共同理想，有为实现中华民族伟大复兴中国梦而不懈奋斗的信念和行动。
	国际理解	重点是：具有全球意识和开放的心态，了解人类文明进程和世界发展动态；能尊重世界多元文化的多样性和差异性，积极参与跨文化交流；关注人类面临的全球性挑战，理解人类命运共同体的内涵与价值等。
实践创新	劳动意识	重点是：尊重劳动，具有积极的劳动态度和良好的劳动习惯；具有动手操作能力，掌握一定的劳动技能；在主动参加的家务劳动、生产劳动、公益活动和社会实践中，具有改进和创新劳动方式、提高劳动效率的意识；具有通过诚实合法劳动创造成功生活的意识和行动等。
	问题解决	重点是：善于发现和提出问题，有新颖、独特且有意义地解决问题的兴趣和热情；能依据特定情境和具体条件，选择制订合理的解决方案；具有在复杂环境中行动的能力等。
	技术应用	重点是：理解技术与人类文明的有机联系，具有学习掌握技术的兴趣和意愿；具有工程思维，能将创意和方案转化为有形物品或对已有物品进行改进与优化等。

(二) 如何体现与党的教育方针、社会主义核心价值观和传统文化的关系

前面提到，核心素养是党的教育目标的具体化和细化。那么，我们应该如何看待核心素养框架与党的教育方针的关系？

党的教育方针的核心是培养德智体美全面发展的人，落实在核心素养体系中，我认为主要体现为两个层面。

第一个层面，"德、智、体、美"领域内素养的落实和具体化。"全面发展的人"需要在德智体美各领域得到充分发展，为此，贯彻和落实党的教育方针，首先应该把"德、智、体、美"领域内的素养进行具体化。这反映在核心素养总框架中，"社会参与"领域集中体现了党的教育方针中关于"德"的要求，如公民道德、社会责任、国家认同等方面；"文化修养"领域集中体现了党的教育方针中关于"智"和"美"的要求，例如，语言素养、数学素养、科技与信息素养、人文与审美素养等；"自主发展"领域则反映了党的教育方针对于"体"的要求，如身心健康等。

第二个层面，跨领域素养的落实与具体化。"全面发展的人"不仅具有领域内素养，更要具有跨领域的整合型素养，为此，贯彻落实党的教育方针，需要通过跨领域素养的培养，更深入地体现"德、智、体、美全面发展"的完整内涵。这反映在核心素养总框架中，主要体现为自我管理、学会学习、问题解决与创新等方面。

我相信，以培养"全面发展的人"为根本出发点，通过这12项核心素养的培养，最终能够使学生积极地自主发展、有效地参与社会，成为"德、智、体、美全面发展的社会主义建设者和接班人"。

与此同时，我想表达一下关于如何理解核心素养总框架与社会主义核心价值观之间关系的问题。

社会主义核心价值观是从人与国家、人与社会、人与人之间关系的角度，对我们国家的学生应该具有的理想信念和道德素养，提出了具体要求。这其中，"富强、民主、文明、和谐"主要从公民与国家关系的角度，规定了学生应该树立的国家理想与信念，反映在核心素养总框架中，集中体现为国家认同的"树立中国特色社会主义共同理想，热爱社会主义，拥护中国共产党的领导，自觉维护国家尊严和利益，有为实现中华民族伟大复兴做出努力的志向"等方面。"自由、平等、公正、法治"主要从公民与社会关系的角度规定了学生应具有的信念和价值追求，这反映在核心素养体系总框架中，集中体现为公民道德的"坚持公平正义，追求自由平等"，社会责任的"履行公民义务，乐于奉献，具有参与及合作精神，具有规则与法律意识，遵纪守法，能够运用法律维护合法权益，具有生态文明理念"等方面。"爱国、敬业、诚信、友善"主要从公民个人角度规定了学生应具有的道德要求，反映在核心素养体系总框架中，集中体现为国家认同的"热爱祖国，忠于祖国，对祖国有强烈的认同感和归属感，理解、欣赏和认同中华优秀传统文化，具有中华民族自豪感、自尊心和自信心"，公民道德的"仁爱宽和，尊重生命，友善待人，孝敬长辈，诚实守信，言行一致，对人对事负责"，学会学习的"勤学乐学"等方面。

总之，社会主义核心价值观的培育和养成需要社会参与、自主发展和文化修养三个领域内不同核心素养的整合作用，以文化修养的不断积累和自主发展能力的不断提升为支撑条件，最终主要反映在学生的社会参与及互动过程中。

最后，如何理解核心素养总框架与传统文化的关系？我认为，核心素养总框架突出了"家国情怀"，体现出了对中华优秀传统文化的继承与创新。具有中华民族特色的核心素养体系，应该体现出以爱国主义精神为核心的家国情怀、社会关爱、人格修养等方面的内容。这反映在核心素养总框架中，主要表现为国家认同、社会责任、公民道德、人文与审美等方面，这些国家、社会、公民个人层面的素养通过整合，共同发挥作用，并且进一步通过"身心健康""国际理解""科技与应用"等素养的支撑，最终引导我们的学生做"有自信、懂自尊、能自强的中国人"，"高素养、讲文明、有爱心的中国人"，"知荣辱、守诚信、敢创新的中国人"。

老师们，核心素养的研究是一项具有非常重大意义的工作，也是一项长期系统的工程，如何做好核心素养这个顶层设计，并且把它进一步落实到具体的教育教学实践中，还需要更多人的努力。素质教育改革进行到今天，在我们完成了教育大国、人力资源大国的崛起，正在加速向人力资源强国转变的今天，教育开始回归其本质，开始关注人、关注每一个人、关注每一个人的整体发展，而不再是关注学科、传授知识。可以说，核心素养的研究，开始让更多的人反思我们教育的走向，反思我们到底要"培养什么样的人""怎么培养人"这一教育的根本问题。

目前，我们国家关于学生核心素养的研究还处于起步阶段，在核心素养指标体系正式确立后，要想真正地落实到学校教育中去，老师的转化作用是关键环节。这就离不开在座各位的努力付出，离不开老师们的关注、引导和促进。我已年逾古稀，但作为一名老师，为了让孩子们更好地健康发展、幸福生活、成功地融入未来社会，我愿意与各位一起，共同努力！

谢谢大家！

加强中小学生品德的塑造^①

—— 在中国教育服务中心召开的全国中小学班主任研讨会
上的演讲

各位班主任，各位教育界的同仁：

上午好！

我也当过两届中学的班主任，年级组长，也当过中小学的干部，主抓过班主任管理工作。我是 1960 年考入北京师范大学教育系心理学专业，学制五年，1965 年大学毕业。经过 13 年中小学的教育实践以后，1978 年心理学恢复招生，北师大缺心理学老师，这样我又回到了北师大。今天我有三点感受：一是我和中小学所有的老师，包括在座的老师们，是同一战壕的战友；二是不当班主任就体会不到当老师的真正滋味；三是中小学的实践为我后来的心理学研究奠定了基础。我在中小学实践中深刻体会到班主任主要是做德育工作的，是教会学生如何去做人的工作。以德为先，把德育作为诸育之首，作为一切教育之本，这是中华民族教育的优良传统。

习近平同志指出："我们要按照党的十八大提出的培育和践行社会主义核心价值观的要求，高度重视和切实加强道德建设，推进社会公德、职业道德、家庭美德、个人品德教育，倡导爱国、敬业、诚信、友善等基本道德规范。培育知荣辱、讲正气、作奉献、促和谐良好的风尚。"这是我今天讲课的指导思想。

今天咱们的德育工作，应该突出的是 12 个字，就是"中国情怀，世界眼光，时代特色"。德育工作必须坚持这 12 个字。我们讲到了中国的情怀，首先要分析什么是我们中华民族的文化，中华民族的文化有哪些特点。文化和文明是同一语言。概

---

①　该内容第一次演讲是 1993 年在上海市黄浦区教育学院主办、上海市建平中学承办的"省市德育研讨会"上做的。后来就此内容在基础教育界做了近 10 次演讲，本文是按 2015 年 4 月 11 日在中国教育服务中心召开的全国中小学班主任研讨会上的演讲录音整理的。

括来说，中华文明以德为核心，中华民族的美德是中华文明的基石；中华文明表现在中华文学、艺术、科学、教育四个方面，这就构成了中华文明的四大丰碑；中华文明以自强不息与和谐为两大精神支柱，这正是中华文明发展的动力；中华文明以民为出发点，全心全意为人民服务，这是中华文明的宗旨。我们国家之所以能够一步步发展，从历史到今天主要靠两个手段：一个是法治，今天特别强调法治，党的十八届四中全会提出要把我们国家建设成法治的国家，还有一个是睦邻，这两者成为我们国家实行仁政、稳固江山的方法，是中华文明发展的途径。既然讲到德，中华民族的传统美德是哪些呢？主要是指两个：一个是叫"五常"——仁、义、礼、智、信，是中华民族传统道德的核心价值观念；还有一个叫"八德"——孝、悌、忠、信、礼、义、廉、耻，是中华民族传统美德的基本道德规范。这就是我要强调的中国情怀。我们班主任的工作要提倡用世界的眼光，在学校的组织下走向世界。短则数月，长则一年的国外交流，相当一部分中学的班主任已有这方面的经历，高校也陆陆续续组织辅导员(班主任)走出国门到国外交流。为什么呢？因为德育工作需要有世界的眼光。还有四个字叫"时代特色"，也就是今天的德育工作必须按照今天的社会要求来经营。

今天上午我从班主任的角度向大家汇报四个问题。

一、关于道德和品德

这是我们班主任很关心的一个问题，因为德育涉及道德教育。道德是一种社会现象，道德是多门学科研究的对象，哲学要研究它，社会学要研究它，伦理学要研究它，教育学也要研究它。什么是道德？道德是一定社会伦理行为规范的完整体系，是受一定的社会经济基础和社会舆论影响，并以内心或良心为支撑行为规范的总和。

而品德是什么？品德，又叫德行或道德品质，它是社会道德现象在个体身上的表现。个人可以按照一定的行为准则产生某些道德方面的态度、言论、举动。个人在一系列的道德行为中所体现出来某种经常的、一贯的共同倾向，这就是他的品德。品德是社会道德在个人身上的具体体现，是社会道德内化的结果。同时，个人品德是形成良好社会公德的基础。在座的老师们把每个学生教育好了，使他们学会做人，使他们具有良好的道德品质，从而也促进整个社会道德的发展。因此，研究社会公德应该研究道德品质或品德。

（一）品德的特性

品德本身有哪些特点？它具有六个特点：品德的内容社会性，品德结构的内在统一性，道德品质的稳定倾向性，品德抉择的自觉性，品德层次的区别性，品德功能的调节性。我们一个个来讨论。

1. 品德内容的社会性

品德内容的社会性，也就是说，什么样的社会基础具有什么样的德；什么样的经济基础，有什么样的德。马克思曾经强调道德或品德的社会特质。品德是一定社会道德关系的体现，其显著特性就是社会性，反映的是人的社会特质。现在在班主任中间争议一个问题：今天在整个社会上，道德是在爬坡还是在滑坡？老师们，不知道您怎么考虑这个问题。对于社会道德爬坡的观点对，还是滑坡的观点对，我认为都对，看你们从哪个角度分析这个问题。我认为这反映了一个特点，就是道德品质反映着一定历史条件下的某种社会关系，它是历史性、阶级性、民族性和全人类的统一。谈爬坡滑坡，谈品德的发展变化，实际上都是在谈社会因素的决定作用，在谈论品德内容的社会性。今天教育界的问题，往往不是教育本身的问题，而是社会问题。所以今天班主任工作，更要多关注社会动向、社会发展和社会需要。德育的首要任务应该是使学生了解他们必须对国家对社会所承担的责任和义务。

2. 品德结构的内在统一性

品德是一种完整的结构，它涉及一个人为什么这样做，或者不那样做的动机；它涉及从孔子一直讲到今天的道德认知、道德情感、道德行为、道德意志的表现。它是一个统一的整体。因此人具有主体性，他产生这样或者那样道德行为的时候，他肯定有内在的动机、有定向、有行动。做完了以后，他还得想想，我做对了，还是做错了，这是一个反馈。那么就每个人来说，他内在结构都是统一的，一个道德优秀者，或者是一个道德品质高尚的人，他往往是言行一致、表里如一、知情意行统一的，这是我对学生发展的期待。所以班主任看学生，就得有全面观点和深入分析。

3. 道德品质的稳定倾向性

道德品质具有稳定性，像毛泽东同志说的那样："一个人做一点好事并不难，难的是一辈子做好事，不做坏事。"这说明品德经常表现出的是一个人某种持续的行为稳定倾向。因此道德品质反映的是一个人完整的道德面貌。当道德行为方式成为他性格中的固定要素时，这才叫有德，也就是把道德的问题和他性格的问题结合在一起，形成品格。所以班主任看学生的评价，就得前后一致，把握其稳定因素。

4. 品德抉择的自觉性

有人表里不一，有人表里如一，这就涉及道德决策的自觉性问题。有人当着人面前做一套，背着人做另一套，那就说明是这些人没有受到良心的指责，缺乏一种良知，道德决策是不自觉的。有道德的人，品德的决策就具有自觉性。因为其品德是自觉意志的凝结，是一个人自觉意志行动的过程。2014年，清华大学校长在毕业典礼上致辞中讲道："你们如果在社会上获得诚信的评价时候，你们保持了良知。"今天，我们需要每个人具有自觉性，就是需要有良知、良心，觉得在良心上要对得起道德。所以，班主任的工作内容应重视良知，加强讲良心、讲诚信的教育。

5. 品德层次的区别性

品德的区别性很重要，一个人的品德和另一个人的品德，你怎么去区分它的好与坏，区分它水平的高与低？因为人与人之间品德是有个体差异的，道德品质表现出不同的水平，不同的层次，不同的等级。我们怎么去考查学生与学生之间的差异呢？第一看道德规范差异，也就是指不同的人有不同的道德行为准则或者善恶准则。表现在个人与社会整体关系上，表现在个人与他人的关系上，表现在个人与自己的关系上，也就是自我修养上。为此，从孔夫子到孙中山，中华民族的道德规范观强调四个字：忠、孝、仁、义。以这四个字来考查这个人好，那个人不好。看他是不是对国家忠心耿耿，看他是不是对父母有孝心，看他有没有仁爱之心，看他对人能否诚信、友善。这就是我们中华民族传统的道德规范。中华人民共和国成立以后，我们提倡了"五爱"作为学生道德品质的道德规范：爱国家，爱人民，爱劳动，爱科学，爱护公共财物（1968年全国人大常委会把爱公共财物改为爱社会主义）。我国台湾教育家冯定亚女士组建"五心同心会"，倡导"把忠心呈给国家，把孝心献给父母，把信心留给自己，把热心传给社会，把爱心送给大家"。这也是道德规范的要求。第二看道德范畴差异，也就是哪些概念能够区分一个人道德还是不道德。伦理学上较一致的有四个概念：义务、良心、荣誉、幸福。而按照我们中华民族优秀的文化传统，我们还应该提倡讲爱国、正义、敬业、诚信、友善、公正、公平、正直、仁爱。第三看心理结构差异，即道德、认识、情感、意志、行为。班主任掌握道德规范、道德范畴的理念，有助于认识德育的方向和途径。

6. 品德功能的调节性

品德是干什么的？品德是调节一个人行为的。那么有人说了，政治可以调节，要求你这样做，不应该那样做；法律也有调节功能，法律规定这样做，不应该那样做，否则违法。但是品德调节不一样，品德的调节没有像政治调节那样"直接"，没有像法律那样"迅速"，它的调节有三个特点：自觉的、广泛的、相对独立的。它调节什么？完善人的社会关系，人际关系和自我修养，是一种良心的调节。所以班主任的工作，应坚持正面教育，提高学生的自觉能动性，才能做好德育工作。

(二) 品德的结构

品德的结构有深层结构，有表层结构，有知情意行的结构，还有心理活动与外部活动的结构。

深层的结构，这就是一个人的需要。有人说讲需要就要提到人本主义心理学家马斯洛，他倡导五种需要观，生理需要、安全需要、社交需要、尊重需要、自我实现。我说何止马斯洛讲，伟大的马克思也在讲需要，马克思曾经说过，为什么一个人有这样的行为，那样的行为呢？因为他有需要，需要是一个人的动力，需要是一个人内在的动机系统。如果让我对需要分类，我认为可用两种方法。第一种方法从产生来分析，需要无非两种，一种叫个人需要，一种叫社会需要；还有一种从性质来分，也有两种东西，一种叫精神需要，一种叫物质需要。什么叫物质需要，说得通俗的话就是吃喝拉撒睡，说得文明一点就是衣食住行外加繁殖后代，这就是物质需要。我们应该在德育过程中倡导社会和精神需要，这种社会需要和精神需要是人的需要之核心。在德育中，我们要提倡学生的社会需要、精神需要，培养他们的社会需要、精神需要。一个人的需要表现在一个人道德动机里有哪些因素呢？兴趣、欲望、信念、理想、人生观、价值观等。老师们，我们应该培养哪些核心因素？我反复强调信仰，就是信念和理想。今天社会主义核心价值观进课堂，班主任要以社会主义核心价值观教育学生，就是要培养学生的信念与理想，这是品德的深层结构，是我们当前德育应追求的重点。

品德结构的另一种表现是知情意行，或另一种结构即道德认识、道德情感、道德意志和道德行为。而知、情、意、行里面最关键的是什么呢？应当考虑到品德有质变，除了信念以外主要是习惯。一个学生道德品质好与坏，你看他什么呢？看他是不是养成了习惯，学校养成教育就是在培养道德习惯。我要给大家举一个例子。我在中小学负责教育教学工作时，有一天，一位班主任问我："林老师，你能不能和我到一个学生家里去？"我问怎么了，她说这个学生被他父亲捆在房梁上揍，我就跟着这位班主任到了一个学生家里。北京有一些男士，系特殊的皮带，宽宽的，那学生家长正用这种皮带揍他儿子。我说把他放下来，这个孩子被他放下来了。他父亲说："你现在当着校方，当着你老师，当着我说你以后不干那事了。"这个时候，孩子突然跪下说："爸，老师，我改不了了。我见了别人的钱包，比自己丢钱包还要难受啊。"老师们，这就是习惯。什么叫作习惯？习惯，就是指带有情感色彩、自动化了的行动。"看到别人钱包比自己丢钱包还要难受"说明什么呀？情感要求下手，且自动化了。这个学生曾经跟有些人夸耀，你愿意跟我到北京站去一次吗？五分钟要五个钱包，我伸手就来。马上到手就得，这就是自动化了。因此品德表现的好与坏，是最后看他形成什么样的道德习惯。所谓社会风气是什么，就是群体或大家的习惯。

品德结构还有一个表现是具体组织形式，如主体要求，然后产生某种行为，这就是定向与操作，做完了以后，想想做得对吗，在良心上是不是过得去，这就是反馈了。因此道德品德就是这么一个过程，把德内化于心，外化于行。上面所讲的，是我给大家汇报的第一个大问题：道德和品德。

二、重视德育理论，促进中小学生品德的发展

第二个大问题，我想给大家谈一下德育的理论，实际上是德育心理学的理论。所以我第二个问题是"重视德育理论，促进中小学生品德的发展"。

（一）先天与后天的关系，也就是遗传与环境和教育的关系

我们每一个学生的遗传和生理成熟是他品德发生发展的生物学前提，为他品德的发展提供了可能性。而这种可能性能不能变成现实性，不是由遗传、生理来决定，而是由环境特别是由教育来决定。环境和教育起决定性的作用，尤其是优秀班主任起到根本性的决定作用。这中间，学生实践是品德发展的必要基础。

我先举一个例子，说明在品德的发展中生理遗传在起作用。记得我在基础教育领域工作时，被调到一所十年一贯制的学校工作，有一天，我在看文件的时候，八年级有英语老师跟一个学生扭到一起，打到我的办公室来了。老师跟我说："我不干了。"他被学生打了，那当然有火了。我看见那个学生，那个凶狠的样子。我好不容易做通了老师工作，送回班里上课。当我回到办公室的时候，那个学生还在暴跳如雷。"你就是有权，要给我处分，我不怕。"我当时也想好好地教育教育他，突然，当我看到他半个耳朵时，一下子把自己情绪压了下来。原来他的班主任姓纪，纪老师前些日子对我说，他们班有一个同学与众不同，淘得不得了还不说，而且打架成性，谁都管不了他。我就跟纪老师说，尽管当时心理学被打倒了，但是我毕竟是学心理学的人。在心理学里有一种叫"气质"的东西，平时我们叫脾气或秉性，有胆汁质，强而不可制约，像张飞、李逵；有多血质，相当灵活；有黏液质，沉着老练；有弱型的抑郁质，像林黛玉那样。我估计你那个学生是胆汁质，不行的话你再做一次家访深入了解一下。纪老师做家访以后，回来跟我说了下面的故事。这个学生生下来不到一个月就大哭大叫，大喊大闹，弄得院里不得安宁。一两岁以后吃不上奶，就大口咬妈妈。小学三年级那一年，要点火生炉子。有一天他妈妈让其中午放

学回来把炉子点着，妈妈回来给他热饭热菜。那天中午他放学回家生火，第一根火柴点着了，引纸，纸着了，然后去劈柴。老天爷不作美，西北风一吹，把纸上的火和刚刚引的火苗都吹灭了。他看见没有风了，把第二根火柴点着了，老天爷跟他过不去，又把这个火苗吹灭了。他火了，发誓，如果第三根火柴他还点不着炉子的话，他就把炉子砸得稀巴烂。果然，第三根火柴没有点着，他抄起大斧子把炉子砸得稀巴烂。当他妈妈回来以后，他还在生气呢。小学过去，到了初中的时候，初中一二年级的某天，他妈妈给他两毛钱，一毛五分钱买酱油，找回来五分钱买醋，拿两个瓶去吧。他非常高兴，到商店路上却遇到两个小流氓想劫钱。你看看劫谁的钱？他的钱能够给你吗？好家伙，两个瓶子打到两个人头上，瓶子碎了，啪一下，露出两个玻璃碴子，十分锋利，像两把刀子，和这两个人打在一起，结果他的耳朵划破一个缝。受伤后被送到北京某医院。当时医生医德稍差一点，误听说流氓打群架，二话不说把耳朵剪下了半个。现在我在办公室又看到了这个学生，我能够跟他发火吗？我能够给他处分吗？对这样的学生处分有效果吗？一个小时后，那个学生气早就消了，他过来对我说："您还会给我处分吗？"我假装发怒一拍桌子，说："处分，能不处分吗？你把老师都打了。"但处分要进档案的，我绝对不会这么决策的。事后一方面我继续耐心做英语老师的工作；另一方面我对他班主任纪老师说，先天遗传、气质特点、秉性特点带给我们今天教育里的难题，只能动之以情，晓之以理，循循善诱，以理服人把他教育好。也就这样，我协助班主任一起循循善诱、以理服人做这个学生的工作。后来他进步了，一直到他初中毕业，他没有上高中。七年后在街头发生的那一幕，更使我终生难忘。那时候我已经回北京师范大学工作了，只听见后面一个声音高喊："林老师，您站住！"我仔细一看，此人半个耳朵，是我那个老学生。"我告诉您一个好消息，我现在是北京市某区煤炭专线的先进工人了。"我那时候不知道为什么，眼泪掉了下来。"林老师，感谢您和我们班主任纪老师当年对我的宽宏大量与教诲。"老师们，您能够看到什么？先天与后天的关系？今天我们学生中间特殊的学生不一定都是道德品质的问题，可能是先天性的问题，这是第一种理论。至于后天的环境和教育问题，你们在日常工作中比我有更多的体会，这里恕我不啰唆了。

（二）品德的模仿理论

教育心理学认为模仿是对榜样的一种效仿，是对别人心理和生活的一种反应，简单的模仿是一种本能的倾向，复杂的模仿是一种有意识的活动。模仿可以是个人的，也可以是我们集体去模仿某种榜样。榜样是学生能够更具体地理解道德要求和了解集体前进的方向。所以，它是德育中一种直觉的形式。

模仿的发展是有规律的，有两个规律。第一，模仿是时空的变化，小学生先模仿自己周边的，如模仿老师、模仿家长的一种行为，慢慢地发展为从时间、空间上都变了，可以模仿自己从来没有见过的那些英勇事迹，从时间上可以模仿古人等。第二，模仿这个东西它既要依赖于榜样的特点，还要依赖于模仿者本身的心理状态。一般表现在五个方面。一是模仿者客体，被模仿对象要胜过模仿主体，要别人比你强，或者别人比你突出。二是客体主体的可接近性，当爸爸的整天板着脸，打孩子，那就使孩子觉得爸爸是不可接近的，老师可接近，于是模仿老师的行为。三是客体特点的生动、突出，引起主体的注目和兴趣。老师们，我想问你们一个问题，你们班里同学看电影的时候，学生为什么常常去模仿反面人物呀？因为反面人物的演员演得生动、形象、突出、滑稽，引起兴趣。四是客体具有权威性，引起主体敬仰的心情，比如说某个英雄人物。五是客体的情绪性，引起主体爱慕、愉快等体验。

这是咱们国内的观点，再看国外的观点。美国有一位心理学家叫班杜拉，他于20世纪60年代提出了社会学习理论，也就是模仿理论。这种理论认为人们通过模仿，也就是通过榜样学习，又叫观察学习，就能够获得新的道德品质的行为。也就是说，道德品质的观念和行为是经过后天对榜样的观察学习而形成和改变的。

老师们，我们能够从对国内和国外的观点中得出共同的结论，这就是榜样学习对品德形成具有重要的影响。三年前的两会期间，《光明日报》让我写一篇文章，通过两会对教育提希望。我提出我们整个教育界以坚持德育为先；坚持能力为重，搞思维训练；坚持全面发展和因材施教结合起来。我写完以后，《光明日报》说这几天国家领导同志刚刚发表学雷锋的重要指示，你能不能结合你的文章谈谈学雷锋的问题。我认为学习雷锋活动正是通过榜样学习来发展品德。从心理学的角度上讲，学雷锋活动是符合学习规律的，是有科学依据的。没有想到文章出来以后，中央党校马上给我打了一个电话，让我去讲课并录像。于此我强调了榜样问题为我们今天学雷锋也提供了科学的依据。品德教育中的模仿措施，应该加强针对性、实效性，希望从品德教育到社会公德教育能够从生活实践入手，变大道理为小道理。因此，老师们，我们当班主任要在班内努力营造"人人可为，处处可为，时时可为"的浓厚氛围，这才能够使中小学生的品德获得提高与发展。我们应该根据具体的人群做具体的分析，推动学雷锋这样的活动常态化，跟班主任工作结合起来。同时每一个公民从身边的事和人榜样学习做起，那么咱们在社会公德上也就是有规律可循了，这就是我讲的第二种理论。

(三)道德习惯形成

"习惯成自然。"这句话是通俗的语言。道德行为有两种表现：一种是不稳定的，有条件的；另一种是无条件的，自动的，带有情绪色彩的。后一种又叫道德习惯，有好习惯，有不良习惯。良好的道德习惯能够使品德从内心出发，不走歪路，达到高境界。道德习惯是品德发展的质变的一项指标，也是形成社会风气的基础。道德品质怎么形成呢？从心理学角度讲有四个因素起作用。一是通过模仿，榜样的力量是无穷的，榜样的行为会使自己久学后成习惯。二是无数次重复，有人老眨眼，这是挺难看一种现象，可是他是怎么形成的？老重复眨眼，无数次重复，慢慢就形成一种习惯。三是有意的练习，良好的道德习惯，就需要一系列的练习。四是与坏习惯做斗争。老师们可能还想了解我上边提到的那位因偷成瘾的学生的最后结局吧？当然，他要是像当时那样发展下去，肯定要成为少年犯。但是当天，我问其父亲："某某师傅，你有没有深山老林可以依靠的亲友？""有。""什么人？""我亲妹妹，她是长白山解放军一个团里随军家属，带着她的孩子，比我这个孩子稍微小一点。""好，某某师傅，你能不能今天不许孩子再到外面去？你不是在铁路工作吗？你买张火车票，明天悄悄地带孩子乘火车到长白山你妹妹和妹夫驻军的地方。"因为那里真没有可偷的东西呀，断绝了重犯错误的机会，也就再也没有滋生他这种习惯的环境因素，慢慢地让他与坏习惯做斗争，改变这种坏习惯。1978年我归队回北师大，把这件事情也撂下了。没有想到 1989 年我坐火车去杭州出差，火车上突然上来一位负责人来检查客车的运行工作。我一看这位负责人不是某某师傅吗？"林老师。"某某师傅亲密地跟我握手，还请我们去餐车吃饭。我问某某师傅：您儿子怎么样？他说托林老师的福，现在开店，卖蔬菜、水果，表现也挺好，还说他有孙子了。他又说孩子再没重犯错误，是按我说的办法断绝了他的坏习惯，现在一路走来非常好。

我们再看国际研究，美国心理学家斯金纳认为所有的行为是后天获得的，环境能够决定一个人的行为。怎么决定一个人的行为？通过强化和惩罚，就可以改变，可以消除或者增强某人的行为。同样使用强化或者惩罚这样一些措施，能够促进良好道德品德形成。当然他做的是动物实验，让白鼠找食物，如果走错了，就对它电击；走对了，就能够获得一个食物，就可以吃了，这就是动物实验。根据这项研究，结合我们前面所讲的内容，有三个结论：一是良好的品格习惯是自动化了的，习惯成自然。老师们，这就需要你们从小学开始进行养成教育。二是对良好或不良品德行为我们制定奖惩的制度。三是社会公德必须要有法律基础，法律是奖惩制度的保障。

我参与了教育部两个文件的讨论，第一个文件叫《关于建立健全中小学教师师德建设长效机制的意见》，还有一个刚刚颁布的《关于建立健全高校教师师德建设长效机制的意见》。要求对老教师适当奖励，对违背师德的进行相应的惩罚，对于"害群之马"必须严肃处理，甚至有的要绳之以法。对大人要这样，对孩子们也应该做到奖惩分明，从娃娃抓起，让他们形成文明礼貌、助人为乐、爱护公物、保护环境、遵纪守法的良好品质。湖北某实验小学毕业学生的留言相当庸俗、功利，让人担忧。有向往金钱的，"加油，努力，为了人民币"；有倾吐感情的，"十字路口咱们分着走，你走你的泪，我走我的恨"；还有更消极的，"有什么梦想，你别强求"；等等。这反映了现实中，我们中小学生在德的方面存在着这样或那样的阴暗面。需要我们加强德育，包括奖罚。然而，好的我们表扬了没有？奖励得也远远不够。四川达县三个高一学生扶起了一个老太太，这老太太却冤枉她们三个人使她倒地。当时说不清啊，后来种种调查后，老太太和老太太全家都去向这三位孩子道歉，这三位孩子受到多大的不白之冤。还有广东汕头两个高二的男学生救起了一个老头，这老头同样冤枉这两个孩子，后来被搞清了，他也道了歉。我说这样的学生，不管是三个女学生，两个男学生，社会与学校应重重地奖励。有一件事情我是非常生气的，这就是某省某地级市 15 岁的中专生姓张，在校外一辆轿车撞向一个拐角女同学的时候，他跟那个女同学毫无关系，却推开那个女同学，自己却被撞成重伤。可是媒体提到某省不授予他"见义勇为好学生"这样的称号，理由是孩子们年龄太小，这样的品质不应该提倡。当然我们先不要去大肆宣扬，但是已经发生了，咱们为什么不表彰或奖励呢？又比如说某省会城市有五名初中生在街上遇到一个穿校服的高一学生，他问这五名初中生要钱，初中生没有给他，他拿刀子就把五名初中生捅伤了，社会上也没有对那个穿校服的高一学生追查并严肃处理。我们社会上公德的缺乏，是什么原因？就是奖惩制度没有建立起来，该奖的奖不够，该罚的罚不够，这个观点我和大家讨论，对不对请大家批评指正。

(四)品德形成的认知理论，也就是道德认识

道德认知或认识表现在三个方面：一是从道德发展水平上面，表现的是道德认知、认识的一种形式；二是从道德观念来看，体现的是道德认识具体内容，即到底我们认识什么东西；三是从道德认识的方法来看，也就是从方法论的角度来看，他表现为一种个人道德或者乃至整个社会道德一种认识的方法论。因此，从教育入手，从认识入手提高人的道德是很重要的。伟大的中华民族的传统美德就强调了三德："智、仁、勇"。也就是说一个人有某种道德认识(智)的时候，往往与其相关的情感(仁)和行为(勇)相联系，于是为道德理想、信念奠定了一定的基础。

美国也有类似的理论，有一位心理学家叫科尔伯格，他强调，人的品德发展水平与其思维认识认知发展实际相联系，道德水平决定着某一个人品德的表现。他也做了一个实验，这就是海因茨偷药的故事，让学生判断。欧洲有一个妇女患了癌症，生命垂危，医生认为只有本城的一个药剂师新研制的药能治好她。配制这种药的成本为 200 元，但销售价却变 2000 元，病妇的丈夫海因茨到处借钱，可是终只凑得了 1000 元。海因茨恳求药剂师，他妻子快要死了，能否将药便宜点卖给他，或

者允许他赊账。药剂师不仅没答应，还说："我研制这种药，就是为了赚钱。"海因茨别无他法，晚上撬开药剂师的仓库门，把药偷走了。这是一个两难问题，里面不仅有海因茨的问题，也有药剂师的问题，科尔伯格让孩子们判断谁是道德的，谁是不道德的，也就是怎么提高认识。因为道德认识水平直接决定和影响他们的道德行为，所以必须要加强对人们道德认识的教育，包括理想教育、信念教育，突出世界观、人生观和价值观在品德教育中的重要性。

老师们，我们应该加强社会主义核心价值观的教育，从根本上去提高学生的道德认识或道德认知。对国家而言是富强、民主、文明、和谐，对社会而言是自由、平等、公正、法治，对个人而言是爱国、敬业、诚信、友善。老师要把这些带进课堂，教给学生，提高他们道德认知的能力。

以上就是我向大家汇报的第二个大问题。

三、中小学生品德发展的年龄特征是我们学校德育工作的出发点

学生发展是有年龄阶段的，有小学阶段，有初中阶段，有高中阶段，当然再往上是大学阶段。品德发展年龄特征，正是咱们班主任老师德育工作的出发点。什么叫作年龄特征？年龄特征在心理学里，是指生理特征和心理特征，它主要是指一般的、本质的、典型的特征。品德的发展年龄特征反映了学生一般的特征，应该说带有普遍性；反映了某个学生的本质特征，也就是稳定特征；反映了典型的特征，也就是代表性。总体来说，在小学阶段习得性是品德发展的主要年龄特征，也就是小学阶段的孩子们是比较好教育的，往往说什么，听什么，因为他品德比较协调。到中学阶段，他的总的年龄特征是什么呢？伦理道德开始形成，但是两极分化严重，好的越来越好，差的越来越差，这就是说中学生的品德逐渐走向成熟。

下面我们具体讲品德发展年龄特征。

(一) 小学生品德的年龄特征

小学生品德的主要年龄特征是协调性。对于这一特征我们可以从以下三个方面

去理解。

一是小学生逐步形成和谐的道德认识能力。我们自己的研究材料证明，系统的道德认识以及相应的道德行为习惯是在小学阶段逐步形成的。他们形成了自觉地运用道德认识来评价和调节道德行为的能力。当然，这种道德认识的能力带有很强的依附性，同时也缺乏原则性。但发展的趋势是和谐的，并且有一个稳步的发展过程。第一，在道德认识的理解上，从直观、具体、较为肤浅的理解逐步过渡到较为抽象、本质的理解；第二，在道德品质的评价上，从只注意行为效果，逐渐过渡到较为全面地考虑动机和效果的统一关系；第三，在道德原则的掌握上，道德判断从简单依附于社会的、他人的规则，逐渐过渡到受内心道德原则的制约。

二是小学生的道德言行从比较协调到逐步分化。小学生有了正确的道德认识，并不能保证有良好的道德行为。所以，更重要的是如何把道德认识转化为道德行为。在这个过程中，小学生在品德发展上的认识与行为基本上是协调的。因此，年龄越小，言行越一致；而随着年龄的增加，逐渐出现言行一致或不一致的分化。其原因在于，学生年龄越小，行为越简单，易于外露，他们还不善于掩饰自己。而年龄较大的学生，行为比较复杂，他们日益学会掩饰自己的行为。造成小学生言行不一致的原因很多。一是模仿的倾向，模仿是小学生的特点，他看到模仿有意思，明知是不正确的举动，往往也要模仿。二是出于无意，常常无目的地要做出一些不利的举动。三是在不同人面前，有不同的举动。虽然，小学生知道什么是好的行为，什么是不好的行为，但在不同人面前，仍然表现出不同的行为来。四是只会说，不会做。道德行为说起来容易，做起来要克服困难、有毅力，才能收到良好的效果。由此可见，小学生在品德上的认识和行为脱节的情况及原因较为复杂。但是，这种脱节是容易克服的，只要采取一些有效的方法，通过循序渐进、积极的引导，小学生的品德就能得到发展。

三是自觉纪律的形成和发展在小学生品德发展中占有相当显著的地位。所谓自觉纪律，是一种出自内心要求的纪律，是在对纪律认识和自觉要求的基础上形成的，这是一种不依靠外力强制的纪律。小学生自觉纪律的形成是从外部教育要求转为内部需要的过程。一般要经过三个阶段，即依靠外部教育要求阶段（教师制定具体规定及检查）；过渡阶段（还未形成自觉纪律，但已体会到纪律要求并能遵守纪律）；把纪律原则变成自觉行动阶段。

由此可见，小学生的品德是从习俗水平向原则水平、从依附性向自觉性、从外部监督向自我监督、从服从型向习惯型过渡的。所以，这一时期小学生的品德是过渡性的品德，发展较为平稳，表现出协调性的特点。

（二）中学生品德的年龄特征

在整个中学阶段，中学生的品德迅速发展，他们处于伦理形成的时期。在初中学生品德形成的过程中，伦理道德已开始形成，但在很大程度上却表现出两极分化的特点。而高中学生的伦理道德则带有较高的成熟性，他们可以比较自觉地运用一定的道德观念、原则、信念来调节自己的行为，伴之而来的是世界观的初步形成。

1. 中学生个体的伦理道德是一种以自律为形式，以遵守道德准则并运用原则、信念来调节行为的道德品质

这种品德具有六个方面的特征。

一是中学生能独立、自觉地按照道德准则来调节自己的行为。"伦理"是指人与人之间的关系以及必须遵守的行为准则。伦理是道德关系的概括，伦理道德是道德发展的最高阶段。从中学阶段开始，中学生逐渐掌握这种伦理道德，并且还能独立、自觉地遵守道德准则。我们所说的独立性就是自律，即服从自己的人生观、价值标准和道德原则；我们所讲的自觉性，也就是目的性，即按照自己的道德动机去行动，以符合某种伦理道德的要求。

二是道德信念和道德理想在中学生的道德动机中占据重要地位。中学阶段是道德信念和理想形成，并开始用道德信念和理想指导自己行动的时期。这一时期的道德信念和理想在中学生的道德动机中占有重要地位。中学生的道德行为更具原则性、自觉性，更符合伦理道德的要求。这是人的人格或个性发展的新阶段。

三是中学生品德心理中自我意识的明显化。从中学生品德发展的角度来看，就是要提倡自我道德修养的反省性和监控性。这一特点从中学阶段开始就越来越明显，它既是道德行为自我强化的基础，又是提高道德修养的手段。所以，自我调节品德心理的全过程，是自觉道德行为的前提。

四是中学生道德行为习惯逐步巩固。在中学阶段的青少年品德发展中，逐渐养成良好的道德习惯是进行道德行为训练的重要手段。因此，与道德伦理相适应的道德习惯的形成，又是道德伦理培养的重要目的。

五是中学生品德发展和世界观的形成是一致的。中学生世界观的形成与道德品质的发展有着密切联系。一个人世界观的形成是其人格、个性、品德发展成熟的重要标志。当中学生的世界观开始萌芽和形成的时候，它不仅受主体道德伦理价值观的制约，而且又赋予其道德伦理以哲学基础，因此，两者是相辅相成的，是一致的。

六是中学生品德结构的组织形式完善化。中学生一旦进入了伦理道德阶段，他的道德动机和道德心理特征在其组织形式或进程中，形成一个较为完善的动态结构。表现为：其一，中学生的道德行动不仅按照自己的准则规范定向，而且通过逐渐稳定的个性，产生道德的和不道德的行为方式。其二，中学生在具体的道德环境中，可以用原有的品德结构定向系统对这个环境做出不同程度的同化。随着年龄的增加，同化程度也在增加；还能做出道德策略，决定出比较完整的道德策略是与中学生独立性的心理发展相关的；同时还能把道德计划转化为外部的行为特征，并通过行为所产生的效果达到自己的道德目的。最后，随着中学生反馈信息的扩大，他们能够根据反馈信息来调节自己的行为，以满足道德发展的需要。

2. 中学生品德处于动荡性向成熟型过渡的阶段

初中阶段即少年期品德发展的特点是动荡的。从总体上看，少年期的品德虽然具备了伦理道德的特征，但仍旧是不成熟，不稳定的，且具有较大的动荡性。少年期初中生品德动荡性特点的具体表现是：道德动机逐渐理想化、信念化，但又有敏感性、易变性；他们道德观念的原则性、概括性不断增强，但还带有一定程度的具体经验特点；他们的道德情感表现得丰富、强烈，但又好冲动而不拘小节；他们的道德意志虽已形成，但又很脆弱；他们的道德行为有了一定的目的性，渴望独立自主地行动，但愿望与行动又有一定距离。所以，这个时期既是人生观开始形成的时期，又是容易发生两极分化的时期。品德不良、走歧路、违法犯罪多发生在这个时期。如前所述，这是处于人生十字路口的阶段。究其原因，有如下三点：第一，生理发生剧变，特别是外形、机能的变化和性发育成熟了，然而心理发育却跟不上生理发育，这种状况往往使初中学生容易产生笨拙感和冲动性。第二，从思维品质发展方面分析，少年期的思维易产生片面性和表面性。因此，他们好怀疑、反抗、固执己见、走极端。第三，从情感发展上分析，少年期的情感时而振奋、奔放、激动，时而又动怒、怄气、争吵、打架；有时甚至会走向泄气、绝望。总之，他们的自制力还很薄弱，容易产生动摇。正因为如此，当有人问到我："你教过中小学生，教过大学生，又带研究生，你认为哪个阶段的学生最难教？"我不假思索地回答："初中生！""为什么？""软硬不吃，刀枪不入。"所以我建议我们的初中教师，特别是初中二年级的教师，应从"关爱的教育"入手，从各个方面帮助他们树立正确的观点，特别是人生观、价值观和道德观，以便他们做出正确的抉择。

高中阶段或青年初期是品德逐步趋向成熟的时期。这时期的品德发展进入了以自律为形式、遵守道德准则、运用信念来调节行为的品德成熟阶段。所以，青年初期是走向独立生活的时期。成熟的指标有两个：一是能较自觉地运用一定的道德观点、原则、信念来调节行为；二是人生观、世界观初步形成。这个阶段的任务是形成道德行为的观念体系和规则，并促使其进取和开拓精神的发展。

然而，这个时期不是突然到来的。初中二年级是中学阶段品德发展的关键期，继而初中升高中，开始向成熟转化。其实在初二之后，一些少年在许多品德特征上已经逐步趋向成熟；而在高中初期，仍然会明显地保持许多少年期动荡性的年龄特征。

（三）中小学生品德发展的年龄特征是中小学德育管理的出发点

作为班主任，注意掌握中小学生品德发展的年龄特征，并以此因材施教是十分重要的，否则就会出问题，带来不应有的损失。夏斐的悲剧就值得我们反思，其母吴玉霞在望子成龙信条的驱使下，企图用简单粗暴的鞭打，来起到立竿见影的效果。但事与愿违，这种拔苗助长的做法，违背了小学生品德发展的年龄特征，正如她在遗书中写道："在教育过程中，谁知越打越气，对他的年龄疏忽大意……"所以，我们认为，在教育工作中必须提倡科学性，重视中小学生品德发展的年龄特征。

一是班主任要以中小学生品德发展的年龄特征作为德育工作的出发点，以此引导学生的品德发展。例如，凡在中学教育实践多年的教师都认为，在整个基础教育阶段，初中学生是最难教育的，简直是"软硬不吃，刀枪不入"，这是事实。原因是初中生处在少年期，是品德发展成熟的前期，动荡而不稳定。作为教师，一定要针对这一特点，动之以情，正面诱导，有的放矢地做好德育工作，引导他们的品德向正确的方向发展。

二是班主任要重视中小学生品德发展的关键期，并采取合理的教育措施。根据多年的教育实践，我认为，小学三年级儿童和初中二年级少年分别是小学和中学品德发展的关键期。学校领导在安排人事时，不能只考虑一年级基础或毕业班的"把关"问题，也应该注意在这两个年级配备得力的教师。但据我们了解，目前，中小学多把最得力的教师配备在"两头"，即小学一年级和六年级，初中一年级和三年级。这样做的结果是放弃中间年级"关键期"的德育工作。这对学校的德育工作和学生的成长都是十分不利的。

三是班主任在教育实践中，应考虑到相邻的年龄阶段之间的区别和联系，这样才能做到因材施教。目前，在中小学教育的衔接上存在着很多问题。中学教师认为小学教师对学生管得"细、窄、死"；小学教师则认为中学教师对学生管得"粗、宽、放"。如果双方能了解中小学生品德发展的联系性，这个问题就不难解决了。在小学高年级多培养一些学生的独立性及自制能力；在中学时期，教师还应多管一些，以使新生适应新环境。没有教育的衔接，是不会抓好德育工作的。

四是班主任在因材施教过程中，既要重视品德发展年龄特征的稳定性，又要注意这一特征的可变性。在中小学教育中，教师既要重视品学兼优学生的教育工作，又要重视品德不良学生的教育工作，做到"抓两头"带"中间"，处理好三者之间的关系是教师必备的教育技巧。特别要关心"离婚家庭子女"，使他们有"爱"的体验，感觉到有奔头，在逆境中能顺利成长。这样才能使不同类型的学生都能发挥出最大的潜力，身心得到全面的发展。

四、对班主任工作的几点建议

我曾经当过两届初中的班主任。当好班主任，这可是真功夫。德、智、体等哪育也离不开班主任，似乎班主任是个多面手；社会、家庭和学校，教育空间大得很，跟社会各界三教九流都得打交道；"学校、家庭、社会三教一体化"，班主任就是一座桥梁。班主任工作应从何入手？我提出下面四点建议。

（一）明确职责

班主任是学校里全面负责学生班级工作的教师。班主任的职权不大，但也算是位"主任"吧，也就是说，班主任是位领导者、组织者和管理者。所以，我想应该从管理的角度来探讨班主任工作。

1. 班主任的职责

根据 1988 年国家教委颁布的《小学班主任工作的暂行规定》和《中学班主任工作的暂行规定》的内容，结合自己的体会，我把班主任的职责归纳如下。

其一，着重领导班级德育。班主任工作的核心是德育工作，学生的思想、政治、道德和心理四种面貌是班主任工作好坏的"晴雨表"。离开了班级德育，就无班主任的工作可言。其二，积极协调各科教学。学校里的教学工作是分班进行的，各任课教师在一个班级里教学，需要由班主任来协调。其三，全面提高学生素质。班主任是班级里最关心学生的人，他要按照德、智、体等全面发展的要求，开展班级工作，去全面地关心学生，促使他们成长、成熟、成才。其四，进行班级日常管理。班主任领导的是班级集体，他对班级的日常管理为的是要充分发挥这个班级集体的作用。其五，指导校外课外活动。班主任的管理工作，不仅涉及校内课内，而且还包括校外课外生活和活动。其六，联系家庭教育和社会教育。班主任的管理工作，还应包括联系本班学生家长和社会。

2. 出主意，用干部

为了出好主意，班主任必须有系统的目的性和计划性，有集体的决定，有命令和指示。而"用干部"则是班集体建设的基础。20 世纪 80 年代初，我曾调查了 100 名先进班主任，90% 以上的班主任的成功经验里有"抓好班干部"的做法。要抓好学生干部，班主任必须在四个方面做工作：识别学生干部，使用学生干部，爱护学生干部，轮换学生干部。记得我当班主任的岁月里，一接新班，先去学生原先各个学校一一调查，再考察学生，特别是小学干部进入初中新集体的各种表现，经过较全面的调查研究和考察物色后，我再提出班干部的候选人的名单，提交班里选举。在使用班干部时，我除了经常出主意，注意培养他们的独立工作能力之外，充分相信他们、依靠他们，尊重他们对问题的处理意见，让他们放手工作，使他们敢于负责。我对班干部格外爱护，经常了解他们的困难，及时帮助他们解决来自人际关系的、学习的和自我的等方面各种各样的困难。学生干部，不能固定不变，需要经常轮换。有突出表现的，我往学校推荐；表现较好的，可适当留任；表现一般或较差的，特别是缺乏工作能力的，要加以适当调整；对于班级里每一位学生，包括班级里的"个别生"，我都安排机会，让其当一下干部。干部队伍建设好了，班集体就坚强了，班风也自然而然正了。记得我第一次任班主任的班级学生原先有 52 人，7 人在入学前后进过专政机构或在那里"挂过号"，但由于我们班干部队伍力量强，班级面貌积极向上，集体舆论又有威力，所以，并没有因为这些品德不良学生的存在而受到影响。

3. 做学生的心理保健医生

良好的心理素质是优良思想品德发展的基础，是促进学生身体健康的必备条件。因此，素质教育应包括旨在提高学生心理素质的心理健康教育。由此可见，心理健康教育是教育应有的内涵之一，是素质教育的必要组成部分。教师作为教育活动的组织者和实施者，就必然要肩负起学生心理健康教育的重任，这就要求班主任要配合心理健康教育的教师，担当好"学生心理卫生的保健医生"这一角色，以有利于学生身心健康地成长。

（二）建好集体

一个先进班集体是通过集体力量形成良好的班风，也就是有正确的集体舆论、信念、情感、意志行动和行为习惯。先进班集体不仅对于形成正确道德品质发生着决定作用，而且对于纠正学生的不良品德也发挥着深刻的影响。先进班集体与班内的品德不良学生之间是互相影响的，但由于先进班集体的力量控制和约束这类学生的活动，这些学生在班内找不到活动的"市场"。先进班集体改造着不良品德学生的不良习惯，使这些学生在校内外的恶习得到改变，具体分两种结果：一是不良品德学生出自班集体的压力，在校内外均不敢惹事；二是在校内不敢惹事，在校外仍有暗自行动。按我对100个先进班集体175名品德不良学生调查材料统计，属于第一类有131人，占75%，属于第二类的只有4人，占2.3%。由此可见，先进班集体对品德不良学生的不良习惯加以反面"强化"，促使他们品德行为的进步。

我想在这里说明两点：一是班集体的力量是相当大的，这是班级成长和班级的每个成员进步的基础，也是一位先进班主任完成其基本任务，成功带班的经验所在。二是下边要谈到的班主任在形成一个先进班集体及其舆论、信念、情感、意志行为和习惯（班风）时花费了多大的心血！但先进毕竟是少数，绝大多数班主任还须在各自的班集体建立过程中迈着艰苦的步伐。要完成这个任务，这里的甜、酸、苦、辣、咸只有班主任自己知道。正是这五味齐全，才能充分发挥这个班集体的作用，并通过班级活动等形式，逐步地完成班主任的任务。

(三) 制订计划

班主任的工作，包括上述的建好班集体，需要有周密的计划，而这种计划的目的是一切为了塑造学生的灵魂。

1. 制订计划的基本要求

班主任制订计划，有四个基本要求：首先，应根据班主任的职责和班主任的任务而提出具体要求，主要是围绕学生德、智、体等诸育全面发展的培养目标。其次，班主任要做好三个集体的工作，即班级或学生集体、本班任课教师集体和学生家长集体。再次，保证教育方法方式的多样性和灵活性，不能千篇一律。班主任计划要讲究个性和特色，不能呆板地只限于班会和个别谈话。最后，班主任管理工作要从实际出发，这个实际含有三层意思：一是教育任务与班级特点；二是客观条件，包括环境条件和学生条件，因为学校基础不相同，学生基础也不一样，条件当然不尽相同；三是主观条件，特别是班主任的自我条件。

2. 制订计划的内容

班主任制订计划时的关键问题是目标。因为每一位班主任计划的具体内容大同小异，没有太多的特殊性，一般都要围绕以下八个方面来进行：①为开展德育工作，制订方向性计划；②为开展学习目的教育，提高教学质量，而制订核心性计划；③为开展健康教育，制订机制性计划；④为开展社会教育，制订实践性计划；⑤为指导组织活动，制订自治自理性计划；⑥为联系家长工作，制订辅助性计划；⑦为联系社会工作，制订扩大教育空间性计划；⑧为开展创造教育，制订提高性计划。

3. 制订计划的注意点

我的切身体会是，在制订班主任计划时应该注意五点：一是要简明扼要，不要套话、不出现空话，严禁那种"穿靴戴帽"，贴政治标签，更不搞没有实效的形式主义。二是时间适宜，太长了，计划跟不上变化，难以保证计划实施；太短了，看不出成效，达不到目的。三是稳定性与可变性，有了计划，应严格执行，但难免有一定的变化，具体问题要做具体分析。四是连续性，新接一班班主任在制订计划时，应充分考虑到连续性。我当过年级主任和教导主任，当时我反对后任班主任否定前任，我承认班主任工作有班主任本人个性或人格的特色，但也要考虑到工作的延续性。五是周密性，不仅计划较全面，而且措施也要周到，所以制订计划前，班主任要充分听取任课教师想法，征求班干部的意见。有计划必须有检查，经不起检查的计划最好不要出台。

(四)讲究方法

1. 研究学生的方法

班主任研究学生是了解学生的基础。班主任研究的学生，其侧重点分为学生的个体和群体两种。

（1）对学生个体的研究

要研究学生的个体，就要研究每个学生的家庭背景、个人经历、个性特征和兴趣爱好等。每个方面都必须了解。当年我曾遇到一位颇顽皮的学生郭某，我了解他的家庭情况，知道他母亲患有甲状腺炎，爱激动。我遇到郭某的问题一般都找郭某父亲商议，但只要发现郭某的长处，我便向郭某母亲去报喜。我利用自己对其所了解的情况，作为工作的基础，促进郭某的进步。时间久了，我和郭某全家都相处得很好。

（2）对学生群体的研究

班主任的工作对象同时也是一个班集体，因为每个学生都生活在群体之中，他们之间形成了各种各样的关系，表现出各种各样的类型。当年我接第一班学生时，学生入学后分派较严重。我在了解各种"派别"后，坚持深入做工作。在一个班级里，我不允许学生从小滋长"拉帮结派"的苗头，即使有些"小山头"也得削平，必须服从以班主任为核心的班集体，否则我会暂时不让任何一个"派别"核心人物当班干部。

2. 培养班集体的方法

首先，提出一个适当的奋斗目标。这个目标有什么特点呢？第一，应从本班的实际情况出发，选择目标要反复权衡利弊、得失。第二，目标有长期的，也要有短期能够实现的具体目标。目标的提法要适合学生的接受水平，便于理解和记忆。第三，目标一经提出，班上的一切工作都要围绕目标来进行，使学生感到目标不是空的，它同日常工作、学习、活动是紧密联系在一起的。

其次，要选择、培养和使用学生干部。在这里，"培养"是关键。我首届弟子中有个姓王的学生，淘气得出众，可是他却天天来学校做好事，我提名他当选生活委员。有一次我在教学楼三层给别的班上课，位于四层的我们班有人用绳子放下一个铃铛，每到一层响一次铃，惹得三层、二层、一层教室里一次次发出哄笑声。三层的同学冲我说："林老师，这是您班的玩意儿。"我听后十分恼火，不用查，这个位置准是王某，可是下了课我回班一问，他硬不承认。过不久，街道来贴表扬信，说王某从女厕所背出并救活一个老太太，他揭掉表扬信，硬说没有这回事。事后我了解他是不愿听"女厕所"三个字，生怕别人起哄。他可真是软硬不吃。一天我病了，我捎信给王某，请他起个早为我去挂个号，没想此事改变了他对我的看法，认为我最信任他。从此，他遵守纪律，当好班干部，也不许别人违反纪律。

再次，培养良好的班风。其实，良好的班风来自正确的集体舆论，班上要树立正气，使班集体敢于坚持正确的言论和行动，抑制和反对错误的言论和行为。为此，我们班主任就要逐步培养和形成班集体的正确集体舆论。这样，班主任的决定就变成了正确的舆论，从正确舆论占上风，发展到有压倒一切的正确的集体舆论，此时，形成了良好的稳固的班风。

3. 培养非智力因素

在德育工作中，我们提倡要培养学生健康的情操、顽强的意志、积极的兴趣、正确的动机、崇高的理想、坚韧的性格和良好的习惯。那么，这里面涉及一个重要问题就是非智力因素的培养。非智力因素，是指除了智力与能力之外，同智力活动效益发生交互作用的一切因素。我国历代学者，都提倡振奋人的精神的重要性，强调将志向的苦修、情操的陶冶、意志的锻炼等修炼、品行的砥砺精神力量作为取得成就的条件。孟子曰："天将降大任于是人也，必先苦其心志，劳其筋骨，饿其体肤，空乏其身，行拂乱其所为，所以动心忍性，曾益其所不能。"可见不论是个体还是群体是否有成就，除去客观条件之外，主要决定于精神修炼。如果说，这种成就来自非智力对智力因素、非认知对认知因素的作用的话，那么，增进这种作用效能的正是其精神的力量。因为唤起、调节和强化各种非智力或非认知因素作用的还有一种内在的力量，它起到定向、选择和驱力的功能，这个内在的力量就是个体或群体的精神力量，我把精神力量视为比非智力或非认知因素更深层的因素和主观能动的因素，培养学生的非智力因素，不仅有利于其智力与能力的发展，也成为德育工作的一个环节，因为这些非智力因素已构成思想政治课教学和心理健康教育不可忽视的成分。因此，我们要加强对学生非智力因素的培养，也就是要发展学生的兴趣，顾及学生的气质，锻炼学生的性格，培养学生的习惯。

三个小时过去了，老师们，我的汇报也要结束了。

谢谢各位班主任老师！

在多变世界中的品德发展: 中国的观点①

——在挪威"儿童发展"国际大会上的演讲

各位专家、各位学者:

你们好!

在中国,儿童和青少年人口超过 2.5 亿。全国有 10 万多所中学,承担了约 4700 万中学生的教育工作;约有 88 万所小学,承担了约 1.4 亿小学生的教育工作;还有约 12 万所幼儿园,承担着 1.14 亿名学龄前儿童的教育工作(幼儿园仅承担了一半的学龄前儿童,因为三岁以下的儿童都在托儿所)。儿童和青少年的数量如此庞大,因而品德发展受到了广泛的关注,也被看成是在教育工作中需要优先考虑的问题。

中国是一个有着古老文明和深沉文化底蕴的国家,中国人赞美勤劳、勇敢、尊重和照顾他人;中国重视德育,如孔子在《论语》中所阐述的教育顺序为"德行—言语—政事—文字",把品德排在首位。新中国成立后,政府号召儿童和青少年爱国家、爱人民、爱劳动、爱科学、爱护公共财产。这"五爱"道德规范成为品德教育的主要内容。每年的 6 月 1 日儿童节,国家都会号召社会大众为儿童提供一个榜样。当然,这并不是一年只有一天的例行公事,不是只有这一天公民才帮助儿童和青少年发展品德品质。我们期待着全社会都来关注德育,把以德为首带入全国的教育实践中。因此,国家政策强调儿童青少年在接受关爱的同时也应该接受品德教育。

在中国发展与教育心理学中,最重要的当代理论和应用的研究,包括儿童和青少年认知与品德发展,都源于朱智贤教授。他的理论从辩证唯物主义的哲学观点出发,概括了儿童和青少年心理发展的四个基本规律:①遗传、环境和教育对心理发

---

① 本文原系 1987 年 6 月 7 日在挪威"儿童发展"国际大会上所做的报告,后载 *School Psychology International*(《国际学校心理学》)1988 年第 1 期。选入本书时我们把英文翻译为中文。

展的作用和要求；②心理发展的动力，即心理发展的内外因关系；③教育和心理发展之间的关系；④心理发展的年龄特征和个体差异。我们将这些观点和自己的具体研究运用到品德发展上，并做进一步论述。

一、品德发展的条件

我们做了大量的研究，特别是关于双生子和独生子女的研究，这样能更好地理解遗传、环境和教育在品德发展上的贡献。

(一)遗传对品德形成的影响

遗传在健康心理方面的效果具体体现在两个方面：第一，遗传通过个体本身的素质影响智力的发展；第二，遗传通过气质类型的机制影响品德的形成。气质类型和儿童青少年的道德发展是相关联的，表1描述了气质类型和双胞胎类型的相关分析，我们的团队研究发现，对健康心理而言，遗传是生理和物质的基础。遗传毫无疑问地影响了道德发展。

表1 气质类型和双胞胎类型的相关分析

类型	学前儿童	小学学生	中学学生	t
同卵双生($n=40$)	0.84	0.79	0.71	
异卵双生($n=40$)				$p<0.01$
相同性别($n=20$)	0.81	0.69	0.48	
不同性别($n=20$)	0.67	0.50	0.39	

(二)环境和教育对品德发展的决定性效果

生物因素提供了品德发展的可能性，而环境和教育则把这种可能性转变为现实性。自新中国成立以来，我们国家发生了翻天覆地的变化。新中国成立初期，政治环境相对稳定。但是，1966年至1976年期间，动乱取代了稳定。自从20世纪80年代初期开始，我们的政府采取了"改革开放"的政策，使整个国家充满着活力。随着这些政治和社会环境的变化，儿童和青少年的品德观也产生变化，这种观点的确表明社会环境对道德发展的决定性作用。

目前，对我们的专业人士和整个国家来说，关注的问题是如何给不断成长的儿童和青少年提供最优化的环境。我们的国家一直致力于为儿童和青少年健康茁壮成长创造优质的环境。由于社会的努力，儿童和青少年居住和学习的环境已经有了很大的改善。但是这远远不是终点，他们的环境会进一步地得到改善。

优化儿童的成长环境，最先考虑并且最重要的是家庭和学校的责任。家庭是儿童和青少年成长的摇篮，学校是他们学习的平台。近些年来，中国的大多数父母高度地重视家庭教育，他们认为训练儿童比教育儿童更重要，认为智力比品德更重要。许多教师盲目要求学生考试中得高分从而进入更好的大学，忽略了思想品德教育，结果是儿童和青少年不得不承担过重的学习负担。

社会有责任优化儿童和青少年的成长环境。儿童无形中会受到他们所见所闻的影响，因此，我们有责任为儿童和青少年创造一个健康文明的社会环境。进一步说，文化产业的工作、电影和电视产业、报纸和杂志都应该有意识地尽最大的努力给儿童和青少年提供精神食粮，从而消除不良品德的影响。

我们的研究比较了120组独生子女家庭儿童和非独生子女家庭儿童（从幼儿园到中学），结果显示在品德发展方面，虽然独生子女家庭和非独生子女家庭的儿童在总体上有相似的特征，然而，和非独生子女家庭儿童相比，独生子女可能有任性、缺乏同情心、浪费和独立性较差等问题。这可能是独生子女环境产生的结果，父母典型溺爱和过分迁就他们唯一的孩子。

计划生育对国家发展来说是一个重要的政策。因此，独生子女的品德发展在教育系统内，特别是在家庭教育中开始扮演一个重要的角色。我国也正在努力去改善独生子女的教育，例如，家长学校提供场所使父母学习到合适的教育自己孩子的方法，至今为止，结果令人满意。

二、品德发展的动力

我们强调在品德发展中环境和教育对儿童和青少年的影响，但这并不是说环境和教育会机械地决定儿童和青少年的发展，而是说他们是品德发展的外部因素。外因必须通过内因而起作用，合理而良好的环境和教育是适合儿童和青少年品德发展的内因变化条件，否则教育和环境不能成为决定性因素。对此我们称之为内部矛盾和品德发展的动力观。我们相信唯物辩证法动力观能把内部因素和外部因素联合起来。究竟什么是品德发展的内部因素或动力呢？我们认为儿童和青少年的动力发展是品德发展中新的需要与原有水平的矛盾，这就是内部矛盾或动力。

需要是对社会道德需求的一种反映，需要是品德发展的内部源泉，也就是说，需要会影响品德结构的每种成分(道德认识、道德情感、道德意志和道德行为)和品德范畴中每个要素(良心、责任心、义务、荣誉和幸福感等)。儿童青少年原有的品德水平和其新需要产生矛盾构成品德发展的动力。由此说来，对教育者而言，理解儿童青少年的需要和原有水平有利于品德的发展，并且能使儿童青少年发挥他们的主动性。需要表现出内部矛盾新颖活跃的一面，原有水平表现出内部矛盾稳定的一面。从关注这对矛盾出发，我们的国家致力于教育出有理想、有道德、有文化、有纪律的新一代公民。

原有的心理水平表现为：品德结构，智力结构，知识、技能和经验，人格特质，生理成熟和当前的心理状态(如态度、情绪和注意力等)。在品德教育中，要求我们尤为关注这些因素及其相互作用。在我们的国家，幼儿园、小学、中学乃至工读学校都尽最大努力关注了以上这些因素。这里我还要介绍一下工读学校。这是为品德不良的儿童和青少年创办的。在这些儿童和青少年的教育中，教育者尊重他们，为他们提供缺失的温暖，根据他们现有的心理水平和品德结构给予指导。这样的教育有一个显著积极的效果，就是防患于未然，保护儿童和青少年远离犯罪的道路，给予儿童和青少年健康成长的机会。我们国家大部分省区市都有这样的工读学校。对北京的工读学校1995—1996年的纵向研究表明，超过1200名有问题行为的学生在此就读过，其中超过80%的学生都能健康成长，他们当中的相当一部分已成为军官、工程师、教师和艺术家。

这种在新的需要和原有的心理水平之间的矛盾是儿童和青少年品德发展的动力，那么，一位教育者怎么做才能处理好这种矛盾？在我们的研究中，发现学生的新需要往往来自教育者的要求。我们指出最关键的是对学生品德教育的要求必须是合适的，也就是说，过高或过低的要求都不适当。教育的要求必须高于某学生的原有水平，经过这些学生主观努力后又可以达到的要求，才是最合适的要求。

三、教育和品德发展的辩证关系

伴随着从数量到质量的细微的适应，从教育到道德发展的道路一直在延伸。道德是一个综合的结构，如图1所示。

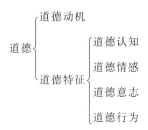

图1　道德的综合结构

对于儿童和青少年来说，通过教育了解品德系统，并且从中获得品德经验是很重要的。瑞士的皮亚杰和美国的科尔伯格都曾经表述过，认知能力是道德发展的一个准则。从我们的研究中也已经发现，经过教育，儿童与青少年逐步领会道德知识、掌握道德经验。这里的道德知识和道德经验，从内容上说，有思想方面的，有道德规范体系方面的，等等；从形式上说，有基本道德知识（包括基本道德观念），有行为规范的表现及其练习。领会和掌握道德知识经验，是从教育到品德发展的中间环节，这对品德发展来说，是一个量变的过程，这是品德发展的质变的基础，可以用图2来表示。

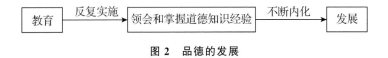

图2　品德的发展

从图 2 中看出,品德发展决不能停留在道德知识经验的领会和掌握上。也就是说,品德的发展不只是指道德知识的增多和道德认识的提高,而是指在道德动机作用下的道德认识、情感、意志和行为的全面发展。这里更重要的是提高道德行为水平,形成道德信念和道德习惯。因此,教育的目的,不仅仅是使学生领会和掌握道德知识经验,更重要的是发展品德的整体结构。这样,才算在某个阶段上完成了品德发展的质变过程。

由知识经验的领会和掌握而引起品德的发展,是一个由量变到质变的过程,其中要经过很多的阶段。我们在培养儿童与青少年的品德的实验研究中看到,品德整体结构的发展,是在掌握和运用道德知识、练习和重复道德行为的过程中完成的。如果一个儿童或青少年不学习道德知识(如法律知识),不练习道德行为规范,他的品德是得不到发展的。道德知识、认识和训练是品德发展的基础。也就是说,儿童与青少年的品德是在他们的"知"的反复提高和"行"的反复训练中逐步发展起来的,并须经过一个又一个的阶段。可见,儿童与青少年品德水平取决于:一是他们所领会的道德知识(或道德认识),二是他们对正确行为规范要求的不断练习。前者的要求是背诵和理解,以铭记在心中;后者的要求是形成良好的习惯。品德发展的每一个阶段的特征,都集中地体现在道德行为习惯的变化上。道德的目的是什么?简单地说,就是养成良好的习惯。习惯是由于重复或练习而巩固下来,变成需要的行为方式。在中小学教育工作中,人们之所以强调抓好"班风""校风",就是因为要求班集体、校集体的成员,在一定时间或一定的场合内,都会自然而然地按照既定的、正确的行为规范行动。社会学所强调的某个民族的道德风俗,也正是这个民族长时期所形成的道德行为习惯。因此,良好习惯的形成,是一个人的完整品德结构发展中质变的核心。

总之,我们应该将教育中儿童与青少年接受道德知识和思想,接受道德行为和习惯的训练,都看作其品德的一个局部的、小的变化或量变的过程,是比较明显的、稳定的品德质变的基础。教育的任务就是用知识武装儿童与青少年的头脑,引导他们有的放矢地大量练习、实践,使知识经验不断内化和动力定型化,即变成他们的信念、理想和行为习惯,且能自行迁移,形成自动化的活动,从而促进他们的品德的质变，并完善地表达发展参数。

四、品德发展的年龄特征

品德发展的年龄特征是整个心理发展年龄特征的一部分。在中国许多心理学家研究品德发展，他们研究的年龄特征多种多样，在这些研究中，我们觉得有三项有较大影响。

第一，李伯黍的道德判断发展的研究。这项研究使用的是科尔伯格的道德困境范例（李伯黍，1985）。

第二，李怀美的三个道德的基本元素（道德认识、道德情感和道德意愿）的研究（李怀美，1986）。

第三，我们北京师范大学儿童心理研究所开展的研究。这项研究强调动态性质，即用一种系统化的方法，把教育融进发展，应用纵向研究和交叉研究定义道德发展的综合结构。这种方法显示，中国儿童和青年的品德发展经历了从出生到成熟的六个阶段。

阶段一（0~1岁），主要是适应性时期。这个时期孩子不可能有道德认识，也不可能有意识地做出什么道德行为。这个阶段的儿童需要的是有规律的满足和舒适的照料，缺少社会性。这个阶段的儿童主要任务是适应社会现实。

阶段二（1~3岁），主要是品德萌芽阶段，也是两义性为标准的阶段。儿童经常把"好"和"坏"两种"意义"作为品德判断和行为的标准。此时，儿童不可能掌握抽象的道德原则，其道德行为极不稳定。这个阶段的主要任务是理解"好"和"坏"两类简单的规范，并做出一些合乎成人要求的道德行为。

阶段三（3~6、7岁），主要是情境性品德发展时期。这时道德行为的动机往往受当前的刺激（情景）所制约，道德认识还带有很大的具体性、情绪性和受情景的暗示性。这个阶段的主要任务是开始接受系而具体的道德品质教育。

阶段四（6、7~11、12岁），是品德发展协调性阶段。此时出现比较协调的外部和内部的动作，道德知识系统化，并形成相应的行为习惯；言行比较一致，动机与行为也比较一致；随着年龄的递增和道德动机的发展，言行一致和不一致的分化逐步增大。这个阶段的主要任务是发展道德信念，以提高道德行为的思想境界。

阶段五（11、12~14、15岁），是动荡性品德发展时期。这个阶段的少年处于人生的十字路口。这个时期一方面是道德信念和道德理性形成的时期，是世界观萌芽的时期，是开始以道德信念和理想来指导自己的行为的时期。另一方面又是心理的发展跟不上生理迅速成熟的时期，是逆反心理、对抗心理出现的时期，是幼稚和成熟、冲动和控制、独立和依赖错综并存的时期。因此，少年期是两极分化严重的阶段。这个阶段的主要任务是处理好过渡时期的各种矛盾。

阶段六（14、15~17、18岁），初步成熟阶段。成熟的指标，一是较自觉地运用一定的道德观点、原则、信念来调节行为，二是世界观、人生观的初步形成。这个阶段的任务是形成道德行为的观念体系和规划，并促使青少年发展进取和开拓的精神。

以上谈到的适应性、两义性、情境性、协调性、动荡性和初步成熟性，反映了中国儿童和青少年品德发展六个阶段的主要特点，即一般的、典型的、本质的特征。这六个阶段不应该被看成是按固定次序的阶段，它们是交错和联系的，在一个阶段之初，可能保存着大量的前一阶段的年龄特征；在一个阶段之末，也可能产生较多的下一阶段的年龄特征。

我们研究确信品德发展关键期的存在。通过研究，我们发现5.5~6岁，9~10岁，13~14岁，是品德发展变化的关键时期。例如，小学中"乱班"正是三年级的现象，中学生品德的两极分化正是初中二年级的现象。我们的中小学和幼儿园的教育工作，要适应儿童和青少年这种心理发展的关键年龄的质变特征，采取适当措施，做到有的放矢。

谢谢大家！

智力结构与多元智力[①]

——在上海师范大学与上海教育电视台联合举办的"世纪讲坛"上的演讲

老师们，同学们：

大家好！

感谢上海教育电视台与上海师范大学邀请我来上海参与上海电视台举办的电视讲座。

平时，我们常说教学的目的在于传授知识的同时，灵活地发展学生的智力、培养他们的能力，解决一个"鱼"和"渔"关系的问题。今天，我就以自己的智能观为基础，谈谈我们20多年来在中小学开展的实验研究，以此来论述"智力结构与多元智力"的问题。今天的引言是"什么叫智力与能力？"在国际心理学界和教育界，对智力与能力的定义有150种之多，处于一个"公说公有理，婆说婆有理"的状态。我不想去评论它们，这里只想谈谈自己的观点。我认为：智力与能力是成功地解决某种问题（或完成任务）所表现出具有良好适应性的个性心理特征。怎样解释这个定义呢？

第一，智力与能力同属于个性的范畴，它们是个性心理特征。把智力与能力理解为个性的东西，说明其实质是个体的差异，这不仅仅是心理学家的观点，许多伟人，包括毛泽东也是这么说的。在《纪念白求恩》这篇传世佳作中，他提到，"一个人能力有大小……"能力有大小，不就是个体的差异吗？可见，能力是一种个性心理特征。在批判"天才论"时，毛泽东同志指出，"天才者，无非就是聪明一

---

① 本专题最早是在1984年于宁波师范学院、象山县教育局系统等地演讲，之后又分别在华中师范大学、华东师范大学等进行了学术报告。本文是按2002年5月15日在上海师范大学与上海教育电视台联合举办的"世纪讲坛"上的报告整理而成。

点……"显然他是承认这种个体差异的。因为智力的通俗解释就是阐明"聪明"与"愚笨"。可见,智力也是一种个性心理特征。

第二,智力与能力定义的第一个定语是"成功地解决某种问题(或完成任务)"。为什么要这么说呢?作为个性心理特征的智力与能力,它和个性心理特征的另一些因素,如气质、性格等有何区别呢?这在于智力与能力的根本功能是成功地解决问题或完成任务。所以,在一定意义上,智力与能力的高低首先要看解决问题的水平。这还是毛泽东同志的话,"在学校里,应培养学生分析问题与解决问题的能力",道理也在这里。

第三,智力与能力定义的第二个定语是"良好适应性"。这出自智力与能力的任务,即主动积极地适应,使个体与环境取得协调,达到认识世界、改造世界的目的。皮亚杰(J. Piaget)始终坚持心理的机能是适应,智力是对环境的适应的思想。也就是说,智力与能力的本质就是适应,目的是使个体与环境取得平衡。今天,这几乎已成为国际心理学界的共识。我国教育界的同行,不也在为当今的某些毕业生走上社会时适应能力不强而大为感叹吗?这也不难看出"良好适应性"在人们心目中的地位。

第四,智力和能力有一定区别。一般地说,智力偏于认识,它着重解决知与不知的问题,它是保证有效地认识客观事物的稳固的心理特征的综合;能力偏于活动,它着重解决会与不会的问题,它是保证顺利地进行实际活动的稳固的心理特征的综合。然而,认识和活动总是统一的,认识离不开一定的活动基础;活动又必须有认识参与。所以智力与能力是一种互相制约、互为前提的交叉关系。这种交叉关系,不论是苏联心理学还是西方心理学,都存在着"从属说"和"包含说"的关系论述。教学的实质就在于认识和活动的统一,在教学中发展智力和培养能力是分不开的。这就是能力中有智力,智力中有能力。智力和能力的总称叫智能。中国古代思想家一般把智与能看作是既有区别又有联系的两个互相转化、共同提高的概念。《荀子·正名》曰:"所以知之在人者谓之知,知有所合谓之智。所以能之在人者谓之能,能有所合谓之能。"王夫之在《读四书大全说》中写道,"知能相因,不知则亦不能矣",说明能力依存于智力;又云,"如人学弈棋相似,但终日打谱,亦不能尽达杀活之机，必亦与人对弈，而后谱中谱外之理，皆有以悉喻其故"，可见智力又依存于能力。通过"学""虑"的学问思辨之功，达到"学虑充真知能"（《思问录·内篇》）。正因为智与能的联系如此紧密，故不少名篇中如《吕氏春秋·审分》《九州春秋》《论衡·实知》等，均将两者结合起来称为"智能"，其实质都是在把智与能结合起来作为考察人才的标志。

第五，不管智力还是能力，其核心成分是思维，最基本的特征是概括，亦即概括是智力和能力的首要特点。在中小学教学中所说的能力，主要是指智力。智力应由思维、感知（有意识的或思维参与的感知叫观察）、记忆、想象、言语和操作技能组成（如图1所示），其中操作技能既作为能力的组成因素，又是智力的基本成分。

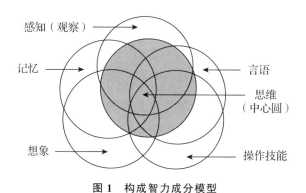

图 1 构成智力成分模型

我们以上述观点为依据，力求在教学实验中确定发展和培养中小学生的智力与能力。

既然思维是智力的核心成分，所以，我们的教学实验，自始至终将思维的发展与培养放在首位。

下面，我从自己的智能观出发来向大家汇报四个方面的问题。

一、关于多元智力问题

一提起多元智力，你们首先会想起加德纳的多元智力理论，这个理论被美国斯滕伯格评为当今五种智力新理论之一，五种智力新理论即多元智力理论、成功智力理论、真智力理论、生态智力理论和情绪智力理论。1983 年，美国哈佛大学的加德纳出版《智力结构》(*Frames of Mind*) 一书，提出了"多元智力"(multiple intelligence) 的概念。之后 20 多年，加德纳一直探讨这个问题。1993 年，他又出版了《多元智力的理论与实践》(*Multiple Intelligence：The Theory in Practice*)，该书的中文版《多元智能》于 1999 年出版后，引起了中国广大读者的重视。

加德纳提出了一种多元智力理论。起初，他列出了七种智力成分。他认为，相对来说，这些智力彼此不同，而且每个人都或多或少具有七种智力。他承认，智力可能不止这七种，不过他相信并支持关于七种智力的观点达十几年之久。

一是语言智力(linguistic intelligence)，就是有效地运用词语的能力。

二是逻辑-数学智力(logical-mathematical intelligence)，就是有效地运用数字和合理地进行推理的能力。

三是知人智力(interpersonal intelligence)或人际关系智力，就是快速地领会并评价他人的心境、意图、动机和情感的能力。

四是自知能力(intrapersonal intelligence)，又译为"自控能力"，是指了解自己从而做出适应性行动的能力。

五是音乐能力(musical intelligence)，就是音乐知觉、辨别和判断音乐、转换音乐形式以及音乐表达的能力。

六是身体-运动能力(bodily-kinesthetic intelligence)，就是运用全身表达思想和情感的能力。

七是空间智力(spatial intelligence)，是指准确地知觉视觉空间世界的能力。

到 1993 年，加德纳又添加了一种智力，叫"自然主义智力"(naturalistic intelligence)，这是一种能对自然世界的事物进行理解、联系、分类和解释的能力。诸如农民、牧民、猎人、园丁、动物饲养者等都表现出了已经开发的自然主义者智力。

2000 年前后，加德纳又增加了一种智力，即"存在主义智力"(existential intelligence)，它涉及对自我、人类的本质等一些终极性问题的探讨和思考，神学家、哲学家在这方面的智力最突出。

值得注意的是加德纳的多元智力理论与中国古代的"六艺"教育所蕴含的智力理

论具有惊人的相似之处。

所谓"六艺",是指中国古代西周时期官学和春秋时期孔子私学的六门基本课程,即礼、乐、射、御、书、数。这六门基本课程分别包含着多种因素,于是构成了"六艺"的内容:五礼、六乐、五射、五御、六书、九数。加德纳于1993年指出,智力是在特定的文化背景或社会环境中解决问题或者制造产品的能力。而"六艺"教育的目的在于培养六种能力,亦即六种智力。所以,可以说"六艺"教育所蕴含的理论也是一种智力理论,我们称之为"六艺"教育的智力理论。它包括:"礼"的智力——人际关系的智力或知人智力,"乐"的智力——音乐智力,"射"的智力—身体运动智力,"御"的智力——空间智力,"书"的智力——语言智力,"数"的智力——数学逻辑智力。在"六艺"教育中,似乎没有单独阐述的课程对应于加德纳的自我控制智力(或自知智力);那么,六艺教育是不是就忽视了"自我控制"或"自知"智力呢?完全没有,中国古人一向重视"自知"能力的培养和教育。"知人者智,自知者明"以及"克己""爱人"的思想,是中国古人一向重视"自知智力"的生动写照。不管是西周的官学,还是孔子的私学,"礼"是第一位的,而"仁"又是"礼"的中心内容。因此,教育的"礼"课程不但包括加德纳智力理论的人际关系(知人)智力,而且也蕴含了自我控制(自知)智力。

加德纳的"多元智力"观和"六艺"智力观具有相似之处,不仅表现在具体内容上,而且还表现在两个实质性的观点上。一是两种智力观核心相似,即"因材施教",加德纳强调发现每个儿童青少年的天赋,有的放矢地进行教育,不就是因材施教吗?二是两种智力观都重视评价过程与学习过程的有机统一。然而,"多元智力"观与"六艺"智力观是有区别的,除了年代和时代不同之外,还有两点本质的区别。一是前者认为七种智力相互独立、没有内在的联系,而后者则强调以"礼"为中心的相互联系性;二是前者的"未来学校"还处于实验阶段,而"六艺"已经历了近千年的课程了。当然,加德纳的"多元智力"在发展,例如前面已提到的他提出牧民、工人的"自然主义智力",神学家的"存在主义智力",进入21世纪后又有人提出"道德智力"。但值得注意的是,这些种智力缺乏同质性和逻辑性。因语言智力、数学-逻辑智力、空间智力、音乐能力、身体运动能力和自然主义智力属于"特长"

智力,是一种才华的智能表现,通过因材施教,发现每个受教育者的天赋,有的放矢的教育,可以造就和培养语言、数字、空间、艺术、运动、技术方面的专门人才;而人际关系(知人)智力、自控(自知)智力、存在主义智力却属于智力中的非智力因素,它们没有或很难确定某些人在这些因素中形成特长,倒是每一位高素质创造性人才,不论他有怎样的智力或才华,都需要知人、自知、有信仰和讲道德。所以,加德纳的多元智力观在内在逻辑性上是有一定缺陷的。

然而,我们评论加德纳并不是对他的全盘否定。加德纳了不起的地方就是强调了智力的个体差异。他提出多元智力理论无非是要强调类似于我们老祖宗提出的因材施教。但是,加德纳过于强调人的个体差异,而没有充分认识到其中的共同的智力或思维基础。这就是,尽管每个人都有表现突出的特殊才能,但这些才能都以共同的智力结构为基础,遵循着相似或同样的思维发展模式。而且,个体之间智力差异的根本原因在于其思维结构的差异。在这个基础上,下面我要提出自己的思维发展观以及智力的三棱结构,展示了思维乃至智力结构的多元性,说明了智力主要是人们在特定的物质环境和社会历史的文化环境中,在自我监控的指导下,在非智力因素的作用下,为了达到某种目的,识别问题、分析问题和解决问题所需要的思维能力。由此可见,真正的智力心理学的理论基石是思维的结构观。

请大家先来看图 2 展示的三棱结构图。

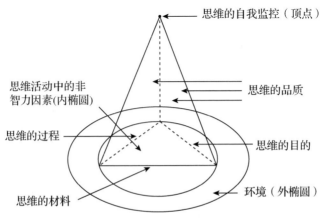

图 2 思维的三棱结构

这个结构是我 1965—1978 年在中学从教期间从教学实践中提出来的。1979 年 11 月在"文化大革命"后中国心理学会第一次学术年会上，经恩师朱智贤教授的推荐，我做了大会报告《儿童青少年数概念与运算能力的发展》，初步展示了这个思维结构的模型。后来，在朱老师的指导下，我逐步完善了这个模型。我 1982—1984 年接着对这个思维结构图做了量化研究：被试为 100 名专家（其中心理学家 50 名、中学有声望的教师 25 名、小学有声望的教师 25 名），经过开放到封闭的两次问卷；其结果是模型中的六种因素在被试中的赞同率超过 75%（超过了统计学上的第三个四分点）。于是，我把这六种因素按其在思维乃至智力中的地位和功能，提出了智力的三棱结构。

下面，我想来简述这个结构的六种因素，我的学生的硕士、博士研究生论文中相关的实验研究，完善了我的思维结构的理论观点。

(一)思维的自我监控

思维的自我监控是整个思维结构的统帅和主宰，是有形自我背后的无形自我，思维的自我监控有六大功能：①确定思维的目的；②管理和控制非认知因素，有效地保护积极的非认知因素，努力将消极的非认知因素转化成积极的非认知因素；③搜索和选择恰当的思维材料；④搜索和选择恰当的思维策略；⑤实施并监督思维的过程；⑥评价思维的结果，检查当前的思维结果是否与既定的目的一致；如果不一致，对前五种功能做必要的调整和修正。如此循环往复，直到实现既定的目的为止。我认为心理学界的反思观，甚至是元认知的提出，都与"思维的自我监控"有关。能否全面、有效地发挥思维之自我监控的功能，决定着思维之自我监控水平的高低；思维自我监控水平的高低，会影响到思维结果的优劣，从而也影响到智力的个体差异。

(二)思维的目的

思维的目的就是思维活动的方向和预期的结果，即实现适应这样的思维功能。学须立志，即学习必须先确立目的，这就是中国古代自孔子以来的优良教育传统。

中国明代中叶的思想家和教育家王守仁则不仅指明了立志的成就功能，而且指明了立志的定向功能。他说："志不立，天下无可成之事……志不立，如无舵之舟，无衔之马，飘荡奔逸，终亦何所底乎?"中国明清之际百科全书式的思想家和哲学家王夫之则进一步指出，每一个读书人，不仅应以立志为先，而且志要正、要大、要深、要坚。他说："学者志正而不息，则熟于天理。""正其志于道，则事理皆得，故教者尤以正志为本。""学者之识量皆因乎其志，志不大则不深，志不深则不大。盖所期者小，则可以浮游而有得，必无沉潜之识。所求者浅，则可以苟且自居，必无高明之量。""人之所以为，万变不齐，而志则必一，从无一人而两志者。志于彼又志于此，则不可名为志，而直谓之无志。"学习固然不等于思维，但是，学习不能没有思维——"学而不思则罔"，因此，立志对学习的作用，就是对思维的作用。我赞同王守仁和王夫之的观点。我认为，个体思维中目的之有无的差异、目的之正邪的差异、目的之大小的差异、目的之坚定与否的差异，都会影响到思维结果的差异，从而也影响到智力的个体差异。今天社会上的结构定向教育、目标教学应该以思维目的为出发点。

(三)思维的材料

思维的材料分两类：感性材料和理性材料。感性的材料，包括感觉、知觉、表象等。表象也有着不同的水平，一般分为"动作性表象""形象性表象"及"符号性表象"。理性的材料，主要是指概念，它是用语言对数和形的各种状态、各种组合和各种特征的概括。概念是思维的细胞。概念的形成和发展，与判断和推理是不可分割的。但是，概念是思维的主要形式，它既是判断和推理的基本单位，又是判断和推理的集中体现。当然，概念、判断和推理共同组成思维形式的整体。我认为，个体之间思维材料的差异会影响到思维结果的差异，从而影响到能力的个体差异。创造性教育关于分析思维或抽象逻辑思维与形象思维之争可以在思维材料上获得统一。

(四)思维的过程

思维的过程，就是思维材料的搜索、辨别、选择、表征、想象、转换、比较、分类、分析、综合、整合、归纳、演绎和类比等一系列过程。这也是信息加工的过程。思维材料的搜索，就是寻找与思维目的有关的思维材料的过程；思维材料的辨别，就是辨别有关思维材料与无关思维材料的过程；思维材料的选择，就是保留有关思维材料而剔除无关思维材料的过程；思维材料的表征，就是思维材料以或现实的、或表象的、或文字的、或语音的、或语义的形式出现在大脑中的过程；思维材料的想象，就是通过结合和改造记忆中的表象而产生新表象的过程；思维材料的转换，就是将一种类型的思维材料转换为另一种类型的思维材料的过程；思维材料的比较，就是在多种思维材料之间寻找共同点和不同点的过程；思维材料的分类，就是根据思维材料之间的共同点和不同点，将它们划归不同群体的过程；思维材料的分析，就是将某个思维材料分解为若干成分的过程；思维材料的综合，就是将某个思维材料的若干组成部分重新组合为一个整体的过程；思维材料的整合，就是将不同的思维材料构建为一个相互作用的整体的过程；思维材料的归纳，就是由个别的特殊的思维材料推出一般的思维材料的过程；思维材料的演绎，就是由一般的思维材料推出个别的、特殊的思维材料的过程；思维材料的类比，就是因两个思维材料之间在某个方面相似而推出它们在其他方面也相似的过程。思维的这些过程始终都依赖于工作记忆，离开了工作记忆，这些过程就难以完成。因此，工作记忆也是思维过程不可分割的组成部分。我认为，个体之间在思维材料的搜索、辨别、选择、表征、想象、转换、比较、分类、分析、综合、整合、归纳、演绎和类比等各个方面的差异，以及工作记忆的差异，都会造成思维结果的差异，从而造成智力的个体差异。今天的教育界越来越重视学生的学习过程、认知过程和思考过程是有道理的。

(五)思维的非认知因素

思维的非认知因素(非智力因素)是指不直接参与认知过程，但对认知过程起直接作用的心理因素，主要包括动机、兴趣、情绪、情感、意志、气质和性格等。非认知因素的性质往往取决于思维材料或结果与个体思维的目的之间的关系。凡是符合个体思维目的的思维材料或结果，容易使人产生愉快、喜爱兴趣等积极的非认知因素;凡是不符合个体思维目的的思维材料或者结果,容易使人产生烦闷、厌恶、乏味等消极的非认知因素。对此,王夫之早就发表过类似的见解:"意不能无端而起,毕竟因乎己之所欲。己所不欲,意不自生。"此外,王夫之认为,志(目的)与意(情绪)在不同的人身上有不同的比例,并据此将人分为庸人、中人、君子和圣人四等,指出"庸人有意而无志,中人志立而意乱之,君子持其志以慎其意,圣人纯乎以成德而无意"。一方面,不管在什么时代、什么国家,圣人毕竟只是极少的几个人,绝大多数人都不会是圣人。另一方面,任何学习或者思维都需要付出时间和精力,都有可能是一件苦差事。因此,中国古代自孔子以来,不但明确指出了立志之于学习的重要性,而且,鼓励人们知学、好学、乐学。孔子说:"知之者不如好之者,好之者不如乐之者。""发愤忘食,乐以忘忧,不知老之将至。"照我们的理解,"知学"就是知道学习活动及其重要性,"好学"就是把辛苦的学习化作一种兴趣和爱好,"乐学"就是把辛苦的学习化为一种快乐的活动。"乐以忘忧"就是沉浸在快乐的学海之中而忘记了一切忧愁。我认为,思维材料或结果中积极的非认知因素的多寡,能否将消极的非认知因素转化成积极的非认知因素,都会造成思维结果的差异,从而造成智力的个体差异。我多次提到,今天社会上重视成功教育、快乐教育都是以非认知因素或情商为基础。

(六)思维的品质

思维的品质是思维结果的评价依据。思维品质的成分及其表现形式很多,我们认为,主要应包括深刻性、灵活性、独创性、批判性和敏捷性五个方面。我在今天报告的第三个部分专门来展开这个问题,我们自己的教改实验就是培养思维品质的实验。

(七)环境

三棱结构中有"环境"因素,图2中用"外椭圆"表示。人的心理,包括智能在内的发生和发展,是由其所处的社会物质、精神生活条件和教育条件决定的。其中教育起着主导作用。这是由于教育具有明确的目的性和计划性,因而在人类,特别是儿童青少年学生的心理发展具有特殊意义。我们强调了环境，是为了突显良好的教育是思维、智力、能力发展的决定条件。今天教育界有环境教育、情境教育、生活教育等等，我认为都是十分正常的、科学的、有意义的。

二、概括是思维的第一特征

思维有哪些特征？朱智贤教授和我的《思维发展心理学》中提出了六个特征：概括性、间接性、逻辑性、问题性、层次性和生产性。这里不一一展开，只讲第一特征——概括。

有一位中学生问其数学老师："怎样才能提高数学能力？"老师似乎毫不思考地脱口而出："注意合并同类项。"这合并同类项就是概括能力的一种表现形式。

所谓概括，就是在思想上将许多具有某些共同特征的事物，或将某种事物已分出来的一般的、共同的属性、特征结合起来。概括，它集中反映出思维的过程，把个别事物的本质属性，推及为同类事物的本质属性，这个过程，也就是思维由个别通向一般的过程。正因为如此，注意"合并同类项"在学生数学能力的形成中就显出了其重要性。

思维乃至智力的最显著特征就是概括性。思维之所以能揭示事物的本质和内在规律的关系，主要来自抽象和概括的过程，即思维是一种概括的现象。概括在思维乃至智力的发展及其训练中的意义是十分重要的。

从理论上说，概括是人们形成或掌握概念——思维细胞的直接前提，人们掌握概念的特点，是直接受他们的概括水平高低所制约的；概括是思维活动的速度、灵活迁移程度、广度和深度、创造程度等智力品质或思维品质的基础；概括是一切科学研究的出发点，是掌握规律的基础，任何科学研究的结论都来自概括的过程。

从教学实践上说，学习和运用知识的过程是概括的过程，知识迁移的实质就是概括。没有概括，学生就不可能掌握知识、运用知识和学到知识；没有概括，就难以形成概念，那么由概念所引申的公式、法则、定理、定义就无法被学生所掌握；没有概括，学生的认知结构就无法形成，于是通过学习形成一个在意义上、态度上、动机上和技能上相互联系着的越来越复杂、越抽象的模式体系，就会发生困难；没有概括，学生就很难形成学科能力，因为任何一门学科能力都是通过概括表现出来并形成起来的。以语文学科的听说读写能力为例，听的关键是"听得好"，即会听，听得准确能抓住别人讲话的中心，理解所听内容的实质，这是"听"中的概括能力的表现；说的关键是"说得清"，即逐步地掌握准确、鲜明、生动的口语表达特点，做到词达意名、层次分明、说到"点子"上，这是在"说"中的概括能力的表现；读的要素较多，分析课文，即分析段落层次、提炼中心思想、掌握文章脉络是读的重点，它也是以学生的概括能力为基础；写作能力发展也是一个概括化的过程，中小学生从"说"到"写"，从"读"到"写"（仿写）两个过渡，都要通过书面语言条理化地、生动地表达出事物内在联系，这里就有一个综合、提炼的过程，即概括过程。数学能力也是以概括为基础，数学能力在一定意义上说就是对数学知识的概括能力，所以中学数学特级教师李观博先生在课堂里进行基本概念的讲授时，就是遵循以下三点，以突出数学概括能力的训练：①重要的数学概念反复出现、反复巩固，以便学生合并同类项；②用简洁、明白和通俗易懂的语言，引导学生一步步深入地概括；③引导学生看书，在看书中慢慢地理出头绪，以提高数学概括能力。

下面，我举一个通过培养初中生数学概括能力来提高他们数学能力的例子。根据我们教改实验的材料，我们提出，在引导中小学生提高数学概括能力时，运用以下几种的实验措施。

一是为学生概括提供丰富恰当的材料。学生进行概括的时候，其概括的水平要依赖于材料的质量。具体地说，材料至少在三个方面影响概括：①数量。材料太少，学生感知就不充分，难以鉴别各种对象的要素，不足以通过分析、比较区分一类对象的本质属性与非本质属性，使概括准确。②变式。如果变式不充分，学生往往会被一些表面的非本质属性所迷惑，也不能概括准确。③典型性（或代表性）。材料的本质属性是否突出，直接影响着学生能否概括成功。因此，选择典型的材料说明要概括的东西，可使学生容易概括，并理解要概括的东西。

二是通过言语描述，引导学生观察、比较。学生的数学学习是在概括的基础上，借助于词和语句而形成对数学的认识的。中小学教师根据不同年级、不同年龄学生的原有水平，分别选择"直观—语言""实物—表象—概念"或"表象—语言"等教学方法，来引导学生观察、比较，学会概括。

三是分清事物的本质属性或特征。数学概念也是事物的本质属性在人脑中的反映，在数学教学中要培养学生正确掌握基本概念，教师让学生分清实际数或形的本质的特征与属性。为了分清数或形的本质属性，北京市通州区实验点教师的措施做到：一是通过学生直观观察或回忆表象，例如，对几何图形，注意主次的特征；二是通过比较，让学生分清数或形的本质与非本质的属性；三是通过"变式"，让学生从各个不同方面指出了事物的本质特点，以避免概念的片面性；四是引导学生提出假设和猜想，并在运算实践中发现假设和猜想。

四是给概念做解释或下定义。指导学生了解每个数或形的概念的定义，与任何别的概念一样：①定义应该是相依的，例如，被定义的概念"直径"是通过圆心的弦，互换一下，"通过圆心的弦是直径"，相应是正确的定义；②定义应该体现事物的种属关系，"直径"是种概念，"弦"是属概念，属概念不能太大，要恰如其分；③定义不应当是循环的；④定义不应当是否定的；⑤定义应当是简明清晰的，不应当用譬喻的说法。

五是对已有的数概念逐级归类组成新的概念。我们在实验学校的数学教学中，引导学生从多角度、多方面、多层次将知识归类系统化，这样做可以逐步扩大学生的概念系统，并在联系中巩固、扩大和加深。

按照数学能力的结构，我们对加强概括教学的实验班和对照班学生进行数学能力测定，获得如下结果（见表1、表2、表3、表4）。

表1　初一上学期期末测定成绩

班级	N	$\bar{X}$	S	差异的检验
实验班	45	49.0	14.5	$t = 1.38$ $p > 0.005$
对照班	48	44.2	18.4	

表 2　初一下学期期末测定成绩

班级	N	$\bar{X}$	S	差异的检验
实验班	46	48.1	26.0	$t = 4.09$
对照班	45	29.3	16.2	$p < 0.01$

表 3　初二上学期期末测定成绩

班级	N	$\bar{X}$	S	差异的检验
实验班	49	56.14	20.23	$t = 1.17$
对照班	49	51.70	15.98	$p > 0.005$

表 4　初二下学期期末测定成绩

班级	N	$\bar{X}$	S	差异的检验
实验班	48	45.81	22.95	$t = 2.98$
对照班	52	32.46	21.37	$p < 0.01$

从以上四个表可以看出，实验班在数学能力的发展上，从初一下学期起，逐渐优于对照班，并达到了显著差异的程度。这里可以看到，培养数学的概括能力的实验措施在实验班数学能力发展上的作用，同时也可以看出，数学能力差异要比学习成绩差异出现得晚。

三、培养思维品质是发展智力与能力的突破口

思维是智力与能力的核心。智力与能力既然作为个性心理特征，当然是分层次的。智力与能力的超常、正常和低常的层次，主要体现在思维水平上。

思维或智能，在全人口中的分布，表现为从低到高的趋势，两头小，中间大。在北京、上海等地的调查中发现，思维或智能发育很差的，所谓的低常儿童约占3‰，这是一个不小的数字，是一个关系人口素质的值得注意的问题。思维或智能超常的，即所谓"天才"，也是极少数，所谓超常或天才，无非是聪明一点。除去低常与超常的两个层次之外，大多数是正常的层次。用统计学上的术语说，叫作"常态分配"，就是一条两头小、中间大的曲线。

如何确定一个人的智能是正常还是超常或低常的呢？这主要由智力品质来确定。智力品质是智力活动中特别是思维活动中智力与能力特点在个体身上的表现。因此它又叫思维的智力品质或思维品质。其实质上是人的思维的个性特征。

思维品质，体现了每个个体思维的水平和智力、能力的差异。事实上，我们的教育、教学，目的是要提高每个个体的学习质量。因此，在智力与能力的培养上，往往要抓学生的思维品质这个突破口，做到因材施教。

思维品质的成分及其表现形式很多，我们认为，主要应包括深刻性、灵活性（创造性）、独创性、批判性和敏捷性五个方面。

深刻性是指思维活动的抽象程度和逻辑水平，以及思维活动的广度、深度和难度。它表现为智力活动中深入思考问题，善于概括归类；善于逻辑推理；善于抓住事物的本质和规律，开展系统的理性活动；善于预见事物的发展进程。超常智力的人抽象概括能力高，低常智力的人往往只是停留在直观水平上。

灵活性是指思维活动的灵活程度。它反映了智力与能力的"迁移"。如我们平时说的"举一反三""运用自如""一题多解"等，这都是灵活性较典型的表现。灵活性强的人，智力方向灵活，善于从不同的角度与方面起步思考问题；从分析到综合，从综合到分析，灵活地做"综合性的分析"，较全面地分析、思考问题，解决问题。

独创性又叫创造性，它是指思维活动的创新精神和创新的特征，或叫创造性思维。在实践中，除善于发现问题、思考问题外，更重要的是要创造性地解决问题。人类的发展，科学的发展，并要有所发明，有所发现，有所创新，都离不开思维的智力品质的创造性。

批判性是思维活动中独立分析和批判的程度。是循规蹈矩，人云亦云；还是独立思考，善于发问，这是思维过程中一个很重要的品质。有了批判性，人类能够对思维本身加以自我认识，也就是人们不仅能够认识、分析、监控客体，而且也能够认识、分析、监控主体，并在改造客观世界的过程中改造主观世界。

敏捷性是指思维活动的速度，它反映了智力的正确而敏锐程度。智力超常的人，在思考问题时敏捷，反应速度快；智力低常的人，往往迟钝，反应缓慢；智力正常的人则处于一般的速度。

思维品质的五个方面，判断了智力与能力的层次。在一定意义上说，思维品质是智力与能力的表现形式，智力与能力的层次，离不开思维品质，集中地表现在上述的深刻性、灵活性、独创性、批判性和敏捷性等几个方面。思维品质这些方面的表现，是确定一个人智力与能力是正常、超常或低常的主要指标。

我们这项以思维品质为基础的教改实验在全国26个省市自治区3000多个中小学实验点铺开。在整个教学实验中，我们结合中小学各学科的特点，制定出一整套的培养思维品质的具体措施。由于我们在教学实验中抓住了思维品质的培养，所以，广大的实验班学生的智力、能力和创造精神获得迅速的发展，各项测定指标大大地超过平行的控制班，而且，实验时间越长，这种差异越明显。美国圣约翰大学教授周正博士，使用其智力(认知)发展量表，在我们坚持训练学生思维品质实验的实验点——天津市静海区一所偏僻的农村小学测了学生的智力发展水平，然后与北京一所名校的学生相比较，发现农村小学生的成绩略高于城市的被试，但无显著差异；最后又测得美国城市被试的成绩，发现天津静海区农村小学被试的成绩不仅高于美国城市被试的成绩，而且有显著差异。周正认可我们的研究："思维品质训练的确是发展学生智力的突破口，且训练时间越长，效果越明显。"她把与我们的研究报告发表在美国的《认知发展》杂志上，引起美国心理学界和教育学界的重视。美国权威教科书《教育心理学》(Anita E. Woolfolk 主编，第10版)引用了这个研究数据。因该教材还引出了中国的另一项研究，即华南师范大学副校长莫雷教授的研究，所以莫雷教授组织人员把这部"教育心理学"译成中文，在中国轻工业出版社出版了。这项全国性的实验研究，受益的中小学生达30多万，1万多名中小学教师在教改实验中提高了师德与业务能力。

老师们、同学们，思维品质发展与培养有什么意义呢？我来汇报它的5个重要性。

第一，目前中、小学生思维乃至智力发展的研究涉及面很广，要突出研究其思维能力的发展。思维品质是思维能力的表现形式，不同的思维品质必定表现出不同的思维能力。因为智力的差异中，思维品质的差异是最主要的差异，一切智力、思维智力的发展的研究，都是从个体入手的，都是研究个体思维能力的提高和差异的变化。不论是研究中小学生的概念、推理、问题解决和理解等方面的发展，还是确定或区别中小学生思维能力，智力的层次，都离不开思维的深度、广度、速度、灵活程度、抽象程度、批判程度和创造程度的表现，也就是离不开思维品质，尤其集中地表现在敏捷性、灵活性、深刻性、独创性和批判性等几个方面。因此，思维品质表现了思维能力，研究中小学生思维品质揭示的是中小学生思维能力的发展。

第二，在思维或思维发展的研究中，制定和寻找客观指标是当前思维研究中的一个难题。皮亚杰的思维及思维发展的实验研究方法是重大的突破。这是值得我们学习的。同时，我在自己的研究中看到，在教学场所或日常生活中，中小学生思维品质的客观指标是容易确定的，敏捷性、灵活性、深刻性、独创性和批判性的差异的表现是可以用客观的方法加以记录的，因此能够作为思维品质的指标。也就是说，从思维品质发展与培养的研究入手，是能够探索出中小学生思维发展的一些侧面的。

第三，在中小学生思维发展的研究中，离不开对"教育与发展"问题的探讨。传统教学中有不少弊病，例如"齐步走""一刀切"，看不到中小学生思维、智力的差异，使他们在教学中往往处于被动的状态。目前国际上有不少心理学家，诸如赞可夫、布鲁纳等在研究思维、智力发展的同时，也致力于对传统教学进行改革。我在自己的研究中看到，研究思维品质的发展与培养，有利于进一步挖掘中小学生思维、智力的潜力。

第四，思维品质发展的水平，是区分中小学生的智力正常、超常和低常的标志。我们的研究表明，超常中小学生在思考时反应敏捷，思路灵活，认识深刻，善于抓住事物的实质，解决问题富于创造性。低常中小学生的思维迟钝，思路呆板，只能认识事物的表面现象，没有丝毫富有社会意义的独创性和新颖性。例如，我统计了 5~18 岁的超常学生的运算时间，他们的速算一般是正常学生的 1/2~1/3 的时间。而我追踪的 15 名低常学生，他们进中学后，一般演算速度过慢，他们在完成力所能及的演算习题时，其演算时间往往是正常学生的三倍以上。又如，智力超常的中小学生，在数学学习中往往善于钻难题，解答抽象习题，热衷于逻辑推理，思维品质的深刻性是十分明显的。智力低常的中小学生，运算中离不开直视或形象，上述的 15 名低常学生，他们是依靠掰手指头来运算的，离开了手指，运算也就终止，智力品质的深刻性极差。因此，研究思维的品质，对于发现超常、低常中小学生，开展对他们的思维、智力的研究，有的放矢地加以培养具有重大的意义。

第五，思维品质是构建学科能力的重要因素。任何一种学科的能力，都要在学生的思维活动中获得发展，离开思维发展，无所谓学科能力，因此，一个学生某学科能力的结构，当然包含体现个体思维的个性特征，即思维品质。我和课题组同事以中小学语文与数学两科能力为研究重点，制作了分别用语文与数学语言来建构并表达这两个学科能力中思维品质表现的四个"结构图"，以反映小学数学三种特殊能力——运算能力、空间想象力、逻辑思维能力中思维深刻性、灵活性、独创性、敏捷性的四种思维品质的具体表现；小学语文听、说、读、写四种特殊能力中思维深刻性、灵活性、独创性、敏捷性的四种思维品质的具体表现；中学数学三种特殊能力——运算能力、空间想象能力、逻辑思维能力中思维深刻性、灵活性、独创性、批判性、敏捷性的五种思维品质的具体表现；中学语文听、说、读、写四种特殊能力中思维深刻性、灵活性、独创性、批判性、敏捷性的五种思维品质的具体表现。这些"具体表现"少则 40 多种因素，多则 60 多种因素，构建了中小学语文、数学能力的各种成分，不仅为培养学生的语文和数学能力提供了科学依据，而且为制定两学科能力评价工具或量表奠定了扎实的基础。根据上述的考虑，我们才把语文能力看作以语文概括为基础，将听、说、读、写四种语文能力与五种（小学为四种，不出现批判性）思维品质组成了 20 个（小学为 16 个）交结点的开放性的动态系统；把数学能力看作以数学概括能力为基础，将三种数学能力与五种（小学四种）思维品质组成 15 个（小学为 12 个）交结点的开放性的动态系统。

四、智能发展模式的创新

教育改革心理学研究，其目的是提高中小学生的智力与能力。智力与能力的发展，是发展心理学的主要研究课题。皮亚杰认知发展理论的一般观点，都认为是单维发展途径：感知动作（或直观行动）思维阶段—具体形象思维（或前运算思维）阶段—抽象逻辑思维阶段。当然，抽象逻辑思维又可以包括初步抽象逻辑思维（或具体运算思维）、经验型的抽象逻辑思维、理论型的抽象逻辑思维（后两种或叫作形式运算思维）。这种途径主要的特点是替代式的，即新的代替旧的，低级的变成高一级层次的，大家来看图3。

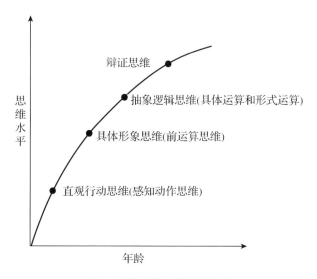

图3　替代式的思维发展模式

当然，这样分析有一定道理。但是，它也有一个难解之处，这就是如何揭示这些包括思维在内的智力与能力之间的关系和联系。我在基础教育改革心理学研究的基础上，提出了智能发展的一个新途径，请大家来看图4。

在个体发展的进程中，最初的思维是直观行动思维或感知动作认知。直观行动思维在个体发展中向两个方向转化：一是它在思维中的成分逐渐减少，让位于具体形象思维；二是向高水平的动作逻辑思维（又叫操作思维或实践思维）发展。动作逻辑思维以动作或行动为思维的重要材料，借助于动作相联系的语言作物质外壳，在认识中以操作为手段，来理解事物的内在本质和规律性。这种思维在人类实践活动中也有重要的意义。例如，运动员的技能和技巧的掌握，某种操作性工作的技能机器熟练性，就需要发达的动作逻辑思维或操作思维作为认识基础。

具体形象思维是以具体表象为材料的思维。它是抽象逻辑思维的直接基础，通

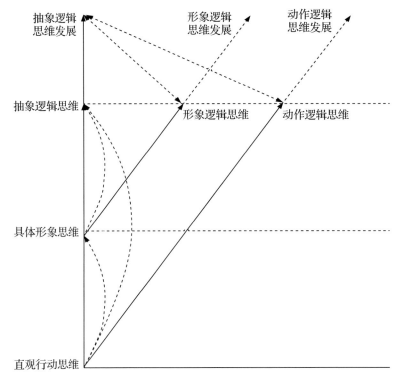

图 4　思维发展模式

过表象概括，发挥言语的作用，逐渐发展为抽象逻辑思维。具体形象思维又是形象思维或言语形象思维的基础，通过抽象逻辑成分的渗透和个体言语的发展，形象思维本身也在发展着，并产生着新的特质。所以，形象思维又叫形象逻辑思维。形象逻辑思维，即形象思维以表象、想象和联想为思维的重要材料，借助于鲜明、生动的语言作物质外壳，在认识中带有强烈的情绪色彩的一种特殊的思维互动。形象逻辑思维一方面是具体的、活生生的、有血有肉的、个性鲜明的形象；另一方面又有着高度的概括性。

在实践活动和感性经验的基础上，以抽象概念为形式的思维就是抽象逻辑思维。这是一切正常人的思维，是人类思维的核心形态。抽象逻辑思维尽管也依靠动作和表象，但它主要以概念、判断和推理的形式表现出来，是一种通过假设的、形式的、反省的思维。抽象逻辑思维，就其形式来说，就是前面已经提到过的形式逻辑思维和辩证逻辑思维。前者是初等逻辑，后者是高等逻辑。两者既有区别又有联系，它们是相辅相成的。

为了拓展对形象逻辑思维与抽象逻辑思维之间关系和联系的研究，我们在教改实验中对语文能力培养要求时，提出"六结合"的措施。

一是文与道的结合，使知识、两种思维发展模式和教育性获得统一。

二是语与文的结合，既重视"目治"，又重视"口耳之事"，不仅使学生真正地学好语文，而且也为两种思维发展模式奠定语言和文学的基础。

三是听、说、读、写的结合，听、说、读、写是语文能力中的特殊能力，这四者结合是提高形象逻辑思维与抽象逻辑思维融合的前提。

四是德育、智育与美育结合。语文教学中不仅有"文"（智育）和"道"（德育），而且有"美"（美育）的成分。

美育是培养和提高学生对自然、社会以及文学艺术的鉴赏和创造能力、陶冶情操、提高生活趣味的教育。美育可以培养学生正确的审美观、审美能力、创造美的能力；可以向学生传授必要的美育基础知识。美育与德育、智育互相包含，在一定意义上说，美育是通向德育和智育的桥梁。

理解和欣赏各种美，特别是艺术作品的美，这既是美育的基本途径之一，又是语文教学的重要内容。因此，我们课题组把重视语文教学的美育问题，作为语文课改的一个组成部分。具体措施有：①在语文教学中揭示美的规律。为了配合这个措施的落实，也为了推动美育工作，我们课题组梁捷编写了《美育之光》的剧本，由李立风导演，排成了12集教学片；②组织好学生的文学、戏剧、影视等艺术活动，以提高他们文学艺术修养和审美能力；③在语文听说教学中，师生同制配乐朗诵录音，不仅提高学生语文学习的兴趣，而且引导学生发现和创造社会美；④组织语文课外和校外活动，引导学生认识和欣赏自然美。我们这些措施，为培养学生形象逻辑思维的发展，并为学生把两种思维发展模式相融合提供直接的知识与认知基础。

五是抽象逻辑思维与形象逻辑思维相结合。语文教学本身体现着抽象和形象两种逻辑思维的统一。如果忽视一个方面，必然不利于学生语文学习中的思维能力乃至智力与能力的发展。我们刚才阐述了抽象逻辑思维和形象逻辑思维或形象思维的概念。在课题组内应该让语文老师了解形象逻辑思维或形象思维有什么样特点呢？①它是一种思维，以表象为主要材料，始终带有形象性，所以是形象思维。它也能动地反映客观世界，并反作用于客观世界，且能够反映事物的发展、联系和本质。②它要受到抽象思维和内部言语的指导、配合、制约和渗透，但它本身所起的作用又不能为其他意识活动所替代，所以它是一种相对独立的思维活动。文学与艺术形象的创造主要是自觉表象运动的直接结果。③它必须通过形象概括来反映客观事物的本质。如上面提到的，一方面是具体的、活生生的、有血有肉的、个性鲜明的形象；另一方面又有着高度的概括性，能够使人通过个别认识一般，通过事物外在特征的生动具体、富有感性的表现，认识事物的内在本质、内在规律。形象逻辑思维或形象思维在成分上，包括表象、联想、想象、情感等因素，且有抽象参与的具有必然性和普遍性的一种完全独立的思维活动。语文教学既离不开抽象逻辑思维，也离不开形象逻辑思维，所以我们课题组在语文教学中，不仅注意对两种逻辑思维的结合，而且也重视对学生的表象、想象、联想能力及情感的培养。

六是知识能力与实践应用结合。教学的主要目的，是要在传授知识的同时，培养和发展学生的智力与能力。在语文教学中重视实践应用，既能进一步理解和巩固知识，又能更好地培养和发展学生的语文能力。我们的教育，不能从小培养"书呆子"。"语文三怕""作文已死"，无不道出今天语文教学脱离实践应用的后果和写作课程所遇的不幸。语文课与其他课程相结合，利用课内外、校内外的多种"课堂"形式，如访问、参观、远足和课外阅读等，都是语文教学中引导学生实践应用的有效途径。

以上的措施，确实使广大的实验班的语文成绩和语文能力获得了提高，具体的实验数据不在这里一一呈现了。

以上的课题组实验措施，目的是促使学生更好地提升形象逻辑思维能力，同时又不忽视抽象逻辑思维的提高。不管怎么说，上述的三种思维模式，各种思维形式之间的关系并不是简单的替代关系，而是替代与共存辩证统一的关系。所以，我在基础教育改革心理学研究中提出，必须重视各种逻辑思维的发展。这就是说，在教学实践中，既要发展学生的抽象逻辑思维，又要培养他们的形象逻辑思维和动作逻辑思维，任何一种逻辑思维能力都不可缺失。此事被实验学校推行，也引起学术界的重视。

以多元智力为基础，今天我向上海教育界的同行汇报了自己的智能观和相关的研究，以此来求教诸位同行。

谢谢大家！

培养思维品质是发展智能的突破口[①]

——在"少年儿童创新能力的促进"课题组做的演讲

各位老师、各位同行：

上午好！

今天方晓义教授请我围绕着"少年儿童创新能力的促进"的科技部的课题谈一谈。创新能力或创造性和创造力是什么？它主要是指根据一定的目的，运用一切已知信息，产生出某种新颖、独特、有社会或个人价值的产品的智力品质。显然，我把创新能力或创造性视为个体智慧的一个部分。长期以来，我们课题组把思维品质视为其基础。如何从思维品质入手来进行探讨呢？这里，我先从讲课的中心思想谈起：中小学教学的主要目的是什么？应该是在传授知识的同时，着重发展学生的智力，培养学生的能力。智力与能力属于个性，思维又是智力与能力的核心，作为个性心理特征的智力与能力是分层的，那么智力与能力的超常、正常和低常的层次，主要体现在思维的水平上。思维的个别差异特征叫什么？叫思维品质。于是智力与能力的水平往往以思维的智力品质或思维品质作为指标。

在学校教学中怎样发展智力和培养能力？在心理学界和教育界看法和做法并不相同。从 1978 年开始至今，我们坚持在基础教育第一线研究儿童青少年的智能发展与促进，一个重要手段是结合学生学科能力的提高，着重培养他们的思维品质。我们的实验点曾遍布了全国 26 个省市自治区，上万名中小学教师投入实验研究，受益的学生超过 30 万。在实验研究中所获得的结论是：培养学生的思维品质是发展其智力与能力的突破口。

[①] 围绕思维品质，我记不清楚做过多少次演讲。本文是根据 2014 年 3 月 8 日为我弟子方晓义教授主持的科技部"少年儿童创新能力的促进"课题组做报告的录音整理而成。

一、心理学界关于智能促进或培养的研究

智力与能力是指成功地解决某种问题（或完成任务）且表现出良好适应性的个性心理特征。尽管智商是一个持恒的概念，智力与能力是个稳定的因素，然而智力与能力是可以促进或培养的，这种促进或培养的研究，在心理学界叫作"干预研究"。在国际心理学界，对智能的促进与培养研究的理论和实践大致可归纳为三个方面。

（一）研究智能的促进与培养是以智能差异为前提的

智能的差异，既表现为群体的差异，又表现为个体的差异。智能的群体差异大致有三类即：不同性别的群体差异、不同民族的群体差异和不同地区（文化背景）的群体差异。我的博士生胡卫平教授当年的博士论文《青少年科学创造力的发展研究》就涉及这方面的研究。他为探讨国家（中英）、年龄及性别对青少年科学创造力影响的主效应及其交互作用，对 12～15 岁的四个年龄组被试的《青少年科学创造力测验》各项目分数及总量表分数在国家、年龄及性别三个因素上的差异进行了复方差分析。结果表明：第一，国家因素对青少年在《青少年科学创造力测验》各个项目及总量表上的得分都有显著的主效应；第二，年龄因素对青少年在《青少年科学创造力测验》各个项目及总量表上的得分都有显著的主效应；第三，性别因素对青少年在创造想象、问题解决、实验设计上的得分有显著的主效应；第四，除产品改进和创造想象外，青少年的国家与年龄之间，在其他项目及总量表上的得分有显著的交互作用；第五，青少年的国家与性别之间在问题提出、创造想象、实验设计、创造活动及总量表上的得分有显著的交互作用；第六，年龄与性别之间，国家、年龄与性别之间不存在显著的交互作用。

智能的个体差异可分为四种。一是智能发展水平的差异，表现为两头小、中间大的趋势，即正常智能者为大多数，超常的和低常的智能者为少数，这就是我们老祖宗所说的"上智下愚"。现代测查智能发展水平的最常用方法是"智商"。二是认知风格的差异，即个体在对信息和经验进行加工的过程中表现出来的个体差异，它

是一个人在感知、记忆和思维过程中经常采用的、受到偏爱的和习惯化的态度和风格。在众多的认知风格中，由美国心理学家威特金（H. A. Witkin）提出的场独立性和场依存性，是近年来研究较多的一个。所谓"场"，是威特金采用物理学的概念，说的是个性。场独立性和场依存性是两个极端，分别表现出个体在其认知和行为中，注重主体性的倾向还是依赖外在的参照标志。换句话说，有人在智能活动中独立性强，有人则独立性差，而在智能活动中表现出更多的依赖性，这就是我们老祖宗所说的"狂""狷"之别。三是智能在构成上的差异，例如学科能力组成就存在差异，有人重文科，有人重理科；有人偏右脑，有人偏左脑；有人擅长形象思维，有人擅长抽象思维；再加上每个人非智力因素的差异，于是就出现学科能力乃至智能组成类型上的差异。四是表现领域的差异，也就是说，智能的差异表现在学习与非学习领域，即学习上的差异；表现在表演与非表演领域，即在音、体、美等表演领域的差异；表现在学术与非学术领域，即在做学问和管理、行政、服务、军事、宣传、商业等非学问表现出不同能力来。这就是心理学研究的智能的个体差异，许多伟人也持这个观点。毛泽东同志就有两句话："天才者无非就是聪明一点"，指出"聪明"与"愚笨"构成人与人之间智力的差别；"一个人能力有大小"，指出能力"大"与"小"构成人与人之间能力的差异。

（二）从智能本身入手促进与培养智能

从智能本身入手促进与培养人的智能，是心理学界与教育界"干预实验"中最普遍的研究，换句话说，国内外智能促进与培养研究，大多数是从智能本身入手的。在国外且不说传统的研究，近20年影响较大的"多元智能"和"成功智能"的培养就是典型。

加德纳（H. I. Gardner）在其《智力结构》一书中提出了多元智能的概念，他最初列出了七种智能成分，分别为：①语言智力，即有效地运用语词的能力；②逻辑-数学智力，即有效地运用数字和合理地推理的能力；③知人的智力，即快速地领会并评价他人的心境、意图、动机和情感的能力；④自知的能力，即了解自己从而做出适应性行动的能力；⑤音乐能力，即音乐知觉、辨别和判断音乐、转换音乐形式以及音乐表达的能力；⑥身体-运动能力，即运用全身表达思想和感情的能力，其中包括运用手敏捷地创造或者转换事物的能力；⑦空间智力，即准确地知觉视觉空间世界的能力。加德纳认为人与人在智力方面有明显的差异，于是他提出创办以个人为中心的学校，每人从多元智能中发展某一方面的智力。加德纳的多元智能观提出了因材施教的教育目的，并进行有关的教与学的实验尝试，在促进不同学生掌握不同智力上取得了成效。

斯滕伯格（R. J. Sternberg）长期从事智能的理论与实践研究，提出了成功智能的理论，让人认识到，人生的成功，主要不是靠智商，而是取决于成功智力。所谓成功智力，就是为了完成个人的以及自己群体或者文化的目标，从而去适应环境、改变环境和选择环境的能力。分析思维能力、创造思维能力和实践思维能力是成功智力的三种成分。根据成功智能理论，学生的多种能力在教育机构中没有得到充分的利用和发挥，因为教学一向重视分析和记忆能力，而忽视创造能力和实践能力。斯滕伯格等人发现，教学处理与自身能力相匹配学生的成绩显著优于不相匹配学生的成绩。他们还发现，同时考虑分析能力、创造能力和实践能力等三个因素时，能够改进对课程成绩的预测。斯滕伯格还进行了思维教学的实验，在思维教学中，强调创造思维能力、分析思维能力和实践思维能力，通过教学实践培养这三种思维能力，以促进智力的发展。

我们在 26 个省市自治区开展的心理能力培养实验，首先是从智力入手的。北京原宣武区（现西城区）琉璃厂小学，在 20 世纪 80 年代是所基础薄弱校，由于当年法制不健全，学校的前门被一些老百姓占了，盖了一些木棚户房，只能靠朝南的后门通行，后门面临狭小胡同，学校来了什么物资，靠搬，非常困难。后来学校先后来了齐国贤和谢美意两位校长，非常有远见，先后抓了以思维品质为基础的学生智能发展的实验。这中间还有两位了不起的有识之士，一位是宣武教育学院的刘宝才副教授，还有一位是学校教导主任卜希翠老师。他们两个人分别带领数学、语文两科教师进行改革实验。到了 80 年代后期，学校教育质量得到很大提高，成为北京市对外地开放的一个示范学校。至此，学校并教育局上报了宣武区人民政府，在区公检法支持下，把那些霸占他们学校前门的人哄走，恢复了当年的校门，我请启功先生为学校题了校名，荣宝斋出了 5 万元制作了一块匾，金光闪闪的五个大字"琉璃厂小学"。从智力入手，提高教育质量，彻底改变了这个学校的命运。

既然智商是一个持恒的概念，为什么智能能够促进和提高呢？智力分流体智力和晶体智力，前者与脑、神经系统等遗传、生理因素相关，后者则来自经验和知识，取决于教育和学习。我认为智商持恒主要指天赋的流体智力，而晶体智力往往由于教育和学习的干预而做出适度的变化，所以，良好的教育措施，是能促进智能发展的。

(三)从非智力因素入手促进与培养智能

随着教育改革的深入发展，非智力因素问题在实际教学中日益突出。如何根据理论研究成果来指导教学，把研究结果应用于教学实际，这是各国心理学家所面临的新问题。在这种社会需要下，已有不少的尝试，诸如情感教学、审美教学等。美国心理学家德韦克(C. S. Dweck)的动机过程对学习影响的研究，有较大的价值。

第一，她提出了适应性和不适应性动机。前者应当能使个体挑战性和个体价值成就目标的建立、维持和实现得以增进；后者则是与不能建立合理且有价值的目标、不能维持为达到目标所做出的努力或者根本不能达到其本来可以达到的有价值目标等相联系的。

第二，她比较了学习目标与作业目标。德韦克根据上述两点，提出了成就目标和成就行为的相关理论(见表 1)，以示作业目标使学生看重能力评价，学习目标使学生看重能力发展。

第三，她提出了能力与动机相关的问题。她通过研究表明，对于在不同学科能力倾向和成绩相同但动机模式不同的学生来说，能够准确预示其在学科和长期成绩方面将发生什么样的情况。

表 1　成就目标和成就行为

对智力的看法	目标定向	对目前能力的信心	行为模式
实在观点 （智力是固定的）→	作业目标 （目标是获得对智力 的积极评价，避免消极评价）	如果高　——→	掌握定向 寻求挑战
		如果低　——→	无能 回避挑战 低坚持
增加观点 （智力是可以发展的）	学习目标 （目标是增强能力）	如果低　——→	掌握定向 寻求挑战 高度保持

第四，她由适应性模式得出了结论，动机参与主要用来指导不太成功的学生，但也适合指导一部分优秀的学生。对此，她进行了大量实验研究，提高了广大实验班的成绩。由此她认为，动机（非智力因素）表现出的影响作用是：影响学生发挥现有的知识技能；影响他们获得新知识的技能；影响知识技能的迁移。因此，德韦克的理论及实验操作获得了较广泛的推广。

20世纪80年代中期，北京市通县（现在的通州区）城区流传"一中狂，二中忙，三中打架排成行，六中门朝北，不是流氓就是土匪"的说法。这当然说得有点过头。1986年小学毕业上初中考试，语数两科满分为200分。通县一中以193为最低分招了四个班；二中原是教会学校，追赶一中赶不上啊，但是以180分为最低分招了六个班；接着三中、四中招了大部分学生，剩下约可招八个班的学生给六中，平均成绩为121.5分。那年请北京市教科院和通县教科所为学生测定智商，大家知道，正常的智商为90~110。通县一中四个班初中一年级学生智商114.5，超过110；通县二中六个班学生智商104.8，是在90到110之间。通县六中八个班学生平均智商是87.79，不到90，不及格啊。通县六中以培养学生非智力因素开始实验，在沈有石、王海京两校长的带领下，八个班的班主任与学科任课教师都重视非智力因素的提高。当然这里有我们的课题组，特别是吴昌顺、梁捷、张瑞玲、孙敦甲、赵荣鲁和申继亮等课题组骨干的指导。

三年过去了，到了1989年，通县当时一共有46所中学，通县六中学生的中考成绩名列 46 所中学里面的第二名，仅次于通县一中。智商也上去了两个点，学生的面貌得到很大改观。刚好那年教育部部长何东昌同志和副部长柳斌同志到北师大调查工作，学校领导让我们汇报了这个研究，获得领导的高度评价，也促进"七五""八五"和"九五"期间我们课题的蓬勃发展。

二、思维品质的成分及其相互关系

综观国际上对智能促进与培养研究的理论与实践，不难看出提高能力水平的复杂性和艰巨性。到底如何发展人的智能，在整个国际上并没有统一的模式和途径。这为我们对此问题的研究提供了空间。

（一）从思维品质入手培养智能

我们的教学实验，自始至终将思维的训练放在首位。在对思维训练的做法上，我们主要抓住三个可操作点：其一，从思维的特点来说，概括是思维的基础，在教学中抓概括能力的训练，应看作思维训练的基础；其二，从思维的层次来说，培养思维品质或智力品质是发展智力的突破口，结合各科教学抓思维品质深刻性、灵活性、创造性、批判性和敏捷性的训练，正是我们教学实验的特色；其三，从思维的发展来说，最终要发展学生的逻辑思维能力。

思维品质是在 20 世纪 50 年代苏联心理学出现的一个概念，后来有人重视它，有人不重视它。我是 1960 年进入北京师范大学成为北师大心理专业第一届的学生，学制五年。我在大学里，对思维、智力和能力十分感兴趣，自然也重视思维品质的概念。我在中小学工作了 13 年，在自己的教学中，在主持学校的教育教学工作中，我也结合各学科教学突出地抓了思维品质。1978 年，我回到北京师范大学以后，第一场报告是 1978 年 9 月在北京第 124 中学做的，我提出语文与数学能力培养的抓手在培育学生的思维品质。

如前所述，思维品质或思维的智力品质是智力活动中，特别是思维活动中智力特点在个体身上的表现。其实质是人的思维的个性特征。它体现了每个个体思维水平、智力与能力的差异。它是区分一个人思维乃至智力层次、水平高低的指标。事实上，我们的教育、教学目的是提高每个个体的学习质量，因此，在智力与能力的培养上，往往要抓学生的思维品质这个突破口，做到因材施教。在美国圣约翰大学工作的周正博士，使用其智力（认知）发展量表，在我们坚持训练学生思维品质实验的实验点——天津静海区一所偏僻农村小学测了学生的智力发展水平；然后与北京市一所名校的学生相比较，发现农村小学生的成绩略高于城市的被试，但无显著差异。最后又测得美国城市被试的成绩，发现不仅高于美国被试，而且有显著差异。周正的结论是：思维品质训练的确是发展学生智力的突破口，且训练时间越长，效果越明显。

（二）思维品质的构成

思维品质的成分及其表现形式很多，我们认为，主要包括敏捷性、灵活性、创造性、批判性和深刻性五个方面。

人类的思维是语言思维，是抽象理性的认知。深刻性是指思维活动的广度、深度和难度。它表现为智力活动中深入思考问题，善于概括归类，逻辑抽象性强，善于透过现象抓住事物的本质和规律，开展系统的理解活动，善于预见事物的发展进程。超常智力的人抽象概括能力高，低常智力的人往往只是停留在直观水平上。因此，研究深刻性的指标集中在概括能力和逻辑推理能力两个方面。思维的深刻性，我们经常讲透过现象看本质。也就是思维主要是对本质和规律方面的认识，它不仅表现在思维的逻辑性上，而且也表现在思维活动的广度、深度和难度上。透过现象看本质使思维深刻了，善于深入地思考问题，抓住事物的规律和本质，预见事物发展进程。怎样训练学生的深刻性呢？我想从以下两个方面入手：第一是培养概括能力，第二是培养推理能力。

什么叫概括呢？简单地说，就是"合并同类项"。人在事物的面前，事物有本质属性，又有非本质属性。我们把本质属性集合在一起，合并同类项，这就是叫概括。概括是人们形式概念的直接前提，你看到的"白狗"，他看到的"花狗"，某家养的"哈巴狗"，形成"狗"的概念。因此在教学中，学习和应用知识的过程是概括的过程。知识的实质是概括，没有概括学生不能掌握知识、应用知识和学到知识，就难以形成概念，学生的认知结构或者智能结构就无法形成，学生也就很难形成他们各学科能力。20世纪80年代前后，北京市中学数学教学权威是原先北师大的教授李观博先生。他指出，数学能力是以概括为基础，数学能力在一定意义上说就是对数学知识的概括能力，所以他在课堂里进行概念讲授时，遵循以下三点，以突出数学概括能力的训练：①重要的数学概念反复出现、反复巩固，以便学生合并同类项；②用简洁、明白和通俗易懂的语言，引导学生一步步深入地概括；③引导学生看书，在看书中慢慢地理出头绪，以提高数学概括能力。

语文能力的训练呢？也是以概括为基础。以语文学科的听说读写能力为例，听的关键是"听得好"，即会听，听得准确能抓住别人讲话的中心，理解所听内容的实质，这是"听"中的概括能力的表现；说的关键是"说得清"，即逐步地掌握准确、鲜明、生动的口语表达特点，做到词达意明、层次分明、说到"点子"上，这是在"说"中的概括能力的表现；读的要素较多，分析课文，即分析段落层次、提炼中心思想、掌握文章脉络是读的重点，它也是以学生的概括能力为基础；写作能力发展也是一个概括化的过程，中小学生从"说"到"写"，从"读"到"写"（仿写）两个过渡，都要通过书面语言条理化地、生动地表达出事物内在联系，这里就有一个综合、提炼的过程，即概括过程。

推理有哪些？有演绎、归纳、类比和对比推理四种。第一，演绎推理，即从大前提到小前提到结论，"人都是要死的"，"我是人"，结论"我是定要死的"。这里有道几何作图题"把一个五边形改为三角形，使它们面积相同，请把整个变化过程画出来"。根据演绎，大前提是什么？同底等高的三角形面积相同。根据这一条分步来做不是很简单嘛。平面几何的证明题，都是测量咱们学生的大前提在头脑里头有没有，能否灵活进行演绎。第二，归纳推理，中小学生都需要掌握，当然在中学阶段的归纳要复杂了，如数学的枚举法。当年霍懋征老师教数学归纳，她在黑板一边写出："2/9和1/5，问哪个大？"学生回答："老师上堂课教我们，'分子相同看分母，分母相同看分子'。2/9和1/5，分子分母各不相同，因此没办法比较大小。"霍老师马上在黑板另一边写1/4："1/4等于多少？""0.25。""看着数字的变化，1/4的分子分母同乘以 2、5、10，其值多少？""0.25，0.25，0.25。""那么你们看到了什么？""分子分母同乘一个数，大小不变。"霍老师马上问："$\frac{1}{4}$ 的分子和分母都乘 0，其值也不变吗？"学生回答："老师，0 除外。"这时霍老师把事先在报纸上写的"分子分母同乘一个数，0 除外，大小不变"贴在辅助黑板上。然后换成 $\frac{8}{32}$，其值是多少？8÷32 是 0.25，分子分母同除 2、4、8 呢？获得三个"0.25"。她又问学生："现在你们又看到什么？""分子分母同除一个数，0 除外，大小不变。"霍老师让大家反复思考上述两个结论，问又看到什么。"分子分母同乘或同除一个数，0 除外，其值大小不变。"这就是典型的归纳推理，先是一次归纳，接着是两次归纳；不仅传授了分数性质的知识，使小学数学难点的"分数性质"教学很快被学生所掌握，而且教会了推理的方法。第三，类比推理，就是比同。还是分数性质，用学过的除法的性质，让学生类推，获得结论。第四，对比推理。毛泽东同志《论持久战》里，日本鬼子打进来，整个国家出现了两个观点，一个是"亡国论"，还有一个是"速胜论"。毛泽东同志对比：日本是一个强国，中国是一个弱国，一个弱国很快能够打败强国不可能，所以批评了"速胜论"；中国是一个大国，日本是一个资源缺乏的小国、岛国，我们是正义战争，日本是非正义战争，中国得道多助，日本失道寡助，因此日本必然会失败，中国最后会胜利，因此他批评了"亡国论"是错误的。既然第一个"速胜论"的推理是错误的，第二个"亡国论"的推理又是错误的，那么最后总的结论是"持久战"。因此我们能不能在传授知识的同时，渗透演绎、归纳、类比和对比四种推理发展学生的智力和能力，也就是培养他们思维的深刻性？

灵活性是指思维活动的灵活程度。它有五个特点：思维起点灵活，思维过程灵活，概括-迁移能力强，善于组合分析，思维结果往往是合理而灵活的结论。它集中表现在一题多解的变通性，新颖不俗的独特性，这是灵活性的两个方面。灵活性强的人，不仅智力方向灵活，善于"举一反三""运用自如"，而且从分析到综合，从综合到分析，灵活地做"综合性的分析"，较全面地分析、思考问题，解决问题。思维品质的灵活性，类似美国心理学家吉尔福特提出的发散思维，并认为创造性就是发散思维，一题求多解的思维。它有三个特点。第一个特点是流畅性，就是怎么又准确，又快提出创造性的问题。第二个变通性，如一题有多解。美国最典型的问题是，一块红砖有什么用处？如果回答红砖盖房子用或能够造桥，能够铺路，有人认为发散得还不够，那下面就有点"邪门歪道"了。一个学生说，昨天礼拜天我爸爸开车带我们到郊外旅游。吃午饭的时候，从车里冰箱里拿出食物，可惜我妈妈肚子不好，她要吃热的，但车内没有微波炉，怎么办呢？我爸爸特有办法，找了三块红砖，用"野火"把红砖烧热了，食品放在上面烤热了，红砖能当锅来使用。另一个学生说，昨天晚上我回家，我挂大衣的时候，挂钩掉了下来，又没有找到锤子，我爸就拿起一块红砖"咚咚"把原来钉子钉进去了，红砖当锤子使用。再一个学生说，今天早晨我去上学，一条狗向我扑过来了，我一看没有戴牌子，分明是野狗，我抄起一块红砖，红砖当武器。第三是独特性。人与人之间理解问题、创新问题不一样的。美国创造性之父吉尔福特及其弟子托兰斯编了一个故事，要求被试命题：有一对年轻的夫妇十分恩爱，可惜妻子是哑巴。丈夫花了很大的努力，好不容易找到一个名医，把哑巴治好了。可是他妻子"女性的缺点"——唠叨暴露出来了。他妻子原来哑巴，现在倒好，"唠叨""唠叨"，这可受不了。于是他又找到了那位医生，说大夫求你了，能不能给我也治一下，把我耳朵治聋吧。故事讲完，请大家命题。水平高一点翻译为中文，诸如"聋夫哑妻"；水平低一点的"妻子是哑巴""女性爱唠叨"，把题目出得五花八门，这就是人与人之间发散思维的差异，这就是独特性。

　　这里面核心问题是什么？就是一题多解，就是我们的灵活性。我们的数学、语文教学中能够坚持一题多解吗？清朝有一位数学家叫梅宗鼎，他写了一本书，其中有一章叫"青草出如图"，对勾股定理做了27解。上海某出版社出版了一本中学一题多解集，对一道几何证明题达20多个解，一道相遇的代数题达17解，一道普普通通的三角题达14解。我们应该培养学生一题多解的能力。吉林市第十中学有位数学老师叫贾万里，贾老师书教得好，教学质量很高。《人民教育》杂志社原副总编翟福英女士访问贾老师，贾老师谈了自己的数学教学理念，他反对题海战术，提倡归类，引导学生一题多解。一题多解是一个好办法，这和美国心理学家吉尔福特的创造性能共鸣。语文教学里面常常用的是"变换句子""变换角色""一字多组""一文多题""一字多填""一题多做"。例如，请为"说"字补充一个字构成词语。有人在后面补充字"说明"（偏正式）、"说话"（联合式）、"说服"（补充式）、"说理"（动宾式），而有人则更加聪明、灵活，在"说"的前面加字"众说"（主谓式）。因此我们现在是主张数学也好，语文也好，从小能够培养他们的灵活性。幼儿园里经常有这样一类竞赛，幼儿园老师给小朋友一分、两分和五分的硬币。幼儿园老师问，我现在要一毛钱，你用哪些方法给我组成？所有这些都是为了培养灵活性。思维的灵活性要学生从小养成，使他们从小能够学会举一反三，一题多解，使他们起点灵活、过程灵活，善于组合分析。

思维活动的独创性、创造性、创造性思维或创造力可以看成同义语，只不过从不同角度分析罢了。从思维品质角度上看，独创性或创造性是指个体思维活动的创新特征。在实践中，除善于发现问题、思考问题外，更重要的是要创造性地解决问题。独创性或创造性的实质在于主体对知识经验或思维材料高度概括后集中而系统的迁移，进行新颖的组合分析，找出新异的层次和交结点。人类要有所发明，有所发现，有所创新，都离不开思维的智力品质的独创性。2006年，《国家中长期科学和技术发展规划纲要（2006—2020年）》提出要建设创新型的国家。创新的问题，创造性问题为了民族振兴、国家发展的根本目的。国力竞争实际上就是创造性的竞争，因此从小培养我们创造性这个问题太重要了。什么叫创造性、独创性或创造力？国际上有三种定义，第一是强调"过程"；第二是强调"产品"；第三则认为创新本身是一种人与人之间的个体差异，是一种智力与能力的个体差异，或者是思维品质的差异。哪个定义对呢？全对，只不过从三个不同角度去分析问题罢了。因此，早在1982年，我的恩师朱智贤教授和我给创造性下了一个定义，这就是"根据一定目的，运用一切已知的信息，产生出某种新颖、独特、有社会意义或个人价值产品的个性品质或智力品质"。

创造性有哪些特点呢？从思维角度看，它有五个特点。一是新颖、独特且有价值或意义的思维活动。二是在内容上必须是"思维+想象"。三是新设计、新思想产生有突发性，心理学里称为"灵感"，灵感来自精力或注意力的长期高度集中，灵感在中学阶段开始萌芽，它的产生往往来自原型启发，小学课文中讲"鲁班发明锯"的故事，割破鲁班手指的茅草是锯产生的"原型"。四是分析思维和直觉思维的结合。

什么叫分析思维，按部就班的思维，即概念、判断、推理、证明。直觉思维呢？先举个例子吧。有位老师讲"因式分解"课时出了一道长长的题，他题还没有出完，一个同学等不及了，上去做题，当老师的题目出完后不久，那个小伙子也把题目做完了。老师要求这个学生跟大家说下他是如何想出来的。学生多次表示不会说，最后老师启发他，上节课我讲了因式分解四种方法，你为什么用"十字相乘"法演算呢？学生急了，"不知道就是不知道"。这位学生是典型的"直觉思维"。"知其然，不知其所以然"，就是典型的直觉思维，是爱因斯坦讲的创新型思维的萌芽。直觉思维是直接顿悟、直接理解的思维，它有六个特点：来得快，直接，看不到整个思维过程，坚信感，个性性和或然性。我希望老师们对学生的直觉思维一是保护，二是促进发展。在学生初二前允许并保护这种直觉思维；初二以后要引导孩子们知其然，从不知其然到必须知其所以然，进入批判性思维。五是发散思维和辐合思维的结合。美国心理学家吉尔福特把一题多解的发散思维捧上天，但把一题求一解的辐合思维贬为一钱不值，这种观念我不同意。因为一题求一解是一题求多解的基础，一题求多解是一题求一解的发展，到了多解时，还求一个最佳解，不是又回到一解了吗？因此两者结合才是创造性思维。

批判性是思维活动中独立分析和批判的程度，是思维活动中善于严格估计思维材料和精细地检查思维过程的智力品质。它的实质是思维过程中自我意识作用的结果。心理学中的"反思""自我监控""元认知"和思维的批判性是交融互补、交叉重叠的关系。有了批判性，人类能够对思维本身加以自我认识，也就是人们不仅能够认识客体、设计未来，而且也能够认识主体、监控自我，并在改造客观世界的过程中改造主观世界。如何训练呢？尽管允许"知其然，不知其所以然"，但最后还是要形成"知其所以然"，这在心理学里叫"监控"，我们老祖宗说的"吾日三省吾身"，就是反思。我认为监控能力很重要。什么叫作优秀教师，优秀教师 = 教育教学过程 + 反思。至于我们的学生如何去提高，那就是提高他的分析思维、策略思维、全面思维、独特性思维。什么叫学问？"又学又问"，不问，不反思，不批判，哪有创造性思维？

敏捷性是指思维活动的速度呈现为一种正确而迅速的特征，它反映了智力的敏锐程度。智力超常的人，在思考问题时敏捷，反应速度快；智力低常的人，往往迟钝，反应缓慢；智力正常的人则处于一般的速度。思维品质的敏捷性中准确而迅速的特点符合时代的要求，思维品质的敏捷性是所有前面四种思维品质必然的反映。我们平时怎么练敏捷性，教师首先抓准确，克服孩子们粗心大意，在准确的基础上还要抓迅速。因为你的学生中间无非就是四种情况。第一准确而迅速，第二准确不迅速，第三迅速而不准确，第四种你最感到头痛，既不准确又不迅速，怎么办？靠练习。准确是前提，速度是关键。

思维品质的五个方面，判断了智力与能力的层次。在一定意义上说，思维品质是智力与能力的表现形式，智力与能力的层次，离不开思维品质，集中地表现在上述的深刻性、灵活性、独创性、批判性和敏捷性等几个方面。确定一个人智力与能力是正常、超常或低常的主要指标正是表现在思维品质的这些方面。

(三) 思维品质的内在关系

思维品质的深刻性、灵活性、独创性、批判性和敏捷性，是完整的思维品质的组成因素，它们之间是相互联系、密不可分的。

思维的深刻性是一切思维品质的基础。思维的灵活性和独创性是在深刻性基础上引申出来的两个品质；灵活性和独创性是交叉的关系，两者互为条件，不过前者更具有广度和富有顺应性，后者则更具有深度和新颖的生产性，从而获得了创造力；前者是后者的基础，后者是前者的发展。思维的批判性是在深刻性基础上发展起来的品质，只有深刻地认识、周密地思考，才能全面而准确地做出判断；同时，只有不断地自我批判、调节思维，才能使主体更深刻地揭示事物的本质和规律。思维的敏捷性是以思维的四个其他智力品质为必要前提的，同时它又是其他四个品质的具体表现。

我的博士生李春密教授当年的博士论文，涉及思维品质的变化和完善过程。他的研究提出，学生的深刻性品质得分最高，反映了深刻性是诸思维品质的基础，这是抽象逻辑思维发展的必然趋势；学生的创造性得分最低，这说明创造性的思维品质的发展较其他品质要迟、要慢，难度最大。见表2。

表2　高中生物理实验操作能力各品质所占比重

深刻性	灵活性	批判性	敏捷性	创造性
23.4%	19.3%	19.4%	21.0%	16.9%

为了清楚地看出各品质之间的相关性，李春密把各品质之间的相关系数表示成如下的相关矩阵，见表3。

表3　思维品质的相关矩阵

	深刻性	灵活性	批判性	敏捷性	创造性
深刻性	1				
灵活性	0.508	1			
批判性	0.447	0.716	1		
敏捷性	0.514	0.646	0.673	1	
创造性	0.371	0.660	0.654	0.640	1

由表3相关矩阵可见，敏捷性品质与其他品质的相关系数最高，说明敏捷性主要由各品质所派生或所决定；灵活性、批判性与创造性的相关系数很高，证明发散思维是创造思维的前提或表现，创造程度与批判程度具有高相关；深刻性与创造性的相关系数低，说明抽象逻辑思维未必都能产生创造性思维，同样说明创造性思维也未必都来自抽象逻辑思维，因为创造性思维也来自形象逻辑思维。

三、为什么要培养思维品质

在学校里，如何发展学生的智力，培养他们的能力，主要是通过各学科教学来进行的。我在报告的开始就提到，教学的主要目的，在于传播知识的同时，灵活地促进与培养学生智能的发展；各科教学是否有成效，关键在于能否形成学生的各种学科能力。

（一）学科能力结构离不开思维品质的因素

所谓学科能力，通常有三个含义：一是学生掌握某学科的特殊能力；二是学生学习某学科的智力活动及其有关智力与能力的成分；三是学生学习某学科的学习能力、学习策略与学习方法。

考虑一种学科能力的构成，应该从三个方面来分析。一是某学科的特殊能力是这种学科能力的最直接体现，例如，与语言有关的语文、外语两种学科能力，听、说、读、写四种能力是其特殊的表现；又如，与数学学科有关的能力，应首先是运算（数）的能力和空间（形）的想象力，同时，数学是人类的思维体操，数学的逻辑思维能力也明显地表现为数学学科的能力。二是一切学科能力都要以概括能力为基础，例如，掌握好诸如"合并同类项"的概括是对数学能力的最形象的说明。三是某学科能力的结构，应有思维品质参与。

任何一种学科的能力，都要在学生的思维活动中获得发展，离开思维活动，无所谓学科能力。因此，一个学生某学科能力的结构，当然包含体现个体思维的个性特征，即思维品质。如上所述，在一定意义上说，思维品质是智力与能力的表现形式，智力与能力的层次离不开思维品质，集中地表现在深刻性、灵活性、独创性、批判性、敏捷性五个思维品质上。思维品质这些表现，也确定每个个体某学科能力的等级和差异。所以在研究某学科能力的结构时，应考虑到思维的深刻性、灵活性、独创性、批判性、敏捷性这五个品质。为此，我们以中小学语文与数学两科能力为研究重点，制作了分别用语文与数学语言来建构并表达这两个学科能力中思维品质表现的四个"结构图"，即小学数学三种特殊能力——运算能力、空间想象能力、逻辑思维能力中思维深刻性、灵活性、独创性、敏捷性的四种思维品质的具体表现；小学语文听、说、读、写四种特殊能力中思维深刻性、灵活性、独创性、敏捷性的四种思维品质的具体表现；中学数学三种特殊能力——运算能力、空间想象能力、逻辑思维能力中思维深刻性、灵活性、独创性、批判性、敏捷性的五种思维品质的具体表现；中学语文听、说、读、写四种特殊能力中思维深刻性、灵活性、独创性、批判性、敏捷性的五种思维品质的具体表现。这些"具体表现"少则 40 多种因素，多则 60 多种因素，构建了中小学语文、数学能力丰富的成分，不仅为培养学生的语文和数学能力提供了科学依据，而且为制定两学科能力评价工具或量表奠定了扎实的基础。

根据上述的考虑，我们才把语文能力看作以语文概括为基础，将听、说、读、写四种语文能力与五种(小学为四种，不出现批判性)思维品质组成了 20 个(小学为 16 个)交结点的开放性的动态系统；把数学能力看作以数学概括能力为基础，将三种数学能力与五种(小学四种)思维品质组成 15 个(小学为 12 个)交结点的开放性的动态系统。

(二)培养思维品质是发展智能、提高教育质量的好途径

我们以促进学生智能的发展为目的，通过中小学语文、数学两科学科能力的要求，围绕中小学语文、数学两科学习过程中思维品质的深刻性、灵活性、独创性、批判性(小学阶段一般不要求)、敏捷性等品质的发展与培养两个方面，长期展开了全面实验并推广研究。我们的研究范围逐渐地超越语文、数学两个学科，几乎覆盖了中小学教学的所有课程。而在每项实验中，我们都加强培养学生思维品质的措施。

从"七五"到"十五"规划期间，我们课题组及其所述的实验学校，发表了近 400 篇的研究报告，其中 10% 以上的文章发表在中文核心杂志上。所有研究报告几乎都突出一条：参与实验学校的学生思维品质提高了，学习成绩超过了相邻学校或班级的非实验点的学生。我们把这些研究成果作为自己承担的从"七五"到"十五"全国教育科学规划的国家重点或教育部重点项目的研究成果，出版了《学习与发展》《教育与发展》《教育的智慧》和《智力的培养》等多部著作，学术界和教育界称其为"思维品质的实验"。

在我们整个教学实验过程中，我们结合中小学各学科的特点，制定出一整套的培养思维品质的具体措施。由于我们在教学实验中抓住了思维品质的培养，所以，广大的实验班学生的智力、能力和创造精神获得了迅速发展，各项测定指标大大地超过平行的控制班，而且，实验时间越长，这种差异越明显。限于文章的篇幅，我们不能在这里更多地用数据来展示培养思维品质后学生智能和学习成绩的发展变化，这里引用方晓义教授当年为我们课题组做的一组统计数据为例，以飨各位。

1990 年暑假，方晓义教授为我们课题组对一部分小学的实验班和对照班的数学综合性能力考试成绩做了测定，统计结果所呈现趋势见表 4。

表 4 不同年级、不同被试数学综合能力考试成绩对照

年级	不同被试	平均数	标准差 S	人数 N	差异显著性检验
一年级	实验班	89.4	8.8	300	$p<0.05$
	控制班	85.7	10.2		
二年级	实验班	81.6	6.7	300	$p<0.05$
	控制班	77.2	10.6	300	
三年级	实验班	81.1	10.0	325	$p<0.01$
	控制班	74.0	15.6	300	
四年级	实验班	87.1	8.6	345	$p<0.01$
	控制班	74.1	21.0	310	
五年级	实验班	84.1	9.1	320	$p<0.05$
	控制班	67.3	24.5	310	

我再引用一个例子。江苏扬州中学有一批思维品质培养的实验班，在校长沈怡文的领导下，各科全面开展研究，获得可喜的成果。沈怡文用"以培养学生思维品质为核心，系统开展学科思维教学活动"为题目，在海峡两岸中小学课程教材教法学术研讨会（台南，1998 年 4 月）上做了报告。沈怡文、王雄等人要求学生叙述课堂教学的客观情况。按思维教学，尤其是思维品质的内容，分 15 项评分。评分标准为："多"为 4 分，"较多"为 3 分，"较少"为 2 分，"基本没有"为 1 分。按照这个评价方法，选择了实验班与对照班的学生进行调查，将参加实验的两位教师和未参加实验的同学科教师分别组成"实验教师"和"对照教师"，其结果见表 5、表 6。

表 5 实验组教师（1）与对照组教师思维教学情况比较（$N=34$）

	实验 1	对照 1	对照 2	对照 3	对照 4	对照 5	对照 6
平均分	44.32	37.00	34.94	39.21	39.82	35.44	42.35
标准差	7.117	8.856	5.859	5.963	6.886	7.476	7.109

续表

	实验 1	对照 1	对照 2	对照 3	对照 4	对照 5	对照 6
Z 值		3.756	5.533	3.210	2.650	5.017	1.142
显著性检验		$p<0.001$	$p<0.001$	$p<0.01$	$p<0.01$	$p<0.001$	$p>0.05$

表 6　实验组教师(2)与对照组教师思维教学情况比较($N=34$)

	实验 1	对照 1	对照 2	对照 3	对照 4	对照 5	对照 6
平均分	51.00	37.00	34.94	39.21	39.82	35.44	42.35
标准差	9.358	8.856	6.859	5.963	6.886	7.476	7.109
Z 值		6.232	7.970	6.112	5.540	7.478	4.240
显著性检验		$p<0.001$	$p<0.001$	$p<0.001$	$p<0.001$	$p<0.001$	$p<0.001$

这里必须申明,参与我们的实验教学班的教师将"提高教学质量、减轻学生过重的负担"作为一个出发点,他们不仅不搞加班加点,不给学生加额外作业,而且除了个别成绩极差的学生外,各科作业基本上可以在学校完成。从上表与上述情况看,良好而合理的教育措施,在培养学生的思维品质的同时,也促进了他们学习成绩的提高,使他们学得快、学得灵活、学得好,换句话说,就是促进了教学质量的提高。

当然,上面数据仅仅是思维品质培养的一个例子,但思维品质绝不是在数学和语文两科中才能培养的特殊能力,思维品质的培养具有一般性。参与我们实验的学校在物理、化学、生物、外语等多门学科中都坚持思维品质的培养,并用大量研究数据证实了这一点。我们坚信培养思维品质是发展智能的突破点,是提高教学质量、减轻学生负担的最佳途径。

我的报告结束了。

谢谢大家!

从智力到学科能力[①]

——在第四届"基础教育改革与发展论坛"上的演讲

各位领导、各位教育界的同仁：

大家好！

感谢人民教育出版社、教育部基础教育课程教材发展中心的邀请，让我来汇报学科能力的问题。我是搞心理学的，对智力与能力的研究是我研究的方向。我们"教学与发展——中小学生心理能力发展与教育"课题组曾用近30年的时间研究了学生学科能力的问题，所以我今天汇报的题目就定为"从智力到学科能力"。

教学的主要目的，在于传授知识的同时，灵活地去发展学生的智力，培养他们的能力，特别是各学科能力，这犹如吕洞宾给人金块，可是受金人不要金子，却要吕仙人点石成金的手指。

一、智力与能力的一般概念

智力与能力同属于个性的范畴，它们是个性心理特征。为什么要提倡"学有特色"，为什么强调"因材施教"？因为人才及其智能存在着个体差异。这是教育中"鼓励冒尖""允许落后"的缘由，所以要坚持"天生其人必有才，天生其才必有用"的观点，做到对学生一视同仁，做到因材施教。

[①] 这个题目最早是为我自己主持的"中小学心理能力发展与培养"课题组成员等做报告而准备，后应邀为北京师范大学学科教育组和上海市教委教研室做了报告。本文是按照2014年10月17日由人民教育出版社与教育部基础教育课程教材发展中心主持的"第四届基础教育改革与发展论坛"上的报告整理而成。

(一)智力与能力的个体差异

智力与能力的个体差异，主要表现在以下四个方面。

第一，从发展水平的差异看，可以表现为超常、正常和低常的区别，我们的老祖宗称其为"上智""中行""下愚"。心理学把智商作为判断智能发展水平标准之一，智商得分在 90~110 为正常范围，130 以上为超常，70 以下为低常。一般认为，智商是稳定的，但在良好的环境、教育和主观努力下，可以有一定程度的变化。可见，智力与能力的超常、正常和低常，是稳定性和一定程度的可变性的统一，见图 1。

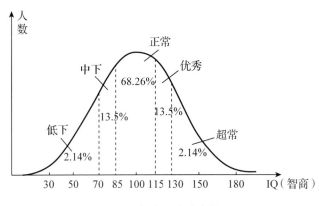

图 1 智商正态分布图

第二，从发展方式的差异看，有认知方式的区别，特别是表现为认知方式的场独立性与场依存性。所谓认知方式，就是个体在对信息和经验进行积极加工过程中表现出来的个体差异。它是一个人在感知、记忆和思维过程中，经常采用的、受到偏爱的和习惯化了的态度和风格。场独立性者在认知和行为中，较少受到客观环境线索的影响，而注重主体性的倾向；场依存性者在认知和行为中，往往倾向于较多地利用外在的参照标志，主观性差，不那么主动地对外来信息进行加工。场独立性与场依存性是智力与能力的认知风格的两个极端，而多数人处于两者之间。我们的老祖宗称其为"狂""狷"，指遇到了场独立性和场依存性的两个极端，而绝大多数称为"中"。

第三，从组成类型看，可表现为各种心理能力的组合和使用的区别。组成结构的复杂性来源于多个方面，有结构本身的复杂性；有人偏文，有人偏理，有人交叉发展；有人偏左脑，有人偏右脑，有人左右脑平衡；有人擅长形象思维，有人擅长抽象思维，有人均衡发展；再加上非智力因素兴趣的差异。于是产生智力与能力的类型差异，学生智力与能力的组成类型突出地表现在学科能力类型上，特别是学科能力本身组成的因素上。

第四，从表现范围看，可表现为学习领域与非学习领域；表演领域与非表演领域；学术领域与非学术领域的区别。

中小学教育是打基础的教育，所以必须把全面发展和学有特色两者统一起来，只要帮助学生选择好既符合社会需要，又适合其人、其才、其趣来进行教育工作，我坚信每个人都能在各自的工作岗位上做出自己的成绩。如果机遇合适，成绩会更大，这就是"行行出状元"的道理。

因此，我们给智力与能力下如下定义：智力与能力是指成功地解决某种问题（或完成任务）且表现出良好适应性的个性心理特征。

对该定义的理解可从以下三方面：首先，智力与能力同属于个性的范畴，是个性心理特征。把智力与能力理解为个性，说明其实质是个体的差异，这不仅是心理学家的观点，许多伟人也持类似观点，如毛泽东同志在《纪念白求恩》中提到"一个人能力有大小"，在批判"天才论"时指出"天才者，无非就是聪明一点"，这都承认个体差异。其次，智力与能力的根本功能是成功地解决问题或完成任务，在一定意义上，智力与能力的高低首先要看解决问题的水平，因此，该定义的第一个定语是"成功地解决某种问题（或完成任务）"。最后，该定义的第二个定语是"良好适应性"。智力与能力的本质就是适应，目的是使个体与环境取得平衡，这几乎已成为国内外心理学界的共识。

但智力与能力又有区别，智力偏"知"，主要解决"知"与"不知"的问题；能力偏"行"，主要解决"会"与"不会"的问题。人类的"知行合一""认识与实践统一"说的就是智力中有能力，能力中有智力，两者是不可分割的，故我们老祖宗，秦朝的吕不韦干脆把两者合称智能，并沿用至今。不管是智力还是能力，其实质是呈现稳固的或稳定的特征。

(二)智能的结构

智能的结构包含天赋或生理机制的亚结构、认知亚结构、非认知因素或动力亚结构(即非智力因素)和学科能力亚结构,这构成一个多层次、多因素、多维度的多元智能。其中认知亚结构包括感知、记忆、思维、想象、言语和操作技能,思维是核心成分,见图2。非智力因素亚结构,是指除了智力以外又同智力活动效益发生交互作用的一切心理活动,包括理想、兴趣、动机、意志、性格、气质等。

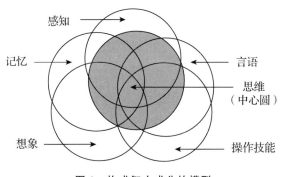

图 2 构成智力成分的模型

二、智力与能力的培养

既然思维是智力与能力的核心,那么我们从思维的角度来谈智能的培养。

(一)从思维的特点来看,概括是思维的首要特性

所谓概括,就是在思想上将许多具有某些共同特征的事物,或将某种事物已分出来的一般的、共同的属性和特征结合起来。概括的过程就是思维由个别通向一般的过程。有一位中学生问数学老师:"怎样才能提高数学能力?"老师似乎毫不思考地脱口而出:"注意合并同类项。""合并同类项"就是概括能力的一种表现。

思维乃至智力的最显著特性是概括性。思维之所以能揭示事物的本质和内在规律性的关系,主要来自抽象和概括的过程,即思维是一种概括的现象。概括在思维乃至智力的发展及其训练中的意义是十分重要的。从理论上说,概括是人们形成或

掌握概念的直接前提,是思维的智力品质的基础,是一切科学研究的出发点,是掌握规律的基础。任何科学研究的结论都来自概括过程。从教学实践上说,学习和运用知识的过程就是概括的过程,知识迁移的实质就是概括。没有概括,学生就不可能掌握知识、运用知识和学到知识,就难以形成概念,就无法形成认知结构或智能结构,也很难形成学科能力。

(二)从思维的层次来说,培养思维品质是发展智力与能力的突破口

思维品质主要有以下五种。

1. 思维或智力的深刻性

它不仅表现在思维的逻辑性上,而且也表现在思维的深度、广度和难度上,因为人的思维是语言的思维,是一种理性的认识。它以概括和推理为指标。

2. 思维或智力的灵活性

它是指智力活动的灵活程度,包括思维起点灵活、过程灵活,概括迁移能力强,善于组合分析,结果往往是合理而灵活的结论。国外学者称其为发散思维,例如以"一题多解"为指标。

3. 思维或智力的创造性

社会进步的标志之一在于创造。创造性思维、思维的创造性、独创性或创造力,可视为同义语。思维或智力的创造性突出表现出五个特点:一是新颖、独特且有意义的思维活动;二在内容上,是思维加想象;三是在智力创造性或创造性思维中,新形象和新假设的产生带有突然性,这叫"灵感",灵感是人的全部高度积极的精神力量(精神或有意注意高度集中),一般在"原型"启发下凸显出来,在中学阶段有灵感的萌芽或初步表现;四是分析思维和直觉的统一,前者是按部就班的逻辑思维,后者则是直接领悟的思维;五是发散思维与辐合思维的统一,即一题多解思维与一题一解思维的统一。

4. 思维或智力的批判性

它是指思维活动中善于严格地估计思维材料和精细地检查思维过程的智力品质。"知其然,知其所以然"就是思维或智力批判性的表现。具体可从分析性、策略

(计划)性、全面性、独立性和正确性五个方面体现出来。

5. 思维或智力的敏捷性

它以正确而迅速为指标,有了思维或智力的敏捷性,在处理和解决问题的过程中,就能适应迫切的情况来积极地思维,周密地考虑,正确地判断和迅速地做出结论。

(三) 从思维的发展来说,最终要发展学生的逻辑思维能力

平时我们一提逻辑思维,往往是指抽象逻辑思维,其实,逻辑思维应该有三种:动作逻辑思维、形象逻辑思维和抽象逻辑思维。

1. 思维发展的趋势

思维和智力是怎样发展的?一般认为:直观行动(或感知动作)智力阶段(约0~2、3岁)→具体形象(或前运算)思维阶段(2、3~6、7岁)→抽象逻辑思维阶段。它是一种新的代替旧的,低级变成较高一级层次的发展过程(见图3)。这样分析是有一定道理的。但是,如何揭示这些思维或智力阶段之间的关系和联系,对此,往往使人困惑和难解。

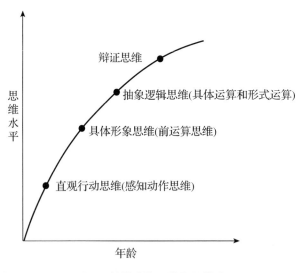

图3 替代式的思维发展模式

　　我们在研究中发现，直观行动思维在个体思维发展中向两个方面转化：一是逐步发展为具体形象思维；二是向高水平的动作逻辑思维发展，即它以动作为思维的重要材料，借助于与动作相联系的语言物质外壳，形成一种动作思维加抽象逻辑思维的动作逻辑思维，在认识中以操作为手段，来理解事物的内在本质和规律性。所以动作逻辑思维又叫实践思维或操作思维。例如，运动员和技术工人等是与动作打交道的职业者，擅长的正是动作逻辑思维。具体形象思维在个体思维发展中也向两个方面转化：一是抽象逻辑思维的直接基础；二是形象思维的基础，即以形象或表象为思维材料，借助于鲜明、生动的语言作物质外壳，通过抽象逻辑成分渗透而形成的，在认识中带有强烈的情绪色彩的一种特殊思维活动。例如作家、艺术家的思维，他们擅长形象思维，适合从事形象描述的写作能力和艺术思维等活动。所以形象思维，又叫形象逻辑思维，它具备思维的各种特点，它的主要心理成分有联想、表象、想象、情感和语言。思维发展模式可用图4表示。

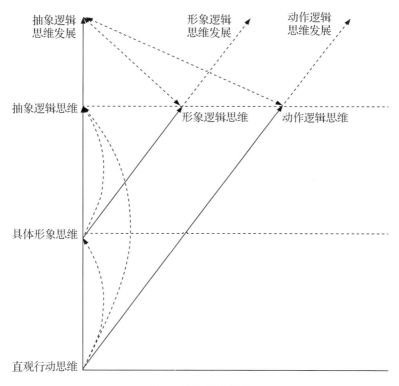

图4　思维发展模式

2. 要全面地对待各种逻辑思维的发展

我们在教学实验中提出，要重视各种逻辑思维的发展。既要发展学生的抽象逻辑思维，又要发展他们的形象逻辑思维和动作逻辑思维，目的都在于发展中小学生的逻辑思维能力。三种逻辑思维不仅各有各的用途，为人才的塑造奠定了智能类型的基础，而且其差异所在正是说明个性或人格差异所致，也就是说，个体在抽象逻辑思维、形象逻辑思维和动作逻辑思维上的不同表现，既来自先天的天赋，又来自后天的教育培养，只要承认个体差异的存在，就要对个体的逻辑思维坚持因材施教。

在我们的教学实验中，我们提倡不偏废这些思维中的任何一种，根据不同的学科特点，不同的年级(年龄)，对不同的学生提出不同的要求，以发展其各种各样的动作逻辑思维、形象逻辑思维和抽象逻辑思维。

三、关于学科能力

所谓学科能力，通常有三个含义：一是学生掌握某学科的特殊能力；二是学生学习某学科的智力活动及其有关的智力与能力的成分；三是学生学习某学科的学习能力、学习策略与学习方法的个体差异。考虑一种学科能力的构成，从以下三个方面分析。

(一) 某学科的特殊能力是该学科能力的最直接体现

要探索一种学科的学科能力，首先要揭示这种学科的特殊性，找出最能直接体现该学科特殊要求与特殊问题的特殊能力。我们课题组主要研究了中小学生的数学能力与语文能力。

与中小学数学学科有关的特殊能力，应首先是运算(数)的能力和空间(形)的想象力，同时，数学是人类思维的体操，数学的逻辑思维能力也明显地表现为数学学科的能力。运算不仅是指数或数学运算，还包括各种数学式子及方程的变形，以及极限、微积分、逻辑代数的运算等；空间想象包括对空间观念的理解和对二维、三维空间几何图形的运动、变换和位置关系的认识，以及数形结合、代数问题的几何解释等。而这两种能力的核心和基础是数学的逻辑思维能力，它包括数或数学的概念、判断、推理等基本思维形式以及比较、分类、概括、类比、归纳与演绎、分析与综合等思维方法。运算、空间想象和数学中逻辑抽象思维，共同构成数学能力的特殊能力系统。我国 1952、1963、1978、1992、1996、2001 和 2003 年的数学教学大纲都强调这三种能力，成为数学界的共识。

中小学生的语文能力，主要是听、说、读、写的能力。听的能力包括语音的分辨力，语义的理解力，逻辑的判断力，联想与想象力，内容的概括力，分析与判断力，乃至情感的感受力，迅速做出反应的反响力等；常反映在听写能力、听记能力、听辨能力、听析能力、听赏能力、听评能力上。说的能力包括准确地运用语音、词汇、语法的能力，生动、准确的表达力，迅速、灵活的应变力，联想、发现的创造力等；常反映在朗读能力、背诵能力、演讲能力、论辩能力上。读的能力包括准确理解力、分析与综合能力、评价与鉴赏能力、发现与创造力，乃至书籍、读书方法选择的能力，使用工具书的能力；常反映在认读能力、默读能力、速读能力、跳读能力上。写的能力包括观察能力，准确地应用字、词、句、篇等基础知识的能力，掌握多种文体特点的能力，乃至迅速写出观点鲜明、选材恰当的文章的能力；常反映在审题能力、立意能力、选材能力、组织能力、语言润色能力、加工修改能力上。

（二）一切学科能力都要以概括能力为基础

我们要重视学生在教学实践中概括能力的表现，因为学习和运用知识的过程就是概括的过程。每一种学科能力，都是以概括为基础，都是概括能力在其中的表现。

语文能力的听、说、读、写，在一定程度上是语文方面的概括能力。例如，别人在"指桑骂槐"，有人就听不出来，只能说其"听"的概括能力不强；有人在说话时口若悬河，滔滔不绝也说不到"点"子上，只能说其"说"的能力太差；有人在阅读中不会分段，找不出段落大意，归纳不出中心思想，只能说其"读"的概括能力不行；有人有丰富的生活内容，就是写不出主题鲜明的文章，说明其"写"的概括能力尚待提高。所以学好语文，离不开概括能力的培养。

数学能力也是如此，掌握好诸如"合并同类项"是对数学能力最形象的说明。因为数学教学的重点在于讲清楚基本概念，而数学概念的掌握需要概括能力做基础，同时它又促进概括能力的发展。因此，数学概念的教学和学生概括能力的发展是有机联系的。数学概念的概括是从具体向抽象发展，从低级向高级发展的。例如，从"自然数"到"正整数""有理数""实数""复数"，一直到"数"，这就体现着一个概括的过程，反映了从儿童到青年的思维能力、智力发展的水平。

一切学科能力都是以概括为基础的，物理、化学、生物如此，地理、历史、政治也是这样。如果说概括是思维研究的重要指标，那么概括水平就成为衡量学生思维能力发展等级的指标；如果说概括能力是智力培养的重要方面，智力水平通过概括能力的提高而获得显现，那么学生的学科能力正是其在获得学科知识的基础上通过概括化而形成的。抓住了概括能力，也就抓住了学科能力的基础与核心问题。因此，发展学生的概括能力，是发展其学科能力，乃至培养其智力与能力的一个重要环节。

(三)某学科能力的结构，应有思维品质参与

任何一种学科的能力，都要在学生的思维活动中获得发展，离开思维活动，无所谓学科能力。因此，一个学生某学科能力的结构，应当包含体现个体思维的个性特征，即个体思维品质。所以在研究某学科能力的结构时，应考虑到思维的深刻性、灵活性、创造性、批判性和敏捷性这五种思维品质。这样构成的学科能力有如下特点：学科能力以学科知识为中介；学科能力是一种结构；学科能力具有可操作性；学科能力是稳定的；学科能力与非智力因素密切相关，特别是与学科兴趣相联系。在此基础上，我们建构了中小学的数学能力和语文能力。中小学生的数学能力，应看作以数学概括为基础，将三种基本数学能力(运算能力、逻辑思维能力、空间想象能力)与五种思维品质组成15个交结点的开放性动态系统(见表1、表2)。中小学生的语文能力，应看作以语文概括为基础，将四种语文能力(听、说、读、写)与五种思维品质组成20个交结点的开放性的动态系统(见表3、表4)。

表 1 对小学生数学能力结构的列举及剖析

	运算能力	逻辑思维能力	空间想象能力
思维的敏捷性	①表现在概括过程中： 只需借用少量运算实例，就能迅速概括出一般运算法则、定律、性质及其他规律或技巧。 ②表现在理解过程中： 只需通过少量实例说明，就能明白运算道理与基本步骤和过程，就能模仿规范地进行运算。 ③表现在运用过程中： 只需通过少量范例，就能正确、迅速地进行运算；善于抓住问题本质，运算过程跳跃大，跳得恰当，步骤简捷，心算、口算能力好。 ④表现在时耗上： 反应敏捷停顿少，完成运算（特别是难度较大的）耗时少。	①表现在概括过程中： 只需通过少量实例，就能概括出数、式及数量关系中的数学特征、规律与相应的解题技巧。 ②表现在理解过程中： 只需通过少量实例，就能弄懂数、式及数量关系中的特征与规律，能很快地抓住问题的实质，能熟练地做等价变换。 ③表现在运用过程中： 只需通过少量实例，就能准确运用数、式、数量关系等知识，说明实际问题中的数学道理，解答比较复杂的数学问题，而且思路清晰，"弯路"少，推理跨度大。 ④表现在时耗上： 解答和说明问题落手快，完成推理过程耗时少。	①表现在概括过程中： 只需通过少量实例，就能概括出几何形体中常见的数学特征及相应的计算公式（周长、面积、体积、内角和公式等）。 ②表现在理解过程中： 只需通过少量实例，就懂得几何形体的有关定义、性质、公理，能很快地抓住几何形体间的本质联系。 ③表现在运用过程中： 只需通过少量实例，就能概括具体问题中的几何本质联系，选择正确的方法，作图和计算等问题；在说明几何现象和解答几何问题过程中，几何表象清晰、重现迅速，能快捷地进行分解、组合、等积变换。 ④表现在时耗上： 心到手到，连贯迅速，耗时少。

	运算能力	逻辑思维能力	空间想象能力
思维的灵活性	①表现在概括过程中：善于运用运算结果比较分析，并联系生活经验归纳、概括运算的意义、法则、定律、性质；能灵活运用数学技巧，紧扣目标展开思索。 ②表现在理解过程中：善于利用已有的数、式、运算等知识，运算技巧和生活经验，从多侧面去弄懂数学运算问题。 ③表现在运用过程中：善于自觉地调用运算意义、法则、定律、性质和技巧，根据计算目的，灵活调节运算过程，选用运算方法进行一般的运算，巧妙地用的方法合理、规则进行运算，也能用特殊技巧进行运算，还能用多种方法解同一个运算问题。 ④表现在运算效果上：流畅、停顿等；富于联想，解法多；方法灵活，恰当。	①表现在概括过程中：善于调用已学数学知识与学习经验，从不同角度进行比较、归纳、假设，概括出数与运算、数量关系中的规律。 ②表现在理解过程中：善于调用已有的数学知识、技巧、经验，灵活采用分析、演绎、"模仿"、想象、尝试等思维方法，去弄懂数学问题（包括概念和需要解决的问题）。 ③表现在运用过程中：善于灵活调用数、式、几何知识，从不同角度、方向和环境出发，考虑和解决问题；善于用一个一般的方法和特殊技巧解决同一问题；求同思维与求异思维兼容，正向与逆向、扩张与压缩变换机智灵活，善于运用变化的运动的观点去考虑问题的习惯表现。 ④表现在推理效果上：目标跟踪意识强，方向、过程、技巧及时转换，水平高，解法多。	①表现在概括过程中：善于画图和动手实验，灵活调用已学知识、技巧，较容易地概括出几何形体的基本特征与性质（包括公式）。 ②表现在理解过程中：善于调用已有的几何知识与经验，从不同角度用多种方法（推理、实验等）理解几何形体的位置与度量关系和某些性质（如圆锥体积一定的情况下，圆锥底面积的反比例性质，在圆柱高一定，圆锥与圆柱体中高与度量体的关系等）。 ③表现在运用过程中：善于灵活地从不同角度运用不同的几何知识、分析、解决几何问题；善于在某个位置与某个条件不变的情况下，变换几何问题；善于由已知几何形状，去解决某些几何问题；善于由位置、形状与几何条件联想到多种几何问题，并灵活地解答各种形体问题。 ④表现在几何想象效果上：空间想象能力强，变换多，不仅能从一种几何状态想象到另一种几何形式想象出具有相应的度量性质的几何形体；解题思路多，方法选择恰当，善于了解组合形体问题。

续表

	运算能力	逻辑思维能力	空间想象能力
思维的创造性	①表现在概括过程中：善于用独特的思考方式去探索、发现、概括运算方法（技巧）。②表现在理解过程中：善于用独特的方式去理解和解释运算方法与规律。③表现在运用过程中：善于用独特的、新颖的方法进行运算（包括解方程、化简比、化简繁分数等）。④表现在运算效果上：解法新颖，有独到之处。	①表现在概括过程中：善于发现矛盾，提出猜想，给予验证（论证）；善于按自己喜爱的方式进行归纳，具有较强的类比推理能力与意识。②表现在理解过程中：善于模拟和联想；善于提出补充意见和不同的看法，并阐述理由或依据。③表现在运用过程中：分析思路，技巧调用独特、新颖；善于编制机械模仿性习题。④表现在推理效果上：新颖，反思与重新建构能力强。	①表现在概括过程中：善于用独特的思考方法探索和发现几何形体的数学特征与度量性质。②表现在理解过程中：善于提出等价的几何公式和运动的思想认识；善于用一般化的思想认识几何形体的数学特征。③表现在运用过程中：善于创设几何环境；善于制作几何模型；善于用独特、新颖的方法分析、解答几何问题。④表现在想象效果上：想象丰富，新颖，独特。
思维的深刻性	①表现在概括过程中：善于广泛地调用所学的数学知识，细致、负责地分析有关运算的问题；善于紧扣本质与内在联系，概括和形成新的有关运算的意义、法则、定律、性质等概念。	①表现在概括过程中：善于从具体数学材料中抓住本质，概括出有关数、式和数量关系的基本概念与公式；善于在数量较复杂的应用题中概括出基本数量关系；善于在解答题过程中概括出知识结构，习惯类型并进行解答答巧分类。	①表现在理解过程中：善于从不同状态，不同角度用不同方法，正确地形成有关几何概念，度量性质和比例尺，统计图表的现象。②表现在理解过程中：善于用变化的、辩证的思想认识并发现几何形体中某些量间的比例关系和不同形

续表

	运算能力	逻辑思维能力	空间想象能力
思维的深刻性	②表现在理解过程中： 善于从四则运算之间的辩证统一关系出发，深入理解各运算的意义；善于从整数、小数、分数（百分数）间的内在联系出发，深入理解运算定律和性质；善于从计算经验和生活实践出发，弄清有关运算公式、法则和性质成立的道理。 ③表现在运用过程中： 善于进行数和算式的等值变形、公式的等价变形；善于辩证统一地处理运算和解题的或不常见的运算问题；善于用一般的方法解文字题和方程；具有良好的检验习惯，能自觉做到每步运算依据充足，漏解防范能力强。 ④表现在运算效果上： 过程正确、严谨，技巧化水平高，解答难度较大的运算问题能力强。	②表现在理解过程中： 善于正确理解数学名词与符号的意义；善于深入理解各种数学概念；善于在头脑中建立各种数学概念，能将头脑中的现实系以及知识间的内在联系重新进行建构。 ③表现在运用过程中： 善于进行数量关系的等价变换，掌握多种描述同一数量性质的语言言语说；善于辩证统一地运用四则运算意义说明实际问题中的数量关系，用具体数量关系解释四则运算规律；善于区别相近数学概念，发现不同数学现象间的本质联系；善于将知识的技巧化进行组合、分类，使之系统化、结构化；善于全面、严谨地思考问题，能用充分的理由说明数学现象和解答问题的过程；善于自觉地用分析、综合、归纳、演绎、模拟、类化、假设、想象等方法，解答难度较大的问题。 ④表现在推理效果上： 全面、严谨、深刻，技巧系统化水平高。	体间的联系；善于用初步经验与解法认识新的几何形体；善于用几何现象解释某些计算公式和变化规律。 ③表现在运用过程中： 善于对常见几何形体按几何特征或度量性质进行分类，并正确地分析几何特征与相应几何形体，能根据文字想象出相隐含的数量关系；能将一些抽象的算式解释成具体几何环境中的想象关系；善于对组合图形（体）做丰富的想象变换，并转换成一些常见的简单图形来进行数量关系分析；善于恰当地设计并绘制正确的统计图表；能做到合理由充分。 ④表现在几何想象效果上： 解答由文字抽象描述的几何问题能力强，几何形体的分解与组合变换形式多样，理由充分；头脑中有鲜明、准确的方位、方向、形状、度量观念和广阔的几何变换空间。

注：本表制作者为滇瑞、李汉。

表 2 对中学生数学能力结构的列举及剖析

	运算能力	逻辑思维能力	空间想象能力
思维的敏捷性	①只要通过少量的具体例子，就能概括出一般的运算方法。 ②只要通过少量的例题，就能正确运用公式和法则进行难度较大的运算。 ③善于抓住问题的本质，迅速选择正确的方法和步骤。 ④运算步骤简捷。	①只要通过少量的例题，就能掌握一种方法。 ②只要通过少量的例题，就能正确运用定理解决难度较大的证明问题。 ③思维效率高，能很快抓住问题的实质，推理过程走的"弯路"少。 ④推理论证步骤简捷。	①只要通过少量的具体图形，就能概括出图形的一般性质。 ②只要通过少量的例题，就能进行难度较大的图形分析。 ③能够迅速地找到图形的本质联系。 ④分析几何图形的步骤简捷。
思维的灵活性	①善于灵活运用运算定律、法则和公式。 ②容易从考虑一种运算方法转向考虑另一种运算方法。 ③善于将公式灵活地变形。 ④善于将公式中的变元及方程中的未知量灵活地代换。 ⑤容易从式子的运算转向它的逆运算。 ⑥善于运用多种方法解同一个运算问题。	①善于灵活运用法则、公理、定理和方法、概括、迁移能力强。 ②善于灵活变换思路，能从不同角度、方向、方面运用多种方法着手解决问题。 ③善于运用变化的、运动的观点考虑问题。 ④思维过程灵活，善于把分析与演绎、特殊与一般、具体与抽象有机地联系起来。 ⑤从正向思维容易转向逆向思维。 ⑥思维结构多样，灵活。	①善于灵活运用图形的性质。 ②善于从不同角度用多种方法分析图形的性质。 ③善于从图形的位置、度量关系的变化来发现规律。 ④善于在保持图形已知条件的要求下灵活变换图形。 ⑤善于解决轨迹问题。 ⑥善于从已知图形中联想到多种位置和度量关系。

续表

	运算能力	逻辑思维能力	空间想象能力
思维的创造性	①善于探索，发现新的运算规律。 ②善于提出独特、新颖的解题方法。	①富于联想，善于自己提出新的问题，并能独立思考，探索和发现新的规律。 ②对定理、法则进行推广，能够进行独特的理解，新颖的解题方法；善于提出自己独特、新颖的解题方法。 ③能编制有一定水平的习题。	①善于探索，发现新的图形关系中的规律。 ②善于提出独特、新颖的方法进行图形分析。 ③能设计制作有一定特色的几何教具。
思维的批判性	①解题时能看清题目要求，自觉采用合理步骤。 ②运算中能正确选取有用的条件和中间结论。 ③运算中能及时调整解题步骤和方法，特殊问题能采取特殊解法。 ④善于发现运算过程中出现的错误并及时纠正。 ⑤在使用运算法则时不容易发生混淆。 ⑥善于运用各种方式检查运算结果的正确性。	①善于对问题的可解性做出正确的估计，推理过程有明的目的性强。 ②推理过程中能合当选取有用的条件和中间结论。 ③推理的思路清楚，具体问题具体分析，能及时调整思路。 ④善于发现推理过程中的错误并及时纠正。 ⑤不容易受到错误的"引诱"，不容易产生错觉，善于克服学习过程中的"负迁移"。 ⑥善于考正、反两方面的论据，做出正确的判断。	①分析图形关系的目的性强。 ②善于从复杂图形中提取出有用的基本图形加以分析，善于正确添加辅助线。 ③善于作图及发现图形分析中的错误，并及时纠正。 ④容易摆脱具体图形产生的错觉。 ⑤善于变换具体图形来检验分析得到的结论的正确性。

续表

	运算能力	逻辑思维能力	空间想象能力
思维的深刻性	①能正确形成有关数、式、方程和函数的概念。 ②善于概括各种运算及式子变形的类型，并能正确地判断一个具体问题属于哪种类型。 ③善于对式子、方程、函数做一般研究，善于了解字母系数的习惯。 ④善于找到有关公式之间的联系，并运用这种联系掌握公式。 ⑤善于自觉运用基本运算律、指数律、乘方开方，以及加减统一、乘除统一的思想，掌握其他公式和法则。 ⑥能自觉做到每步运算或变形的依据充足。 ⑦能弄清公式、法则成立的理由。 ⑧善于了解解决难度较大的运算问题。	①能正确形成各种概念，正确理解各名词及符号的含义。 ②善于概括各种数学证明的类型及一般方法。 ③掌握例题结构及四种命题之间的关系。 ④善于将知识系统化、结构化，善于抓住各种概念及知识之间的联系，从不同角度分析组合，概括地形成知识结构的系统。 ⑤善于自觉运用分析和综合，对比和类比，归纳和演绎，直接证法和间接证法进行推理论证。 ⑥能自觉按照逻辑规律进行推理，做到推理的每一步都有理由。 ⑦善于掌握定理的证明。 ⑧思考问题全面、细微，能从事难度较大的推理论证，解决难度较大的综合问题和应用问题。	①能正确形成几何图形的有关概念以及数轴、直角坐标系、方程的图形等概念，善于给出某些数（面）、函数的曲线，善于对几何图形、方程曲线及函数图形之间的几何解释。 ②善于对几何图形、方程曲线及函数图形之间的关系进行概括、分类，抓住各种图形之间的联系。 ③善于根据文字叙述想象出几何图形；善于根据几何图形正确地分析相关的位置和度量关系，并能用语言文字表达。 ④善于根据方程想象曲线的形状；善于由曲线形状看出方程的特点。 ⑤善于根据函数关系式掌握函数图形的形状；善于由图形的形状看出函数的特点。 ⑥能自觉做到对几何图形、方程曲线、函数图形的分析有充足的理由。 ⑦善于分析难度较大的几何问题。

注：本表制作者为孙敦甲。

表 3　对小学生语文能力结构的列举及剖析

思维的特性	听	说	读	写
思维的敏捷性	①能够适应接受不同速度的语音符号的传出。 ②能迅速接受语音符号，准确地识别音调，并在瞬间把其还原为语义内容。 ③能紧跟讲话人的思路进行思考，善于抓住对方说话的内容要点，周密分析、判断，迅速做出反应。	①能以各种速度送出语音符号。 ②能够适应迫切的情况，积极思维，反应快速，对答如流。 ③能迅速将听到的语音还原到语义内容，储存并表述出来。 ④在极短时间内，能针对变化做出分析判断，及时调整话内容。	①视读广度宽，具有一定的阅读速度和阅读效率。 ②能在较短时间内迅速抓住材料的要点，捕捉住中心。 ③能够边读边从文字中择取有价值的信息。	①文思敏捷，能按要求迅速构思，在限定时间内成文。 ②能按照意思的需要，对平日积累的词语迅速做出选择、判断。
思维的灵活性	①在变化的不同环境中，均能听清对方发出的语音符号。 ②善于接收双方在不同情绪下发出的语音符号，能进行综合分析。 ③善于多角度地分析不同场合中的语言信息、迁移。 ④善于从听话中得出各种合理而灵活的结论。	①能在变换的环境中正确地发出语音符号。 ②善于在双方不同的情绪下发出语音符号，说话得体。 ③善于从不同角度、方面、方向进行分析、概括，巧妙地加以调整、顺应变化，机敏地加以应对。	①善于从不同角度思考所读的内容。 ②善于灵活地采用不同的阅读方法，集中精力吸收有用的材料，处理没有信息价值的材料。 ③善于变换阅读速度，"快速读，内容富有用的地方"，在有实用价值的地方慢读。	①作文思路开阔，善于从不同角度、不同方面选材。 ②善于灵活运用表达方式和修辞方法。能够在不改变原意的前提下，改变原材料顺序，进行创造性设想。

续表

思维的特性	听	说	读	写
思维的创造性	①善于从所听内容出发进行比较分析，发现规律性的特点。②善于对所听内容进行想象和联想，产生独到的体会和新异的感受。③善于运用求异思维，提出与所听内容不同的观点或思想。	①不为别人的意见所左右，不人云亦云，能说出新颖、独特的见解。②善于想象和联想，即兴发表意见，能够出口成章，谈出独到的体会和新异。	①阅读时善于比较、联想，发散和鉴别。②阅读过程能够再现语言中所描述的现象，进行创造性复述。	①立意新颖。②构思，表达不落俗套。③能够运用与原文不同的方式，重新表达原文内容。
思维的深刻性	①能抓住说话人的思路，明了说话的主旨和要点。②能洞察对方说话的用意，听得出"弦外之音"，言外之意。③能预见对方说话的结论。	①说话时思路清楚，语脉明晰，中心突出。②说话有深沉丰富的内涵，言虽尽而意无穷。③说话所表达的观点中肯、深化，能提示事物的本质和规律，一语破的，言近旨远。	①能准确理解读内容的要点，在了解"是什么"和"怎样"的基础上，能弄清"为什么"。②善于深思，能理解体味文章的内在含义和字面的意思。	①立意有一定深度。②能很快地抓住要表达的事物的中心，用准确、简练、生动的书面语言表达，叙事说理周密而精确。

制作者为课题组耿盛义、樊大荣两位老师。

表 4 对中学生语文能力结构的列举与分析

思维的特性	听	说	读	写
思维的敏捷性	①迅速接受语音符号，做出判断推理。②适应各种速度的语音符号的传出。③善于抓住对方说的内容要点，迅速做出反应。	①迅速根据说话需要和命题要求组织话语材料，表达出来。②及时敏捷地说出自己想说的话来，语言干净利落，不带零碎。③简明扼要有条理地表达自己的思想、观点和感情。	①提高阅读速度，不低于 1000 字/3 分钟。②学会速读、跳读、浏览、泛读等方法；提高读书效率。③迅速捕捉到所读内容的主要观点和自己所需的主要材料。	①善于观察，迅速将观察到的材料分析、加工，变成写作的素材，题材，组织剪裁成一篇文章。②对书面材料迅速分析、抉择，同中见异，异中求同，做出判断。③能在较短时间内，根据要求，迅速构思，写出各种文体的作文。
思维的灵活性	①在各种环境中听清听准对方发出的语音符号。②善于接受对方的语音符号，听懂对方的话。③能在各种场合接受语言传达的信息，并善于从多角度去分析。	①善于生动形象地运用口头语言表情达意，概括性强。②善于多角度、多层次地运用多种方法（如取譬、引用、正反、比较、衬托等）表达自己的观点，以增强说服力。③在谈话过程中因人因时因地制宜，善于随时变换方式、语气来适应听者的接受心理，增强说话的效果。	①掌握多种阅读方法，善于概括所读内容要点。②善于从不同的角度、方向，侧面思考所读内容，并得出各种合理灵活的结论。③善于在阅读中运用联想、想象，比较和迁移，以提高阅读效率。④善于学以致用。	①文章观点力求鲜明，但要有弹性，不牵强不绝对，合理而又能让人接受。②灵活运用多种表达方式和修辞方法。③善于多角度、多方位、多层次地观察事物，分析材料，选择素材，组织题材。④同一题材运用不同观点，同一观点表达不同题材，不同体裁运用不同写法。

续表

思维的特性	听	说	读	写
思维的创造性	①善于由此及彼地产生联想，并有独到的体会和新鲜的感受。②善于运用求异思维，提出与所听内容不同的观点或感想。	①自觉独立地运用语言表达自己对问题的看法。②面对面地谈话和讨论，能找出不止一个的答案或结论。③表达的内容总含有新的见解、个人的感受和个性。④有自己的语言风格和个性。	①根据自己的需要和水平选择适当的阅读内容与合宜的阅读方法。②阅读中善于联想、比较、鉴别，有个人独到的心得，获得美的享受。③创造性地运用阅读中所学到的知识、观点和方法。	①观察问题的角度新，分析问题的眼光新，叙述事物的方式新。②选材力求新颖，立意不同一般。③语言表达上逐步形成自己的个性及风格。
思维的批判性	①及时发现所听内容的长短优劣，加以鉴别。②在听话过程中不断进行分析，吸收有益的内容，对于不正确的无益的内容加以删除淘汰。③在批判过程中有所领悟，想到与己对立的观点。	①旗帜鲜明，有批判精神，在谈话、辩论中服从真理，修正谬误。②辩证地分析问题，策略地表述观点，在谈话中发现对方不足，进行议论、辩论。③不断检查自己说的内容及思维过程，及时加以调整。	①对阅读内容进行辩证分析，善于汲取精华，剔除糟粕。②掌握顾及全篇，顾及作者本人和所处时代的全面评价作品的方法。③善于运用比较发现阅读内容的风格特色，并切实地转化为自己的能力。	①掌握文章修辞的基本方法和步骤，有较好的修改作文的习惯。②学会自评作文、写作文小结，作文序跋。③及时总结自己写作经验，针对不足进行有目的训练，以提高写作水平。
思维的深刻性	①理解说话人运用判断、推理，证明的逻辑过程。②概括所听内容的逻辑要点。③听出说话人的目的。④听出言外之意。	①表达自己的思想观点能抓住要点，一语道破的。②说话有较强的逻辑性，既全面而又侧重，富于辩证法。③说话前后有周密思考，表达时能触及实质。	①全面准确地理解该所内容的要点，把握作者的意图。②深入思考所读内容，从中发现规律和本质的东西。③抓住不同时代、不同作者作品的阅读规律。④善于运用比较，能举一反三地通过阅读提高对客观事物的认识水平。	①观察事物，能透过现象看到本质，分析全面而具体。②观点和材料一致，表达时二者结合紧密。③阐述观点，表达感情，叙述事物力求周密、精确，有规律可循。

四、学科能力模型在教育系统运作中的地位

（一）由内容到能力：教育质量标准的取向转变

从历史的角度来看，传统的教育标准是内容取向的，主要关注学生在教育中所掌握的知识技能的实际表现水平，很少体现现代意义上的学科核心能力的表现水平。1989 年，美国国家数学教师协会出版了《学校数学课程与评价标准》（简称"NCTM 标准"），该标准的一个重要贡献是把学科能力模型的思想纳入其中。

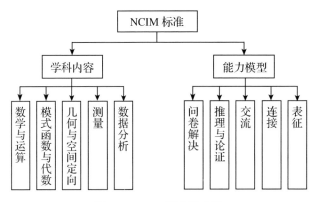

图 5　NCTM 标准模式图

NCTM 标准的发布推动了各国以学科核心能力为导向的教育标准的改革。英国（1998，2007，2010）、德国（2003）、澳大利亚（2009）等国家在教育标准制定中都采用了这种模式。以德国为例，2003 年，由来自不同研究领域的 11 位专家组成的研究团队，向联邦教育部提交了长达 167 页的《国家教育标准的开发：专家鉴定》，该报告突出了能力模型在教育标准中的地位，把学科能力模型作为对总体教育目标的具体化，是连接总体教育

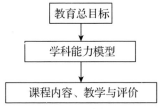

图 6　德国《国家教育标准的开发：专家鉴定》

提出的学科能力模型与总体教育目标的关系

目标与测评系统之间的中介环节(见图6)。

(二)学科能力模型是影响教育标准制定的核心环节

当前,国际上发达国家最新研制的教育标准中都非常强调学科或跨学科能力模型与学科学习内容的整合。而我国现有标准在本质上属于内容标准,虽然在学科总目标中涉及学科相关能力,但是没有将学科能力的培养作为明确的编排原则,这导致我国基础教育长期以来过于强调学科内容和知识点的传授,轻视或忽视学科能力的培养,同时,也使得课程标准和学业质量标准的制定缺乏明确的参考依据。

结合国际上发达国家对学科能力模型的研制和国内外有关学科能力的研究成果,可以认为,学科能力模型是制定教育质量国家标准、落实宏观教育目标的关键核心环节,也是统领和规范不同学科及不同学段学生成就水平的重要科学依据。学科能力模型与教育宏观目标、教育标准以及具体课程、教学和学业表现的关系见图7。

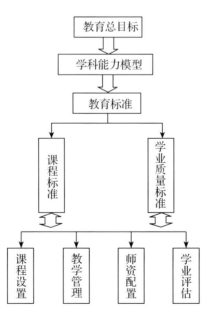

图 7 学科能力模型在教育运作系统中的核心地位

今天的汇报就到这里。

谢谢大家!

积极而科学地开展心理健康教育工作^①

——在中央广播电视大学心理健康教育"国培计划"培训班上的演讲

各位老师：

大家好！

当前，心理健康教育在我国大、中、小学里开展得十分"热火"。对我国心理学界和教育界说来，这似乎是在与国际"接轨"。20 世纪 80 年代中期，我国的心理健康教育开始起步，在 20 世纪 80 年代初期还很少有人问津。在 1983 年出版的拙著《中学生心理学》里，我率先提出了学校心理卫生和心理健康教育的设想。现在在大、中、小学中开展的心理健康教育中，尽管提法不同，例如，有的强调"心理品质教育"，有的按我国台湾地区的提法叫"心理辅导"，有的强调"心理教育"或简称"心育"，有的强调"心理素质教育"，但更多的还是叫"心理健康教育"。人民教育出版社 1998 年出版的中学德育课程（思想政治课）教材，初中一年级是"心理教育"。以上提法甚多，但是含义基本一致，即离不开"心理"，最终或最高目标还在于教育，即与心理有关的教育，也就是成为教育内容的一部分。从 20 世纪 90 年代中期起，按国内外学术界，特别是心理学界对心理健康含义的理解，教育部和中央有关文件，统一地称之为"心理健康教育"。

今天我来谈三个问题。

———————————

① 这是为华南师大、浙江师大、山东师大的教育部心理健康教育"国培计划"班讲课的内容。本文系 2014 年 8 月 18 日在中央广播电视大学心理健康教育"国培计划"培训班上的演讲。

一、心理健康的含义以及为什么要开展心理健康教育

1999 年，在《中共中央国务院关于深化教育改革全面推进素质教育的决定》中谈到"心理健康教育"时，明确地指出了心理健康教育的目的："加强学生的心理健康教育，培养学生坚忍不拔的意志、艰苦奋斗的精神，增强青少年适应社会生活的能力。"教育部 1999 年出台的《关于加强中小学生心理健康教育的若干意见》指出："良好的心理素质是人的全面素质中重要组成部分。心理健康教育是提高学生心理素质的教育，是实施素质教育的重要内容。"很清楚，心理健康教育主要应该从正面来论述，它的关键在于提高学生的心理素质。心理健康教育是学校教育本身的含义之一，也是素质教育的一部分。

（一）心理健康教育是时代的呼唤

当今的世界，科学技术突飞猛进，知识经济初见端倪，国力竞争日趋激烈。我们要实现中华民族的伟大复兴，就必须努力培养与现代化要求相适应的数以亿计的高素质的劳动者和数以万计的专业人才。因为竞争从根本上说是人才的竞争，科学技术的发展和知识经济的腾飞必须以人才的培养为基础。这里，我有三点看法。

一是心理素质是全面素质的一个重要因素。在倡导素质教育中提出了全面素质，即全面提高学生的思想道德素质、文化科学素质、劳动技能素质和身体心理素质。在一定意义上说，心理素质决定着各种素质的质量水平，甚至于决定着学生最终能否成才。可见良好的心理素质是人的全面素质中的重要组成部分，是未来人才素质中的一项十分重要的内容。因此，要进行素质教育必然有提高心理素质的教育，即心理健康教育。

二是今天对"健康"含义的新理解。当今的"健康"概念，再也不是单纯地指机体（或身体）健康。世界卫生组织早已确定健康有三个含义：机体（身体）健康、心理（或精神）健康、社会适应能力强。实际上，社会适应能力强也属于心理（或精神）健康的一种表现形式。因此，健康主要表现为身与心的健康。心理健康是一个

人健康的重要组成部分。什么是心理健康？在第三届国际心理卫生大会上，心理健康被定义为"在身体、智能以及情感上与他人的心理不相矛盾的范围内，将个人心境发展成最佳的状态"。由此可见，如果一个人与其他人比较，符合同年龄阶段大多数人的心理发展水平，那么这个人的心理就是健康的。与此同时，心理健康往往影响机体健康，良好的情绪情感是机体康复的重要条件。我们之所以把社会适应能力看作是一种心理素质的表现形式，是由于社会适应能力不仅是健康的指标，而且也是一个人智力与能力的表现。在发达国家的失业大军中，"博士一大批，硕士满街走"，不是这些博士硕士没有本领，而是其他的原因，如人际关系差，不能适应现实生活也是一个重要因素。由此可以断定，推行素质教育，促进学生健康地成长，绝不能忽视心理健康教育。

三是心理健康教育的时代性。心理健康教育也涉及心理或行为问题。在一个温饱尚未得到解决的社会，是顾不上什么心理问题的。但在发达国家或地区，却开展得十分活跃。在我国，随着生活和工作节奏的加快、应激状态的持续、竞争压力的增大、社会阅历的扩展和思维方式的变革，在工作、学习、生活、人际关系和自我意识等方面可能遇到心理失衡的现象。这些心理或行为问题，不仅在职人员有，在学生身上也存在着，这就需要对学生心理健康进行教育和指导。这就是为什么心理健康教育过去没有而现在出现的主要原因。

(二) 心理健康的含义与标志

心理健康的概念既代表心理健康，也表示它的相反方向——心理问题。然而这个问题却是一个不确定的概念，是个分歧较大的范畴。

1. 国际争议

第一，关于心理健康的含义有不同认识。有的学者强调心理健康的客观标准，认为具有良好的身体、良好的品德、良好的情绪以及良好的社会适应能力等等就是心理健康，如艾里克森(E. H. Erikson)的心理社会发展阶段论和彪勒(C. Buhler)的基本生命倾向论；有的则强调心理健康是一种主观感受，如马斯洛(A. H. Maslow)的自我实现概念等；有心理学家从外部标准、主观感受、情绪三个方面来论述心理健康。还有学者认为心理健康通常包括两个方面：积极方面和消极方面。

第二，关于心理健康的测量指标有不同理解。在对西方心理健康研究文献检索中发现，关于心理健康的测量指标有很多，例如，情绪和情感、主观幸福感、自尊、一般健康状况、生活满意感等，那么，研究什么指标最能够反映心理健康的本质和核心呢？这就构成了争议。

第三，关于对心理健康的测量是否存在误区。目前心理健康工作者所使用的心理健康测量工具，是存在争议的，因为大部分为对心理问题或心理症状的测量，例如，对于忧郁、焦虑和其他负面情绪的测量，如古德伯格的一般健康问卷，而忽略了对心理健康积极方面的量度。所以，一般情况下，只要对被测试者进行测试，结果就是大部分被测试者的心理属于不健康。这样的测量是无法指出"健康"与"不健康"之间的区别的。

心理健康的测量存在着误区，说明长期以来，病理学与缺陷学占据心理的重要地位，而忽视了对人类积极特征的研究，于是，必然会产生积极心理学。积极心理学是关于人类幸福和力量的科学，它产生于世纪之交，即20世纪末21世纪初，创始人是马丁·塞利格曼（Martin E. P. Seligman），以研究人类的积极心理品质，关注人类的健康幸福与和谐发展为主要内容，试图以新的理念、开放的姿态诠释与实践心理学。我们党的十六届六中全会提出了"心理和谐"的理念，从内涵上说，心理和谐包含了比积极心理学更深刻的核心内容；从外延上说，心理和谐囊括并扩展了积极心理学的各个方面。把心理和谐作为心理健康教育的指导思想，也是我们对国际上关于心理健康含义争议的一个态度。

2. 心理健康的含义

目前在国际学术界有四个方面认识是一致的。

一是心理健康分为正负两个方面。迄今为止，对心理健康公认的理解是：心理健康分为正负两个方面，它不仅仅是消极情绪情感的减少，同时也是积极情绪情感的增多，心理健康也就被默认成了这两种情感。积极情绪情感和消极情绪情感彼此相互独立。换句话说，积极情绪情感的增加或减少并不意味着消极情绪情感的减少或增加，它们可以同时存在。例如，有时候两口子吵着架，突然双方都在思索着今天吵架的原因，回想起对方的优点长处，于是停止了争吵。吵架是消极的，而和好是积极的，在争吵的瞬间，不是同时出现两种正负的情绪情感吗？

二是心理健康内涵的核心是自尊。所谓自尊，是指个体对自己(或自我)的一种积极的、肯定的评价、体验和态度，自尊是心理健康的核心。因为自尊与心理健康各方面的测量指标都有着高相关。今天社会上提倡人们"自尊、自信、自立、自强"，正是对心理健康的一种认知。

三是心理健康是一种个人的主观体验。这种主观性具有三个特点。一是主观性。心理健康与否，往往来自个人的主观体验，客观条件只是作为影响体验的潜在因素。例如，一场春雨后，有人感到空气清新，心情舒畅，边做深呼吸边赞"好雨知时节"，而也有人埋怨这场"烂雨"，浇了其昨天刚洗的爱车，使他今天还得掏钱去再洗。二是积极性。表现出肯定的、正面的精神面貌，热忱的、进取的心理状态。三是全面性。心理健康与否，不仅表现在知、情、意的各个过程和个性的各个方面，而且也往往表现在个人生活的各个方面。

四是心理健康是一个相对的概念。心理健康状态正常和异常是相对的，没有绝对的界限，没有一个固定不变、普遍适用的标准，因此个体心理健康状态是动态的、变化的。因为心理健康的相对性，所以在心理健康教育或辅导中，往往以"平均"状态或大多人的状态来说明个体的心理健康情况，由于不同年龄的个体在生活、学习或工作中遇到的事件和活动的多样性，因此对心理健康与否的衡量，在不同的年龄阶段有不同的要求。

3. 心理健康的标志

其一，没有心理障碍。心理障碍是指心理现象或精神现象发生障碍性的变化，它有轻度与重度之分；大中小学生常见的心理问题或行为问题，主要属于心理素质或心理质量不高的表现，它不属于心理或精神疾病的范畴，充其量是一种心理失衡的状态。

其二，具有一种积极向上发展的心理状态。心理状态可以是积极的，也可以是消极的，而积极向上的心理状态是心理健康的重要标志。

4. 心理健康概念的具体表述

国际心理卫生大会标准（四条）：身体、智力、情绪协调；适应环境，人际交往顺利；有幸福感；发挥潜能。

人本主义心理学（经典十条）：自我安全感；了解自己；理想、目标切合实际；适应环境；保持人格的完整与和谐；善于从经验中学习；良好的人际关系；控制情绪；适应群体，发挥个性；适当满足个人需要。

美国人格心理学的标准（七条）：自我开放（不自我封闭）；良好的人际关系；具有安全感；正确地认识现实；胜任自己的工作；自知之明；内在的统一的人生观。

以上三种表述大同小异。我们在日常生活中，可以根据具体问题来做具体的表述。

（三）心理素质的内容

心理素质，主要指心理要素或因素的质量。对心理素质的分类很多，"知、情、意"是一种分类，"意识（心理）与行为"也是一种分类，强调心理有"智力因素"与"非智力因素（或人格因素）"又是一种分类。不同分类，就有不同"内容"的提法。心理健康与否，当然与这些相关的因素或内容有着密切的联系。

1. 判断心理健康的指标

判断心理是否健康有两个指标，一个是适应性指标，另一个是发展性指标。前者比较简单，一切不适应社会的现象都属于不健康。例如，目前学生中存在着诸如嫉妒、自卑、任性、孤僻、焦虑、逆反心理、神经衰弱、社交困难，乃至自杀、犯罪等心理问题或行为问题，都属于适应性问题。后者却比较复杂，因为学生处于发展阶段，多数问题属于尚未发展或尚未得到发展的问题。例如，青春期的种种表现，只要在正确的教育下通过发展进步了，就不成问题了。

2. 发展性指标是分析学生心理健康教育根本性的指标

正因为有发展性指标，所以学校的心理健康教育重点应放在学生心理素质的发展上。这里的心理素质，如上所述，既包括智力因素，也包括非智力因素，即人格因素。智力因素又包括感知觉能力(特别是观察能力)、记忆能力、想象能力、思维能力、言语能力和操作技能,其中思维能力是智力与能力的核心。良好的思维能力,不仅包括概括能力、推理能力和解决问题的能力,而且也包括诸如敏捷性、灵活性、独创(创造)性、批判(分析)性和深刻性等思维品质。非智力因素或人格因素,是指智力活动以外又能对智力活动产生效益的一切心理因素。良好的非智力因素或人格因素,主要包括健康的情感、坚忍不拔的意志、积极的兴趣、稳定的动机、崇高的理想、刚毅的性格和良好的习惯等。以上这些方面都应该是心理健康教育要关注的内容。因此,我们在倡导心理健康教育时,应该从正面来阐述提高和发展学生心理素质,不要过多地强调学生心理如何不健康。我们在平时经常强调"创造性人才=创造性思维+创造性人格"的公式,无非也是突出创造性人才的智力与非智力的两种心理因素。我们正是要从智力与非智力两种因素上来对学生进行心理健康的教育;用智力与非智力因素的发展性指标来分析学生的心理健康状况及其教育的问题。

3. 学生心理发展的主流与心理健康教育模式

近年来,越来越多的地方和学校开展起心理健康教育,社会上的一些机构也积极参与到这方面工作中。大家都重视心理健康教育本来是好事,但是,现在确实存在一种把学生中心理不健康的数据无限扩大的倾向,以此来抬高心理健康教育的"身价"。对此,我们认为,这种做法坚决要不得,这会造成学生人人自危的负面效果,也会阻碍心理健康教育的正常开展。我们要看到广大学生的两个主流:一是学生心理健康是主流;二是有些学生由于人际关系、学业、生活环境的压力产生暂时的心理不适,要求咨询和辅导,他们要求健康是主流。如前所述,世纪之交产生的积极心理学是关于人类幸福和力量的科学,以研究人类乐观、希望、知识、智力和创造力等在内的积极心理品质。我们持和积极心理学相似的观点。因此,学校心理健康教育必须是教育模式,而不能是医学或医疗模式。

从教育模式出发,学校心理咨询重点是发展性咨询,同时辅之以障碍性咨询。关于发展性咨询,一是需要咨询,引导学生有正确的社会需要和良好的精神需要,解决学生中无理想、无动力、无兴趣的问题。二是成长咨询,学生在不同的年龄发展阶段，会产生一些相应的心理问题，需要进行有针对性的辅导。三是成功咨询，指导学生如何发挥自己的潜能获取学业和成才的成功。在这里，我们不能简单凭"智商"取人，要看到非智力因素对学生成才的影响。四是创新咨询，引导学生成为高素质、有创造性的人才。

(四)心理健康教育与德育工作

心理健康与德育工作既有联系，但又不能等同。首先，心理健康教育与德育工作具有一致性。例如，上述的非智力因素或人格因素的培养，它不仅是心理素质提高的组成要素，而且也是德育工作的内容之一；上述的"不适应"或"心理问题"，它不仅是心理健康教育中预防和矫治的问题，而且也是德育工作中要帮助学生克服的不符合道德规范的表现。这说明心理健康教育与德育工作有着密切联系，任何一方好了，有利于对方工作的开展。与此同时，我们不能用德育工作来代替心理健康教育，也不能用心理健康教育来取代德育工作。因为学生的心理问题不能简单地归为思想道德问题。例如，人际关系的紧张、学习过程中产生的压力、自制力的薄弱等绝非用思想道德规范能够解释的。同样的，那些政治、思想、道德、法律上的问题也绝不能当成心理问题来解决。从这个意义上说，我们不能用心理健康教育来替代思想政治课，也不能认为有了思想政治课，就可以不要心理健康教育。此外，在心理健康教育中，还要防止医学化和学科化的倾向，尤其是学科化的问题，即千万不能把心理健康教育搞成心理学知识的传授和心理学理论的教育。心理学课按"教学大纲"或课程标准是可以考试的，但我们绝不允许在心理健康教育中进行考试，因为心理健康教育注重的不光是知识，而更重要的是实践和实效。党的十六届六次会议的决定提出了心理健康教育的指导思想——"心理和谐"。心理和谐从内涵上说，是积极心理学的核心，从外延上说，它几乎包含积极心理学的所有内容。从心理和谐出发，探讨人对自己、他人、社会的关系，正是和道德规范所涉及的对自己、他人、社会的关系是一致的，所以把心理健康教育视为德育工作的一个组成部分是有道理的。

二、要重视越来越多的学生心理问题

上面提过的教育部《关于加强中小学生心理健康教育的若干意见》文件指出："青少年正处在身心发展的重要时期，相当多的是独生子女，随着生理、心理的发育和发展，竞争压力的增大，社会阅历的扩展及思维方式的变化，在学习、生活、人际交往和自我意识等方面可能遇到或产生各种心理问题。有些问题如不能及时解决，将会对学生的健康成长产生不良的影响，严重的会使学生出现行为障碍或人格缺陷。"所以，我们要重视越来越多的学生的心理问题，寻找问题的根源并有针对性地提出解决的办法。

(一) 问题的表现

目前，学生中出现越来越多的心理健康问题，迫切需要开展和加强心理健康教育。很多调查和学生的自我报告表明，他们中普遍存在着如上边提到的嫉妒、自卑、任性、孤僻、焦虑、逆反心理、神经衰弱、社交困难、学习不良、吸烟饮酒，乃至自杀、犯罪等心理行为问题。在这些心理行为问题中，既有"问题"儿童青少年，也有"学校处境不利"儿童青少年。前者，通常指品格上存在着问题且经常表现出来的青少年。这里，一是指品德发展上的缺点，二是指性格发展上有偏畸。这类学生在学校里，较多地表现出纪律松弛、情绪消沉、焦虑紧张，甚至于闹学、混学、逃学和辍学等。后者通常指智能正常，但在学校中处于低下地位，实际上被剥夺了学习权利和学习可能的学生，也包括本身能力发展迟滞、学习成绩落后、行为不良等不能适应学校学习的学生和从较低水平学校转到较高水平学校时不能很快适应新条件的学生。

我们将心理健康方面存在的问题做一个归纳，主要表现在三个方面：一是人际关系的紧张；二是学习所造成的压力；三是在"自我"方面出现的问题。北京市青少年心理咨询服务中心主任王建宗，曾统计了五年中所接受的 6 万多人次的热线咨询内容，对各类问题做了分析，其中人际关系方面问题占 42%，学习方面问题占

27%，两项占了近70%，余下的是"自我"占20%及其他方面的问题占10%。咨询者来自重点学校的占45%以上，可是重点学校在所有学校的比例仅占5%。可见，重点学校学生在心理健康方面的问题要远远超过普通学校的学生。大学生心理问题，也属于这类问题，且重点大学学生的心理或行为问题多于一般大学的学生。

首先，心理健康问题表现在人际关系上。具体分为：①师生关系的问题；②亲子关系的问题；③同伴或同学关系的问题；④对异性的看法问题。这四个问题还可以细细分析，只要某一个环节人际关系紧张，就会产生学生的心理健康问题。例如，一些工读学校统计，工读学生多半存在着亲子关系紧张。在工读学生家庭教育中，因父母离异或关系恶化造成亲子关系紧张者占1/3，过分的溺爱或过分的专横（即所谓"棍棒教育"）造成亲子关系紧张者占1/3，余下1/3的家庭也或多或少存在这样那样的问题。

其次，心理健康问题表现在学习上。在大学生自杀问题的调查中，学习因素占首位。在学生中，学习问题具体分为：①学习压力问题，并由此造成种种心理行为问题。②厌学问题，即厌学情绪突出。据我们初步调查，中学生厌学者约占34.3%。③学习困难问题。我们在调查中看到，学习基础差的中学生占40%以上。④学习障碍问题，甚至个别学生出现"学校恐惧症"。例如，一进学校就头痛或肚子疼，一上某教师的课就恶心或发晕，一到考试就发烧等。

最后，心理健康问题表现在"自我"上。具体分为：①自我评价问题，过高或过低地评价自己，于是在自尊心、自信心上出现问题；②自我体验问题，由于体验的错误，往往出现自卑、焦虑或逆反心理；③自制力问题，因自我控制能力差，常常表现出耐挫力过弱。如果这三个方面问题联系在一起，则会造成心理行为的严重问题。北京某校一位初一女学生，有一天母亲因工作繁忙来不及为其做好饭菜又来不及做详细解释，让她匆匆吃了顿方便面。由于这个女生自我认识较差，误认为母亲对她有看法；自我体验又不准确，觉得失去母爱；再加上缺乏自制力，结果为吃一顿方便面而自杀，从而酿成了悲剧。

人际关系、学习和自我，这三方面问题往往联系在一起构成并发症。有位在上小学时获得过大奖的三好学生，其母在其上市重点中学后对她寄以很大的期望，希望她在班里保持在前 10 名，可是她的学习成绩却排在第 35 名之后，母亲就以自杀相威胁。这不仅造成亲子关系紧张，而且也给她的学习造成很大的压力，在她自己感到失去自信心之后，离家出走三天，险些造成严重后果。幸亏学校及时发现，及时寻找回来，加上及时心理辅导，才使她逐步摆脱心理阴影，最后获得较好的发展。

（二）问题的起因

学生的心理健康问题或心理行为问题，并非现在才有，只不过今天的问题更为严重、更为突出。原因在哪儿？《中共中央关于进一步加强和改进学校德育工作的若干意见》（以下简称《意见》）指出，这主要是因为"面对新的形势和要求，学校德育工作还很不适应"。这里具体又分为外部社会原因和学生自身原因。

1. 外部社会原因

在新旧体制转换过程中出现了各种各样的矛盾，主要表现在：①社会上滋长的唯经济主义的影响，在学生中表现为"一切向钱看"的消极现象，不仅妨碍学生树立正确的人生观和价值观，而且也助长他们产生拜金主义、享乐主义和极端个人主义的心理。②在当前教育体制不能全面贯彻党的方针的条件下，容易产生重智轻德、分数至上的消极现象，它往往使学生产生焦虑情绪、挫折感和人格障碍，甚至于萌发"轻生"的念头。③有些家庭教育不当也会产生各种各样的消极现象。像离婚家庭子女失去正常教育，易发生情绪低沉，不能适应现实生活，致使学习成绩降低、人际关系紧张，甚至于使品德滑坡、人格异常。有些独生子女家庭，由于娇惯、纵容、溺爱，致使孩子任性、懒惰、独立性差、依赖性强、不够合群等毛病严重。④大众传媒中，特别是网络中的不健康的内容也是造成学生心理行为问题的重要原因。媒体和我们承认互联网的积极作用一面，然而也不能忽视其消极面。一些与文艺、影视广播、网络、出版等相关的部门，不是以爱国主义、集体主义和社会主义为主旋律，不是以科学的理论武装人，不是以高尚的情操塑造人，而是充满"拳头"加"枕头"的内容，对儿童青少年起着教唆作用，甚至于淫秽书刊、音像制品泛滥成灾，严重地毒害儿童青少年，使他们心理变态，误入歧途。所有这一切，都同《意见》指出的"增强适应时代发展、社会进步，以及建立社会主义市场经济体制的新要求和迫切需要的素质教育"相违背，都是产生"问题"的儿童青少年、"学校处境不利"的儿童青少年的根源。

2. 学生自身原因

除了社会方面的原因之外，还有学生自身的原因。因为学生心理行为问题较多的青少年期，正是心理学家所说的"危机期"。一些心理学家从西方社会方式特点、人际关系和家庭结构的现状所造成的青少年反抗社会、反抗成人、藐视法律、铤而走险的事实出发，认为个体发展的青少年期，不可避免地要发生反社会行为，要和现实、成人发生冲突。这种观点表现在各派心理学家的理论中。例如，斯普兰格（E. Spranger）将这个时期比喻为"疾风怒涛"阶段；霍林沃斯（L. S. Hollingworth）称这个时期为"心理断乳期"；艾里克森（E. H. Erikson）提出，这个时期的发展任务就是避免自我同一性的"危机"；等等。我们不必照搬西方心理学家的这些观点，但是，青少年处在人生发展的十字路口阶段却是事实。一方面，这个阶段是理想信念迅速变化的时期，是价值观、人生观、世界观从萌芽趋于形成的时期，是开始以道德意识、道德观念指导自己行为的时期。另一方面，这个阶段又是生理迅速成熟，而心理发展跟不上生理发育的青春期；逻辑思维尽管发展很快，而思维的批判性尚待成熟，看问题容易造成主观和片面；情绪情感日渐发展，但两极性严重，自控性差，使逆反、对抗心理容易出现。这是一个幼稚与成熟、冲动与控制、独立性与依赖性错综复杂的时期。因此，青少年期心理发展，必然是两极分化严重的阶段。这个阶段的主要任务之一，是处理好幼稚向成熟、童年向青年过渡时期的各种矛盾，使之日渐趋于成熟化。若处理不好，必然会使青少年心理产生这样或那样的问题。

总之，学生中由于社会和个体发展阶段的原因造成了各种各样的心理和行为问题。要预防、解决这些问题，一条主要的途径就是做好学生的心理健康教育。各级各类学校的教师是学生心理的"保健医生"，也必然成为心理健康教育的主力。为了学生的健康成熟，教师不仅要为他们创设一个和谐宽松的良好环境，而且需要帮助他们掌握自我教育，即调控自我和发展自我的方法与能力。

（三）心理健康教育方式和途径

上面提到的教育部《关于加强中小学生心理健康教育的若干意见》提出："通过多种方式，对不同年龄层次的学生进行心理健康教育和指导，帮助学生提高心理素质，健全人格，增强承受挫折、适应环境的能力。"可见，国家已把心理健康教育作为教育工作的重要部分，这就要求我们通过多种方式、手段和途径做好学生的心理健康教育。当然心理健康的方式和手段不仅具有多样性，而且涉及操作问题也十分复杂，我今天只是做"蜻蜓点水"式说明，以后会与大家一起细细地分析这些方式和手段。

1. 心理预防和心理卫生

心理预防，即预防学生在学习期间可能出现的各种心理行为问题，以使他们心理健康地发展，顺利完成学业。在心理卫生方面，应坚持的原则有：要使学生劳逸结合、保持身体健康；要按照不同年级或年龄安排好生活节奏；要正面教育、引导学生情绪情感良性发展；要积极开展青春期卫生教育（包括性教育）；要根据学生气质、性格和能力方面的特点，因材施教，充分发挥他们的潜能；要防止意外伤亡事故（在人生发展各个阶段，意外伤亡事故最严重时期在中学阶段，尤其是在初中期）的发生；还要特别加强大中小学衔接阶段和心理发展的关键期或转折期（如小学三、四年级，初中二年级）的心理保健措施。心理预防和心理卫生问题，主要依靠常规的心理健康教育课和班主任工作来解决。

2. 心理咨询

心理咨询的原意是指对人们，特别是对心理失衡甚至失常的人，通过心理商谈的程序和方法，使其对自己和环境有一个正确的认识，以改变其态度和行为，因此对社会生活产生良好的适应。心理咨询一般包括个体咨询、团体咨询和家庭咨询。来访者尽管有心理正常的人，但一般以心理问题或心理失衡甚至失常者为主。心理失常，有轻度的和重度的，机能性的和机体性的之分。心理咨询以轻度的、属于机能性的心理失常者为主要对象。心理咨询的目的，是要纠正个体心理上的不平衡，使其对自己与环境重新有一个清楚的认识，改变其态度和行为，以实现对社会生活良好的适应。

学校开展心理咨询，主要对象是学生，特别是那些"问题"学生和"学校处境不利"学生，其次是家长和教师。值得注意的是，许多家长和教师对学校心理咨询有误解，认为那只是针对咨询学生的，而与自己无关。实际上，许多家长和教师在教育学生的方式方法上不妥当，或面临着问题，他们也应该接受心理咨询。另外，学校心理咨询的目的是帮助学生学会解决心理发展中的各种疑难问题、克服各种心理障碍。要达到这一目的，学校心理咨询人员必须得到家长和教师的配合，一起会诊，分析学生的心理问题，掌握学生确切的征兆，把握原因，从而采取有针对性的措施以排除心理障碍。还应该指出的是，"问题"儿童青少年和"处境不利"儿童青少年，不只是一般学校里有，重点学校里也有。有些高考升学率达 100% 的重点中学，还是设置了心理咨询室。咨询人员都经过了严格培训，咨询室办得也科学，前来咨询的学生络绎不绝，还积极开展团体咨询。有条件的地区，还可以开展热线电话心理咨询。北京市就开设了王建宗任主任的青少年心理咨询服务中心，上海、石家庄等地也较为活跃。当然，要办好心理咨询室或咨询中心，咨询人员除了必须参加专业培训之外，还必须遵循如下原则：针对情况，给予教育；启发对方，解除负担；以友相待，尊重信任；注意保密，维护德性；预防为主，促进健康。只有这样，才能使学校心理咨询工作顺利地展开。

3. 诊断性评价

诊断性评价，是指根据一定的理论和标准，以使用心理学的方法和工具为主，对学生个体或群体的心理状态、行为异常或障碍，以及学生的成长环境进行描述、分析、归类、鉴别、评估的过程。诊断性评价是一个包括确定目的、观察现象、收集资料、查询原因、实施测量、综合评估等在内的完整过程。心理诊断是一项专业技术要求较高的工作，所以在开展中应做到：尊重客观心理事实；坚持科学严肃的态度；讲究系统整体性；从发展的角度对待诊断对象；注意保密；以教育为最终目标。

4. 建立心理档案

在学校心理健康教育中，建立学生的心理档案，就是一种一般的诊断性评价。在对学生进行心理辅导和治疗前，也要对学生进行综合的或特定方面的诊断性评价和建档,以确定症状,寻找原因,做出全面评估,并加以确诊,为进行心理干预做好准备。心理档案的内容可依据学校和学生的实际情况来定,比较常用的内容有智能,尤其是思维、学习能力、兴趣、动机、气质、性格、习惯等非智力因素,亲子关系、师生关系、同伴关系等人际关系,自我认识、适应能力、控制能力等自我修养,特长、职业倾向、理想、信念、价值观等心理深层结构,等等。为学生建立心理档案是件严肃的工作,要求建档单位或学校、建档人员必须经过专门训练,有较高的专业技术和职业道德,遵循心理诊断和测量有关的伦理原则,不能扩散、不能滥用、不能用作批评和衡量学生的依据。

5. 行为矫正

行为矫正,指对不同年级学生在语言、认知、行为和人际关系等方面的问题,进行心理学干预,具体地帮助道德越轨、学习困难、情绪挫折和社会性发展不良的学生获得正常的发展。目前,对多动症、学校恐惧症等的治疗中广泛应用了行为矫正。台湾心理学家林正文也为此来大陆做过系统的讲学,你们可参见林正文1998年在北京师范大学出版社出版的《儿童行为的塑造与矫正》,他介绍了行为矫正的方法。例如,有学校恐惧症的学生对离家上学极度害怕而表现出多种心理和行为征兆,如腹痛、头疼、呕吐、腹泻等躯体性症状,还伴有焦虑、抑郁和恐惧等心理症状。据统计,约有0.4%~2%的中小学生不同程度地患有学校恐惧症。学校心理学家对学校恐惧症的表现、病因及分类等问题进行了大量研究,并提出了基于经典性条件反射(系统脱敏法)和操作性条件反射的治疗理论,收到了较好的治疗效果。因此,中小学应与有心理学系或心理学专业的高等院校加强联系,只要有这方面条件的高等学校,我想他们肯定能帮助中小学教师掌握矫正学生行为的方法,或者直接帮助中小学做好行为矫正。

6. 学习指导

所谓学习指导,是指帮助学生实现教育的价值,以教材为媒介所进行的各种活动。包括学习内容的安排、学习方法的辅导、学习成绩的评估及其反馈等。特别是需要比较细致地帮助学生掌握学习策略和选择学习方法,使他们学会学习,进而按照良好的学习目标和学习程序进行学习,以便获得系统的知识,形成一定的能力。

7. 职业指导

职业指导，即对学生如何选择适当的职业加以指导，类似生涯规划指导。目前，北京市不少学校在进行职业理想的教育研究，以此作为学校德育和心理健康教育内容的一项重要改革。我们可以通过心理测量等手段，对学生个人的能力、性格、体力、家庭、经历等进行考察，通过调查和统计获得各种职业对能力和特长的要求，并向学生提供就业信息，指导学生选择合适的职业。这样，具体地帮助学生发现自己的特点，唤起他们对将来的思考，使学生得以正确选择并从事合适的职业，以充分发挥其能力和积极性。

8. 校园文化活动

环境是影响学生心理健康的重要因素。学生每天大部分时间在校园中度过，所以，校园环境对学生的心理健康影响至关重要，特别是校园文化、精神环境，这除了建设诸如校风、班风、教风、学风的学校精神之外，校园文化活动也发挥着其重要功能。校园文化活动的形式是多种多样的，例如，文艺社团、体育团队、科技兴趣组织，所有这些，对学生的智能因素和非智力因素的发展都有帮助。最近我随中央文明办领导去了长春市，考察了该市的"心理剧"，通过角色扮演，让学生身临其境地体验他人情绪情感，从而对某些问题又加深了认知和理解。由此可见，通过校园文化活动来渗透心理健康是一种有效的途径。学校和教师要为各种文化活动的开展提供有利条件，做好指导和组织工作。

上述八个方面的方式及其措施，涉及学生在道德、学习、成才、择业、交友、卫生、生活等方面的心理健康教育主要领域。学校里心理健康教育搞得好与坏，关键就在这些方式和途径上。这些问题的研究和解决，一定能促使我们的学生健康地成长。

三、学生心理健康的标准

怎样来判断学生的心理健康？我认为，第一，主观标准与客观标准的统一是心理健康的判别标准；第二，情绪是心理健康状态的直接体现和重要检测体系；第三,自尊是心理健康概念的核心,自尊有三种心理社会因素——自我认同感、社会能力、学习与工作能力和两种生物因素——相貌和天赋;第四,学生存在的问题是制定标准的前提。针对上面提到的学习、人际关系与自我的三个主要问题,可以从正面上去制定心理健康的标准。为此,我们做了一些探索,也就是说,对于广大学生心理健康在每个方面的具体标准,我们很难包揽无遗地逐条列出,但是从问题的正面出发,又考虑到主客观的统一、情绪情感和自尊三个依据,我和我的团队从下面三个方面加以概括:一是敬业;二是乐群;三是自我修养。

(一)敬业——学习方面的心理健康

学习是学生的主要活动。心理健康的学生是能够进行正常学习的,在学习中获得智力与能力,并将习得的智力与能力用于进一步的学习中。由于在学习中能充分发挥智力与能力的作用,就会产生成就感;由于成就感不断得到满足,就会产生乐学感,如此形成了一个良性循环。具体地说,学习方面的心理健康,表现在如下方面。

1. 体现为学习的主体

心理健康的学生,时时处处表现出自己是学习活动的主人和积极的探索者,体现为学习的主体。他们的学习积极性和自觉性是成功学习的基础,这使得他们学会学习,主动地去学习。只有学生主动学习、主动认知、主动接受教育内容、主动吸收人类积累的精神财富,他们才能认识世界,并促进自己的发展。

2. 从学习中获得满足感

心理健康的学生从学习中获得满足感,并从中增强对自己的信心,使自己充分相信自己具有学习的能力,以后会进一步地寻找机会发挥这种学习的能力,从学习中获得满足感。当然,这种成就感应是适当的,过强或过低都不好,因为急于求成和无所作为都是不好的。

3. 从学习中增进体脑发展

心理健康的学生能合理使用体脑,顺应大脑兴奋和抑制的活动规律,注重一定的运动调节,并注意体脑活动与睡眠的关系,从学习中增进体脑发展。借此防止学习中常见的前抑制和倒摄抑制；他们能自觉交替地进行各种学习。这样一来，他们就能借助体脑获得智力和能力的更好发展。

4. 在学习中保持与现实环境的接触

每个人都有幻想，在这方面，心理健康和心理障碍的人的根本区别在于，前者的幻想有一定的现实基础且在时间上比较短暂，他们能从学习中保持与现实环境的接触，不会妨碍其学习和人际交往，虽然他们也利用幻想补偿学习活动中未得到的满足，但在实际学习活动中却能面对现实、保持与环境的有效接触。后者则相反。

5. 在学习中排除不必要的忧惧

在学习中难免会有不愉快的情绪体验，如忧愁、惊惧、悲伤等，考试前的焦虑、教师提问时的紧张等，心理健康的学生能从学习中排除不必要的忧惧，摆脱消极情绪的困扰，进行合理调适。

6. 形成良好的学习习惯

学习习惯有良好的与不良的之分。有的学生会自己制订学习计划，独立思考，按时完成作业，经常复习、预习功课，长期坚持努力学习，经常综合整理所学知识，并逐渐形成良好的学习习惯。从学习中形成良好的学习习惯，有助于增进心理健康水平。

（二）乐群——人际关系方面的心理健康

人总要与他人交往，并建立一定的人际关系。学生的人际关系主要涉及亲子关系、师生关系和同伴关系等方面。学生与双亲、与教师的关系是一种垂直方向的关系，而与同伴的关系则是水平的关系。每个学生总是"定格"于人际关系网络中某个特定的位置，同时又与别人发生各种方式的联系。学生处理错综复杂的人际关系的能力直接体现了其心理健康水平。在人际关系方面，心理健康表现在如下方面。

1. 能了解彼此的权利和义务

心理健康的学生了解彼此的权利和义务，注意重视对方的要求，又能适当满足自己的需要。同时，做到孝顺父母、尊敬师长、亲近同学。这样能保证人际关系的健康发展。

2. 能客观了解他人

心理健康的学生不会以表面印象来评价他人，不将自己的好恶强加于人，而是客观公正地了解和评价他人，既能看到别人的短处，又能看到别人的长处。

3. 关心他人的要求

心理健康的学生知道只有尊重和关心别人，并在相互信任、尊重和关心中才能获得发展，他们能关心他人的需要。这就是孔子说的"君子贵人而贱己，先人而后己"的道理。

4. 真诚的赞美和善意的批评

心理健康的学生不是虚伪地恭维别人，而是诚心诚意地称赞别人的优点，对于对方的缺点也不迁就，而是以合理的方式加以善意的批评，并帮助他改正。

5. 积极地沟通

心理健康的学生对沟通采取积极主动的态度，在沟通中明确地表达自己的想法，并认真听取别人的意见；他们沟通的方式是直接的，而不是含糊其词，在积极的沟通中增进人与人之间的感情和友谊，真诚的友谊意味着健康。

6. 保持自身人格的完整性

心理健康的学生能和谐相处，并亲密合作，但不放弃自己的原则和人格，能保持自身人格的完整性，即在保持个性和人格的前提下亲密合作。

(三) 自我修养——自我方面的心理健康

心理健康的人了解自己，并悦纳自己。"人贵有自知之明。"心理健康的人能正确客观地认识自我，了解自己的能力、性格、需要，他们既不自卑，也不盲目自信；他们经常进行自我反思，看到自己的长处，更能容纳自己的不足，并寻求方法加以改进。心理健康的人常常能正确地认识自我、体验自我和控制自我。主要表现在以下六个方面。

1. 善于正确地评价自我

心理健康的学生能够正确地评价自我，不为他人的议论所左右。唯物辩证法强调"一分为二"地看问题，是很有道理的。自我评价标准也要一分为二。当然，这一分为二评价的标准，应该是正确的社会价值观。

2. 通过别人来认识自己

心理健康的学生能经常反躬自问："我在某方面的情况与别人相比怎么样？"他们能通过别人来认识自己。除了同周围的人相比较外，他们还常与"理想自我"相比。即从父母、老师、书本那儿获得知识和价值观，把它们融合成若干理想和模范，借此比较和仿效，作为判定自己位置与形象的量尺。别人也好像自己的一面镜子，当自己做得对时，别人就会给予肯定的评价；当自己的行为不当时，就会受到指责或反对。这时，心理健康的学生能虚心地、客观地接受别人的评价，从中认识自我。

3. 及时而正确地归因能够达到自我认识的目的

因为学业成绩或工作成果，通常反映了一个人能力的大小或努力的程度，但如何归因呢？是归因于运气、教师教得怎样、有否提供条件等客观原因，还是归因于主观的能力与努力程度？心理健康的学生能及时而正确地归因从而达到自我认识的目的，他们主要归因于主观，通过这些成绩或成果，就可以知道自己能力上的长短优缺，自己在某一方面用功与否，从而较为正确地确定自己的努力方向。

4. 扩展自己的生活经验

心理健康的学生对于新事物、新任务充满了兴趣和尝试的渴望；他们不断扩展自己的生活范围，乐于接触他人和新事物，从中获取一些新的经验，体悟其中的甘苦和道理。这样就能不断充实自己，超越自我，悦纳自我。

5. 根据自身实际情况确立抱负水平

心理健康的学生能根据自身实际情况确立抱负水平，首先能承认自己的短处，同时，又看到自己的长处，即认识到自己并不是一无是处，通过努力，自己可以做得很好；然后，设法弥补自己的不足，比如通过卓越的工作成绩来弥补生理的缺憾。他们善于根据自己的能力水平和目标的难易程度，把抱负水平定在既有一定的实现把握，又有可能冒失败风险的层次，以此激发自己努力进取。

6. 具有自制力

心理健康的学生具有自制力，善于为既定的目标而克服困难，迫使自己去完成应当完成的任务；善于抑制自己的其他不良行为和冲动，做到既不任性，又不死气沉沉、呆板拘谨；善于自觉地调节自己的行为以服从既定的目标；遇到挫折不忧郁，不悲愤，善于镇静对待，分析根源，保持乐观态度。

我在这里把这18个标准送给大家，仅供你们对学生心理健康量表的编制或研究所用。

以上就是我今天向大家汇报的内容。

谢谢大家！

心理和谐是心理健康教育的指导思想①

——在天津市滨海新区德育工作会议上的演讲

各位领导、各位老师、各位教育界的同仁：

上午好！

感谢天津市滨海新区教育局对我的邀请，让我来汇报中小学生心理健康的问题。在座的各位校长、各位老师对心理健康教育相当熟悉，有的学校开展心理健康教育已经 20 多年了。什么是心理健康与心理健康教育？这不用深入讨论了。简单地说，心理健康是指一种良好的心理或精神状态。心理健康的概念既代表心理健康，也表示它的相反方向——心理问题。围绕着心理健康开展的教育，咱们国家称为心理健康教育，在国外不叫这个，美国叫学校心理学，有些国家叫心理咨询。我看有些地方叫"心育""心理教育""心理素质教育""心理品质教育"，这都不能算科学的概念了。在我们国家从中央文件到教育部的文件里，只有一个概念，叫"心理健康教育"。

我今天汇报的题目是"心理和谐是心理健康教育的指导思想"。这个指导思想来自 2006 年党的十六届六中全会。我并不是说，之前的心理健康教育没有指导思想，而是说，有了党的十六届六中全会提出的"心理和谐"的概念，使我们国家心理健康教育工作更加科学、更加具体、更加深刻。

中共中央十六届六中全会通过的《中共中央关于构建社会主义和谐社会若干重大问题的决定》（以下简称《决定》）中，首次提出了社会和谐与心理和谐的关系。《决定》是这样指出的："注重促进人的心理和谐，加强人文关怀和心理疏导，引导

---

① 该主题首次演讲是 2006 年在哈尔滨师范大学为黑龙江省心理学会做的一场报告，后在教育部中小学心理健康教育专家指导委员会召开的工作会议上做了类似的演讲。本文是根据 2015 年 1 月 16 日在天津市滨海新区的报告录音整理而成的。

人们正确对待自己、他人和社会，正确对待困难、挫折和荣誉。加强心理健康教育和保健，健全心理咨询网络，塑造自尊自信、理性平和、积极向上的社会心态。"

习近平总书记在 2013 年中央政治局第四次集体学习时强调："各级领导机关和领导干部要提高运用法治思维和法治方式的能力，努力以法治凝聚改革共识、规范发展行为、促进矛盾化解、保障社会和谐。"

由此可见，社会和谐、心理和谐的重要性，把心理和谐作为心理健康教育的必然性。

一、把"心理和谐"正式写入《中小学心理健康教育指导纲要》

2012 年，教育部新出台的《中小学心理健康教育指导纲要》明确地把"心理和谐"作为指导思想。

（一）背景

我先来谈谈把"心理和谐"写进《中小学心理健康教育指导纲要》（以下简称《纲要》）的背景。

为了进一步科学而健康地在中小学开展心理健康教育，教育部命我们教育部中小学心理健康教育专家指导委员会在新世纪到来之后做好几件事，我们受命制订了四个文件。

第一，我们修订了《中小学心理健康教育指导纲要》。可能在座的校长们手里有以前教育部的文件，教育部的正式颁布文件叫《中小学心理健康教育指导纲要》，现在我们在这个《纲要》的基础上，为教育部修订了纲要，这是我们做的第一件事情。

第二，我们以"心理和谐"为纲，为教育部制定了《学校心理危机干预方案》。大家都知道，我们国家是一个自然灾害多发的国家，地震、冻雨、东部沿海地方台风，有各种各样的灾难，这一次上海黄浦区的踩踏事件，里面就涉及我们的学生遇难。因此，学校的心理危机干预的问题已经提到了我们各级领导包括校长的工作日程当中来。

第三，我们以《纲要》为基础，制定了《中小学心理健康教育教师的标准》。中小学心理健康教育师资的问题有一个认定问题，我们制定了相关的标准。

第四，我们是以《纲要》为前提，制定了全国示范地区与示范校标准。我们以此标准于 2013 年在全国评出了 22 个全国心理健康教育示范区，我还记得天津评的是南开区，上海评的是闸北区，北京评的是海淀区。

接着，我来汇报一下我们对《中小学心理健康教育指导纲要（2012 年修订）》（以下简称新《纲要》）的更新提出修订的意见和建议。2002 年颁布的《中小学心理健康教育指导纲要》（以下简称原《纲要》）是教育部的部定文件，经过教育部党组的讨论向全国颁发的。经过 10 年的使用，它所起的指导作用是明显的，但 10 年间社会变化，要求我们修订，以符合现实的需要。这项修订工作起始于 2012 年年初，经过一系列的调研、座谈和修订，又经教育部党组审查后以教育部的名义于 2012 年年底发布。作为教育部的新文件，有哪些新的精神，我先给大家做一个简单汇报。

第一，明确指导思想。我今天汇报的题目是"心理和谐是心理健康教育的指导思想"，新《纲要》明确地提出"心理和谐"为中小学心理健康教育工作的指导思想。新《纲要》在一开始提出"中小学心理健康教育，是提高中小学生心理素质，促进其身心健康和谐发展的教育"，也就是说把心理和谐和心理健康教育联系起来了，立足教育与发展，重在预防和危机干预，为了更好"育人为本，德育为先"。

第二，新《纲要》中明确提出加强心理健康教育督导，建议能够列为专项督导的内容，提高各级各部门的重视程度，并且把这项工作落实好。

第三，新《纲要》中明确提出加强对心理健康教育教师培训的问题，这就是说《纲要》已经把教师培训的问题纳入一个很重要的内容，以便心理教师自助、他助而提高自身的心理素质。

第四，原《纲要》中规定的每两周有一课时的最低标准，如果完全由学校来解决，因校本课程数量限制，落实起来有一定难度，因此新《纲要》建议这些课时由各省市主管部门从地方课程中统一解决。

第五，新《纲要》就明确解决心理健康教师编制和职称评定的标准等具体做了说明。前些日子听说有些地方的心理健康教育老师被评为特级教师，我自己碰到海南的一位心理健康教育老师，她兴奋地跟我说："我已经成为心理健康教育的特级教师了。"我也很高兴，向她表示了祝贺。

第六，新《纲要》对中小学心理健康的教育内容进行了大幅度调整。对小学低段、中段、高段和初中、高中段分五个阶段分别提出了不同的教育内容标准。

第七，鉴于心理健康教育工作的特殊性，对班主任、教研员开展心理健康教育工作也提出了要求和给予指导。

第八，中小学心理健康教育工作应该进一步和现代化的教育信息技术相结合，充分利用网络平台，拓展工作的方式，增强工作的灵活性，提高吸引力。

第九，要积极开通学校与家庭同步实施心理健康教育的渠道，积极配合社会各部门，比如文明办等共同做好心理健康教育工作。

这就是我给大家汇报的背景材料。

(二)心理健康教育的指导思想与教育方式的关系

心理和谐是心理健康教育的指导思想，心理健康教育的指导思想是心理健康教育要做的具体工作——教育方式的方向。指导思想问题是一个指针，是一个目标。方向问题尽管至关重要，但方向离不开具体要做的工作，这就是下面具体的方式。教育部发布的《关于加强学校心理健康教育工作的若干意见》明确提出，心理健康教育要有丰富、多种的教育方式，这个方式的问题应该就是心理健康教育的途径和方法。有哪些心理健康教育工作的方式呢？对中小学来说，我想主要有八个方面，这八个方面心理健康教育方式要用"心理和谐"来指导，来指明方向。对这八个方面今天我只能摆出一个框架，或亮一下观点。为什么呢？北京师范大学、天津师范大学将和滨海新区一起合作来探讨这八个问题或实施这八种方式，要做系统的培训。

哪八种方式呢？第一是心理预防和心理卫生的问题，学生不仅要讲生理卫生，同样也要讲心理卫生，比如说，怎么能够符合学生身心发展规律，做好因材施教，怎么能够安排好学生合理的作息时间，等等，这都有心理卫生的问题；第二是心理咨询的问题，它包括团体咨询、个别(个体)咨询和家庭咨询(治疗)，它是心理健康教育的关键方式；第三是诊断性的评价，就是针对学生不同的心理特点，不管是智力因素的还是非智力因素的，能够进行科学、准确的评价；第四是建立心理档案，也就是说，对有些学生的智力、思维能力、学习能力等智能因素，对学生的兴趣、动机、气质、性格、习惯等非智力因素，对学生的亲子关系、师生关系、同伴关系等人际关系的问题，对学生的自我认识、生活适应能力、控制能力等等自我修养的问题，还有特长问题、职业倾向问题、理想问题、信念问题、价值观等等深层机构的问题，按此对学生建立心理档案；第五是行为矫正，如果有些学生出现这样或是那样比较严重的问题，特别是道德逾轨、学习困难、情绪挫折、社会性发展不适，可通过行为矫正，能够扭转他们现在的局面，让他们能够很好地得到矫正和发展；第六是学习指导；第七是职业指导，这涉及生涯规划问题；第八是校园文化活动，现在非常流行的是演"心理剧"，2013 年中央文明办有关领导邀请我和他们一起去长春，考察长春市中小学的心理剧表演，学生演剧本，扮演里面的角色，通过有些角色，能够认识有些问题，从而促进心理健康。所有这些问题都是心理健康教育的方式问题，也是具体措施问题，尽管比较复杂，但它却是要解决过河时"桥"和"船"的大问题。我举一个例子，天津师范大学承担了高等学校心理健康教育方式的培训，他们在沈德立先生的领导下，每期花 20 多天的时间，集中向高校心理健康教育的教师进行系统培训，培训什么？就是我上面说的八大教育方式问题。因此我想，咱们滨海新区教育界的同行是不是和我们北师大、天津师大两所师范大学一起在心理和谐的指导思想下合作完成上面的培训，深入地来探讨这些方式问题、发展问题。

(三) 心理和谐为指导思想能更好地认识心理健康与德育的关系

我在这里着重提一下，教育部把心理健康教育纳入德育的一个组成部分，这是十分正确的，这也是社会和谐和心理和谐的必然要求。品德教育是德育的主要内容。道德准则或道德规范是以个人与自己(自我)、个人与他人、个人与社会关系为基础；而社会和谐和心理和谐是指处理好、协调好个人与自己、个人与他人、个人与社会三种关系。可见道德与心理和谐有着本质上的联系。这里，我们就心理健康教育和品德教育的关系做进一步的讨论。

1. 心理健康与品德交叉联结相辅相成

心理健康与品德交叉联结相辅相成主要表现在：一是两者内涵交叉联结，有时很难区分。正如我们上面提出的，心理健康和品德都是以自我关系、人际关系、群己关系这三种关系为出发点，来区别人与人之间心理是否健康或道德品质好与坏。因此两者内涵上说它们是紧密结合很难分开的。二是两者发展条件具有相似性或一致性。两者的发展条件具有一致性，正面条件如此，反面条件也是这样，像网络成瘾、离婚家庭等的影响问题，是在影响品德还是影响心理健康呢？我想是很难区分的。三是心理健康教育与德育的方式方法一致。比如，坚持正面教育、言教与身教并行等，这也是一致的。四是心理健康与品德发展相辅相成、互相促进。心理健康与品德发展相辅相成，表现在心理健康促进品德发展，品德发展也促进心理健康的发展，两者是互相促进的。

2. 在德育框架下开展心理健康教育

心理健康教育与德育两者之间也是有区别的。区别在哪里？一是附庸的对象区别。德育附庸于社会，心理健康教育附庸于人；德育主要是探讨与社会有关的问题，因为道德是一定社会关系的体现，反映着一定历史条件下的某种生产关系，它的最显著的特点是社会性；而心理健康主要是指个人，心理健康教育是为了提高每个学生的心理素质。二是内容和任务的区别。德育主要是培养人生观、价值观和世界观，而心理健康主要解决的内容是人格问题、情感问题和意志问题。所以德育更高的要求表现出工作的原则是价值导向；而心理健康教育往往以价值中立为工作原则。

然而，德育与心理健康教育是具有一致性的，两者最终目标都是实现德智体美全面发展的教育目标；两者遵循教育规律是一致的，都是以学生生理、心理发展水平为出发点，按照由易到难、由浅入深螺旋上升的规律；两者的服务主体都是学生，都考虑学生的主观能动性。所以心理健康教育是在德育的框架下开展的。

二、心理健康教育的目的是促进心理和谐

什么是和谐？不同人有不同的说法，我认为所谓和谐，是指处理和协调好各种

各样的关系，心理和谐和社会和谐是一致的；如前面提到的和谐社会的三个空间是自我关系、个人与他人关系和个人与社会关系；从心理和谐角度说，围绕这三个空间，我们的心理健康教育工作必须考虑以下六大关系：人与自我的关系，人与他人的关系，人与社会的关系，人与自然的关系，硬件与软件的关系以及中国与外国的关系。

第一，处理和协调好人与自我的关系，主要涉及"自我"心理健康的问题，如"信心""谨慎""勤奋""朴素"等，人与自我之间的和谐。信心是人与自我关系的首要因素，它是指相信自己的愿望或预料一定能够实现的心理。心理健康教育要求我们培养学生自我和谐发展，特别是培养学生的自信心，养成他们自信、自尊、自立、自强的品质。

我们党和国家领导人多次强调"我们有信心、有条件、有能力，一定能克服种种困难，把我国建成伟大的社会主义强国"。可见，信心对一个国家、一个民族来说是至关重要的，它是其成功发展的基础。而对个人的发展呢？对个人来说同样也非常重要，它是一个人成功人生的动力。以我自己为例，我在大学求学期间表现不好，落得大学毕业鉴定里三条致命的缺点：第一条是阶级斗争观念薄弱，因为我平时不跟人家斗，什么"与天斗其乐无穷，与地斗其乐无穷，与人斗其乐无穷"，对此我兴趣不大，而是老老实实读书求取学问，这与当时的时代有些不相融。第二条是与资产阶级知识分子划不清界限，主要指我太亲近我的有学问的老师。第三条是什么？先看来历。我的日记不知道被谁偷看了，我在某天的日记里写道："为什么国外有心理学派，中国没有？""好！你是野心家，你想建自己的学派，你年纪轻轻20岁出头，你怎么想建学派呢？"于是第三条是资产阶级名利思想严重。我带着这三个缺点离开了北京师范大学。还有因学科原因，心理学处于被打成"伪科学"的前夕，心理专业的毕业生就成了"处理品"。我想回老家上海，上海不要我，我想回出生地浙江宁波，宁波也不要我这样的"坏学生"，唯有北京市委书记兼市长彭真同志，他把分不出去专业的那些学生，只要不是思想反动，作风败坏，可留下来搞刘少奇同志提倡的半工半读，现在叫职业高中。我就这样留在北京郊区，搞刘少奇同志的半工半读。但是没有想到，第二年（1966年）刘少奇同志含冤地"被打倒"，半工半读搞不成了。我去了一个新建中学当老师，我满怀信心，到基础教育第一线，到基础薄弱校，我也对心理学满怀信心，认为自己所学的是科学，心理科学是打不倒的。我在基础教育界干得不错，一直到主持学校教育教学工作。与此同时，我在努力做好工作的过程中，在"文化大革命"中"斗批改"的夹缝中研究起学生的心理问题。直到1978年心理学恢复新生，我回到了北京师范大学，重新搞我自己的心理学。记得我从中小学再回到北师大时，带回五篇后来在核心杂志上发表的文章。1979年，在天津召开"文化大革命"后第一次心理学学术大会，因为"文化大革命"中心理学被打倒了，学术论文研究报告很少。我当时年纪不大，但经我的恩师朱智贤教授推荐，在众多老前辈面前，做了大会发言，报告了我在中小学工作时的心理学研究。我的人生经历可以对今天大学生有所启发。尽管今天大学生也面临着一些困难，但是比起我们这一代人，他们要幸福得多。所以我提倡心理健康教育要培养学生自我和谐的发展，特别提高他们的信心，养成他们自尊、自信、自立、自强的品质。这就是我对处理好个人与自己和谐关系问题的认识。

第二，处理好协调好人与他人的关系，也就是自己与别人的关系，又称"人己关系"，包括友朋关系、同伴关系、同事关系、敌我关系、同志关系、亲子关系、上下级关系、长幼关系。在心理和谐发展的过程中，我们应该培养学生良好的人际关系。今天新一代中学生中间，学生遇到的最大问题不是学习问题，而是人际关系的问题。北京有过这方面的调查研究，待会儿我会向诸位公布有关数据，而当前心理健康教育要关注的是人际关系，核心是两件事，一是孝道，二是团结合作。这里我想和在座的校长和老师们探讨一个问题：咱们的孩子孝顺父母吗？有些校长和老师在摇头，看来学生在孝道上有问题。不瞒大家说，有人这样评论我："林老师对农民的子女情有独钟。"没错，但为什么呢？因为我学生中的农民的子女的孝，深深地教育了我。我给大家举三个例子。第一位是教育部基础教育二司的副司长申继亮教授，他原是北师大的二级教授，出生在河南省最穷的一个地区，最穷的一个县，他父亲从病危一直到去世，继亮所表现出来的孝，是常人难能学到的优秀的"孝道"品质。第二位是中国人民大学心理学的学科带头人俞国良教授，他书写得特别多，怪就怪在他每本书的后记里面他都写一句话：我俞国良是农民的儿子。北京的一个宏志班，这是我们中学教育的典范，但听说宏志班的个别学生考上大学后就不承认自己是宏志班的学生，不承认自己是农民的子女。我认为这是一个人格问题，但是俞国良教授就不一样，他把最好的房子给他的父母，让两位农民老人来住。这是孝啊！第三个例子是宁波市教科所副所长史耀芳，他是我的一名硕士研究生，我有一次去宁波讲学，宁波市教育局的局长给我说，你的学生是位孝道的典范。我问怎么回事，他说有一天耀芳去宁波的郊区余姚市讲学回来，西服还没有脱下，看到一位老农在挑着担子卖橘子，他跑过去马上把这副担子抢过来，因为那老人是他的父亲。他穿着西服，挑着一副橘子担子吆喝："卖橘子!"大家一看，穿着西服的人卖橘子，大家就纷纷抢，一下子就把两筐橘子抢完了。这是教育局局长亲口对我说的。史耀芳没有觉得老农父亲卖橘子给自己丢脸，相反，他用实际行动行孝。因此从这三个例子中我深深体会到：孝，伟大的中华民族的优秀美德！我提倡孝道。

谈完孝道，我来谈人与人之间友善、团结。20世纪90年代有人曾开玩笑说，北京师范大学向美国推荐学生时，老校长方福康教授和我两个人一荐一准。这也许是我在写推荐时要强调学生两个优点：有创造性、有团队合作精神。美国强调团队合作，可是在我们的人际关系中，还经常有尔虞我诈，这怎么行呢？因此我深深地体会到心理健康教育就应该培养学生团结、友善、诚信的团队合作精神，这实际上在强调人际关系的"和谐"。有人说，"德智群体美"是我国台湾地区的教育目标，实际上这是20世纪30年代上海中学的学校培养目标。上海中学比不过天津南开中学的贡献，因为天津南开中学培养了两位共和国总理。但据统计，"文化大革命"刚结束时的清华大学三分之一的教授是上海中学的学生，上海中学培养了60多位院士，上海中学已有82位部级以上干部的毕业生，30多位将军和100多位大学校长。20世纪30年代，上海中学校长沈亦珍先生提出了"德智群体美"的培养目标，这个"群"就是处理好人与人之间的关系。后来沈校长辞去上海中学校长的职务，到欧洲去讲学，1949年他把上海中学的"德智群体美"带到台湾那边去了，海峡两岸都要强调人与人之间和谐关系的重要性。

第三，处理和协调好人与社会的关系，也叫作"群己关系"，包括个人对国家、民族、阶级、政党、社团、集体等关系，人与社会之间的和谐。爱国主义是人与社会关系的关键的核心。因此要求我们心理学注重社会化的研究，探讨爱国主义的形成和发展。心理健康教育要求我们在培养和谐群己关系时，要将涉及"明国情、懂国格、树国威、知国耻、扬国魂"的爱国主义措施作为心理健康教育的内容。同时，我还要强调爱国与爱党具有一致性的教育。这里我来讲一个发生在三年多前的故事。我应我们学校原党委书记、现北京师范大学珠海分校的董事长陈文博同志的邀请，到珠海分校做了一场关于创造性心理学研究的学术报告。我在做学术报告中，提到今天我们要培养创造性，必须有"两弹一星"的精神，并指出"两弹一星"精神的核心是爱国主义、艰苦奋斗。就在这时，有个学生举手并站起来说："林先生，您能不能停一停，我想提一个问题。"我请他提问题。他说："您刚才反复强调爱国，那么现在有人提到爱国时又强调爱党。爱国和爱党有什么关系啊？我认为没有关系。您说呢？"我请他坐下，并发表了自己的感受："今天上午我从深圳到珠海，路经虎门大桥，我让司机停车，我下车去参拜我们林家的爱国主义典范——林则徐，接着我面对虎门外面的大海，感慨万千。1840年爆发了鸦片战争，鸦片战争失败以后，中国开始沦为半殖民地半封建社会。请问诸位，是谁领导着中国人民推翻三座大山，成立了中华人民共和国，并宣布中国人民从此站了起来？是谁带领我们建成为伟大的社会主义强国，让其他国家不敢再侵犯我们？是我们伟大的中国共产党。历史和实践证明，办好中国事情关键在党；在当代中国爱党与爱国本质上是一致的；西方的多党制不能代表和实现中国人民的根本利益，过去我们唱着'没有共产党就没有新中国'，那么现在我们也可以理直气壮地说'没有共产党就没有中华民族的伟大复兴'。因此爱国和爱党的关系你弄清楚了吗？还用我再做详细的解释吗？"当时台下师生对我报以热烈的掌声，我把这个问题解决了。

第四，要处理和协调好人与自然的关系，这个要涉及一系列的问题，特别要"天人合一"的事情。在心理健康教育的过程中，我们要树立学生良好的环境观，促使学生形成爱护生命、爱护环境、爱护自然的品质，一句话，人与自然的和谐。

第五，处理和协调好硬件与软件的关系，我反复强调坚持以人为本的原则，充分调动人的积极性。我到哪儿去都要问一句，特别是到师范院校去讲学的时候我更要问一句："在我国用'师范大学'命名的最小的学校是哪所学校？"大家说不出来，我公布谜底，公布答案：北京师范大学。大家不信啊，我说没错！想当初，1950年，毛主席他老人家十分公平，给北大 3000 亩地，给清华 3000 亩地，给北师大 3000 亩地，北师大紧挨着城区，条件最好。北大现在有 4700 亩地，清华现在近 6000 亩地，北师大现在有多少亩土地？不到 1000 亩，地到哪里去了？当年那些领导高风亮节，把土地送给别人了：北京邮电大学是我们送的，中央教科院是我们送的，北京电影制片厂是我们送的，中国政法大学宿舍是我们送的，交通部的研究院是我们送的，南院还剩下 1000 多亩地，也送给老百姓盖房子了！老舍先生当年跳湖自杀的太平湖也应该是我们北师大的一个组成部分。北师大现在硬件是全国师范大学里最差的学校，但是由于我们北师大人坚持以人为本，调动人的积极性和创造性，2012 年剑桥大学等列出的世界高校排名榜，北师大被评为第 300 名，2013 年评为 254 名，中国学校中排名第八。不说别的学院，北师大心理同仁在国际最高级别杂志《科学》（Science）上就发了三篇文章。靠什么，靠艰苦奋斗！不瞒大家说，现在的校长董奇教授是搞心理学的，他没有白天没有黑夜，经常每天晚上两三点钟睡觉，为了建设好北师大，就要这么干！这就是今天北师大取得成就的来源。因此，心理健康教育中要强调这种艰苦奋斗的精神。这在中共中央国务院的文件也能找到依据。中央强调心理健康教育的目的是，培养学生坚韧不拔的意志，艰苦奋斗的精神和适应社会的能力。搞好硬件与软件的和谐，促进学生从小立志，树立成长为人才的远大的理想。

第六是处理和协调好中国与外国的关系，这个问题太复杂了，对心理健康教育说来，只要让我们学生做好"一件事"就行，那就是理智爱国！教育部中小学心理健康教育指导委员会有一年在成都开会，外面有人游行，做什么呢？我们听到口号声："打倒日本帝国主义！钓鱼岛是中国的！"这当然是好事，但是要理智爱国，说"钓鱼岛是中国的"行，但是你不能把我们同胞用的日本车砸个稀巴烂，如果损害了他人的利益，这就不符合心理和谐的要求了，也不符合我们国家的要求。

我的讲第二个问题讲完了。我们把心理和谐作为心理健康教育的目的要求，因为和谐凝聚力量，和谐成就伟业。

三、心理和谐对心理健康教育提出了更高的要求

以心理和谐作为心理健康教育的指导思想，必然向学校心理健康教育提出更高的要求。而当前全国开展心理健康教育的现状，正是进一步开展心理健康教育的基础。

(一) 当前我国心理健康教育进展与问题

从 20 世纪 90 年代初开始，我国大、中、小学陆续开展了颇有声色的大、中、小学生心理健康教育，成绩十分显著。

①积极建立大、中、小学心理健康教育的体系，积极探索心理健康教育的机制。什么样的体系？这里有一个天津师范大学的老领导、著名心理学家沈德立教授和我们一起规范的高校学生心理健康教育体系(见图 1)。说心里话，我每次到天津来都怀着沉重的心情，都想念着沈德立教授，他去世得太早了，如果说我对天津的教育界、心理学界有感情的话，也是从沈先生那边开始的。30 多年的友情，情同手足，他领导了高校心理健康教育的工作，促进了心理健康教育工作的改革，为我们中国心理学的建设写下了光辉的一页。这里有沈先生、我和王登峰三个人 2004 年发表的一篇研究报告，是教育部优秀教学成果奖的内容。

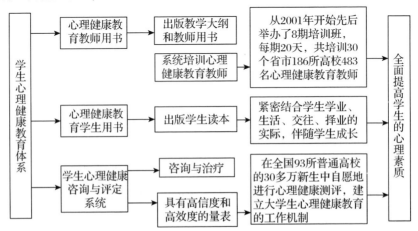

图 1　学生心理健康教育体系

我们认为这是心理健康教育的体系，也就是从学生出发，经过三个环节：第一是心理健康教育的教师培训，即师资队伍的建设；第二是学生用书，学生用的教材，紧密结合学生的学习、生活、交往、择业等实际；第三是方式，工具、手段，特别是咨询和治疗，及具有高信度、高效度的量表。我们在 2003 年，建立了全国的 93 所高校学生心理档案，这里面包括教育部的 76 所高校，还有一些省市的重点高校。建档对象是刚入学的 30 多万名新生，以自愿原则建档。我可以告诉大家一个数据，30 多万名刚刚从高中考上大学的新生，我们给他们做了诊断性的筛选，发现真正有问题的是 36 个学生，35 个学生所在的大学相信我们并都很好地配合，后来他们都健康地离开了学校，有的到了工作岗位，有的考上了研究生；只有一所大学，当时不相信我们测查的结果，后来，这个学生跳楼自杀了。但是不管怎么说，老师们可以比对一个数据，30 多万和 36，说明真正有心理问题的高中生和大学生是极少数的，几乎是万分之一。因此我们能不能得出这个结论：今天的大中小学生心理健康是主流，学生来咨询、来辅导、来求取帮助，说明学生要求健康是第二个主流。

②认真开展心理健康教育活动，有全国和地方的，"5·25"被教育部和团中央确定为大学生的心理健康日，现在中小学也在用这一天，"5·25"这一天是全国学生心理健康日。

③建立心理健康教育的网站，有工作网络、教育网络、服务支持网络等。

④加强与心理健康教育有关的一系列课题的研究，有些课题获上千万的研究经费，最近北京十四中就获得上千万心理健康教育研究的科研资金。

⑤积极建设心理健康教育教师队伍，目前大多数省市人事部门已解决心理健康教育教师编制和职称等问题。我不知道咱们天津怎么样，因为我刚才忘了请教一下咱们王局长(回答已经解决了)。

⑥积极贯彻中央有关文件中关于心理健康教育指导精神，认真实施教育部大、中、小学心理健康教育指导纲要。

当然，我们的大中小学心理健康教育也存在一些不足。例如，专业化、规范化建设不够，队伍质量和水平有待提高，资源整合尚需深入，工作发展不够平衡等。

因此，大、中、小学心理健康教育组织机制建设问题是摆在我们面前亟待解决的大事。

(二) 心理和谐对心理健康教育提出了更高的要求

1. 心理健康教育必须要坚持正面教育

对这个问题，我想多讲几句。我刚提到的中国人民大学俞国良教授，他曾在北京海淀区中关村一小开展了心理健康教育实验，中关村一小学生大多是中科院研究人员的第二代或者第三代。俞国良教授在开题的时候，我也出席了，会上来了一位老院士，作为家长，他问我："你们要搞心理健康教育，是不是我们的学生问题太多了?"我回答他，心理健康教育绝对不是我们学生中问题太多了，而是面向全体，提高全体学生的心理素质。一个人心理素质应该是其所有素质中的核心素质。比如说，有没有信心，是衡量一个人能否成功的基础；能否处理好人际关系，与人合作，是能否有群众观念的基础；能否处理好个人与社会的关系，是能否增强其社会责任心并懂得爱国爱党的基础。我这么一解释他就没有意见了。他说，你们心理健康教育主要是使一个人的心理素质极大提高，我们不会有意见。但是我们另一方面应当看到什么，在整个国际上，长期以来，病理学与缺陷观占据心理学的主要地位，而忽视了对人类积极特征，如乐观、希望、知识、智力和创造力等的研究。在心理健康与否测试上，往往用消极的量表。各位校长、老师，你可能听说过你们学校经常使用的一个量表叫 SCL-90 量表，我敢说，如果用这量表来测评，你我都有心理问题。为什么呢? 测查工具本身是消极的，用消极面来问你，你只要回答"有"，那你心理就不健康，于是在这种背景下，国际上产生了积极心理学。

积极心理学是关于人类幸福和力量的科学，它产生于 20 世纪末，创始人是美国心理学家马丁·塞利格曼(Martin Seligman)，以研究人类的积极心理品质、关注人类的健康幸福与和谐发展为主要内容，试图以新的理念、开放的姿态诠释与实践心理学。从这个角度讲，我们国家提出来的心理和谐，从内涵上讲是积极心理学的核心；从外延上说，它几乎包含了积极心理学的所有内容。这是我在清华大学举行的首届国际积极心理学大会上的发言亮出的一个观点。从中我们可以看出心理健康教育必须坚持正面教育。教育部文件里提出，对于中小学心理健康教育要从心理和谐出发，开展中小学心理健康教育，要以学生发展为根本，遵循学生身心发展规律，必须坚持以下基本原则：第一，坚持科学性与实效性相结合。主要讲究实效而不是花架子。设置在我们北京师范大学的教育部基础教育监测中心，面向全国抽样调查，结果发现有心理咨询室和没有心理咨询室所开展的心理健康教育效果差不多。有人非要追求现代化的心理咨询室，我认为有条件的你就上，你就建，没有条件的你就不上、不建。我绝对不提倡有条件的上，没有条件创造条件也要上的做法。实事求是应该是第一条原则。第二，坚持发展、预防和危机干预相结合的原则。立足于心理和谐为基础的积极心理品质。在做心理咨询和预防时，心理讲座是中小学喜闻乐见的一种形式，每次讲座都是根据中小学和教育工作的需要，比如考试前，学生有考试焦虑，于是学校就组织一场怎样克服考试焦虑的报告；刚入学涉及如何适应新环境的问题，可以做一场适应环境的讲座；到了青春发育期，就举办青春快乐谈心会以及异性交往的技巧讲座，所有这些都是为了起预防作用。第三，坚持面向全体学生和关注个别差异相结合的原则。心理咨询往往是面对个别学生，可是面向全体学生更重要，刚才一系列喜闻乐见的讲座就是面向全体学生的。第四，坚持教师的帮助（或他助）与学生的自助相结合。这些都是开展正面教育。

教育部文件里面讲，心理健康教育的总目标是"为了提高全体学生的心理素质，培养他们积极乐观、健康向上的心理品质，充分开发他们的心理潜能，促进学生身心和谐可持续发展，为他们健康成长和幸福生活奠定基础"。现在好多学校，比如北京十九中，大门口就有一块大石头，上面写着："为学生终身幸福生活奠定基础。"心理健康教育的具体目标是"使学生学会学习，正确认识自我，提高自主自助和自我教育能力，增强调控情绪、承受挫折、适应环境的能力，培养学生健全的人格和良好的个性心理品质；对有心理困扰或心理问题的学生，进行科学有效的心理辅导、咨询、帮助，及时给予必要的危机干预，提高其心理健康水平"。这就是教育部文件的要求，都是正面的教育的要求。这些目标突显：第一世界眼光，第二中国情怀，第三时代特色。我为什么这样讲呢，因为心理健康教育是从国外来的，我们今天的教育必要与传统美德相结合；与此同时要具有时代的特色。讲到"时代特色"，使我想起了 2014 年，我回到我曾经在基础教育工作 13 年的那个区，有些老同事问我，咱们以前也没有搞心理健康教育，我们那么差的一个学校不是也培养了那么多的好学生。他们指的"差校"是我从教的一所新建校。那个学校有四个问题交结在一起：第一是阶级斗争和民族斗争交织在一起，少数民族占 40% 以上。第二是三个区交叉的地方，谁都不管的地方，现在盖成外交公寓了，成了外国人居住的地方，非常热闹。但当时有一片小树林，每天晚上男老师要送女老师出小树林。8点钟，因为流氓经常在小树林里面出没，第三是知识分子的子弟和广大劳动人民子弟的矛盾，这一带小市民多，如拉黄包车的，卖炸油饼等，如"阶级分析法"中讲的"流氓无产者"比较多。第四，生活环境杂乱，北京现在的二环旁边过去有一条铁路，有一条护城河，我有一天骑自行车从护城河过小桥的时候，有一个学生喊："林老师你可接住。"原来是一个学生在火车上把一个西瓜朝我方向扔过来。我头一偏，啪！这个西瓜掉到护城河里去了。这一带的大人孩子都像铁道游击队中的角色上火车，吃的用的穿的都是从火车上"取"下来的。就是这样的一所学校，我在那边工作 11 年，那时候，尤其是乱校里学生真有点"傻吃傻喝傻睡"，哪有什么心理问题啊。因此我可以给大家说，心理问题是一个国家发达的标志，所以我国以前没有，现在才有，重点学校比非重点学校要多得多，自杀的学生，一般的大学有吗？极少！我到山西忻州师范学院去，我问校长，你们学校有多少人自杀？他说一个都没有，可是重点大学就有自杀。中学里心理问题多的也在重点校。这就是心理健康教育时代特色的特点。随着生活和工作节奏的加快，个体在工作、学校、生活等方面遇到各种应激事件，随着应激状态的持续，人们很容易产生心理失衡和心理压力，从而导致心理问题。

2. 健全心理健康教育网络

按照中央关于"心理和谐"的文件精神，要健全心理健康教育网络。根据北京师范大学的经验，有三级网络：工作网络、教育网络和服务支持网络。工作网络是一个有伸缩性的网络，以第一级为哪一个单位来建立。例如，如果教育部是工作网络第一级，每个省市第二级，下面每个学校第三级；到了咱们滨海新区，如果说工作网络第一级是主管心理健康教育的区教育局领导，第二级就是各个学校的德育副校长，第三级是心理健康工作的老师；到学校里面主管心理健康的校长就是第一级，第二级是分管心理健康的德育主任，第三级就是心理健康的老师和班主任。因此不同单位有不同工作网络的三级的区别。

教育网络以所面向对象加以区别。面向绝大多数，进行心理健康教育，以提高学生的心理素质，这就是第一级教育网络。第二级是指暂时出现问题了，例如，学习困难、与人不和、与同学吵架闹情绪等一系列的问题出现了，要来咨询，要来辅导，如果这类问题的人多了，搞集体的或搞团体的辅导，或者叫团体咨询，家庭出问题有家庭咨询。第三级是指极个别的，必须到精神病医院去不可，那就得和医生配合，这就是三级的教育对象。

服务支持网络，就是像今天，就是一个服务支持网络。如研讨会、论坛，可以以教育部为单位，可以以一个市为单位，也可以以一个区为单位，当然往下走也可以以学校为单位，也可以以班级为单位，构成服务支持网络。

建立了这三种网络，以和谐心理为教育目标的心理健康教育的整个教育体系就有了。

从以上三种网络出发，必须处理好教育模式与医疗模式。咱们学校所面临的心理健康教育主要是教育模式，医院里需要医疗模式，两者统一，相辅相成，这才是社会和谐的态度。

3. 关注职业倦怠

在社会和谐与心理和谐的背景下，心理健康教育绝对不是只关注学生，还要关心我们中小学老师。什么叫职业倦怠？职业倦怠指从事高强度、高人际接触频率的人员产生的情绪衰竭、去个性化和个人成就感低落的症状。通俗地讲，就是不想干了！现在我们老师中间有的就遇到较严重的职业倦怠问题。目前社会上三种人最容易职业倦怠：第一是警察，据悉2014年公安系统因公殉职者就有939位。不瞒大家说，我亲外甥是警察，曾经为维护正义，被人家捅了一刀，刀差不到1cm就进主动脉了，他保住了一条命，宁波公安局授予他二等功。第二种是医生，医生是白衣战士，救死扶伤的大功臣。但是医生的工作太苦了，我不知道天津的医院每天接待多少病人，北医三院，每天挂号场面赛过集市，据说有三四千人。许多医生12点下不了班，有的甚至 2 点钟还吃不上饭。第三种职业就是我们中小学老师，北师大心理学院调查结果显示，大约 16% 的中小学教师有职业倦怠，如果按这个比例推算，全国就有近 200 万名中小学教师处于职业倦怠的痛苦之中。为什么我们中小学老师会有职业倦怠？我自己当过 13 年的中小学老师，有亲身体会。老师们"两眼一睁就忙到熄灯，钻进被窝还在想着宝贝学生"。累不累啊！苦不苦啊！因此我们要关心咱们的老师，尤其是在座的各位校长，您要做老师的贴心人，这也是心理和谐对学校心理健康教育工作的要求。

4. 加强心理健康教育教师队伍建设

加强心理健康教育教师队伍建设，这也是践行心理和谐指导思想的需要，但这一点我就不再展开谈了。我们在修订《纲要》时，提出一个师生比，教育部因考虑到西部地区实际情况，所以没有列上。但是教师队伍建设问题还是非常重要的。我建议天津市农村中小学至少配备一名专职心理健康教师，并逐步增大专业人员的配比，形成农村学校 1∶1500 的师生比，城镇学校专职教师与学生大约按照 1∶800，有条件的学校可以到 1∶500。北京第十九中是 1∶400，这所学校在心理健康教育中成绩斐然，已成为心理健康教育对外开放的一个示范校。

四、心理和谐要求我们从人文关怀的角度关注学生面临的社会现实问题

现在我们谈第四个大问题，心理和谐要求我们从人文关怀的角度关注中国社会面临的现实问题。关怀什么呢？关怀学生中各种各样的心理问题和行为问题，特别要关怀中小学生中的弱势群体。

(一)重视学生的心理行为问题

重视学生的心理行为问题，进而从不同年级学生的实际出发，心理健康教育按《纲要》做到循序渐进，设置分阶段的具体教育内容，分小学低年级内容、小学中年级内容、小学高年级内容、初中年级内容、高中年级内容。

学生有哪些问题呢？我来先讲个故事。北京第十四中校长是王建宗先生，他早

在 1993 至 1998 年担任了一个基础薄弱校即北京 182 中的校长，他的理念是校长不能选择学校，而学校必须要依靠校长。面对一所基础薄弱校、一所乱校，从何入手？他想"以人成事"，这人就是教书育人的人。如何教书育人，从心理健康教育入手，办出一所特色校来。一年后，北京市宣武区（现西城区）教育局为他在 182 中挂了两块牌子，一块是北京市 182 中，还有一块是北京市青少年心理健康教育学校。他们不仅在 182 中学校里从促进学生的良知、情感、价值观的发展，提高了办学质量，而且创建了北京市中学心理辅导电话热线。五年时间他们收到全市中学生打进的共 6 万多人次热线电话。王校长梳理了一下，心理健康问题表现在人际关系上占42%，有亲子关系、师生关系、同学关系、对异性的认识，以及跟人的交际困难等；心理健康问题表现在学习上占 27%，有学习方面的压力，学习没有兴趣、没有动力、没有需要，学习成绩差，学习考试焦虑，最严重的，大约占 2‰ 到 4.7‰ 为学习恐惧症，如一到考试的时候就发烧，一见到某老师就头疼、肚子疼等；以上两个问题表现加在一起约占 70%；心理健康问题表现在"自我"约占 20%，有不能够准确地认识自己，不能够正确地体验自己，没有幸福感，不能够控制自己。北京某初一女学生，其母工作繁忙，来不及为她做好饭菜，也来不及做详细解释，让她匆匆吃了顿方便面，可是这个女生自我认识较差，误认为母亲对她有看法，自我体验不准确，觉得失去了母爱，再加上缺乏自控力或自制力，结果因为吃了一顿方便面而自杀，酿成了一个悲惨的结局。剩下 10% 为其他问题。

为什么会产生这些心理与行为问题的表现？我们来分析一下原因，和德育的原因一样，既有主观原因，也有客观原因。学生的主观原因或自身原因是中学生所处的阶段。中学阶段，特别是初中阶段，是心理学中的"狂风暴雨"岁月，是逆反心理最严重的时期。我的初中母校——上海市浦光中学 105 周年校庆时，我回到母校。我在大会发言时，回忆了我自己的初中时期的表现，我在发言中插了一段对话：我说有人问过我，你教过中小学，又教了大学，又带了研究生和博士生，哪个阶段最难教？他们希望我说博士生最难教。我开玩笑地说，博士研究生最好带，学生还帮助老师打工。最难教的是初中，为什么呢？"软硬不吃，刀枪不入。"因为初中生到了人生的十字路口阶段，不管是生理还是心理都到了一个关键期。这是最难教育的阶段，所以我趁着母校 105 周年庆典，来向我初中的老师们致谢。

与此同时，今天学生的心理问题还有客观原因，具体有四个方面：一是社会原因。今天社会上唯经济主义严重，一切向钱看，学生中间攀比的现象十分严重。二是学校原因。学校本来是坚持德育的地方，可是现在德与智之间，以德为先了吗？没有，与追求升学率相比，德育只能够落在后面，学生心理、道德就会产生问题。三是家庭原因。独生子女家庭养成孩子任性、不够勤俭、独立性差等问题，现在最严重是离异家庭，全世界都一样，父母离异以后所造成的影响，绝对不是短期的，而是长期的，影响他们未来的成长，未来的恋爱，甚至婚后的生活，男孩受到摧残比女的严重，因为父母离异以后，往往父亲不管孩子，男孩也好，女孩也好，几乎都归妈妈抚养。这种情况下，女孩因为有母亲形象为榜样其成长还可以正常发展，男孩则不行了，在妈妈的"娘娘腔"跟前长大，缺乏男子汉形象的榜样绝对不是完善的教育。现在的少年犯里，三分之二以上是离异家庭的孩子。看到离异子女心理问题严重，我于此只能是拜托各位校长，特别是我们的班主任，把这个社会上踢过来的皮球接过来。在离异家庭子女教育方面，天津做得十分出色。在我们 29 省市自治区离异家庭子女研究协作组里，沈德立先生主持的天津分课题组，给我们提供了 15 个个案，来自咱们 15 所天津的中学的离异家庭：一个孩子再不萌发杀人的念头；两个孩子再不离家出走；三个孩子改变了厌学、混学、逃学、辍学的现象；四个孩子改变了亲子关系；五个孩子在逆境中成长，成为三好生。这些都是天津中学的班主任工作的成果，为我们整个课题组提供了宝贵的教育经验。四是媒体和网络的原因。有一次我在国务院妇女儿童协调委员会开会，作为一名教育界的代表，我从一个老教育工作者出发，希望文艺界可怜可怜我们中小学生。我话还没有说完，一位女导演腾一下站起来，指着我的鼻子骂："瞧你这个样，都像你这样，我们文艺界能腾飞吗？"我的学生今天就坐在台下可以证明，我是轻易不发火，讲究与人为善的人，可是那一天我不知道为什么，我当时不知道哪里来的勇气，竟然说出："如果是这样，小心你们就是教唆犯！"说完以后，就等三位秘书长的高见了。首先站起来的是我们的柳斌同志，教育部的老领导。我想坏了，柳斌同志今天一定会把我批一顿，说我开会不冷静。没有！柳斌同志是这样说的："我认为今天的媒体特别是影视，相当一部分内容是拳头加枕头。"哇！我很高兴，柳斌同志支持我，我还用解释吗？互联网是把双刃剑，我们要充分肯定它的科学、进步及其产生的积极影响，但也要看到它的另一面，即消极面，今天学生上网吧，绝不是好事。

至于学生中心理问题学生占多少，媒体宣扬有点过分，使我曾给教育部的领导说，干脆把我们的大学，中小学统统改为精神病医院。他们看着我，看我的眼睛发直没有，也就是我有没有精神病。结果一看我也很正常的，就问我，林先生你怎么回事？我说媒体上讲心理不健康的大中学生占 20%、30%、50% 甚至 70% 以上。就像是 60 分考试及格，统计学里面讲 75%，也就是第三四分点一过，那是绝对有效的凭据，我们学生竟然达到 75% 的心理不健康，那我们办中小学、大学有什么用呢，还不如改为精神病医院。我还对国务委员、教育部原部长陈至立同志说过："您能不能发个指令，希望媒体不要给我们心理健康的问题这么炒作，炒作了半天，不是推动我们心理健康教育，而是成为我们心理健康教育的障碍。表面看起来好像是在说，学生这么多心理不健康，你们的工作多么有价值啊。实际上这是骂我们，糟蹋我们的心理学。"我的结论还是前面汇报的，大中小学生的心理主流是健康的。

(二)重视严重的心理障碍

应该重视严重但极其少数的心理障碍症，尤其是抑郁症和抑郁倾向。对于社区来说，主要要关怀的是抑郁症病人，要和医生配合，防止患者有自杀的倾向。目前，心理学与精神病学对于患者自杀的预防问题做了大量研究。对于学校来说，主要要关怀的是有抑郁倾向的青少年，做好这类青少年的预防、咨询和初步治疗工作。

(三)关怀儿童青少年中的弱势群体

应该关怀青少年中的弱势群体。这主要包括：第一，留守儿童青少年。20 世纪 80、90 年代以来，农村剩余劳动力在涌向城市的同时，很多人把孩子留在了农村，并托付他人代为照看，形成了中国特有的一个新的处境不利群体——留守儿童青少年。在缺乏父爱或母爱的家庭环境中，如何使留守儿童青少年保持心理的和谐和健康，摆脱孤独感等，这些都为心理学的研究工作提出了新要求和新挑战。第二，流动儿童青少年。农民工进城的同时把孩子也带进城里，这些进城市的儿童，形成了另外一个新的处境不利群体——流动儿童青少年。如何使流动儿童青少年更好地适应城市生活、融入社会以及他们的教育安置问题，都为心理学研究提出新要求。第三，离异家庭儿童青少年。作为父母婚姻破裂而导致家庭解体后出现的特殊社会群体，离异家庭儿童青少年的心理发展和教育已成为一个世界性的社会问题。第四，贫困儿童青少年。这包括城市内的和乡村的贫困儿童。这也要求我们要注重教育的普惠性，推动公共教育资源向农村、中西部地区、贫困地区、边疆地区、民族地区倾斜。第五，艾滋病致孤孤儿。他们是由于父母双方或一方感染艾滋病毒而成为孤儿。2004 年，卫计委估计中国至少有 10 万名艾滋病致孤孤儿。联合国儿童基金会预计在未来五年这一数字将增加到 26 万，其中年龄在 10～14 岁的艾滋病致孤孤儿占 80%。这些儿童非常需要我们整个社会去关爱。

(四) 重视灾后受灾群体的心理疏导

个体经历灾难(如地震)后，通常会经历三个阶段：紧急应变期、冲击期、心理重建期。针对灾后受灾群体的特点，特别是儿童青少年发生的心理变化，如何更好地进行心理疏导，是摆在研究者面前的重大课题。2008 年在心理疏导的培训会上，我们对四川灾后心理疏导工作的四点建议是：①帮忙不添乱，绝不能造成二次伤害；②科学有序是做好从心理救助到心理援助工作的关键；③明确培训对象与任务；④坚持伦理性与科学性。

(五) 重视学生心理健康标准的制定

学生心理健康有没有标准？有。从心理和谐和人文关怀出发，我提出如下标准的初步设想，供大家制定学生心理健康标准时参考。

1. 学习方面的心理健康 (敬业)

学习是中小学生的主要活动。心理健康的学生是能够进行正常学习的，在学习中获得智力与能力，并将学得的智力与能力用于进一步的学习中。由于学习能力充分发挥其智力与能力的作用，就会因此产生成就感；而成就感不断地得到满足，就会产生乐学感，如此形成一个良性循环。具体地说，学习方面的心理健康，表现在如下方面：一是体现为学习的主体；二是从学习中获得满足感；三是从学习中增进体脑发展；四是从学习中保持与现实环境的接触；五是从学习中排除不必要的忧虑；六是从学习中形成良好的学习习惯。

2. 人际关系方面的心理健康（乐群）

人总是要与他人交往，并建立一定的人际关系。中小学生的人际关系主要涉及亲子关系、师生关系和同伴关系等方面。学生与双亲、与教师的关系是一种垂直方向的关系，而与同伴的关系则是水平方向的关系。每个学生总是"定格"于人际关系网络中某个特定的位置，同时又与别人发生着各种方式的联系。学生处理错综复杂人际关系的能力直接体现了其心理健康水平。在人际关系方面，心理健康表现在如下方面：一是能了解彼此的权利和义务；二是能客观了解他人；三是关心他人的需要；四是诚心的赞美和善意的批评；五是积极地沟通；六是保持自身人格的完整性。

3. 自我方面的心理健康（自信自尊）

心理健康的人了解自己，并悦纳自己。"人贵有自知之明"，心理健康的人能正确客观地认识自我，了解自己的能力、性格、需要，他们既不自卑，也不盲目自信；他们经常进行自我反思，看到自己的长处，更能容纳自己的不足，并寻求方法加以改进。心理健康的人常常能正确地认识自我、体验自我和控制自我。主要表现在以下六个方面：一是善于正确评价自我；二是通过别人来认识自己；三是及时而正确地归因能够达到自我认识的目的；四是扩展自己的生活经验；五是根据自身实际情况确立抱负水平；六是具有自制力。

最后我来讲结束语。这就是今天咱们所讲的心理和谐，要求人们重构关于中国经济社会和谐发展的指标体系，为心理健康教育提供更高的社会化的需要。

第一是人类发展指数，该指数的目的在于展示一个国家是如何使国民长期享受健康生活的，所以人类发展指数与心理健康直接相关联，人类发展指数由三个指标构成，即一个国家或社会的国人寿命、受教育程度和人均 GDP，这影响一个国家或地区人们的心理水平。寿命，我们国家从解放初期的 37 岁到现在的 72 岁；受教育程度，以成人的识字率(2/3 权重)和受教育年限(1/3 年限)为标准；人均 GDP，国际人均 GDP 是 10486 美元，目前我国人均 GDP 为 6747 美元，但六个省市自治区已达国际人均数：天津第一，北京第二，上海第三，江苏第四，浙江第五，内蒙古第六。

第二是幸福指数，从 20 世纪 60 年代开始，GDP 和 GNP 等经济指标并不足以评价个人和国家真正的幸福感。代表心理健康的主观幸福感，逐渐成为评价一个国家国民幸福程度的重要指标。什么叫幸福？国际上有三个共同的认识：一是幸福由认知、情感和个性人格来决定；二是幸福感不幸福感主要指比较而言；三是金钱不能从根本上决定幸福指标。你看特有钱的人也有许多人自杀，这是为什么呀？因为金钱不是幸福感的根本。幸福指数都提出成为心理健康，尤其是积极心理学的核心概念。

第三是信任指数，这是指政府对社会、对咱们老师等他人的一种深信并敢于托付的指数。在学校，只有对老师产生信任感，才能使学生有安全感和心理健康的感受。

第四是青少年发展指数，它主要指开发儿童青少年的认知、情感、社会和体能等方面的潜力。它的反面是风险指数，即一个国家的儿童青少年总数与经历风险，如身体残疾、营养不良、心理障碍、性别歧视、家庭暴力和同学欺负等因素的儿童青少年相对比例数。告诉大家一个好的结论，我国儿童青少年的风险指数是世界上最好的，即风险指数最小的 18 个国家之一。因此，青少年发展指数紧密地和心理健康相联系。

第五是教育指数，可以理解为一个国家和地区各级各类教育事业发展与安排的指标。如教育指导思想、目标、任务、规模、结构、投入等各项指标。不用问，各位在座校长、老师最关心的是"教育投入"指标。有媒体报道有些地方的老师上街，是因为工资发不出来，或者一年才发两次工资。这样怎么能行？当然这些问题只在极个别地方存在。这对老师的心理健康是有直接影响的。我们希望社会和谐和心理和谐，尽管教育投入问题已获得基本解决了，然而，我们期待全国的所有地区都顺利实现 GDP 4% 以上的投入，愿我国教育界、校长和老师们幸福！

谢谢各位校长和老师这么认真地与我一起完成今天上午的任务！

对创造性教育的几点思考①

——在华南师范大学"勤勤论坛"上的演讲

各位老师，各位同学：

下午好！

感谢莫雷副校长邀请我赴华南师范大学"勤勤论坛"并荣幸地做第一场演讲。自从 2006 年《国家中长期科学和技术发展规划纲要（2006—2020 年）》颁布以来，培养和造就高素质的创造性人才的呼声越来越高。因为创造性人才是实施科教兴国战略的一项重大措施，是创建创新型国家的一项奠基工程。

培养和造就高素质的创造性人才需要教育，教育是培养和造就创造性人才的基础。有人说，创造性人才的培养主要是高校的任务，基础教育的对象——学生年龄还小呢！我们的研究发现，拔尖创新人才的成长由自我探索期、集中训练期、才华展露与领域定向期、创造期、创造后期五个阶段构成。研究中看到的早期促进经验、研究指引和支持、关键发展阶段指引是这五个阶段的三种主要影响因素。所谓早期促进经验，包括父母和中小学教师的作用、成长环境氛围、儿童青少年时期广泛兴趣和爱好、具有挑战性经历和多样性经历，这些对"自我探索期"的形成是十分重要的。因为这些因素不仅提供创造性人才的创造性思维的源泉，而且也奠定其人生价值观的基础或创造性人格的基础，那就是"做一个有用的人"。中小学阶段，学生表面上似乎在探索外部世界，其实是一个探索自己的内心世界、自我发现的阶段。这一阶段的探索不一定与日后从事学术创造性工作有直接关系，但却为后来的创造提供重要的心理准备，是个体创新素质形成的决定性阶段。这就是我在接受"创造性人才成长中，基础教育和高等教育哪个更重要"提问时，为什么要回答在强

---

① 本文是根据 2006 年 3 月 26 日在华南师范大学"勤勤论坛"上报告的录音整理而成的。

调两者都重要前提下更应突出基础教育的理由。没有基础教育创新素质的奠基,任何创造性人才成长都是一句空话。

我国从幼儿园教育到高等教育往往重视知识的传授,而忽视创造性教育。为了培养高素质创造性人才,不仅要从小让学生掌握已形成的知识,更需要引导他们懂得这些知识是怎样被发现的;不仅要让他们了解一些现成的理论,更要引导他们懂得这些结论是如何获得的。只有使学生在掌握现成知识的同时努力去发现新知识,在了解现成结论的同时又会设法突破现成结论,才能最终实现培养和造就符合 21 世纪时代需要的创造性人才。这里的一个前提便是对创造性人才培养的意义,同时对创造性或创造力本身的认识与了解,如创造力的概念、实质、发展以及创造力理论在学校教育中的应用。以上算是我今天的开场白,今天要和大家来探讨相关的四个方面的问题。

一、创造性教育的提出

培养和造就创造性人才是国际学术界与教育界关注的问题,原因是创造性人才对一个国家、一个社会的发展有着重要意义。美国科学家认为,创造性人才的新发现、新发明和新成果,对整个美国的经济、军事和社会发展来说都具有重要意义。美国心理学家和教育家泰勒提出:创造性活动不但对科技进步,而且对国家乃至全世界都有着重要的影响,哪个国家能最大限度地发现、发展、鼓励人民的潜在创造性(creativity),哪个国家在世界上就处于十分重要的地位,就可以立于不败之地。因此,我们应当大力发展教育与科技,提高国民素质和科技水平,建设国家创新体系,提高国家创新能力。这里的基础工作便是培养创造性人才。

美国重视创造性人才的培养始于 20 世纪 50 年代,原因是苏联卫星上天,使美国意识到其科技和军事优势受到威胁,应奋起直追,来改变当时美国的科技状态。其途径就是大力开展对创造性问题的研究,培养创造性的人才。1986 年成立的全美科学教育理事会于 1989 年发表了《美国人应有的科学素养》的报告,这个报告的名字翻译过来就是《普及科学——美国 2061 计划》。该报告的主要内容是:①科学技术是今后人类生活变化的中心。没有任何事情比进行科学、数学和技术教育改革更为迫切。可以说，它是一个以提高全民科学素养为核心目的的国民教育大纲。②着眼国民素质，实行全面改革。"2061计划"的前提是：摒弃学校授课内容越来越多的偏向，把教学的着眼点集中在最基本的科学基础知识和训练上。强调学科之间的相互衔接，弱化每门学科之间的界限。③突出"技术教育"。其目的是为了提高国家的技术创新能力和竞争能力。④"2061计划"分为设计教育改革总框架，提供可供选择的课程模式，在全美推广。我们认为这是一份培养和造就高素质的创造性人才的宣言，对培养我国儿童青少年的创新能力不无借鉴意义。

日本20世纪80年代初提出要重视创造性的研究，并把从小培养学生的创造性作为日本的教育国策而确定下来。日本近代以来的第三次教育改革，目的就是揭露教育存在的诸多弊端，面对新的挑战。第三次教育改革，是从80年代中期开始酝酿的。在传统观念上，日本也存在一些亚洲国家的通病，就是忽视个体的差异和不尊重选择。到1987年8月止，临时教育审议会（通称"临教审"）共提出四次报告，指出这次教育改革的基本指导思想是："实现向终身教育体系的转变，重视个性，实现适应国际化、信息化等时代变化的教育。"日本1996年7月提出咨询报告《21世纪日本教育的发展方向》认为，"应把'轻松愉快'中培育孩子们'生存能力'作为根本的出发点"。教育改革要点首先设计教育思想、教育观、人才观的转变，其次要求"轻松愉快"，把它作为发展个性、自主学习的条件，也是提高孩子眼前生活质量的目的，同时把精选内容、精简课程也作为教学改革的当务之急，将"尊重每个孩子独特的个性并使之自由发展"作为教育的基本原则，强调理科教育重在培养科学素养，积极适应国际化的趋势。

此外，德国近20年来不仅完成一系列创造性量表或测试工具的编制，而且深入研究创造性的性别差异。英国是创造性研究的发源地，近20年来对创造性的研究十分重视，并深入探讨了创造性与智力、个性等关系的问题。

为什么这些发达国家都在研究创造性问题？这是时代的要求。因为人类已进入信息时代，互联网日益成为创新驱动发展的先导力量，推动着产业变革，促进工业经济向信息经济转型。随着信息化向各领域融合速度不断加快，其影响已经渗透到政治、经济、文化、社会和生态等方面。知识经济的基本特征，就是知识不断创新，高新技术迅速产业化。而要加快知识创新，加快高新技术产业化，关键在人才，必须有一批又一批的优秀人才脱颖而出。这正是国际学术界和教育界关注创造性人才研究的缘由。创造性的智慧劳动，包括创造性的经济管理，以知识为基础的服务，乃至文化艺术创作等将成为人类社会创造性劳动的主体，社会将全面知识化。教育必须紧跟时代发展的需要，于是，发达国家近年来普遍开展"创造教育"或"创造性教育"，并在创造性学校环境、教师和学生问题、创造性的培养途径问题、创造素质和创造能力问题、创造方法问题上都开展了广泛的研究。诚如美国"创造力"之父吉尔福特所说的，没有哪一种现象或一门学科像创造问题那样，被如此长久地忽视，又如此突然地复苏，这可谓一语中的。

二、创造性的实质及创造人才的表现

创造性是人类思维的高级形态，是智力的高级表现，是人类最美丽的花朵。要了解与认识创造力的概念与实质，首先须从智力入手。我们认为，智力与能力通属于个性的范畴，不能将两者截然分开，其核心成分是思维，其基本特征是概括。智力应由思维、感知(现实)、记忆、想象、言语与操作技能组成。它是创造力的基础。

什么是创造力或创造性？这是一个有争议的问题。目前的研究中出现了三种倾向，一是认为创造力是一种过程；二是认为创造力是一种产物；三是认为创造性是一种个性。你们说哪个更科学些？我认为三种观点都对，只不过从不同的角度突出罢了。于是，我们合并了这三种倾向，提出创造力既是一种能力，或个性特征，也就是智力品质，又是一种产品，也是一种复杂的心理过程。这样，朱智贤教授和我早在20世纪80年代初把创造性定义为：根据一定目的，运用一切已知信息，产生出某种新颖、独特、有社会或个人价值的产品的智力品质。这里的产品，是指以某种形式存在的思维成果。有哪些产品呢？它既可以是一个新概念、新思想、新理论，也可以是一项新技术、新工艺、新作品；既可以是物质的，也可以是精神的；

既可以是一种艺术的、文学的或科学的形式，又可以是实施的技术、设计或方式方法。这一点对于更好地理解创造力的定义是很有帮助的。很显然，这一定义是根据结果来判别创造力的。怎样去判断呢？标准有三，这就是产品一是否新颖，二是否独特，三是否具有社会或个人价值。所谓"新颖"，主要指不墨守成规、除旧布新、前所未有，这是相对历史而言的，为一种纵向比较；所谓"独特"主要指不同凡俗、别出心裁，这就是相对他人而言的，为一种横向比较；所谓"有社会价值"是指对人类、国家和社会的进步具有重要意义，如重大的发明、创造和革新；"有个人价值"则是指对个体的发展有意义。可以说，人类文明史实际上是一部灿烂的创造史。对这个定义，我们需要做一些解释。

个体的创造力通常是通过进行创造活动，产生创造产品体现出来的，因此根据产品来判断个体是否具有创造力是合理的。为什么？因为产品看得见，摸得着，易于把握。但是目前人们对个体的心理过程、个性特征的本质和结构并不十分清楚。以产品为标准化比以心理过程或创造者的个性特征为指标，其可信度更高些，也是合情合理的。因此，可以认为，在没有更好的办法之前，根据产品或结果来判定创造力是切实可行的方法和途径。反过来问，我们为什么又要强调创造力是一种智力品质呢？因为创造力是人的智慧的结晶，是思维的结果，所以要把它看作一种思维品质，重视思维能力的个体差异的智力品质。于是，创造力是根据一定目的产生的有社会（或个人）价值的具有新颖性成分的智力品质，这个定义就是这样获得的。

我的观点对吗？有没有类似的观点？有！美国心理学家德雷夫达尔（J. Drevdarl）就指出，创造力是个体产生任何一种形式思维结果的能力，而这些结果在本质上是新颖的，是产生它们的人事先所不知道的，它有可能是一种想象力或是一种不只局限于概括的思维综合。还有，苏联有些心理学家把创造力与"幻想"等同起来。他们的想法主要突出创造力，一是包括由已知信息建立起新的系统和组合的能力；二是包含把已知的关系运用到新的情境中去和建立新的相互关系的能力；三是创造性活动必须具有明确目标，尽管产品不必直接得到实际应用，也不见得尽善尽美，但产品必须是目标所追求的。从目标到产品正是一个过程，是一个智慧或思维的过程。

创造性或创造力表现出个性的差异性，虽然产品的新颖性、独特性和价值大小是判断一个人是否具有创造力的标准之一，但我们仔细想一想，这是否意味着由此可以判定没有进行过创造活动，没有产生出创造产品的个体或个性一定不具有创造力？有无创造力和创造力是否体现出来并不是一回事。具有创造力并不一定能保证产生创造产品。创造产品的产生除了具有一定创造的智力品质外，还需要有将创造性观念转化为实际创造产品的相应知识、技能以及保证创造性活动顺利进行的一般智力背景和个性品质，同时它还受到外部因素，如机遇、环境条件等的影响。在这种种外部的、内部的、客观的、主观的条件下，人们表现出不同类型、不同性质、不同领域的创造力来，形成绚丽多彩的创造成果，构成行行出状元的结果。

众所周知，相对论的发明者爱因斯坦，裸体雕像《大卫》的塑造者米开朗琪罗，《命运》交响曲的创作者贝多芬，《红楼梦》的作者曹雪芹，《本草纲目》的编著者李时珍，无疑都是具有创造性或创造力的典型。然而，有创造性的并非都是这样的"大家""大师"或"巨匠"，人人都有创造力。唯物辩证法强调外因通过内因起作用。我们认为，创造性人才或创新人才的外因是上述的环境，而内因呢？我列了一个等式：创造性人才=创造性思维(智力因素)+创造性人格(非智力因素)。

从心理学的角度来分析，创造性是人类在创造性活动中表现出来的思维品质。我认为创造性的人才在智力上有如下五个方面特点及表现，我们叫它为创造性思维。

一是创造性活动表现出新颖、独特且有意义的特点；

二是思维加想象是创造性的两个主要成分；

三是在创造性思维过程中，新形象和新假设的产生带有突然性，常被称为灵感；

四是在思维意识的清晰性上，创造性是分析思维与直觉思维的统一；

五是在创造性思维的形式上，它是发散思维与辐合思维的统一。

创造性人才在非智力上也有如下五个方面的特点，我们叫它为创造性人格。

一是健康的情感(涉及情感的强度、性质和理智感)；

二是坚强的意志(在意志自觉性、果断性、坚持性和自制力等方面品质出众)；

三是合理的个性倾向性(即创造性的需要，特别是理想、动机和兴趣)；

四是顽强的性格（涉及求异的理智、强烈的好奇心、勤奋的行为等）；

五是良好的创新习惯。

由此可见，创造性人才不完全表现在智力上，而且更重要地表现在非智力因素方面。创造性人才在一定意义上就是创造性思维加上创造性人格。

老师们，我们从事的是基础教育工作，我们的中学生、小学生，甚至幼儿园的孩子有没有创造性或创造力，这涉及创造性或创造力发展与培养的问题。人类的创造力和其他各种能力一样，也是逐步形成，不断发展的。创造力的发展受到先天条件和后天环境等各种因素的影响，在个体的不同年龄阶段表现出不同的特点和发展趋势，而对于不同的个体来说，创造力发展的个别差异也是十分明显的。因此，研究创造性的发展是培养和造就创造性人才的前提。

幼儿就有创造性的萌芽。这种萌芽表现在幼儿的动作、言语、感知觉、想象、思维及个性特征等各方面的发展之中，尤其是幼儿的好奇心和创造性想象的发展是他们创造力形成和发展的两个最重要的表现。我偶然地在幼儿园见到一男孩在唱歌："几只老虎，几只老虎，跑得快，跑得快，一只没有眼睛，一只没有鼻子，一只没有耳朵，一只没有嘴巴，一只没有头颅，一只没有尾巴，真奇怪，真奇怪。"我被这个"童声"一下惊呆了，马上问："小朋友，几岁了？""两岁半。""谁教你这首这么好听的歌啊？""自己教自己的。""老师怎么教的？""两只老虎，两只老虎，跑得快，跑得快，一只没有耳朵，一只没有尾巴，真奇怪，真奇怪！"一个话都说不利落的幼儿，竟然在幼儿园托儿班里根据老师所教歌曲的内容，加入这么多的"歌词"，可见这创造也是人类的"本能"啊。一般来说，幼儿通过各种活动来表现他们的创造力，如绘画、音乐、舞蹈和制作、游戏等。其中游戏作为幼儿的主导性活动，一方面满足了他们参加成人社会生活和实践互动的需要，另一方面又使幼儿以独特的方式把想象和现实生活结合起来，从而对他们的心理行为以及创造力发展都起到重要作用。

小学生有明显的创造性表现。今天来了小学界的老师代表，你们有同感吗？儿童入学后，想象获得了进一步发展，有意想象逐步发展占主要地位，想象的目的性、概括性、逻辑性都有了发展；另一方面，想象的创造性也有了较大提高，不但再造想象更富有创造性成分，而且以独创性为特色的创造性想象也日益发展起来。我们课题组早在 20 世纪 80 年代对小学数学学习中培养和发展儿童创造力问题的研究发现，数学概念学习中的变换叙述方式、多向比较、利用表象联想，计算学习中的一题多解、简化环节、简便计算、计算过程形象化、发展估算能力，初级集合学习中的注意观察、动手操作、运用联想、多求变化、知识活用，应用题学习中的全面感知和知觉思维、发现条件和找出关键、运用比较和克服定势、补充练习、拼拆练习、扩缩练习、一题多变练习、自编应用题等等，不仅对掌握数学知识、提高数学能力极为有利，而且也是小学生创造性的重要表现。其他研究也表明，小学语文中的识字、看图说话、造句、阅读、作文等活动，小学自然中的类比、联想、观察、动手操作、制作、实验等活动，只要运用得当，都可以极大地促进儿童创造力的发展。

今天来的有更多的中学老师，正如各位所知道的，中学生在学习中不断发展着创造性。中学生身心发展的特点决定了他们的创造力既不同于幼儿和小学生，也不同于成人。与学前、小学儿童的创造力相比，我们课题组在 20 世纪 80—90 年代的实验中看到，中学生的创造力有如下特点：一是中学生的创造力不再带有虚幻的、超脱现实的色彩，而更多地带有现实性，更多地是由现实中遇到的问题和困难情境激发的；二是中学生的创造力带有更大的主动性和有意性，能够运用自己的创造力与解决新的问题；三是中学生的创造力更为成熟。我们在研究中还看到：在语文学习中，中学生通过听、说、读、写等言语活动发展着思维的变通性和独创性。例如，听讲时提出不同的看法，在讨论时说出新颖、独特的见解，阅读时对材料进行比较、联想、分散和鉴别，作文时灵活运用各种方式表达自己的思想，等等。在数学学习过程中，中学生创造力既表现为思考数学问题时方法的灵活性和多样性，推理过程的可逆性，也表现为解决数学问题时善于提出问题、做出猜测和假设，并加以证明。物理和化学的学习要求中学生动手做实验，对实验现象进行思考和探索，尝试去揭示和发现事物的内在规律，运用对比、归纳等方法加深对规律的理解，并运用这些规律来解释现象，解决问题。这些对于激发中学生去探索自然界的奥秘，提高实际动手操作能力，促进创造力发展都十分重要。

上面我所汇报的是幼儿期、童年期的小学生和青少年期的中学生创造性或创造力发展的一般趋势。至于在我们课题组中，有人从幼儿开始就成功地申报了国家科技专利，说明是基础教育界创造性的佼佼者。所有这一切，不管是一般的，还是突出的尖子，都是为进入成年初期或青年期的创造性或创造力发展奠定了基础。

青年是创造力发展的关键时期。在青年创造力的发展过程中，青年人的自我意识、自我评价、自我教育和自我控制等能力起了重要作用。中科院心理研究所王极盛教授指出，青年时期创造性的发展有以下几个特点：一是处在创造心理的大觉醒时期，对创造充满渴望和憧憬；二是受传统习惯的束缚较少，敢想敢说敢做，不被权威、名人所吓倒，有一种"初生牛犊不怕虎"的精神；三是创新意识强，敢于标新立异，思维活跃，心灵手巧，富有创造性，灵感丰富；四是在创造中已崭露头角，孕育着更大的创造性。我们从王教授揭示的四个特点可以看到，青年期是创造性突出表现阶段。

至于成年则到了创造性的收获季节。一般来说，成年人的创造力趋于成熟，在30多岁中年或中年期达到高峰，但成年人的创造领域和成功年龄存在着较大的个体差异。这些就不是今天我们所要汇报的内容。

今天，我们通过创造性或创造力的发展特点，更应看到我们所从事的中小幼儿教育或基础教育必须正视创造性人才的奠基工作。我们认为不宜在基础教育阶段去培养拔尖创新人才，也没有必要提精英教育。我们提倡的是培养中小幼的创新精神，积极开展创造性活动，从小培养他们的创造意识，滋生"创新是一个民族进步的灵魂"的强烈愿望，发展他们创造性的才干。这就是我们关于创新教育或创造性教育的理念和内涵。

三、关于创造性教育

培养和造就创造性人才的关键在于教育。随着国际竞争的日益白热化，各国经济、军事和教育、科学技术的竞争，将集中在创造性人才的竞争上。因此，创造力的研究也格外受到各国的重视，其中创造力培养是有关创造力研究的一个重要部分。咱们所从事的教育的目的就是创新人才的培养，而人是知识创新与发展的生命之源。诚如法国文化教育学家斯普朗格所言，教育的最终目的不是传授已有的东西，而是要把人的创造力量诱导出来，将生命感、价值感唤醒，一直到精神生活运动的根。从这个观念出发，请大家想想，创造性人才的培养和造就，是否要靠创造性教育？

创造性人才的培养和造就，当然要靠创造性教育。创造性的培养必须从小开始。创造性教育应贯穿在日常教育之中，它不是另起炉灶的一种新的教育体制，而是教育改革的一项内容。所谓创造性教育，意指在创造型的管理和学校环境中由创造型教师通过创造型教育方法培养出创造型学生的过程。为此，我想谈下面几点想法。

第一，我来回答创造性教育是怎么提出来的。创造性教育是在创造性理论的推动下，由创造力的训练而发展起来的。这种训练包括两个方面：其一，心理学家为了发展人类的创造才能，发展了源于各种不同创造力的训练程序。例如，人的创造才能发展是与培养个体形成多侧面完整人格的整个过程分不开的，不能单纯地局限于诸如"创造问题—解决过程"上，因为学生个性及其内在动机的形成，对创造力发展至关重要，而个性的形成必须接受教育的影响。又如，提倡问题-解决训练和其他许多鼓励学生自己提出问题，或懂得教师是怎样提出某些问题的思路，以便呈现创造能力的方法。其二，教育措施除了对持续和成功的创造力必不可少外，其非常重要的作用可以归于其组织化因素。它的目的是保证主体的高效率，以及维持其高度创造力的心理状态。近年来，我们已经看到许多应用各种组织化程序刺激创造力的建议。例如头脑风暴法，即创造性解决问题的五步过程：发现问题—发现事实—发现观念—找到解决方案—寻找认可这个观念的同伴，并将观念应用于实践。又如举隅法，即对于别出心裁的思路，决定性的因素是程序。研究者将其定义为"形成熟悉的陌生"，意思是：一个人正在形成一种在某些熟悉事物上具有新面貌的尝试，他审慎地假定一个不同于完全被认可的观点，并且发展了一个针对众所周知的现象和事物的非同寻常的尝试。就这样，逐渐地完善创新性教育。

第二，我来回答创造性教育的实质。所谓创造性教育，是指学校三种群体产生五种效能的教育。三种群体是指校长为首的管理队伍、教师队伍和广大的学生。产生的效能为：由创造型校长创造出创造型管理；由创造型管理创造出学校创造型的环境；在校长的带动下，建设一支创造型的教师队伍；由创造型的教师进行创造型的教育教学；由这种教育教学工作培养出创造型的学生。需要说明的是，创造性教育不须专门的课程和形式，但必须依靠改革现有的教育思想、教育内容和教育方法来实现，渗透在全部教育活动之中，特别要考虑到四种情况：①呈现式、发现式、讨论式和创造式的开放教学方式；②辐合思维和发散思维（即一题求一解和一题求多解）的教学效果；③创造教育教学与学生身心发展规律的关系；④学科教学、教学方法和课外活动的作用。在创造性教育中，第一，要提倡学校环境的创造性。这主要包括校长的指导思想、学校管理、环境布置、教学评估体系及班级气氛等多种学校因素。创造型教师和学生在教育环境中的经历是极其复杂的。学校本是发现、培养创造性人才的场所，然而事实并非如此。大多数学校太注重学业而排斥了其他方面，这样就压制了教师和学生创造性才能的发挥。因此，优化学校环境的创造性是促进儿童青少年创造力发展的必要条件。在学校众多因素中，有无民主气氛，是能否进行创造性教育的关键。第二，要建设创造型的教师队伍。教师的教育工作，不是单纯地传授知识、经验和文化，更重要的是体现在培养人、塑造心灵、变革精神世界。在传授知识的时候，也要讲清知识来自创造、重在应用的道理。因此，一位优秀教师应该是教育目的的实现者、教学活动的组织者、教学方法的探索者和教育活动的创造者。创造型教师就是指那些善于吸收最新教育科学成果，将其积极应用于教育教学中，并且有独特见解，能够发现行之有效的教育教学方法的教师。他们具有创造性的教育观、知识结构、个性特征、教学艺术和管理艺术，特别是创造性的教育教学方法。创造型的教师队伍的建设是培养和造就创造性人才的关键。第三，要培养学生创造性学习的习惯。学生形成一种带有情感色彩且自动化的学习活动，关注呈现式、发现式、发散式和创造性的问题，这就是创造性学习。北京五中是创造性教育的典型，吴昌顺校长参与我们智能研究的课题组，并担任中学分课题组的组长。在他们五中进行了创造性教育的改革，涌现了一批像梁捷那样的创造型特级教师，由于老师们的努力，一大批颇有创造精神的学生在五中毕业，涌现出在科技、文学艺术、外交、企业等众多领域的创造性人才明星。

第三，我来回答"创造性教育的对象，是少数人还是全体学生?"我们通过研究曾多次强调，人人都有创造性，创造教育要面向全体学生。在过去的创造力研究中，它的研究对象仅仅局限于少数杰出的发明家和艺术家。但是近30年来，研究者认为：创造性是一种连续的而不是全有全无的品质，人人乃至每个儿童都有创造性思维或创造性。像前面提到的，我们在实验研究中看到，几乎每个幼儿在游戏中都有明显的创造性成分，幼儿时期是创造性萌芽阶段。在小学的各种教学活动中，小学生们都表现出良好的创造性。青年期是创造性发展的关键时期，成年期(一般为45岁以内)则到了创造性的收获季节。由此可见，创造性教育要大众化，尤其在大、中、小学里人人都可以通过创造性教育获得创造性发展，只不过人与人之间的创造性有大小不同的差异，千万不要对学生做出缺乏创造性的武断定论。在创造性的发展中，人人都有弱点，也都有长处。创造性教育要贯彻"因材施教"的原则，使受教育者"扬长避短"。

第四，我来回答创造性教育的理念问题。创造性教育的关键在于转变教育观念。在创造性教育中，要树立正确的教育观念，尤其是人才观念。现代教育观念强调人才的多样性、广泛性和层次性，认为为社会做出贡献的都应该算是人才，在其能力中，肯定包含着不同程度的创造力，他们也都有创造性。现代教育观念还对学校如何培养未来人才的素质提出了许多新的要求：一要重视培养学生的现代意识，如珍惜时间、讲究效益、遵守信誉、善于合作、勇于竞争等；二要重视培养学生的创新精神和创造才能，以及独立获取知识并运用知识解决实际问题的能力；三要尊重学生的人格，重视发展学生的个性特长；等等。有了这种教育观念，才使我们当校长和当老师的能够改革教学的内容，不仅能稳妥地改革教材与课程，而且也会积极地改革考试内容，在考试中突出创新精神和创造性；才使我们能够改革教学方法，面向未来，提倡培养"T"型人才，并为之而大胆地投入改进教学方法的实验研究。"T"型人才培养模式如图1所示。

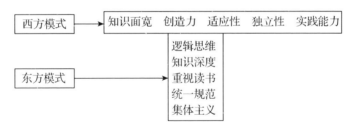

图1 "T"型人才培养模式

这里所谓"T"型人才，"横"代表西方的教育观念、教学方法、教学模式，"竖"代表东方的教育观念、教学方法、教学模式。

东西方教育模式及其培养的人才各有特点，我们在阐述这些特点时，要指出它们之间的差异性，但是能否找出二者中间的一致性呢？也就是说，东西方教育模式是相通相融的，两者互补性应该大于冲突性。让我们扬长避短，学贯中西好吗？"学贯中西"，在100多年来，使东西方教育模式结合培养了大批的学术大师，王国维、蔡元培、胡适、钱钟书、詹天佑、钱学森……不胜枚举。今天学贯中西不一定都要出国留学，可以在国内研习西方科学文化。但在向西方学习时，我们不忘吸纳、批判和创新，不忘发展自己的文化，不忘为国尽力。这些正是我们提出"融东西方教育模式，培养'T'型人才"的基础，这"T"型人才，正是创造性人才。

第五，我来为基础教育提七条建议。一是改善校园文化的精神状态，营造有创造性的校园文化氛围，包括认识和内化创造力，使创新意识深入人心；形成支持型校园气氛，营造学校创造性校园气氛；开展创造力教学活动，激发师生的创造热情。二是把培养学生创新能力渗透到各科教育中。我们课题组曾探讨了中小学各学科对学生创新能力的要求，并结合具体学科的某种具体能力制定了一系列要求，通过达到这些教学要求，来培养学生的创新能力。三是在课堂教学中开发学生的创新能力。通过激发学生创造的动机，教师的灵活性提问和布置作业，教师掌握和运用一些创造性教学方法，例如发现教学法、问题教学法、讨论教学法、开放式教学法等，在课堂上创设创造性问题情境引导学生来解决等方式培养学生的创新能力。四是构建新型的校园人际关系，促进创造性人际关系的形成，包括树立民主型领导方式，改善领导与教师关系；构建"我—你"型师生关系，改善师生关系；积极开展"小组合作"学习，培养良好的同伴关系。五是创新学校组织管理制度，营造创造性校园，包括重视在教学和学生管理中，给学生足够的课时和空间保证；重视在学校经费管理中，给学生充分的经费保证；积极实行分层管理，消除人事管理中"一刀切"问题对学生创造力的不利影响；形成创新性评价制度，解除当前贯彻创新教育理念的束缚。六是教给学生创造力训练的特殊技巧。我们曾向中小学生被试介绍，并让他们掌握美国托兰斯"创设适宜的条件"来进行创新能力训练的方法，我们还教给他们如何有效地进行发散式提问。通过让学生掌握这些有效的创新能力训练方法，让他们进行自我训练，从而达到自我创新能力的提高。七是在科技活动中培养学生的科学创新能力。不管在校内还是校外，科技活动是学生课外活动中与创新能力发展关系最为密切的一项活动。通过科技活动，可以开阔视野，激发对新知识的探索欲望，增强学生自学能力、研究能力、操作能力、组织能力与创造能力。

四、培养学生创造性学习

现在我来谈谈培养学生创造性学习。

首先我们要清楚学习指的是什么。学习，一般是指经验的获得及行为变化的过程。人类的学习是获取经验、知识、文化的手段，而学习的重要内容乃是人类文化创造的结果。从这个意义上说，学习不是提供新颖、独特且有社会或个人价值的产品。然而，我们需要研究学习活动能否增加创造性的意义；学习过程能否增加除旧布新的成分；学习者是否有创造性的动机，能否通过学习获得创造性的人格，进而加快发展为创造性人才等，这是时代赋予我们的一个崭新的课题。

老师们，同学们，早在 1985 年，我曾以《中国青年报》评论员的身份，为一篇报道发了一段评论。我在这段评论中提出："学习有两种，一种是重复性学习，另一种是创造性学习。前者是指死抠书本，人云亦云；后者则是指勇于探索、除旧布新。""创造性学习就是不拘泥、不守旧，打破旧框框，敢于创新……创造性应看作是学习必不可少的一环。"

创造性学习是我们上边讲的问题的一种形式。学习活动的基础是教育；教育是受教育者学习活动的前提。而我们今天强调创造性学习，则须以创造性教育为基础；创造性学习则是创造性教育的一种形式。

在国际心理学界，创造性学习（creative learning）一词直接地来自创新学习（innovative learning）。创新学习是与传统学习的方法——维持学习（maintenance learning）相对立的一种学习。它是能够引起变化、更新、改组和形成一系列问题的学习。它的主要特点是综合，适用于开放的环境和系统以及宽广的范围；它的关键目标是在充足的时间内扩大观念的影响范围；预期和参与构成创新学习过程的概念框架，创新学习需要创新性工作。到 80 年代初，国际学术界重视使用"创造性学习"的概念。探讨学生创造性学习，是为了促进创造性人才的成长。所以，1985 年《中国青年报》为了发表大连铁道学院学生两年读完本科，又两年取得硕士学位的报道，请我写评论，我就采用了创造性学习一词，赶了时髦。创造性学习有哪些特点呢？

第一，创造性学习强调学习者的主动性。学生是学习活动的主体，也就是学习活动的主人。学生的学习活动是有对象的或有内容的，这就是学习的客体。在传统的学习观中，更多的是强调教师的教，强调接受，强调重复性学习。我们并不否定教师在教的过程中的主体地位，也不否定接受学习的形式和重复性学习在学生学习活动中所占的位置，但在倡导创造性学习的过程中，我们更强调学习者的主体性。主体性是学习者作为实践活动、认知活动的学习活动主体的基本特征。创造性思维和自我意识存在高相关。有自信或有信心，加上独立性、自主性、情绪坦率上高水平的学生，应该也是高创造力者。对这一点，你们相信吗？好，相信！那么如何用这种主体性来揭示学生的创造性学习呢？这里我有四点建议：①学生是教育目的的体现者。教育（培养）目标，尤其是创造性教育目标是否实现，要在学生自己的认知和发展的学习活动中体现出来。②学生是学习活动的主人。学生的学习积极性是成功学习的基础，只有学生主动学习、主动认知、主动获取教育内容，主动吸收人类积累的精神财富，他们才能认识世界，促进自己的发展。从一定意义上说，主动学习就是创造性学习的基础。③学生在学习活动中是积极的探索者。在创造性学习活动中，学生不仅要接受教师所教的知识，而且要消化这些知识，分析新旧知识的内在的联系，敢于除旧布新，敢于自我发现。④学生是学习的反思者。反思或监控是创造性学习的一个重要组成部分。总之，这种主体性应该在学生学习态度、在学习内容、在实践安排、在学习目标、在学习动机等方面体现出来。

第二，创造性学习倡导的是学会学习，重视学习策略。学生最重要的学习是学会学习；最有效的知识是自我控制的知识。这一点我多讲几句。创造性学习所倡导的是学会学习。要学会学习，就有一个运用学习策略（learning strategies）的问题。学会学习或学习策略并不是一个新的思想。在我国，早在2500多年前，孔子就已重视学会学习的做法，他的名言"学而不思则罔，思而不学则殆"，讲的就是学习过程中学习与思考关系的策略问题。在西方，最早提出这个问题的是法国思想家和教育家卢梭。他指出，形成一种独立的学习方法，要比获得知识更为重要。这里已蕴含了一种创造性学习的思想。但真正提出策略却是在20世纪60年代以后的事情。所谓学习策略，主要指在学习活动中，为达到一定的学习目标而学会学习的规则、方法和技巧；它是一种在学习活动中思考问题的操作过程；它是认知（认识）策略在学生学习中的一种表现形式。学生要学会学习，学会创设创造性学习的环境，寻找独特的方法，善于捕捉机会发现问题和解决问题，都得运用一定的学习策略。

老师们，同学们，这里我还得强调学会学习和学习策略的重要性：①要重视学生的学习策略，就是承认上一个问题提出的学生在创造性学习过程中的主体性，强调学生在创造性学习活动中的积极作用。学生掌握学习策略的过程，是一个学习的监控性、积极性和创造性的统一过程。②学生的学习策略是学会学习的前提，学会学习本身是一种创造性的学习，学会学习包括学生运用一系列的学习策略。学生的学习策略是造成其创造性学习成分多少，从而形成个别差异的重要原因。例如，反应慢而仔细准确的"反省型"学生，比起反应快而经常不够准确的"冲动型"学生来，表现出具有更为成熟的解决问题的策略，更多地做出不同的假设；愿意循规蹈矩、喜欢依赖有条理秩序的"结构化"策略的学生，同希望自己来组织课堂内容的"随意性"方式的学生，在学习态度、学习成绩和创造性程度表现上是不尽相同的。③学习策略是一系列的有目的的活动，它是学生在学习过程中所选择、使用、调节和控制学习方法的操作活动。学生在学习过程中逐步地形成自己的学习策略，就能领会学习内容，懂得学习要求，控制学习过程，以便做出新颖、独特且有意义的决定，及时地调整自己的学习活动，或者做出恰当的选择，灵活地处理各种特殊的学习情境，一句话，形成创造性的学习活动。总之，学生的学习过程，是一个学会学习的过程，特别是创造性学习的过程是一种运用学习策略的活动。

第三，创造性学习者擅长新奇、灵活而高效的学习方法。学习的过程，有一种学生的主观见之客观的东西，这就是他们在学习过程中发挥的自觉能动性。学生这种能动性发挥的程度，正是反映其创造性学习的水平。创造型学生能动地安排学习，除了完成课堂作业之外，他们自觉能动地把更多的时间花在阅读课外书籍或从事其他活动上，从而捕捉与一般学生不同的知识、经验与文化，以建构自己的知识结构和认知结构。创造型学生有着较为系统的学习方法。创造型的学生，在选择学习方法时，往往遵循学习的规律，明确学习任务，利用一切可以利用的学习条件，根据学习的情境、内容、目标和特点而灵活地应用。老师们，你们检查或回忆一下咱们的学生是否在学习中有下边的表现：他们有强烈而好奇的求知态度，不断地向教师、同学与自己提问；想象力丰富，喜欢叙述；不随大流，不依赖群体公认的结论；主意多，思维流畅性强；敢于探索、试验、发现和否定，喜欢虚构、幻想和独立行事；善于概括，将知识系统化等。这样，不仅提高学习的效果，而且也发展了创造能力。养成良好的学习习惯是培养高效学习方法的基础。在学习中，是人云亦云、"鹦鹉学舌"、死守书本、不知变化，还是不拘泥、不守旧、打破框框、求异创新，这正是重复性学习和创造性学习的两种不同的学习习惯。养成高效的创造性学习的习惯，久而久之，就形成一种创造性的学习风格，即稳定的学习活动模式。

第四，创造性学习来自创造性活动的学习动机，追求的是创造性学习目标。学生的学习行为要由学习动机来支配。从事学习活动，除要有心理因素的需要之外，还要满足这种需要的学习目标。这种学习目标包括学习目的、内容和成果。由于学习目标指引着学习的方向，可把它称为学习诱因。学习目标同学生的需要一起，成为学习动机系统的重要构成要素。创造性学习来自创造活动的学习动机，所以创造型学生的学习动机系统有其独特的地方。在学习兴趣上，有强烈的好奇心，有旺盛的求知欲，对智力活动有广泛的兴趣，表现出出众的意志品质，能排除外界干扰而长期地专注于某个感兴趣的问题上。在学习动机上，对事物的变化机制有深究的动机，渴求找到疑难问题的答案，喜欢寻找缺点并加以批判，且对自己的直觉能力表示自信，相信自己的直觉。在学习态度上，对感兴趣的事物愿花大量的时间去探究，思考问题的范围与领域不为教师所左右。在学习理想上，崇尚名人名家，心中有仿效的偶像，富有理想，耽于幻想，用奋斗的目标来鞭策自己的学习行为。创造性学习者追求创造性学习目标，这种学习目标有着与众不同的特点。在学习内容上，不满足于对教学内容或教师所阐述问题的记忆，许多人喜欢自己对未来世界的探索。在学习途径上，对语词或符号特别敏感，能在与别人交谈中利用一切机会捕捉问题，并发现问题。在学习目标上，不仅能获取课内外的知识，而且有高度求知的自觉性和独立性，得到不同寻常的观念，并能有分析批判地吸收。

在国外对创造性学习及其行为比较典型的研究是托兰斯，美国创造性之父是吉尔福特，托兰斯就是他的学生。通过研究，托兰斯指出，除了在个性上创造型学生有独特之处外，他们在行为表现上也是与众不同的。托兰斯的研究主要是调查，他在对 87 名教育家的一次调查中，要求每人列出五种创造型学生的行为特征，结果如下(百分数为该行为被提到次数的比例):

①好奇心，不断地提问； 38%

②思维和行动的独创性； 38%

③思维和行动的独立性，个人主义，自足； 38%

④想象力丰富，喜欢叙述； 35%

⑤不随大流，不依赖群体的公认； 28%

⑥探索各种关系； 17%

⑦主意多(思维流畅性)； 14%

⑧喜欢进行试验； 14%

⑨灵活性强； 12%

⑩顽强、坚韧； 12%

⑪喜欢虚构； 12%

⑫对事物的错综复杂性感兴趣，

　　喜欢用多种思维方式探讨复杂的事物；　　　　12%

⑬耽于幻想。　　　　　　　　　　　　　　　　10%

由此可见，创造型学生其行为特征多是：好奇、思维灵活、独立行事、喜欢提问、善于探索等等。这与咱们在座老师们，同学们现实的实际情况是吻合的。我经常这么说，学校中多一份创造性学习，学生进入社会就多一份创新能力；学校中多一名创造型学生，进入社会则多一位勇于创新的人才。

老师们，同学们，该到我说结束语的时候了！人的创造性的张扬，人的创造性的普遍化，这是时代的要求。确认了人的创造性是人的本质属性，我在今天讲到幼儿创造性发展时用了"本能"两个字，仅仅说明人的创造性也是人的一种生存状态，是人的本性的延伸。今天，在"建设创新型国家的伟大时代，必须是知识不断创新、新事物新业绩不断涌现的时代，必将是百舸争流、人才辈出的时代"。由于知识成为经济和社会发展的重要资源，创造性人才成为竞争合作的决定性因素，咱们必然会如同农业时代追求土地，工业经济时代追求资本那样去追求知识。知识产权的价值将显著提高，创造性人才将成为国际、企业间争夺的最重要资源，咱们将把对教育和科研的投资视为最重要的战略性投资。这是时代发展的必然趋势，创造性的培养应从基础教育开始成为教育的普遍目标，它要面向全体受教育者，各级各类教育都要以此为目的，并为此而做出努力。我们应积极顺应时代潮流，从教育改革入手，为了培养和造就适合时代的高素质创造性人才，在我们中间应涌现出更多的创造型学校、创造型校长、创造型教师，从而产生更多的创造型学生，赋予创造性教育以本体论的意义。

谢谢莫雷副校长，谢谢大家！

增强适应能力， 争做创造性人才①

——为北京师范大学心理学院新同学的演讲

同学们：

你们好！

欢迎你们迈进北京师范大学的大门，多少英才从此门而过！北京师范大学"师垂典则，范示群伦"，祝贺你们成为这所 110 多年的学府、国家"985 工程"名校、全国师范教育排头兵的重要一员！"爱国进步，诚信质朴，求真创新，为人师表"是北京师范大学的优良传统；"学为人师，行为世范"是北京师范大学的校训。这 24 个字，我希望同学们不仅要铭记于心，而且要践行终生。希望你们通过接受数年的大学教育或研究生的教育，获得健康的发展，成为社会、国家需要的杰出人才。

今天我来给你们讲三个问题：一是大学生生活很有意义；二是怎样当一位出色的大学生；三是面向未来，成为一位高素质创造性的大学生。

一、大学生活在人生中的重要地位

大学生活是人生的什么阶段？我总结为四句话。

——进入"成年前期"，走向相对成熟的阶段；

——进行真正意义上的"自主学习"期，在对以前所有学习整合基础上深造；

——未来生活的准备与实习期，欢乐与痛苦构成人生绚丽多彩的乐章；

——人生建功立业的准备阶段，磨砺人品和学习专业知识。

---

① 自 20 世纪 90 年代中期开始，北京师范大学陆续让我在本科生或研究生入学教育上做报告，有时学校也让我给二、三年级的本科生做演讲，后来宁波大学、华南师范大学、上海师范大学和我校珠海分校也邀请我围绕这个主题做过多次演讲。本文是在 2014 年 10 月 16 日对心理学院新同学做报告的基础上整理而成的。

下面，我给大家来解释这四句话。

先来问大家一个问题，在场的年龄还不到 18 岁的请举手。呵，9 位，在咱们 120 多位同学中间，占 7%。说明咱们班 93% 的同学过了 18 岁，进入成年期。发展心理学告诉我们，6、7 岁前经过乳儿期、婴儿期、幼儿期成为幼儿园里的小天使；6、7 岁至 12、13 岁，背着书包上学去，这是童年期；12 岁前后至 15 岁前后上初中为少年期，15 岁前后至 18 岁为青年初期，这两个阶段统称为青少年期，在中学里度过。现在你们中间绝大多数过了 18 岁，进入了成年期，大人了。成年期又分为三个阶段，18 至 35 岁称为成年前期，又称为青年期；35 至 60 岁为成年中期，又称为中年期；60 岁以后为成年晚期，进入了老年期。

（一）进入成年前期（18~35 岁）

你们进入了成年前期或成年初期，这个时期有哪些特征呢？

第一个特征，从成长期到成熟期的变化。你们刚从中学毕业，刚从青少年期过来。青少年，青春期，青之春，青之春，无青不为春，无春不为青。处于青春发育期或青少年期的中学生，充满着活力、希望和理想，身心都在迅速、茁壮成长。这是生命的一个特定阶段，是他们急剧成长、发展、变化的时期，然而它是从幼稚的童年期向 18 岁以后成熟的青年期的一个过渡时期。好了，18 岁到了。当然，不是像刹车时一下转折，但变得成熟，走上独立的生活。你们看，还有几个大学生要父母来跟前陪住陪读的，一个都没有，成熟了，独立了。这是第一个特征。

第二个特征，智力发展到达全盛时期。你们来看图 1。

这幅图的制作者、研究者是美国心理学家雷蒙德·卡特尔，所谓流体智力是指与遗传和生理发育相联系的智力，随着 13 岁左右脑和神经系统的成熟，平均到 16 岁，流体智力到达了顶峰，然后慢慢地下滑；而人的智慧，主要依靠晶体智力，它以经验、知识为基础，来自教育和学习。你们看，这两条曲线都能被用上是什么年龄？（回答：约 20~34 岁。）对，是你们这个年龄时期，所以要以兴趣、理想、情感、态度、价值观等非智力因素为契机，勤奋刻苦地在这两种智力基础上完成大学学业，争取成才。否则，就应了古人那句话：少小不努力（下面一起在说：老大徒伤

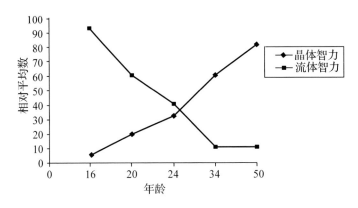

图 1　流体智力与晶体智力的发展

悲），后一句话我可没有说，是你们的结论呵！

第三个特征，恋爱结婚到为人父母。35 岁还未进入恋爱结婚、为人父母毕竟是少数吧！

第四个特征，创立事业到紧张工作。今天的大学学习，是为了毕业后的创立事业，18~35 岁，从紧张学习到紧张工作，没有付出哪有收获？

第五个特征，困难重重到适应现实。不管是现在大学阶段还是未来走上社会，面对你的绝不是天天都是灿烂的、明媚的阳光，奉送给你的也不全是鲜花，在前进道路上布满着荆棘，如何应对困难？这考验着 18~35 岁青年学生，而下面要讲的提高适应能力是重要途径。但是不管怎么说，同学们，你们过了 18 岁，你们已经进入公民阶段。

(二) 进行"自主学习"期

你们听说过"自主学习"一词吗？目前解释也很多，我认为自主学习是指咱们个体按照自己意愿进行的学习。一是主动设定学习目标，主动采取学习行为，以达到良好学习效果的目的；二是对以前所有学习经验、方法、策略加以整合；三是在一定的社会环境中，当个体的价值观与社会规范处于矛盾时，个体表现出学习的独立判断和抉择的行为倾向。

大学是真正意义上的"自主学习"。学习内容与学习目标和中学学习内容有很大的变化，因为大学的学习进入了专业的学习，这种学习与未来的职业生涯密切联系着。因为是专业，首先遇到的是你对所选的专业是否无怨无悔。紧接着，你要制定学习目标，如何打好专业基础，如何应用外语、电脑等工具，如何有宽广的科技与人文素养等。以发展心理学为例，当前其最大的特点在于，它强调该学科与心理学的其他分支学科以及其他学科的联系。具体一点说，神经心理学、社会心理学、教育心理学、健康心理学、临床心理学、生物学、社会学、儿科学、老年学、人类学，以及其他的学科，推动了发展心理学的向前发展。这就给学习发展心理学提供了重要的思路。可见，大学学习或专业学习的复杂性。所以你们进入了自主学习期，要科学地支配学习时间，最后对自己所学的专业知识，给出合理的自我评价。

（三）未来生活的准备期

今天的大学学习生活是为了明天走上社会服务社会的准备。大学学习学什么？

第一，学生活的知识，学生存的技能，学生命的意义。这"三学"，是我国教育家高震东先生提出来的，大学生活必须以这"三学"作为学习的出发点。

第二，学会学习，学会做人，学会做事，学会与人相处。这四个"学会"是对前边"三学"的具体化，不仅有认识问题，而且有实践问题，要求大学生知行统一。

第三，学好专业，前提是热爱专业，为选择职业做准备。这个问题你们很清楚，我就不再展开了。

大学生尽管是成年了，但又是学生的角色，对于大学的生活，既有欢乐，又有痛苦的一面，这是反映了社会生活的必然，这才构成大学生绚丽多彩的、真实的、活生生的画面，体现了大学生活是未来生活的实习期。

（四）人生建功立业奠基期

你们为什么要上大学？有人可能为了将来赚钱，为了将来生活好一点。我想你们熟悉放羊娃的故事："娃，你在干什么？""放羊。""放羊是为了什么？""羊长大。""羊长大干什么？""卖钱。""卖钱为什么？""盖房子，娶老婆。""娶老婆为什么？""生孩子。""生孩子干什么？""长大放羊。"有些同学如果上大学为了找工作"赚钱"。那

"赚钱为什么?""为买房子,找媳妇。""找媳妇为什么?""生孩子。""生孩子干什么?""长大念书。"那大学生和放羊娃有什么区别?我丝毫没有贬低放羊娃的意思,但上了大学必须要有成就动机,古人说"立志",今天要立志成才,报效国家。

如何立志?我在这里提三条建议:

其一,中华民族有"三立"——"立德、立功、立言",所以,我们必须以此确立志向,"有志者,事竟成",成才目标的确立为人生建功立业奠定基础。

其二,这个志向应该是成为人才,为国争光,有点林则徐的精神:"苟利国家生死以,岂因祸福避趋之。"为国争光,不管有多大的牺牲,也心甘情愿。以此出发,不难看出,人才发展的三种素质是思想道德、专业素养、人格因素,因此,我们要从这三种素质上下功夫。

其三,天生其人必有才,天生其才必有用。只要我们有信心,有勇气,人人都能成才,大学生活就是为促使你们成为各种各样的人才,为未来建功立业奠定基础。

二、做一位出色的大学生

在大学生活里,每一位同学都期待要做一位出色的大学生。要做一位出色的大学生,适应(adaptation)是关键。"适应",来源于生物学的一个名词,用来表示能增加有机体生存机会的那些身体上和行为上的改变。心理学中用来表示对环境变化做出的反应,如"入兰芷之室,久而不闻其香,入鲍鱼之肆,久而不闻其臭"。为什么?适应了。

在心理学研究中,适应被认为是一种智力表现,又被确认是一种健康的标志。瑞士心理学大师皮亚杰认为智慧的本质从生物学来说是一种适应,它既可以是一种过程,即适应的过程,又可以是一种状态,即"适应了"。健康心理学研究指出,人的心理健康和适应能力具有高相关,所以把适应可以视为心理健康的一种指标。适应能力,尤其是社会适应能力对人的生活至关重要。在就业的过程中,学电脑的要你去教物理,能否适应呢?如果适应,慢慢地能成为合格的物理老师;相反,如果抱着"学非所用"的抵触情绪不适应，只能自认倒霉。在发达的国家，为什么流传着在失业大军中，有硕士一大批，博士遍地走的现象，不能认为这些硕士博士没有专业水平，而有其他原因，其中一个重要原因就是社会适应能力差。因此中共中央国务院1996年颁发的教育改革决定中，明确地提出提高学生的社会适应能力，并把它作为学生心理素质的要求之一。

做一位出色的大学生，应适应哪些重要的环境呢？

（一）要继续适应学习环境

我们在前边也提到大学的学习是一种自主的学习，所以大学生要学习好，首先要适应学习任务、学习目标、学习方式的变化。对于这一点，我不想再啰唆了。

其次，对于生活方式与文化环境的变化，要想学习好，必须在下边12个字上下功夫：夯实基础、提高兴趣、增强实践。先说夯实基础，比如盖房子，基础不牢，最华丽装潢的房子都是要倒塌的。以心理学专业为例，什么是"基础"或"基础学科"？分两类：一类是学科基础，例如生物、统计、数学、物理是学科的基础的基础，另一类是专业基础，对心理学本专业来说，基础或普通心理学、实验心理学是所有心理学分支学科的基础课，必须学好。

如何提高学习的效率，除了刻苦勤奋的努力，兴趣是关键因素。兴趣是带有情感色彩的认知倾向，也是自觉能动性的重要组成部分；兴趣是智力发展的新需要的一种表现形态，也是动机系统的重要组成部分。有了兴趣，才能使人的智力开足马力；有了兴趣，才能使人的智慧放射出夺目的光辉。孔子早在两千多年前就说过："知之者不如好之者，好之者不如乐之者。"任何有成就的人，都热衷于自己的事业或专业，甚至到了入迷的程度。大家都熟悉英国著名科学家牛顿请客的故事，一次，牛顿请客人吃饭，自己却待在实验室里做实验。突然，他想起客人还未吃饭，立即来到客厅。当他见桌旁空无一人，又见桌子上散乱的鱼刺、肉骨头、空酒杯和瓶子时，他竟拍着脑袋自言自语："嗨，我的记性真不好，刚才我不是和客人一起吃过饭了吗？"类似牛顿这样专心致志地着迷于自己的事业的科学家数不胜数。天才的秘密就在于强烈的兴趣和爱好，这是勤奋的重要动力。同学们，不管你学什么专业，它与兴趣、爱好是互相制约的，兴趣、爱好吸引咱们去从事活动，活动又促进智力的发展。而顺利地从事某种活动也就进一步发展了这方面的兴趣、爱好。

大学学习，咱们同学往往重理论，轻实践；重课堂所学的知识，轻社会活动。我是学心理学的，从大学一年级开始，每年寒暑假，搭上有的节假日，我上午去精神病医院当见习医生，下午去师大实验小学当义务辅导员。大学毕业，我去中学工作没有陌生感，回北师大母校搞心理学，我率先提出心理健康教育的理念。这算是个成绩吧，它来自实践基础，不仅提高了我的实践能力，而且也使理论实际统一。

最后，大学学习过程是一个做学问的过程，是一个"学—思"的过程。自古大学问家都倡导学习中要重视思维能力的培养，例如，苏格拉底提倡启发式教育，孔子曰："学而不思则罔，思而不学则殆。"现代科学知识浩如烟海，出现所谓"知识大爆炸"的情况，单靠"记问之学"已不能满足学习的要求，更重要的反思或批判性的学习，要重视学习计划、学习调控、学习反馈、学习反省。我在 20 世纪 80 年代初教本科生时，78、79 级同学在我两个晚上"答疑课"时有 70% 以上同学来提问题，来讨论，甚至提出不同的观点；现在在我的答疑课上，近 100 个本科生，来提问的总是那几位，我问大家为什么不来提问，回答是"您讲得挺好的，我们提不出问题"。这弄得我哭笑不得，看来，我们的同学应在提高思考、提问、质疑、批判性思维上下功夫。

(二) 要继续适应人际关系

同学之间要相互适应。我不仅与我当年大学老同学有密切的联系，而且出席了我教授过的 78 级、82 级、83 级校友毕业 30 年或上北师大 30 年的聚会，深深地体会到同学友情、师生友谊的珍贵。在人际关系上，首先是要适应同学之间的关系。然而，也有人为此苦恼，产生的原因无非有两点：一是看不起别人或别人看不起自己；二是别人嫉妒自己或自己嫉妒别人。再往深处看，因素可多了，有学习上的好坏，有经济上的优劣，有性格上的内向外向，有习惯上的异同，有生活方式的区别，如果在不愉快时发生冲突，不仅引起关系的紧张，不愿继续相处，而且还严重地影响学习情绪，造成成绩下降，这不苦恼才怪呢！

　　如何适应同学之间的关系，我向你们提出六点建议：一是平等交往，能了解彼此的权利和义务；二是以友善为前提，能客观了解他人；三是互相尊重、信任、关心和照顾，关心他人的需要，这就是孔子的"君子贵人而贱己，先人而后己"；四是诚心的赞美和善意的批评，正如《史记》所云"反听之谓聪，内视之谓明，自胜之谓强"，我主张胸襟开阔，将坏话当好话听；五是积极沟通，讲求沟通；六是保持人格的完整性，不以他人的家庭地位、学习好坏和相貌美丑而亲迎或疏远。

　　同学是未来的同行，彼此要为同一事业而奋斗终生，所以友谊的建立与发展就显得格外重要。我是北师大心理专业的首届毕业生，在我自己今天的科研中，最好的合作者正是我当年的老同学，当年结下的友谊，今天开花结果。我主持一系列重大或重点科研任务时，建起一支全国协作的队伍，而各地的骨干，就是我的同学。这在我所教授的历届的学生群体中也看到相互支持、帮助、合作的友情的力量。我在这里还得表明一点，今天你们中间的"学霸"，将来未必都是高素质创造性人才；今天暂处于学习后进的或家庭贫穷的同学，将来未必落后在你们的群体之后。用"一分为二"的眼光、发展的观点对待周围的每一位同学，珍视友谊，这才是适应人际关系的基础。

　　在继续适应人际关系中，还有一个问题必然会遇到，那就是异性交往与情感挫折的预防问题。我主张男女同学相处，一是不要害怕接触异性，二要自然、大方相处，与同性交往应该是一样，用不着故意回避。但是要注意距离技巧，既表示同学中的友谊，又要有一定安全感。请你们阅读一下桑志芹教授的《大学生心理素质训练》一书，内有人类学家爱德华·霍尔在对美国人的观察中确立的四种互动界限：①亲密的距离（0～0.5米）。在这种距离里，人们的交流不仅仅是靠言语，还通过视觉、听觉、触觉、嗅觉交流信息。所以，这种亲密距离往往只限于知心朋友、夫妻和情人之间，其他人若介入这个空间，会引起警觉和反感。②个人的距离（0.5～1.25米）。这个空间有一定的开放性，朋友之间在这个空间内可以相互亲切握手，自由交谈。③社交的距离（1.25～3.5米）。这种距离的交往通常是公开的社会交往，不再是私人性质的。④公众的距离（3.5～7.5米）。这种距离通常用于公共场合下，人们之间社交性的对话。上述内容可供咱们同学参考。

在与异性同学相处中，难免有恋爱的可能性，在大学中恋爱结成终身伴侣的现象是很多的。恋爱应讲德、讲缘。在恋爱中错误观念和缺德现象在今天的社会中的表现，恕我们不去评论。要讲缘分，有缘就恋下去，直到结成良缘。但是如果你从心里不愿意，要善于巧妙地拒绝；那些被拒绝者，要下决心克服情感上的挫折，既然无缘，天下有缘者有的是，千万别当没有出息的失恋者，走出挫折的阴影，等待你的会有幸福的良机。

(三) 要进一步适应自我、调节自我

人的自我与自我意识包括自我认识、自我体验和自制力。健康的人生应了解自己，并悦纳自己。"知人者智，自知者明"，"人贵有自知之明"。大学生活中要逐步适应自我，了解自我，既不自卑，又不盲目自信，经常反思自己的长处和不足，以便扬长避短。

大学生如何走出自我认识的误区呢？我也给大家六点建议：一是善于正确地评价自己，诸葛亮曰"我心如称，不能为人低昂"。正确评价自己，不为他人的议论所左右，以与现实保持平衡。这平衡就意味着适应。二是通过别人来认识自己，这叫作"镜像自我"，以虚心地、有批判地分析别人的评价，从中认识自我。三是及时而正确的归因能够达到自我认识的目的，遇到挫折，不怨天、怨地、怪命运，多从自己是否尽力来检查。四是扩展自己的生活经验，包括失败经验是成功之母。五是根据自身实际情况确立抱负水平。六是具有自制力，提高善于控制和支配自己的行动的能力。

适应自我、调节自我的关键是增强自己的信心，信心是成功的动力。我们这代人经历了较长的动荡的岁月。我在大学时期，被人误认为"两耳不闻窗外事，一心只读圣贤书"的"白专"学生。大学毕业鉴定上又有"阶级斗争观念薄弱，与资产阶级知识分子划不清界限，企图成名成家资产阶级名利思想"的缺点。但我坚信这是误会，相反地我没有一点失落感而是高高兴兴地去中学教书，我对自己充满信心，对自己被打成"伪科学"的心理学专业也充满信心。我相信自己是个又红又专的年轻人，并能重新回到自己专业的岗位为国效劳。于是我在中小学教育第一线努力工作

的同时，还在"文化大革命"的"斗、批、改"的夹缝中坚持搞心理学的研究。"文化大革命"后，心理学获得重生，北师大缺乏心理学师资，在我归队回母校北师大时，带回了五篇有质量的心理学研究报告。1979 年年底，中国心理学会首届学术大会在天津召开，但论文却很少，我提交了自己的五篇论文，不仅围绕中小学生数学能力发展做了大会报告，提出有创见的思维结构观，而且在 1980 年 1 月自己关于《青少年品德不良及其纠正》一文被全国人大法制办所采纳。我的经历说明了自信、自尊、自立、自强的道理。

(四) 要进一步适应困难、克服困难

大学生活，我们应正视困难，适应困难，克服困难，对此我不想展开讲了，送给大家 36 个字，共勉吧！

面对困难，笑对困难，克服困难；

容忍寂寞，放弃虚荣，轻装前进；

调整心态，扬长避短，应对挑战。

三、争做创造性人才

教育的实质是发展，大学教育的目标是培养高素质、创造性的人才。这也是大学生、研究生发展的目标。

(一) 创造性定义

我把创造性、创造力 (creativity) 和创新 (innovation) 视为同义语。什么叫创新或者创造性呢？它是根据一定的目的，运用一切已知信息，产生出某种新颖、独特、有社会意义或个人价值的产品的智力品质。

在这个定义中你们看到了什么？"根据一定的目的，运用一切已知信息，产生出什么什么来"，这是一个过程；产生出什么，"新颖、独特、有意义的产品"；但我把种属关系放在智力品质上，说明是个性行为。由此可见，我把创造性理解为过

程、产品和个性的统一。

党中央、国务院文件指出,我们要培养出数以亿计的高素质创造性的劳动者,数以千万计高素质创造性的专门人才以及一大批拔尖创新的人才。由此我们可以推断,创新或创造性人才分三个层次:一是人人都有创造性;二是专门人才或创造性人才;三是拔尖创新人才(各行各业的尖子)。

在国际上,研究拔尖创新人才的被试主要来自诺贝尔奖获得者一类的科技创新人才,来自做出杰出贡献的管理人才(如总统、部长等),来自排行榜上有名的企业家。在我国,拔尖创新人才主要是研究自然科学领域的院士和社会科学领域德高望重的、有重大影响力的学者。

(二)创造性人才的构成心理因素

创造性人才成长的外因是创造性环境,其内因是创造性心理因素(见图2)。

图 2 创造性人才的构成心理因素

下面,我们从智力和非智力因素,即思维和人格两个方面来分析,先谈创造性人才思维(智力)表现,表现在五个方面。

一是创造性活动新颖、独特、有意义。新颖者指前所未有,独特者指别人没有而只有自己有,有意义是指价值,没有意义价值也没有创造性的意义了。所以创新不仅指新而且也指好。

二是创造性的内容是思维加想象,爱因斯坦说,创造的过程中,想象比知识更重要。

三是创造过程需有灵感出现。

四是创造性思维是分析思维和直觉思维的统一。所谓分析思维，是指概念、判断、推理、证明按部就班的逻辑思维；而生活中往往有来得快、直接、看不出推导过程的理解或领悟的思维，它往往是由于概括而产生触类旁通的思维，创造性思维正来自这两种思维的统一。

五是创造性思维是发散思维(divergent thinking)与辐合思维(convergent thinking)的结合。但美国创造性研究之父吉尔福特把发散思维和创造性思维对立起来以证明发散思维的重要。我不同意这个观点，我认为前者是一题求多解的思维，后者是一题求一解的思维；后者是前者的基础，前者是后者的发展；当一题多解到一定程度，又要求最佳解，发散又回到辐合。两者结合构成了创造性思维。

而吉尔福特对发散思维的研究却是挺有启发的，他认为发散思维包括三个特征：流畅性(fluency)、变通性(flexibility)和独特性(originality)。吉尔福特和他的学生编了发散思维问卷或量表。例如"一块红砖有什么用途"，让被试变通求多解。又如测定独特性，有一则故事说有一对年轻夫妇，十分恩爱，可惜妻子是哑巴。丈夫到处求医，一位名医治好他妻子的哑巴病。妻子会说话了，但女性的缺点暴露出来了。什么是女性的缺点呢？爱唠叨。好，原来是哑巴，现在成天唠叨，丈夫受不了，又找到那位名医："大夫，您给我治一治吧！""治什么？""变聋子。"研究者要求被试对上述故事进行命题。翻译成中文，水平高一点的命题诸如"聋夫哑妻"，水平低一点的就来一个"女性爱唠叨""妻子是哑巴"。这五花八门的命题反映了被试在创造性上的"独特性"。

我下面把创造性人格列到表1，请大家看一下。

表 1　创造性人才的人格(非智力)表现

吉尔福特 （J. Guilfort）	①高度的自觉与独立性；
	②旺盛的求知欲；
	③强烈的好奇心；
	④知识面广，善于观察；
	⑤工作中讲求理性与严格；
	⑥丰富的想象，敏锐的直觉，广泛的爱好；
	⑦幽默感，出色的文艺才能；
	⑧意志品质出众。
斯滕伯格 （R. T. Sternberg）	①对含糊的容忍；
	②愿意克服障碍；
	③愿意让自己的观念不断发展；
	④活动受内在动机的驱动；
	⑤有适度的冒险精神；
	⑥期望被认可；
	⑦愿意为争取再次被认可而努力。
林崇德	①健康的情感(强度、性质和理智感)；
	②坚强的意志(四个品质)；
	③积极的个性意识倾向性(需要形态：兴趣、动机和理想等)；
	④刚毅的性格；
	⑤良好的习惯。

　　这里要指出的，当代认知心理学家、创造性大师斯滕伯格在学生时代多次测试其智商不高，他说他的成就，主要来自非智力因素，他把其命名为"成功智力"。可见创造的过程中，情商的作用要大于智商。

　　智力因素与非智力因素，通俗地称智商与情商在创造过程中是如何结合的？请看图 3。

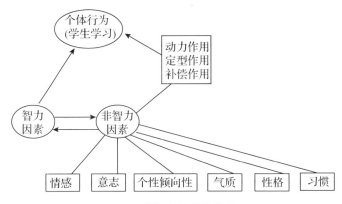

图 3 　非智力因素的作用

(三) 创造性人才的环境

创造性人才所处的环境相当复杂，有教育和学习环境、社会环境、行政或政府环境、单位环境、科研资源等，不论创造环境多么复杂，创造性人才的成长需要一个民主的、和谐的环境。所谓和谐，主要是指处理和协调好各种各样的关系，心理和谐和社会和谐是一致的。和谐社会的三个空间是自我关系，个人与他人关系和个人与社会关系，从心理和谐角度说，围绕这三个空间，我们必须考虑以下六大关系：人与自我的关系，人与他人的关系，人与社会的关系，人与自然的关系，硬件与软件的关系以及中国与外国的关系。高校应该为学生创造良好的社会关系，而咱们当学生更应主动去迎合良好的、对自己发展的有利条件。

(四) 怎样成为创造性人才

怎样把自己培养成为创造性人才呢？我给大家提出下边的建议。

1. 坚持"两弹一星"精神

"两弹"中的一"弹"是原子弹，后来演变为原子弹和氢弹的合称；另一"弹"是导弹；"一星"则是人造地球卫星。

1964 年 10 月 16 日，中国第一颗原子弹爆炸成功；

1966 年 10 月 27 日，中国第一颗装有核弹头的地对地导弹飞行爆炸成功；

1967 年 6 月 17 日，中国第一颗氢弹空爆试验成功；

1970 年 4 月 24 日，中国第一颗人造卫星(东方红一号)发射成功。

当时我国的经济条件很差，环境因素也不理想，但是我们的前辈——我们的科学家为什么能够创造出世界奇迹？这源于他们的人格或创造性的人格，源于他们的理想和责任心，源于他们的爱国主义精神，来自他们对祖国和党的忠诚。这种精神叫"两弹一星"精神。

2. 进行创造性学习

1985 年，大连铁道学院有位学生用两年上完大学，又两年取得硕士学位，《中国青年报》报道了他的学习特点，我受邀以"本报评论员"的身份写了一篇小评论。我在文章中提出：学习有两种，一种叫重复性学习，鹦鹉学舌，人云亦云，不知怎样去批判性思维；另一种叫创造性学习，不拘泥，不守旧，敢于除旧布新，敢于提问，敢于批判性思考。当然学习不同于工作、劳动，主要是规律学习，重复性学习为主要形式，但我们能否提倡创造性学习，多一点创造性学习呢？简单地说，创造性学习有四个特点：强调学习者的主体性；提倡学会学习，重视学习策略；创造性学习者擅长新奇、灵活而高效的学习方法；来自创造性活动的学习动机，追求创造性学习目标。

国外研究数据可供咱们参考，请看表 2。

表 2　国外创造性学习的研究数据

①好奇心，不断地提问；	38%
②思维和行动的独创性；	38%
③思维和行为的独立性，个体主义，自足；	38%
④想象力丰富，喜欢叙述；	35%
⑤不随大流，不依赖群体的公认；	28%
⑥探索各种关系；	17%
⑦注意多(思维流畅性)；	14%
⑧喜欢进行试验；	14%
⑨灵活性强；	12%
⑩顽强、坚韧；	12%

续表

⑪喜欢虚构;	12%
⑫对事物的错综复杂性感兴趣，喜欢用多种思维方式探讨复杂的事物;	12%
⑬喜欢幻想。	10%

由此可见，创造型学生其行为特征多是好奇、思维灵活、喜欢实践、独立行事、喜欢提问、善于探索、敢于质疑等。这与咱们高校的要求和实际情况是吻合的。

3. 融东西方教育模式为一体，培养"T"型人才

这是我在一个教育的国际会议上的发言中提出的（见图4）。"横"为西方的教育观念、教学方法、教学模式，"竖"为东方的教育观念、教学方法、教学模式。

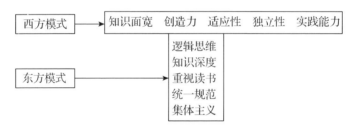

图4 "T"型人才培养模式

有人问我喜欢哪种教育模式，我认为两个模式都挺好，但各有千秋。我认为为了培养创造性人才，大学生、研究生必须对此扬长避短，学贯中西；"T"型人才，就是创造性人才，就是咱们诸位发展的目标。

今天的报告就到这里。

谢谢大家！

情商要重于智商[①]

——在第二届非智力因素专业委员会学术研讨会上的演讲

尊敬的沈德立先生、尊敬的燕国材教授、尊敬的徐崇文院长，各位老师、各位同学：

上午好！

感谢非智力因素专业委员会主任燕国材教授提供我一次学习的机会，邀请我出席这次非智力因素的学术研讨会。

"非智力因素"（nonintellective factors），又称非认知因素（noncognitive factors）。它既是一个理论问题，又是一个现实课题，是一个既特殊又普遍而严峻的问题。说它特殊，是因为"非智力因素"的提法往往会使人产生误解，似乎给人一种这个概念提法不科学的印象；说它普遍，是因为它与智力因素相对应，参与人们的智力活动与思维活动，每个人对此都有所经验，有所认识；说它严峻，是因为对"非智力因素"的正确认识与理解，直接关系到我国教育的成败和我们所培养人才的素质与规格。因此，教育理论界就此进行讨论、争鸣是一件很有意义的事情。实际上，这场争论的焦点在于对"非智力因素"问题的理解和认识上。

国内关于"非智力因素"的争议，始由上海师大燕国材教授于 1983 年 2 月 11 日在《光明日报》发表的《应重视非智力因素的培养》一文引起，此后一发不可收，于是《华东师范大学学报(教育科学版)》组织了讨论，许多学者竞相发表高见，莫衷一是。我感谢学报主编邵瑞珍教授对我的信任，请我对讨论做个总结。而我综观各家之说，发现很多争论的焦点集于概念的定义上，特别是对"培养"二字更是兴趣浓

---

① 围绕本专题，从 20 世纪 80 年代中期开始，我先后在北京市一些中小学、北京师大、上海师大、华东师大、华中师大、华南师大以及中国教育学会儿童与教育心理学会分会非智力因素研究专业委员等单位做过一系列的演讲。本文是根据 2000 年 11 月 18 日在天津师大召开的第二届非智力因素专业委员会学术研讨会上的报告整理而成的。

厚。对此，我一方面愿意提出几个问题以加深人们对"非智力因素"的认识和理解，另一方面，对诸多前辈的高见，不敢以总结者狂加评论，于是仅写了一篇《智力活动中的非智力因素》，载于《华东师范大学学报（教育科学版）》1992 年第 4 期。没想到获得大家的认可，没有看到对我文章有批评之言。今天你们给我半天时间让我展开来谈，而我只想在那篇文章的基础上，谈点不成熟的想法。

一、"非智力因素"的来龙去脉

我先来谈谈在我国"非智力因素"的首创者。一般来说，在我国教育界、心理学界，"非智力因素"与"非认知因素"的提法是等同的。我国最早使用"非认知因素"概念的是我的恩师朱智贤教授，他于 1982 年在《关于思维心理学研究的几个问题》一文中提出了这个概念，后来他于 1986 年在和我合著的《思维发展心理学》里，仍使用"非认知因素"这一概念，并把它作为思维活动的一个成分。第一次使用"非智力因素"概念的是燕国材教授。教育实践已经证明，提倡重视青少年学生的"非智力因素的培养"有它的积极意义，且这场争论本身就是一个最好的注解。紧接着，燕先生为主任在中国教育学会儿童与教育心理学会分会里成立了一个非智力因素研究专业委员会，年年开展研讨活动，组织了一批实验学校，燕先生的副手、上海黄浦区教育学院徐崇文院长主编了《学生非智力因素读本》，成为咱们国家第一套中小学心理健康教育的教材。因此，燕国材教授提出"非智力因素"这一概念，功不可没。

"非智力因素"观念在伟大的中华文明教育思想中能找到根源。燕国材教授曾推荐我读一下清代彭端叔的文章《为学一首示子侄》。其中讲到，力学不倦，则天赋不高的人也会突破"昏""庸"的限制而有所成就；反之，屏弃不学，即使天生"聪""敏"的人，也无济于事。我们的古人早已揭示了智力与非智力因素的关系，这对我们是一种极大的启示。

其实，科学心理学的"非智力因素"这一概念，从其孕育、产生、发展到今天，已有 80 多年的历史了。它的发展大致可以分为如下三个阶段：20 世纪 50 年代以前是非智力因素研究的产生阶段；50 年代到 80 年代是非智力因素研究的发展阶段；

80 年代以后对非智力因素研究有了新的进展。只有了解这些发展史，才能避免一些不必要的分歧。

(一)"非智力因素"概念的提出

20 世纪初，智力测验的蓬勃发展，形成了非智力因素概念产生的土壤，而因素分析方法在智力研究中的普遍应用，则为非智力因素概念的提出与界定提供了合适的方法。

早在 1913 年，韦伯(E. Webb)对一组测验和一些评定性格特质的评价进行因素分析时，从中抽取一个名为"W"的因素，将之称为正直性或目的的恒定性，认为它是一种与智力有关的因素。

1935 年，亚历山大(W. P. Alexander)在《智力：具体与抽象》一书中，详细地介绍了他对一系列言语测验和操作测验进行的因素分析，并以对成就测验和学习成绩的分析为辅来探讨智力问题的研究。结果发现，除 G 因素(一般智力)、V 因素(言语能力)和 P 因素(实践能力)之外，相当一部分的变异可由另外两种因素来解释，他把这两种因素分别称为 X 和 Z 因素。X 因素是一种决定个体兴趣的"核心"因素；Z 因素是气质的一个方面，它与成就有关。X 和 Z 因素在不同测验上的荷重变异是比较大的，即使一些 G 因素的测验，也包括一些 X 和 Z，几乎所有的操作测验都显示出相当大的 X 和 Z 的荷重，正如所预期的，这些因素在学术成就或技术成就中起着相当大的作用。例如，在科学方面的成就，X 因素的荷重是 0.74，而 G 因素的荷重只有 0.36；在英语方面，X 因素的荷重是 0.48，而 G 因素的荷重是 0.43。因此，亚历山大推论，在某种意义上，仅用智力与能力不足以很好地解释学生学习失败的原因。于是在他的文章中，首次使用了"非智力因素"一词。

在亚历山大等人的启迪下，韦克斯勒(D. Wechsler)于 1943 年提出了"智力中的非智力因素"概念。测验的直接经验使韦克斯勒越来越重视非智力因素的研究，于是他强调了"智力不能与其他的个性因素割裂开来"的观点。1949 年，他再次撰文探讨了非智力因素，题目叫作《认知的、欲求的和非智力的智力》，发表在第二年的《美国心理学家》杂志上，专门就非智力问题进行了广泛的探讨。这被誉为国际上关于"非智力因素"或"非认知因素"的第一份研究报告。文章中韦克斯勒公布了自己对相当数量的诺贝尔奖获得者青少年时期智商的调查结果，发现这些人的绝大多数是中等智商（IQ 为 90~110），而不是超常的智商，但这些获奖者的非智力因素却是非常人可以比拟的。于是他认为，一般智力不能简单地等同于各种智慧能力之和，还应包含有其他的非智力因素。根据他的观点非智力因素主要是指气质和人格因素，尤其是人格因素，并且还应该包括先天的、认知的和情感的成分。心理学界将韦克斯勒这篇文章，作为非智力因素概念正式诞生并进行科学研究的标志。到 1974 年，韦克斯勒对非智力因素的含义又做了进一步的说明：①从简单到复杂的各个智力水平都反映了非智力因素的作用；②非智力因素是智慧行为的必要组成部分；③非智力因素不能代替各种智力因素的各种基本能力，但对后者起着制约作用。

(二)"非智力因素"研究的发展

20 世纪 50 年代以来，心理学家继续广泛深入地探讨这一问题，对非智力因素的研究有了进一步发展。这不仅表现在心理测量领域，在其他领域内，有关这方面的研究也日益增多。这里主要谈的是两个领域，一是发展心理学领域，二是认知心理学领域。这两个领域称非智力因素为非认知因素。

在发展心理学领域内，关于非智力或非认知因素及其与智力相互关系的研究是很多的，但在理论上有代表性的人物是皮亚杰（J. Piaget）。皮亚杰对儿童的非认知因素，特别是情感性发展及其对智力发展的影响是很感兴趣的。他在 20 世纪 50 年代曾做过智力与情感性相互关系的系列讲座，后来用法文汇集成《智力与情感性——在儿童发展过程中它们的相互关系》一书，该书直到 1981 年才被译成英文。这本书共包括三大部分：引言，情感机能（功能）与认知机能，智力发展阶段与情感发展阶段。在前两部分，皮亚杰阐述了他对认知与非认知、智力与情感之间关系的基本看法。他认为，情感与智力的机能（功能）有关，它源于同化与顺应之间的不平衡，因提供能量而发挥作用，而认知为这种能量提供了一种结构。皮亚杰还用个体内情感、直觉性情感、规范性情感、理想主义情感和感知运动智力、前运算表征、具体运算思维、形式运算思维相匹配，提出平行发展的理论。

认知心理学家对各种认知过程与非认知运算的关系，也进行了研究。具体的实验研究很多，我们不能在此一一介绍，仅简要介绍几位认知心理学家的观点，做代表性的分析。"认知心理学之父"奈塞尔（U. Neisser）于1963年在 *Science* 上，发表了一篇题为《机器对人的模仿》的文章，详细论述了人工智能与人类思维之间的差异。他指出，认为机器能像人类一样进行思维的观点，是一种对人类思维性质的误解，人类思维所表现出来的发展性、情感基础、动机多重性这三个基本的、相互联系的特点，是计算机程序所不具备的。在论述后面两个特点时，奈塞尔提到了非认知因素。在奈塞尔之后，西蒙（H. A. Simon）于1967年发表了《认知的动机监控与情绪监控》一文，专门就奈塞尔提出的动机与情绪在人的认知活动中的作用机制进行了阐述。认知心理学在20世纪50年代末60年代初诞生以后，经过20世纪70年代的发展，到80年代初，各认知活动领域的研究已积累了丰富的资料，非认知或非智力因素在认知活动中的作用也进一步明朗化。诺曼（D. A. Norman）提出的"关于认知科学的12个问题"是有代表性的，这12个问题是信念系统、学习、意识、记忆、知觉、操作、技能、思想、语言、情绪、发展、交互作用，它们构成了认知与非认知因素关系的基本框架。

（三）非智力因素概念研究的发展趋势

智力与非智力因素关系的研究，越来越受到人们的重视。在这一领域内，研究发展的新趋势，可归纳为以下三个方面。

一是建构理论模型。在过去的几十年里，心理学家对非智力因素与认知活动的关系进行了大量的研究，积累了丰富的资料，为建构理论模型奠定了基础。现在心理学家们开始试图提出种种理论模型，来解释非智力或非认知活动。例如，关于情绪与记忆相互关系的理论，比较有影响的有记忆与情绪的联想网络理论。

二是各国普遍重视。除美国外，苏俄对非智力因素问题也较为重视。在我国，除了上面提到的朱智贤教授、燕国材教授之外，还有吴福元教授、王极盛教授等人。20世纪80年代中期起，我们北京师范大学学者开始进行非智力因素发展与培养的实验。

三是密切联系实际。随着教育改革的深入进行，非智力因素问题在实际教学中日益突出。如何根据理论研究成果来指导教学，把研究成果应用于教育实际，这是各国心理学家所面临的新问题。在这种社会需要下，已有不少的尝试，诸如情感教学、审美教学等。美国心理学家德韦（C. S. Dweck）在 1987 年 8 月向我声明，她是搞"非智力因素"或"非认知因素"研究的。在我访问美国时，她请我捎回其于 1986 年 10 月在《美国心理学家》杂志上发表的动机过程对学习影响的研究文章，以介绍她的观点，我把其发表在《心理发展与教育》1987 年第 4 期上。她在美国搞"非智力因素"培养的实验，广泛地提高了教学质量。我国的情境教学、愉快教学和成功教育，在一定程度上都在强调非智力因素的培养。

二、非智力因素的结构——智力中的非智力因素

如何界定非智力因素的概念，我想应该考虑三个前提：一是这个概念提出者的原意；二是国际心理学界运用的惯例；三是非智力因素或非认知因素的实质。在这三个方面，至今有几点是可以统一的：①强调智力活动中的非智力因素或认知活动中的非认知因素，即从智力与非智力因素的关系来界定非智力因素；②着重从人格（个性）方面来分析非智力因素；③从非智力因素在智力活动中的影响、效益和地位来认识非智力因素。正因为如此，朱老与我于 20 世纪 80 年代初在合著《思维发展心理学》时，才把非认知因素，即非智力因素列为思维结构的一个成分。

在这个前提下，根据上述的有关非智力因素的界说，我认为非智力（或非认知）因素，是指除了智力与能力之外，同智力活动效益发生交互作用的一切因素。它的特点有：①它是指在智力活动中表现出来的非智力因素，而不包括诸如豪爽、大方、热情等等与智力活动无关的心理因素。也就是说，它不是指智力因素之外的一切心理因素，而是指在智力活动中、与决定智力活动效益的智力之外的一切心理因素。②非智力因素是一个整体，具有一定的结构和功能。③非智力因素与智力因素的影响是相互的，而不是单向的。④非智力因素只有与智力因素一起才能发挥它在智力活动中的作用。事实上，不能把两者截然分开，在日常生活中，我们很难界定

哪些是严格的智力因素，哪些又是非智力因素。

从以上对非智力因素的界定和分析，可以看出非智力因素的结构。除心理过程中"认识过程"的种种心理现象(属智力或认知范畴)和个性心理特征中的"能力"外，其余的一切现象，只要它在智力活动中表现出来，且决定智力活动的效率，均可称之为非智力因素。就是说，非智力因素是指与智力、能力活动有关的一切非智力(认知)、非能力的心理因素。一般来讲，非智力因素的结构包括以下五个方面：①情感过程；②意志过程；③个性意识倾向性；④气质；⑤性格。

(一)与智力活动有关的情感因素

首先是情感强度。情感强度对智力活动或智力与能力操作的影响是明显的。研究表明，情感强度差异同智力操作效果之间呈"U"字相关。过低或过高的情感唤醒水平，都不如能够导致较好操作效果的适中的情感唤醒水平。适中的唤醒水平是一种适宜的刺激，它既可以诱发个体积极主动地同化客体，又保证了智力与能力活动的必要的活动与背景，由此，适中的情感强度可以导致良好的操作效果。故此，学生面临着各种大考，太紧张或压力太大，甚至吃不下饭睡不好觉，都会影响考生正常智力的发挥；如果一点压力也没有，抱无所谓的态度，也肯定考不出好成绩来，所以，创设适度的紧张气氛，也是教师的一种基本功。

其次是情感性质。情感性质，与智力、能力的关系，表现在两个方面：一是产生增力与减力的效能，即肯定性情感有利于智力与能力的操作，否定性情感不利于智力与能力的操作；积极情感能增强人的活力，驱使人的积极性，消极情感则能减弱人的活力，阻抑人的行动。二是情感的性质对智力与能力操作效果的影响，与情感的性质同智力与能力操作加工材料的性质是否一致也有关系。例如，人们在愉快的情况下，容易记住令人愉快的事情；在不愉快的情况下，容易记住不愉快的事情。

最后是理智感。人在智力活动中，对于新的还未认识的东西，表现出求知欲、好奇心，有新的发现，则会产生喜悦的情感；遇到问题尚未解决时，会产生惊奇和疑虑的情感；在做出判断又觉得论据不足时，会感到不安；认识某一事理后，会感到欣然自得；等等。

（二）与智力活动有关的意志因素

意志最突出的特点，一是目的性，二是克服困难。它在智力与能力活动中，既能促使认识更加具有目的性和方向性，又能排除学习活动中的各种困难和干扰，不断地调节、支配学生的行为指向预定的目的。根据这一点，与智力活动有关的意志因素，主要是意志品质，即一个人在生活中形成比较稳定的意志特点，它包括意志的自觉性、果断性、坚持性和自制力。

（三）与智力活动有关的个性意识倾向因素

个性意识倾向性的成分很多，与智力有很大相关的因素，主要是理想、动机和兴趣。

对学生来说，理想的种类及表现形式很多，而与智力活动有直接关系的是成就动机。成就动机是追求能力和希望取得成功的一种需要，是以取得成就为目标的学习方面的内驱力。它以对未来成就和成功的坚定不移的追求为特点。成就动机层次有高低，成就动机层次高的学生往往根据学习任务和未来的目标确定远大而又现实的理想，并且表现出较大的毅力。他们能认识到自己的能力，学习中能做到浅尝辄止，并有高度的自尊心。

心理学家研究学习的动机，主要涉及五个方面的问题：动机的性质、种类、功能、过程和差异。在这类活动中，学习动机具备的功能是：①唤起动机是唤起和推动各种智力活动的原动力，它具有引起求知行为的原始功能及指导、监控求知行为的功能。②定向动机给求知行为或智力活动的客体添加上一定的主观性，具有维持求知行为或智力活动以达到目标的志向功能。③选择动机使主体只关注有关的刺激或诱因，而忽视不相关的刺激或诱因，主体因此可以预计其行为的结果。④强化动机使主体对自己的反应加以组织和强化，以便使其求知行为或智力活动能够顺利进行。⑤调节动机使主体随时改变求知行为或智力活动以达到预期的目的。

如前所述，兴趣是一种带有情感色彩的认识倾向，它以认识和探索某种事物的需要为基础,是推动人去认识事物、探求真理的一种重要动机,是学生学习中最活跃的因素。有了学习兴趣,学生就会在学习中产生很大的积极性,并产生某种肯定的、积极的情感体验。

(四)与智力活动有关的气质因素

气质特点对智力活动的影响,主要表现为它能够影响活动的性质和效率。与此影响有关的气质因素,主要包括以下两个方面。

1. 心理活动的速度和灵活性

不同气质类型的人,其心理活动的速度和灵活性是不同的。有的气质类型的人,心理活动的速度较快,而且灵活性也较高,如多血质和胆汁质;而有的气质类型的人,心理活动的速度较慢,而且也不灵活,如黏液质。心理活动速度的快慢和灵活性的高低,必然影响到人的智力活动的快慢和灵活度。这就是说,速度和灵活性这两种气质,影响到智力活动的效率。

2. 心理活动的强度

心理活动的强度,主要表现在情绪感受、表现强弱和意志努力程度。不同气质类型的学生,在这两方面有不同的表现。多血质、胆汁质类型的人,情绪感受表现较强烈,而他们的抑制力又差,使得他们的注意力很难长时间地集中于某种智力活动,较难从事需要细致和持久性的智力活动;而黏液质、抑郁质的人,其情绪感受表现较弱,但体验深刻,能经常地分析自己,因此,他们较适合从事于那些需要细致和持久性的智力活动。

(五)与智力活动有关的性格因素

第一是性格的态度特征。个体对待学习的态度与智力活动有着密切的联系。个体对待学习是否用功、是否认真,对待作业是否细心,对待问题是否刻苦钻研等,一句话,个体是否勤奋,将直接影响到其智力活动成果的好坏。

第二是意志特征。除了上述的意志品质对智力活动有影响之外,学生的性格意志特征,还集中表现在是否遵守纪律、有无自制力、有无坚持性和胆量大小四个方面，这四个方面对智力活动也有很大影响。

第三是性格的理智特征。这主要讲个体的智力差异在性格上的表现：①思维和想象的类型不同，例如有艺术型、理论型和中间型的区别。类型的不同，其智力活动的侧重点、方式以及结果都会有所不同。②智力品质的差异，例如，思维的敏捷性、灵活性、深刻性、独特性和批判性等方面所表现出的差异。这些差异也会直接影响到个体的思维活动。③认知方式的不一样，例如，场独立性与场依存性这两种认知风格使个体在对信息和经验进行积极加工过程中表现出个性差异来。

由此可见，我们是从智力中的非智力因素来分析非智力因素的结构和功能的。

三、"情商"概念的引入——非智力因素的作用

这里，我来讲一个斯滕伯格（R. T. Sternberg）的故事。大家熟悉斯滕伯格，他1947年出生，小学和高中两次智商测定都不及格，即低于90，不知为什么高中那次智商测定"走漏风声"，被他同学知道了，他的同学和他开玩笑说"我们和'低智'一起上课"。他听后觉得是莫大的侮辱。后来他找到相关的老师，问："研究智商的那门学科叫什么？""心理学。""好，我高中毕业就去学心理学，我绝对不相信这智商，如果我成功了，我就把自己的智力理论叫'成功智力'。"他刻苦学习，以优异的成绩考进了美国名校耶鲁大学学习心理学。耶鲁大学美丽的环境，吸引着斯滕伯格，他想如果这辈子能在这么优美的学校工作该多好啊。然而，美国的教育规范，不许"近亲繁殖"，没有像中国留校这么一说。除非你在别的名校提了教授或成为著名人物，那要等多少年啊？他去问其老师："什么叫'近亲繁殖'，又怎么能改变这'近亲繁殖'？"老师告诉他，必须选一所心理学排名先于耶鲁的学校，在那里取得博士学位，才有望回耶鲁工作。斯滕伯格就照着这么做，别看他智商不及格，但勤奋刻苦精神极强，终于在大学毕业后考上心理学排名第一的斯坦福大学，师从"元认知"的提出者弗拉维尔（J. Flavell）。硕博连读，一般至少要五年，可是，智商不及格的斯滕伯格总共用了三年时间拿到了博士学位。这里要付出多大的艰辛和努力只有他自己最清楚。那年他在报上看到耶鲁大学招认知心理学新教师的公告，于是他

回到了耶鲁，连心理系主任都没有想到来竞聘者有一位智商不及格的，然而又仅仅用三年时间取得博士学位的原耶鲁的本科毕业生。经过试讲，别看斯滕伯格的智商不及格，但口才练得可是一流的，他被录用了，成为耶鲁大学心理系的一名新教员。在美国，从获得博士学位到助理教授一般得五年；从助理教授到副教授还是至少五年；从副教授到教授却是太不容易了，至少也得五年吧。十五年晋升教授的路途，智商不及格的斯滕伯格仅花了七年。斯滕伯格逐步地成为世界著名的心理学家，他在认知心理学、创造性心理学、情感心理学取得了举世闻名的成绩，每年约2000万美金的科研经费，发表了600多种论著。斯滕伯格成功了，在1982年他提出了成功智力(successful intelligence)理论。他要让人认识到，人生的成功，主要不是靠智商(IQ)，而是取决于成功智力。其中他提出创造力的三维模型理论。第三维人格特征即非认知(或非智力)特质，由七个因素组成：①对含糊的容忍；②愿意克服障碍或困难；③愿意让自己的观点不断发展；④活动受内在动机的驱动；⑤有适度的冒险精神；⑥愿望被人认可；⑦愿意为争取再次被认可而努力，这一条有点像我国的"失败是成功之母"的意思。由于斯滕伯格的学术威望，在最近二三十年里出现无数种智力理论中，他选择了五种理论，于1998年《心理学评论》上发表了其观点，竟然被国际心理学界所公认。这五种智力理论有他自己的"成功智力"，有加德纳的"多元智力"，有珀金斯的"真"智力观，有塞西的"生态学智力模型"，还有梅耶尔与戈尔曼的"情绪智力"。情绪智力(emotional intelligence)是由梅耶尔(J. D. Mayer)于1990年提出来的，1995年记者戈尔曼(D. Goleman)的《情绪智力》一书出版，对这个理论起到推广的作用。情绪智力是什么？它由哪些要素构成呢？梅耶尔与戈尔曼分别提出了各自的情绪智力，对此做了说明，见表1。

表 1 梅耶尔与戈尔曼的情绪智力

理论	梅耶尔等	戈尔曼
定义	情绪智力用以说明人们如何知觉和理解情绪，具体说，是知觉和表达情绪、在思维中同化情绪、理解和分析情绪、调控自己及他人情绪的能力。	情绪智力包括自我控制、热情、坚持性和自我激励能力。这种情绪智力原来被称为性格。
内容与说明	①情绪知觉和表达 辨认和表达身体状态、情感和思维中的情绪 辨认和表达他人、艺术品和语言中的情绪 ②在思维中同化情绪 在思维中优先考虑情绪 情绪作为判断和记忆的辅助 ③理解与分析情绪 情绪(包括复杂的情绪和同时发生的情感)的命名 理解情绪转换关系 ④情绪的反思性监控 保持情绪的开放性 监控调节情绪并促进情绪和智力发展	①知道自己的情绪 识别正在发生的情绪 随时监控情绪 ②情绪管理 调整情绪使它们比较合适 安慰自己 摆脱焦虑、抑郁与恼怒 ③自我激励 引导情绪达成目标 延迟满足并抑制冲动 能够进入状态 ④识别他人的情绪 同情意识 适应别人的情绪 ⑤处理关系 管理他人的情绪 与他人和谐相处
类型	能力	能力与性格的混合

上表总结了两种最有影响的情绪智力理论。两种理论都是从内涵范围来定义情绪智力，但不同的是戈尔曼把它定义为能力与性格或人格倾向的混合物，比如，在能力之外加入了热情、坚定性等性格特点；而梅耶尔等反对把情绪智力定义为能力、性格等多种因素的混合物，而坚持把它定义为传统智力中的一种。但是，两种理论也有共同点，都认为情绪智力包含多个因素，虽然数量有所不同，都把情绪智力定义为能力、性格等多种因素的混合物。事实上，情绪智力涉及的智力中的非智力因素，早在1972年，斯托曼的《情绪心理学》已经论述到情绪情感的作用，于是西方教育界以此热衷起"情商"(EQ)。心理学界也像研究智商那样尝试编制情绪量表来测定情绪年龄，但未正式使用，而只根据生活经验来观察分析情绪年龄。

目前，不论是西方还是我国，教育界比起心理学界更重视"情商"的概念以及在教育实践中论述其培养的措施。斯滕伯格对"情商"这个概念是有兴趣的，他多次用情商代替非智力因素来使用。现在社会上所谈论的"情商"，与情绪智力有关，实质就是情感情绪因素或非智力因素。如果用于教育界，情商比非智力因素更通俗易懂，更能被人所接受。至于情商与智商的作用在人才的成长或学生学习中，从非智力因素概念的提出者亚历山大到韦克斯勒，再到斯滕伯格，显然情商作用重于智商。我国心理学家申继亮早在 20 世纪 80 年代末的实验研究数据表明，高一学生在语文、数学、外语三科的学习中，智力因素约占 52.75% 的作用，非智力因素约占 47.25% 的作用，尽管这数据与国外的略有出入，但也不保守。

非智力因素或情商到底有哪些作用？我们通过多年的实验研究，初步形成下面的示意图。

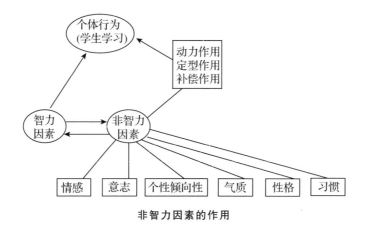

非智力因素的作用

非智力因素的重要作用到底有何表现？我们在研究中看到，学生的学习活动是智力与非智力因素的综合效果。学生的学习成绩不仅与其智力水平的高低有关，而且与非智力因素的优劣有着密切的关系，非智力因素在学习活动中，乃至整个智力活动及其发展中有什么样的作用呢？我认为主要表现在下面三个方面。

首先起的是动力作用，它是引起智力与能力发展的内驱动力。具体地说，个性意识倾向性为学习活动提供动力，使学生能够顺利地选择和确定任务；成就欲、自我提高的需要与学习任务完成存在着正相关，维持学生智力活动朝着目标持续不断地进行；动机过程影响智力与能力的操作效果，促使学生发挥现有的知识技能，获得新知识技能，并将知识技能迁移到新情境中去。情绪情感是通过内在的心理过程影响认知活动的，对智力与能力具有增力或减力的效能。我于20世纪90年代初参加一次家庭教育优秀论文的评奖，其中有一篇是关于中国科技大学少年班的调查。少年班的大学生并非个个都有天资，而他们的优秀成绩，多数来自学习动机系统，包括强烈的求知欲、学习兴趣，从而产生强烈的学习主动性和积极性。因此，我们要重视学生兴趣的激发，学习动机的培养，积极情绪的调动等诸多方面。

其次起的是定型作用，气质和认知方式是以一种习惯化的方式来影响智力与能力活动的表现形式。所谓定型或习惯作用，即把某种认知或动作的组织情况逐步固定化，因为智力与能力都是稳定的心理特点的综合，它们具有稳固性，在智力和能力的发展中，良好的智力或能力的固定化，往往取决于学生主体原有的意志、气质、认知方式等非智力因素及智力与能力各种技能重复练习的程度。以气质为例，它包括强度、速度和灵活度等因素，从而直接制约其智力与能力的性质、效率和特征。我多次强调过气质没有好坏之分，关键在于后天形成什么样的智力类型和性格。平时人们喜欢把胆汁质的人称为"脾气坏"的人，其实他们工作效率往往也最高，当然粗心大意也是他们所"定型"的智能活动的缺点。那些被人称为"好脾气"的黏液质者，尽管做事准确性较突出，然而干起事来，他们往往是慢慢吞吞，不讲求速度甚至效率，这也是这种气质"定型"的智能特点吧。对于"定型作用"来说，每一种气质既有其长处，又有其短处，这些都是良好的或不良的智能非有不可的习惯要求。

最后起的是补偿作用。所谓补偿作用，就是非智力因素能够补偿智力与能力某方面的缺陷或不足。这种补偿作用从哪儿来？燕国材教授等人提出，它来自非智力因素的定向（帮助人们确定活动的目标）、引导（帮助人们从动机走向目标）、维持（帮助人们克服困难）和调节（帮助人们支配、控制改变自己的生理能量与心理能量）等功能。作为非智力因素之一的性格在这方面的作用是比较突出的。比如，学生在学习过程中的责任感、坚持性、主动性、自信心和果断性等性格特征，勤奋、踏实的性格特征，都可以使学生确定学习目标，克服因知识基础较差而带来的智力或能力上的弱点，因此，"勤能补拙"的事例在我们的教学中是屡见不鲜的。说心里话，我这个人并不聪明，与我共过事的同仁都是这么评价我的。可是我性格中的"豁达"和"勤奋"，却是非常人能学习到的，这正是我今天能获得一些不足道成绩的原因，也是我的学生们所佩服的地方。1997 年 9 月 27 日《中国青年报》用三分之二的篇幅刊登了对我的专访，题目为《豁达与勤奋——人生发展的两大风火轮》。是的，我最喜欢的非智力因素，就是这"两大风火轮"。我把"豁达"与"勤奋"四个字献给大家，不知你们是否愿意接受？

也正是因为上边关于非智力因素或情商的三点作用，所以才有自古到今"天才就是勤奋"之说，才有发明家爱迪生的"天才 99% 来自勤奋，1% 来自灵感"的名言。

四、非智力因素的培养

燕国材教授当年论文题目是《应重视非智力因素的培养》。这非智力因素"培养"两个字，成为引起争议的关键词。对此，我先就非智力因素培养的"培养"二字提点看法。

一是"非智力因素"概念的性质。和"智力因素"一样，"非智力因素"也是一个中性的心理学概念。这类概念说明一种心理现象，包含着水平、等级和品质的差异，所谓培养，无非是为发展奠定基础。目前教育界有人担心，非智力有很多因素，每一种因素都有着不同的性质，有的还有"好坏"之分，提出"培养非智力因素"，不是好坏不分了吗？其实，这种担心是没有必要的。平时我们常说"培养智力"和"培养能力"，其实，智力与能力也有高低之分、聪明笨拙之分和品质好坏之分等。例如，同样是灵活性，可能是"机灵"，也可能是"滑头"，但这丝毫不意味着提"培养智力""培养能力"不应该。这里的培养，意味着提高、发展和矫正。同样地，几乎每一种非智力因素，都有一个水平、等级和品质问题，非智力因素的培养也意味着提高、发展和矫正，即发展其良好品质的部分，矫正其不良品质的部分。作为一个中性心理学概念的非智力因素，它的培养就是强调"扬长避短"，以促进主体的智力与思维的发展为主旨。

二是"非智力因素"概念的使用。毫无疑问，"非智力因素"具有特定含义。有的人在使用时，把这一概念无限扩大，这是我们不敢苟同的。我们认为，使用这一概念应有以下几个条件作为前提：第一，"非智力因素"主要是相对于智力因素而言的，离开了比较的对象，就会出现"皮之不存，毛将焉附"的情况。第二，在使用此概念时，不能割断历史，"非智力因素"的概念从孕育、产生、发展到今天，已有80多年的历史，对这段历史的了解，有助于我们更好地使用这一概念。第三，使用这一概念关键要看用得是否妥当，是否能够被人们理解并接受。第四，我们提倡对"非智力因素"进行实验研究，并在研究中不断完善和发展它，对此，我们已经做了一些工作，在国家教委两项有关"中小学生心理能力发展与培养"的实验中，全国26个省、自治区、直辖市各实验点的一个共同的突出措施，是抓对学生非智力因素或非认知因素的培养。在上面四个前提下，我们就会产生一些共识，这是学术研究的基础。在这个基础上，我不仅支持燕国材教授提出"培养"的理念，我也用自己课题研究材料，证明培养的可能性。

北京通县（现通州区）第一、第二和第六中学三所学校，1986年招收的新生，满分为200分，前两所学校入学考试的最低成绩分别为193、180分，而通县六中的平均分仅121.5分；智商测定分别为114.5、104.8和87.79，正常智商为90～110。但通县六中狠抓学生的非智力因素培养，经过三年的努力，在初中毕业升高中的"中考"时，在全县46所中学中名列全县第二，仅次于通县一中。智商不满90的学生挤入智商超过110学生的行列，做到智力有所发展，学习能力明显进步，学习成绩极大提高。1994年，通县六中被评为北京市中学"特色校"。从这里不难看出教师在学生智力发展中的主导作用，以及从非智力因素入手来训练学生智力与能力，从而提高教育质量的重要性。这也是我主持的全国26个省、市、自治区各实验点的一个共同的突出措施，即抓学生的非智力因素或非认知因素的培养。由此，我获得一个结论：一个学生的成才，不仅要依赖于智力因素，而且更重要的是要依靠非智力因素或非认知因素；情商重于智商。

我们的培养实验是怎样开展的呢？

培养非智力因素，应重视从整体性出发。从理论上来说，可以分析非智力因素具体成分的功能；从实际上来看，非智力因素是一个结构，非智力因素和智力又是一个结构，构成一个整体。在智力活动中，尽管也存在着某一种因素起的作用大一点，另一因素起的作用小一点的情况，但是，影响智力活动效益的是非智力因素的整体效应。因此，对非智力因素和智力因素在智力活动中的效益应该采用综合评价的方式，即特定评价与客观评价相结合，总结性（效果）评价与过程性评价相结合，专项评价与模糊评价相结合。例如，我们在研究学生智力与非智力因素在学习中的作用时，在对实验结果进行处理前，首先要对各项因素进行量比，求出其模糊值。量比是参与"评定（法）"的专家（10名，其平均值）根据经验进行的。需要量比的方面有：一是智力因素与非智力因素在学习中的各自作用（权重）；二是确定各项智力因素在智力方面、各项非智力因素在非智力方面的权重。以下是上面提到过当年我们课题组成员申继亮研究的结果，即六项智力因素在智力方面、四项非智力因素在非智力方面各自的权重：智力方面（0.525）包括感知和理解力（0.1125）、记忆力（0.14）、语言表达能力（0.18）、思维能力（0.275）、评价能力（0.13）、应用操作能力（0.1625）；非智力方面（0.475）包括学习的目的性（0.2375）、学习的计划性（0.225）、学习的意志力（0.2875）、学习的兴趣（0.25）。我们根据诸项因素综合起来的状况来培养非智力因素。显然，培养非智力因素的实验基础是做多因素分析。因为非智力因素是一个多因素的结构，在培养实验过程中存在着许多问题。如变量的控制有时是不可能的；有时变量的控制是无意义的；从整体观看，在智力活动中，影响智力效益的可能是各种非智力因素的不同组合，也可能会因某一影响因素而产生不同的作用。所以，我们对各种非智力因素都应该予以重视，并且要从整体性出发加以培养。

与此同时，我们课题组反复地在实验中完善出四条主要的措施。培养非智力因素，要尽量做到对具体的非智力因素做具体而谨慎的分析。在我们自己从事的教改实验中，主要抓住四个方面，即发展兴趣，顾及气质，锻炼性格，养成习惯。

第一，从非智力因素的正式提出开始，心理学界历来重视发展学生的兴趣。任何有成就的人，他们都热衷于自己的事业或专业，甚至到了入迷的程度。天才的秘密就在于强烈的兴趣和爱好，从而产生无限的热情，这是勤奋的重要动力。因此，应当把学生的兴趣作为正在形成某种智力与能力的契机来培养。今天我国教育界出现的"快乐教育""愉快教育"等，尽管分歧很大，但是他们有一条很重要的措施，就是从发展学生兴趣入手，这是值得肯定的，要发展学生兴趣，应该处理好理想、动机、兴趣三者之间的关系，培养师生的感情，提高教学水平引发学生兴趣。我们曾在全国十省市搞了一个较大面积的理想、动机与兴趣的调查。结果发现，中学生把政治课作为自己最感兴趣学科的只占 1.67%，再深入调查他们为什么喜欢政治课，回答却是共同的"老师教得好"，可见提高教学水平的重要性。因此教师应该引导学生将广泛兴趣和中心兴趣相结合，只有这样，才能使学生产生良好的学习兴趣，产生智力活动的自觉动力和追求探索的倾向。

第二，气质在智力活动中的作用并无水平高低之别，每种气质在智力活动中都能获得其应有的地位。例如，胆汁质的人性急，在智力活动中可以表现为迅速、强度大，也可以表现为冒失、不正确、缺乏计划性；多血质的人灵活，在智力活动中可以表现为发散性强，善于求异，也可以表现为动摇、受暗示性突出；黏液质的人迟缓，在智力活动中可以表现为正确、有条理、镇定，也可以表现为呆板、缺乏灵活性；抑郁质的人多虑，在智力活动中可以表现为好思索、深钻研，具有深刻性，也可以表现为疑心重、拿不定主意、退缩性强。由此可见，同样的气质，既可以成为积极的思维特征，也可以助长不利的智力与能力因素的形成。所以，在非智力因素的培养中，应该顾及学生的气质。

第三，对智力与能力有明显作用的性格特征是勤奋。"天才等于勤奋"，这是十分有道理的一个"公式"。勤奋往往和踏实、自信、坚韧、刻苦联系在一起，构成主动学习、坚持学习、顽强学习的学习品质。勤能获取知识，发展智能；勤能补拙，克服心理能力上的种种不足。我们在教改实验中相当重视勤奋，并要求实验班教师抓住"勤奋"学习的良好性格特征，加以有目的的培养；通过大量的强化训练，使学生形成"勤奋"特征的人格品质。

第四，习惯不只表现在道德行为上，而且也表现在智力与能力中。从系统科学的观点来看，习惯是一种能动的自组织过程。一定的环境使个体心理能力达到一个临界状态，智力与能力的相变（质变）特点，习惯这种参序量是其决定因素之一。所以，智力与能力培养的智育过程，离不开良好的学习习惯和智能，特别是技能习惯的形成。为此，我们要按照年龄特征制定对学生学习习惯的要求；要训练必要的学习习惯；要严慈相济，引导学生有目的地进行良好学习行为以及心智与操作技能的训练；要使其形成良好的学习习惯、掌握学习方法和培养思维品质之间有着一致性。

总之，作为智力活动中的非智力因素，认知活动中的非认知因素，应该在智力活动中或认知活动中来培养非智力因素或非认知因素；从非智力或非认知因素入手来培养智力或发展认知。

这是我今天汇报的全部内容。

谢谢沈德立先生，谢谢燕国材先生，谢谢徐崇文院长，谢谢大家！

创造性人才的心理学研究①

——在中央和国家机关司局级干部选学课程班上的演讲

各位学员：

大家好！

很高兴在这里与大家共同学习和交流。今天我向大家汇报的题目是：创造性人才的心理学研究，或者说是心理学分析。

因为和大家一起来讨论心理学，而创造性问题也是一个心理学问题。首先我要引入的是摘自中央有关文件中的两段话作为今天演讲的指导思想："提高自主创新能力，建设创新型国家。这是国家发展战略的核心，是提高综合国力的关键"；"进一步营造鼓励创新的环境，培养造就世界一流科学家和科技领军人才，使创新智慧竞相迸发、创新人才大量涌现"。

这两段话是大家所熟悉的，但是我为什么要用这两段话作为引言开头呢？这是因为咱们国家在 2006 年 1 月 19 日颁布了《国家中长期科学和技术发展规划纲要（2006—2020 年）》，明确提出要建设创新型国家。当时组织我们学习的时候也听了一场报告，报告中提到，我们国家现在建设创新型国家，如果按创新型国家满分100 分来算，咱们国家能够得到多少分呢？当时的报告人称能够达到 61 分、62 分，不管怎么说，及格了。如果按照排名，美国在创新型国家中排名第一的话，我们国家能够排到多少呢？报告中提到是第 26 位，通过中长期"纲要"的实施，也就是到2020 年，希望我们能够在排名中到第 12 位或第 13 位，所有的这些材料我想在座的各位比我清楚。

---

① 创造性人才的心理学研究是我在全国演讲次数较多的研究主题之一，几乎在全国 2/3 以上的省部级师范大学以及综合性大学（如武汉大学、中山大学、南开大学、吉林大学、宁波大学等）、政法院校（如中国政法大学等）、艺术类院校（如中国传媒大学等）以及医科类院校都做过演讲。本文是根据 2011 年 4 月 19 日在中央和国家机关司局级干部选学课程班上的演讲整理而成的。

关于创新和创造性的概念，在我们心理学界这两者被看作是同义语。我们再看中央和教育部的相关文件中有时候叫创新，有时候叫创造性。我想还是按照心理学中的观点，将创新和创造性视为同义语。因此在接下来我的汇报，有时候谈创新有时候谈创造性，是根据不同资料而来的一些概念，而在实质上看作同一意思的。

接下来，我想跟大家汇报以下几个问题。

一、为什么我们要进行这个领域的研究

我们北师大人为什么要投入创造性或者创新这个领域的研究？也就是说，为什么要对这个问题进行心理学的思考呢？这来自我们的困惑和思考。我们有三个困惑。

困惑一，为什么中国公民没有得过诺贝尔科学奖？[①]

当然，华人中杨振宁、李政道等，他们是诺贝尔奖的获得者，但他不是中国公民。在这里我要介绍一个人：美国心理学家杰森（A. Jeson）。杰森曾经说过，世界上有两个民族最聪明，智商最高，一个是犹太人，一个是华人。在杰森的心理学著作中，他认为一个人的智力和创造力是先天的，这在心理学界尚有相当争议，我也非常反感他提出的"劣等民族"，这是对某些民族的歧视，但是不管怎么说，他说我们华人是世界上最聪明的、智商最高的两个民族之一，这一点还是让我们很高兴的，所以对杰森这个人的一系列争议让我感到很难评价。如果按照杰森的说法，犹太人和华人是世界上最聪明的两个民族，但如果用诺贝尔奖获得者作为创造力高的标志，我们可以看到，犹太人获奖者人数是很高的，已有 28 人。我在看了一些数据以后，从中只能得出一个结论，也是我们的第一个困惑，高智商并不等于高创造。

困惑二，为什么我们的学生考试成绩很高，却缺乏创造力？

咱们的学生在国际奥林匹克竞赛的过程中获奖的总数与奖项都能够排在第一名

---

① 2011 年，我做本专题演讲时，莫言先生和屠呦呦教授还没有获得诺贝尔奖。

或者第二名，我们国家学生的考试成绩也相当高。现在我们正在研究基础教育课程的问题，一个星期以前，国务委员刘延东同志为基础教育课程咨询委员会专家颁发了证书，说明课程问题也很重要。看看我们的课程，美国数学教科书的水平要比我们低 1~3 年，不同学校更有差异，我们的学生考试成绩也是相当不错的。但我们的学生创造力又如何呢？我们课题组在做中英青少年科技创造力的比较研究时，根据两国的情况与国内的一些心理学家和英国以裴利浦为首的心理学家讨论以后，制定了一个信度与效度相当高的量表。然后用该量表测定了国内 12 岁到 15 岁的学生，同时测定了英国同等学校(重点校对重点校，一般校对一般校)中 12 岁到 15 岁学生的科技创造力的情况。结果发现，科技创造力的七项内容中六项人家比我们高，当然总成绩人家也比我们高。于是我产生第二个困惑，高知识并不等于高创造。

困惑三，如何解决李约瑟悖论？

我对英国的科学家李约瑟是非常崇敬的，他说过我们中国人很多好话，但是他提出了东方科技的没落！他说，的确，中国人有许多伟大的发明，那么你们今天又如何呢？从当今的量子理论、相对论、信息理论一直到集成电路、多媒体计算机，哪个是你们国家发明创造的？这一点引起了我们国内教育界一些同行的反响，说咱们国家不是一个创造性的国家，这一点我是不同意的。人民教育出版社出版了一本书，叫作《中国的创造精神》，正是在李约瑟支持下由一位英国人写的，讲的是中国在古代有一百个世界第一。那么，怎样解决李约瑟的悖论，这是我的第三个困惑。

在困惑中，我加以思考。

思考一，缺乏创造性人才是问题所在！

缺乏创造性人才、自主创新能力不强，这是引起上面三个困惑的关键所在。后来我们学习中央有关文件时，中央一些文件指出"当前科学技术突飞猛进，知识经济初见端倪，国力竞争日趋激烈"；"高新技术迅速产业化，要加快知识创新，加快高新技术产业化，关键在人才，必须有一批又一批的创新人才脱颖而出"。这就是我做出的第一个思考。

思考二，检讨教育的失衡是解决问题的突破口！

现在咱们都强调科学技术和教育问题的重要性。科技是关键，而教育是它的基础。检讨一下我们教育的失衡，这是解决问题的突破口。通过我的学生对中英青少年科技创造力所做的比较研究，我们看到，咱们国家在教育思想、教学内容、教学方法、考试方法都与英国存在这样或那样的差距。思考以后，我们得出这样一个结论，必须从教育创新入手，进一步营造创新的环境，注重培养创新的人才。正如十七大报告所指出的，"提高自主创新能力，建设创新型国家"。

当然，我们讲要改革教育并不是说要一年一个变化，甚至半年一个变化，来个教育改革与发展的大飞跃。我想我们应该适当地保证教育体制、教育目标、课程相对的稳定性，教育决策的执行和改革以调查研究或相对成功的实验研究为基础。比如说，俄罗斯每实施一个教育决策的时候首先做一个五到十年的实验研究，这一点是值得我们借鉴的。

思考三，实施教育创新，培养创造性人才将关系到民族的前途命运！

我们在思考的过程中，学习了中央的有关文件："培养和造就数以亿计的高素质创造性的劳动者、数以千万计的高素质专门人才和一大批创新拔尖人才，这是国家发展战略的核心，是提高综合国力的关键。"尤其是我们现在所从事的教育创新，更是整个中国教育界重要的培养目标：培养创造性或创新性人才。它关系到我们整个民族的命运，也使我们必然要思考这个问题。

我们课题组就是根据三个困惑、三点思考来开展对创造性问题或创新问题的研究。

二、我们研究的几个理论问题

我们的研究从 1978 年开始到 2003 年，已经持续了 25 年。我的学生，北京师范大学常务副校长董奇教授（现任校长），是这个团队中的杰出代表之一。为什么这样说呢？他是最早研究这个问题的人之一，他最早到全国各地去讲授这个问题，他是"文化大革命"之后在这个领域研究成果最多的学者之一。正是在这样的基础上，我们才敢在 2003 年承担教育部哲学社会科学方面的一个重大攻关课题，题目叫作"创新人才与教育创新的研究"。2012 年，我又主持了另一个教育部哲学社会科学重大攻关课题"拔尖创新人才的成长规律与培养模式"。这两个重大课题，都是围绕创造性人才的心理与教育的问题所开展的研究。

接下来汇报一下我们这个研究团队所做的一些工作，我们研究了下面几个问题。

（一）探索创造性的实质

首先我们对于国外的一些创造性的定义做了解剖，同时在这个基础上提出了我们自己的观点。在国际上，对于什么叫作创造性，有三种不同的观点。第一种观点认为创造性是一种过程，第二种观点认为创造性是一种产品，第三种观点认为创造力是一种人与人之间的个体差异，是一种智力品质。哪种观点对呢？我认为三种全对，只不过是三个学派从三种不同角度分析问题罢了。在这个基础上，20 世纪 80 年代初，我的恩师朱智贤教授和我提出了这样的定义："创造性是根据一定的目的，运用一切已知信息，产生出某种新颖、独特、有社会意义或个人价值的产品的智力品质。"这个定义我们主要是根据国际上三个方面的定义，又基于我们的思考、分析提出来的。"根据一定的目的，运用一切已知信息，产生出……"这不是过程吗？"产生出某种新颖、独特、有社会意义或个人价值的产品"这不是产品吗？但是我们的种属关系并未落到产品上，而是落到个体差异上，即落到智力品质上。这个定义经过我们 20 多年量的和质的研究，在大量的实验研究尤其是应用到基础教育界，在提高了学生的教育质量的过程中得到了心理学和教育界同行的认可，现在好多心理学论著中都说，心理学一般认为"创造性是指根据一定的目的，运用一切已知信息，产生某种新颖、独特、有社会意义或个人价值的产品的智力品质"。创造性的实质又是什么呢？我认为，创造性是主体对知识经验或思维材料高度概括后集中而系统的迁移，进行新颖的组合分析，找出新异的层次和交结点。概括性越高，知识系统性越强，减缩性越大，迁移性越灵活，注意力越集中，则创造性越突出。这几句话，实际上是因果关系。我下面还会讲一些故事，能够说明创造性与灵感（注意力）的关系。

这就是我们的团队对创造性的第一个研究，研究它的理论问题，研究创造性的实质问题。

(二)创造性心理学研究简史

我们体会到，研究任何科学都应该了解其历史，我们心理学研究创造性问题，研究创造性心理学，或者研究创新心理学，也必须了解创造性心理学的历史。于是我们课题组一开始就研究了创造性心理学的发展阶段。我们把它归为五个阶段：

第一阶段是从 1869 年到 1907 年。1869 年，英国一位心理学家出版了一本著作《遗传与天才》，他就是高尔顿。我想有两种人特别熟悉他，一个是搞数学统计的熟悉他，因为有个"高尔顿相关"；还有就是搞心理学的熟悉他，因为他是心理学家。在座的各位，我想你们都认识一位大科学家，那就是达尔文，达尔文跟高尔顿有关系，高尔顿是达尔文姑姑的儿子。因为高尔顿特别崇拜其表哥达尔文，非常欣赏并熟悉他的进化论思想，所以他将进化论的理论"遗传与变异"用到了自己的关于智力方面的研究里来，这就是《遗传与天才》这本书的由来。他研究了 977 位天才人物的思维特征，得出天才来自遗传这个结论，后来这在国际上引起了很大的争议，但是不管怎么说它是世界上公认的第一部关于创造性研究的文献。在这个阶段，也就是从 1869 年以后，整个国际学界，从理论角度探讨创造性创新问题，即创造性来自先天还是后天，来自遗传还是环境教育，但是这个阶段没有什么实验研究。

第二阶段是从 1908 年到 1930 年。代表人物有奥地利心理学家弗洛伊德和美国心理学家华莱士。弗洛伊德于 1908 年写了一本书，叫作《诗人与白日梦》。弗洛伊德从潜意识出发来研究文艺创作，他认为文艺创作中的理论问题或创造性问题全部是潜意识的问题，是"白日梦"。当然这种观点后来在国际上也是有很大的争议，不管怎么说，他提出了这个观点，他将这种心理学的观点纳入了他自己的个性心理学或者叫人格心理学之中，他认为创造心理学就是一种人与人之间的个体差异。后来有人在此基础上采用了传记、哲学思辨的方法来研究文艺创造中的创造性和创新过程。美国心理学家华莱士在 1926 年提出创造性思维。他认为创造性思维是这样一种思维，是经历"准备—酝酿—明朗—验证"四个阶段的一个思维过程。现在我们心理学的教科书仍然把 1926 年华莱士对思维创造性四个阶段的学说作为创造性思维的经典。咱们经常说英雄所见略同。同一时期的王国维先生用三句古诗提出做学问有三种境界，"昨夜西风凋碧树，独上高楼，望尽天涯路"，这不是做学问过程中或者创造过程中的准备阶段吗？"衣带渐宽终不悔，为伊消得人憔悴"，这就是说做学问苦啊，要经过艰苦的酝酿阶段。后来明朗了，"众里寻他千百度，蓦然回首，那人却在灯火阑珊处"。至于要不要非说一个第四个阶段，关于验证阶段，中国人从来知道实践是检验真理的唯一标准，不需要说了。这也是对华莱士的一个评价。

第三阶段是从 1931 年到 1950 年。20 世纪 30 年代后有一批心理学家从自然科学的结构主义出发来研究人的智力和人的心理，认为心理也是一种结构，创造力或者智力实际上是一种认识结构或者认知结构。从认知方法来看，产生了一个学派，这就是在我们心理学界相当重要的，专门研究心理结构的一个学派，叫格式塔学派。这个学派的领军人物叫韦特海默。他在 30 年代初写了一本书，叫《创造性思维》，这本书在整个国际上的评价是"顶天立地"。顶天者，他将当时诺贝尔奖获得者的思维方法、思维特点和思维过程进行了描述，他指出，怎样认识创造性，你看那些诺贝尔奖的获得者是怎么思维的；立地者，紧密联系实际，联系中小学的教育实际。比如，现在我们中小学的教育中出现了一道智力题，说给你 6 根火柴棍请你搭成 4 个三角形，人们从平面上怎么也搭不成，用格式塔的观点来解释，它打破了原来的平面的格式塔，进行了新的立体的格式塔，运用立体就能解题了。于是韦特海默等人紧密联系实际问题，特别是教育实践问题。

第四阶段是从 1950 年到 20 世纪 70 年代。当年美国心理学会的主席，美国创造性之父吉尔福特，在 1950 年美国心理学年会上做了一个报告，叫作《创造性》。他说，我们美国关于创造力的研究太少了，必须要很好地研究创造力问题。为什么这个问题如此重要？因为，创造力的问题从一开始就不是某个国家的问题，而是一个国力竞争的问题。大家都知道 20 世纪 50 年代苏联在科技创造力特别是在军事创造力方面超过美国，尤其是 1957 年苏联人造卫星上天，这成为刺激美国人加强创造力问题研究的动力。今天我们党中央、国务院之所以提出从 2006 年到 2020 年有个中长期发展规划纲要，要把咱们国家建成一个创新型国家，原因就是创造性或创新问题从来是和国力竞争联系在一起的。

第五阶段是从 20 世纪 70 年代以后一直到今天。创造性的研究越来越受到各国心理学界和教育界的重视，也受到了国家领导人的重视，研究方法越来越精确，创造性人才的培养被提到了国家的教育日程上来。那么为什么提出要到 2061 年完成呢？因为人们下次能够看到哈雷卫星的时间就是 2061 年，所以美国把这个作为一个目标。美国的整个教育的人才培养就是为了服务社会这一点。于是创造性教育和创造性学习也是在这样一个背景中提出来的。

(三) 创造性人才构成的心理因素

什么叫创造性人才？我自己认为，从主观上分析，创造性人才等于创造性的智力加上创造性的非智力因素，换句话说，创造性人才首先有一个创造性的思维，还要有一个创造性的人格。除此以外，从客观上分析，创造性人才的成长需要一个民主的和谐的环境。心理学研究指出，创造性智力强的人比起创造性智力稍差的人来说，具有成为创造性人才的优势，但创造性智力强的人未必成为创造性人才，智力仅仅是创新的一个必要的条件，但不是充分条件。创造性人才的呈现，必须具备创造性智力、创造性非智力因素和创造性的环境或机遇。

1. 创造性人才的思维特征或智力特征

现在，我国心理学的教科书多数采用美国的内容，这一点我自己是有看法的，而美国主要用吉尔福特的观点，就是前面我们提到的美国创造性之父。他认为什么是创造性思维呢？创造性思维就是发散思维。这是美国人的观点。什么叫发散思维，用我们中国人的话来说就是一题求多解的思维。发散思维或创造性维包括三个特点：一个是流畅性，即创造性思维过程的丰富与流畅程度。第二个叫变通性，也就是灵活性，即一题到底有多少解。吉尔福特非常有名的一道题，那就是"砖头有什么用处"。不管是大人还是孩子，一提砖头有什么用处，砖头当然是用来盖房子，能够盖大房子小房子，但是吉尔福特说，不够，那么人们就进入一题多解的发散，发散以后呢，说砖头能够盖房子，能够造桥，能够铺路，他们认为还不够，为什么呢？你只是把砖头看作是建筑材料，实际上砖头就是建筑材料，但是根据他们的目标还要发散。有的人就想了似乎"邪门歪道"的问题，有个孩子就说，昨天我们家到郊外旅游，我妈妈肚子不好，汽车里有一个冰箱，但是冰箱里的东西她不想吃，她想吃热的，到郊外哪里来热的？我爸有办法，就捡了块砖头，一把野火点着了，把食物放在砖头上烤，烤热了，砖头当锅来使用。还有人说，我早晨起来见挂衣钩坏了，但家里找不到锤子，于是找了一个砖头钉钉子，咚咚咚就把挂衣钩的钉子钉进去了，砖头就当榔头来使用。也有人说，我看见一只野狗，我抄起一块砖头就当武器。吉尔福特认为这样的思维好，这个思维方法尽管跟我们不一样，但是它能起到对我们创造性思维的一个启示作用，要"变通性"，就是要一题多解。在我们日常工作中，的确变通性是个好办法，它能使我们思维灵活，从多渠道来思考问题和解决问题。发散思维第三个特性是独特性。在一题多解的过程中，人与人之间的思维相当独特，于是吉尔福特的一个学生托兰斯编了下面一道题。咱们不妨当作讲故事：有一对年轻的夫妇，特别恩爱，可惜妻子是哑巴。为了妻子，丈夫到处求医，好不容易求到名医，把他妻子治好了，哑巴会说话了，但是女性的缺点就出来了，爱唠叨。原来是哑巴，现在不一样了，现在会说话了，有什么问题她就找他念叨，他受不了了，于是就找到大夫，说："大夫请你帮个忙。""什么，我把你妻子不是已经治好了？"他说："你给我也治治，把我变成聋人。"聋人不就听不见念叨了吗？现在就问大家，你根据这个故事，能不能概括出一个好题目。在座六七十位领导，可能有六七十个答案，于是就形成了独特性，六七十个答案有不同的水平，水平高一点的命名为"聋夫哑妻"，水平低一点的叫"哑巴一个"。

这是美国人的观点，但这对吗？有对的一面，但是我觉得还要深入讨论。如果说发散思维被用到日常生活中去，用到科技界，用到教育界，无非就是强调一题多解。那么还有一个一题一解的问题啊，这被吉尔福特叫作辐合思维。他认为整个教育的过程中，科技的过程中，辐合思维一钱不值。我觉得这也太走极端了。因为一题一解就是一题多解的基础，一题多解是一题一解的发展，一个人有了好多解以后又要去寻求最佳解，又回到了辐合思维，我认为只有两者结合才能够有创造性思维，这是第一。第二，我认为将创造性思维只看成一种发散思维是远远不够的，于是我给创造性思维补充了自己的观点，这就是我们课题组出的观点。

其一，新颖、独特有意义的思维活动。不管是教育活动、科技活动还是日常生活，尤其是我们国家要建设成为创新型国家，应该提倡思维活动的新颖性，也就是前所未有性，用我们总书记的话来讲，原创性。而独特，指别人没有只有他有，这是独特性。但是话又说回来，我上大学期间，经常去北京安定医院实践，安定医院是精神病医院，我看精神病人最新颖、最独特。有些美国心理学家也说创造性主要在追求新颖、独特，但是我认为这不全面，于是加了一个词"有意义"。说明"新"不一定"好"，有新意未必就是创新，主要看是否有意义或价值。应强调"既新又好"，而精神病人的思维就没有意义，没有价值，他们只是"新"而没有"好"。我们在重大攻关项目研究时接触那些院士和做出杰出贡献的文科专家，他们告诉我们课题组，年轻的时候特别注意创造性，注意研究中追求又新又好的成果，否则的话就当不了院士了，现在老了，只能够"修修补补"了。由此可见，原创的东西太重要了，它是自主创新的首要成分。

其二，创造性思维的材料，除了思维以外还有一个成分——想象。想象是什么呢？想象是人对原有形象的重新组合，比如，吴承恩通过想象根据人的特点和猴子的特点塑造了孙悟空，写出《西游记》，这就是一种创造。因此拥有创造性思维的人不仅仅是有一种思维，还需要想象。爱因斯坦说，在创造的过程中，想象比知识更重要。爱因斯坦这么重视想象，我想不管是科技界还是教育界，要创新都应该重视想象。一个人的想象，从心理学的角度来说必须有三个基础：第一个是形象基础，有多少形象，是什么样水平的形象；第二个是形象的语言，也就是描述那些形象的语言；第三个是意识倾向性基础，比如，整天想要发财的人，往往想象他跟赵公明握手，或跟赵公明拥抱。

其三，灵感。我们经常谈灵感，灵感是一个心理学研究的课题。实际上，灵感就是有意注意，一个人的注意分有意注意和无意注意，大部分时间我们在记忆过程中都是无意的。跟实践接触的过程都是无意的，否则就把我们累死了。例如咱俩见面，我有意识一定要记住你，我跟你下一次见面时说不定就记住你了，但如果每次都一定把某事记住，那不得把人累死了啊。有意注意是指一种有意识有目的的注意。小学生的有意注意水平是较低的，到了中学慢慢就发展起来了，有一定的自控能力，并且这种作用就成为一种长时间的精神的作用。我们平时说的精力集中就是指对某个问题有意识地集中注意并加以思考，灵感的基础就是这种长期的精力集中。谈到灵感，一般有下边几个特点：第一，灵感有时候不一定都在意识清晰下产生，也可能在朦胧状态下产生。比如说晚上睡着了，你白天非常关注的东西在起作用，即兴奋点仍然兴奋，原来接不通的细胞之间联系上了，这就使灵感产生。灵感当然也可以在意识清醒的状态下产生。第二，灵感的出现往往跟某一个问题的启发有关系，我们心理学中称之为"原型启发"。据说当年鲁班去为他的朋友盖房子，他跟朋友说，梁没有到我绝不给你盖，他的朋友说，你放心，梁就是那么长，就按照这么长来盖。结果房子的外形结构起来的时候，他的朋友把梁运到了，一量，缺了一段，这个时候鲁班非常懊恼。他的朋友安慰他说，算了，先到我们家去喝酒吧，喝完酒以后我们再来考虑问题吧。在他朋友邀请他到家里喝酒的过程中，刚刚进门，他看见朋友家的小孩在玩酒杯和筷子，把一个一个酒杯排列起来，说是桥墩，筷子一双一双放在上面说是桥。鲁班一看，受到原型的启发，拔腿就回去，吩咐他的徒弟，说你在放梁的地方多起两个垛子，这就是受到了原型的启发。现在咱们在装修房子特别是礼堂时爱建一个个垛子，使房子或礼堂漂亮一些，可能就是受当年鲁班作品的影响吧。

其四，分析思维与直觉思维的结合。爱因斯坦说，直觉思维是创造性思维的基础，是萌芽。什么叫分析思维？什么叫直觉思维？诸位从事局长司长的工作，当您要指挥千军万马、发号施令的时候，您是不是用逻辑思维，严格按照概念、判断、推理和证明，一步也不能缺，这是分析思维。而直觉思维又是什么？听说在座有位局长是北师大二附中的数学老师出身，不妨讲点数学课的例子。在中学工作时，我曾代过数学课。在教初中数学时，我最喜欢教几何的证明和因式分解，那可是培养创造性思维的好机会。有一次，我把一道因式分解题出得很长，当时在我题还没出完的时候好像旁边热乎乎的，我知道有人上来了。我一看，有位学生在做这道题，我再一看，他做完了，这道题很难啊。我就问他，你跟大家说说你怎么动的脑子。他说不会。我说那你跟大家说说你是怎么想的，他仍说不会。我说上一堂课给你们讲过因式分解有四种方法，你为什么要用这种"十字相乘"方法而不用别的方法？他说，我早已告诉你不会就是不会，显得理直气壮。我想在座各位的孩子大部分都上大学或者大学毕业了，年轻一点的可能还在念中学，我提醒大家，一生当中，最难教、逆反心理最强的阶段就是初中阶段，"软硬不吃，刀枪不入"！我那时遇到的是初中学生，我能跟他急吗，我心里只是想，这个孩子"知其然，不知其所以然"，这个在我们心理学里，指现在出现的是一种直觉思维。我们每一个人都要经历从直觉思维到分析思维或监控能力发展的必然过程。而人，包括我们成年人也有一种叫直觉思维存在。直觉思维有几种特点：第一，快；第二，直接；第三，看不到整个思维的拐点或逻辑证明的过程；第四，人与人之间的直觉思维有很大的差异，叫个性；第五，有坚信感；第六，在这里他能够解出题，但是换一个地方他可能解不出题，这叫或然性。而这种思维往往被我们所忽视或抹杀了，所以要保护直觉思维，比如在上边教学的过程中，我们就要保护那个初中生的直觉思维，让他慢慢学会由知其然不知其所以然到知其然知其所以然。对我们成年人来说对于一个问题也不是一开始知其然知其所以然，都有一个直觉的过程，分析思维（逻辑推导）和直觉思维两者的结合才能够有创造性。

在创造思维里，我给它补充了上述四点。我还要声明一点，再加上我对发散思维和辐合思维的看法，强调创造性思维是发散思维与辐合思维的统一。补充了四点，声明了一点，正是我对创造性思维或创造性智力因素的理解。这就是第一个问题，创造性思维的智力表现，创造性人才的思维表现或者智力表现。

2. 创造性人才的非智力因素或人格特征

在咱们国家，经常谈到"笨鸟先飞"，往往重视"天才来自勤奋"。这两句话非常有道理，这就说明创新的过程不全部来自智力过程，更主要来自非智力过程。美国的创造力之父吉尔福特提出非智力过程其中有八种表现：①高度的自觉与独立性；②旺盛的求知欲；③强烈的好奇心；④知识面广，善于观察；⑤工作中讲求理性与严格；⑥丰富的想象，敏锐的直觉，广泛的爱好；⑦幽默感，出色的文艺才能；⑧意志品质出众，也就是具有相当大的毅力。

当代美国最有影响的认知心理学家斯滕伯格讲了七种非智力或创造性人格因素。但在我分析斯滕伯格的观点之前，我先介绍他本人的故事。斯滕伯格年龄并不大，1947年出生，我们北师大请他到过中国。他在《成功智力》一书的前言提到自己的成才过程。他在小学阶段和高中阶段两次智商测量中都不及格，不知道哪位快嘴没有遵循保密要求将他的智商分数暴露了，于是在他高中的班里传了出来，有的和斯滕伯格开玩笑说他"低智"。他感到莫大的侮辱，他问老师，哪个学科是研究智商的，老师告诉他："心理学。""那我将来学心理学，我一辈子也不相信智商，如果我成功了，就命名自己的智力理论为'成功智力'。"他高中毕业，通过刻苦努力，进入了耶鲁大学，那么了不起的学校。到了耶鲁之后，他觉得耶鲁那么美，太漂亮了，一辈子如果在这里工作就好了，但是不行，美国的学制不能留校，不能"近亲繁殖"嘛。像咱们的学校以前学好了可以留校，现在也不行了。别看斯滕伯格智商不及格，他挺能动脑子，他问老师，在我们美国心理学排名第一是哪所大学呢？老师说是斯坦福大学。于是他大学毕业报考斯坦福大学研究生，他想如果能够拿到斯坦福的博士学位不就能够回耶鲁了？他考上了斯坦福大学后，师从"元认知"的提出者、专门研究皮亚杰的著名心理学家弗莱维尔。他跟着弗莱维尔学认知或智力。美国一般的研究生一到两年拿到硕士学位，然后四年上下才能拿到博士学位，怎么也得要五年。这位智商不及格的斯滕伯格凭自己的非智力因素，三年拿到了博士学位，大摇大摆地回到了母校耶鲁，听说学校要一位认知心理学的教师，就说："我可以参加试讲吗？""你三年以后再来吧！"他"啪"一下掏出斯坦福的博士学位证书，系主任就让他试讲。别看他智商不及格，口才却很好，人的个体差异就在这，他试讲得了第一，就留在了耶鲁。大家知道，美国拿到博士学位之后要五年才能申请助理教授，相当于中国的讲师，再过五年副教授，再五年优秀者可以晋升教授。要提正教授起码要 15 年，可是这位斯滕伯格凭自己的意志、凭自己的创造，他的好多成果别人都说是具有原创性的，于是他总共七年时间就拿到了正教授。后来他每年拥有一两千万美金的课题经费，现在，他已经发表了 600 多篇论著，还当过美国心理学会的主席，当他成功的时候，他把自己以非智力因素为核心的智力理论命名为"成功智力"。

那么这位"成功智力"的提出者认为什么样的人能成功呢？斯滕伯格提出了七条：①对含糊的容忍；②愿意克服障碍；③愿意让自己的观念不断发展；④活动受内在动机的驱动；⑤有适度的冒险精神；⑥期望被人认可；⑦愿意为争取再次被认

可而努力。我们可以认为他确实非智力因素出众。

最后谈谈我自己关于创造性人格的观点，我认为一个人在创新过程中真正发挥作用的是创造性人格，它要大于创造性思维。尤其是在座的各位领导，您要指挥方方面面的工作，要促使创造性人才的涌出，按照中国国情，我提出以下五个因素，我把以下五点解释一下，供大家参考。

一是健康的情感。它包括情感强度、性质和理智感。也就是说，一个人适合的情感有利于创造性的发展。第一是情感的强度，明天要考试了，今天吃不下饭，睡不好觉，情感太强了，不行；考就考吧无所谓，无所谓的态度，情感太弱了也不行；中等强度的情感最合适。第二是情感的性质，也就是说，思维或认知的性质和情感的性质保持一致，如果我们学习悲壮的知识不妨放点悲壮的乐曲，这样才能更好地解决悲壮的问题；而如果我们达到一种非常愉快的情景，思考一种愉快的问题，最好伴随着自己的愉快情绪，也就是说，愉快的情境下，有愉快的感情能够促使对愉快问题的解决。第三是理智感，它是个求知欲问题，当然是健康的情感。

二是坚强的意志。这就需要意志方面的四个品质：有目的性，即按既定目标行事，自觉地有目的地为某一件事情下定决心，克服困难，做出努力；坚持性，人们经常谈到，贵在坚持，坚持是一种有毅力的意志行为，坚持就是成功；果断性，不要优柔寡断；自制力，即自己控制自己的能力，尤其是感情和意志有矛盾的时候，更需要我们以理智克服情感上的问题。这就是四种意志的特点或品质。

三是在整个创新的过程中，需要一个人的个性意识倾向性。这主要有兴趣、动机、理想。兴趣、动机我们讲得很多了，这里谈点理想、信念问题。成就动机也是理想，我觉得理想太重要了，理想能够促使一个人信念坚定，是行动的奋斗目标。最近由于组织上的关心和厚爱，让我出了一本自传式的《林崇德口述历史》，在这本书中，我谈了自己怎么去保持晚节。对晚节，有人更多地强调不贪不色，当然这十分重要。但我提出晚节最主要的还有两种更重要的要求。第一个要求是爱国。我看过姚雪垠先生写的《李自成》，里面有个明朝大将叫洪承畴，那是一个论文论武都是了不起的人物，可是他最后晚节不保。刚被清军所俘时，他起先视死如归。这样的人只有动摇他的信念，动摇他的理想，促使他最后投降。所以爱国不容易，现在整个国际上有那么多的问题，我们需要明国情，懂国格，树国威，知国耻，扬国魂，最终达到爱国。第二个问题就是一个核心价值观的问题，就一个信仰问题。信仰是共产党人的命脉和灵魂，它是理想信念的升华。在我年轻的时候，整天念"领导我们事业的核心力量是中国共产党，指导我们思想的理论基础是马克思主义"这两条毛主席语录，这个核心价值观的核心，就是热爱中国共产党。这里我讲个故事，2010年初夏，我到我们学校的珠海分校去，我们学校的老书记让我做一场关于心理学的报告。在我的报告中间，提到了"两弹一星"的精神，谈到老一辈科学家爱党爱国的信仰，突然有一个学生站了起来给我提出了一个问题。他说爱国和爱党之间有什么关系？他认为这是两码事啊，爱国一码事，爱党另一码事啊。当时我不假思索地回答，我说我今天早晨从深圳到珠海，路经虎门大桥，下车参拜林家的老祖宗林则徐，我感慨万千。1842年鸦片战争失败后，从此我们国家开始沦为半殖民地半封建社会。是谁使中国人民站起来了，使外国人不敢动我们一根毫毛？是谁使中国变成世界上第二经济大国？是谁使中国成为世界军事、外交、政治强国并说话值千斤重？是中国共产党，因此爱党和爱国密不可分！我现在也体会到这一点，一个人的理想信念比什么都重要，正因为有这一点，想到为自己的国家，像钱学森先生那样，才能够创新、创造、发明，理想信念使我们的创新或创造性有了根本动力。

四是刚毅的性格。刚毅的性格包含一个对人的态度，对事的态度，其中有一条是勤奋。天才来自勤奋，创新创造性也源于勤奋。我提倡类似于"笨鸟先飞""勤奋出人才"这样良好性格的表现。

五是良好的习惯。社会上有一些人，叫"吃软饭的"，我起先不懂，怎么还有硬饭软饭，后来我才知道，是靠老婆生活的。我让相关人员去调查这些人，吃软饭的多半从小习惯不怎么样，不爱劳动，所以我觉得每个人一定要培养具有良好的习惯，特别是刻苦钻研、勇于创新的习惯。

由此可见，创新人才包括智力因素，又有非智力因素。而非智力因素起到三个作用，第一动力作用；第二定型作用，比如说有些气质类型的作用，我下边再解释；第三补偿作用，如勤能补拙。第一和第三个作用好理解，我下面专门来谈第二个作用。所谓定型作用，是指非智力因素确定智力类型的作用，其中起重要影响的非智力因素是气质，气质类似日常生活中讲的脾气和秉性。人的脾气和性格是两码事，脾气主要是先天的东西，脾气没有好坏之分。可能在座的领导们不同意我的观点，说这个人脾气好那个人脾气坏，坏的无非某个人像张飞似的暴脾气。实际上，在我们心理学中，脾气没有好坏之分，关键取决于他是否能够做出有益社会的事。大家都说张飞、李逵这样的人脾气不好，但他们很重要的共同特点就是反应快，效率高。脾气有四种，第一种叫作胆汁质，这类人性子急，这就是所谓脾气不好的人，如果社会化发展得好，则办事的效率高，如果社会化不当，表现在智力活动中，就是感情用事；第二种叫作多血质，这一类人灵活，有人可能成为具有很高指挥能力的人，但是在社会上也可能成为滑头；第三种叫作黏液质，这类人沉着稳重，发展好了最适合当书记、政委，发展不好是迟缓，遇事都得"研究研究"，研究个没完没了；第四种叫作抑郁质，就是林黛玉型的弱型，敏感是其特征，社会上说千万不要跟这样的女孩结婚，但是实际上这样的女孩子是最聪明的，你看林黛玉就能吟诗作对，有一流的水平。每一种气质或脾气都有其优缺点，关键问题是怎么让它们适当地发挥光和热，都能有创新和创造性。在座的领导们，你们手下应该有各种气质各种脾气的人，要一分为二地对待，教育界提倡"因材施教"，行政部门则提倡"知人善任"。这样才能使人才发挥出创造性。

3. 创造性人才的环境

创造性人才的成长和成就需要一个民主和谐的环境，这是全世界都同意的。我有时候到其他学校去讲学，某些学生问起我民主的问题，即咱们国家民主的程度。我告诉大家，我们国家从来没有像今天这样民主。我是过来人，从20世纪50—60年代，经过"文化大革命"然后到今天，我深深体会到，我们国家从来没有像今天这样民主、幸福和自由，但是话又说回来了，我们这么大的国家什么都民主或绝对的民主好吗？不好！民主必须与集中联系在一起。另一方面，创造性人才成长需要一种和谐的环境，才能够进行很好的创新。和谐是什么？党的十六届六中全会决议中，竟然有百余字篇幅谈论心理学的问题，讲"心理和谐"，这对我们心理学工作者来说是莫大鼓舞。中国心理学会和北京心理学会全在北京开会，大家就讨论什么叫和谐。我自己认为，和谐就是处理好、协调好各方面的关系，心理和谐和社会和谐应该是一致的。

和谐社会有三个空间，即自己与自己的关系，个人与他人的关系以及个人与社会的关系，根据这三个空间围绕和谐的角度必须考虑到六个关系。第一，人与自我的关系，自我修养的问题，其中自信最重要。国家领导人多次提出我们有信心有能力有条件一定能闯过经济危机的难关。我从中体会到信心太重要了，创新需要自信，如果一个人没有自信，那么好多问题就很难解决，更别谈创造发明了。第二，人与他人的关系，我觉得当前中国社会的人际关系或个人与他人之间的关系，要处理好两个问题：孝道和团结。中国人应该继承弘扬我们中华民族的传统美德，应该把孝放到一个很高很高的位置。另一方面，一个科研部门的建设或者我们大学里讲的学科建设，关键问题是团队建设或教师队伍建设，凡团队建设好的单位一定创新好，有长进，否则还不够窝里斗的。第三，人与社会的关系，我认为应该把爱国主义放在首位。第四，人与自然的关系。人与自然是天人合一的关系，只有正确处理好人与自然的关系才能在改造自然中创新与创造。第五，硬件与软件的关系。以人为本调动人的积极性在创新中比什么都重要。诸位知道吗？中国最小的师范大学在哪里，不在别的地方就在这里，北师大是中国目前面积最小的师范大学。可是现在北师大在全国高校排名榜里头排八到十二位，靠什么啊，不是硬件不是土地，而是软件，是调动人的积极性，以人为本。至于第六，中国与外国的关系，就不在这里做分析了。总之，我们要认真落实党的十六届六中全会精神，和谐凝聚力量，和谐成就伟业。

在此，我从心理学工作者的角度提出，心理和谐要求我们重构关于中国经济社会和谐发展的指标体系，因为整个世界从 20 世纪 60 年代开始，GDP、GNP 即国内生产总值和国民生产总值指标并不足以评价个人与国家根本发展水平，于是国际上有人提出一些人文指标。我个人的意见，目前应考虑五个人文指标，它直接关系到创新大业：第一，人类发展指数，它由人的寿命、受教育的年限和人均 GDP 组成。第二，幸福指数，对幸福指数的研究必须从国情出发。现在国内的上海、北京、深圳开始研究幸福指数，国际上已经深入地研究幸福指数。研究结果显示，最有钱的人感到不幸福，最穷的人感到不幸福，中等收入群体感到现在奔小康的生活是幸福的。第三，信任指数，信仰指数。前几天看到报道，说现在美国85%的人不相信政府，因此我们如何让全国人民大众都信任我们的党，信任我们的政府，这个问题很重要。信任指数往往与清廉指数相关系，从中我体会到我党提出的反腐败的重要性。第四，儿童青少年发展指数。儿童青少年是祖国的花朵和未来，要测定他们发展的三个指标：体能、认知和情感。相反地叫作风险指数，也就是说现在出问题的那些儿童青少年，受压制的那些儿童青少年和儿童青少年总数相比的比例。我告诉大家，近八年来我们国家已经被列入风险指数较低的较先进国家的行列。第五是教育发展指数。按照《国家中长期教育改革和发展规划纲要（2010—2020年）》，我觉得说一千道一万当前就要解决一个教育经费占GDP 4%的问题。2011年"两会"期间获悉，一定要在这一届政府换届时解决教育投资4%的问题，看来这个问题还是很艰巨的，我不知道在座的有没有财政部的司局领导，如果有财政部的司局长，请你们高抬贵手，给我们教育多一点投资。说心里话，我们教育非常可怜，发达国家教育经费一般都是占GDP的7%~8%，像北欧的一些国家占20%~23%。4%是发展中国家的平均数，可是我们国家前几年是2.77%。某些省，您别看是一个发展得了不起的大省，他们现在的教育投资还不足3%。只有在这样良好的环境下创造性人才才能够大量地涌现，我们国家才能够成为创新型国家。我也反对国外有些报道说，中国创新上这样或那样不行的消极观点。谁说不行啦，我国海洋科学、核科学等领域都取得了"零"的突破，大大提升了我国综合实力和国际影响力，靠什么？就是靠创新。我国航空航天领域的研究成果已经能够应用到人类生活的各个领域，医学领域在解决人类严重传染性疾病方面有了实质性突破。今年，我国又研发了世界上计算速度最快的超级计算机，全球最快的列车也投入使用。综上所述，我们可以看到什么是创造性人才的环境，它主要包括文化环境、教育环境、社会环境、单位环境和资源环境等。而今天我们这些环境越来越优越。

（四）创造性的发展

在我们的研究中，十分重视思维品质或智力品质的问题：第一，深刻性，即概括能力；第二，灵活性，即发散程度，一题多解的程度；第三，创造性即创新的能力；第四，批判性，也就是知其然，知其所以然，反思监控作用能力；第五，敏捷性，即流畅的程度，快慢的问题。我们得出结论，创造性问题在每个人身上都能体现，人人都有创造性，创造性教育要面向全体学生。我们课题组的老师到幼儿园去做研究，有一次我们看到托儿班有一个两岁多的孩子，自己唱到"几只老虎，几只老虎，跑得快，一只没有眼睛，一只没有鼻子，一只没有耳朵，一只没有头颅，真奇怪"，我也感到奇怪，我从来没听到过这首歌，我说小朋友你过来过来，这个小朋友话都说不利落，我问"这个谁教你的"，他说自己教自己的，原来是两只老虎，他自己"创新"，几只老虎都"编"出来了，眼睛鼻子耳朵尾巴全放进去了，因此我们人类发展从小到大人人都具有创造性。我认为玩具中，积木是最能发挥孩子创造性能力的，那些电子产品除了价钱贵上档次以外，对创新能力并未有什么效果。小学生和初中生都有创造力，我们非常重视他们创造性的发展，也把他们要求的培养措施告诉中小学。

我们经常说"创造性表现在风华正茂的青年期"，这和国际科学研究结论是一致的，下面我展示一下国际上所获得的重要数据，各类人才的最佳创造年龄：数学家，30~34 岁；化学家，26~36 岁；物理学家，30~34 岁；哲学家，35~39 岁；发明家，25~29 岁；医学家，30~39 岁；植物学家，30~34 岁；心理学家 30~39 岁；生理学家，35~39 岁；作曲家，35~39 岁；油画家，32~36 岁；诗人，25~29 岁；军事家，50~70 岁。

"创造性表现在风华正茂的青年期"是科学的。为什么会这样？国际上对智力有一个重要的研究，叫作流体智力与晶体智力，什么意思呢？流体智力是来自先天的，与遗传有关，与生理有关。流体智力到什么时候发展到顶峰呢？16 岁开始，34 岁时高峰，然后 34~50 岁处于高原期，50 岁以后全在走下坡路。这就是依靠一个人的脑，依靠遗传，依靠生理因素，死记硬背的东西与这条直线有关系，我们成年人处理问题靠什么？靠我们经验、知识、教育和学习，这就是晶体智力。16 岁的时候刚刚起步，还不到 10% 呢，到了 20 岁进入发展期，一直到 50 岁时到高峰，50~70 岁是高原期，70 岁以后走下坡路。这两种智力，即流体智力和晶体智力，什么时候都能用上呢？就是 20~34 岁，两种智力都能有助创造力发展，所以国际上的研究更证明了"创造性表现在风华正茂的青年期"这句话的正确性。

三、我们最近的研究

前面提到，我们从 2003 年开始承担了教育部哲学社会科学领域的一个重大攻关项目，题目叫作"创新人才与教育创新的研究"，这个项目我们主要是分八个方面来做的。第一，教育创新的理论研究，我们跟华东师大一起来探讨教育创新的理论问题；第二，创新拔尖人才效标群体的研究，对那些创新拔尖人才，国外研究的对象主要是诺贝尔奖获得者，咱们国家主要是两种人，理工科的主要是院士，而文科呢我们选了经济学、文学和艺术三个专业的那些创新拔尖的老先生；第三，创造性人才测量工具的研制，我们制定了一个创造性人才的测量工具；第四，青少年创造力的跨文化研究，我们研究了青少年创新力的跨文化研究，主要是我们中国跟美国、英国、日本、新加坡和德国五个国家相比较；第五，学校教育中的创造力培养实施，研究了学校教育以及创造性的培养；第六，中小学课堂教学创新研究；第七，教育信息化与创造性的培养，研究教育技术，也就是教育信息化的问题和创造力的关系；第八，我们探讨创造性与心理健康的关系，一共从八个方面完成教育部的任务。

下面我举一些例子。

例一，我们研究了创新拔尖的人才。

金盛华、张景焕、王静、贾绪计等课题组成员通过对自然科学拔尖创新人才、社会科学拔尖创新人才和杰出民营企业家的深度访谈，结果发现：第一，拔尖创新人才的成长由自我探索期、集中训练期、才华展露与领域定向期、创造期、创造后期五个阶段构成。第二，自然科学和社会科学两个领域拔尖创新人才的成长，既有如上所述的共性，又有差异性。这种差异性表现在：其一，心理特征上有差别。自然科学拔尖创新人才的重要心理特征主要包括内部驱动力的动机形式、面向问题解决的知识构架、自主牵引性格、开放深刻的思维与研究风格、强基础智力五个因素。而社会科学和艺术领域的拔尖创新人才的心理特征突出表现在人格方面，这些领域的创新动机不仅包括关注活动过程本身的内在兴趣，而且还包括价值内在化程度较高的外部动机以及与内在兴趣紧密联系的情感体验。民营企业家的重要特征包括创造性基础素养、创造性技能与品质、个性与品德、创造性驱动四个方面。民营企业家的创新行为通常为了自己和企业的美好愿景，有强烈的经营和发展企业的内部动机，愿意为企业的美好愿景而努力打拼，着眼于利益的最大化，这是企业家创新的动力资源。而科学家和社科艺术人才更多的是受到这样一种不可抗拒的创造冲动所驱使，即使他们的生活艰苦，报酬较低，也愿意付出代价来取得从事这项工作的机会。其二，影响因素有差别。尽管自然科学和社会科学两个领域的拔尖创新人才在成长中都受早期促进经验、研究指引和支持以及关键发展阶段指引，但人文社会科学与艺术创造还受到思想政治、理想信念和价值观等因素的影响。企业家的一个重要区别是对国家宏观政策或环境的敏感性或依赖程度不同，与其他领域相比，民营企业家对政策的敏感度、依赖度更高，甚至可以说决定生死的地步。其三，对于创造心理特征的反省认知有差别。自然科学拔尖创新人才取得科学创造成就的重要特征是"成就取向"和"主动进取"，而人文社会科学与艺术拔尖创新人才自评的核心人格特征主要有独立、积极自我状态和有效心理动能、可靠外界结合、成熟自我把握和满足四种类型；企业家更加重视自我否定和大局观。第三，教师在拔尖创新人才成长中起着独特的作用。教师在拔尖创新人才成长中的作用主要表现在四个方面：一是为学生提供一个良好的专业资源；二是帮助学生把握研究方向，引领相关领域的前沿，并找准突破点；三是用人格魅力激发学生；四是在研究思路和方法上为学生树立榜样。

例二，我们与五个国家进行了青少年创新思维与人格的比较研究。根据实际收集到的资料，申继亮等人比较了中国学生、英国学生、日本学生、德国学生和新加坡学生他们之间的人格个性方面的差别。通过比较，得出了这样几个结论：①好奇心和冒险性是四国青少年创造性人格较为突出的特点；②坚持性是中国、英国、日本三个国家青少年相对比较薄弱的方面，而德国青少年在坚持性上比我们几个国家得分高；③除了好奇心和冒险性，开放性是中国青少年创新型人格中较为突出的特点；④自我接纳是英国青少年较为突出的特点，怀疑性是日本青少年的突出特点，而德国青少年的另一个突出特点就是坚持性和独立性；⑤中国和日本青少年在自信心方面存在较大的个体差异，英国青少年在自我接纳方面存在较大的个体差异，德国青少年则主要在怀疑性和自信心方面存在较大的个体差异。那么我们主要通过研究看到什么呢？看到并不是说哪个国家的人格好，哪个国家的人格差，而是各有各的长处和特点，怎么能够扬长避短是非常重要的。从中我体会到，在学校培养创新人才的过程中，除重视智力、知识、发散思维等创造性思维因素之外，更重要的是强调培养学生自信心、好奇心、探索性和意志力等创新人格品质。这表明，基础教育阶段不宜简单提"拔尖创新人才"的概念和"英才教育"的概念，而应强调创新精神的培养。我希望这能作为一项教育政策或规定。

例三，我们研究了教育和创造性的发展。我们主持的课题主要从三个子课题来探讨这个问题。何克抗教授是国内搞信息技术的权威，他带领学生研究发现计算器辅助教学有利于创造人才的培养。陈英和教授是我校研究生院前任常务副院长，她研究了学校教育中的创造力培养措施。这方面她获得了大量的信息，尤其是她到浙江的新昌中学搞研究，那所学校又是浙江青少年创造性学校，有大量的青少年发明获奖。俞国良、罗晓路二位教授的研究主要解决一个心理健康与创造性关系的问题，国外的好多研究说，越有创造性的人越是像神经兮兮的人，这个观点是否正确呢？俞、罗二位教授的研究得出结论，说大学生和中学生创造力和心理健康具有显著相关，对那些有心理问题的学生进行干预以后，尤其对中等抑郁焦虑程度的大、中学生进行干预，使个体的焦虑和抑郁水平恢复正常后，能够提高大学生和中学生的创造性水平。

此外，课题组研究还涉及创造性学习。创造性学习的学生有以下几个特点：①强调学习者的主体性；②提倡学会学习，重视学习策略；③创造性学习者擅长新奇、灵活而高效的学习方法；④来自创造性活动的学习动机，追求创造性学习目标。于是，我们把我们的研究结论与上百所学校的调查结果相验证，得到结论，像好奇、思维灵活、独立行事、喜欢提问、善于探索等，这与这些学校的教育实际是相吻合的。这是我汇报的第二个大问题，就是我们北师大在创造性技艺创造性人才培养的问题上做了哪些研究工作。

四、创造性人才的培养模式

最后，我想谈谈我们的教育。现在经常有人说，美国好，美国能够培养创造性人才，甚至有的人说，我们的小学比美国水平高，中学还是我们高，大学跟人家持平，研究生以后我们的创造性就不如人家了。这些观点对吗？我认为这种提法极为不妥。有无创造性与教育模式有关系。通过研究，我在一个国际会议上做了一个发言，希望能够融东西方教育模式为一体，培养"T"型人才（见图1）。

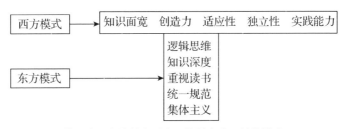

"横"为西方的教育观念、教学方法、教学模式
"竖"为东方的教育观念、教学方法、教学模式

图1 "T"型人才

"T"型人才是什么意思呢，横"—"表示知识面的广博度，竖"｜"表示知识的深度。两者的结合，既有较深的专业知识，又有广博的知识面，集深与博于一身的人才。但是借这里所谓"T"型人才，横"—"代表西方的教育观念、教学方法、教学模式；竖"I"代表东方的教育观念、教学方法、教学模式。那东西方教育模式和出发点有什么不同呢？如果说西方培养人才是适应性人才的话，东方主要培养逻辑思维强的人才，这是我们国家人才培养的重要目标。如果西方强调知识的宽度，东方强调知识的深度、强调理解，"知其然，知其所以然"，这就是深度。如果说西方强调实践能力，东方则强调读书。如果西方强调个体的独立性，东方则强调集体主义。如果西方把创造性作为一条主线贯穿在教育中，那么东方则非常重视规范，强调没有规范成不了方圆。到底哪种模式好呢，我认为都好，各有各的特点。有人说我们国家大学生创造力如何如何，但美国教育界，特别是大学的理工科教授承认，我们

国家由于坚持培养逻辑思维能力强，坚持知识的深度，所以到美国去，有一些高端的学问，比如说数学、物理、计算机，美国人不敢学，跟中国学生没法比。因此在国际会议上，有人问我哪种模式好，我说都好，问题是我们能不能实现"学贯中西"。因此，我们不应该强调美国学制就比我们好，我也不同意美国的教育模式就比我们强。我认为东方有东方的特点，西方有西方的特点，在今天我们教育改革的过程中，我提出融东西方教育模式为一体，扬长避短，培养两者相结合的"T"型人才，实际上就是创造性人才。我在国际会议上说了一句不太好听的话，一百多年来，事实上证明融东西方教育模式学贯中西是对的。现在你们西方人也越来越体会到学我们东方教育模式的重要性，为什么你们不敢公开出来说呢？我想这可能一方面是面子，另一方面人家觉得自己是老大，这一方面怎么能服气呢？随着孔子学院在世界各地的开办，更随着我国建设创新型国家的成就，谁不服气我们东方的教育模式也不行，只有融两种模式为一体，相互学习，互相促进，才能建设一个共同繁荣的世界。

今天就讲到这里。

谢谢大家！

第四编

PART 4

家庭教育

对家庭教育的几点思考①

——在浙江省宁波市"家庭教育与和谐社会论坛"上的演讲

各位领导，各位同乡：

下午好！

我和我的几位朋友赵忠心教授、卢家楣教授、桑标教授等一起应宁波市妇联，特别是妇联主席杨晓朵女士的邀请，来到了宁波来参加宁波市"家庭教育与和谐社会论坛"。这使我想起了中华家庭教育学会的两次活动。一是，中华家庭教育学会是 1989 年 10 月成立的，当时的会长是全国妇联副主席卢乐山教授，她请我当她的副手，当学会的副会长，在学会成立大会上，让我做了一个家庭教育研究方法的学术报告。二是，中华家庭教育学会和中国教育学会让我负责组织、联络工作，于1990 年到咱们宁波市象山县第一所家长学校的所在地石浦中心小学开了一个家长学校的研讨会。

我出生于宁波市象山县石浦镇，1990 年的那次会议，到现在又应宁波市妇联主席的邀请来参加家乡的家庭教育研讨会，使我感慨万千。作为宁波的一名游子，我想起了唐代诗人孟郊的一首诗，叫《游子吟》："慈母手中线，游子身上衣。临行密密缝，意恐迟迟归。谁言寸草心，报得三春晖。"这首《游子吟》生动地表达了中国人深厚的家庭情结。我敢说这次宁波市"家庭教育与和谐社会"的论坛，要突出的是注重家庭、家教和家风。我不是专门研究家庭教育的，真正搞家庭教育的专家，是我的好朋友，今天我把他请来了。今天上午他还做了一场别开生面的学术报告，这就是我当年大学同年级的同学赵忠心教授，他把家庭教育的主要观点都亮了。在他的面前我就显得有点关公面前舞大刀了，但是既然来了，总得发个言，就作为我对我

---

① 本文是 2006 年 10 月 23 日在浙江省宁波市"家庭教育与和谐社会论坛"上的演讲内容。

的同学赵忠心教授的报告的一个补充吧。

我今天汇报的题目是：对家庭教育的几点思考。我想从八个方面或八大关系来对家庭教育做八点思考：第一，家庭教育与学校教育和社会教育的关系；第二，养育与教育的关系；第三，夫妻关系与亲子教育的关系；第四，父教与母教的关系；第五，家庭教育的目标与原则；第六，传统教育与现代教育的关系；第七，家庭教育中德育与智育的关系；第八，几种特殊家庭的家庭教育。

一、家庭教育与学校教育和社会教育

正如赵忠心教授所讲的，家庭教育是指家庭生活中的家长，也就是家庭里面的长者，主要是父母亲对他的子女，也就是家庭中的年幼者实施的教育和影响。忠心教授说家庭教育分狭义的和广义的。他说一般的狭义的家庭教育是指子女从出生到入学前，也就是说学龄前这一阶段，由家长对孩子们实施教育和影响，也称为学前家庭教育。他的广义的家庭教育的意思是指子女从出生一直到长大成人一生中受到家长对他们实施的全部的教育和影响，包括直接或者间接的，有意的或无意的，一般就称为终身家庭教育。而我要谈的家庭教育，既是狭义的也是广义的，还是"中义"的。这个词啊，我今天跟忠心老同学开个玩笑说，我这儿的家庭教育是指从子女出生一直到大学毕业，也就是说是在整个学前期和学龄期。而这个学龄教育时期是指小学教育、中学教育和大学教育。我是从"中义"这个角度来解释家庭教育的。我认为，家庭教育的地位是一般教育不能替代的。教育大致分三个方面：家庭教育、学校教育和社会教育。这三个方面都很重要。但是家庭教育有它的独特的重要意义。有哪些重要意义呢？主要有三个意义。第一，一个孩子出生以后，有一段比较长的时间是在家庭中度过的，家庭是社会的细胞，是最基本的生活单位。父母就是孩子们的第一老师，就在孩子们进入幼儿园、小学和中学以后，他也会和家庭保持密切的联系，继续接受家庭教育。第二，良好的家庭教育对后来的教育，奠定了基础的作用。基础打好了，孩子们最初几年特别是学前期的那些身心方面得到良好的发展了，就会有助于今后更进一步发展。反之，如果这个时候发展不好，甚至有缺陷，以后再修补、改进，就困难得多了。就像是一棵树苗，在成长的过程中，园丁要不停地修理，如果长大以后再去修整它，那就相当困难了。我曾经做过一个调查，良好的家庭教育对孩子们来说不仅仅直接影响他们的前途，而且也影响我们国家人才的成长，而在犯罪的青少年中间很大一部分是家庭生活或者是教育上的原因造成的。第三，良好的家庭教育能够影响孩子们的一生。因为一个人发展的过程中，受到各种各样因素的影响，特别是遗传、环境和教育三个方面的影响。我们整个发展过程中有孩子们的内因、外因的问题，也就是如何调解好新的需要和原有水平这对矛盾；孩子们的发展过程中有一个教育和发展的问题，即孩子们在发展的过程中有一个怎么能够从一点一点发展的量变到最后形成整个德才两方面的质变；孩子们在发展的过程中他既有年龄特征，又有个体差异，就是孩子之间有差异。谁在这中间最了解自己的孩子？一般是父母，如果有良好的家庭教育，父母能够认识孩子们发展的先天与后天的关系，内因与外因的关系，教育和发展的关系，年龄特征和个体差异关系的特点。把握这四种关系，就能够促使孩子们顺利健康地成长。这里我要讲一个例子，20 世纪 50 年代末，大约是 1958 或 1959 年这样的情况，我在上海市上海中学好像读高二或高三的时期，有一天我们班的语文老师念了一篇范文，这篇范文是我们班王某某写的，老师一边在念范文一边在掉眼泪，说明王某某这篇文章写得太动人了，他写的什么呢？写的他的父亲母亲给他的良好的家庭教育，使他们兄弟姐妹六人都能够茁壮成长。王某某同学的父母对他的良好教育中严慈相济的一系列的那种情节，确实不仅使念这篇范文的老师深受感动，我们同学听了也很受教育，后来，他们兄弟姐妹六个都发展得很好，都考上大学成为国家栋梁之材。我那位王某某同学，1965 年，从四川某个大学毕业以后，他调了几次工作，干得都十分出色，深圳开发以后，他一直在深圳发展，是一位出色的科技骨干，一位科技的杰出人才。因此家庭教育是人生打基础的教育。

与此同时，我们来谈学校的教育，学校教育可以讲是正规教育，真正讲教育当然是学校教育，学校教育是老师有意识、有目的、有计划对学生实施影响的过程，它按照国家的教育目标，培养学生德智体美诸方面得到全面发展。社会教育主要是指与学校教育相互配合，促进受教育者按照社会的需求成长发展的一种教育。社会教育也和家庭教育一样有广义和狭义之分，广义的社会教育是指所有的社会生活影响个人身心发展的教育，狭义的社会教育指学生在学校以外所有的文化教育场所对青少年进行各种教育的活动。社会教育的内容也非常广，它不受学校的计划和教学大纲的限制，学生可以按照个人的兴趣或者是特长自由地选择参与，为配合社会教育的开展，国家还设置了综合性的教育机构和专门的教育机构，例如，少年宫、文化馆、图书馆、博物馆、展览馆和体育场等。家庭教育、学校教育、社会教育是我们的儿童青少年接受教育和影响的基本途径，这三者对儿童青少年来说就好像是一所综合的加工厂，从不同的角度，对儿童青少年身心发展发挥着不同的作用，要使儿童青少年在德智体美诸方面得到充分的发展，所以三者必须协调一致。协调性原则应该是家庭教育、学校教育和社会教育必须关注的或者是执行的原则问题。换句话说就是三者必须要贯彻一致性教育的原则。假如三种教育各自为政，不讲配合，不联系，不一致，就会分散教育的力量，不能形成教育的合力，那么我们的孩子也无所适从。如果三者相互矛盾，就会互相抵制教育的作用。所以，在家庭教育的过程中，应该考虑到咱们家长对学校教育的工作要如何去支持，如何去帮助。

为此，我想在宁波市的"家庭教育与和谐社会论坛"上，向咱们宁波市的家长提四点建议。第一，家长要随时了解学校教育的目的、任务、教育教学的内容，了解学校对学生的基本要求，主动同学校的老师保持密切的联系；第二，采取积极的态度，主动与学校配合，做到思想统一，步调一致，学校对孩子的要求，家长要教育，要鼓励，要支持孩子做到；第三，家长对学校的工作，对老师的工作，特别是教育教学中有些问题，如果有意见，要采用正当的途径和恰当的方法向学校提出，不能在子女面前发牢骚，说怪话，中伤贬低教师；第四，家长要洞察整个社会对青少年的要求和期望，自觉地按照社会的需求去教育学生，不能够形成在学校五天，到家里、到社会两天，最后"5+2＝0"的后果。也就是说两天在家庭、在社会接受的不是良好的教育，抵制了学校里面正面的、积极的、科学的教育，因此我们当家长的应该帮子女抵制社会上某些不良的影响，努力把子女造就成社会需要的人才。这是我谈的第一点，家庭教育与学校教育和社会教育的关系。

二、养育与教育

我们对孩子养育和对孩子的教育是分不开的。每一个孩子的成长都是从胎儿开始的,有人主张胎教,我希望大家不要相信让孕妇听音乐就能对胎儿进行音乐训练一类信息。所谓胎教,是指为孕妇创造一种良好的环境,关心孕妇的营养和情绪,以影响胎儿正常发育。养育问题,有人说孩子和植物不一样,我认为可以做这样的比喻。谁都知道,养花种庄稼要从新苗开始,及时浇水施肥,否则长不好的。在这一点上,新生的孩子也有类似的情况。可是偏偏有一些父母或者是成年人对植物的成长很关心,对自己种的花草,每天浇水施肥,但是面对自己的孩子的成长却注意得不够,更谈不上一种科学的方法,按照科学的规律来教养自己的孩子。事例也很多,比如,有的父母不按时、按质、按量去喂养孩子,孩子一哭,就给他吃东西,孩子不愿意吃了,好心的妈妈就填鸭式地往他嘴里塞;只要孩子一哭一折腾,就马上把他抱起来,当然,抱是可以,但抱要看具体的情况,是什么样的问题,什么样的情景。如果什么问题都没有,一听到哭就心软了、心疼了,就去抱,久而久之,孩子就把哭当成要挟的手段,这就麻烦了,因为会形成一种工具性的条件反射,就形成不好的习惯。当然这样的例子太多了,当孩子学走路的时候也是这样,完全可以自己走,但是孩子对家长讲要抱抱,心疼孩子的家长就不让孩子走路,这不利于两三岁孩子的正常发育。所有这些都是教养的问题。又比如,对三岁前的孩子实施幼儿体操可以促进孩子动作更好的发展,因为三岁前大脑发育很快,三岁以前大脑发育已经发育成年人的三分之二。即使孩子到了童年期、青少年期,家庭的教养问题仍是很重要的。现在条件好了,家长更关注养育问题,这里面包括关心孩子吃什么,穿什么,在什么样的环境下生活,怎样才安全,注意什么卫生条件,需要什么营养,如何健康成长等一系列的问题。养育的问题重要吗?我想养育的问题当然很重要,但是我们对孩子的要求,应想到人是社会化的动物。孩子尽管在成长中需要养育,需要营养,需要体育锻炼,需要对身体的一些特护,这些都没有错,但是我们应该看到孩子是人,是发展中的人,是社会化的人,要成为德才兼备的人,那么我想教育的问题应该比教养的问题就显得更重要。

正如赵忠心教授所说的家庭教育和社会教育、学校的教育一样，严格来讲也是德、智、体、美诸育的问题。但家庭教育主要是德育，培养孩子学会做人是家庭教育的第一件大事。家庭的德育要培养孩子成为有理想、有道德、守纪律的人；培养孩子是有爱国心的人；应该培养孩子是讲究社会公德的人，比如说尊重长辈，团结友爱，助人为乐，爱护公物，文明礼貌，讲究卫生，不打架，不骂人，诚实，诚信，勇敢，有错认错，知错就改等。以家庭德育推动家庭智育，家庭教育有智育，例如，开阔孩子们的知识领域，发展他们的智力；激发他们的兴趣，调动他们从小到大的学习积极性；要掌握有效的学习方法，形成良好的学习习惯；要配合学校课本知识的学习，适当地给予指导和辅导；等等。家庭教育可做体育保健，根据家庭的状况辅导孩子游戏、身体锻炼，增长他们的体质，防止孩子们不是胖墩就是豆芽菜这种现象。家庭教育还有审美教育，培养孩子感受美、鉴赏美、享受美的能力；培养孩子们表达美、创造美的能力。国外的一些研究表明，不让孩子单独看电视，而是家长和孩子一起看电视，当然这个电视不是少儿不宜的，这有助于提高孩子的审美能力。还可以带孩子欣赏大自然的美，特别是在生活中间训练孩子们举止庄重、语言文明、彬彬有礼、待人热情的品质。我想这些都是由家庭教育的德育为基础引申出来的诸育表现。

家庭教育更多的是从以下几个方面下功夫。第一，学会自尊。自尊在一定程度上是心理健康突出的表现。搞心理健康教育的专家曾经把心理健康和自尊之间求一个相关，发现是高相关，我们要克服孩子们的自卑情绪，要提高他们的自尊。第二，要提高他们的信心，也就是自信，信心是成功的动力。现在的孩子在不同类型的学校学习，尤其是在重点校学习，重点校的学生有一个"比"的问题，在某种程度上也体现一种"竞争"，尽管我是反对学生之间竞争的，但是不管怎么说，这种相"比"是客观存在的。为了提高学生这种向上的自信，家长首先必须尊重孩子。只有自尊才能够自信并创造条件，发展能力，获取成绩。第三，激发孩子们的兴趣。调动孩子们学习的积极性，对生活的积极性。因为兴趣是最好的、最直接的学习动机。第四，要增强孩子们的社会责任感。新加坡资政李光耀先生曾说他们的国家有很好的指导思想，这就是儒学，有孔夫子的思想，他们能够懂得家庭，懂得家庭教育，能够培养孩子的社会责任心。我想这就是家庭教育最精髓的东西。第五，要养成孩子们的良好习惯。这里面的习惯至少有三种：一是我们在社会上生活，应围绕着家庭德育的问题，像如何尊重长辈，如何团结友爱，如何助人为乐，如何爱护公物，如何文明礼貌，如何讲究卫生等展开。二是把知识通过学习形成一种如何去透过现象看本质，如何能够做到一题多解，如何能够提出新的想法，如何对问题进行质疑，如何又快又好地解决问题的习惯，这个问题的习惯形成就是良好的智能，就是良好的智力品质。三是要培养孩子守诚信的习惯。在今天这样的环境中，更要讲诚信，讲诚实守信。宁波人做生意最讲诚信。香港最富有的五大财团是王宽诚、包玉刚、邵逸夫、霍英东和李嘉诚，前三位都是宁波人，后两位是广东人。宁波人在香港做生意倡导"仁义礼智信，信中获利；温良恭俭让，让中发财"。宁波生意人声誉好，讲诚信，这不完全是宁波生意人的特点，也是宁波人的美德。我想家庭教育中从教育这个角度必须养成孩子们的诚信。上面就是我讲的第二个问题：养育与教育的关系。

三、夫妻关系与亲子教育

一个和谐的家庭要以一对和睦的夫妻关系为前提，夫妻和睦是教育孩子或进行家庭教育的良好基础。家庭是什么？家庭是指那些由婚姻、血缘或收养关系而产生的亲属间共同生活的组织。家庭与婚姻有着密切的关系，婚姻是家庭产生的前提，家庭是缔结婚姻的结果，其中夫妻关系是家庭关系的核心。中华文明历来重视家庭，"老吾老，以及人之老；幼吾幼，以及人之幼"，要强调养老抚幼，尤其是要强调孝道，"百善孝当先"。但所有这些基础在哪里？基础或者核心问题是夫妻关系，有了这个基础才能够有家庭美德，换句话说在以夫妻为核心的家庭中调节家庭成员的关系，处理好家庭问题所遵循的社会道德规范，突出爱情、婚姻和家庭三方面的社会关系，这就是家庭美德。其中包括如何去教育自己的孩子。我国《公民道德建设实施纲要》（以下简称《纲要》）里也把夫妻和睦作为家庭美德的基础。夫妻和睦，尊老爱幼，男女平等，勤俭持家，邻里团结，这些就是家庭美德的主要内容，并且在这个《纲要》里面反复强调夫妻长幼邻里的关系，看得出来是把夫妻关系作为基本行为准则的首要因素，于是调节父母与子女的关系，兄弟姐妹的关系，长幼的关系，邻里的关系，进一步调节家庭与国家、与社会、与集体之间的关系，这也是评定社会成员在爱情、婚姻、家庭、邻里之间交往中行为是非、善恶准则的标准。

　　说到这儿，我们可以谈一个和睦的夫妻关系，以爱情为基础的夫妻关系是家庭教育的基础。为什么这样说呢？我想家庭教育要提倡一种感情教育，因为家庭教育的特殊性，就在于有血缘关系，具有强烈的感染性。父母对子女实施教育的基础是血缘关系，感情亲密，于是家长在子女的心目中也产生了威望，这样，家庭教育基于这样的基础才能够取得效果。如果夫妻反目，夫妻不和，那么肯定在孩子中间产生了反面的影响，我曾经听到有些家长学校里面有这样的反映，说小学四、五年级一直到高中，这个阶段的孩子们在家庭的关系上最害怕的是什么？是父母离婚。只要父母之间为某件事情吵架甚至动手，这个时候孩子们首先想到：啊，我爸爸妈妈不会离婚吧？因此，有爱情的关系，和睦的夫妻关系是家庭教育的感情基础和强烈感染力的家庭教育的前提。也只有良好的夫妻关系，才能在家庭教育过程中保持口径一致，体现一种一致性的教育。家庭教育不能因为夫妻一方偏重亲子关系而产生"公说公有理，婆说婆有理"的局面。说到这里，我们来讨论"夫妻关系和亲子关系哪个更重要？"在一个家庭中，夫妻关系有优先权，做父母的切不可因为"爱孩子"而忽视配偶。子女不是父母的最爱，如果把孩子宠为家庭的全部，那问题就会来了。实际上，子女乐于父母相爱，这才有安全感，绝不会来争夺爱，西方的"恋父情结""恋母情结"没有多大科学的依据。总之，整个家庭教育的过程中都是以夫妻的关系作为核心和主干，在社会道德规范支配下，促进子女获得成长和发展，所以弘扬和睦夫妻为基础的家庭教育是家风建设的需要，是美满生活的力量源泉。

四、父教与母教

　　在整个家庭中，谁是家长，谁是家庭的核心，当然是夫妻，对孩子们来说，一个是父亲，一个是母亲。谈父亲，那当然要对"男"加以理解。什么叫"男"？古人曰，能够在田中出力的劳动壮丁，《礼记》中有这么一句话说男人该从事什么，即"守田盖增狱也"，从中我们可以看到男士是在田地里从事体力劳动，他们往往表现出刚毅、严厉、粗犷的特点。那么我就想，人们通常说"严父慈母"，从父亲的教育来说，这体现了一种刚毅和坚强的教育特点，体现了一种严而有爱的教育特点，给孩子们一种粗犷的身教的特点。我记得是在1945年初夏的某一天，为了修家里的篱笆门，父亲买了两根大毛竹亲自扛回家，一路上我在后面屁颠儿屁颠儿地跟着他。他从中街出来，走的是后街，后街的尽头有一口牌坊井，当时这口井被日军所占用。我父亲扛着两根竹子，从后街一个大台阶一个大台阶走下牌坊井的时候，没有看见那边站岗的日军，这个日军端着枪过来"啪"的一个大耳光，打了我父亲。我跟在父亲后面，这么一个大耳光我真真切切地看到了。因为水井旁边很滑，父亲没有任何准备，一个耳光下来，加上两根竹子一压，把我父亲打倒在地上。血从父亲的嘴角流出，两根近百斤的大竹子一下子压到了我父亲身上。我哭喊着："爸！爸！"我把父亲扶了起来，父亲什么话也没有说。回到家，母亲过来安慰父亲，父亲恨恨地说："日本兵，真可恨！说不定哪一天我拿刀子把他们宰了。"我们老家石浦一直是作为抗日战争的前哨，到1945年8月日本投降时，那些日军也准备撤退，但我们老百姓还不太知道真相。当时风声十分紧张，日军在我们镇上大肆杀人。在这个情况下我父亲就带着我母亲和我，在阿婆的嘱咐下，先到一个叫作昌国的那个地方躲几天。就在昌国待了两三天以后，有人跟我们说日本投降了。父亲便陪着母亲带着我慢慢地往家里走，因为那时母亲已经怀我二弟六七个月，昌国离老家有10里地。冤家路窄，在我们走到一半的路上，快过"五眼桥"（地处昌国和石浦中间，有五个桥孔，故名"五眼桥"），即离家五里地的那个地方，碰到了一支日军部队。我父亲瞪大了眼睛，母亲对爸爸说："你看有骑马的，又有那么多人，我们已经遇到他们了，这叫冤家路窄呀！你不妨过去给他敬个礼，我们从他旁边过去。"但是我父亲没有那么做。也可能是那记耳光的仇恨，也可能是我父亲有抗日思想的结果，父亲牵着母亲和我的手在路边坐下来，就和日军僵持着，自始至终没有敬礼。这些，使我从小就受到了父亲爱国刚毅的、不屈不挠精神的影响。

　　而母亲呢，慈母当然是与慈祥相联系了，因此家庭教育中间，母亲给孩子是什么样的印象呢？是柔和、细致、慈祥这样的一种教育特点。记得小学二年级的某一天，一位同学送我一张他哥哥画的画，我高兴地带回家。院里邻居问谁画的，我说自己。再三追问，我还是说自己画的。母亲带我回房间，面对面地给我讲了一个故事：在从石浦到潼关和延昌的路上有一块大石头，大约有两层楼那么高。传说这块石头底部有一个巴掌那么大的洞。打开洞就能找到这块大石头里头储藏着的皇帝的龙袍。但要拿到钥匙以后，才能把石头打开，穿上龙袍，能够当皇帝。这个钥匙在哪里，在两山相夹铜瓦门的海底下，怎么能够拿到呢？传说用稻草绳搓砻糠。这不可能搓成的，你想一根稻草绳怎么能够把一把把砻糠都搓在一起。但只有稻草绳和砻糠搓在一起，用钩子伸入到铜瓦门底下，才能够把这把钥匙钓起来。有那么一个人，他非常狡猾，有一种麦芽糖的颜色跟稻草绳的颜色差不多，于是他模仿做了一个麦芽糖的草绳。把所有砻糠沾在上面，他慢慢地把这根所谓的绳子往下钓，当骗局快要成功时，这个人不禁发出笑声，惊动了东海龙王，龙王张嘴把他一口吞掉了。听完这个故事，我惭愧地低下头去承认自己的错误。这个故事伴随我的成长，它使我终生诚实做人，诚实办事，并诚实守信。

　　在家庭教育中，父教与母教是互补的，严慈相济才能使子女成才。

五、家庭教育的目标与原则

　　家庭教育的目标，实际上是把自己的孩子培养成什么样的人的问题。培养成什么样的人呢？这里有一个近景和远景的目标，近景目标是培养子女成为品德高尚的人，培养子女成为知识丰富的人，培养子女成为身心健康的人。远景呢？当然是培养成人才。"望子成龙""望女成凤"不就是盼子女成才嘛！关于人才这个问题，国内外都没有统一的认识。有些说人才是有才学或有学问的人，有些人讲是德才兼备的人，也有人讲人才是某种有特长的人。但是不管怎么说，咱们培养的人才并不是说非得要当什么大官，非得要当什么"家"，而是一个国家所需要的、有个人爱好的、向某个方向发展的、对社会做出贡献的人。我想这就是一个高尚的人，能够全心全意为人民服务的人，是一个德才兼备的人，这就是我们需要的人才。人才并不一定非得怎么怎么样。

今天，我想选几种孩子的表现为例来谈谈家庭教育的目标。一是早熟与晚熟的问题，有人问："早熟一定是天赋很好吗?"因为人们见到有些满嘴大人话，举止老成的孩子的时候，总会满口赞赏，这样的孩子年龄虽然小，比起同龄的孩子却表现出许多成年人的特征，那么经常称他们早熟，也就是所谓的小大人吧。有些家长着急了，我的孩子为什么成熟得这么晚? 其实大可不必。一般来说，女孩成熟得要比男孩早。早熟实际上与天赋既有联系也没有必然的联系。早熟与天赋主要区别在，早熟的特征是"早"，少年老成嘛;天赋好的特征主要在于好奇心，独创性强，对有兴趣的事情总是废寝忘食地入迷。早熟和晚熟都是正常的。只要我们认真地加以培养，培养他们创造性思维，孩子们同样可以成为有作为的人。我们谈到孩子的时候，有些孩子小时候并没有显示出那么聪明、伶俐，尤其是当我们看到有些"神童"的时候，往往感叹自己的孩子没有出息，其实成才与早熟、晚熟并没有必然的联系。俗话说："好饭不怕晚。"古代哲学家老子也说过："大器晚成。"大器晚成的意思就是说人才成器需要一定的时间和过程。因此我们不要把有些孩子早熟或者是发展迟缓都和成才的问题联系起来。二是怎么看"淘气包"的问题。面对一个淘气的孩子，爷爷奶奶不喜欢，叔叔舅舅不喜欢，父母更发愁吧! 淘气的孩子往往表现出不服从、不听话、不安宁、好争斗、破坏性强、鬼点子多。淘气包的孩子并不是说将来成不了才。咱们经常谈到诗人海涅在学校里头是个尽人皆知的劣等生，他讨厌课程，反对盲从。大发明家爱迪生童年的时候就不是一个好学生，他的双亲不得不把他领回家里面进行教育。我的老乡们会证实，我是石浦中心小学出了名的淘气学生。因此咱们怎么看淘气包呢? 淘气的孩子多数生性活泼，求知欲强，也就是所谓的精力充沛。他们有好动的性格，强烈的求知欲，往往得不到满足，枯燥乏味的教学，平淡无奇的家庭生活，使他过剩的精力无从施展，于是他们就开始淘气。另一方面，孩子的智力也并不一致，一般学校教育强调一致，硬性地要求兔子和乌龟齐头并进。我想兔子就会难以忍受，就会不遵守纪律，孩子也是这样，精力旺盛的孩子应该得到发挥，就不免有点发泄的情况。咱们应该看到淘气的孩子往往迸发出智慧的火花，因此，我想我们当父母的能不能在孩子幼小的时候，能够允许他们放纵一些他的淘气，不能看到孩子稍微有一些淘气就不去亲近他们，对他们声色俱厉，这个不好。三是贪玩的孩子能不能成才，有些孩子并不淘气，也不给父母惹事，就是一味地玩，玩几乎是他们的"生命"，只要是玩什么都可以不顾，这样的孩子前途又如何呢？当父母的不免有些担忧。俗话说得好："大人有大人的事情，小孩有小孩的事情。"每个人都在自己的事情上忙碌。贪玩就包含幼儿心理对未来世界的追求，对人生乐趣的渴望。所以贪玩的孩子并不能说他们将来没有出息。我曾经到中国科技大学少年班做过一次调查，几乎所有的少年大学生都有某种爱好，喜欢玩游戏、看小说、下围棋、看电影等，这不也是玩吗？我想如果我们看到玩，就说他们没有出息，这是不是有些武断？看问题要一分为二，一方面我们不能放任自流地让孩子玩耍，而是根据他们的兴趣和特长引导他们向某一方面发展，也就是说我们允许孩子玩，引导孩子玩；另一方面，如果孩子不自觉怎么办呢？也不能用简单方法加以制止，还应当用更有吸引力的、更有意义的活动引导他们。

家庭教育有什么原则呢？1980年，叶恭绍、朱智贤、林巧稚、蔡仪、薛沁冰五位前辈主编了《家庭育儿百科全书》，因为我是朱智贤教授的学生，是主要的作者之一，我记得让我参与编写的有教育孩子应该注意的原则。我们编辑组讨论后确定10项原则作为家庭教育的原则。哪10项原则呢？第一是正面教育和积极引导；第二是严慈相济；第三是丰富的生活内容；第四是要耐心地、循序渐进地教育子女；第五是从发展的观点看孩子；第六是正确地对待孩子的缺点和错误；第七是善于使用表扬和批评或奖罚的原则；第八是处理好上梁与下梁的关系；第九是口径一致；第十是各方面的合作，不仅积极地与学校教师合作，而且在各方面的合作教育中还包括社会上的文艺活动，像有教育意义的电影、电视、戏剧、广播、文艺作品、网络等，这些是在孩子教育中不能缺少的精神食粮。

六、传统教育与现代教育

在教育界，传统教育和现代教育是有特定概念的。所谓传统教育主要是指赫尔巴特为代表的传统教育派的教育理论，主张整个教育和教学过程以教育者为中心，以教材中心；而现代教育理论特指以杜威为代表的实用主义流派的教育理论，最大特点是主张教育教学过程必须以学生为中心，活动为中心，主张教育就是生活，学校就是社会，认为最好的教育是从生活中学习。可是今天讲的传统家庭教育和现代家庭教育，不完全是从赫尔巴特到杜威的教育观。我们把传统教育扩展到整个中华民族的传统家庭教育，现代教育是目前我们家庭教育所遇到的问题和所呈现的特点。从咱们国家的历史来看，家庭历来被认为是社会的最基本的组成部分或最小的单位，是人生第一个接受教育的场所，不论发生多大的变化，不论生活的格局发生多大的变化，中华民族都重视家庭的建设，都注重家庭，注重家教，注重家风，发扬光大中华民族传统的家庭美德，促进家庭和谐，促进亲人相亲相爱，促进下一代茁壮健康的成长。在我国历史上，有家庭教育理论的典范。比如说颜之推的《颜氏家训》，司马光的《温公家范》，这些都是历史上的名著，是家庭教育体现民族文化的观点和理论。从中我们看到哪些观点和理论呢？主要是强调：第一，家庭教育的特殊作用，也就是家庭教育的特殊意义。第二，提倡早教。也就是说家庭教育从小开始，从出生后就开始。第三，强调严慈相济的教育方法和教育态度。第四，强调爱孩子和溺爱孩子的区别。也就是说我们不要娇惯，溺爱，要爱而有教。第五，以身作则。我看了一些咱们中华民族经典型的优秀的有关传统家庭教育的著作，我给它们归纳了上面这几条。今天这些理论体现了中华民族优秀的文化，体现了中华民族的美德，对于今天的家庭教育仍然有指导意义和借鉴的价值。今天我们家庭教育的现状及理论，可以拜读赵忠心教授所写的《家庭教育学》，它体现了家庭教育的科学性，对家庭教育的地位与作用、任务与内容、过程与特点、原则与方法四个方面，从教育科学的角度做了理论的阐述，为现代家庭教育提供了理论依据。

我国"现代"家庭教育有哪些新动向、新趋势呢？第一，应该看到，比起古代、近代，今天的家庭教育要复杂多了。为什么？这是由于当今社会的复杂性影响家庭结构的复杂性，从而使家庭教育复杂化。因此，首先要分析社会结构的复杂性，接着分析如何影响家庭结构的复杂性。我们今天的家庭，是提倡核心家庭还是坚持大家庭？这就是不同的结构要求。什么是大家庭？祖孙三代，几世同堂。可是现在更多追求核心家庭,夫妻两个带着独生子女,于是独生子女的教育就成为我们家庭教育的一个特殊的教育。还有,离异家庭越来越多。有多少?有人说,像北京、上海、广州这样的大城市每年的结婚和离婚的比大约是 3∶1,离婚率在增长,离异家庭、单亲家庭等新的家庭结构的出现,会给家庭教育带来一系列的障碍,这说明今天的这个社会结构、家庭结构的变化引起家庭教育产生一系列变革。第二,在整个家庭教育的过程中指导思想繁杂。今天,我们用什么样的观点去指导今天的家庭教育?社会上呈现较为繁杂的局面。我坚持并提倡要以优秀的中华民族文化的儒学为核心,以社会主义核心价值观为指导思想,特别是突出爱国、敬业、诚信、友善的品质,以体现家国情怀。中华民族的优秀文化的信念,以孔夫子的思想作为其基石;新中国成立后,以毛泽东思想作为信念的基础;可现在社会上竟有人把中国人的信念只留一个"钱"字。我认为一个民族、一个国家、一个社会、一个家庭,如果我们的信念仅仅只追求金钱,那么这个国家、这个社会、这个家庭肯定会走向没落。在今天社会上,我们家庭教育的指导思想必须是社会主义核心价值观。传统美德是社会主义核心价值观的文化基础,再加上我们党的理论,我们国家的追求,我们的建设目标就成为今天的社会主义核心价值观的总框架,这肯定是今天家庭教育所需要的基础。第三,在整个家庭教育过程中,教育思想、内容和方法处于混乱状态,或可称呈现多元的状态。在教育思想上,有人提倡在家庭教育中能够体现孩子们的主体性,像他们在学校的学习过程中是学习的主人一样;也有人主张在家庭教育中家长应该是主体,孩子是客体。在教育内容上,有人主张家庭教育应更好发挥孩子非智力因素的作用,如果把非智力因素说成是情商,那家庭教育的内容主要是培养情商而不是提高智商;有人则认为情商、智商都是家庭教育应关注的内容。在教育方法上,有棍棒的教育,有压服。现在国外报道中国人在国外的教育中还出现"虎妈"这样的状态,他们举了钢琴演奏家傅聪的例子;也有人反对,认为民主教育方式最好,并举了北大新生的母亲"顺其自然"的经验。第四,今天,我们整个家庭教育过程中难度在增大。现在的家庭教育和以往的家庭教育,家长普遍都体会到难,教育孩子难。这里要从社会、学校、媒体和家庭结构本身去寻找一系列的复杂原因。恕不一一展开了。我想如果我们指导思想明确、内容合适、方法恰当,这些困难的问题还是能够解决的。

这是我给大家谈的第六个问题。

七、家庭教育中德育与智育

家庭教育以什么样的教育为主？我在第二个问题都已谈到了应该是以德育为主，当然德育往往是与智育相辅相成的。我想在家庭教育中应该以德育为第一因素。为什么呢？第一，从任务上来说，家庭教育主要是从事德育教育，智育更多地应交给学校教育。当然咱们国家这个观念不是那么明确，但在国外，尤其是发达国家就非常明确，学校里主要是从事智育，传授知识、发展智力、培养能力、激发兴趣、培养技能。这使我想起了 1987 年 6 月，我到挪威参加了一次国际儿童青少年道德教育的研讨会，那个会上在各国专家发言中我体会到两点：一个是他们比较重视"德"的研究，重视从皮亚杰、科尔伯格这条线下来的一些两难问题，即道德认知问题一系列的科学研究；另一个他们比较强调德育主要是家庭教育的问题。他们非常重视在家庭怎么从小培养"德"，我想这是家庭教育以德为第一要素的一个理由。第二，从能力上来讲，我在这儿先不太礼貌、不太客气向在座的各位提个问题：你能包下孩子现在在学校里面那些智育的教育内容吗？或者说，你能代替老师完成智育的教育内容？我看在座的各位都在摇头，我想也是。在小学一、二年级你还能够辅导自己的孩子，但是小学以后行吗？当然有的家长对文化的辅导非常顺利，有的就有困难。中学呢，尤其是高中呢？因此家长对子女文化课学习能否辅导是有前提的，能者是有这方面能力的家长，不是全部家长，因此智育的问题主要是学校教学的任务。第三，为什么家庭教育要以"德"为第一因素，还有一个社会舆论的问题。"子不教，父之过"，也就是说，如果哪个孩子在道德上出现这样或那样问题的时候，那肯定找他的家长，找他的父母，是父亲原因呢，还是母亲原因呢？比较多的要怪罪于家庭，当然有时候也讲学校放松德育教育，但是主要还是指责父母。可是在学校里学习不好，社会舆论上往往指责学校教学质量不高，而不一定批评家长。举个简单例子，如果有孩子考不上大学，那社会上有人指责咱们家长吗？我看不会的，因此从教育制度的方面讲，家庭教育要以德育为主。

在讨论家庭教育德育与智育中必然联系到孩子的智力和非智力因素培养哪个重要的问题。我按上面观点认为家庭教育中以非智力因素即人格因素的培养为根本。当然，我绝不反对培养智能。例如，我们可以做好入学前的准备，在孩子入学以前我们帮助孩子明确学习目的，调动他们的积极性，培养他们的良好习惯，为他们创造良好的学习环境和学习条件，培养他们独立思考，勇于克服学习过程中遇到的困难等品质，这有利于孩子智力和能力的发展。但是比起学校来，咱们的这些工作差远了。而对孩子的非智力因素，咱们能做许多工作。做些什么呢？一是发展孩子们的兴趣，这一点不用老生常谈了。二是顾及孩子们的气质，家长是比较了解自己孩子的秉性、气质，怎么根据不同的秉性、气质，来有的放矢地培养，这是家长的责任，同时家长也可以把孩子们的秉性、脾气、气质的基本情况提供给学校提供给老师，让老师也有的放矢地去根据这些非智力因素来培养其学生的智能和品德。三是培养孩子坚韧的性格，性格是在气质上发展起来的，当然它要起动力性的作用，性格有内向和外向的区别，我们怎么扬长避短，这一点家长可以做。四是养成孩子们的良好习惯。非智力因素的核心问题是精神。毛泽东同志曾经这样说过：人是需要一点精神的。因此从古人到现代人，精神锻炼太重要了。

这里我还要谈一个提高智商的问题。非智力因素又称为情商。但家长却十分重视智商。我的观点是家庭教育以情商为基础来促进智商的发展。尽管心理学认为智商是一个持恒的概念，但智力分为流体智力和晶体智力，流体智力主要是与脑的发育和生理的发育直接联系，在一定程度上遗传、天赋起到很大的影响。流体智力在儿童青少年到16岁的时候已经发展到顶点，青少年之前的智商测定，主要指流体智力或指天赋，所以它是一个持恒的概念。16岁之后流体智力慢慢地向下滑，到34岁的时候就停顿了，34岁到50岁出现不太变化的"高原期"，50岁以后彻底走下坡路，也就是说随着脑细胞的凋亡，流体智力也逐渐走向基本上不起作用的状态。可是人还有一种智力，更主要的智力，叫晶体智力，晶体智力取决于经验，取决于知识，来自教育和学习，而非智力因素或情商真正能够使孩子更好地学习生活的知识，学习生存的技能，学习生命的意义。从这个角度上来讲，如果说智商能够提高是主要表现在晶体智力的发展变化，而情商恰恰是促使晶体智力发展的非常有利的条件，所以家庭教育必须以情商为基础，促进智商的发展。

在处理家庭教育的德育和智育关系时，有一个问题必须引起家长们的重视，即不应该把孩子的学习成绩作为衡量孩子表现好坏的一项主要指标，千万不要把学习好就视为"好孩子"、考试成绩差就视为"坏孩子"。应看到，今天学习好的将来未必都会有出息，今天学习差的将来未必没有前途。考试前父母应该对孩子说，"考好考坏我们都不责备你，因为你已经努力了"，目的是不给孩子考前压力。我曾看过许多"一句话便可扭转孩子命运"的报道。例如，一个女青年考了两次研究生都落榜了，而她已经 28 岁了。在她挣扎要不要放弃的时候，她的妈妈告诉她："改变自己，什么时候都不晚。"这个女青年就是 29 岁考上北京广播学院研究生、后来成为著名主持人的敬一丹。是的，当孩子因成绩不好感觉自卑、遇到困难面临失意时，父母对孩子坚定的信任和支持将会成为帮助他们跨越挫折最坚实的动力。

八、几种特殊家庭的教育问题

前面我们谈的是一般家庭的教育问题，下面我来谈谈几种特殊家庭的教育问题。

我想先来谈现在国际上最关注的学校心理学的一个问题，这就是对离异家庭子女的研究。1989 年，我国妇联通过中华家庭教育学会，委托我主持一个项目：离异家庭子女的心理特点。我与沈德立和董奇二位教授组织了全国 29 个省市自治区的专家，在全国妇联的领导下，制订了方案并在全国铺开研究。我们所获得的成果，在中华家庭教育学会的支持下开了一个全国的研讨会，30 多家媒体对此进行了报道。比起完整家庭来，离异家庭的孩子可以说是最惨的孩子。我们比较了一下，中国离异家庭和国外的离异家庭都一样，父母离异对孩子造成的影响是一样的，即这种影响不是短暂的，而是长期的，也就是说，会影响离异家庭的子女未来的发展，影响他们未来的生活，甚至于影响他们未来的恋爱、结婚和婚后的夫妻感情。在我们研究中，比较多的研究对象或者被试是中小学的儿童青少年，对比不同年龄组，对比完整家庭与离异家庭子女的异同点，幼儿没有像小学生、中学生那么在意，那么明确，那么深刻，所以我们认为父母的离异对幼儿的影响没有像小学生、中学生在心理上影响那么深刻。小学生、中学生父母离异以后，从时间上来讲，有一系列的变化过程，从父母离异造成心理创伤到初步适应，至少要有两年时间。我们研究的对象直到高中，后来教育部思想政治司杨振斌司长给我们提供了一个材料，他说在大学里同样要关心父母离异的大学生，因为这些大学生与众不同。这就说明父母离异对中小学生甚至大学生同样起到致命的、深刻的影响。这些学生会产生各种各样的心理问题、心理障碍，甚至于有的走上堕落、犯罪。在青少年犯罪的比例中间，特别是在少年犯的群体里面，离异家庭的子女要占到三分之二左右，可实际上离异家庭在社会上的家庭中，不到20%，或者是仅仅占到所有家庭的五分之一。研究中还看到，男孩受到摧残要比女孩要严重得多，为什么呢？世界上有个通病，父母双方离婚了，父亲往往不想抚养自己的孩子，孩子就常常跟着母亲。在这样的情况下，如果女孩跟着妈妈，因为有女性母亲的形象，仍然能够健康地甚至茁长地成长。可男孩就不同了。男孩跟着妈妈，失去了父爱，失去了父亲的教育，失去了我前面所讲的男子汉的那种刚毅、严厉、粗犷形象的影响，对男孩发展极为不利，不管他们的性格还是智力，比起完整家庭的孩子，他们确实有所缺陷。在国外，如美国，为了解决这个问题，20世纪80年代，里根总统向法院提出了一个建议，父母离异是不是男孩原则上跟着父亲，女孩原则上跟着母亲。如果男孩跟着母亲，父亲在礼拜五晚上应该把男孩接到他自己那里，和他一起度过两个白天三个晚上；相反，如果女孩在父母离异以后跟着父亲，母亲同样要在礼拜五晚上把女儿接到自己那里，跟她一起生活两个白天三个晚上。为什么里根总统当年会这样建议呢？就是为了女孩得到母亲的教育，能够学到女性那些优秀的品质，而男孩通过两个白天三个晚上跟父亲相处，能够感染到男性身上优秀的品质。这一点在咱们国家就很难做到，为什么？父母离婚以后，都是感情破裂，都是闹翻了，打翻了，你礼拜五晚上要从对方那里把孩子接到你这边，允许吗？可能吗？因此，我只能通过宁波市妇联系统向社会呼吁希望离异的夫妇允许对方接触孩子，并希望全社会特别是学校都来关心离异家庭子女的健康成长。

第二个是独生子女家庭教育问题。我和傅安球教授还写了一本独生子女教育的书。我国对独生子女问题给予重视并进行一些专题的研究，还是近几年的事。这些研究大部分都是针对幼儿和中小学生的独生子女进行的。纵观这些研究，其倾向性的观点是：独生子女相对于非独生子女来说，其智力发展速度要快一些，知识面要广一些，身高体重的达标率要高一些，但行为习惯上的缺点则要多一些。之所以会有这种结果主要原因仍在于家庭环境和家长教育态度的影响。独生子女的智力发展速度快，知识面广，一般是因为家庭经济条件许可为孩子添置较多的图书、玩具和学习用品；家长也有较多时间和精力同孩子讲故事、做游戏、教孩子识字和算数，带孩子看电影、旅游，这样就为他们丰富知识、发展智力提供了较优越的条件。独生子女身高体重的达标率高，也是因为家庭经济条件一般较好，除了比较讲究孩子一日三餐的营养外，还往往外加不少营养品。再加上家长又能花较多时间和精力照顾孩子的生活，因而身体发育就较为良好。但独生子女在行为习惯上的缺点要多一些，这一方面是因为父母过分溺爱孩子，一切听之顺之。他们的许多不良行为，如挑食、任性、不够勤奋、独立性差、依赖性强等，都是在过分宠爱和百般迁就中形成的；另一方面是因为他们家中没有兄弟姐妹，缺少年龄相近的小伙伴，家长又往往喜欢把他们关在家里，让他们自己玩，免得到外面去惹麻烦，这样就容易形成不合群、胆小等行为习惯。当然，这并不是说任何发展时期的独生子女都有类似的表现。特别是行为习惯方面，根据我们自己的研究，都存在着明显的年龄特征。因为独生子女的绝大多数都随着年龄的增长有所改变，逐渐克服缺点，而这也正是家庭环境影响以及家长和学校教师教育影响的结果。

从国内外的一系列的研究中，我们可以明显地看出，家庭环境和家长教育态度对独生子女的身心发展是有着直接的巨大的影响的。由于这种影响在独生子女的家庭里都带有一定的普遍性，因而也就形成了独生子女的某些共同的特点。家庭中的有利因素形成了有利于独生子女身心发展的特点，家庭中的不利因素则形成了不利于独生子女身心发展的特点。因此，有意识地利用家庭里的有利因素，排除其不利因素，扬长避短，使独生子女能健康地成长，就成了独生子女家庭教育的必要前提。诚然，独生子女教育的关键时期是在幼儿与小学阶段。然而整个中学阶段仍然是独生子女道德品质、性格特征的形成时期，仍然是智力不断发展，知识面不断扩大，身体不断发展的时期。因此，中学阶段忽视对独生子女的教育也是不利于把他们培养成为有用的人才的。一些幼托机构和学校也同样存在着不重视独生子女教育的倾向，只满足于让孩子吃好玩好，不出问题就行，忽视严格要求，认为独生子女是父母的"宝贝疙瘩"，对他们行为习惯上存在的缺点还是不说为是，害怕说轻了，不顶用，说重了，出了问题自己也担待不起，还会得罪家长。因而往往也是听之顺之，结果，独生子女不但得不到应有的教育，失去了纠正缺点的机会，而且他们的不良行为有时还会发展。因此，对独生子女的教育，仍需要家庭教育、学校教育、社会教育三股力量的互相支持和配合，否则要取得教育成效也是比较困难的。

第三个是富裕家庭和贫困家庭的教育问题。我们经常听到一个观点叫富不过三代，还有一句话说，穷人的孩子早当家，有没有道理呢？我觉得这样讲不能绝对化。

"富不过三代"主要是说，第一代是这个家庭富裕的创始人，他是经过艰苦奋斗而来的，艰苦奋斗、厉行节约使他能够走富裕的道路；第二代在家庭教育身教和言教的影响下，他们记住父母那种艰苦奋斗、厉行节约的优秀传统，于是他们也能够学习父母的优秀品质，保持这个家庭向富裕方向发展。但是家里太富了，第三代能不能学第一代、第二代的优秀品质，这就很难说了，这里面关键的问题是家庭教育，家庭教育能不能把实施厉行节约、勤俭持家，保持艰苦奋斗作为教育的基点，这是富裕家庭能否一代一代地往下传的根本原因，所以这里就有一个富裕家庭教育的问题，是一个保持富裕的发展势头的问题，是保持一个良好家风的问题，保持一个家庭美德的问题。我想国内外都有这样的例子，我曾经看过咱们国内有几个清官的例子，对孩子仍然是这样教育，因此就会一代一代接过家庭教育的优良传统，不仅一代一代在朝为官，还可以保持一代一代家庭富裕，同时我又看到国外的一个材料，洛克菲勒财团是美国八大财团之一，第三代、第四代的洛克菲勒都坚持艰苦朴素，不显富，不乱花钱，甚至身上不带钱，结果是没有出现败家子。比尔·盖茨只给下一代留下能读完大学的费用，其余全部献给慈善事业，为的是使下一代保持艰苦奋斗的精神。所有这些，都可供我们宁波的富裕家庭参考。

　　穷人的孩子是不是肯定"早当家"呢？当然不少。我可以举许多例子确实如此。有一些留守家庭孩子，父母都在外面打工，他们跟着爷爷奶奶生活。一些六七岁小学生从开始就担当起来这个家庭的种种劳动任务。但是应当看到另一面，我们现在的贫困家庭包括留守儿童家庭、随父母进城务工的家庭，是不是能够保持"穷人的孩子早当家"呢？这个问题很难说。现在在上述的家庭里的子女出现两件事情，第一种是攀比。不仅与一般的家庭或富裕家庭子女攀比，而且隐瞒自己是贫困家庭出身。比如我知道的北京的宏志班的极个别毕业生考上大学就不承认自己是农民的孩子，不承认自己是宏志班的学生，曾受到国家、学校的关怀。第二种是忘了艰苦朴素。有一些贫困家庭有了一定的收入以后，不让孩子吃苦和劳动，失去了那种艰苦奋斗的教育，这也使有些孩子不能够保持劳动人民那种固有的优秀品质。我们在大学宿舍里看到个别来自农村，甚至于老少边穷的学生，连去食堂都不愿意，竟用助学金的收入打手机"叫买"饭菜；开柜子的门不用手，竟用脚踢，他们会艰苦奋斗吗？他们的家庭教育要不要对此负有责任？

　　各位同行、同乡，我的报告马上要结束了。根据中华民族优秀文化传统，家庭教育向来是良好家风的基础，是社会和谐的基础，也是治国齐家的基础。祝宁波市家庭教育越来越好，祝家乡宁波市社会越来越和谐！

　　谢谢大家！

独生子女的心理特点与教育①

——在美国杨百翰大学的演讲

女士们、先生们：

大家好！

感谢杨百翰大学，特别是竹波教授对我的邀请。我已在贵校做了三场学术报告。但你们一定要我针对中国独生子女的现实，讲一次中国独生子女心理特点与教育，今天又来了 200 多位听众，我只好遵命。

我先从西方和苏联的一些独生子女研究文献谈起：从 20 世纪开始，由于德国和欧美国家相继推行计划生育运动，独生子女日益成为现代社会的普遍现象。近年来，随着"一对夫妇最好只生一个孩子"宣传工作的深入开展，以及计划生育和节制人口增长措施的逐步落实，中国独生子女在儿童中的比例也正在急剧增长。尽管现在中国的计划生育已经沸沸扬扬，但实际上到目前为止，独生子女数量占儿童青少年总数的不到 30%。据我们调查，目前北京市一些小学一、二年级的独生子女数量已占 20% 左右，一些幼儿园里独生子女的比例则更高，大班约占 30%，中班占 40%，小班占 50%。上海市区各幼儿园中独生子女的数量则普遍超过了半数，在幼儿园的低年龄班级里，独生子女的数量甚至已普遍高达 80%~93% 之多。据江苏南京市部分幼儿园的不完全统计，独生子女的比例一般也已占 20%~40%；在三岁幼儿中有的班级独生子女达到了 60% 以上，两岁独生子女的比例则更高，有的班已高达 80% 以上。根据各地调查，我国浙江等其他省市也同样普遍存在类似情况。独生子女人数的增多，不但引起了家庭结构的变化，而且也会给家庭、学校和整个社会带来教育上的一系列新问题，这些新问题已经突出地摆在广大家长和学校教师以及

---

① 本文是在 1989 年 2 月 2 日于美国杨百翰大学（Brigham Young University）演讲的基础上整理而成的。

整个社会的面前。

独生子女及其教育的研究，西方国家早在 19 世纪末 20 世纪初就已经开始了。最早的研究是从特殊儿童的研究中开始的。美国心理学家博汉农于 1898 年发表的世界上第一篇独生子女研究论文《家庭中的独生子女》，就是他从教育角度，在霍尔的指导下，将独生子女作为特别对象加以研究而得出的结果。德国独生子女教育研究的先驱内特尔医师总结了博汉农的这一成果，并根据自己的临床经验从医学角度对独生子女做了进一步的研究，于 1906 年出版了《独生子女及其教育》一书。接着，苏联的布隆斯基，以及胡克、武斯特、吉尔福特等相继对独生子女进行了专门研究。所有这些研究得出的结论，除了他们一致认为独生子女的智力优于非独生子女以外，对道德品质、性格特征、健康状况等方面的认识都存在着明显的分歧。如博汉农、内特尔等人认为独生子女是"问题儿童"，而霍尔甚至认为独生子女本身就是一种疾病。而胡克、武斯特和吉尔福特等人则认为独生子女道德品质方面的表现与非独生子女几乎没有差别，甚至独生子女还会略好些。之后，在这些研究的带动和启发下，独生子女问题的研究逐渐引起世界各国特别是经济发达国家的广泛重视，各国纷纷从不同角度对独生子女进行了进一步的专门研究。结果发现，早先的研究之所以会在某些方面得出迥然不同的结论，其原因在于被研究的独生子女各自所处的家庭环境和家长教育态度等方面存在着明显的不同。也就是说，处于家庭环境（包括家庭成员之间的关系）和家长教育态度良好条件下的独生子女更为优异一些，相反就会差一些甚至会表现出某些弊病。这正说明独生子女与非独生子女之间存在的某些差异并不是先天固有的，一成不变的，而是在遗传素质的基础上由后天的环境因素和教育条件的影响所造成的。

目前，中国学者对独生子女的特点的研究刚刚开始，下面以我自己的调查来谈这个问题。

独生子女与非独生子女比较，既有共性、一般性，又有个性、特殊性。从大的方面看，独生子女与非独生子女所处的社会环境、文化背景基本相同，物质生活条件也没有巨大差别，因而独生子女随着年龄的变化，具备儿童和青少年的一般特点。但从细微的方面考察，独生子女确实有某些特点，有其特殊性。这种特殊性，归根到底就在一个"独"字上。究其原因，主要是家庭环境因素的作用，即与独生子女家庭的物质条件、所处的地位及其父母教育态度和方法等密切相关，特别是不同的家庭教育态度和方法，其差异反映在独生子女身上就会表现为不同的特点，这是独生子女心理特点的基础。随着独生子女年龄的增长和良好的家庭教育、学校教育的影响，他们的这些特点，有的（如由于父母过度溺爱而形成的撒娇任性、高傲自大等不良品性）就会被冲淡、纠正，有的（如由于加强早期的智力教育而形成的智力优异等）就会得到巩固、发展。

我们曾在北京市通过城乡各类学校、幼儿园、精神病医院、少年犯管教所等单位对一些独生子女进行过为时半年的调查研究。其间共调查了重点对象120名独生子女，其中中学生、小学生、幼儿园幼儿各40名。城乡、性别的比重大致相同。同时，我们还将这些独生子女与其所在学校、幼儿园的非独生子女做了比较，对品德不良教育的工读学校、少年犯管教所、精神病患者中各种典型的独生子女，也做了对照性的调查。调查内容包括基本情况、对现实的态度、情感特征、意志特征、理智特征、生活追求、教育措施、发展变化简史八项。每项都确定客观指标，并有具体实例说明，数据来自三个主试评分做平均处理。其主要结果可概括如下。

一、独生子女对现实的态度

对现实的态度表现在：对社会、集体、他人的态度，对学习、劳动、工作的态度，对自己的态度；对生活（吃、穿）的态度等方面。

（一）对社会、集体、他人的态度

我们按调查例子归类，将是否爱交际、是否热情、有否同情心、是否诚实、对人是否尊重作为指标，分析了独生子女对社会、集体、他人的态度，其结果列于表1。

表 1　独生子女对社会、集体、他人的态度

被试	项　　目														
	爱交际			热　情			同情心			诚　实			尊重人		
	√	—	×	√	—	×	√	—	×	√	—	×	√	—	×
幼儿园	6	27	7	15	17	8	8	24	8	9	27	4	9	19	12
小学	24	3	13	30	1	9	24	10	6	30	1	9	32	5	3
中学	18	10	12	16	9	15	18	17	5	18	15	7	18	12	10
合计	48	40	32	61	27	32	50	51	19	57	43	20	59	36	25

注："√"表示肯定，如爱交际；"—"表示一般；"×"表示否定，如不爱交际。以下统计表类同。

从上表可见以下几点。

第一，独生子女中爱交际、热情、富有同情心、诚实和尊重别人的态度占多数，表现出他们对社会、集体、他人的态度方面，具有好的和应予肯定的心理品质者均多于有缺点者。

第二，独生子女对社会、集体、他人的态度的变化，存在着年龄特征。在幼儿阶段，具有缺点和否定方面心理品质的儿童稍多于有良好心理品质的儿童。而到小学阶段，情况发生根本变化，具有良好心理品质者远远超过有缺点者。到中学阶段，尽管品质良好者仍然超过有缺点者，但前者稍有减少而后者却有增加。这种情况使我们清楚地看到环境与教育在独生子女形成对社会、集体、他人态度中所起的重大作用。孩子从三岁左右开始的幼儿期，正是个体意识萌芽并开始发展的时期，这是"独生"的特殊情况，使他们既受到优越待遇而又处于较孤独的生活环境中。如果家庭不注意给孩子创造使其形成正确个体意识的条件，如经常带孩子出去与周围的成人、小朋友接触；给他们讲反映人与人之间相互尊重、相互关心、相互帮助的故事；有东西时，教育孩子与家人分享，与小朋友共同玩有趣的游戏和玩具……他们就不了解自己在社会、集体中的地位，不懂得如何与他人相处，甚至不懂得父母爱护他们，他们也要尊重和孝敬父母。这就成为孩子在不良影响下逐渐滋长某些缺点的原因。如有的孩子在家里有老人照看，物质条件优裕，但极少与外人接触，谁家也不去。初入幼儿园时，哭闹不已，不跟小朋友玩，喜欢一个人待在一边，有时还会认定一个"对他好"的老师紧紧跟着不离开。如果在老师的指导下，经常带着他们与其他小朋友一起听故事、做游戏，就会渐渐地"合群"。可见，独生子女"独生"的特殊性应使父母和教师更加意识到从小给他们创造"不独居"的丰富生活环境的必要性。儿童入小学后，开始以学习为主导活动，集体生活的要求高了，接触社会的机会多了，同时学校思想品德教育的内容更丰富深刻了，独生子女小学生也就会随其知识经验、认识能力的发展和道德知识的增长，在对社会、集体、他人态度方面逐渐向好的方向发展，优点增多、巩固，缺点则有所克服、改进。中学以上的独生子女，由于或者是从小在不良环境和教育影响下所形成的缺点没有得到削减而渐渐成为品质，或者是随着心理多方面的发展，他们对社会、集体和他人的态度逐步形成稳定的认识，具有一定的选择性，因而这时看到了某些缺点和否定倾向有所增加的情况。

第三，独生子女对社会、集体、他人的态度，不是千篇一律的，存在着明显的个体差异。

(二)对学习、劳动、工作的态度

我们按调查例子分析，将是否用功、是否认真、对作业是否细心、爱不爱劳动为指标，分析独生子女对学习、劳动、工作的态度，其结果见表2。

表 2　独生子女对学习、劳动、工作的态度

被试	项　目											
	用功			认真			细心			爱劳动		
	√	—	×	√	—	×	√	—	×	√	—	×
幼儿园	10	13	7	9	27	4	8	26	6	8	18	14
小学	19	7	14	27	1	12	17	18	5	19	4	17
中学	20	9	11	19	11	10	18	12	10	16	9	15
合计	49	29	32	55	39	26	43	56	21	43	31	46

由表 2 可以看出，独生子女对学习、劳动、工作等方面的态度既有年龄特征，又有个体差异，但其中一个特点很突出：独生子女中有相当一部分人的劳动观念较差或显得懒惰。按理说，独生子女因上无兄姐、下无弟妹，从小要多承担一些劳动，因而劳动观念应该较强。但事实上却相反，更多独生子女的父母，因为"疼"而"宠"，什么都不让孩子动手，或者因为家里孩子少，家务负担相对要轻些，许多事情，父母嫌孩子小，"碍手碍脚"，宁可自己做。结果，不少小学中年级的独生子女还从未叠过被子，有的甚至连少先队员的红领巾都得由父母帮忙结戴；不少上了中学的独生子女还未刷过碗、洗过衣服。于是不仅从小养成饭来张口、衣来伸手的习惯，而且长大以后，仍缺乏劳动观念并什么也干不好。这是值得普遍重视的一个问题。

(三) 对自己的态度

我们按调查例子归类，将是否谦虚，有否自信心、自尊心，有否独立性，是否自私为指标，分析独生子女对自己的态度，其结果见表 3。

表 3　独生子女对自己的态度

被试	项　目														
	谦虚			自信心			自尊心			独立性			自私		
	√	—	×	√	—	×	√	—	×	√	—	×	√	—	×
幼儿园	8	12	20	10	24	6	26	8	6	10	14	16	12	18	10
小学	17	9	14	28	10	2	36	3	1	17	15	8	11	6	21
中学	16	14	10	21	16	3	33	4	3	21	9	10	13	7	20
合计	41	35	44	59	50	11	95	15	10	48	38	34	36	31	51

从表 3 可见以下几点。

第一，独生子女自尊心比较强，自信心也比较足，但谦虚精神稍差些，独立性差而依赖性较大。比如，有一个上小学二年级的学生，带着煮好的鸡蛋去学校，准备中午吃，但要吃的时候，因为找不到鸡蛋上的"裂缝"，不知道怎样才能剥开鸡蛋，竟然又把鸡蛋带回家。这种例子是极个别的，但其实质说明独生子女的独立性差依赖性强的事实。几乎三分之一的独生子女缺乏独立性。产生这些特点的原因也比较清楚，独生子女由于"独生"，从小就养成了一种"优越感"，因而缺乏谦虚的精神；父母事事包办代替，使他们缺乏锻炼的机会，甚至有的小学毕业还未独立地过过一次马路，这样就容易养成依赖别人、缺乏独立性的倾向。

第二，在"自私"品质上，不自私的占多数。调查中我们发现多数独生子女由于家庭条件较好，他们的需要基本都能得到满足，又没有人和他们争；加上独生的"寂寞"，他们有和小朋友交往的愿望，一旦有机会，他们就很高兴，有东西也愿意分给别人，因为在需要时他们又可重新在家中得到。因而，只要家庭教育得当，父母有好的榜样，独生子女并不必然地存在自私心理。只有被父母奉若至宝、娇惯放纵，既置于特殊地位，又没有更多地与人交往的机会，一切都独霸独占，逐渐形成了占有欲强，或潜移默化地受到成人"私有"观念影响的孩子，才容易养成自私的心理。

第三，独生子女对自己的态度反映出年龄特征的表现，如谦虚与不谦虚，自信与不自信，独立性与依赖性，自私与不自私均有一个发展过程，向良好心理品质发展的过程。因此，独生子女心理发展的趋势，关键在于教育。

第四，独生子女对自己的态度及其各方面的表现，因人而异，显示出较明显的个体差异。

(四)对生活(吃、穿)的态度

我们以独生子女是否挑吃(或偏食)与挑穿为指标，调查了他们对生活的态度。其结果见表4。从调查材料看，幼儿期的独生子女这方面的问题比较突出。我们曾对比几个幼儿园的儿童，发现独生子女比起非独生子女来，在吃穿上显得更为"讲究"一点。但挑吃挑穿的现象，有着明显的年龄和性别差异，到学龄期(入了小学)，尤其是上中学后，就有了显著的变化。挑穿以女孩居多，而男孩特别是上学之后，挑穿则几乎少见；挑吃现象尽管不同性别的独生子女都有不同程度的表现，但却以男孩居多。可见，独生子女对于吃穿的要求以及对生活的态度，主要决定于环境与教育，特别是决定于家长的要求和态度。

表 4　独生子女对生活的态度

被试	项　目					
	挑吃			挑穿		
	√	—	×	√	—	×
幼儿园	22	10	8	15	13	12
小学	13	9	18	11	10	19
中学	1	17	22	4	15	21
合计	36	36	48	30	38	52

二、独生子女的认知特点

我们从两个方面对独生子女的认知或智力进行摸底：一是了解他们学习成绩及其在班里的地位；二是通过语文、数学有关习题，专门测验考查他们的智力品质。我们把调查对象所在班级同学的学习成绩分为上游、中间和差等三级，其中独生子女的学习成绩见表 5。

表 5　独生子女的学习成绩

被试	项　目		
	上游	中间	差等
幼儿园	24	6	10
小学	22	11	7
中学	12	20	8
合计	58	37	25

我们对调查对象所在班级同学在做作业时的速度、完成试题的灵活程度和独立思考的情况分别做了分析，其中独生子女的作业表现见表 6。

表6　独生子女完成作业表现

被试	项　目								
	作业速度			灵活程度			独立思考		
	√	—	×	√	—	×	√	—	×
幼儿园	14	13	13						
小学	18	14	8	14	16	10	19	8	13
中学	13	15	12	12	15	13	12	18	10
合计	45	42	33	26	31	23	31	26	23

　　从上面两表的数据中可以看出,独生子女的学习成绩一般比较好,属差等的仅占五分之一稍多;他们的智力表现虽然有差异,但与智力品质差的比,好的仍占着多数。从深入调查获悉,独生子女的这种智力上的差异,既决定于素质,也决定于环境;既决定于家庭的熏陶,又决定于学校教师的水平。以家庭影响而言,一般说,独生子女的家庭环境、家长的精力和条件,是有利于孩子的智力培养的,如果早期教育跟得上,又在孩子入学后与学校密切配合,独生子女的智力就有可能充分得到发展;相反,如果认为由于独生而怕孩子累坏脑子,迁就孩子撒娇不愿勤奋苦学的要求,那么,独生子女的智力就会落后。因此,关键仍在于教育与培养。

三、独生子女情绪情感的特征

　　我们以是否爱激动(发脾气)、情绪是否稳定、是否任性等项为指标,调查了独生子女情绪情感的特征,其结果见表7。

表7　独生子女情绪情感表现

被试	项　目								
	爱激动			稳定持久			任　性		
	√	—	×	√	—	×	√	—	×
幼儿园	22	8	10	14	10	16	30	4	6
小学	20	1	19	20	11	9	26	9	5
中学	16	11	13	16	16	8	20	14	6
合计	58	20	42	50	37	33	76	27	17

由表7可见，独生子女的情绪情感特点非常突出，不管幼儿、小学生或中学生，都具有一个较普遍的特点，即爱激动，好发脾气，较任性。这种消极的情绪情感的特征，主要是由于他们在家庭中的特殊地位与经常满足他们一些不合理的要求（需要）所形成的。由于独生，孩子往往容易成为家庭中的"天之骄子"，有人形容说，一个孩子被十二只眼睛（父母、祖父母、外祖父母）盯着。成人过分的溺爱，不适当的迁就，如孩子一哭一闹或一撒娇，父母就心软，于是就往往失去"原则"，姑息迁就，这样容易使其在幼小的情绪情感上滋长一种"优越"体验。例如，有的孩子说："我们家我是老大，我爸是老二，我妈是老三。"家里的一切似乎都可由他来左右。这样的孩子心中只有自己，逐渐发展并形成任性、好激动、好发脾气的特征。但是爱激动、任性绝不能与独生子女的情绪情感等同起来。上表中我们也看到有部分独生子女在情绪情感上并没有消极因素，深入调查，主要是教育得力，不是无限制地满足独生子女各种各样的无理要求，这就避免了孩子在情绪情感方面形成上述的消极特点。

四、独生子女意志品质表现

我们调查了独生子女的自觉守纪律、自制力、坚持性与胆量大小等意志品质的表现，其结果见表8。

表8 独生子女意志品质表现

被试	项 目											
	能自觉守纪律			有自制力			能坚持住			胆 子 大		
	√	—	×	√	—	×	√	—	×	√	—	×
幼儿园	6	25	9							12	4	24
小学	14	6	20	14	5	21	11	14	15	18	3	19
中学	15	18	7	10	20	10	18	9	13	8	8	20
合计	35	49	36	24	25	31	29	23	28	42	15	63

从表 8 可以看出，独生子女的意志表现，有的属于孩子意志品质的一般趋势，如自觉性、自制力、坚持性等，是随着年龄增大而增强的；有的却在独生子女身上表现得更突出些，例如，独生子女的胆子小的要多于胆子大的。独生子女的意志表现的差异性，主要是由于环境、教育的结果。在调查中，我们看到父母怕独子"出事"是十分普遍的，于是很容易形成照顾多、锻炼少的情况。尤其是孩子害过一两次病后，更是如此。病中，父母生怕唯一的"娇子"被夺走，尽心照料，百依百顺；病后又怕孩子再闹病，倍加照顾。结果，娇气日重，孩子误认为独生就可以依赖，于是遇事不敢大胆，只是"关在"家里做"大王"，一出家门，往往显出一种胆小怕事的特点。

五、独生子女的品德特点

在我们调查的 40 名小学独生子女中，其中三好学生八名，占 20%；40 名中学生独生子女中，其中三好学生七名，占 17.5%，这与被试所在单位的三好生比例大致相同。独生子女中好的典型，是来自父母从小的"正确的爱""严格的教"，从而不断地提高他们自我教育的自觉性，从而做出主观努力，获得良好的成长。一位独生子女的母亲谈到这方面的体会。她的独生儿子出生时体弱多病，她想到的是柔弱的独苗苗需要经受风雨，所以，从孩子一岁半后，就加强他的体育锻炼，夏天常带他到游泳池去玩水，春秋季在室外陪他扔球、踢球；冬天雪后一起堆雪人、跑步。在孩子两岁半时，虽然家里完全有条件照料，但仍适时送他上幼儿园。九岁时让他去学校住宿。父母不仅把他放在集体中生活，而且配合幼儿园和学校，根据不同年龄阶段的心理特征培养教育，于是他自小能够做到讲礼貌、尊敬师长，与同学团结友爱，劳动习惯和自理能力也得到了培养。在学校，他学习成绩一直优良，道德观念也正确。自小学到中学，一直是三好学生。然而，极少数独生子女由于在家庭里形成"特殊"的优越感，自我教育不严格，安于现状。父母要和教师密切配合，应该根据具体特点，不断指出努力方向，提出具体要求，严格管教，"独苗"肯定能够"成材"的。

在我们调查的 40 名小学独生子女中，其中品德不良的一名，占 2.5%；40 名中学生独生子女中，其中品德不良的四名，占 10%。这与他们所在的中小学品德不良学生相比，稍微高一点。我们调查了 70 名少年刑事犯，其中幼子女（年龄最小的孩子）与独生子女共 37 名，占 53%，独生子女为 7 名，占 10%，而同年龄的品德不良的独生子女仅约占总数的 3% 左右，所以独生子女的品德不良比例略高了一点点。当然这可能会引起社会上一些人的担忧。但是，我们也要看到，在广大独生子女中，犯罪的毕竟只是极少数人，他们违法犯罪与其独生特点，并无必然的联系，有些家长用错误的态度和不良的教育来对待自己的独生子女，则往往是促使他们走上罪恶道路的重要原因之一。

犯罪总是有一定的动机和条件的。有人曾调查了 55 名违法犯罪的独生子女，其中有 41 名是偷窃、诈骗谋财，占 72.7%。这些人共同的犯罪动机，是强烈追求个人的吃喝玩乐，而这些不良心理和品质的形成发展，总是与他们的环境及教育影响分不开的。如果父母对他们从小百依百顺，姑息迁就；如果他们在吃穿玩乐方面从小就超过别的孩子；如果他们同别的孩子发生纠纷时，经常受到父母的偏袒、护短、想方设法让他们占上风；如果他们从小养成衣来伸手、饭来张口、厌恶劳动的习惯……在这种条件下，这些独生子女往往会产生好逸恶劳、贪图享受等不良品德，这就等于埋下了容易犯罪的种子。孩子到了青少年时期，无论在物质上或在精神上的欲望和要求，都比童年时代更多、更强烈，而在客观上家庭或社会又都难以完全满足他们，于是他们便会不惜采取各种非法手段去冒险，直至犯罪。一个因盗窃保险柜被判处七年有期徒刑的独生子，在狱中回顾了自己走过的道路，他曾深有感触地写道："到了今天，我无比痛恨自己，也怨恨我的家庭。父母都是好人，他们也希望我成为好人。可是他们对儿子那样溺爱、迁就、护短，最后竟害了我！我呼吁那些还像我爸爸妈妈那样教养儿子的父母们，应该猛醒了，千万不要使自己的儿女成为罪犯！"这段话，值得广大独生子女家长们引以为戒，用不着为自己的独生子女过多地担心、忧虑，需要的应该是扎扎实实地抓好家庭教育的每一环节。要知道父母对独生子女从小"娇生惯养"，只能为孩子品德不良提供看不见、摸不着的条件。

六、独生子女中的精神疾病患者

我们调查了 80 名少年精神病患者（住院病人），其中幼子女与独生子女共 40 名，占 50%，而独生子女为 14 名，占 17.5%。精神病发病原因与致病因素十分复杂，但联系幼子女与独生子女的犯病，两者有一个共同心理特点，这就是脾气暴躁，好激动，心眼多，好生闷气和任性。形成这些心理特点的原因之一，就是家庭溺爱、娇惯，从小无重大挫折，经受不起突然的或意外的心理打击，这就造成了他们今天犯病的条件。因此，我们认为，少年精神病与独生子女没有必然的联系，因为患精神疾病，有生理因素，有社会因素；有致病的复杂原因。但是家长对独生子女从小的"娇生惯养"，却是种种危险的兆头，弄得不好，与别的因素相结合，会无意中形成孩子精神失常的无形"基石"。

中国对独生子女问题给予重视并进行一些专题研究，还是近几年的事。这些研究，包括我们的研究，大部分都是针对学龄前和学龄初期的独生子女进行的。根据我们上述的研究可以看到：独生子女相对于非独生子女来说，其品德发展良好，智力发展速度要快一些，知识面要广一些，身高体重的达标率要高一些，但行为习惯上的缺点则要多一些。之所以会有这种结果主要原因仍在于家庭环境和家长教育态度的影响。独生子女的品德良好、智力发展速度快，知识面广，一般是因为家庭经济条件许可为孩子添置较多的图书、玩具和学习用品；家长也有较多时间和精力同孩子讲故事、做游戏、教孩子识字、算数，带孩子去看电影、逛公园，这样就为他们丰富知识、发展智力和品德提供了较优越的条件。独生子女身高体重达标率高，也是因为家庭经济条件一般较好，除了比较讲究孩子一日三餐的营养外，还往往外加不少营养品。再加上家长又能花较多时间和精力照顾孩子的生活，因而身高发育较为良好。但独生子女在行为习惯上的缺点要多一些。这一方面是因为父母过分溺爱孩子，一切听之顺之，他们的许多不良行为，如挑食、任性等，都是在过分宠爱和百般迁就中形成的；另一方面是因为他们家中没有兄弟姐妹，缺少年龄相近的小伙伴，家长又往往喜欢把他们留在家里，让他们自己玩，免得到外面去惹麻烦，这样就容易形成不合群、胆小等行为习惯。当然，这并不是说任何发展时期的独生子女都有类似的表现。特别是行为习惯方面，根据我们自己的研究，这存在明显的年龄特征。因为独生子女的绝大多数都随着年龄的增长而有较大改变，逐渐克服缺点，而这也正是家庭环境以及家长和学校教师教育影响的结果。

我们还可以从自己研究中看出，家庭环境和家长教育态度对独生子女的身心发展是有直接影响的。由于这种影响在独生子女的家庭里都带有一定的普遍性，因而也就形成了独生子女的某些共同的特点。家庭有利因素形成了有利于独生子女身心发展的特点，家庭不利因素则形成了不利于独生子女身心发展的特点。因此，有意识地利用家庭里的有利因素，扬长避短，使独生子女能健康地成长，就成了独生子女家庭教育的必要前提，而家庭教育对独生子女的整个成长过程的教育来说则是最基本的，也是最初的，最容易被接受的。但是，独生子女教育并不限于家庭教育，光依靠家庭教育是达不到把独生子女教育得更好的目的的，因为家庭教育无论其计划性如何强，它对独生子女的影响总还是分散而零碎的，它不可能代替目的性、组织性、计划性、系统性都十分强的幼托机构和学校的教育。因而只有把家庭教育和幼托机构与学校的教育配合起来，在共同的努力下，才能使各方面的教育因素对受教育者发生深刻而有效的影响。当然，一些幼托机构特别是学校对独生子女的教育，目前还没有给予足够重视，尤其是中学，甚至还没有把独生子女的教育作为特殊而又日益重要的问题提到议事日程上来，总认为独生子女教育的主要矛盾在家庭以及幼托机构和小学，而到了中学阶段，这个矛盾就不十分突出了。诚然，独生子女教育的关键时期是在学龄前及学龄初期。目前独生子女比例比较高的现象也主要存在于学龄前阶段，然而整个中学阶段仍然是独生子女道德品质、性格特征的形成时期，仍然是智力不断发展，知识不断扩大，身体不断发育的时期，而且独生子女的比例也会随着时间的推移逐渐在中学阶段占优势。因此，中学阶段忽视对独生子女的教育也是不利于把他们培养成有用的人才的。一些幼托机构也同样存在着不重视独生子女教育的倾向，只满足于让孩子吃好玩好，忽视道德品质教育，认为独生子女是父母的"宝贝疙瘩"，对他们行为习惯上存在的缺点还是不说为是，害怕说轻了，不顶用，说重了，出了问题自己也担待不起，还会得罪家长，因而往往也是听之顺之。结果，独生子女不但得不到应有的教育，失去纠正缺点的机会，而且他们的不良行为还会发展。对独生子女的教育，除了家庭和学校应该引起足够重视外，如果没有全社会各方面力量的支持和配合，要取得教育成效也是比较困难的。因此，不但报纸、电台、电视台等要加强独生子女教育的宣传，而且还应该积极出版一些独生子女教育方面的书籍，举办各种有关讲座，以指导家庭和学校进行卓有成效的教育。

综上所述，我们得出以下结论。

第一，心理是脑的机能，是客观现实的反映，任何生理素质只是提供心理发展的可能性，而环境，特别是教育，对于人的心理发展则是起决定作用的因素。独生子女的心理面貌，不论是个体意识倾向，例如对现实的态度与品德表现，能力、性格等个性心理特征的表现，还是心理过程，例如认知、情感与意志等发展，都是由独生子女特殊的环境和教育条件决定的。

第二，教育的要求应该从他们客观上处于"独"的实际出发，而致力于引导他们摆脱"独"的束缚并充分发挥他们各方面的优越性和积极因素，从而使他们在德、智、体、美诸方面都能得到充分的健康的成长。

第三，独生子女的心理发展存在着较大的个别差异，家长和教师应该根据他们不同的心理特征，有的放矢地提出教育措施，因材施教，使其身心得到更好的发展。

谢谢大家对这个问题的兴趣！我的演讲到此结束。

感谢大家！

离异家庭子女的心理特点与教育①

——在日本大阪学院大学的演讲

女士们、先生们：

大家好！

很荣幸在这里跟大家交流中国关于离异家庭子女心理特点与教育的内容。1988年春，我们承担了中国妇女联合会的一项重点科学研究课题，名称为"离异家庭子女心理的特点及其对策的研究"。当年6月，我们组织了中国29个省市自治区的百余位心理学工作者，共同制定了研究方案，历时两年，初步地完成了调查任务，发表了10余篇研究报告。国内外近30家新闻单位对此做了报道，引起了广泛重视。

一

对离异家庭子女心理研究，在中国尚属新的课题，可是在国外，特别是美国等西方国家，却早已由学校心理学（school psychology）开始研究。学校心理学主要对象是身心有缺陷的和学习有困难的儿童与青少年。离异家庭子女由于问题多而被列为其研究的对象。在美国，离异率占40%以上。离婚父母抚养下的子女，有一半是贫穷的，他们没有健康保险，三分之一有辍学的危险，更多有心理上的创伤。因此，在近20年来，他们一直受到学校心理学家的高度重视。

美国学校心理学会（NASP）前主席、我的好友约翰·哥德堡（John Guidubaldi）领导美国学校心理学会144名会员，对离婚家庭子女心理特点进行了长时期的深入研究。他们在38个城市选择了669名小学一、三、五年级学生，其中341个属离婚家

---

① 本文是1993年3月31日在日本大阪学院大学演讲的内容。

庭组,328 个属完好家庭组。有关数据表明,NASP 研究所取样本基本代表了全国总体情况。两年后又进行追踪研究。为了使研究客观、可靠,对被试的年级、年龄、性别、种族,家长的职业等级、教育水平、家庭收入等进行匹配,离婚组和完好家庭组无显著差异。对两组被试进行智力、成绩、行为等方面的测定,结果表明他们与全国常模有较高的一致性,排除了离婚组子女有可能选择低能被试的偏见。研究中运用了心理学家评定、教师评定、与父母及子女谈话材料分析、学校档案调查以及标准化测验等手段,检验了各种直接和间接的影响因素。

这个研究表明,离婚导致子女和父母双方的压抑和不安。离婚和完好家庭的子女在社会性-情绪、学业-智力指标上存在较明显的差异。父母婚姻状况对男孩的影响比女孩更大,特别是在较大年龄水平上;父母离婚的不利影响首先被男孩所体验到,甚至在单亲家庭生活平均 6.39 年后,离婚家庭中的男孩仍在一系列指标上表现出比完好家庭男孩的适应性较差。离婚所造成的子女适应危机不是一种暂时现象,他们不可能在父母离婚后的一二年内就逐渐适应;离婚不仅导致双亲经济和社会资助来源上的变化,而且还引起子女与双亲、同胞、亲友和同伴关系上的变化,这种变化随年龄不同而不同,随着相当长时间的流逝,并随着生活,特别是父母与子女往后生活关系的变化,才逐步开始适应现实环境。

美国学校心理学会的研究成果,引起了美国政府、司法部门,甚至于总统的关注。法院对父母离婚后子女归属问题、监护抚养问题、原先父母与子女关系问题等方面做出了相应条文规定。

类似的情况在西方其他国家和苏联心理学研究成果上也能见到一些,但不如美国典型。可见,离婚这一现象已成为现代社会普遍存在的生活事实,因而由于婚变而造成单亲子女的抚育问题就必然成为心理学界研究的重要课题。

1986 年,我国离婚人数达 70 多万对,离婚率占 0.6%。从 1987 年起,还有上升的趋势。随着近年来离婚率的增长,在全国范围内,有越来越多的儿童与青少年生活在父母离异后的家庭中。对离婚这一社会现象我们在此不加涉及。我们所研究和关注的只是离异家庭的子女在父母离婚后心理上和行为上所产生的一系列的反应和变化。从大量的观察、调查和个案分析中可以发现,绝大多数来自离婚家庭的儿童与青少年在情绪、学习和人际关系上往往出现这样或那样的问题，于是他们常常成为学校或班级的负担和包袱，遭到一些师生的厌弃。此种状况目前已经越来越受到社会各界的重视。如何提供一些有效的措施和方法，寻找出离婚家庭子女和完好家庭子女在心理和行为方面的差异存在的原因，尽快地弥补和消除这种差异，使他们能够健康地成长，这是社会对我们心理学工作者的希望和要求。为此，我们在全国妇联的支持和帮助下，开展本项研究，旨在通过对两种家庭子女的比较，确认和找出其在心理和行为上的差异，以便在今后的教育和抚育中做到有的放矢。

我们在全国范围内进行抽样，以五岁幼儿、小学生、初一学生为对象，先后在一个班中随机选一名离婚家庭的子女，然后再在相同班级中随机选择一名同性别的完好家庭子女。抽样按 1：1 的原则进行。最后获得有效的被试，离婚家庭子女为 905～929 名(在不同项目的有效性是不同的)，完好家庭子女为 815～847 名(同样取完成了各项指标的有效人数)。调查测定材料是三套问卷：子女问卷、父母问卷和教师问卷。调查方法为问卷调查与个别调查相结合，在每个被试(以及父母和教师)身上花费时间为 3.5 小时。获得数据计 650 多个，全都输入电子计算机处理，据此写出了一系列的研究报告。

二

我们的研究表明，离婚家庭子女和完好家庭子女在心理和行为上存在着明显的差异。父母离婚后，其子女心理上首先起变化的是情绪情感特点，接着是产生不适应的心理状态，继而影响学习；最后在整个智力和社会性上起变化。这一系列的变化能持续相当长的时间。

(一)离婚家庭子女情绪情感的特点

运用情绪投射测验研究了来自两种家庭的乐观、悲观情绪，主要包括对不利环境、缺少同伴、危险、困难等客观情况变化的预测和对自己行为结果、自我力量和能力等方面自我估计的积极或消极情绪。结果是：来自离婚家庭子女得分的平均数

($\bar{X}$)为 6.70，标准差(s)为 2.44；来自完好家庭子女 $\bar{X}=6.15$，标准差(s)为 3.55。经数据检验，$z=4.35$，$p<0.01$。结果表明，来自完好家庭子女的情绪情感比较乐观；而离婚家庭子女却情绪低落、受压抑、烦躁冷漠、好孤独。二者各项指标差异均达显著水平。我们以个案调查为例，某小学一年级的一名离婚家庭子女，听完数学教师布置"回家数数家里有几口人，明天来学校做编题的练习"的作业后，痛苦万分，回家后抱被痛哭，竟三天没有到校，怕做这类编应用题的练习。另一小学校长和教导主任，出于对被冷落的数名离婚家庭子女的关心，在中秋节时为他们准备好月饼、水果、饮料。可半天没人吃，也没有人吭声。主任建议谁为大家唱支歌，一女生唱起了《世上只有妈妈好》，经这女生一起头，大家竟齐唱起来，边唱边哭，悲状难以形容。如此实例，不胜枚举。我们课题组通过了解和分析离婚子女的情绪情感变化特点，发现他们既有愤怒、焦虑、失望，也有相对情绪平稳的时刻，既有烦恼和尴尬，也有希望并对美好生活的期待。离婚家庭子女情绪情感的变化经过六个阶段，这体现了他们在父母离婚打击下恢复过程有着某些共同的情绪模式。

第一阶段：愤怒、痛苦。父母离婚初期，子女表现极为失望，心灵上受到极大伤害。于是他们产生恐惧、愤怒、羞愧、焦虑、攻击性行为、哭喊、做噩梦等情绪行为。这段时期一般为 3~6 个月，有的可能达 1~2 年之久。

第二阶段：盲目乐观。在强烈悲痛之余，约有 40% 的离婚家庭子女在悲愤期前，而大多数的离婚家庭子女则在悲愤期后进入了盲目乐观期。表现为对什么都无所谓，嘻嘻哈哈，近似反常，当别人开导他们时还觉得是多余的。这段时期一般不超过 2~3 个月。这是一种精神亢进状态。

第三阶段：流动、出走。此时行踪不定，夜间到处乱跑，一周大概要重复 2~3 次。他们喜欢置身于嘈杂动乱的环境中。约有 70%~75% 的离婚家庭的小学生和初中生感到一人在家恐慌，要外出"流动"。从第三阶段起，经历时间因人而异。

第四阶段：终日忙碌、闭门不出。据统计有 30%~40% 离婚家庭子女经历这一阶段。这个阶段在行为上是忙碌的(如有的勤奋用功，有的要与命运抗争，等等)，但在内心感到压力又是沉重的。所以他们往往表现出紧张、孤独，感到生活的残酷性，不愿意提起父母的事情。

第五阶段：渴望、思索。此时要设法摆脱僵局，使情感和周围环境获得平衡，并思考起下列的问题：什么是家庭（占被试的79.2%）；父母为什么要离婚（占被试的75%）；在父母离婚后变得成熟了（占被试的41.5%）。

第六阶段：获得新生。即在情绪情感上初步地恢复正常，表示能理解、容忍痛苦和不幸。这在被试中占75%，对初中生和小学生来说，从父母离婚到获得"新生"，需要2~3年或3~5年，一般女生比男生时间要短些。

(二) 离婚家庭子女适应性的特点

心理学里的"适应"，是用来表示有机体对环境变化做出的反应。皮亚杰认为，适应既可以是一种过程，也可以是一种状态。有机体是在不断运动变化中与环境取得平衡的，适应正是相对平衡的结果。

离婚家庭子女由于情绪情感上的剧变，往往作为动力因素，影响其对环境变化的适应性。我们课题组在这方面做了不少的研究，我们这里仅阐述两点。

首先，我们来讨论父母离婚时子女年龄对适应的影响。如果我们将父母离婚为两年的离婚家庭子女和完好家庭子女在5岁组、6~7岁组、8~9岁组、10岁以上组等不同年龄段某些方面的差异加以检验，认知水平在不同年龄组的 t 值分别是 1.805、1.45、1.845[*]、1.713[*]；问题行为的 t 值分别为 -3.28[**]、-4.31[***]、-3.18[**]、-4.33[***]；亲子关系的 t 值分别为 3.97[***]、2.89[**]、4.58[***]、1.98[**]（[*]$p< 0.05$，[**]$p<0.01$，[***]$p<0.001$）。由此可见，不管父母离婚时子女的年龄大小，子女心理发展的各方面都同样受到消极影响，并不随当时子女年龄的不同而有差别。尽管我们没有调查4岁前和初二以上子女心理变化，但就我们目前研究的年龄范围内而言，无论子女的年龄大小，父母离婚对其造成的心理伤害都是巨大的，都是他们在短时期内难以完全克服的。离婚对不同年龄子女心理发展的消极影响的方面和程度可以有不同的表现，例如，幼儿在心理行为上的退缩、小学生的情绪低落或问题行为、初中生的焦虑等，这些都应该看作是他们不适应父母婚变环境的具体例证。

接着，我们来阐述离婚家庭子女的性别与其适应情况。我们课题组研究表明，从总体上看，离婚家庭的女孩对单亲生活的适应情况要优于男孩；在问题行为和亲子关系上，离婚对男孩的影响更大(性别的主效应，认知水平为 1.27，问题行为为 8.50**，亲子关系为 23.54**)。为什么会产生这种情况？原因很复杂，主要的因素还是子女的归属问题。据我们调查，父母离婚，80%以上的子女归母亲抚养，这就会带来一系列的新情况和新问题。第一，在母亲抚养的家庭中，男孩失去了父亲角色的效仿榜样，也失去了"父"的特殊的爱以及权威者、决策者角色的熏陶，造成了男孩榜样的缺失和社会期望的矛盾，致使男孩产生比女孩更多的焦虑、依赖和反社会倾向。第二，离婚后的单亲家庭，母女在一起比母子在一起更能获得社会支持，母女的情感纽带比母子的情感纽带要更紧，所以，离婚家庭的女孩在情感上比男孩恢复得快些。第三，男孩和女孩在生理上和心理上是有区别的，在家庭教育中，父母的作用也不完全相同，父母离婚后，男孩失去了必要的男性的教育内容，也不利于他们发育和发展。加上男孩的问题行为本来就比女孩多，男孩的亲子关系较女孩的亲子关系稍弱，所以就造成离婚家庭子女适应性的性别差异。

(三) 离婚家庭子女学习的特点

因为我们调查研究的主要对象是学龄儿童与青少年，他们的主要活动在于学习，所以，父母离婚对子女学习有否影响问题自然也成为我们关注的内容。由于离婚家庭子女情绪情感的变化，适应性差，这必然给其学习带来了困难的内在因素，而对小学和初一学生说来，他们的学习在一定程度上要依赖家长的督促和帮助，自觉性较差。父母离婚所带来的问题之一是子女多半无人管，于是这就造成困难的外在因素。内外因素兼备，对离婚家庭子女与完好家庭子女相比，在学习成绩上存在着明显的差异。语文成绩：离婚家庭子女 $\bar{X} = 3.44$，$s = 1.28$，完好家庭子女 $\bar{X} = 4.25$，$s = 1.02$，两组成绩的 CR (临界比率)为 13.50，$p < 0.01$；数学成绩：离婚家庭子女 $\bar{X} = 3.33$，$s = 1.36$，完好家庭子女 $\bar{X} = 4.21$，$s = 1.11$，$CR = 14.71$，$p < 0.01$。参加本研究的一些中小学教师普遍反映，绝大部分离婚家庭子女在父母离异前并非都是如此，他们的成绩急剧下降的时间，基本上是在父母离婚前后开始的。

在深入调查个案中我们看到，多数离婚家庭子女经常无故旷课，扰乱课堂秩序，作业马马虎虎，抄袭别人，甚至不完成作业。所以，他们中间有不少人成了班集体中的"差生"或"个别生"。在本研究中，以下数据也能反映一些问题：①经常旷课、迟到、早退的离婚家庭子女占 83.68%，完好家庭子女占 16.32%；②扰乱课堂秩序的离婚子女占 78.21%，完好家庭子女占 21.79%；③不能按时保质保量完成作业的离婚家庭子女占 81.79%，完好家庭子女占 18.21%；④努力进取的学习态度的离婚家庭子女占 19.21%，完好家庭子女占 62.33%；⑤贪玩的离婚家庭子女占 26.41%，完好家庭子女占 6.85%；⑥放任学习或对学习无兴趣的离婚子女占 25.17%，完好家庭子女占 2.68%。以上六对数据，前三对属学习行为，后三对属学习活动中非智力因素。各对数据经 χ^2 考验，p 值均小于 0.001，差异非常显著。从中我们看出，离婚家庭子女之所以在学习成绩方面落后于完好家庭子女，这同上述的不良学习行为是分不开的，与学习中不成熟的或不正确的非智力因素是密切相关的。追溯根源，父母离异，家庭破碎，子女无人过问、管教，是造成上述行为及态度的根本原因。不良的学习态度和行为造成了他们学习的退步，而学习成绩的落后又使他们更怕上学。如此恶性循环，难以自拔。为此，教师上门家访，却找不到家长，即使找到了，其家庭教育的效果也不明显，有的家长则干脆放任自流。这种后果，势必使两类不同家庭的子女在学习上的差距日益增大。

离婚家庭子女学习上的特点还表现在年龄差异和性别差异上。从离婚家庭和完好家庭的 7~14 岁子女的学习成绩差异来看，7 岁组：离婚家庭子女 $\bar{X}=7.90$，完好家庭子女 $\bar{X}=9.02$，差异 $=7.90-9.02=-1.12$，$t=4.13$，$p<0.001$；8 岁组：$7.20-9.19=-1.99$，$t=4.134$，$p<0.001$；9 岁组：$7.00-8.87=-1.87$，$t=7.75$，$p<0.001$；10 岁组：$6.68-8.55=-1.87$，$t=7.20$，$p<0.001$；11 岁组：$6.41-8.15=-1.74$，$t=6.95$，$p<0.001$；12 岁组：$6.36-7.85=-1.49$，$t=6.42$，$p<0.001$；13 岁组：$5.61-8.00=-2.39$，$t=4.62$，$p<0.05$；14 岁组：$4.00-6.11=-2.11$，$t=2.10$，$p<0.05$。由此可见，在小学与初中阶段，父母离婚对其学习的影响都是明显的，不存在年龄差异，即使有差异，只是在十三四岁以后，随着年龄的递增，自制能力的发展，影响比起小年龄段稍少一点，但是，影响还是明显地存在着。从离婚家庭子女学习成绩的性别差异看，男的 $\bar{X}$ 为 6.56，女的 $\bar{X}$ 为 6.98，CR 为 1.98，$p<0.05$，说明存在

着显著性的差异,女生的学习成绩优于男生。

(四)离婚家庭子女认知与社会性的特点

既然父母的离婚影响到子女的学习,除了影响其成绩和知识获得外,还有什么深远的影响呢?也就是说,影响他们心理发展,仅仅在"量"上,即知识上,还是在"质"上,即影响到认知-智力和社会性-品德方面?这是我们所关切的问题。

我们在研究中,测定了离婚家庭子女和完好家庭子女的认知和推理等智力水平。对文字材料认知,离婚家庭子女 $\bar{X} = 19.32$,完好家庭子女 $\bar{X} = 21.09$,CR 为 8.05,$p<0.01$;对非文字材料的逻辑推理,离婚家庭子女 $\bar{X} = 10.66$,完好家庭子女 $\bar{X} = 12.01$,CR 为 8.00,$p<0.01$。可见离婚家庭子女的智力在一定程度上因其父母的离异而受损伤。但是,这种损伤比起学习成绩所受的影响要小得多。我们将 7~13 岁离婚家庭子女和完好家庭子女在推理、认知与学习成绩的临界比率做比较,7 岁组分别是 1.69、2.78、4.48;8 岁组分别是 2.27、3.06、7.96;9 岁组分别是 1.44、4.06、7.79;10 岁组分别是 1.55、2.02、6.93;11 岁组分别是 4.09、4.22、6.69;12 岁组分别是 1.61、2.58、5.32;13 岁组分别是 3.31、3.84、4.69。可见,在 7~13 岁的各年龄阶段,父母离婚对子女来说,学习成绩受到影响最大,认知方面受到影响明显地小于学习成绩所受的影响,而非文字的逻辑推理方面所受的影响最小。

我们也在研究中,测定了离婚家庭子女和完好家庭子女的社会性与品德方面的水平。在两类被试的自我评定同伴关系的得分中,离婚家庭子女为 20.97,完好家庭子女为 21.80,$z = 5.654$,$p<0.05$。这说明,由被试自我评定的同伴关系的得分,完好家庭子女略高于离婚家庭子女。可是,教师对他们的同伴关系得分的结果,却和被试自我评定结果大相径庭。即离婚家庭子女的同伴关系远远地比完好家庭子女差。被同学(伴)接纳程度高的和较高的,完好家庭子女占 64.6%,离婚家庭子女只占 26.4%;同伴关系差的和较差的,完好家庭子女占 3.3%,离婚家庭子女却占 22.67%,$p<0.01$,差异十分显著。在教师对两类被试品德评定中,对于不尊重教师、欺负同学、撒谎欺骗、做错事不感到羞愧四个方面,离婚家庭子女分别有

24.6%、31.05%、28.18%、15.58%的比例数，完好家庭子女则分别为26.9%、5.28%、7.48%、6.38%。除了对师生同学表现外（完好家庭子女多出2.3%，$z = 0.255$，$p < 0.05$无显著差异），其他三个方面，离婚家庭子女的百分比明显地高于完好家庭子女（s值分别为13.650、11.065、6.036，p值均小于0.01，差异显著）。由此可见，无论根据被试的自我评定，还是根据教师的评定，离婚子女的同伴关系都明显不如完好家庭子女；根据教师的评定，离婚家庭子女在品德方面表现出问题行为的人数比例，高出完好家庭子女好多。在我们研究中，没有发现离婚家庭子女在同伴关系和品德的好坏问题上存在着性别差异和年龄特征。

（五）离婚对子女心理发展消极影响的长期性

父母离婚对其子女心理发展的消极影响，不仅是多方面的，而且是长时期的。

我们课题组把被试划分为四个年龄段，在每个年龄段中，将不同单亲生活时间的离婚家庭子女与完好家庭子女的心理分别进行比较，且均用T检验来进行检验，具体结果如下。

6~7岁单亲生活时间为一年的离婚家庭子女的问题行为严重（$t = 4.225$，$p < 0.001$），亲子关系明显恶化（$t = 2.138$，$p < 0.01$），但在认知水平、同伴关系上没有表现出与完好家庭子女的显著差异。单亲生活时间为二、三、四年者，除同伴交往之外，其余三项指标有明显的差异（$p < 0.01$）。单亲生活时间为四年以上者，在认知水平、亲子关系、问题行为均明显差于完好家庭子女（$p < 0.001$），但同伴关系无显著差异。

8~9岁单亲生活的离婚家庭子女，不论时间多长，其亲子关系和问题行为都极为明显地差异于完好家庭子女；单亲生活时间越长，其认知水平越低于完好家庭组；同伴关系在第三年恢复正常。

10~11岁组单亲生活时间为一至二年的离婚家庭子女认知水平显著地低于完好家庭子女，但单亲生活时间为三年以上的被试，则未表现出这种差异；在问题行为和亲子关系方面，和上两个年龄组有相似之处，只是单亲生活时间为三年的被试的亲子关系与完好家庭无明显差异（$p > 0.05$），离婚只在短期（一年）内对其子女的同伴关系有影响。

12岁以上组与10~11岁组在问题行为、亲子关系两项结果上相似；单亲生活时间为二年的子女在同伴关系上与完好家庭子女有极显著差异（$p<0.001$），表现出同伴交往困难，在认知水平上，单亲时间一年以上的被试表现出与完好家庭子女有显著差异。

由此可见，离婚对子女心理发展各方面消极影响的时间效应是不同的，即对他们的问题行为和亲子关系的影响是长期存在的；在认知发展上表现出"反应延搁效应"，对同伴关系的影响尽管严重地存在着，但不是长期存在下去，得不到家庭温暖的离婚家庭子女，只有发展同伴关系，才能获得应有的尊重与关怀。

三

如何使父母离婚的子女尽快适应婚变后的环境，获得温暖，发展其正常的情绪情感，促使他们身心健康地成长，这是整个国民教育乃至全社会面临着的一个严峻的课题。

对此，国外心理学界和教育界强调"父母离婚后子女适应中的同时和继时调节因素"。这些因素包括八个方面：①对子女的抚养方式。专制的抚养方式对男孩的适应较差的相关，对女孩的适应则无明显关系。因此，单亲家庭应禁止使用专制式抚养，特别是对男孩，绝对不准使用这种抚养方式。②监护抚养的满意程度。包括单亲抚养人的配偶或前配偶支付的抚养费，抚养人的抚养表现，抚养人与子女的关系的满意程度。③家庭成员间的关系。离婚家庭子女的适应性高低与两位家长的关怀的性质呈高相关，所以要求非监护抚养的一方应增加同子女见面的次数，男孩应和父亲一起过周末与节假日。④家庭日常事务。离婚经常改变着家庭事务的构成和效率，但抚养人不能因此而忽视对子女的教育和抚养任务。⑤家长的收入和教育水平。监护家长（大多数是母亲）的教育水平与男孩的良好有更大的相关，而对女孩这种相关显著较少；同时，监护家长的教育水平比收入显得更为重要。⑥家庭和社会的资助。为了改善离婚家庭压力和子女适应上的影响，分析了各种资助体系的有效性对子女适应的关系。⑦学校环境因素。一系列学校和班级的基本特征显然与离婚家庭子女成功有相关，安全有序的环境，高期望，学生进步的不断提高，学习机会和学生作业时间，以及强化练习等都与子女的适应有重要相关。⑧认知调节因素。近年来，心理学家对在认知条件下儿童与青少年行为的获得和调整的某些方面进行了探讨。要求某些观念构成物（如已知的自我效应，活动动机和能力等）描述一种过程，在此过程中他们利用那些认为是调整他们能力的自我参照，去表现要求产生预期效果的行为（John Gudabaldi，*Growing up in a Divorced Family*）。此外，国外学校心理学家对单亲提供必要的咨询和教育服务，内容有：①家庭事务的组织和预先计划的必要性；②选择一种权威式的抚养方式；③与非抚养家长共同保持一种合作的抚养关系；③培养和利用孩子的资助系统。以上这些对策、教育因素、服务措施对我国教育界和心理学界的研究和实践是有参考价值的。

根据我们的研究结果，参考别国的经验，从中国实际出发，我们就离婚家庭的子女教育和抚养问题，提出自己的一点想法。

（一）全社会都来关心离婚家庭子女的教育问题

如上所述，父母离婚给子女带来极大的不幸。可是，离婚家庭子女是无辜的。他们原能享受童年或青少年的幸福，能够茁壮成长为社会主义事业的接班人。然而经受了父母离异闹剧全过程的子女，心理在一定程度上发生变态，消极情绪如恐惧、愤怒、羞愧、做噩梦、烦躁焦虑表现相当强烈或较强烈者的百分比竟分别是25.75%、26.89%、17.15%、27.7%、27.77%；对成人敌意、对朋友攻击的行为表现相当强烈或较强烈者的百分比为21.53%、19.58%；一般问题行为出现者占38%以上。而没有问题表现的却是少数。他们不仅成为"被人遗忘的角落"，而且有可能滑坡，甚至有破坏社会秩序的危险。

但是，他们毕竟是祖国的花朵和未来，有权利幸福地生活，有权利诉说自己的苦衷并发出强烈的呼吁。这里就提出了一个问题，离婚家庭子女向谁表达自己的心声，谁又去听取他们的要求。研究表明，当他们遇到不愉快的事情时，大多数人都不愿意对"父母"说；他们选择方式是"没有人""朋友""兄弟姐妹"。而以计划生育为国策的今天，"兄弟姐妹"这一条途径是不通了。"朋友"？什么样的朋友，这里有没有被人拉下水的成分?!

因此，全社会应该关心离婚家庭子女，重视他们的教育问题，并给予必要的精神上和物质上的帮助。大众媒介、文艺作品不仅要为他们呼喊求援，而且也要为他们提供必要的精神"食品"；开展离婚者及其子女的咨询活动对父母和子女都是有益的；司法部门应加强对离婚者的要求，特别是对子女抚养问题做监督和检查；如有可能，举办离婚家长讲习班是有必要的。

(二)学校要义不容辞地担当保护和教育离婚家庭子女的任务

我们在研究中看到，离婚家庭子女中的小学生和初中生在父母离异后逐步产生良好适应，是学校教师工作的结果。我们课题组天津分组在汇总研究材料时介绍了15个"个案"材料："一个孩子不再萌生杀人之心；两个孩子不再离家出走；三个孩子不再闹学；四个孩子改善亲子关系；五个孩子在逆境中成长。"他们用生动的实例，阐述了学校教师在保护和教育离婚家庭子女中的重要作用。

因此，中小学和幼儿园及其教师应积极挑起保护和教育离婚家庭子女的重担。要在深入调查研究的基础上建立起离婚家庭子女的档案材料，有的放矢地去保护和教育他们；要给他们更多的爱，使他们体会到学校、班级集体的温暖；补好他们的功课，提高他们的成绩，关心他们的同伴关系和品德的提高；要及时了解问题，通过组织系统加强保护他们的措施；做好家长工作，帮助改善亲子关系。

(三)监护、抚养和教育子女是离异夫妇共同的职责

离婚家庭子女的亲子关系是一个较现实的严重问题。他们中间恨父亲的占22.95%，恨母亲的占16.39%，不要听父母管教的占34.43%。而离婚夫妇对子女放任的25.17%，过于严厉甚至打骂的占34.97%，溺爱的占18.18%；讲究抚养方式的仅占26.63%。这种现实给离婚家庭的家庭教育和抚养带来了种种困难。然而，由于血缘关系和养育监护教育的职责，父母在子女心目中毕竟占有极其重要的特殊位置。离异以后父母的思想品德、性格情操、生活方式、和子女接触的多少、抚养

和教育方法，直接关系到子女能否产生良好适应及改变不适应的时间。

因此，我们希望离异的父母应珍惜自己的这种特殊作用。双方应关心自己的孩子，非抚养一方应经常接触子女，抚养一方应允许对方看望孩子，早日改变因婚变而造成子女的亲子关系的紧张，共同关心孩子的成长，抚养人要讲究教育方法，经常和学校教师取得联系。

人们经常讲究社会教育、学校教育和家庭教育三位一体论。这对离婚家庭子女教育说来更显得重要。尽管做起来难度更大，但为了这大批的无辜的孩子，让我们大家都来献一份爱心，尽一份责任，做一番努力！

我的演讲到此结束。

谢谢大家！

图书在版编目（CIP）数据

林崇德文集：全十二卷 ／ 林崇德著. —北京：北京师范大学出版社，2020.10
ISBN 978-7-303-26290-8

Ⅰ．①林⋯　Ⅱ．①林⋯　Ⅲ．①教育学-文集　Ⅳ．①G40-53

中国版本图书馆 CIP 数据核字（2020）第 154509 号

营　销　中　心　电　话　010-58807651
北师大出版社高等教育分社微信公众号　新外大街拾玖号

林崇德文集（全十二卷）第十一卷：林崇德教育演讲录
LIN CHONGDE WENJI: QUAN SHI'ER JUAN
出版发行：北京师范大学出版社　www.bnup.com
　　　　　北京市西城区新街口外大街 12-3 号
　　　　　邮政编码：100088
印　　刷：北京盛通印刷股份有限公司
经　　销：全国新华书店
开　　本：787 mm×1092 mm　1/16
印　　张：35.25（本卷）
字　　数：552 千字（本卷）
版　　次：2020 年 10 月第 1 版
印　　次：2020 年 10 月第 1 次印刷
定　　价：2300.00 元（全十二卷）

策划编辑：关雪菁　周雪梅　　　责任编辑：周　鹏　沈英伦
美术编辑：王齐云　　　　　　　装帧设计：王齐云
责任校对：张亚丽　　　　　　　责任印制：马　洁